朱鳳瀚 著

甲骨與青銅的王朝

The Dynasties of Oracle Bones and Bronzes

上海古籍出版社

上册

本 册 目 録

再讀殷墟卜辭中的"衆"

所以在題目中言"再讀",是因爲筆者在二十餘年前曾有小文探討過"衆"的身份,[①]當時的研究可以算作初讀。自那之後,又有不少學者從不同角度探討過"衆"的身份問題,包括解讀有關"衆"的卜辭中的字、句,這些研究對筆者多有啓示,亦促使筆者不斷深入思考涉及"衆"的各種問題。

治甲骨學與商史的學者之所以始終關注有關"衆"的殷墟卜辭,自然是由於這是很少地、較具體地反映商代社會等級結構的歷史資料,並且直接牽扯到如何認識商後期社會與商王國的形態。這些卜辭的辭義,單就字面看,似乎並不深奧,古文字釋讀方面的障礙亦不甚多,但學者仍在有關"衆"身份的一些根本問題上存在分歧。其原因,在一定程度上似與個人已形成的對商代(嚴格地說應該是卜辭時代即商後期)社會形態的不同認識有直接關係。卜辭多零散,文字亦多簡約,與後世系統的歷史檔案不同,而因這種特點,也較易被研究者納入不同的史觀體系中,作爲各種體系的證明。這裏不想對這一因素展開討論。僅從學術角度考慮,筆者覺得若細讀有關"衆"的卜辭資料,仍有不少字、句未真正弄懂,有必要再就一些較基本的問題做進一步檢討,以使我們對"衆"的認識更接近於當時社會的實際情況,從而更爲深刻地剖析商後期社會形態。此即本文所論之目的,冀望得到方家的指教。

下面討論的主要是有關"衆"的兩個問題:其一是,卜辭中的"衆"究竟指稱的是哪些社會成員。其二是,由"衆"與王朝軍旅的關係看商王朝軍事組織的變化。

一、關於"衆"所指稱的社會成員之範圍

在討論之前,有幾個前提性的問題需要說明一下。"衆"在東周以後的文字中,都是表示衆多人的意思,在商後期的卜辭中,"衆"雖然也含有這層意思,可是其所屬人群則有一

---

① 拙文《殷虛卜辭中的"衆"的身份問題》,《南開學報》1981 年第 2 期,第 57—74 頁。今附於本文末。

個特定的範圍,所以又與泛稱的、表示衆多人的"衆"不完全相同。研究甲骨刻辭的學者多已注意到,"衆"與卜辭中"人"之稱有同一性也有差異性。"衆"也可稱作"衆人",是因爲"衆"也屬於"人"。故在卜辭中特定的某種語法環境下,也偶以"人"來指稱"衆"。但在多數情況下使用"人"時,其範圍就有可能大得多,或包含"衆"在内,或所指並不包含"衆",僅指具體的某一種人(如卜辭習見卜問用牲時所言"羌×人")。王卜辭中有不少呼令"衆"的辭例,所卜問要"衆"去做的事,從不言呼令"人"去做,也説明"衆"("衆人")是一種有特定身份的社會成員的專稱,這是與後世語意有所不同的。

"衆"的身份,經過近數十年來學者們的熱烈討論,固然仍有學者持奴隸説,但也有不少學者認爲這個稱謂所指稱的社會成員並非奴隸。筆者在上述二十多年前所寫小文中,認爲"衆"是殷代對平民群體的稱呼,當時主要目的是要闡述對"衆"爲奴隸説的不同意見。1983 年裘錫圭先生在《文史》第 17 輯上發表了《關於商代的宗族組織與貴族和平民兩個階級的初步研究》一文,提出"衆"有狹義、廣義兩種用法,認爲狹義的衆,"無疑也是廣義的衆裏面數量最大的那一種人,他們應該就是相當於周代國人下層的平民"。而廣義的"衆","意思就是衆多的人,大概可以用來指除奴隸等賤民以外的各個階層的人"。[1] 裘錫圭先生這種從廣、狹二義作分析的方法,筆者是贊同的。

在有的王卜辭中,當只言王呼令"衆"或"衆人"去做一些事情時,確實不好將"衆"鎖定在狹義的用法上,認爲"衆"一定是指稱某一或某幾個特定階層的人。如賓組卜辭有:[2]

(1) 戊寅卜,爭貞,今椆(春)衆㞢(有)工。十一月(《合集》18)

"㞢(有)工"之"工",其義現仍不太明白。學者多數從于省吾先生讀爲貢。[3] 在讀爲貢的情況下,如果將這裏卜問是否有工(貢)的"衆"理解爲具有一種特定身份的群體,例如平民,是不符合卜辭辭義的。與工(貢)有關的辭例證明,商王卜下屬是否"有工(貢)",工(貢)的實行者,多是各宗族(以下卜問有無工[貢]者也可以理解爲人名,但實際上要承擔工[貢]者,自然還是這些貴族所率宗族),如以下賓組卜辭:

(2) 戊其㞢(有)工。(《合集》4276)

(3) 貞,㠯亡(無)其工。(《合集》4089)

(4) 貞,㿱亡(無)其工。(《合集》4246)

(5) 己巳卜,殻貞,犬征其工。(《合集》4632 正)

---

① 裘錫圭:《關於商代的宗族組織與貴族和平民兩個階級的初步研究》,《文史》第 17 輯,1983 年,第 16、17 頁。

② 本文甲骨刻辭分組主要參考了李學勤、彭裕商:《殷墟甲骨分期研究》(上海古籍出版社,1996 年),第 12 頁,所標明"某組"後"一""二"等是組内分類。

③ 學者或讀"工"爲其本字,釋爲"工事"即勞役之事,見蔡哲茂:《釋殷卜辭的㞢(賛)字》,《東華人文學報》第 10 輯,2007 年,第 21—50 頁。釋爲"工事"從字釋上應無問題,但對於下舉卜辭中卜商王屬從"亡(無)其工"時,如是言"没有工事",則較費解。按:"工"在這裏,也可能當讀作"功"。《周禮·秋官·大司馬》"若師有功",鄭玄注"功,勝也",是指戰功。

這樣看來,工(貢)是以各個宗族爲單位進行的。所以辭(1)之“衆”與其理解爲是對某種特定身份的人群之稱,不如理解爲是泛指戉、𠂤等商人宗族組織。在有關“衆”的卜辭中,這種廣義的用法實際上還有不少,此不再贅述。現在先討論一下“衆”在作較狹義用法時,其範圍爲何。

在王卜辭中,“衆”(或“衆人”)常與一些大的商人宗族相聯繫,在兩類有關戰事的卜辭中尤多。一類是卜這些宗族族長“以衆”,即領率“衆”去征伐敵方。另一類則是卜“喪衆”。卜辭中與戰事有關的“喪衆”之“喪”的意思,學者多已指出,應該與《國語・周語上》“宣王既喪南國之師”之“喪”同,是指在戰事中之損失。因商人常以“衆”構成的宗族武裝作戰,故卜問“衆”是否會喪失。戰爭不可能不損失兵員,卜問戰爭中是否“喪衆”的真正的意思應該類似以上《周語上》所言宣王之喪師,是指會否遭受重挫。

卜問“喪衆”之卜辭,例如:

(6) 貞,𠂤其喪衆。(《合集》58,賓組一)

(7) [illegible]隹其喪衆。(《合集》31998,歷組二)

(8) ⧄貞,竝其喪衆人。三月(《合集》51,賓組一)

(9) 乙酉卜,王貞,[illegible]不喪衆。(《合集》54,𠂤組)

(10a) □未卜,⧄[illegible]衆其喪。

(10b) 壬申卜,貞,□弗其□[illegible]。(《合集》53,𠂤組,圖一)

圖一 《合集》53

(11) ⧄貞,[illegible](束)□不喪衆。(《合集》32001 反,歷組二)

(12) 乙亥卜,貞,[illegible]不喪衆。(《合集》61,賓組一;《合集》62 同)

(13) 甲子貞,𠚤涉以衆,不喪衆。(《合集》22537,出組一)

(14) 貞,我其喪衆人。(《合集》50 正,賓組一)

以上辭(10)原版“[illegible]”字同列下已無字,而“衆”上端卜甲殘,此將“[illegible]衆”聯讀,是考慮同版左側,有“壬申卜,貞”的前辭格式,[①]故疑本條卜辭的句式是“□未卜,貞,[illegible]衆其喪”。在賓組卜辭中又有:

(15) 丙子卜,[illegible]。(《合集》7017)

(16) 貞,[illegible]。(《合集》7016)

上引辭(10)所屬之《合集》53 左側卜辭(即上引[10]b)亦言“[illegible]”,則右邊所卜問是否會喪

① 《殷墟甲骨刻辭摹釋總集》將此條卜辭弗上一殘字“隹”釋作“雀”,但此字上部殘,所以只能說很可能是“雀”字,“其”下一殘字似是“克”。《合集》19191 作“壬申卜,貞,⧄弗其克”,19192 作“□隹其弗克”,19191“弗”前一字也殘,不知是“隹”還是“雀”。

"丂衆"（即上引[10]a），可能也當與丂戈之戰事有關。另有一條賓組一類卜辭也可以將卜"喪衆"與戰事相聯繫，[1]即：

(17) 辛巳□召貞□喪衆，受方又（佑）。（《合集》64）

這是卜問，是否因喪衆，而使方受佑。語義近似的卜辭如"癸巳卜，方其受又（佑）"（《合集》8644），"貞，弗其受呂方又（佑）"（《英藏》551）。這種句式中的方應是指某敵方，則此"喪衆"顯然是和某方發生的戰事可能導致的結果。[2]

與卜問這些族氏在戰事中是否"喪衆"相聯繫的卜辭，是貞問若干族氏（或族長）是否要"以衆"征伐的卜辭。如：

(18) 丁未卜，爭貞，弓令阜屮衆伐呂[方]。（《合集》27，《合集》26同，賓組一）

(19) 貞，王弓令阜屮衆伐呂方。（《合集》28，賓組一）

(20) □丑貞，王令屮以衆岀伐召，受又（佑）。（《合集》31973，歷組二）

(21) 丁亥貞，王令屮衆岀伐召方，受又。（《合集》31974，歷組二，圖二）

(22a) 乙亥貞，屮令章以衆岀合（？），受又。

(22b) 屮（乎？）多尹往岀。（《合集》31981，歷組二）

圖二　《合集》31974

(23) 己卯貞，令岀以衆伐龍，戈。（《合集》31972，歷組二）

辭(21)將"王令屮以衆"寫成"王令屮衆"，這只有在屮所"以"之"衆"即是屮衆的情況下才可能。氏名直接與"衆"聯繫同上引辭(10)將"丂喪衆"寫成"丂衆其喪"類似。氏名直接與"衆"相聯的辭例還有：

(24) 庚申卜，祝貞，令竝衆衛（衛）。十二月（《合集》40911，出組一）

凡此均可證明以上將氏名直接與"衆"相聯是當時習慣使用的一種稱謂，不是偶然的文筆之省所致。

---

[1] 下文所引辭(91)屬無名組卜辭，也是卜戰事中是否"喪衆"。

[2] "喪衆"當然也有在非戰爭的情況下會出現，《合集》8有"□卜貞，衆乍（作）耤不喪□"。上引裘錫圭先生文曾説明在商代當時的歷史環境下，農業生産也可能會因敵方入侵出現人員傷亡損失的情況。徐六符：《商代的"衆""衆人"問題探討》（《福建師範大學學報》1992年第1期，第92—99頁）曾引《左傳》昭公十八年"鄅人藉稻，邾人襲鄅"之事，説明衆人作藉可能會遇不測。但《左傳》所記此事，是講在鄅人藉稻時可能城内空虚，邾人乘機襲其都城，與野外藉田不同。但無論如何，基於對卜辭的"衆"的身份與"喪衆"之内涵的總體認識，卜辭"喪衆"不當釋爲衆逃亡之舉應是可以肯定的。

辭(22)占卜是否要由⊗命令"𦎫以眾"征伐,應該理解爲⊗在等級地位上高於𦎫,故可以命令𦎫領率其"眾"去攻伐敵方。由這種句式似可以進一步推知,明言"某以眾"(某是族氏名,或族長名)時,被"以"之"眾"當是屬於該氏之眾,而不是"以"屬於其他族氏的眾。

小屯南地甲骨有:

(25)丁未貞,王令⊗奴眾伐,才(在)河西⊗。(《屯南》4489,歷組二)

這條卜辭中卜問⊗所奴之"眾"可能不是(或不僅是)指⊗自己的"眾",如是,即可按卜辭慣例,言"以",似不必言"奴",即要再徵調。上引辭(22),在貞問⊗是否令"𦎫以眾"𣥮伐時,同時又貞問是否要"乎多尹往𣥮",多尹是指多個族氏的族長,[①]"乎多尹"實際上是呼𦎫氏等多個族氏之"尹"領率自己的"眾"去征伐。辭(25)王令⊗所"奴眾",亦應與此類似,即是集合多尹之眾,亦即是指多個商人族氏,"眾"在這裏實際上已經屬於一種廣義的用法。

值得進一步討論的是,以上雖説明了辭(18)至辭(23)中,所卜問的某族氏(之長)"以眾"征伐及在戰事中是否"喪眾"之"眾",與卜"某(族氏)喪眾"之"眾"相同,是屬於他自己的"眾",但是否可以認爲"眾"即是指稱這些族氏(𦎫、⊗、[②]𢆶、𣥮、𣎳[束]、⊗)的族人呢? 以上辭(10)、(21)、(24)"𢆶眾""⊗眾""𢆶眾"既可聯讀,則"眾"可以冠以這些宗族的名號,自然反映了"眾"與宗族本身之間的密切關係。筆者傾向於眾即是這些宗族的族人,而不是附屬於這些宗族的群體。爲了説明這個問題,似有必要討論一下商人宗族的軍事組織之構成。

迄今在殷墟所發掘的商後期商人墓地資料證明,商人各族氏是采用族墓地制度的,具有不同等級身份的宗族成員的墓葬以一定的分布形式共葬於一塊墓地中,表現了等級關係與血親關係共存的宗族形態特徵。而在這種族墓地中有一個重要現象,即墓室面積較大、隨葬品較豐富,並隨葬有青銅禮器的中型或小型墓中之較大者,當墓主人是男性時,基本上皆隨葬有青銅兵器,而小型墓中墓室面積較小,不隨葬青銅禮器的墓,基本上也不出青銅兵器。[③] 這不僅證

----

① 張政烺:《卜辭裒田及其相關諸問題》,《考古學報》1973年第1期,第93—118頁。

② 𦎫與⊗是否即是同一氏(或同一人)名似還可以再深入討論。二者可能皆以"匕"爲聲符,故在讀法上應是一樣的,自然有爲同一氏(人)之可能。又如以下卜辭所示:

　　貞,弜令𦎫田于京。二告(《合集》10919,賓組一)

　　☑卯貞,王令⊗田于京。(《合集》33220,歷組二)

單憑此兩條年代似有早晚的卜辭亦難能説明𦎫與⊗很可能即是同一氏(或人)。從總體看,賓組多寫作𦎫,歷組多寫作⊗。𦎫下部顯然是𣪠(網狀物),⊗字下部有時寫法與"𣎳"近同,可以寫作⊗(如《合集》1069),但絶大多數作⊗、⊗二形,與𣎳基本形體⊗、⊗還是有差別的,也許即是𦎫的異體。𦎫字下部也偶有寫作⊗的,與⊗的寫法形近。從卜辭內容上看,二者皆可能是王同姓宗族,但⊗資料較少,若從內容上作二者身份比較尚有缺欠。姑暫作有別處理,存疑待考。

③ 參見拙著《商周家族形態研究(增訂本)》,天津:天津古籍出版社,2004年,第121—130、596、597頁。據是書,1969—1977年發掘的殷墟西區墓地中,在殷墟文化二期至四期時段內,筆者所劃分的18座一類丙種墓(即中型墓中較小型墓,應屬低等貴族)除去被盜者外,尚有13座隨葬有青銅兵器。在二類墓(即小型墓,當爲平民墓葬)701座墓中,有85座隨葬有青銅兵器,約占墓總數的12%。二類墓中的早期墓(即二期墓,相當於武丁晚期至祖庚時期,與賓組卜辭的年代相近)有兵器墓所占比例更大,在二期64座墓中,隨葬青銅兵器的墓即有18座,約占28%。據發掘報告,出兵器的墓葬中,人骨架皆爲男性。由此可以推知,當時在宗族內平民男子中,武士占相當大的比例。類似的情況在此書所分析的1982至1992年發掘的殷墟郭家莊墓地中也可以見到。

明確如不少學者已論述過的,父權的商人宗族同時也具有軍事武裝的性質,而且上述現象也表明,在當時商人各宗族内,宗族成員能够作武士,能够作戰,是有較高等級身份與政治地位的象徵。由此,自然可以推知,卜辭中所見各族氏參與戰争之"衆",至少在主體上,或説宗族武裝中的骨幹與核心,應指具有武士身份的、中型墓與墓室面積較大的小型墓的墓主人,而在人數比例上自然以後者爲多。中型墓的墓主人,按其墓制與隨葬禮器的規格,應該屬於商人中的中等貴族(多屬於中等貴族中的較下層);小型墓中面積相對較大者,也有簡單的銅禮器,墓主人應屬於平民中的上層。如果説,王卜辭中最常卜問的、參戰各宗族内的"衆"根本不包括這些具武士身份的屬中等貴族與平民上層等級的族人,而是指另一套獨立於族人武裝外由非族人附庸組成的武裝,就甚爲費解了。

當然,商人宗族共同體内不排除接納一些非同姓親族成員的可能,如被征服的異族成員,在屈服後,作爲附庸存在於商人宗族共同體内,像《左傳》定公四年所記伯禽受賜之"殷民六族"中所領有的"類醜"。又如卜辭所見受王或上級貴族賞賜所得的異族人。[①] 這類人其中一部分也可能被納入宗族武裝中,類似於西周時期周人大規模宗族武裝的那種情況。[②]只是這樣的證明材料(包括文獻、古文字及田野考古資料)目前尚比較缺乏。但如上所述,即使考慮到這種情況,構成宗族武裝"衆"的主要成分,也應是族墓地内中、小型墓墓主人中隨葬武器的那部分族人。

總之,當卜辭卜問是否要一些商人宗族的族長"以衆"去作戰,或卜問這些族氏是否會在戰事中"喪衆"時,"衆"的範圍指的是這些宗族内各自的宗族武裝成員,應是指(或主要是指)包括宗族内具有中等貴族身份與平民上層身份的有武士資格的族人。而如果宗族武裝内含有非血親的附庸成員,那麼"衆"也應包括這類人員在内。

由上述分析可知,以往學者(包括筆者本人)較簡單地將"衆"的身份指定爲某一種特定階層的群體(如平民),是不盡合乎卜辭中這一人稱内涵的。上引裘錫圭先生將"衆"分爲"廣義"與"狹義"兩類的方法,則非常有助於正確理解卜辭"衆"的辭義。只是在這裏,筆者要將"廣義"與"狹義"的範圍稍作調整。廣義的"衆"可以理解爲,是泛指作爲王之下屬的商人諸宗族成員(及其附庸)。從等級身份看,自然包括不同等級的貴族,也包括平民階層等。狹義的用法,則是僅指某一特定商人宗族内的部分成員(及其附庸),像上舉某宗族之長"以衆"征伐時的"衆",或某宗氏"喪衆"時的"衆"。裘錫圭先生在上引論文中曾指出,"狹義"的"衆"指被排斥在宗族組織之外的商人平民,這與本文的看法有所不同。筆者認

---

① 花園莊東地甲骨刻辭有:

　　壬卜,在麓,丁昇子圈臣。

　　壬卜,在麓,丁曰:余其啓子臣,允。(《花東》410)

　　"圈臣"顧名思義似是由戰俘轉化的"臣"。

② 宋鎮豪先生認爲:"商代族氏組織的社會構成相當複雜,並非純爲血緣組織,是一種外觀保留着族組織形式的地域性團群,成員來源不一,但其内核則爲同出某個姓族的宗族或家族。"(見其《商代邑制所反映的社會性質》,《中國史研究》1994年第4期,第57—65頁)與這裏的看法相似。

爲商人宗族內包含其等級身份應歸屬爲平民的親族成員,他們屬於宗族下層。這個問題可能牽扯到對商人宗族結構的不同認識,就不在此討論了。

用以上廣義、狹義這兩種"衆"的概念來檢視有關"衆"的卜辭,大致可以講通。其中廣義的用法較多見,先以其他語句形式的、占卜"衆"參與戰事的卜辭爲例:

(26) 丙子貞,令衆衛(御)召方,卒。(《合集》31978,歷組二,《屯南》38辭同)

(27a) 甲戌卜,殷貞,曰:衆勿章(敦)。

(27b) 貞,曰:衆勿章(敦),弗其[戋]。(花園莊東地遺址出土,T2②:34,賓組一,圖三)①

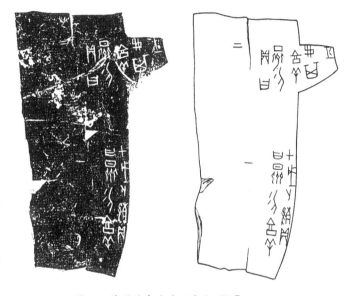

圖三　花園莊東地遺址出土,T2②:34

辭(26)是由王的角度言"衆",占卜是否要令"衆"防禦召方,則此處的"衆"應該是指歷組卜辭中多見的擔負伐召方任務的,例如𢆶(🌾)等商人宗族,顯然是一種比較寬泛的,即上述廣義的用法。辭(27)中的"衆"的含義與辭(26)近同。

(28a) 己丑卜,其雋衆,告于父丁一牛。

(28b) 弜雋。(《合集》31995,歷組二)

(29a) 戊申貞,其雋衆人。

(29b) 弜雋。(《屯南》1132,歷組二)

(30a) 庚□貞[再]衆從北至于[南]。

(30b) 其從西再衆。(《合集》31996正,歷組二)

辭(28)、(29)之"雋衆"(或"雋衆人")或即同於辭(30)之"再衆"。再者,舉也。此舉之用法同於"舉兵"之舉,舉衆即發動衆。發動衆的目的,卜辭未言,很可能也是爲了應對敵方入侵。辭(30)卜是否要在較廣泛的地理範圍內"再衆",所以"衆"在這裏應屬於上述廣義的用法,是泛指商人諸宗族。辭(28)卜問是否要將"雋衆"之事"告于父丁",顯示此項舉措意義之重大,這似可從"衆"的地位之重要角度來理解。

"衆"的廣義用法,除見於上引有關戰事卜辭外,還較集中地體現於部分卜問"衆"從事農業生產事項的卜辭中。令"衆"從事農耕的卜辭,也有繁、簡兩種:簡略的卜辭,只言"衆",如:

---

① 中國社會科學院考古研究所:《安陽殷墟花園莊東地商代墓葬》,科學出版社,2007年,第28頁。

（31）丙戌卜，賓貞，令衆來，受屮（佑）。① （《合集》14 正，賓組一）

（32）丙午卜，㕣貞，衆黍于☐（《合集》11，賓組一）

（33）辛未卜，爭貞，曰：衆人☐䖵（尊）田☐（《合集》9，賓組一）

（34）丁亥卜，令衆㲋（髮）田，受禾。（《合集》31969，歷組二）

顯然，王呼令的衆，應該隸屬於各自的宗族組織，而令衆所從事的農耕是指王室農田上具體時日的具體農事，王只泛言"衆"（或"衆人"），當是因爲王室農田上的這種農事由哪些宗族擔負已是定制，王所要卜問的目的大概主要是爲了適時地令"衆"耕種王田，或判斷在何時開始耕作王田能有收穫。此類卜辭單從字面上也難以看出"衆"是指商人宗族成員中的哪些人。但是依照情理，王所令去從事農耕的"衆"，不可能只是指宗族組織中的屬於平民身份的成員，這時所言的"衆"，對於一個大的宗族組織，還應該包括宗族組織中率領下層成員去農作的中層甚至上層成員，亦即有貴族身份的成員。仔細分析爲諸家所熟悉的下面一組卜辭也可以說明這一點：

（35a）甲子卜，㕣貞，令受量田于☐

（35b）己酉卜，爭貞，奴衆人呼從受由王事。五月。（《合集》22，賓組一）

（36）己酉卜，爭貞，奴衆人呼從受由☐（《合集》23，賓組一）

辭（35）甲子日卜問"令受量田"，受在賓組卜辭中習見，爲商人一支大的宗族的族長（受也應是這一宗族之族名）。己酉日與甲子日之間相隔十四日，但從此兩條同版相鄰的卜辭辭義看，己酉日所卜"奴衆人呼從受"與"令受量田"可能仍是相聯繫的，也許確定由哪位貴族去帶領"衆"量田是一件非常重要的事情，故較早即要占卜。從這條卜辭似可以認爲，上引卜辭中王泛言令"衆"去農作，所稱"衆"即應包括像辭（35）中的受這類商人宗族的族長以及由其率領之"衆人"。而且辭（35）中所奴之"衆人"是由王下令徵調來的，然後交於受去統領，並非僅是受自己的族人，則這些徵調來的"衆人"，也應當各自有其族氏，受徵調來服王役時，當各自有其族長領率。參照這組辭例，則可以認爲當王泛言"衆"去從事農作時，則這個"衆"的內涵即可能包括：

受之類較大的宗族貴族＋所領率的"衆人"（包括各族氏族長之類貴族＋所領率的本族"衆人"[包括各族以平民身份爲主的族人及可能存在的異族附庸]）。

因此，雖然可以認爲這種情況下的"衆"在人數上確實應該是以被徵調來的各族內屬於平民階層的族人爲主，但"衆"的嚴格內涵仍應該是指王所徵調的商人大小宗族成員。這與上文討論有關戰事的卜辭中常見的王令"衆"征伐的材料時，所得出的"衆"的嚴格內涵是相近同的。

---

① 來字，裘錫圭先生釋作"黍"，見所著《甲骨文中所見的商代農業》，收入《全國商史學術討論會論文集》，《殷都學刊》增刊，1985 年，第 199—204 頁。

同樣可以視爲屬於"衆"廣義之稱的辭例,是學者對其內容存在爭議的、卜問令"衆人"劦田的卜辭。

（37a）☑殸貞,王大令衆人曰☑

（37b）乙巳卜,殸貞☑（《合集》5,賓組一）

（38a）☑大令衆人曰劦田,其受年。十一月

（38b）☑受年。（《合集》1,賓組一）

（39）☑人曰劦田☑（《合集》3,賓組一）

（40）☑曰劦☑（《合集》4,賓組一）

（41a）☑曰劦田

（41b）☑其受年（《合集》2,賓組一）

此五組卜"衆人"劦田的卜辭,皆殘缺,但彼此尚不能綴合。從文句重複的辭句可知爲此件事至少占卜了五次或更多,説明這次占卜相當重要。卜辭言"王大令"者,甚少見,除此之外,僅見於《合集》5034、5035（其中《合集》5035 爲殘辭）,亦可證明這一點。但"劦田"是指協力耕田,還是以"劦"爲祭名,釋作劦祭田祖,至今學者未達成共識。從現可見到的卜辭資料看,"田"前有一動詞與之組合,還應該是指農作,如上引辭（33）圖（尊）田,辭（34）"圖（夏）田"。"劦田"之"劦"在此顯然不應僅釋爲《説文解字》所云"協力也",而是一種表示特定耕作方法的動詞,類似於:

（42）貞,乎雷耤（耤）于明。（《合集》14 正,賓組一）

之"耤"。耤在後世文獻有作藉耕公田之意,所謂借民力耕種公田,實際是農民以勞役形式在貴族田地上耕作（屬於所謂勞役地租）。但在卜辭中,"耤"還應釋作其字形所表示的本意,即"以耒翻土",或其引申義"耕作"。"劦田"之"劦"既用三耒並列,應是示共耕之意的動詞,即集體以協力形式耕作。"劦田"即指共耕於田。"劦"雖在卜辭中也作祭名,但僅用於周祭,平時不見用。特別是迄今卜辭未見王直接令"衆"（或"衆人"）從事祭祀的卜辭,而"田"也未見確實可證作爲受祭對象的例子。所以"劦田"還是讀作"耕田"之本意爲好,而"王大令衆人"之"衆人"仍應理解作是使用其廣義,即泛指商人各宗族成員,不單指具體的耕田者。卜辭詞語簡略,不能確知是命某些族氏爲王服役去耕種王田,還是王在某一重要農耕時節開始之時,由王下令促農適時開始耕作的程式化的行爲。

賓組卜辭另有一條卜辭記"劦田":

（43）貞,虫辛亥劦田。十二月（《合集》9499）

"劦田"還要貞卜在某一日開始,似表明當時重要的農作開始之際,要配合有一定儀式。因此上引十一月"大令衆人曰劦田"的真實背景,可能也是王主持的一種開耕儀式。卜辭中的十

一月,依筆者的研究,大概相當於農曆的三月,[①]十二月即相當於農曆四月了。農曆四月的重要農作,應該正是今黄河以北地區大田作物開始播種之際。則十一月"大令衆人曰劦田"之"劦田"時的具體農作,也許爲播種前翻土,同於《國語·周語上》記周王行藉禮時之"墢"土。[②]

綜上所論,王卜辭中所謂"衆"(或稱"衆人")的用法,就其要者大致可分兩類:

一類是廣義的用法,如在戰事、農事等卜辭中王直接呼令"衆"(或"衆人")時的用法,此時簡言的"衆"(或"衆人")即泛指諸商人宗族的成員。此時"衆"所包括的階層,既有宗族内的貴族,也有平民族人(以及有可能存在於商人宗族内的異族附庸)。當然,在農事卜辭中,被呼令的"衆"中實際從事農業勞役的應是各宗族内的平民族人(及可能存在的異族附庸之下層)。亦即是説,此種情況下的"衆"以平民爲主體。而在戰事卜辭中,被呼令的"衆"中,當以諸宗族内的貴族與平民上層爲主幹,在人數上則以貴族下層與平民上層爲多。

另一類是狹義的用法,如在戰事等類卜辭中,卜問是否要具體的某一族氏族長"以衆",或某一族氏是否"喪衆"時,所説的屬於該族氏之"衆",其主體成分應是該族氏的族人(並可能含有異族附庸),而以該族内下層貴族與族人中的平民上層爲主幹。

因此,這裏所歸納的廣、狹義"衆"的不同之處,主要在於所指稱的範圍寬窄有別。但其共同之處則在於其主體皆指商人諸宗族成員。因此,"衆"還是對一種具特定身份的社會群體的專稱,而非泛稱。以往諸家(包括筆者在内)將"衆"認定爲某一種特定的社會等級或階層的看法,與卜辭中"衆"的實際内涵有差距。而這種判定上的差別自然會影響到對商後期社會形態特徵的看法。

卜辭中所見"衆"所屬商人諸家族,根據現有卜辭資料,可知其中至少有相當一部分是子姓宗族。[③]但現有資料尚不能一一確證這些宗族的性質,似未必皆屬子姓。

王卜辭中所見"衆"的上述内涵,也與非王卜辭中所見"衆"的情況類似。1973 年小屯西地所出屬非王卜辭的甲骨刻辭中亦有"衆"之稱,即:

(44) 御衆于祖丁牛、妣癸囲(盧)豕。(《合集》31993)

此辭中占卜主體之貴族爲"衆"舉行對祖丁、妣癸的御祭,"衆"作爲祈求祖先佑護的對象,顯然應該即是該宗族的族人。這可以證明上文將王卜辭中的"衆"與商人宗族相聯繫是符合該詞在卜辭中的詞義的。

《尚書·盤庚》篇,學者多認爲是成書於西周,但保留商人文句較多的文獻。《盤庚》中王

---

① 參見拙文《試論殷墟卜辭中的"春"與"秋"》,收入《仰止集——王玉哲先生紀念文集》,天津人民出版社,2007 年,第 170—187 頁。此拙文寫成的年代是 1983 年 9 月,爲紀念王先生而撿出發表。文章認爲卜辭正月相當於農曆的五月。常玉芝先生:《殷商曆法研究》(吉林文史出版社,1998 年)亦持此説。
② 彭邦炯:《商代"衆人"的歷史考察——關於"衆人"的新探索》,《天府新論》1990 年第 3 期,第 77—85 頁。亦曾指出,"劦田"應是開春時,商王下令衆的耕種"公田"時舉行的一項祭祀典禮。但彭先生仍同意"劦"字是祭名,與本文認爲"劦田"還是指共耕於田,卜辭卜"劦田"是卜舉行促農耕作儀式之時間的解釋不盡合。
③ 參見拙著《商周家族形態研究》,第 62 頁。

訓話的對象是"衆",其下篇講遷都以後,王言:"今予其敷心腹腎腸,歷告爾百姓于朕志,罔罪爾衆。"此將"爾百姓"與"爾衆"並稱,是"百姓"即"衆"。"百姓"之"姓"當即卜辭所見"多生"之"生",意是指族人(在卜辭中"多生"應是指"多子"外的多個同姓宗族),"百姓"實際應是指商人諸宗族成員。其中篇是講涉河前的事,王言"誕告用亶其有衆,咸造勿褻在王庭";其上篇亦是講遷都後的事,言"王命衆,悉至于庭"。此兩篇中謂"在王庭""悉至于庭"之"衆",應是"衆"之上層,即謂宗族成員中身爲宗族長又可能爲王朝官吏之人,亦即下篇王所稱呼之"邦伯、師長、百執事之人"。所以《盤庚》篇中的"衆"與上述卜辭中廣義的"衆"内涵是近同的。

此外,《孟子・滕文公》中講道"湯居亳",因葛伯"放而不祀",而"湯使遺之牛羊","湯使亳衆往爲之耕",這裏的"亳衆"顯然是指亳邑内商人之族人。《孟子》文字雖成於戰國中晚期,但這裏使用"亳衆"一詞,倒可能是保留了卜辭時代的稱謂。

二、關於"🔼衆"及"🔼衆"

對於以往釋作"㣈(途)衆"的王卜辭,若將"途"讀成"屠",即會與上文將"衆"釋作商人宗族成員的看法相違背。因爲卜辭中見到的"㣈"的對象,還包括明顯是商王子姓宗親的"子妻""子央"(詳下文)。所以,讀"㣈"爲"屠",雖適宜於將"衆"解釋爲奴隸之類非自由人,但王屠子族,則使學者多覺不妥。

2001年《中國文字》新廿七期刊登趙平安先生文,根據郭店楚簡中"達"字的形體,將卜辭中過去被讀作"㣈"字的這個字釋爲"達"字,[1]從而啓發了研究者進一步重新思考這個字的讀法。筆者覺得可以再斟酌的是,從甲骨文中過去被釋作"㣈"的這個字,到屬於戰國時期郭店楚簡中的楚系文字,有相當一段時間,其間字形發展途徑似尚不甚清楚。趙先生文章列舉了甲骨文"㣈"字的諸種字形,説明此字常態寫法(即據大多數字形)並不同於甲骨文中的余字(常態作🔽),這是很重要的。現在試提出此字釋讀的另一種可能性。[2]甲骨文中過去被讀作"㣈"的字之字形,依此字上端形體之不同,大略可以分成以下A、B、C三型(a、b表示型下之亞型,各指其左側諸字形):

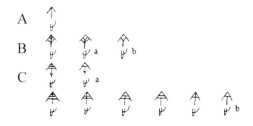

---

① 趙平安:《"達"字兩系説——兼釋甲骨文所謂"途"和齊金文中所謂"造"字》,《中國文字》新27期,2001年,第51—63頁。
② 按:筆者對此字看法已於2008年9月初在本文初稿中寫成。因此字關乎對"衆"的基本認識,故實已久在思考中,至10月下旬方見到10月中旬在吉林大學召開的中國古文字研究會三十周年紀念學術討論會論文集,即《古文字研究》第27輯,2008年。其中有劉桓先生發表的大作《釋甲骨文"達、遏"》,《古文字研究》第27輯,2008年,第96—99頁,該文釋此字爲从害从止,隸定作"逩(達)",與余的看法相合。因劉先生文章先我刊出,特此説明。劉先生讀"達"爲"遏",與余認爲"害"多數情況下應讀爲"會"有別。

此字"止"以上的上半部與"余"相同的僅是 C 型裏的 a 亞型中第二種寫法,而且只有很少幾例,絕大多數寫法不作此形。因此,趙先生所云是有道理的。在較常見的 A、B 型以及 C 型中的 b 亞型中又以 Cb 亞型爲最常見。所以此字讀法似可主要從 Cb 亞型再作考慮。

Cb 亞型的上半部簡形作 介,繁體作 ￥ ￥ ￥ ￥ 等。卜辭中有字作 ￥ ￥ ￥ ￥,前三個字其上部與此 Cb 亞型同。末一字于省吾先生讀作薯,謂與典籍薔同,甲骨文字从 ￥￥ 與从 ￥￥ 無別,①从 ￥￥ 或从 ￥￥ 亦可理解爲義近形旁通用,所以《甲骨文字詁林》將前三個字那種字形亦均釋作薯,可從。金文害字作 ￥(師害簋)、￥(毛公鼎),上半部寫成 ￥ 形,已近於宰,顯然是甲骨文 ￥ 形的訛變。甲骨文 介 字或作 ￥(即薯),￥ 下加口(即害),當與 ￥(即宰)音同。所以甲骨文以往讀爲"余"字的 ￥ 字,其"止"上之部分,實即與"害"音同。故應可隷定作宰,且讀作"害"音,加 ￥(止),示其是與行動有關的動詞。卜辭中田獵地有 ￥(《合集》24469)或作 ￥(《合集》33572),也可證 ￥(余)與 ￥(宰)音同,即讀"害"音。"害"字上古音,聲母在匣紐,韻屬月部。② 依其音,卜辭中所見"宰",多數情況下均可以讀如"會",即《説文解字》所云"會,合也"之"會","會"與"害"聲韻並同。如以下賓組和歷組卜辭中的"宰"似均屬此種讀法:

圖四 《合集》6051

(45)己丑卜,古貞,王宰 ￥,亡(無)蚩。(《合集》916 正)

(46)乙未卜,賓貞,令衍宰子央于南。(《合集》6051,圖四)

(47)貞,蚩 ￥ 令宰啓于并。(《合集》6055)

(48)戊庚卜,賓貞,令訊宰啓于并。八月(《合集》6056)

(49)庚子貞,王令嘼宰子聅。(《屯南》1115,圖五)

(50a)庚子貞,王令白般宰子☐

(50b)令宰子聅。

(50c)蚩嘼令。

(50d)剛令 ￥ 宰蚩子聅。(《合補》10480)

(51)貞,呼 ￥ 宰子妵來。(《合集》10579)

在上舉這些卜辭中,或是卜問王會見某人,或是卜問王是否令貴族去與其他貴族會面、會合,或會迎。

① 于省吾:《甲骨文字釋林·釋薯》,中華書局,1979 年,第 405—406 頁。
② 王念孫晚年將祭部中去聲字獨立出來,稱"祭部",把祭部中的入聲字獨立出來,稱"月部"。參見陳復華、何九盈:《古韻通曉》,中國社會科學出版社,1987 年,第 32 頁。是書將"害"與今發 hui 音的"會""繪"皆入匣紐、月部。《周法高上古音韻表》,三民書局,1973 年,第 136、143 頁,則將"害"與發 hui 音的"會"并入群紐、祭部。

在歷組卜辭中也見重某方,如:

> (52) 丁未貞,王令卯重危方。(《合集》32897,歷組二)

> (53) 庚辰貞,令乘望重危方。(《合集》32899,歷組二)

這兩條卜辭中的重似也當釋爲"會",因爲同組卜辭中可見危方曾向商王貢獻牛用作祭牲。

> (54) 癸亥貞,危方以牛,其登于來甲申。(《合集》32896、33191,歷組二)

> (55) 癸未貞,甲申危方[以牛]☐自上甲。(《合集》32026,歷組二)

因此卜問是否要令卯、乘望(應即望乘)會危方,可能是會迎來送祭牲的危方之人。卜辭中也見重虎方:

> (56a) ☐粤其重虎方,告于大甲。十一月

> (56b) ☐粤其重虎方,告于丁。十一月

> (56c) ☐粤其重虎方,告于祖乙。十一月

> (56d) 貞,令望乘眔粤重虎方。十一月(《合集》6667,賓組一)

這組卜辭中的"重"是不是可讀爲"會",似難以判定。如虎方此時與商人爲敵,則重也可能讀如"害",訓爲《説文解字》所云"傷也",是創傷之意。或讀爲"遏",其聲母屬影紐,韻亦在月部,訓作止。

依照上舉辭例再來看下面卜王重衆人的卜辭:

> (57a) 貞,王弜往重衆人。

> (57b) 貞,于甲子步。

> (57c) 翌癸亥王步。(《合集》67正,賓組一)

圖五 《屯南》1115

（58a）貞，王宝衆人。

（58b）貞，王弓宝衆人。

（58c）翌癸亥王步。（《合補》32，賓組一，圖六）

此二版卜辭是卜問王是否要會見衆人。這裏的"衆人"顯然也應按上述廣義用法解釋，即商人諸宗族成員。

至此，還有必要討論一下另一片與"衆"身份相關的黄組卜辭，即：

（59a）乙巳卜，在分，虫丁未靐衆。

（59b）虫丙午靐衆。（《合集》35343，圖七）

圖六　《合補》32

"靐"①在卜辭中有兩種用法。一是作動詞，其字義據此字作雙手（或省手）持網狀物捕"豕"可知，大致可作捕獲解。如：

（60）辛丑卜，㲋貞，今日子莔其靐基方缶，戋。五月（《合集》6571 正，賓組一）

另一種用法是作氏名，如：

（61）貞，弓令靐比我再册。十月（《合集》7418，賓組）

（62）癸巳卜，又于亞靐一羌、三牛。（《合集》32012，歷組二）

此"又于"即"向……（神靈）乞求以佑于"。或用作地名，如：

（63）☑爭貞，在靐奠。（《合集》8218 正，賓組一）

此是地名與氏名相合之例。

儘管從辭(59)的語法形式看，以上"靐"字第一種（即作爲動詞的）用法可以行通，但認爲這是王在占卜是否要捕獲"衆"，與上述"衆"在卜辭中的内涵很難調和，何況"衆"在這裏作泛稱，所指寬泛，故以"靐"作動詞，以"衆"爲賓語的解釋相當費解。

以"靐"作動詞時，還有一種情況亦值得注意，即賓組卜辭有：

（64）☑庚寅，王弓乎戈靐。（《合集》10713，圖八）

（65）乙未卜，㲋貞，靐戈。（《合集》6959，圖九）

（66）☑靐戈☑（《合集》10714、10715 同）

---

① 此字在卜辭中有不同寫法，其基本特徵是從"罕"從"豕"。或作以"奴"（或"又"）持"罕"或"中"。但亦有省去"奴"或"又"的。本文皆隸定作"靐"。在賓組卜辭中，此字所從"豕"寫成 ，但在如上舉《合集》35343 等黄組卜辭中，"豕"已多省去表示腹部的筆畫，而寫作 ，或再略變形。商末周初金文中用作氏名的此字（見《集成》1989、8855—8857），所從"豕"亦同此形。學者或將這種簡化的"豕"解釋爲手形加斜畫，但全面檢視黄組卜辭中此字"豕"之寫法，似還是與手形有别。且只有將之認作是"豕"的簡省寫法，與下邊的䍐仍構成會意字，才好解釋此字的構形。

圖七　《合集》35343

圖八　《合集》10713　　　　　　　　　　圖九　《合集》6959

　　顯然，"靠戈"應是"戈靠"之倒置。依此，則辭(59)之"靠衆"也可能是"衆靠"之倒文。黄組卜辭有：

　　　　(67a)　☐辛亥卜，在☐日☐

　　　　(67b)　丁酉，在今貞，其以☐

　　　　(67c)　不雉衆。(《合集》35344)

不排斥此是距辭(59)之乙巳日前八日丁酉在同地所卜，此時卜"不雉衆"，是卜"衆靠"是否會有損失。此外，靠在此處的理解，亦可考慮用作名詞，即氏名，而"靠衆"是言"靠氏之衆"①。則辭(59)連續兩日(丙午、丁未)卜"靠氏之衆"，是卜問這兩日中何日呼令"靠氏之衆"去從事某事，爲一種選擇的句式，只是簡省掉動詞。與此種語句相類似的卜辭如：

　　　　(68a)　車彳。

---

① 按：靠作爲氏名，見於青銅器銘文，如《銘圖》8371(爵)、8770(角)、8757(角)、13284(卣)。

(68b) 其三牢。

(68c) 其五牢。(《合集》37138,無名組)

(69a) 丙寅卜貞,武丁祊其牢。

(69b) 癸亥卜貞,祖甲祊其牢。

(69c) 叀勿牛。

(69d) 叀羊。

(69e) 其牢又一牛。兹用。(《合集》35818,黄組)

(70a) 丁丑卜,妣庚事,叀黑牛,其用隹。

(70b) 叀羊。

(70c) 叀幽牛。

(70d) 叀黄牛。大吉。(《屯南》2363,無名組)

(71a) 南方。

(71b) 西方。

(71c) 北方。

(71d) 東方。

(71e) 商。(《屯南》1126,歷組二)

(72a) 叀多生卿(饗)。

(72b) 叀多子。(《合集》27650,無名組)

以上諸辭中言"叀……""其……"而未帶動詞的短句,以及可能是卜問"商"與四方是否"受年"(據他辭辭義所推知)的句式,皆屬於此類選擇式的語法形式。辭(59)所在胛骨殘,《合集》36950(即《前》2.11.4,黄組)有殘辭曰:

(73a) □在今

(73b) 乙巳□在今□虣□丙午□

當與辭(59)卜同事。以上對辭(59)"虣衆"的兩種具可能性的解釋是否能成立,尚待證明。

三、"衆"與商王朝軍事組織的關係

從上文在論述"衆"與商人諸宗族關係時所引戰事卜辭,已經可以知道,在其所涉及的賓組卜辭與歷組卜辭的主要存在時段,即大致在武丁時期與祖庚時期,商王朝對敵方征伐時,往往直接調遣一些較強大的宗族武裝。而這些奉王命作戰的宗族武裝似並没有其他專門的名稱,該宗族名稱,應即是其軍事武裝的名稱。如辭(8)"立其喪衆",或將族名冠於"衆"上,如辭(24)所稱"立衆"。這種臨時徵調的宗族武裝也就屬於非常備軍。此時段的常備軍,應是卜辭所見"多射"與"多馬",其兵源亦徵調於各宗族武裝,徵調上來之後經過統編,給予了專有的軍事武裝名稱,筆者與其他學者均已論述過,[①]於此不再贅述。

武丁時期的宗族武裝中,較特殊的是稱爲"射甾"的一支。請看下面幾條卜辭:

（74）乙酉卜,邵貞,射甾隻（獲）羌。（《合集》165,賓組一）

（75a）丁卯貞,甾以羌于父丁。

（75b）丁卯貞,甾以羌其用自上甲至于父丁。（《合集》32028,歷組二）

（76）庚午貞,射甾以羌用自上甲,虫甲戌。（《合集》32023,歷組二）

"射甾"亦稱"甾",知應是對甾氏的另一種稱呼。"射甾"似非甾氏中以"射"爲官職者。迄今在卜辭中所見"射"皆是指兵種（專由弓箭手組成的軍隊）,而未見作官職使用的。至於爲何僅甾氏一支氏前有時冠以"射"這一兵種名,有可能是因甾氏善射,故以甾氏族人組成的軍事組織構成"射甾",爲王朝"多射"之一支。

在主要屬於康丁之時的無名組二類卜辭中,仍可見直接言"衆"從事戍守的辭例,如:

（77a）弜巳春衆戍受人,亡戋。

（77b）王其春衆戍受人,虫壴土人又（有）戋。

（77c）虫劦人又（有）戋。

（77d）王其呼春衆戍受人,虫壴土人眔劦人又（有）戋。

（《合集》26898,無名組二,圖一〇）

以上第二條卜辭(77b),"王其"後比照末一條卜辭,應是刻漏了"呼"字。第一條卜辭(77a)"弜巳"之"巳",當如《玉篇》所云"巳,起也"之"起"。《釋名》:"起,舉也,平舉體也。""巳衆"可能與上文所言"再衆"義近。[②]聯繫下面有"王其呼春衆戍受人"語句,

圖一〇　《合集》26898

---

① 參見拙文《論商人諸宗族與商王朝的關係》,《全國商史學術討論會論文集》,《殷都學刊》增刊,1985 年,第 254—273 頁。

② "巳"在卜辭中,常接於動詞前,如"弜巳御"(《合集》30759),"弜巳祝"(《合集》30758),"弜巳牽"(《合集》27370),"巳賓"(《合集》6497),巳皆可訓爲"起",即起動之意。卜辭亦多言"弜巳","巳"單獨作動詞使用,此種情況下的"巳"是如本辭這樣,仍讀爲"起",還是讀爲"祀",似要視同版相關的其他卜辭內容來確定。

則“弜巳”似是指不要舉(即發動)春衆。此“弜巳”與“王其呼春衆戍受人”之“王其呼”似形成對貞。“春”在此版卜辭中,似有意寫在“衆”的左側,學者或作爲一個字來讀。[①] 但卜辭中“衆”多是獨立使用的,二字作一字讀頗費解。疑這種寫法有類於卜辭中作合文“黄尹”的寫法。“春衆”與上文辭(10)之“𢎡衆”、辭(21)之“𤰈衆”、辭(24)之“竝衆”稱呼相同,即是春氏之衆。“春衆戍受人”似當連讀,是指春氏族衆中戍守受這個地方的人,亦可理解爲“春氏戍守受之衆人”。而“�土”與“劜”皆當是春氏的屬地。

綜言之,如按上述解釋,則這組卜辭按順序可以意譯爲:

> 勿起動春衆戍受之人無戋嗎?
>
> 王如呼春衆戍受,其内的�土人有戋嗎?
>
> 其内的劜人有戋嗎?
>
> 王如呼春衆戍受,其内的�土人與劜人有戋嗎?

“其”當是表示疑問、揣摩之語氣。“王呼春衆戍受之人”之“人”實際即是指下邊的�土人與劜人,故以上譯文用了“其内”。“戋”在卜辭中多用作及物動詞,義爲滅殺。這裏卜有或無“戋”,似是卜問戰果。這組卜辭反映出,直到殷代中期約康丁時期,商王朝仍有直接徵調諸宗族武裝進行戰事的制度,這種制度承繼自武丁時期。

但值得注意的是,大約即在康丁時期,這種從商人宗族中徵調來作戰的武裝,開始有了軍隊的名稱,即以“戍”爲稱,這是一個很明顯的變化。請先看爲大家所熟悉的以下與“王衆”有關的一組卜辭,其中屬無名組卜辭者,李學勤、彭裕商先生之《殷墟甲骨分期研究》(下簡稱《分期》)斷爲無名組二類,約屬康丁時期。屬何組的兩條卜辭爲何組三類,亦約在康丁時。

(78a) ☑丑卜,五族戍弗坒王☑。吉。

(78b) 戍𦏾弗坒王衆。

(78c) 戍𧰼弗坒王衆。

(78d) 戍肩弗坒王衆。

(78e) 戍逐弗坒王衆。

(78f) 戍何弗坒王衆。

(78g) 五族其坒王衆。(《合集》26879+26880+26885+28035,無名組二,圖一一)

(79) 癸丑卜,狄貞,戍逐其坒王衆。(《合集》26881,何組三)

(80) ☑戍逐,其坒王衆。(《屯南》4200,無名組二)

(81a) 其坒王衆。

(81b) □侃。

---

① 裘錫圭:《卜辭“異”字和詩、書裏的“式”字》,收入《古文字論集》,中華書局,1993年,第120—140頁。亦見沈培:《殷墟甲骨卜辭語序研究》,文津出版社,1992年。

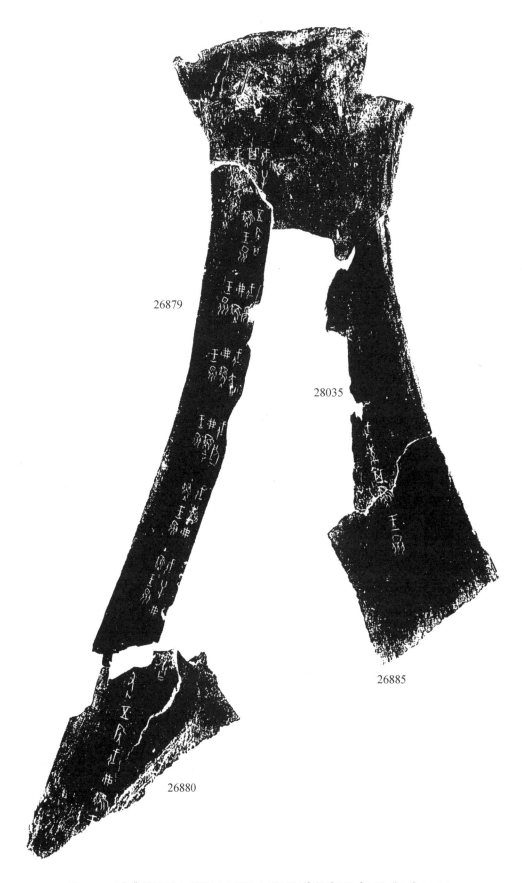

圖一一　《合集》26879＋26880＋26885＋28035(蔡哲茂《甲骨綴合集》第 10 組)

（81c）戍隻弗雉王衆。

（81d）其雉衆。（《合集》26883，何組三）

（82a）受不雉王衆。吉。

（82b）其雉衆。（《合集》26884，無名組二）

對辭（78）中的"五族"與"衆"的關係，林澐先生曾指出：既言"五族戍，弗雉王衆"，可見族的成員即是衆，衆是分屬於一定族的。① 但對於這組卜辭中"戍某"的解釋，仍值得進一步討論。包括筆者在內，過去多取"戍某"之某爲地名説，認爲五族各戍一地。但這樣解釋，則"戍"成爲動詞，五個"戍某"只是講戍守五個地點，並未與五族相聯繫，再總言"五族戍"，在語義上即有不協調之處。同樣，釋"戍"爲官職名，也有這樣的問題。則五個"戍某"只是稱某的五個戍官，而後又言"五族"，更顯語意不協調。故姚孝遂先生等將"戍某"之某理解爲族名應該是最有道理的。② "戍某（氏名）"即是指由此族氏之衆組成的"戍"。辭（82）言"受不雉王衆"，"受"顯然是族氏名，與以上"戍某（氏名）"解釋爲某氏之戍語義相當，如將"戍某"釋爲"擔任職官戍之某"或"戍守某地"，就與作爲氏名的"受"不相協調了。所以最合適的解釋是，"戍某"之"戍"爲軍事組織的名稱，"某"是氏名，"戍某"即是由屬於"某"這個族氏的武士組成的"戍"。這點在下文分析辭（84）、（85）時還將再補充論證。"戍某（氏名）"之構成，類似於上文所言"射虫"。其實賓組卜辭所見"多馬羌"（《合集》6763）之稱也是類似的稱呼，是指由臣服於商人的幾支羌人組成的"馬"。作此種解釋，五個"戍某（氏名）"恰爲五族，應該是較爲恰當的。此五族中，逐、何、屰，其事迹皆見於卜辭，其名稱或有見於商金文者。③

上引卜辭中"雉王衆"之"雉"與習見之"雉衆"之"雉"爲同一字之異體。沈培先生作《卜辭"雉衆"補釋》（下文稱"沈文"），肯定陳夢家所指出的這個字在武丁卜辭中作"至"，廩辛卜辭作"狄"或"雉"，康丁卜辭（按：上引卜辭即當屬此時）作"雉"或"雉"，乙辛卜辭作"雉"，皆同一語詞的不同形式，是正確的。沈文並進一步按現在對卜辭的分組，將此字在各組中所用字的形式作了重新總結。④ 至於"雉衆"的"雉"應讀成什麼詞，沈文否定了編理、陳列説，是非常正確的，此説不僅與卜辭出現"雉衆"的語義環境不合，且與句子的語法形式也不能協和。⑤ 但沈文同時又否定了"傷亡"説，而贊成楊樹達先生提出的"雉"假爲

---

① 林澐：《商代兵制管窺》，收入《林澐學術文集》，中國大百科全書出版社，1998 年，第 148—156 頁。

② 姚孝遂、肖丁：《小屯南地甲骨考釋》（中華書局，1985 年）已指出"戍"下所系之字，是組成戍守部隊的部族名稱，即所謂五族者，而不是地名。

③ "逐"作爲氏名，在卜辭與商金文中較少見。《集成》2972 有族氏銘文"逐"，但注爲西周早期器。"屰""何"則多作爲氏名見於卜辭，亦多作爲族氏銘文見於商及周初金文，可查檢張亞初：《殷周金文集成引得》，中華書局，2001 年。雖不能斷定必與上舉無名組卜辭中之"屰""何"爲同氏，但有較大的可能性。

④ 文章收入《語言學論叢》第 26 輯，商務印書館，2002 年，第 237—256 頁。

⑤ 將"雉衆"釋爲編理、陳列衆，在語法上也是有問題的，卜辭中與"雉衆"對貞的是"不雉衆"。"不"在語句中是"不會"的意思，是非主觀意願能決定的事（參見裘錫圭：《説弜》，收入《古文字論集》，第 117—122 頁）。所以言"不雉衆"，即是"不會雉衆"，正是因爲戰事中衆會否被夷傷，是占卜者（王）主觀意念不能決定的。如"雉"作"編理""陳列"解，在無名組與黃組卜辭中則應言"弜雉衆"。

"失",讀"雉衆"爲"失衆"。理由主要是認爲卜辭中言"雉衆"的主語,都是商人一方的"戍某""多射",賓語也是屬於商人的"衆"或"人"。在這種情況下,"雉"釋爲"夷傷"作爲及物動詞是有問題的。實際上這也是一部分主張將"雉衆"解釋爲"編理"的學者否認"雉"爲夷傷之義的主要根據。但"雉衆"之"雉"可以用作主動語義,所構成的句式屬語法範疇内之"情態"中的主動態,也可以用作被動語義構成被動態句式。猶如卜辭中"受佑"之"受"作爲動詞,即有主動與被動兩種語義,當言"帝受我又(佑)"時,"受"顯然應讀成"授";當言"王受又(佑)"、或"戊受又(佑)"時,"受"則自然是可以理解爲"接受""承受"之"受"了。所以"雉"如前面有主語,後接賓語時,也可以構成被動態句式,這種被動態句式中的"雉"即是講承受了夷傷。類似的例子,如《左傳》襄公二十六年記聲子與楚令尹子木憶及晉楚鄢陵之戰時,言"楚師大敗,王夷師熸"。杜預注"夷,傷也"。"夷"可以作主動動詞夷傷講,但在這裏則是王被夷傷。又如文獻中的"傷"字,可以作及物動詞,即毁傷,但亦可以用爲被動,指被傷害,且也可接賓語,如《左傳》莊公八年,齊侯爲大豕所驚嚇,"隊于車。傷足,喪履","傷足"之"傷"的用法即是被傷。因此,當卜辭言"五族其雉王衆"時,自然將之可理解爲被動態句式,是講五族被夷傷王衆,或説五族損傷了王衆。"雉"的上古音,聲母爲定母,韻在脂部;與"夷"上古音聲韻並同。[①] 也有的學者所以不同意將"雉衆"之"雉"讀爲夷,是由於下列卜辭中的占辭引發的思考:

(83a) 其雉衆。吉。

(83b) 中不雉衆,王囚(占)曰:引吉。

(83c) 其雉衆。吉。

(83d) 左不雉衆。王囚(占)曰:引吉。

(83e) 其雉衆。吉。(《合集》35347,黄組,圖一二)

有學者指出,"將不雉衆斷爲引吉當然是文通理順,然雉衆卻斷然不可斷爲吉,這是顯而易見的"。[②] 但是這裏有一個很重要的問題似需要明確,即卜辭中命辭後的占辭,應該並不是對命辭本身所卜問事情的吉或凶,是好事或是禍事的判定,而應該是記録與該命辭有關的卜兆所顯示的吉凶。命辭貞問的"雉衆"固然是凶,是禍事,但當施灼於鑽得到卜兆顯示此種情況不會發生時,占辭自然會記録爲"吉"(只是何種卜兆形式會顯示不好的事不會發生,以及爲什麽會有"引吉"或"吉"之别,

圖一二
《合集》35347

---

① 見周法高:《周法高上古音韻表》,第220、223頁。此表中"夷"有兩種讀音:其一,聲母爲邪母,韻在脂部;其二,從夷得聲字,如荑、桋、鴺等,聲母爲定母,韻在脂部。後者與"雉"聲、韻同。前者亦與"雉"音近可通,邪母爲齒音,定母爲舌音,上古齒音多讀舌音。

② 葛英會:《"雉衆"卜辭之我見》,《考古學研究》1997年第3期,第103—106頁。

牽扯到商人占卜術中對卜兆的判斷方式,這在目前還是一件難以弄清楚的事)。所以,卜辭命辭言"雉眾",占辭言"吉",似並不能否定"雉眾"是講夷傷、損失眾。

對辭(78)"五族弗雉王眾"的"雉"作了上述討論後,這組卜辭反映的問題還有一個需說明。五族所"雉"是"王眾",則此五族顯然與商王有特殊的關係。依上述"多眾"之類"氏名+眾"聯讀的詞語形式,"王眾"之"眾"當然也有可能即是屬於"王族"的"眾",如是,則此五族即是王族的五個分支。但商人"王族"的規模究竟有多大? 筆者認爲,王族是指在位的商王以其諸親子爲骨幹而結合其他近親(如未從王族中分化出去的王的親兄弟與親侄等)組合而成的族氏,類同於春秋時的王族、公族。① 因爲子族已不在王族內,故王族雖仍有一定的規模,但似不會很大。如是,則此"五族"即未必皆是王族分支。比較穩妥的看法,還是將作爲"王眾"的五族,視爲王直轄區域(即所謂王畿)內的五支商人族氏。

辭(81)之"成隽"、辭(82)之"受"均不在辭(78)五族之列,但也屬"王眾",有可能與辭(78)所占卜的是同一戰事,可見此次戰事王畿內商人家族發動之廣。占卜"五族成"的辭(78)及相關的卜辭,李學勤、彭裕商先生定爲無名組二類。辭(79)則是何組卜辭,所卜"成逐"是否"雉眾人"亦見辭(78),應是爲同一事占卜。這也是重要事件同時使用不同組貞人貞卜的例子。

由商人宗族武裝組成的稱"成"的軍事組織名稱,還見於以下卜辭:

(84a) 弗及。

(84b) 成衛不雉眾。

(84c) 成亡戋。

(84d) 叀侃又(有)戋。

(84e) 叀隽又(有)戋。(《合集》26888,無名組二)

(85a) □叀入,成辟立于□之甾兹方,不□

(85b) □成辟立于尋自之□甾兹方,不雉人。(《合集》26895,無名組二)

(86) 叀成射又(有)正。(《合集》28080,無名組二)

(87) 叀成馬呼衆往。(《合集》27966,無名組二)

辭(84)之"隽"即辭(81)之"成隽",辭(84)之"侃"即《屯南》1008之"叀成侃令王弗悔"之"成侃"。"成隽"可稱隽,"成侃"可稱侃,亦均表明"成某"之"某"非成守之地名,而是組成"成"之族氏名。辭(85)言成辟立(涖)於某地甾兹方,亦可證"成某"是軍事組織名,是由

---

① 拙文《商周家族形態研究》,第69—75頁。沈長雲先生有《說殷墟卜辭中的"王族"》一文(收入《殷都學刊》1998年第1期,第29—34頁)認爲本文上引卜辭(78)中的"五族"屬於"王族"的範疇。沈長雲先生指出王族是包含了多個與在位商王有或遠或近血緣關係的氏族,對於"王族"不能將其規模說得過小。這點筆者是同意的,但其規模究竟是否這麼大,似還要再論證。沈先生文中列舉了一些在卜辭中與王族有關的氏名,但這些氏名是否當歸屬王族似還可再斟酌。

"某"氏人組成的軍事組織名。辭(85)言"不雉人",是"眾"稱"人"的較少的例子。辭(84)言"戍亡𢦏"單言"戍"應是"戍某(氏名)"之通稱,説明此時由宗族武裝組成之"戍"已成爲可獨立使用的不綴以氏名的軍事組織名稱。特別值得注意的是,辭(86)有"戍射",辭(87)有"戍馬",或説明至此時,原作爲王朝常備軍的"多射""多馬"有可能已統編入"戍"中,成爲"戍"的構成部分。"射""馬"原本即取自於諸宗族,所以"射""馬"歸入"戍",未改變"戍"由宗族武裝組成的本質。

在《斷代》所分屬康丁時期的無名組二類卜辭中,也可以較多地見到如上辭(84)一樣單稱"戍"的卜辭,"戍"未綴以所從出的宗族名稱,應該是對若干支"戍"的總稱:

(88a) 虫𣪊用洈于之若,𢦏戲方,不雉眾。

(88b) 戍比𡳐戲方戍。(《合集》27996,無名組二,圖一三)

(89a) 戍弗及戲方。

(89b) 戍及戲方𢦏。

(89c) 戍甲伐,𢦏戲方校。

(89d) 弗𢦏。

(89e) 戍及校于又。(《合集》27995,無名組二)

(90) 其呼戍御羌方于義則,𢦏羌方。(《合集》41341,無名組二)

(91a) 戍其�ト歸于之若,𢦏羌方。

(91b) 戍其歸,乎𩥿,王弗悔。

(91c) 其呼戍御羌方于義則,𢦏羌方,不喪眾。

(91d) 于浮帝(禘),呼御羌方于之𢦏。

(91e) ☑其大出。(《合集》27972,無名組二)

(91f) 其御羌方其下人羌方☑大吉(《合集》27973,無名組二)

上述卜辭中雖單言"戍",但"戍"的成分仍是"眾",所以可知其仍是來自商人宗族武裝,這由辭(88)占卜其"不雉眾",辭(91)占卜其"不喪眾"可以證明。

在大致已屬於武乙時期的所謂無名組三類卜辭中可以見到,由諸商人宗族組織組成的若干支"戍",在作戰時,已經過統編,構成左、中、右三部,這由以下卜辭可知:

圖一三 《合集》27996

(92a) 癸酉卜,戍伐,又(右)牧微尸(夷)方,戍又(有)𢦏。引吉。

(92b) ☑𢦏。引吉。

(92c) 中戍又(有)𢦏。

(92d) 左戍又(有)𢦏。吉。

(92e) 亡(無)𢦏。

(92f) 右戍不隻衆。

(92g) 中戍不隻衆。吉。

(92h) 左戍不隻衆。吉。(《屯南》2320 部分,無名組三,圖一四)

(93a) 壬申卜,在攸貞,又(右)牧𢦏告啓,王其呼戍比𭒖伐。弗悔,利。

(93b) 其雉衆。吉。

(93c) 不雉衆。王固(占)曰:引吉。

(93d) 弗𢦏。吉。(《合集》35345,黄組)

辭(92)《斷代》歸爲無名組三類。但從用詞與字體特徵看,與歸爲黃組的辭(93)很相近,而且二辭均有"右牧𢦏",干支亦相近,所以疑似同事。這也許是兩組卜辭屬同時共卜的例子。如可以系聯,則此兩條卜辭内容大意是:

壬申日卜,右牧𢦏向王告啓(即戰鬥開始),王於是呼令戍比伐尸方。王占卜是否會夷傷組成戍的衆。癸酉日占卜,戍投入戰鬥,右牧𢦏指揮戍攻擊尸方,王占卜問戍是否有𢦏,並分別占卜戍所編成的三部右戍、中戍、左戍各有無𢦏,即可否殺滅敵方。

戍在作戰中被編制爲"左""中""右"三部,亦見於前引屬黃組卜辭的辭(83),該辭占卜"中""左"(應該還有"右",辭殘)是否雉衆,亦應即是指此左、右、中戍。

在無名組三類卜辭中可知,王朝軍事武裝除"戍"以外,也還有稱作"旅"的軍事組織,如:

(94) 翌日王其命右旅眔左旅𭒖,見(視)方,𢦏,不隻衆。(《屯南》2328,無名組三)

(95) ☒王其以衆合右旅☒旅𭒖于𤞷,𢦏。(《屯南》2350,無名組三)

辭(95)占卜右旅、左旅在攻擊方、視方時是否會有戰果,是否會"雉衆",可知"旅"這種軍事組織也當是由宗族武裝編制而成。"旅"與"戍"的關係不甚清楚。林澐先生曾認爲以上卜辭中的"旅"只是泛指"軍隊",[1]如是,因"旅"分稱"左""右",也許"旅"即是"戍"在編成"左""中""右"後的另一種稱呼也未可知。

辭(95)言"王其以衆合右旅☒旅",也可能是言王以衆合右旅、左旅,則王所"以"之衆,也可能即是"中旅"。依照卜辭慣例,言左、右,應該有中。

由以上卜辭可知,在無名組二類卜辭的時段,即約在康丁時,商王朝從商人諸宗族調遣而來的宗族武裝已可以僅稱"戍",不再綴以各宗族名稱。而且在屬於武乙時期的無名組三類卜辭中,已可見這種由宗族武裝組成的"戍"在作戰時,還被整編爲左、中、右三部,

---

[1] 林澐:《商代兵制管窺》,第151頁。

圖一四 《屯南》2320（局部）

直到黃組卜辭所屬文丁、帝乙時期依然使用此種編制。這表明至殷代中期晚葉約武乙時期以後,不僅商王朝的軍事武裝依然要依靠各宗族武裝,而且徵調上來的宗族武裝已漸擺脱了以前各自作爲族軍的較强的宗族武裝色彩,統一的王朝軍事武裝的形象漸形成,表明至此時段,商王朝對諸宗族武裝有了進一步的控制力。與"戍"的上述轉化相應的是,康丁以後似未見遇戰事臨時徵調宗族武裝的卜辭,諸宗族對王朝所擔負的軍事義務,可能已由臨時承擔而轉爲長期負擔。在此種情勢下,徵調諸宗族武裝統編而組成的"戍"應該具有了近於王朝常備軍的性質,這是商後期商王朝軍事上及相關聯的社會結構方面發生的變化。

四、小　結

本文在以上討論了有關"衆"的卜辭中的幾個重要問題。在討論"衆"(或"衆人")這一名稱所指稱的群體之範圍問題時,從卜辭本身的語義出發,肯定"衆"(或"衆人")仍應是對有特定身份的群體所言,而非泛指,"衆"應是指作爲商王朝統治基礎的商人諸宗族組織成員,因此其涵括的群體之等級身份,應包括宗族貴族與占宗族成員多數的平民,甚至有可能包括依附於商人宗族共同體内的異族附庸。但是依據具體卜辭辭義的不同,"衆"實際所指稱的宗族成員的等級身份類型與其人數多少,也有所不同。這一認識不僅進一步否定了將"衆"歸屬於奴隸等非自由人的看法,也糾正了將"衆"統一視爲單一等級或階層(如平民階層)的簡單詞意詮釋。對"衆"所指稱之群體範圍的上述理解,同時亦進一步證明了商王國與商人諸宗族的結構特徵,説明商王朝以商人各宗族組織爲統治基礎,商人宗族是商王國主要的兵力與從事農業生産的勞動力之來源。文章在對"衆"的身份作上述論證之基礎上,按時段分析了有關"衆"與王朝軍事組織關係的若干卜辭,説明殷代中期以後,由向各商人宗族徵調來的宗族武裝所組成的王朝軍隊不僅有了"戍"等特定軍事武裝的稱謂,而且已作爲常備軍被王朝整編,逐漸擴大並强化,從而由一個側面揭示了商後期商王朝軍事武裝發展演變的脈絡及相應的社會結構的變化。

2008 年 9 月上旬初稿

2008 年 10 月下旬二稿

2009 年 4 月訂補

2009 年 7 月再修訂

後記

本文承審查人提出修改意見,謹此誌謝。

（原載《古文字與古代史》第 2 輯,"中研院"歷史語言研究所,2009 年）

附：

殷虚卜辭中的“衆”的身份問題

殷虚卜辭中的“衆”的身份，是研究殷代社會形態及其階級結構的一個重要問題。過去，史學界許多學者曾對此作過研究，他們的觀點，主要有以下幾種：

（一）“衆”是奴隸制社會中的奴隸。①

（二）“衆”是商人本族的人民群衆，形式上的公社成員，是“東方的家庭奴隸制”中的特殊身份的奴隸。②

（三）“衆”屬於統治階級。“衆人”是自由的農村公社成員。③

這些不同觀點所展開的爭論，無疑對研究殷代歷史起了推動作用。在研究“衆”的身份時，殷代的甲骨卜辭自應是主要依據，但卜辭辭句簡略，文字又多殘缺，爲研究這個問題帶來一定的局限性。因此，只有在現已著録的卜辭中盡可能地掌握與此有關的資料，作綜合分析，並參證考古發掘材料與文獻資料，才有可能獲得較合史實的認識。

據此，本文在以前各家研究的基礎上，對殷代“衆”的身份問題試作進一步的探討。

在論叙前，首應辯明卜辭中的“衆”與“衆人”之是一是二。有的學者曾指出“衆”與“衆人”有別，二者具有不同的社會身份。④ 經考索，我們以爲“衆”只是“衆人”之簡稱，無所區別。其理由是：（一）“人”在卜辭中只是一種對於人的泛稱，並不表示某一種有特定身份的人（階級或階層），比如，它可以用來稱呼商人的族人（如“我人”“王族人”“□人”中的“人”），⑤也可以用來稱呼被用作人牲的異族人（戰俘之類，如“𦎫𠬝二人”“羌十人”“用人”“𢦏人”中的“人”）。“衆”從字形看，雖有表示多數人的意思，但它在卜辭中不用作泛稱，而有一個特定的使用範圍。從卜辭中也可看到，“衆”有時也稱作“人”。“衆”與“人”連稱爲“衆人”仍同於稱“衆”。（二）從卜辭的內容看，也難

---

① 郭沫若：《關於中國古史研究中的兩個問題》，《歷史研究》1959 年第 6 期。

② 趙錫元：《評〈中國史稿〉在奴隸制形成問題上的某些混亂》，《社會科學戰綫》1978 年創刊號。

③ 束世澂：《夏代和商代的奴隸制》，《歷史研究》1956 年第 1 期。

④ 同③，又見陳福林：《試論殷代的衆、衆人與羌的社會地位》，《社會科學戰綫》1979 年第 3 期；王俊杰：《論殷周時期有關農業生產者的一些問題》，《甘肅師大學報》1979 年第 3 期。

⑤ 按：本文中的“商人”原作稱爲“商族”，現皆更正爲“商人”，包括以王族爲核心的子姓族群、與之通婚的姻親異姓族群、因被征服或其他原因而依附於以上族群的異姓族群。

以看出"衆"與"衆人"有別。對此,已有學者撰文指出卜辭對"衆"與"衆人"所使用的文辭含義全同。[①] 陳夢家先生在其著述中曾列表對"衆""衆人"和"人"作了比較,[②]意在説明三者的異同,但此表並未能反映出三者有何質的差別,且此表尚有遺漏,如再加增補,則"衆"與"衆人"實爲一者,即更可明確。由於許多學者已公認卜辭中的"衆"即是"衆人",是對同一種身份的人之不同稱呼,故在此不更贅述,本文引用卜辭時亦不再作分别。

一、卜辭中的"衆"的族屬問題

在研究"衆"的身份問題時,首先似應明確"衆"這個名詞在卜辭中指的是哪些族的成員。此雖未易直觀地從卜辭中看出,但如進行客觀的分析,仍可獲得較合理的認識。

三期廩辛卜辭有:

(1) 戍屰,弗雉王衆?

戍𢽟,弗雉王衆?

戍𢀤,弗雉王衆?

戍逐,弗雉王衆?

戍何,弗雉王衆?

五族其雉王衆? (《鄴》三下 38.2)

(2) □丑卜,五族戍,弗雉王[衆]? (《鄴》三下 39.10)

(3) 戍屰,其雉王[衆]? (《南北》輔 94)

(4) □丑卜,烄[貞],戍逐,其[雉]王衆? (《甲》1707)

以上均係卜問"王衆"戍守之事,辭(1)至(4)中屰、𢽟、𢀤、逐、何是五個地名,五族分别戍守一地(按:"戍"在這裏應是軍種名,後接族名,猶如卜辭所見"射𪎭""多馬羌"。參見拙文《再讀殷墟卜辭中的"衆"》。辭[1]中"𢀤"應改釋作"肩")。同期卜辭有:

王虫次令五族戍羌? (《後》下 42.6)

當即此事。"雉"義爲夷傷。辭(1)先分别卜問:戍守這五地的各族會不會損失"王衆"呢? 又總起來卜問:戍防羌人的五個族會損失"王衆"嗎? 這裏,"王衆"是指哪一社會成員? 其與五族的關係如何? 有兩種意見應予討論:其一,認爲五族是"整族被徵調出去戍守邊境"的"種族奴隸",而"王衆"即是五族的成員。[③] 此説所謂五族是"種族奴隸"不知有何根據? 從卜辭中出現"族"字的辭例看,"某族"之稱,如"王族""子族"("多子族")等,均係商人對其有宗族關係的本族人的自稱。[④] 而見於一期卜辭與四期卜辭的"三族"與見於三期卜辭的"五族",則如于省吾先生所言,是"橫面上

---

① 趙錫元:《試論殷代的主要生産者"衆"和"衆人"的社會身份》,《東北人民大學人文科學學報》1956 年第 4 期。

② 陳夢家:《殷虛卜辭綜述》,科學出版社,1956 年。

③ 郭沫若:《中國史稿》第一册,人民出版社,1976 年。

④ 有"某族"之稱的卜辭除上引幾種外,《京人》281 有"犬征族",《續存》下 755 有"犬征目羌用于大甲",證明它也是商人一支。

所並列的三個氏族或五個氏族"，①是商人的幾支族屬。至於異族，在卜辭中皆直呼其族名，未見有稱其爲"某族"的，所見以奴隸從事征戰之辭亦如此。② 相反，卜辭中則習見卜問殷人"某族"以族爲軍事組織，在王的命令下從事征伐與戍守。據此，上引卜辭中的五族應屬於商人，"王衆"即是五族之族衆，而不是什麼"種族奴隸"。其二，認爲五族是"軍隊的領導和主體力量"，"由他們率領王衆前往"，把五族與"王衆"看作兩部分人，説"五族是由奴隸主貴族與平民組成的族軍，而衆則是淪爲奴隸的部落成員"。③ 按此説，似乎殷人各族出征皆攜帶奴隸軍隊，這在卜辭中也未見其例。再則，從卜辭的内容看，如認爲"五族其雉王衆"是卜問奴隸（王衆）有無損失，而全辭卻未見卜問族人的安危，則商王重奴隸輕族人於理似不可通。我們認爲還是依卜辭本身的辭義來理解爲宜，蓋卜問五族是否"雉衆"，即是卜問五族之族衆在戰事中有無損傷。五族既稱爲"王衆"，説明五族是商王直接統治的區域（卜辭稱爲"大邑商"）内某些商人的族屬，"王衆"也即是這些族的族衆。

綜上引卜辭觀之，商王直接統治的商人之族衆可稱爲"衆"（有時加上冠詞"王"，而稱爲"王衆"）。

復次，"衆"的族屬還可以從一些卜問"某"是否"喪衆"的卜辭中得到進一步的認識。在此，附帶解釋一下卜辭中"喪衆"的意思。過去許多學者將此解釋爲"衆"的逃亡。但實際上，"喪衆"在卜辭中往往與戰事相關，其意可從下面幾條卜辭得知：

(5) 巳人八千在雯？

　　喪雯衆？（《粹》119）

"巳人"義近"登人"，卜辭又有：

(6) 弜巳春衆戍受人，亡戋？（《鄴》三下 46.7）④

這表明"巳衆"的目的是進行戍守。卜辭"巳人八千"也當是徵集八千人去從事類似的軍事行動。下一問"喪雯衆？"是卜問這八千人會否受到損失。再如：

(7) 其乎戍御羌方于義則，戋羌方？ 不喪衆？（《京人》2142）

皆可證卜辭中的"喪衆"其義與大盂鼎之"喪自"及《國語·周語》"宣王既喪南國之師"同，確是卜問"衆"在戰事中有無傷亡。

關於"某"是否"喪衆"的卜辭，先看如下三例：

(8) 戊午卜，賓貞，阜不喪衆？（《寧滬》3.43）

(9) ……屮貞，令竝……？

　　……貞，竝亡 ，不喪衆？（《後》下 35.1）

---

① 于省吾：《從甲骨文看商代的社會性質》，《東北人民大學人文科學學報》1957 年第 2—3 期合刊。
② 卜辭中所見以奴隸從事征戍的辭例如："令多馬羌御方"（《續》5.25.9），"乎多 伐呂方"（《續》3.2.3）。按："多馬羌"亦未必是奴隸，應是依附於商人的羌人的一支。
③ 祝瑞開：《中國奴隸社會形態的探討》，《西北大學學報》1978 年第 2 期。
④ 按：原釋文作"弜巳衆戍賫受人"，今正之。

(8)、(9)皆爲一期卜辭。辭(8)之聑,在武丁時稱爲"子聑"(《鐵》241.3)、"小臣聑"(《拾掇》1.343),在武乙時稱爲"亞聑"(《粹》1178),武乙卜辭還有"重聑令田"(《粹》1224),可見,聑之名稱延續幾代尚存在(按:此仍本自董作賓先生五期説,此所謂"武乙卜辭"實即歷組卜辭。歷組卜辭屬武丁晚期至祖庚時期,聑之名稱並未延續幾代)。卜辭又有聑參加祭祀商人之高祖、先王之例,如:

>……賓貞,……重聑尞于夒?(《甲》1147)
>
>……卜,聑御于父丁,……重牛,受我佑?(《南北》明620)

因此,聑當如張政烺先生所釋:"聑是族名,不是人名。"[1]聑前冠以"小臣""亞"等官職時,是以其族名代稱其族長,從"聑"可稱"子聑",並可祭祀商人之高祖、先王看,聑族是商王之同姓親族。

辭(9)之竝,其地位似與聑相近。如卜辭有:

>重竝令省卤?
>
>重聑令省卤?……(《粹》915)

説明竝可與聑以同等地位去省卤。此外也有竝參加祭祀之例,如:

>乙巳□,翌丙□竝㞢于丁?(《京津》724)
>
>壬辰卜,……翌癸……竝㞢于……?(《京津》883)

"㞢"是祭名,于省吾先生釋爲周禮䰙宰之䰙。[2] 以上三條卜辭,皆屬一期,後一條屬四期。四期卜辭又有:

>辛未貞,重戔令即竝?
>
>辛未貞,其令射肖即竝?(《甲》868)

"即",《説文》:"即食也。"徐鍇曰:"即,就也。"此兩條卜辭之"竝"似是地名。竝既與聑地位相近,其名稱也延續幾代,又能參加對先王之祭祀,且是地名,可見竝亦族名,是商王同姓親族之一支。《殷文存》收有竝爵(竝作𤔲)、竝卣,銘其族之名號。

從上引卜辭可知,聑、竝皆爲商王之同姓親族,卜問聑與竝是否"喪衆",即是卜問聑族與竝族是否"喪衆"。卜問某族是否"喪衆"的卜辭還有:

>(10)……貞,𣏢□不喪衆?(《綴合》14)
>
>(11)乙酉卜,王貞,𢓊不喪衆?(《南北》師友2103)

辭(10)是四期武乙卜辭(按:即歷組卜辭),𣏢通常釋作"束",亦是商人一支,於卜辭中所習見,在商與周初青銅器銘文中亦常出現。[3] 1969—1977年殷虛西區墓葬發掘中,在四、八兩個墓

---

① 張政烺:《卜辭裒田及其相關諸問題》,《考古學報》1973年第1期。

② 于省吾:《雙劍誃殷契駢枝續編》,石印本,1941年。

③ 見於《三代吉金文存》3.2,4.16,5.7,6.30。

區中亦曾出土帶有𝌆字銘文的青銅器。① 𝌆族曾在王的指令下進行軍事活動,如:

> 邑虫𝌆人曰𡆧?(《南北》明479)
> 辛亥,邑令𝌆人先涉?(《京人》2154)

辭(11)是一期自組卜辭。𝍕,亦爲族名,《三代吉金文存》所收録帶"𝍕"字的銘文多作𝍕(亞弜),"亞某"在商周青銅器銘文中常見,其義近於"族某"。1976年安陽殷虚五號墓的發掘中也出土過"亞弜"組銅器。② 一期卜辭有商王御祭先王以爲𝍕祓被之辭,如:

> 己亥卜,于大乙大甲御𝍕,五宰?(《續》1.8.7)

類似之辭凡幾見。一期自組卜辭有𝍕受王命征伐:③

> 辛卯卜,王貞,𝍕其戋方?(《續》5.28.2)
> 乙巳卜,貞,𝍕眔雀伐羌,□囚?(《粹》1167)

因此,𝌆、𝍕皆是較强大的商人家族,卜辭卜問𝌆、𝍕是否"喪衆",也是卜問這兩個族的"衆"在戰事中有無損失。

此外,關於卜問"喪衆"的卜辭還有:

> (12)……貞,我其喪衆人?(《佚》487)

> (13)貞,弗其隻?
> 　　貞,其喪衆?
> 　　貞,弗其受屮又(佑)?
> 　　貞,其娃。(《佚》519)

> (14)辛巳[卜],召貞,□喪衆?受方佑?

辭(13)之"我"在卜辭中用以代稱商人或商王國,卜問"我"是否"喪衆人",即是卜問商人是否"喪衆"。

綜覽上引辭例,則可知卜辭中所見"某喪衆"之"某"多是商人或商人之某一族氏的名稱,④其中有的是商王的同姓親族,它們可能是一些較强大的氏族,或是以這些强大的氏族爲核心並以其名稱爲名而組成的一些部落的名稱。我們認爲,卜問這些商人的族是否"喪衆",均是卜問在商王發動的頻繁的戰事中族内之"衆"的損失情況,也即是說"衆"即是殷人之族衆,因爲除了這種卜問"喪衆"的卜辭較多見外,還没有見到其他可以認作是卜問這些族的族人是否有所損失的辭例。"衆"如果是非族人的社會成員(如有的學者所説是奴隸),不可能受到商王如此關注,多次卜問其吉凶。相反,卜問族人吉凶的辭例卻不見於卜辭,也似與情理不合。以此,可以肯定,卜問某族

---

① 中國社會科學院考古研究所安陽工作隊:《1969—1977年殷虚西區墓葬發掘報告》,《考古學報》1979年第1期。
② 中國社會科學院考古研究所安陽工作隊:《安陽殷虚五號墓的發掘》,《考古學報》1977年第2期。按:𝍕與商金文的"弜"是否同字,尚待再考。
③ 按:原文曾引《甲》2902作爲𝍕受王命征伐之例,但其中"弜"非𝍕,應作爲否定詞用,實不妥。
④ 《續存》上1013有:"己亥卜,貞,𝍕不喪衆? 其喪衆?"𝍕字,《甲骨文編》列於"耤"欄與附編中,然其字形與"耤"字之作𝍖、𝍗等形有別,"耤"字中人形所持之耒形器歧頭的刃口向外,似人持之向下掘土,而𝍕字中之刃口多向内,僅《乙》5107作𝍘形。這一特徵見於甲骨文中從"刀"的諸字形,故𝍕不應釋作"耤"。

"喪衆",即是卜問這些屬於商人的族氏自己的族衆在戰事中有無損失,而"衆"在卜辭中所指的社會成員確係商人之族衆。

綜上所述,卜辭中的"衆"是對商人本族成員的稱呼,其中由商王直接統治的區域内之商人的族衆,有時也稱爲"王衆"。

二、"衆"的經濟地位

"衆"是商人之族衆,已如上述。但在殷代社會中,他們處於何種經濟與政治地位中,以及階級身份如何?我們有必要從各方面來繼續進行考察。

在本節中,首先對其經濟地位試加分析。

殷代主要的生産部門是農業生産。已爲考古發掘所獲得的實物資料及有關文獻所證實。卜辭中關於"衆"參加農業生産的辭例爲數不多,現就所知分下列幾種類型予以探討。先看以下幾條卜辭:

(15) ……殷貞,王大令衆人曰:……受……?(《前》7.30.2)

(16) ……[王]大令衆人曰:劦田,其受年?十一月(《續》2.28.5)

(17) 丁亥卜,令衆□田,受年?(《京人》1926)

(18) 貞,虫小臣令衆黍?(《前》4.30.3)

(19) 辛未卜,争貞,曰:衆人亟田……(《甲零》90)

以上卜辭除(17)爲四期武乙卜辭外,餘皆爲一期武丁卜辭。辭(16)卜問衆人"劦田"與農業收成之事,爲大家所熟悉並經常援引,但對於這條卜辭所反映出來的史實的認識分歧較大,在此有必要再加以討論。"劦"亦即"劦",《説文》:"劦,同力也。"其字形像三耜齊下致力於土地,有協力於農田之義。"劦田"是衆人的簡單勞動協作。之所以實行這種生産形式最根本的原因是由於生産工具的簡陋。考古發掘資料證明,殷代農業工具中雖已出現了青銅器具,但主要的還是石、木、蚌、骨器,用這類工具進行個體家庭的生産,是難以獲得豐碩收成的。因之,過去氏族公社内集體耕作、彼此互助的生産形式仍被保留下來,即是説,"劦田"仍是當時必要的、普遍的生産形式,這種形式也可稱爲"共耕",從民族志材料中可以看到,在與殷人生産力水平相近的一些民族中都曾存在過這種"共耕"形式。那麽,卜辭中的衆人"劦田"究竟是一種什麽性質的勞動?有的學者認爲"劦田"是奴隸制下公社農民集體耕種公田,所以要"劦田",是由於公社公田的存在。這裏涉及到殷代社會的基層組織可否稱爲農村公社的問題,尚有待探討,但從全辭之辭義看,的確不是指衆人在商王的王田上以大規模集體勞動的形式服勞役,因爲按卜辭文例,凡商王調遣衆人或下屬在王田及其他地方服勞役,皆要卜問被調遣者可否於何地作何種内容的勞役(見本節所引此類卜辭)。再者,從卜辭卜問"受年"的類型看,不外乎:(一)卜問"我受年",即卜問商王國的收成;(二)卜問四土"受年"及各族邦地之"受年";(三)卜問大邑商,即商王國中心區域之"受年";(四)卜問某一被耕作的地點之"受年"(如:耤於某地受年);(五)卜問某種穀類作物的收成(如:受黍年)。而辭(16)既没有説明衆人勞動的具體地點、具體内容,也没卜問是何地"受年",故從全辭觀之,是把衆人劦田視作關乎商王國各族邦能否獲得農業收成的重大事項。而且,"王大令"之

"大"有廣泛之意,"大"在此是修飾"令"的,"大令"即言命令的對象之廣泛。根據以上分析,我們認爲"王大令眾人曰劦田"似應屬於商王向商人之族眾所發出的不誤農時的指令,而不是特指某一塊或幾塊地上的耕作。《禮記·月令》"乃勸種麥,毋或失時。其有失時,行罪無疑",其義同此。根據前面所作的卜辭中的"眾"是指商人之族眾的分析,眾人聚族而居,各族當有自己具有占有權的耕地,那麼"劦田"也就是他們在這種族耕地上的耕作。

辭(17)"田"字前一字原書所據拓本模糊,從該辭卜問"受年"看,其内容亦是令其族人適時從事農耕之事。

辭(18)是卜問是否要派小臣去監督眾人在族耕地上種黍。小臣,《禮記·喪大記》鄭注:"君之近臣也。"卜辭還有:

> (20) 貞,虫兇乎小眾人臣?(《續存》下 49.3)

這種"小眾人臣"當是管理族眾事務的官職。派官吏監督農耕之制保存至後代,如《禮記·月令》所言:"是月也,天子始絺命野虞出行田原,爲天子勞農勸民,毋或失時,命司徒巡行縣鄙,令農勉作,毋休于都。"

辭(16)記載時間是十一月,殷曆十一月相當於農曆十月,[①]此時之農事當爲種植冬麥。辭(19)之𣶒,陳邦懷先生釋爲"尊",言:"尊賴聲近假借字,《説文解字》云賴,除田間穢也。"[②]眾人尊田,當是除田間雜草。

族眾族耕地上的收穫如何分配,還有待研究。由於殷人這種族的共同體的存在,按古代民族的習俗,除了族眾的費用外,其中一部分可能要用於族的公共事務,如祭祀及軍旅之用。此外,僅就上引卜辭而言,商王是不誤農時地控制農業生產的,而且卜辭習見商王多次卜問各地之"受年",可知這些地區之"受年"對商王的統治有直接的利害關係。我們認爲,這是由於殷代社會以殷人各族屬爲軍事與經濟的基層組織,作爲主要經濟形式的農業"受年"與否,既關乎到殷人各族屬的生存與經濟收益,也即關乎到其戰鬥能力的發揮與其能否爲商王及貴族提供服各種勞役的勞動力,自然影響到商王的統治。

從卜辭中我們可以看到,各族邦與商王之間有一種實物貢納的關係,卜辭有:

> 貞,皋亡其工?(《續》5.10.4)
>
> 己巳卜,殷貞,犬征其工?(《後》下 37.3)

"工",此從于省吾先生説,應讀爲"貢",是"以工爲貢納者"。[③] 貢納物在卜辭中能見到的主要是牲畜,如:

> 皋以牛?[④](《林》2.4.12)

---

① 按:此説本自"三正"説,未必符合商人的曆法。請參見拙文《試論殷墟卜辭中的"春"與"秋"》,已收入本書。
② 陳邦懷:《甲骨文零拾·考釋》,天津人民出版社,1959年。
③ 于省吾:《甲骨文字釋林》,中華書局,1979年。
④ 按:"以"原文作"氐"。

貞,妻來牛？（《乙》6964）

商王征收的貢納物皆來自各族邦,而其實際擔負者還是直接生產者——族衆,一期卜辭有：

(21) 戊寅卜,爭貞,今芚衆有工？十一月（《外》452）

"芚"即"春",此辭即是商王卜問其族衆於春能否貢納貨賄。惟"今芚"後注以"十一月",其誼待考。①

但是,從卜辭中可以見到的商人族衆所受到的主要剝削之形式,還不是以上所述之貢納,而是合族爲商王服各種勞役,多數是農業性勞役,其次還有狩獵及其他雜役。先看以下卜辭：

(22) 己酉卜,爭貞,奴衆人乎從叟由王事？五月

甲子卜,呂貞,令叟衰田于□由王事？（《通》726）

同版又有：

丙辰卜,爭貞,叟不乍嫛,由王事？二月

這是一期卜辭。叟又是地名,如：

乙丑卜,王于叟告……（《後》上93）

可見叟可能是有其屬地的貴族。辭(22)其義是：時在五月,己酉日卜問是否需要徵集衆人,讓他們隨從叟去爲王服役,十五天後又於甲子日卜問,是否要命令叟去某地開荒爲王服役。衰,在卜辭中寫作𤔔或𤔵,此從張政烺先生釋,即開荒。② 衆人需要"奴",可見其平時有自己的生產活動,而現在需要臨時徵集起來去給王服役,故過了一段時間,大約半個月才奴齊。令族衆衰田還見於如下幾例：

戊子卜,賓貞,令犬征族衰田于虎？（《京人》281）

癸卯[卜],賓貞,[令]卑衰田于京？（《燕》417）

戊辰卜,賓貞,令永衰田于齒？（《前》2.37.6）

犬征、卑、永皆族名。據此,則"衆"爲商王服勞役是以族爲組織,仍保持族的集體勞動形式。卜辭中關於"衆"從事農業勞役之事還見於：

(23) ……卜,貞,衆……耤……喪。（旅順博物館藏甲骨）

這一條卜辭文句已殘缺,大致是卜問是否要衆人在喪地"耤"。③ "耤"在卜辭中寫作𦔮,似人雙手

---

① 按：如依"三正"説,殷曆十一月相當農曆十月,已值秋季,不可能還占卜"今春"。此"十一月"有可能相當於農曆三月,此時卜"今春",應屬合理。請參見拙文《試論殷墟卜辭中的"春"與"秋"》。
② 張政烺：《卜辭衰田及其相關諸問題》。
③ 此條卜辭引自島邦男：《殷墟卜辭綜類》,未見其原片。關於"耤"於喪地的卜辭還可見於島邦男：《殷墟卜辭研究》第342頁所摹之旅順博物館藏卜辭：
　　……貞,耤喪？
　　此外,《中國史稿》第184頁注引旅順博物館藏甲骨卜辭：
　　……卜,貞,衆作耤,不喪？
　　亦未見其原片,"不喪"之義不明。按：以上辭(23)應即旅順博物館所藏這片卜辭。

持耒以足踏之蹈於田從事耕作之形,其字之本義已爲許多學者考定。但卜辭中的"耤"是一種什麼性質的勞動亦素有異議。《孟子·滕文公上》:"殷人七十而助……助者,藉也。"趙岐注:"藉者,借也,猶人相借力助之也。"如按此義,似與叶田之同力相助之義同。但卜辭中的"耤"卻既不僅從其本義,且與上述叶田之義殊異。如:

> 丙辰卜,爭貞,乎耤于隓,受年?(《綴合》220)
>
> 乎耤宙北洮,不……?(《乙》8151)

隓,地名。宙,即廩。① 由此可知,"耤"需要"呼",即召集生產者,而且又是使生產者離開其居住地,耕作於商王指定的某地。顯然與我們前面所分析的族衆在自己族居地叶田有別。然則卜辭之"耤",其義似同於《說文》所釋"耤,帝耤千畝也。古者使民如借,故謂之耤"。所謂借民力,在殷代其實質乃是族衆擔負的一種無償的勞役。一期卜辭又有:

> 丁酉卜,設貞,我受甫耤在姤年? 三月
>
> 丁酉卜,設貞,我弗其受甫耤在姤年?
>
> 貞,曰:我其受甫耤在姤年?(《綴合》222)

由此可知,姤地上被耤的田,係屬於"我之田",即商王國的藉田,顯然不是某一族耕地。由於商王是商王國最高主宰,在類似這種田上的"耤"這種勞役,實際上也直接主於商王,故有此王卜辭。

由辭(23)觀之,"衆"爲"耤"之承擔者,"耤"也是殷代族衆的一種農業勞役。

關於記載"衆"在農業中爲商王服"耤"這種勞役的卜辭還有如下一條,雖未直接提到"耤",但分析其內容,仍當同此:

> (24)戊寅卜,賓貞,王往以衆黍于囧?(《前》5.20.2)

此亦爲一期卜辭。"以衆黍于囧",即帶領"衆"在囧地種黍。"衆"種黍,而王親往,可能是商王去囧地農田行藉禮,這在卜辭中也還可以看到一些迹象,如:

> 庚戌卜,貞,王立[黍],受年?
>
> 貞,王弜立黍,弗其受年?(《乙》6964)
>
> 王弜耤……(《乙》6584)

弜,義同勿。立,訓爲涖。王涖黍,即王親往種黍,所謂親耕,實際就是行藉禮。"王弜耤……"也是卜問王是否要去行藉禮。王行藉禮而又要"以衆"則是爲在其行禮後由"衆""終于千畝"。故藉禮在殷商時代亦似已實行,它不過是以前氏族公社時期族長帶頭耕種之殘迹,至殷代則成爲商王督促族衆農耕的手段。商王藉田上的實際工作量全部要由族衆擔任,這無疑是商王剝削族衆的一種手段。以上所引卜辭均爲王卜辭,只記錄了商王令其統治區域內部分族衆從事"耤"這種勞役的情況,各族邦之族衆爲貴族服此役的情況尚待研究。

---

① 按:原文曾認爲宙在此與鄙通,誤。宙(廩)、鄙上古音異,不可言通。

再則,卜辭中所見“衆”所承擔之勞役,不僅如上所述,還有一種特殊性質的大役。一期卜辭有:

(25) 癸巳卜,賓貞,令衆人□入羊方衰田?

貞,弓令衆人? 六月(《甲》3510)

(26) 辛卯……令衆……羊……十月(《續》3.40.4)

其辭義是卜問是否令衆人進入羊方的土地開墾耕地。羊方是商的鄰近方國,一期卜辭還有:

丁亥卜,亘貞,羊受年? (《乙》6753)

羊受禾? (《續存》上 1767)

羊入五。(《乙》4512 甲橋刻辭)

可見武丁時羊方曾一度服屬於商,並向商納貢。衆人此時去羊方衰田之真正用意,當如張政烺先生所言,與湯滅葛之過程相似,蓋以衰田爲借口,實行土地的擴張與并吞。[①] 三期卜辭中即有征戍羊方及用羊方之人爲牲的例子:

今秋虫□告戍羊……(《甲》1792)

癸巳[卜],於一月伐羊眔召方? 受佑? (《京津》4382)

……羊方其用? 王受[佑]? (《京津》4381)

正反映了從衰田到并吞的過程。關於入他方墾殖之卜辭還有:

甲子貞,于下尸刖袁田?

[甲]子貞,於□方袁田? (《粹》1223)

這是四期武乙卜辭。從武丁到武乙,數代之間到他方開荒的行動一直未停,[②]反映了商王國疆土的擴大,而伴隨着的是廣大族衆被驅使,被迫在當時生產工具簡陋、交通阻塞的條件下去遠方或異域從事艱苦的勞動與戰爭。

“衆”除了在農業生產上服勞役外,還要給商王服其他事項的雜役,亦可稱爲常役。其中,關於“衆”參加狩獵的卜辭有:

(27) 貞,乎……衆人……麋……(《甲》3538)

(28) 貞,其令馬亞射麋?

貞,其又衆? (《甲》2695)

(29) 呂衆卓(禽)? (《京津》4560)

(30) 虫虩田,亡戋?

呂衆?

弓呂? (《甲》393)

---

① 張政烺:《卜辭衰田及其相關諸問題》。
② 按:《粹》1223 應是歷組二類卜辭,屬祖庚時期,似非“數代”。

以上辭(27)是一期卜辭,辭(28)至(30)爲三期卜辭。辭(30)反復卜問行獵時使用不使用"衆",說明族衆可以按商王之意願隨時被調遣。一期卜辭有:

(31) 辛巳卜,貞,令衆御事?(《綴合編》1)

御,《釋名》釋爲:"語也,尊者將有所欲,先語之也,亦言其職卑下,尊者所勒御,如御牛馬然也。"《廣韻》:"侍也,進也。"事,《漢書·高帝紀》:"非七大夫以下,皆復其事及户,勿事。"如淳云:"事,謂役使也。"因此,"令衆御事"可能即是令衆服某種雜役。

卜辭中所見到的"衆"所從事的生産活動及其所承擔的勞役大致如上述。此外,張政烺先生曾考證以下一條一期自組卜辭:

(32) ……立衆人,虫立衆人……

……立邑墉商……(《綴合》30)

認爲"立衆人"猶卜辭言"氏衆人",邑是衆人聚居地,故"立邑"等於"立衆人",也就近於"氏衆人"。"墉商"是把商的城墻培修加固。"這就證明築城是殷代徭役中的一項,是殷代衆人的沉重負擔之一"。①

至此,據上述,"衆"的經濟地位可概括如下:"衆"生活在族的共同體中,以族爲基本經濟單位,用集體勞動的形式在本族所占有的土地上從事農業生産,以此爲其生活及族的集體消費之來源。"衆"的生産處於商王和貴族、官吏的控制與監督之下。其所受到的商王的剥削表現在兩個方面:其一是貢納,將一部分勞動産品以族爲單位,作爲貢納上交給商王;其二,也是主要的方面,是勞役性質的剥削。商王可以按自己的意願徵調"衆"合族到王田或其他指定的地點服農業勞役,如開荒、種黍等,或驅使"衆"到他方墾殖以擴張領土。此外,"衆"還要擔負商王所指派的各種雜役,如狩獵等。總之,"衆"——商人的族衆,其生産活動在殷代社會經濟中占有重要的位置,他們雖具有一定獨立性的經濟,但主要還處於被商王爲首的貴族剥削與役使的地位。

三、"衆"的政治地位

"衆"的身份還應從他們的政治地位上來考察。我們先對下列卜辭所反映出來的問題試作探討:

(33) ……辜于□氏衆……宗……屮……(《京津》1074)

(34) 丁丑卜,烖貞,其用兹卜,異其涉🦴?同?吉。

　　　貞,不同涉?吉。

　　　貞,虫馬亞涉🦴?吉。

　　　貞,虫衆涉🦴?大吉。(《甲》3916)

辭(33)是一期卜辭。宗,《説文》:"宗,尊祖廟也。"屮,侑祭。此辭殘缺。于省吾先生釋其義爲:辜

---

① 張政烺:《卜辭裒田及其相關諸問題》。按:"氏"也應釋作"以"。

在出征之前，"招致衆在某先王的宗廟舉行侑告之祭"。① 又從卜辭：

<blockquote>□巳卜，貞，王叀旬呂□族在且乙宗……（《南北》明 575）</blockquote>

看來，旬可以率其族衆進入祖乙宗廟，旱族，如前所考是商王的同姓親族，其族衆進入某先王的宗廟舉行侑祭，似亦可信。《左傳》定公四年記周人處置殷遺民六族，"使帥其宗氏，輯其分族"，可知商人始終保持着宗族關係。商人的宗族成員有參加本族祭祀與大典之權利，也可以從有關周禮的史料中得以參證，因爲這類史料實際上記録了上古時代之民族所共有的一些傳統的宗教禮制。《禮記·祭統》："是故有事於大廟，則群昭群穆咸在，而不失其倫。"鄭玄注："昭穆咸在，同宗父子皆來。"《大戴禮記·哀公問於孔子》："丘聞之：民之所由生，禮爲大。……其順之，然後言其喪筭，備其鼎俎，設其豕腊，修其宗廟，歲時以敬祭祀，以序宗族"，②皆説明古代宗族成員可以參加本族的宗教性活動。

　　辭(34)是安陽侯家莊 HS12A 坑所出的一組三期廪辛卜辭中之一條，將此條卜辭與整組卜辭結合起來看，則可知其與單純以"衆"從事田獵之事有所不同。這一組卜辭的内容可參見李學勤先生《殷代地理簡論》第一章。商王廪辛這次行獵率領有"馬亞""衆"等大批人馬，"馬亞""衆"在卜辭中均見其奉王命從事軍事活動，這次行獵的時間則自癸卯日直至下月甲申日，合計四十二天。在途中廪辛作了如下幾件事：祭祀先公先王及河水、田獵、擊退入侵之敵。由此可知，這種大規模狩獵的性質實質上是一種軍事訓練兼巡視疆土。辭(34)即是在這次軍事訓練與巡視中於丁丑日卜問是否讓"馬亞"與"衆"同涉河水。這種用田獵的方式而進行的軍事訓練即所謂蒐禮。《禮記·仲尼燕居》"以之田獵有禮，故戎事閑也"，閑，《爾雅·釋詁》："習也。"《春秋穀梁傳》昭公八年："因蒐狩以習用武事，禮之大者也。"據上引卜辭，這種蒐禮之實際内容在殷代即已存在了。楊寬先生曾舉商器宰甫簋之銘文考證商代即已存在蒐禮的事實。③

　　從上引卜辭的内容可知，殷代的"衆"在當時能參加商人的宗族内的宗教性活動及重要的禮制活動。這不僅證實了我們上述"衆"爲商人族衆之論證，而且表明他們在當時確有一定的政治地位。關於這一點還體現在下列這條一期卜辭中：

<blockquote>(35) 辛亥卜，爭貞，奴衆人立大事于西奠役？（《林》2.11.16）</blockquote>

立事，即涖事，卜辭有：

<blockquote>癸酉貞，方大出，立事于北土？（《續存》下 803）</blockquote>

可知卜辭中言"立事"與軍事行動有關。大事，《尚書·大誥》"我有大事"，《左傳》成公十三年："國之大事，在祀與戎。"故辭(35)當是卜問是否要徵集衆人到西奠役地從事重大的軍事行動。④《周禮·小司徒》："凡國之大事致民，大故致餘子。"鄭玄注："大事，謂戎事也。大故，謂災寇也。……

---

① 于省吾：《從甲骨文看商代的社會性質》。
② 按：原文此處引《左傳》襄公十二年一段文字，即"凡諸侯之喪，異姓臨於外，同姓於宗廟，同宗於祖廟，同族於禰廟"，但此文所言是言弔喪時依親屬關係之遠近選擇弔喪之場所，於此不妥。
③ 楊寬：《大蒐禮新探》，見《古史新探》，中華書局，1965 年。按："宰甫"，原文從楊文隸作"宰甹"，不確。
④ 按：卜辭[35]中的"西奠役"後應加……號，此辭下殘，"役"非地名，據《合集》32850—32852，"役"下當有"舟"字。

餘子,卿大夫之子,當守於王宫者也。"致民,即召集民,民,周之國人。這説明,當時在國家有重大事故時,要召集國人的武裝力量來保衛國家之安危,體現了國人之政治權利與義務。由此聯繫上引辭(35),可知周禮的這種制度是承襲殷代的,商王遇有"大事"時,也要召集衆人,即召集自己的族衆來拱衛其統治。因此,"衆"在殷代參與一定的政治活動,確有一定的政治地位。

下面,我們再從常見的以"衆"從事征戍的諸條卜辭中進一步探討"衆"的政治身份。如前所述,"衆"是直接生產者,同時又是商人軍隊的主要兵源。至於族衆軍隊的組成狀況從卜辭中也可以獲得大致的了解。四期卜辭有調動殷代軍隊之一種"馬"的辭例:

> 乙酉卜,虫三百令?
>
> ……虫三族馬令?
>
> 眔令三族?(《寧滬》1.506)

三族出三百人之兵力,可知一族所出兵力爲百人。再者,一期卜辭有:

> 丙申卜,貞,眡馬左、右、中人三百?六月(《前》3.31.2)

由此可知殷代軍隊已出現左、右、中三軍之編制。有關左、右、中三軍的卜辭又可見於下列五期卜辭:

(36) 其雉衆?吉。

　　中不雉衆?王固曰引吉。[1]

　　其雉衆?

　　吉。左不雉衆?王固曰引吉。

　　其雉衆?

　　吉。[右不雉衆?王固曰引吉。]　(《前》5.6.1)

(37) 丁酉貞,□卜王乎舀在戍田事,其呂右人舀亡壴?不雉衆?(《甲》2562)

辭(36)所卜問之左、右、中當即上引辭之左、右、中人三軍。辭(36)、(37)卜問左、右、中或右人是否"雉衆",陳邦懷先生釋"雉"言:"雉迭同聲,蓋爲迭之借字",有侵突之意。[2] 據此,可知編爲左、右、中三軍的殷人軍隊亦實由"衆"組成,每一軍的兵力由上引卜辭言"左、右、中人三百"來看,也是以百人爲組成數,亦即張政烺先生所稱之"百人團體",[3]與我們在上面所分析的一族兵力爲百人相合。由此亦可知,殷代軍隊不僅以族衆爲主要兵源,而且其基本單位與其族是統一的,族也同時是軍事組織的基本單位,每一族在應征時皆要提供壯年兵丁百人。

商人軍隊的這種組織方式,在氏族組織没有完全解體的許多古代民族中都曾存在過。張政烺先生在《古代中國的十進制氏族組織》一文中已對此作過論述。這種把軍隊編制與族的組織相結合的方式,在當時殷人以統治部族的身份壓迫其他部族的歷史環境下,是調動本族族人的力量

---

① 按:原文"引吉"寫作"弘吉",此正之。
② 陳邦懷:《殷代社會史料徵存》,天津人民出版社,1959 年。
③ 張政烺:《古代中國的十進制氏族組織》,《歷史教學》1951 年第 9 期。

維護商王國統治的有效措施。這樣組成的軍事力量是商王國統治賴以存在的支柱。正因此,殷人族衆參加軍隊既是一種義務,也是具有一定政治權利的表現。

由於軍事組織與族相統一,軍事行動也就與宗教性活動相聯繫。從卜辭中可見,商王在發兵之前,要告祭祖先。如卜辭有:

> (38) 己丑卜,其雟衆? 告于父丁一牛?
>
> 　　于癸步?
>
> 　　其三牛?
>
> 　　弜雟?(《粹》369)

“雟”又作“隽”,在卜辭中似可與“再”通用,如島邦男《殷墟卜辭綜類》即以下列卜辭爲此例:

> 庚午貞,鼍大隽于帝五丰臣? 血□。在祖乙宗卜。(《粹》12)
>
> 乙酉卜,賓貞,鼍大再……?(《續存》上 1192)
>
> 壬戌貞,其告鼍隽于高且夔?(《京人》2367)
>
> 乙未卜,賓貞,于甲告鼍再……?(《續存》上 196)

“再”在此爲祭名。《説文》:“再,并舉也。”卜辭有:

> (39) 辛丑卜,北方其出?
>
> 　　弜再衆?
>
> 　　不出?(《續存》下 755)

“再衆”之義當同於後世所謂“舉兵”,亦即《禮記・月令》所言之“起兵動衆”。此辭是卜問北方的方國方是否出擾商王國之邊境,需否舉兵抵禦之。故“雟衆”之義當同於“再衆”,其義亦爲“舉衆”“舉兵”。辭(38)即是卜問舉衆及是否於癸日行,並卜問將此事告祭父丁之用牲數量。當“衆”在軍事上有重大進展時,商王也要祈告於先公先王以求保佑,如:

> (40) ……貞,尞,告衆步于丁彔……(《後》上 243)

這是用燎祭將“衆”徒步往征於丁彔之事禀告祖先。

殷代商王國對外戰事頻繁,商人族衆從事征伐與戍守的辭例習見,除上引諸辭外,還可見於下列各辭。

一期卜辭有:

> (41) 丁未卜,争貞,弜令罺以衆伐呂[方]?(《粹》1082)
>
> (42) 戊辰……貞翌……亞乞以衆人凷丁彔,乎保我?(《前》7.3.1)

二期卜辭有:

> (43) 庚申卜,兄貞,令竝衆衛? 十二月(《書博》77)

四期卜辭有:

（44）甲辰貞，邑呂眾[齒]伐召方，受佑？（《粹》1124）

（45）乙亥貞，邑令章呂眾[齒]□，受佑？（《後》下27.14）

（46）丁未貞，王令邑奴眾伐，在河西[林]？（1973年小屯南地發掘卜辭 T53㉘：111）

（47）己卯貞，令[齒]呂眾伐龍，[戈戈]？（《庫》1001）

除上面提到“眾”的卜辭外，族眾以族爲軍事組織徵戍的卜辭亦見於各期，如：一期卜辭有王族從雀、[炎]征伐（《綴合》302正），沚[戈或]率三族伐土方（《甲》908）；三期卜辭有五族戍羌及五族戍守[齒]（《粹》1149）；四期卜辭有三族追擊召方（《京津》4387）。廣大族眾實際上成爲商王的戰爭工具。在這些戰事進行中，商王多次卜問族眾有無損失，一、四期卜辭多卜問“喪眾”，三期卜辭多卜問“[雉]眾”，五期卜辭則卜問“[雉]眾”，其義相近。上引卜辭外，又有：

（48）受不[雉]王眾？其[雉]眾？（《佚》922）

（49）戍衛不[雉]眾？

戍亡[戈戈]？

虫杏有[戈戈]？

虫[隻]有[戈戈]？（《粹》1153）

（50）貞，[弄]行用，[戈戈]？不[雉]眾？（《粹》1158）

（51）丙辰卜，在[㡿]貞，虫大右先……[歆]美、[㡿]利？不[雉]眾？（《前》28.2）

這類卜辭數量之多，一方面雖反映出商王對本族族眾組成的軍事力量之關注，另一方面，則反映出在殷代的對外戰爭中，廣大族眾經常大量地喪失生命。

爲唆使族眾參加對他方的戰爭，商王有時還在出征前對“眾”進行訓諭。如一期武丁卜辭：

（52）丁巳卜，[殼]貞，王[學]眾[伐]（伐）于[兌]方，受[㞢]（有）佑？[1]

丁巳卜，[殼]貞，王弜[學]眾[兌]方，弗其受[㞢]（有）佑？（《綴合》160）

[兌]方是與商敵對之方國，一期卜辭有“伐[兌]方”（《續存》上627）。“[學]”即學，《說文》：“斅，覺悟也。從教從冂。冂尚矇也。”學與教通，“王學眾”猶如《尚書·盤庚》：“盤庚斅于民。”其義訓爲教誨、曉喻。

由於“眾”在經濟上是供役使的勞力來源，在政治上又是主要的軍事力量，並且他們又與商王爲首的貴族有形式上的親族關係，因此，就有商王從其統治利益出發，對“眾”表示關注等內容的卜辭，如卜問“眾”是否有災：

（53）貞，眾有[災]？九月。□漁。（《前》5.45.5）

這與卜問是否“喪眾”的卜辭屬同種性質。又如一期卜辭有：

（54）……卜，貞，……其米眾？（《庫》1809）

---

[1] 按：“眾”下一字，原文寫作[伐]，細察拓本，其下部一橫畫應屬裂痕，字形當改正作[伐]，爲“伐”字異體。原文對[伐]的解釋亦刪去。

(55) □寅卜,□貞,步□,不米□衆?(《拾》4.16)

(56) 貞,令茲米衆?(《鐵》72.3)

"米"在此應讀如"枚"。《周禮·春官·宗伯》小祝:"彌裁兵。"鄭玄注:"彌讀曰枚。枚,安也。"又男巫:"春招弭,以除疾病。"鄭玄注:"弭讀爲枚字之誤也,枚,安也,安凶禍也。招、枚皆有祀衍之禮。"故以上卜辭"米衆"應即"枚衆",辭義爲商王卜問是否爲其族衆行攘除災病之祀禮。再如,1971年考古所安陽工作隊於小屯西地發掘出土了21枚牛胛骨卜骨,[1]其中第12號卜骨的刻辭中有:

(57) 御衆于祖丁,牛。

"御某"於先公先王的卜辭習見,綜觀這類卜辭,"御"均應如楊樹達先生所言"爲攘災之祭"。[2] 小屯西地所出的這一組牛胛骨卜辭,其字體近於四期卜辭,從其所御祭之先祖的稱謂系統等方面看,似屬於一種非王卜辭。辭(57)言"御衆"即是此卜辭占卜者之某貴族爲其本家族的族衆修祓而御祭於其先祖。

我們還可以看到,衆人出征歸來,商王要親迎或派人迎接,如一期卜辭:

(58) 貞,彼屰衆人得?(《鄴》三下34.9)

"屰"作"𐤀",《説文》:"屰,不順也。……屰之也。"段玉裁注:"後人多用逆,逆行而屰廢矣。"《説文》:"逆,迎也。……關東曰逆,關西曰迎。"得,《説文》:"行有所得也。"五期卜辭有:

庚辰,王卜,在𨾴貞,今日其逆旅以執于東單,亡𡿪?(《續存》下917)

"逆旅以執"是迎接出征歸來的師旅與戰俘,也即是迎接族衆之回師。因此,辭(58)似可釋如:彼去迎接(出征歸來的)衆人,可以迎到嗎? 過去有的學者以卜辭中"逆執""逆羌"之句來與"屰衆人"相比附,企圖説明"衆"與執、羌地位相近。此種解釋與"衆"的實際身份是不合的,我們至今尚未在卜辭中發現以"衆"爲牲的例子,故"屰衆人"不可能與"逆羌"一樣有逆牲用於祭祀的意思。

值得注意的是,與以上卜辭辭義相反,在卜辭中有商王鎮壓"衆"的辭例,一期卜辭有:

(59) 貞,王肏衆人?

翌癸亥王步?

[貞],王[弓]肏衆人?(《前》6.25.2)

(60) 甲辰卜,爭,翌癸亥王步?

貞,王弓往肏衆人?(《續》3.37.1)

兩辭似卜問同一事。"肏"作𦥯、𠬞等形,"肏某"還可見於:

……貞,令望乘眔與肏虎方? 十一月(《佚》945)

① 見郭沫若:《安陽新出土的牛胛骨及其刻辭》(收入《出土文物二三事》,人民出版社,1972年)一文所引《卜骨出土情況的報告》及所附卜骨拓片。

② 楊樹達:《積微居甲文説·卜辭瑣記》,中國科學院出版,1954年。

丁未貞，王令卯坴危方？（《佚》913）

庚辰貞，[王]令卒眔□坴召方？（《京津》4386）

由此看，"坴某"之"坴"，似可有兩種解釋，一如于省吾先生所言："義爲屠戮伐滅，應讀爲屠。"[1]一如《集韻》《類篇》所釋："音途，止也。"《廣雅·釋詁》："止，欲鷙。"鷙，有執伏之意。白川靜先生認爲"坴"是一項除道的儀式，[2]但此於"坴"他方之辭則難通。故"王坴衆人"似可以釋作商王對某一部分衆人實行某種形式的鎮壓。[3] 卜辭中"坴某"還可見於：

庚子貞，王邑坴子夒？（《寧滬》1.494）

……今□坴虫子夒？（《寧滬》1.495）

貞，虫吳令坴子夒？（《燕》16）

貞，乎妪坴子姑來？……（《前》6.26.5）

子夒、子姑皆屬殷代之貴族，這些人也被"坴"，其具體原因限於史料，難以得知，但統治階級內部矛盾發展爲對抗的事，史不絶書，殷代也是可能存在的。又五期卜辭有：

（61）乙巳卜，在今，虫丁未🗠衆？

虫丙午🗠衆？（《綴合》45）

（62）乙巳[卜]，在今，……🗠[衆]……丙午（《前》2.11.4）

此二辭係同時卜問同一事，乙巳日在今地卜問是否於丁未日即隔日"🗠衆"，又卜問是否於次日即丙午日"🗠衆"。辭(61)🗠字，在辭(62)作🗠，此字又作（《前》6.13.4），均出現於五期卜辭，與一期卜辭中🗠、🗠（即"罻"）字形相近，視其字形，均似手持網狀物捕捉豕等獸類，有捕獲之義。一期卜辭有：

……卜，殼貞，王🝁于曾廸乎罻🝀？（《簠》8.68）

廸意同乃，🝁，楊樹達先生釋爲師之繁文。[4] 🝀爲武丁時方國名，一期卜辭有"王伐🝀方"（《前》7.15.4），可知🝀方當時與殷商敵對。故"罻🝀"之"罻"確有征伐、捕獲之義。據此，"🗠衆"當是對某些叛逆商王統治的族衆的捕捉。[5] 以上卜辭從側面反映出，殷人之族衆對於商王的壓迫曾有所反抗。而商王對族衆違抗其統治的行爲之鎮壓，亦可徵諸文獻：《尚書·盤庚》中商王曾對族衆宣示："乃有不吉不迪，顛越不恭，暫遇姦宄，我乃劓殄滅之。"這説明殷代時商人內部的階級對立已激化到一定程度了。

綜上所述，我們可以對"衆"的政治地位作如下概括："衆"作爲商人之族衆，可以族人的身份參加本族的宗教與禮制活動，他們以族作爲軍事組織的基本單位，是商王國主要的武裝力量。從這個意義上説，他們是商王統治的支柱。商王出於維護自己的統治的目的，要用某些宗教禮儀形

---

① 于省吾：《雙劍誃殷契駢枝三編》，石印本，1943年。
② 白川靜：《甲骨文的世界——古殷王朝的締構》，巨流圖書公司譯本，1977年。
③ 按："坴"應改隸作"寚"，這裏似當讀作"會"，理解爲"屠"是不妥的。參見拙文《再讀殷墟卜辭中的"衆"》。
④ 楊樹達：《耐林廎甲文説·卜辭求義》。按：此字當釋作次。
⑤ 按：對以上🗠衆卜辭，似亦不當作此種解讀。參見拙文《再讀殷墟卜辭中的"衆"》，已收入本書。

式爲他們修祓，及采用一些安撫的手段。這在當時的歷史環境下，是"衆"有一定政治身份與地位的表現。但是，他們這種政治地位是相對奴隸而言的，按照這種地位，他們所獲得的只是爲商王國執行一定的義務，即用生命來拱衛商王的統治及實現殷商王朝的擴張。"衆"賴以生存的族的組織形式，雖然仍保持着較濃厚的血緣關係，但内部已産生了階級分化。卜辭中所見"卓""受"等族長即是與族衆處於階級對立的族内貴族。因此，可以說，在商王的專制統治與宗族關係的束縛下，"衆"——商人之族衆，在政治上實際處於一種被商王爲首的貴族統治與壓迫的地位。

四、"衆"是殷代社會的平民

以上，我們從三方面對卜辭中"衆"的身份試作了探討，那麽，在殷代社會經濟與政治生活中有着重要作用的這一社會成員究應屬何階級呢？

（一）根據前所引用的卜辭材料及對"衆"的經濟、政治地位的歸納，"衆"與殷代貴族的關係已經比較明顯了。他們基本上是被剥削的族衆，他們與貴族處於一定的階級對立之中。但是，"衆"能否被稱爲奴隸？他們與殷代的奴隸比較有無差別？

殷代的奴隸問題，是一個還有待進一步研求的複雜問題，爲了比較，在此僅據卜辭與考古發掘資料概述其狀況。殷代的奴隸似可分爲兩類：一類是被殷人俘獲後遠離開自己族居地的異族戰俘轉化而成的奴隸，如：卜辭習見"隻羌"，也有"隻多羌"（《鐵》244.1），隻，即"獲"，各族邦捕獲羌後也向商王進貢，稱爲"以羌""來羌"，這些捕獲來的羌人多被用作人牲了，這也習見於卜辭，但也有留下來作爲奴隸的，如卜辭有：

> 辛巳卜，召貞，乎多羌逐罡，隻？（《續》4.29.2）
>
> ……多羌隻鹿？（《前》4.48.1）

這兩條卜辭中的"多羌"即應屬於這一類的奴隸。又如𠂤，卜辭有"執𠂤""卒𠂤"，又有商王呼下屬"氐𠂤"，此種人之身份似亦是戰俘。在卜辭中又多次見到𠂤被商王用作戰爭工具，呼其"伐呂方"，因此，𠂤也屬此類奴隸。另一類，是被殷人征服了的異族，雖保留了族的結構，但整個族實質上淪爲殷人之奴隸的地位，卜辭中可以見到這些族向商王交納物産及服役，[①]如：

> 貞，令多馬羌？
>
> 貞，弜令多馬羌？（《粹》1554）
>
> 甲辰卜，殼貞，奚來白馬？王固曰：吉，其來馬五。（《乙》3449）
>
> ……貞，今𡥈奚來牛，五月
>
> 貞，今𡥈奚不其來牛。（《合集》9178甲）

以上"奚"均作𢆶，作雙手反縛形，可顯見這一族被奴役的地位。從卜辭中也可以看到，與以上奴隸同族類的戰俘有許多被用作了人牲，如：用羌作牲之例不勝枚舉，又有"屮奚"（《綴合》28.柏8）中

---

① 關於下列卜辭中的"多馬羌"的身份可參見姚孝遂：《商代的俘虜》一文，載《古文字研究》第1輯，中華書局，1979年。

的"奚"也寫作🔶，🔶甚至被大量用作牲，如"五百🔶用"（《京津》1255）。① 固然，卜辭中所見的人牲中有無其勞力已被使用而成爲奴隸的人，是可以討論的，但將戰俘用作人牲或保留生命用作奴隸，只是戰勝者、占有者的隨意處置（自然俘虜被用作奴隸，隨着生產力提高而具備了更多的條件，這是根本的，在此不贅述），留下生命作爲奴隸的戰俘，實際上仍處於在奴隸主需要時可以被用來宰割的地位。此外，我們從考古發掘資料中也能見到殷代的奴隸被殺殉的情況。② 這些皆表現了奴隸的人身完全被奴隸主占有的特徵。

將"衆"與我們所能了解到的殷代奴隸之狀況作一比較，可以看到，"衆"儘管與奴隸有某些共同點，這即是他們也同樣受到商王與貴族的剝削，但是如前所述：他們在政治身份上不是被俘、被征服者，而相反地是處於統治地位的民族的族人；他們仍有着一部分具有某種獨立性的族的經濟，能參加一定的宗教性與政治性活動，是商王國的主要軍事力量；由於他們是商王等殷人貴族的同族人，所以他們不可能被用作人牲，被殺殉，商王與貴族還要對他們采用一些籠絡的手段。這些，都是奴隸不可能享有的，因之，他們確實有着高於奴隸的政治身份，有一定的社會地位。

綜合以上各節，我們認爲，卜辭中的"衆"，即商人的族衆，應屬於殷代的平民階級。以此，既可將"衆"與氏族首長轉化而來的各級奴隸主貴族相區分，又可與被殷人統治的主要是異族成員的奴隸相區分。至於"自由民"這一概念，在史學上實際包括了奴隸主貴族在內，用此稱呼"衆"，似不夠確切。需要指出的是，"衆"這一殷代的平民，有別於使用同一名稱的古代羅馬共和國奴隸制社會的平民，後者主要是指在生產力發展到了鐵器時代的，處於奴隸制下的自由農民，他們有其個體的獨立經濟，其氏族血緣關係已被地域原則所代替。而殷代的平民——"衆"，在當時生產力水平下仍生活在族的共同體中，由於宗族的約束，專制君主的與貴族的壓迫，他們的人身自由也是不充分的。

（二）卜辭中的"衆"即是商人的族衆，屬於殷代的平民階級，這點，還可以從考古發掘的實物資料中得到佐證：1969—1977 年在殷虛西區發掘了殷代墓葬共 939 座，發掘者將之分爲八個墓區。這些墓葬除六座較大型墓外，皆爲小型長方形豎穴墓，其中 710 座有葬具。發掘者認爲：這次發掘的資料説明"殷代社會存在着族的組織形式"，這八個不同的墓區就是八個不同的"族"的墓地。③ "大部分墓主人的身份當屬於殷代社會中的平民"。如此，這"大部分墓主人"也即應是殷虛卜辭中的"衆"。我們看到，這次發掘的材料有如下幾點恰是可以與本文中所分析的"衆"的情況相對照的：

---

① 按：此條卜辭雖占卜是否用五百個此種人，但從占辭看，實際只用了一百個。
② 侯家莊 1001 大墓南墓道夯土中有 59 具無頭肢體，頭被砍下，依深度、部位不同，分爲二群八組十一排；四個墓道的夯土中還有距地面深淺不同埋入的人頭骨共 27 組 73 個，以頭向上，面向墓坑爲原則放置，其中多數未成年。後岡大墓在墓室內填土中有人頭骨 28 個。武官村大墓中椁室以上的填土內有 34 個人頭骨，其中 29 個置於深淺不同的三層，皆直立面向中央（以上參看：梁思永、高去尋：《侯家莊》第二本《1001 號大墓》，"中研院"歷史語言研究所，1962 年；石璋如：《河南安陽後岡的殷墓》，中央研究院《歷史語言研究所集刊》13 本，1948 年；郭寶鈞：《一九五○年春殷墟發掘報告》，《中國考古學報》第五册，1951 年）。這些殉葬者之身份固然可能是戰俘，但他們與墓主人同墓穴，且恰在墓主人下葬時被成批殺殉，並有規律地置於墓穴中，也很可能即是墓主人生前役使的奴隸。
③ 按：對於這一墓地中墓群的劃分，筆者與發掘報告有些不同的看法，另詳拙著《商周家族形態研究》第二章，天津古籍出版社，1990 年。

1. 這次發掘的墓葬，"分別有特定墓區，有墓壙，絕大部分有棺椁，隨葬貝，有一定數量的隨葬品(確知有隨葬品的墓有 800 座)。這説明這類墓的墓主生前具有一定的生活資料和社會地位"。"還有一些墓形小，無葬具，没有或極少隨葬品"，在 939 座墓中確知無任何隨葬品的有 87 座，其"墓主人應屬於平民的下層，是較貧苦的族衆"。

2. 墓葬中多隨葬禮器，一般小型墓隨葬陶觚和陶爵，"説明墓主人生前有權自備禮器，有權參加一定範圍内的政治性和宗教性的活動"。

3. 939 座墓中 166 座隨葬有青銅(鉛)兵器，"凡出兵器的墓中人架皆爲男性。推測他們生前有不少人是充當過戰士的"。

4. 這些墓葬中雖較少隨葬生産工具，但"較少用生産工具隨葬是階級社會中墓葬的特點，這是與體力勞動逐漸成爲被鄙視的事相聯繫的。……我們還是可以根據這一現象，看到這些墓的有些墓主人生前是從事生産勞動的"。①

以上四點，與我們在本文中根據卜辭所分析的"衆"的經濟、政治地位大體相合。

1953 年殷虚大司空村發掘了 166 座殷代小型豎穴墓，當也是一商人族葬地。這些豎穴墓中出土的陶器也以觚、爵爲主，有的墓中則僅隨葬青銅兵器，甚至只有一件戈或一枚箭鏃。② 説明這些墓的大部分墓主人生前也有參加宗教性活動的權利，有的是戰士。這種情況也與卜辭所見"衆"的政治地位有吻合之處。

據此，有關"衆"的卜辭，當是這些族葬地中大部分墓主人生前活動的記録，是有關殷代平民階級狀況的史料。

(三) 我們認爲，澄清"衆"的社會身份，有助於對殷代階級結構獲得較具體、較完整的認識。"衆"是商人的族衆，屬平民階級，也可以説明，在殷代社會中，商人内部一方面仍保存着以血緣關係爲紐帶的族的組織形式，作爲社會的基層組織，另一方面族内存在階級分化，這種族的組織形式已成爲殷代貴族對内維持統治秩序，榨取平民族衆的剩餘勞動成果，對外保證其統治與奴役其他部族的工具。這一點，似爲殷代社會形態中的一個特點。至於殷代社會形態中諸具體問題，則俟進一步探討。

在本文結尾應予説明的是，我們在本文中引用殷虚卜辭時，是將各期卜辭綜合起來作爲一個整體加以討論的，由於目前所見到的有關"衆"的近 120 條卜辭，絕大部分是所謂王卜辭，且爲數有限，似尚不足以作分期性的細緻研究，加之卜辭亦只能概括地反映社會情況，因此，對於"衆"的狀況中某些更具體問題的認識，對於其在殷代社會 200 餘年間可能發生的某些變化，本文未能涉及，似當闕疑，以期新的發現和學者們的共同探討。

1979 年 3 月稿

1980 年 7 月修訂

(原載《南開學報》1981 年第 2 期)

---

① 中國社會科學院考古研究所安陽工作隊：《1969—1977 年殷虚西區墓葬發掘報告》，《考古學報》1979 年第 1 期。

② 馬得志等：《1953 年安陽大司空村發掘報告》，《考古學報》1955 年第 9 册。

殷墟花園莊東地甲骨卜辭中的
人物關係再探討

　　關於花園莊東地甲骨卜辭,筆者在 2004 年報告剛出版時曾在初讀後寫過一篇小文,[①]對這批甲骨的占卜主體"子"的身份及所反映的貴族家族形態、人物關係問題談過一些膚淺的看法。而在那時以後,近七八年來,已有不少學者就花東卜辭從多個層面進行研究,發表過不少論文與專著,其中涉及到花東甲骨卜辭人物關係也有非常好的論述,[②]不少見解使筆者深受啟發。但是對於其中一個最為重要的問題,即子與"丁"的關係,仍覺得有一些未能完全理解之處。對於將"丁"理解為時王(武丁)的見解,因確實有一定的卜辭辭例可以支持,故筆者並非絕對認為不可,只是有兩點未能釋疑,一是在花東卜辭中雖然少,但仍有"王"與"丁"並見的辭例(而且在此前出土的幾種非王卜辭中也有此種情況),如是一人,為何突然在同一版,甚至同一條卜辭中要改稱? 對此需要作出合理解釋;二是為何子姓的貴族不稱時王為"王",而要稱之為"丁",亦未能搞明白。這與以往的認識不一致,即"王"稱在當時具有普適性與崇高性,即使有宗親關係,"親親"仍不能超過"尊尊"(這已為以往發現的殷墟卜辭與商金文資料證實。周初誥命中,雖為成王之父輩的周公、召公亦無不尊稱其為"王"),似亦無理由不稱"王"。這兩個問題只是筆者感到疑惑的,並不否定按照新出土的古文字材料可以修改傳統之認識,只是覺得這兩個問題似還可以再討論。作為學術研究,我相信大家似不會認為再討論是毫無意義的事情吧。

---

① 拙文《讀安陽殷墟花園莊東出土的非王卜辭》,收入《2004 年安陽殷商文明國際學術研討會論文集》,社會科學文獻出版社,2004 年,第 211—219 頁。
② 陳劍:《説花園莊東地甲骨卜辭的"丁"——附釋"速"》,《故宮博物院院刊》2004 年第 4 期,第 51—63、157 頁。李學勤:《關於花園莊東地卜辭中所謂"丁"的一點看法》,《故宮博物院院刊》2004 年第 5 期,第 40—42、155 頁。裘錫圭:《"花東子卜辭"和"子組卜辭"中指稱武丁的"丁"可能應該讀為"帝"》,《黃盛璋先生八秩華誕紀念文集》,中國教育文化出版社,2005 年,第 1—6 頁。姚萱:《殷墟花園莊東地甲骨卜辭的初步研究》,綫裝書局,2006 年。林澐:《花東子卜辭所見人物研究》,《古文字與古代史》第 1 輯,"中研院"歷史語言研究所,2007 年,第 13—34 頁。古育安:《殷墟花東 H3 甲骨刻辭所見人物研究》,輔仁大學中國文學系碩士論文,2009 年。

一

花東卜辭中有兩版，即《花東》420、480 均有"王"之稱，這兩版卜辭內容對於進一步思考花東卜辭中人際關係甚爲重要，此點，已有學者指出，並作出不同的解釋。[①] 但這兩版中"王"與"丁"並見的卜辭各自還有其它與之在時間與內涵上可以聯繫的卜辭，即實際上有兩組卜辭，應聯繫起來作綜合釋讀，下面試對此兩組卜辭分別作解釋：

第一組：《花東》363(部分)、480

此組卜辭中各辭，除末辭外，均在辭中注明"在剢"，並多有在辭末注明"來獸自罕"或"來自罕"，應是子(或從屬於他的貞人如子炅)爲自己的事占卜時附記占卜地點並記行程，説明此組卜辭均是子在巡獵過程中從罕地來到剢地後所卜。在《花東》卜辭中剢地是此"子"經常往來與居住之地，很可能爲其屬地。[②] 最末一條丙子日占卜時子已離開剢地到了剢地。

丙寅卜，丁卯子仓丁，再嵩圭一、絀九。才(在)剢。來獸自罕。(《花東》480，圖一)
丁卯卜，子仓丁，再嵩圭一、絀九。才(在)剢。[來]獸[自]罕。
丁卯卜，再于丁，才(在)宙(庭)乃再，若。用。才(在)剢。(《花東》363)
癸酉卜，才(在)剢，丁弗賓祖乙彡。子囗曰：弗其賓。用。
癸酉，子炅，才(在)剢，子乎(呼)大子卲(御)丁宜。丁丑王入。用。來獸自罕。
甲戌卜，才(在)剢，子又(有)令[叙]丁告于剢。用。子歹。
甲戌卜，子乎(呼)剢妠(嘉)帚好。用。才(在)剢。
丙子，歲祖甲一牢，歲祖乙一牢，歲妣庚一牢。才(在)剢。來自罕。(《花東》480)

下面逐條地試作解釋：

丙寅日，子占卜是否在次日即丁卯日"仓丁"，即"衣(饋)丁"，奉獻禮品於丁。[③] 再讀稱，與下文所引《花東》34"子再"用法同，舉也，在此亦即奉獻之意。所獻禮品有嵩圭(圭)與絀(珥)。[④]

丁卯日，子仍然承繼前一日所卜內容卜問要奉獻丁的禮品。這一天又進一步卜問是否於剢時，[⑤]在庭內行此獻物之禮。

① 曹定雲：《殷墟花東 H3 卜辭中的"王"是小乙——從卜辭中的人名"丁"談起》，《殷都學刊》2007 年第 1 期，第 18—25 頁。朱歧祥：《由語詞繫聯論花東甲骨的丁即武丁》，《殷都學刊》2005 年第 2 期，第 5—12 頁。
② 參見拙文《讀安陽殷墟花園莊東出土的非王卜辭》，第 216 頁，注 3。
③ 仓字，學者或釋作勞，但勞字西周金文作🔥或作🔥，見容庚：《金文編》，中華書局，1998 年，第 902 頁。從炊從衣會意，並非從衣聲，衣在影母微部，勞在來母宵部，聲、韻均差較大。所以這裏的仓字，似仍當讀作"衣"。"貴"是見母物部字，從貴得聲字，聲母均牙音(與喉音影母相近)，韻母多在微部或物部(與微部陰入對轉)，與衣音近。故"衣"在此可讀作饋，《禮記·檀弓》："君有饋焉曰獻。"《周禮·玉府》鄭玄注："古者致物與人尊之則曰獻，通行曰饋。"或讀作餽，從鬼得聲亦在微部，義與饋同。本文上古音韻均據陳復華、何九盈《古韻通曉》，中國社會科學出版社，1987 年。
④ 參見李學勤：《從兩條〈花東〉卜辭看殷禮》，《吉林師範大學學報(人文社會科學版)》2004 年第 3 期，第 1—2 頁。
⑤ 黃天樹認爲剢作時稱，時段比掌燈時分的"夕"略晚，參《殷墟甲骨文所見夜間時稱考》，《黃天樹古文字論集》，學苑出版社，2006 年，第 182—185 頁。

圖一　《花東》480

癸酉日,子占卜丁是否要賓祖乙,用彡祭方法祭之。其占辭記弗賓。同日,子炅(應是與子同宗的近親貴族)卜問是否要"呼大子御丁宜",即呼大子陳設祭品進行爲丁祓除災害之御祭。"大子"亦見於王卜辭,但子既能呼之,有可能還是子自己家族内的"大子",或即其長子。在王卜辭中也可見王呼令"子某"御祭某王室先人以爲王或王室成員除災求福。

值得注意的是,癸酉日卜問是否要呼大子爲丁舉行御祭後,命辭中還有"丁丑王入"四字,花東子既要卜"王入",揆其情理,此"王入"應該是與子有關,王所入之地應當是子之屬地。卜問"子呼大子御丁宜"的同時又卜問"丁丑王入",也可能與選擇御丁之祭禮舉行時間有關,比如要將就王來到的時間。此條卜辭後注明"用",是所卜問内容經占卜,子確定可以施用,即可以由大子以宜的方式爲丁行御祭,同時也判定王會在所卜問之時即癸酉日後之第四天丁丑日進入其屬地的。

甲戌日占卜,命辭爲"子又(有)令[㲋]丁告于□"。"㲋"字作奉獻禽類於示(神主)前之形,在王卜辭中有奉獻祭牲(不限於禽類)之義,疑此句是卜問子是否要命(其下屬)奉獻祭品於丁在□地舉行之告祭。[①]

甲戌日還卜問子要否呼令㓷"妨帚好",妨可讀爲"嘉",在此也許是慶賀之義。《儀禮·覲禮》:"天子曰:非他,伯父實來,予一人嘉之。"鄭玄注:"今文實作寔,嘉作賀。"

至丙子日占卜時,子此時已到了㓷地,卜歲祭祖甲、祖乙、妣庚所用牲。

在這一組卜辭中,需要深入討論的是"丁"與"王"的關係問題。子在最初之丙寅日卜第二天丁卯日要饋丁以玉器類禮物的種類與數量,而在丁卯日又再次卜問作爲禮物的玉器之種類與數量,同時又進一步卜問是否要在庭内奉獻。從這兩日的卜辭内容看,可以認爲丁在丙寅日、丁卯日時應該即是在□地。[②] 子是在巡獵過程中從斝地來到□地,但在□地接近十天的時間中,子並未田獵,所以子到□地來很可能是專爲晉見丁而來。而且,在丁卯日後第六天之癸酉日,子卜問丁是否要"賓祖乙彡",顯然只有子與丁共處時,才能如此細緻地卜問丁的此類常設的祭事,子作此種占卜,大概是爲了判斷自己是否要參與此對祖乙之祭事。彡祖乙應是在乙日,從此組卜辭看,甲戌日子已準備在第二天動身了,所以卜問乙日祭祖乙事,也可能是確定自己可否在乙日離開丁所在之□地。甲戌日子又"令[㲋]丁告于□",如上文所作解釋,是卜問在丁於□地行告祭時要否奉獻祭牲。凡此均可以得知丁一直到甲戌日時一直在□地。如是這樣,則子在癸酉日所卜"丁丑王入",即是問癸酉日後第四天的丁丑日,王是否要"入",説明在癸酉日當子占卜時直到丁丑日前,王並不曾在子的屬地内,那麽,像上面已分析的那樣,癸酉、甲戌日皆在□地的丁就不會是

---

① 句末"子□",子後一字疑是動詞,與施行此所卜之事有關。

② 李學勤先生在《從兩條〈花東〉卜辭看殷禮》,第1—2頁中引此丙寅日、丁卯日卜辭,認爲"辟"(即"丁",李先生認爲是指武丁)在斝狩獵歸來,旅行疲頓,所以這位"子"迎接慰勞。是李先生亦認爲此時"丁"(即李先生所讀"辟")已在此地。只是如上文所言,此組卜辭各辭後所記"來獸自斝"應該是子在占卜後附記自己的行程,不是記丁的行程。"子"並非到□地迎接丁,而是由斝地來此地覲見丁。

王了。

下面,再對《花東》中另一組涉及到"王"的卜辭作分析:

第二組:《花東》34(部分)、169、294(部分)、335(部分)、420、446(部分)、475(部分)

這一組卜辭亦是子在自己屬地(或即是戔)所卜:

甲辰,歲祖甲牢,祝一鬯。(《花東》34)

甲辰卜,于麥(來)乙又于祖乙牢。用。(《花東》34)①

甲辰卜,于祖乙歲牢,又一牛,叀□。(《花東》420,圖二)

甲辰卜,歲祖乙牢,叀牡。(《花東》169)

甲辰,宜丁牝一,丁各矢于我,翌[日]于大甲。用。(《花東》34)

甲辰卜,丁各矢于我,[翌日]于大甲。(《花東》169)

甲辰,宜丁牝一,丁各矢于我,翌日于大甲。(《花東》420)

甲辰,宜[丁]牝一,[丁各]矢于我,翌日于大甲。(《花東》335)

乙巳卜,歲祖乙牢,祝鬯一,祖甲……丁各。

乙巳卜,丁各,子冓。用。

乙巳卜,丁[各],子弜巳冓。不用。

乙巳卜,丁各,子冓小。用。

乙巳卜,丁各,子大冓。不用。

乙巳卜,丁各,子冓。用。

乙巳卜,丁[各],子弜巳冓。不用。

乙巳卜,丁各,子[于宕(庭)]冓。用。

乙巳卜,子于[寢(寢)]冓。不用。(《花東》34)

乙巳卜,叀璧。用。

乙巳卜,叀良(琅)。

乙巳卜,又(有)圭,叀之昪丁,絑(珥)五。用。(《花東》475)

戊申卜,歲祖甲豕一,牝一。

己酉卜,翌日庚,子乎(呼)多臣𢀷見丁。用。不率。②(《花東》34)

庚戌卜,隹(惟)王令余乎(呼)𢀷,若。(《花東》420)

庚戌卜,子叀發乎(呼)見丁,眔大亦𢀷。用。矢。

庚戌卜,丁各。用。夕。

庚戌卜,子各。用。夕。(《花東》475)

---

① 在花東卜辭中"麥"多讀"來",參見姚萱:《殷墟花園莊東地甲骨卜辭的初步研究》,第 166 頁。
② 《花東》446 中尚有部分卜辭所卜時日與以上甲日至己日應同時,主要循例卜歲祭,並卜子之目疾。此暫略。

圖二 《花東》420

庚卜，丁各，永。（《花東》446）

辛亥卜，丁曰：余不其往。母（毋）童。

辛亥卜，子曰：余丙童。丁令子曰：往眔帚好于受。麥（來）。子童。（《花東》475）①

壬子卜，子丙童。用。□各，乎（呼）畲。（《花東》420）

壬子卜，子弜童，乎（呼）畲。用。（《花東》475）

壬卜，弜巳童丁。

壬卜，丙童丁。（《花東》446）

乙卯卜，子丙童。不用。

乙卯卜，歲且乙牢，子其自，弜童。用。（《花東》294）

乙卜，弜巳童丁。（《花東》446）

這一組卜辭，占卜日從甲辰至乙卯，期間十二天。現在按照占卜日逐日嘗試着釋讀一下其占卜內容。

（一）甲辰日所卜是兩件事。一件是卜問歲祭祖甲及祖乙所用祭品。歲祭在花東卜辭中較多見，似是一種常設之祭，其多數是在受祭者日名所屬日歲祭之。另一件事，則是與下邊諸卜辭有關係的，即主要是卜問“丁各夨于我”，亦即“丁在戾時是否將格於我”。②

在此甲辰日卜辭中，在卜問“丁各夨于我”前，有“宜丁牝一”句，“丁”仍是指下面“丁各”之“丁”。應是卜用“牝一”款待丁。③

同日卜辭中，在“丁各夨（戾）于我”後有“翌日于大甲”句，所以，“翌日于大甲”很可能與“丁各夨于我”有聯繫，也屬於命辭，同日卜辭中的上引《花東》34 在卜“丁各夨于我，翌日于大甲”後，有“用”字，似是記録此所卜之事已實施。但從同版直到庚戌日還在卜“丁各”（並可能是在庚戌日丁才各，詳下文）的情況下，可知丁並未在甲辰日來到，但子對大甲

---

① 《花東》37、63、195 有一組於辛亥日占卜“子以帚好入于狀”的卜辭，記子引導婦好進入其屬地（狀），並呼令自己的“多御正”“多宁”等下屬拜見婦好，同時敬獻禮物。如這組辛亥日的卜辭確實是與此文所引《花東》475 的辛亥日卜辭同時所卜的話，則似亦可以與這裏的丁令子所云“往眔帚好于受”及子所記“來。子童”聯繫。

② 在此句中，“各”應是動詞，“于”爲介詞，“我”嚴格的意義，應是指占卜主體（子）所率領的群體，即其家族，在這裏亦可以理解爲是指子家族之居處。在此種“于”作爲介詞的情況下，因已有動詞“各”，而“夨”又不會是“各”的義近詞，似只能讀作“戾”（以下庚戌日命辭後有“用。夨”，與“用。夨”對照，知“夨”應讀作戾，可以作爲將“夨”理解爲戾時之例證），那麼“丁各夨于我”可以理解爲是“丁夨（戾）各于我”即“丁在戾時各于我”。但以往卜辭中似少見此種語法關係的辭例。姚萱有此種解釋，見其《殷墟花園莊東地甲骨卜辭的初步研究》，第 33—34 頁。只是如作此種解釋，“丁各夨于我”是以“于”作介詞，似不宜在“各”後斷開。沈培先生曾引《花東》34，其釋文即作“丁各戾于我”，見所著《商代占卜中命辭的表述方式與人我關係的體現》，《古文字與古代史》第 2 輯，“中研院”歷史語言研究所，2009 年，第 95 頁。如讀“夨”爲“戾”，“于”爲介詞，不在“各”後斷開，當然較好。如讀成“丁各，夨于我”，在“丁各”後斷句，也有本組卜辭乙巳日所卜連續若干“丁各，……”句爲例證。但這樣讀，“夨于我”中“于”是介詞，“夨”即不宜讀作表時之“戾”，似可讀作“息”，夨，精母職部，息，心母職部，二字韻同而聲母極近，故可通。《禮記·樂記》“著不息者天也”，鄭玄注：“休也。”《廣雅·釋詁》：“息，休也。”如是，則卜“丁各夨于我”，即是卜問丁抵達後，是否要在我處休止。這裏，還是采用了不在“各”後斷句的讀法。

③ 在卜辭與商金文中“宜”的用法並不單一，在此處，其用法當近同於西周昭王時器令簋銘文“作册夨令尊宜于王姜”中之“宜”，爲“肴饌”之類。在本辭中，言“宜丁”用“牝一”，是以牝一爲肴。詳拙作《有關卯其卣的幾個問題》，《故宮博物院院刊》1998 年第 4 期，第 13—16 頁，亦見於本書。

可能仍是舉行翌日之祭了。

（二）乙巳日所卜是兩件事。一件事是見於第一條卜辭的卜歲祭祖乙，並延祭於祖甲。①

乙巳日所卜另一件事即是卜問丁來到後要否“再”，再即稱，亦即舉也，在此當釋作奉獻，②並具體卜問了欲再禮品份量之輕重，究竟要以哪種玉器爲禮品，以及要在何處再。③

（三）戊申日，卜歲祖甲用牲事。

（四）己酉日，子卜問丁來到後，是否要“呼多臣✦見丁”，見上引《花東》420，此辭末尾注明“用。不率”。用，表示采用此所卜之方案。率，在此當訓皆也，“不率”之意是不皆，④亦即不用都呼。這是針對“多臣”而言，意即只用呼多臣中的一部分。✦字更多的字形作✦、✦，在王卜辭中此字較多見，多作動詞，應是一種常由王來主持的重要的祭祀禮儀，但也有少數情況下似作名詞使用，指從事✦這種禮儀的人。⑤

———————

① 姚萱：《殷墟花園莊東地甲骨卜辭的初步研究》，第240頁，注4。
② 參見于省吾主編：《甲骨文字詁林》，中華書局，1996年，第3139頁，“再”字姚孝遂按語。
③ 所卜“子再”，是問子是否奉獻物品於丁。“子再小”之小，當如《說文》所云：“物之微也……不多也。”段玉裁注：“不多則小，故古少小互訓通用。”在本版卜辭中的“子再小”，對應同日所卜之“子大再”應是卜問子向丁是奉獻小的較輕微的物品，還是奉獻大的較重的物品。在卜問“子再小”“子再”後卜辭皆書“用”，則應該是選擇了“再”與“再小”之方案並準備施用之。而在卜問“子再大”“弜巳再”（“巳”當訓起，起用之義）後，書“不用”，顯然是否定了此二方案。同日還有三條卜辭卜是獻玉以璧、琅，還是圭。當是在已確定“再小”後卜用哪種玉器爲禮品。從命辭後所記“用”可知，當是選了璧、圭與珥。至於同日所卜是“于宙（庭）”還是“于宀（寢）”再，最後是在“寢”後書“不用”，否定之，而在“庭”後書“用”，即選擇了要在“庭”再於丁。所以乙巳日通過占卜所作出的具體判定是在庭内奉獻較輕微的物品（即小件玉飾）於丁。
④ 參見姚萱：《殷墟花園莊東地甲骨卜辭的初步研究》，第86頁。
⑤ 殷墟卜辭中可見✦是王所親自主持的重要祭祀活動，如以下何組卜辭：
　　丁未卜，猷貞，王其賓大戊鬯✦叀……（《合集》27176）
　　辛酉卜，壴貞，王賓杌，✦隹吉。
　　壬戌卜，壴貞，王賓辛壬丁✦隹吉。（《合集》27382）
所以✦應是一種祭祀先人的禮儀，裘錫圭先生亦有此種解釋，見其《釋“哭”》，《古文字研究》第28輯，2010年，第25—35頁。這種禮儀有可能需在特定地點，並在露天、野外舉行，所以可見常同時卜“王往”（此“往”是前往某地之意，還是讀作“禳”——于省吾先生有此説，見其《釋往、正》，《甲骨文字釋林》，中華書局，1979年，第154頁——待再考），“王✦”是否“蘄（遘）雨”，而以“不蘄雨”爲吉，且✦會有更具體的祭祀手法，如：
　　貞，王✦叀吉，不蘄（遘）雨。（《合集》5250，賓組）
　　壬戌卜，史貞，王✦叀雨。十月。（《合集》12624，賓組）
　　丙寅卜，彘貞，王往，于夕禱，不蘄雨，✦叀吉。（《合集》27861，何組）
　　丁卯卜，彘貞，王往。下✦不蘄雨。
　　丁卯卜，何貞，王✦叀吉，不蘄雨。
　　丁卯卜，何貞，王往，于日不蘄雨，✦叀吉，才（在）五月。（《合集》27866，何組）
　　己巳卜，何貞，王往，于日不蘄（遘）雨，✦叀吉。允雨不遘。四月。（《合集》27863，何組）
但從下列卜辭看，✦有時似是指人，如：
　　甲申卜，殷貞，弜乎帚妌✦先于蠱。二告。（《合集》6344）
　　貞，翌乙亥易（賜）多射✦。（《合集》5745）
這種人以祭儀爲名，可能即是從事✦祭儀的人。此猶如卜辭中“射”可作動詞使用，但“射”也是軍種，弓箭手之稱，又如“芻”可作動詞，也可指芻牧之人。✦字不識，但此字在張手人形（其形作✦或✦，其中人形臂下加筆畫，或是表示手臂之顫動。《合集》5297有“庚戌……貞，王心若，其隹（惟）旤（孽）三……”似是言王心如顫，是有鬼神造孽所致）之身部有“丙”字，丙如是標音，即此字從丙得聲，似即可以讀爲“更（更）”，即《周禮·天官》中之“女祝”所言“掌以時招梗禬禳之事”之“梗祭”，防禦災害之祭（見鄭玄注）。關於卜辭中“✦”有時是指人，參古育安：《殷墟花東H3甲骨刻辭所見人物研究》，第180頁（按：以上言✦從丙得聲可以讀爲“更”之説似不妥，此字待再考）。

在己酉日卜辭中，"子呼多臣□見丁"之□，從下面將要引的卜辭《花東》475之"子叀發乎(呼)見丁，罘大亦□"看，也應是動詞，指從事□這一祭祀禮儀。"呼多臣□"與"見丁"似是兩種行爲，見在此應是指拜見，不讀"獻"。卜"呼多臣□見丁"應是卜問是否呼令從事□之禮儀的"多臣"在丁來到時拜見丁，似並非爲丁行□禮。但"呼多臣□"，按上文所言，□也可以是指從事□這種禮儀的人，所以似也不排斥"多臣□"，即是指多臣中被指定來參加□禮的人。

(五) 庚戌日卜辭有四條。其中兩條仍是卜與□及"見丁"有關的事，其中一條卜"隹(惟)王令余乎(呼)□，若"(《花東》420)，"余"爲子自稱，此即是卜問"王命我呼(多臣)去從事□之禮儀，是否能很順利呢"。這裏所問之"若"，即順利與否，應是指其要呼多臣參加的□禮是否能進行順利，大概不是問"呼多臣"這件事是否順利。這條卜辭也透露了子呼下屬參與□這一禮儀活動，是受王命進行的。所卜"子叀發呼見丁，罘大亦□"即是子在多臣中擇用發以及大兩個人來參與□這項禮儀，所以卜是否"見丁"，也可能是要請"丁"面見一下子要選派的去參予□這一禮儀活動的這兩個臣屬。在這條卜辭後，記有"用。矢"，應是記録此辭所卜事(即呼發與大見丁)可以施行，而且是在昃時即傍晚時此二人會抵達。

庚戌日另兩條卜辭，均卜"丁各"，還是在卜問丁來否。其後標明"用。夕"，當是記此辭所卜事會發生，即丁會來，抵達的時間是在夕時，即晚上。

(六) 辛亥日的兩條卜辭，前面一條命辭中記録了丁對子"余不其往"講的話。這表明庚戌日卜辭所記"用。夕"是準確的，在前一天庚戌日的夕時，丁確實已來到了子的住地。[①] 而在此條卜辭中"丁曰：余不其往。母(毋)□"。用了"不"字，且用了多用來表示疑問、揣測的"其"字，則此"余不其往"似非丁本身之主觀意願，只是揣測一種可能會發生的事實，即"我可能不會去了"。[②] 這條卜辭在丁此句話後，言"母(毋)□"，應是命辭，是子所問。"□"學者或讀爲"速"，意即召。[③] 但此字似也可以理解是從"東"聲的字，讀爲"踵"，在此義爲跟隨，隨從。[④] 如是，則子在丁自言其可能不去了後，占卜"母(毋)□"，即是卜如丁所言其可能不去，則子是否亦即可以不用跟隨丁了。但是辛亥日還有另一條卜辭，子在命辭中曰"余丙□"。是問我是否要在丙日(即下一句的丙辰日)隨從丁出發，則可見上一條卜辭同是辛亥日的卜辭所記，丁所言"余不其往"，確只是揣測之辭，而子所卜問是否可

---

① 姚萱：《殷墟花園莊東地甲骨卜辭的初步研究》，第74頁，解釋這兩條卜辭的辭義亦説："'夕'當是記録命辭'丁各來'應辭情況的驗辭，謂商王武丁果然於庚戌之夕來各。"

② 沈培先生在《商代占卜中命辭的表述方式與人我關係的體現》，第106頁，論及此條卜辭，認爲"余不其往"，即"余不準備往"的意思，此種情況下否定詞使用"不"字，是占卜主體決定不實施某一行動時的用語。

③ 陳劍：《説花園莊東地甲骨卜辭的"丁"——附釋"速"》，第60—63頁。

④ "□"原篆作□，如是從止，楝聲，即從東得聲，似亦可讀《説文》訓爲"跟也，從止重聲"的踵字。重則從東聲。踵亦即踵字，有跟隨、至、接之意。"□"如讀作"速"，作召講，在有些辭例中是講得通的，但從本組卜辭看，丁已經於庚戌日夕時到達子所在地，辛亥日已與子當面對話，那麼辛亥日及下面的壬子日還要再卜問是否要召丁，即有些不好理解了。《花東》371有"己亥卜，甲其□丁往""己亥卜，丁不其各"。己亥日卜下一個甲日子"□丁"，即隨從丁出發，故下面言"往"。同日卜丁是各，是卜丁是否要各於子居處，子由此隨同丁往，與《花東》475所卜類似。

以"母（毋）龏"，也只是一種基於丁的估計所作的一種設問。故此"余丙龏"則是卜問另一種可能，即自己還是要隨從丁出發，而且是在丙日。在此命辭後記録下丁對子所言的話，似可以歸爲驗辭，即丁令子"往罘帚好于受"，是丁命令子還是要"往"，即要出發，但要和帚好同行。此後記"麥（來）。子龏"，可能亦皆是驗辭。是承上文丁所言記録帚好要來（以與子同行），而子則要隨帚好同行。[①]

（七）壬子日占卜的卜辭見於《花東》420、475、446，其中446前辭作"壬卜"，與本組其他卜辭日干書寫全名不同，但從内容看，似還是應歸於此組内。從兩條"壬卜"卜辭看，雖然辛亥日丁已令子與帚好同行，然子還要卜"弜巳龏丁"（即不要隨丁出行），還是"丙龏丁"（即要在丙辰日隨丁出行），可見丁是否要出行，要否子隨同之事此時還没有能決定下來。兩條"壬子卜"的卜辭，一條卜問"子丙龏"，下面注明"用。……呼禽"是卜問子是否要在丙日出行。"用"表明要按此卜問之事施行，因是幾天之後才出行，故可以"呼禽"。另一條卜問"子弜龏，呼禽"（《花東》475），聯繫同爲壬子日所卜"子丙龏"（《花東》420），可能是説子（在丙辰日前）不出發，故可以呼令禽。禽讀飲，很可能是指與所呼來參加𢽾禮的發、大等下屬在出行前行禽（飲）祭之禮。

（八）乙卯日的兩條卜辭（《花東》294），仍是在卜是否丙日要龏（即隨從丁）還是不要龏，而是自行出發。從卜要的一條注明"不用"，卜不要的一條注明"用"可知，要施用的是自行出發的方案。

上面將此一組卜辭，按占卜日辰梳理了一下，試着作了解釋，現在按照以上的理解，再歸納一下此組卜辭中所卜問與所記録的與子、丁及"王"有關的事。

甲辰日，子卜問丁是否要在昃時來到（此地），如丁來是否要翌祭大甲。

乙巳日，卜問丁是否來以及向丁奉獻禮品，是否奉獻較小較輕的禮品之事。

己酉日，卜是否要呼令從事𢽾這一禮儀的多臣在丁來到時見丁，並決定只呼令部分臣屬。

庚戌日，子占卜：王命令自己呼令下屬去從事𢽾禮的事是否能順利進行（按：從上一日己酉日已卜有關𢽾事，可以推測，王之命令應該是不晚於己酉日即已下達），並卜問呼令來行𢽾禮的下屬發與大是否要見丁，且決定要讓他們見丁。同日並卜丁來之事，判定在夕

---

① 句中"麥"字，學者或推測是作爲動詞，即去種麥，自然可以爲一種解釋，但從此組卜辭前面數句卜辭看，子似乎是在等待丁來，隨從丁去參加某一活動（上面曾推測似是王所呼令𢽾之類禮儀活動）。所以，這裏又突然言之去種麥，與上面卜辭所問之事失去聯繫。故疑此"麥"仍與花東卜辭其他"麥"的用法同，即讀爲"來"，花東卜辭"麥"讀"來"，參見姚萱：《殷墟花園莊東地甲骨卜辭的初步研究》，頁166。類似這樣屬於驗辭性質的很短的記事字句，如：

　　癸丑卜：翌日甲寅往田。子囧曰：其往。用。從西。一二（《花東》316）

　　丙戌卜：子其往于𠣬，若。用。子不佣（宿）。雨。（《花東》451）

　　壬卜，才（在）麤，丁曰：余其𢦏子臣。允。（《花東》410）

花東卜辭在"用"後的文字，除有所謂"用辭"（如上引《花東》316）外，多數是驗辭（如上引《花東》451）。驗辭如是以"某曰"形式出現（如上引《花東》410"丁曰"及475"丁令子曰"），其前、後均不用"用"字。但在所日後仍有用很短的字、句構成的驗辭。則丁命子所云"往罘帚好于受。麥。子龏"中的"麥"也許仍當同於花東卜辭中其他"麥"讀"來"的習慣。這句卜辭應該讀爲"往罘帚好于受。來。子龏"。"往罘帚好于受"或即是"罘帚好往于受"，于仍是介詞。

時會抵達。

辛亥日，丁應該的確是在前一天(庚戌日)夕時來到了，故此日在卜辭中記録了丁對子所云“余不其往”(即“我可能不會前往了”)，子遂卜問如此是否可以不隨從丁出行了。同日，子又占卜是否要在下旬之丙辰日隨丁出行，並附記丁在此日命令子與帚好同行去受地，子因而得知帚好要來。

壬子日，丁是否出行前往某地尚未能決定，故子還在占卜是否要隨丁出行，是否在丙辰日出行，並卜是否要在出行前呼下屬行會(飲)祭之禮。

乙卯日繼續卜，是丙日隨從丁出發，還是自行出發，從卜兆判斷是要自行出發。可能丁終於未能前往。

在以上概述的事項中，尤其值得注意的是，辛亥日丁在剛來到子居處時，馬上即言“余不其往”，這透露出丁各於子處，似非要在子這裏有什麼重要的事。聯繫同日卜辭所記丁命子隨從帚好往於受地，知丁原本是要與子(及帚好)在這裏會合，然後出發去某地參與一件重要的事，子作爲丁的下屬要隨從丁(及帚好)前往，故在丁到來後，子多次卜問隨行之事。丁與子、帚好所要去某地參加的活動是什麼，卜辭未明言，但在庚戌日時子曾記述王命令他“呼□”，子爲此而卜問自己執行王命令是否進行順利，而且子還確實呼令了自己的部分臣屬(發、大之類)參與行□禮之事，所以很有一種可能，丁與子及帚好要“往于”某地參加的活動，即是王所主持的□禮，而丁所云“余不其往”，所欲往行之事也是此□禮。

在不同時期王卜辭中所見□禮，均是王親自參與或主持的，故賓組卜辭中多卜問“王□叀吉”。但卜辭還有“甲申卜，殼貞，弓呼帚姘以□先于𧊒”(《合集》6344)，“貞，呼帚井以□”(《合集》8992)，可見王行□禮，也會命令其他貴族率領參加□禮的屬下前往行此禮儀之地，如上引𧊒地。在上引《花東》這一組卜辭中，庚戌日卜辭記王命令子“呼□”，可見此□之活動也是王主持的。[①] 但是在這一組卜辭中雖看到子呼令參與□禮的下屬“見丁”，但並未能見到丁與□禮有何關係，未見丁令子呼多臣參加□禮，丁亦未見親自參與或主持□禮。所

[①]《花東》有：

己巳卜，子叜□。用。庚。

弓巳，叜□。

辛未卜，叜□。用。(《花東》391)

乙亥卜，弓乎(呼)𦲷發□。用。

乎(呼)𦲷□。不用。

弓乎(呼)發□。(《花東》255)

丁丑卜，叀子□。不用。

弓子□。用。(《花東》391)

此組卜辭距本組卜辭所繫聯的最後一日(乙卯日)已有十餘天，但不知是否還與此次子受王命呼□有關。但從子反復卜問要否叜以及由自己還是呼𦲷、發來看，仍像是在執行王呼令其所作□這一禮儀。叜，裘錫圭先生釋其意爲洒掃。“叜□”則是指“祭祀前對祭社場所的洒掃糞除”，同於《周禮》所云“祭祀脩寢”之脩，見裘錫圭：《釋“叜”》，第25—35頁。

以將"丁"説成是"王"缺少積極的證據。而且如上文所分析,丁要否"往"即前往某地,似並非他自己所能決定,故有"丁曰:余不其往"之語句,雖然不排斥丁可能是因自身某些不可抗拒的事(如身體不適等)不能成行,但也不排斥是由於丁是否前往,要由主持者(比如王)來決定的。如上述,在王卜辭中可見⚘禮爲王所重視,常要親自主持。所以,如丁"往"與⚘禮有關,丁如是王,而言"余不其往"這樣的可能也是不大的。此外從卜辭文例看,如果丁是王,而庚戌同一天占卜、契刻時間也應在同時的卜辭,對丁一直稱"丁",突然冒出一句稱之爲"王",按以往卜辭慣例亦很難理解。

以上對花東卜辭中有"丁"與"王"並出的兩組卜辭試作了較詳細的釋讀,目的是爲了希望對花東卜辭中的"丁"與"王"的關係作更仔細的思考,以促使這一問題得到進一步的解決。畢竟這兩種稱呼並出的情況不好忽視。

其實在花東卜辭發現以前,在小屯北地出土的乙一類(按:此即《甲骨文合集》第七册"乙一"卜辭,學者或稱之爲"子組卜辭"),非王卜辭中,也已有若干卜辭中不僅提到過"丁",[1]而且也提到過"王"。在《甲骨文合集》著録的其他幾種非王卜辭中也均見到"王"稱,對此黄天樹先生在他的論著中已作過歸納,並有過考釋。[2] 在有"王"稱的非王卜辭中,有一版爲常耀華、黄天樹兩位先生先後綴合的龜腹甲下半部,即《合集》21555+21537(圖三),[3]這一版卜辭即屬於乙一類,亦即所謂"子組卜辭",林澐先生所謂之"丙種子卜辭",[4]這一僅餘下半部的龜腹甲最下一排刻辭中有左右相對的兩條卜辭:

　　壬寅卜,丁伐麤。
　　甲寅卜,王伐□。[5]

"王"字其下部仍可看出有"王"字下半部的特徵,其上部有磨損(但亦不似"五"字上部),從字形上看還應該讀作"王"字爲妥(新版《乙》9029此字較清楚)。在卜辭中,並列的語法關係近同的卜辭,處於同一語法位置的人名不同,而可以説是同人異稱的現象似很少有。所以,像此類"丁"與"王"同見於一版的卜辭且處於同一語法位置的情況,簡單地將二者説成是同一人的不同稱呼是與卜辭慣例不相符的。

---

① 關於舊有"非王卜辭"中的"丁",以往研究過非王卜辭的學者(包括筆者)均已論及,只是因所論在花東卜辭發現前,對其身份、與各組非王卜辭占卜主體關係的判斷,應依花東卜辭作新的思考。

② 黄天樹:《關於非王卜辭的一些問題》《重論關於非王卜辭的一些問題》,收入《黄天樹古文字論集》,學苑出版社,2006年,第56—65、66—87頁。

③ 即《鄴》下34.7+《乙》9029。見常耀華:《子組卜辭綴合兩例》,收入《殷都學刊》1995年第2期,第6—8頁。黄天樹:《甲骨新綴11例》,收入《考古與文物》1996年第4期,第69—72頁;又見黄天樹主編:《甲骨拼合集》,學苑出版社,2010年,第23則。

④ 林澐:《從武丁時代的幾種"子"卜辭試論商代的家族形態》,《林澐學術文集》,中國大百科全書出版社,1998年,第46—59頁。

⑤ 在黄天樹主編的《甲骨拼合集》,第23則,即此片甲骨的摹本中,"甲寅卜王伐□","王"字摹作"五"。但在"説明與考釋"中,釋文作"甲寅卜:王伐三□",與摹本不相合。黄先生在其《重論非王卜辭的一些問題》一文,第76頁,其釋文亦作"甲寅卜,王伐□"。

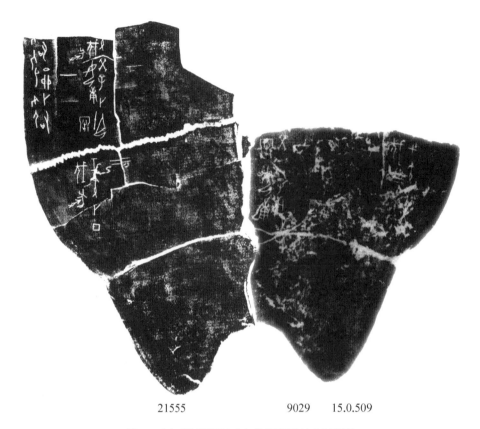

21555   9029   15.0.509

圖三 《合集》21555+《合集》21537(《乙》9029)

二

《花東》294(圖四)有四條在壬子日占卜的卜辭,其文如下:

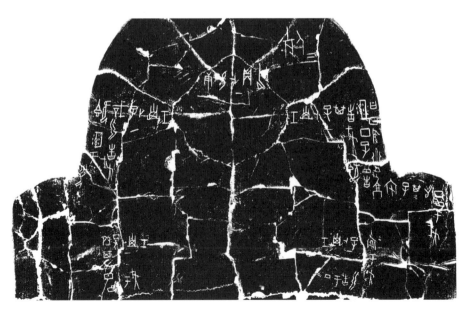

圖四 《花東》294(局部)

壬子卜，子其告狀既𡊀丁。子曾告曰：丁族盗祭宅，①子其乍(作)丁宮于狀。

壬子卜，子敖，弜告狀既𡊀于[丁]，若。②

壬子卜，子丙其乍(作)丁宮于狀。

壬子卜，子寢于狀，弜告于丁。

　　此組卜辭均記壬子日所卜。前兩條卜辭，主要是從正、反兩面對貞，即卜問子是否要"告狀既𡊀(或'𡊀于'丁)"。而上一條卜辭在此命辭後，記有"子曾告曰：丁族盗祭宅，子其乍(作)丁宮于狀"。這應當即是命辭中"告狀"所要"告"的內容。"曾"，在此似當讀爲"乃"。《孟子·公孫丑上》"爾何曾比予於管仲"，趙岐注："何曾，猶何乃也。"宮，卜辭中宮字或作宮，或作宮，應是从宀从宮(或宮)會意(一說宮亦聲)，宮當表示成排的相聯築的宮室。一說宮(或宮)是宮之初形，③此暫從之。此所記子"作丁宮于狀"，應是子要爲丁在狀地建築丁(丁族)所居宮室。子之所以要爲丁築宮室，是因爲前一句驗辭記子曾告曰"丁族盗祭宅"。"盗祭宅"之義不能確知，"盗"在此也許當讀爲"宓"，即《説文》所釋"安也"。《淮南子·覽冥》"宓穆休于太祖之下"，高誘注："宓，寧也。""宓祭宅"，即使祭宅安寧。④如是，則丁族之所以要"宓祭宅"，是因爲某種緣故使丁族感到祭地之宅已不能安寧，這正是"子其乍丁宮于狀"的原因。這條卜辭前面的命辭"子其告狀既𡊀丁"如上文所言所"告"即此爲丁在狀地建宮室之事。𡊀如可讀如率，在此或即遵循之意，⑤則這句命辭可能是貞問，子是否要"告狀"(可能是在狀地舉行告祭)，以將此"既𡊀于丁"(已遵奉丁之意旨在狀地爲丁族建宮室)之事告於先祖或其他神(如此地之社神)。則子在狀地爲丁修宮室之事即有可能是奉丁之命令。⑥

　　壬子日的後兩條卜辭中前一條"子丙其作丁宮于狀"，是卜問是否要在下一句丙日開始動工爲丁修宮室。後一條中的寢，學者或讀如"寢"，疑用作動詞，作"寢宮"之意，⑦這與上舉壬子日的卜辭子爲丁在狀地作宮，是吻合的。"弜告于丁"，只是對貞中的反問。

　　總言之，壬子日這四條卜辭説明了子要在本宗族非常重要的領地狀爲丁修築宮室，以安納"丁族"，反映了子與丁之密切的宗親關係。學者或認爲此"丁族"亦即王族，⑧但武丁

① "盗"字之釋，見裘錫圭：《釋"柲"》，收入《古文字論集》，中華書局，1992年，第22—24頁。

② "敖"，陳劍從裘錫圭説釋作"待"，見其《説花園莊東地甲骨卜辭中的"丁"——附釋"速"》，第58頁。

③ 見于省吾主編：《甲骨文字詁林》"宮"字下李孝定説按語(姚孝遂)。又卜辭中宮(雝)字或从宮，宮應是雝字聲符，故宮似也可讀作"雝"(宮，見母冬部，雝[邕]影母東部，上古音仍略有別)。何琳儀：《戰國古文字典》，中華書局，1998年，冬韻下"宮"字條，言宮从吕聲，"雝也从吕聲，音轉入東部"。雝从邑，是宮之訛。朱駿聲：《説文通訓定聲》云"邕今作雝"。《漢書·地理志》："四面積高曰雝。"是雝也有四面有屏障的聚落之意。

④ "祭"地見於王卜辭，姚孝遂先生曰此字當係"京二字之合文(見于省吾：《甲骨文字詁林》，祭字條按語)，這是有可能的。從花東此條卜辭看，祭應是丁這一宗族的屬地。

⑤ 《左傳》宣公十二年"今鄭不率"，杜預注："率，遵也。"《爾雅·釋詁》："率，循也。"

⑥ 此命辭可如上文那樣，解釋爲子將"既𡊀丁"之事告"狀"。既，已也。但如聯繫上一條卜辭"弜告狀既𡊀于[丁]"，也可以解釋爲"子將狀既𡊀之事告於丁"，這裏"丁"前少一"于"字。但這種解釋需要將"狀"認作是人物，可是花東卜辭中並未見到子的下屬有名"狀"者，而只有領地名"狀"。或許"狀"即是花東子之名，此爲其自稱，在告丁時自稱本名。

⑦ 陳劍：《説花園莊東地甲骨卜辭的"丁"——附釋"速"》，第59頁。

⑧ 古育安在其《殷墟花東H3甲骨刻辭所見人物研究》第405頁，曾指出：學者普遍同意花東卜辭的"丁"即武丁，因此説"丁族"爲"王族"自然是合理的，不過既有"王族"何以還要用"丁族"一詞，顯然其中仍可能有別，如此又回到何以武丁可同時稱"王"與"丁"的問題，自然又必須討論生稱"丁"的意義。

時期的王族不在屬於今安陽地區的王畿區域內,而要在王畿以外區域內屬於子的宗族屬地建族居宅第,似有費解處,這也是《花東》卜辭中"丁"可認作"王"所值得斟酌的問題。

由"丁"及"丁族"之稱,可以聯想到武丁時期的王卜辭中以"丁"作人或氏名之稱的一些卜辭:

戊戌卜,貞,丁目不喪明……六月(《合集》21037,圖五)

庚申卜,扶,令小臣取丁羊、鳥。(《合集》20354,圖六)

圖五 《合集》21037　　　　　　　圖六 《合集》20354(局部)

以上卜辭皆自組(《合集》21037屬於自組小字,20354屬於自組大字)。《合集》21037卜"丁目"是否會"喪明","丁"顯然以解釋爲人名爲好。《合集》20354卜"令小臣取丁羊、鳥"中的"丁",因爲"取"有可能爲祭名,所以"丁"不排斥有可能是指名"丁"的先人,在自組卜辭中,單稱"丁"的先人,多可能是指祖丁。但此條卜辭是言命小臣來取,而卜辭中罕見王命小臣行祭先王之事,且一般祭祀也少見用羊、鳥組合來作祭品,所以,這條卜辭更大的可能,是王卜問是否命小臣征取羊、鳥於丁處,"丁"還是人名(或同名的氏名)。

僅從以上卜辭看,"丁"與武丁的關係應當是很密切的,所以王要關心其身體疾病。自組小字卜辭中有"丙申卜,疾其入丁……十二月"(《合集》21039),[①]因龜甲殘,"丁"是隨上讀,還是隨下讀不能確知。如可以隨上讀,則這條卜辭即亦是講"丁"的,是問疾病是否已"入丁"。《合集》收入"乙二"類的非王卜辭中,有"疾亡(無)入"(《合集》22392),"……卜……亡(無)入疾"(《合集》22390)。賓組卜辭有"貞帚好🔆隹(惟)出疾"(《合集》13633)。"入疾"(或"疾入")、"出疾"相對,似是講疾病的染上與病癒。在武丁時期的卜辭中,除了上面所舉的人名爲"丁"的例子外,也有"丁家"之稱,如:

---

① 同版尚有同日所卜"丙申卜,乍土丁",其義不明,似占卜爲丁修祓事。

丙午卜爭貞，斷丁人媦不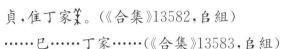，在丁家屮（有）子。

（《合集》3096，賓組，圖七）①

圖七　《合集》3096

這條卜辭中的"丁家"應該亦是"丁"（私名或氏名）的家族，與《花東》中的"丁族"有爲同族之可能。以下三條卜辭較短或殘缺，其中的"丁家"不好確定是指丁之家族，還是日名爲丁的先人之宗廟（如"上甲家"，《合集》13580）：

戊戌……貞……🜚聞（?）……兹🜚……丁家。（《合集》21028，𠂤組）

貞，隹丁家🜚。（《合集》13582，𠂤組）

……巳……丁家……（《合集》13583，𠂤組）

花東卜辭中尚有不少問題筆者未能讀懂，頗感困惑。本文所論，只是其中一個較重要的問題，即花東卜辭（及舊有非王卜辭）中"丁"與"王"的關係，②兼及探討了花東卜辭中的"丁"與時代相近同的𠂤、賓組王卜辭中的"丁"可能有的關係。但思慮未全，意見多不成熟，寫出來主要是爲了自己清理思路，也希望與大家討論，以進一步促進對花東卜辭及相關卜辭資料的理解。

2011 年 2 月初稿

2011 年 6 月二稿

2011 年 8 月修訂

後記

本文承兩位匿名審稿人審閱，提出非常有益的修訂意見，謹此深致謝忱。

（原載《古文字與古代史》第 3 輯，"中研院"歷史語言研究所，2012 年）

---

① 按：賓組卜辭有"癸亥卜貞，……今日令𡥀取黄丁人。七月"（《合集》22），與《合集》3096 相對照，可知，"黄尹丁人"即"黄丁人"。

② 學者們肯定花東卜辭中的"丁"是王，是武丁，很大程度上基於《花東》237、275、449 卜辭中所見丁令"好""子""多🜚臣"比伯或伐卲以及丁自征卲的卜辭，恰可與歷組卜辭王伐召方及王呼令婦好比沚戜、沚戜征伐等卜辭所言相合。然而在王卜辭中可以見到，當王令某地位較高的貴族（多應是子姓貴族）擔任軍事行動的統帥或其他重要王事之主持者時，他對包括王族成員在内的下屬應是有支配權力的，如以下賓組卜辭所示：

甲子卜，爭，雀弗其乎（呼）王族來。

雀其乎（呼）王族來。

貞，乎（呼）雀正（征）目。（《合集》6946 正，部分）

這裏言王呼雀征目，而由雀呼王族來，顯然是要由雀率王族軍隊出征。像這種情況下，雀應是有權命令王族成員的。又如：

令𢈔以王族比𢀛由王事。六月（《合集》14912）

……𢈔以……子族……比……（《合集》14923）

𢈔受命由王事，可率領王族、子族，自然可以在此執行王命的行動中對王族、子族成員有使令權。又：

貞，亞以王族眔黄……王族出……🜚亞庚……東🜚才（在）……（《合集》14918 正）

這裏，亞也是能夠領率王族者。由類似的王卜辭辭例，是否可以推知，當花東卜辭中的"丁"這一身份甚高的子姓貴族在奉王命出征時，作爲軍事統帥，在戰事中對於隨其出征的王族成員（應包括婦好之類王婦）也應是有使命權的。

殷墟卜辭中"侯"的身份補證

——兼論"侯""伯"之異同

　　1936 年董作賓先生在中央研究院《歷史語言研究所集刊》6 本 3 分上發表了題爲《五等爵在殷商》(下簡稱《五等爵》)的論文,[1]這是在甲骨學商史領域第一次較系統地論述所謂"公""侯""伯""子""男"的體系是否存在。董氏否定了卜辭中"公"有作"五等爵"中公侯之"公"的含義,但肯定侯、伯、子、男則爲當時之爵稱,並依據他所能見到的卜辭,具體地列舉了有關此幾種稱謂的卜辭資料,並對其各自之內涵作了扼要的論述。其有關見解,在下文還會引及。在董氏之後的近半個世紀時間內,陸續有胡厚宣、陳夢家、島邦男、張秉權、楊升南等學者,在董先生此文基礎上就此題目做了更深入的討論,所論概況見於王宇信等先生主編的《甲骨學一百年》中,[2]此不贅述。

　　近年來,隨着新發現的西周金文資料的增多與研究的深入,學者對西周時期有無"五等爵"問題的研究有了較多新的認識,[3]在此基礎上,自然會促使大家又進一步反思與西周制度有密切關係的殷商(即商後期)的"五等爵"問題。本文即是在此種學術進展情勢下,對殷墟卜辭中與五等爵有關的"侯"之身份再作簡要的探討。因爲只是在諸位學者研究基礎上所作的一些補充意見,故文章題名爲"補證"。

　　董氏《五等爵》文指出"在甲骨文中'侯'字除封爵外無他義",並列出了"兼稱國名、人名者五,但稱國名者十五,但稱人名者十,但稱侯而無所指者不計,凡卜辭五十五見,不同

---

① 董作賓:《五等爵在殷商》,中央研究院《歷史語言研究所集刊》6 本 3 分,1936 年,第 413—430 頁。

② 王宇信、楊升南:《甲骨學一百年》,社會科學文獻出版社,1999 年,第十一章,第 462—470 頁。

③ 韓巍:《西周金文世族研究》,北京大學中國語言文學系博士學位論文,2007 年;韓巍:《新出金文與西周諸侯稱謂的再認識——以首陽齋器爲中心》,發表於美國芝加哥藝術博物館與芝加哥大學顧立雅中心舉辦"近二十年來新出土中國古代青銅器國際學術研討會",2010 年 11 月 5—7 日;王世民:《西周春秋金文所見諸侯爵稱的再檢討》,《古文字與古代史》第 3 輯,"中研院"歷史語言研究所,2012 年,第 149—157 頁;李峰:《論"五等爵"的起源》,同上,第159—184 頁;魏芃:《論西周春秋時期的五等爵》,南開大學歷史學院博士研究生論文,2012 年;拙文《關於西周封國君主稱謂的幾點認識》,發表於"陝西韓城出土芮國文物暨周代封國考古學研究國際學術研討會",2012 年 8 月 13—15 日,收入《兩周封國論衡——陝西韓城出土芮國文物暨周代封國考古學研究國際學術研討會論文集》,上海古籍出版社,2014 年,第 272—285 頁,亦收入本書中。

名者二十六"。所云"侯"字只作稱謂用,迄今已被證明是對的,確沒有動詞的用法。按照上述清楚的分類理念所列舉的不同名的二十六名侯中,①"周侯"是誤讀,卜辭中並沒有"周侯"。②

上舉《甲骨學一百年》,總結了董氏及其後新出的資料及諸家研究成果,又進一步列舉出稱"某侯"及"侯某"的不重複的侯名共 49 位,但其中"取侯"(《合集》3331)、"黍侯"(《合集》9934),則未必是侯名。③

在以往諸家所作研究中,雖揭示了卜辭中與"侯"有關的史事,並且也指出了"侯"是駐軍在邊域上的王朝外服軍事職官,但仍同時多肯定其爲爵稱,有的學者在對其狀況的研究中,將之解釋爲如同西周時期的封國君主一樣,這似乎與商代後期商王朝"侯"的實際狀況及相關政治制度、政治地理結構不甚吻合。在此問題上,論述最爲深刻,也最爲實事求是的是裘錫圭先生在 1982 年寫成的《甲骨卜辭中所見的"田""牧""衛"等職官的研究——兼論"侯""甸""男""衛"等幾種諸侯的起源》一文,④文中同意勞榦先生"諸侯之事,最先本爲斥候"的意見,認爲"侯"的前身是在邊境等地"爲王斥候的武官"。"雖然在商代後期,侯已經具有諸侯的性質,但從商王可以把田、牧等職官派駐在侯的封域之內的情況來看,商王對侯的控制仍是比較嚴格的,侯對王國所負的保衛之責大概也還是比較明確的"。此種看法,筆者基本上是贊同的,只是對商後期,在卜辭中被王稱爲"侯"者,是否已確有了像西周王朝所封諸侯那樣,擁有較廣袤的土地,擁有擴張國土的權力,⑤擁有對領土相對獨立的政治治理權,還是值得再斟酌的。對於這三個"擁有",首先可以肯定,受商後期王國疆域的限制,商王朝的"侯"們,領土並不能等同西周封國,這是大家都明白的事實。而且後兩個"擁有"即使有,也是很有限的。上引裘先生文已指出,商後期"侯"的領域內會被商王派進其他擁有武裝的職官(按:指田、牧、衛之類)駐紮,即已表明這一點。⑥

---

① 按董氏云"二十六名",但"⚹侯敔"即下舉"侯敔"(此點其本人實亦已說明),故似非二十六名。

② 1986 年筆者曾寫過一小文專論及此,即《關於殷墟卜辭中的"周侯"》,刊於《考古與文物》1986 年第 4 期第 68—69 頁,但刊載時漏掉了文章的附圖。此後出版的《殷墟甲骨刻辭摹釋總集》亦正確地做出了有關卜辭(即《合集》20074、《甲》436)的釋文,否定了"周侯"之存在,但據所見,至今仍有學者在文中言卜辭有"周侯",故有必要在此提一下。

③ 《合集》3331"壬□令□取侯以,十一月","取……以"的形式亦見於其他卜辭,如"庚子卜,亘貞,乎取工努以"(《英藏》757),"貞,⚹乎取白馬以"(《合集》945 正),卜辭言"以"似是卜被取者是否可將所取物奉出。"取侯"是向某侯征取某物,猶如"貞,令良取何"(《合集》4954),"辛丑卜,爭貞,取子卯"(《合集》536)。又,所列"黍侯"亦似非侯名,《合集》9934 正爲"癸卯卜,出貞,王于黍侯受黍年,十三月,小告",此"黍侯"似是指王命人在侯地內(侯之轄區)種黍之區域。

④ 裘錫圭:《甲骨卜辭中所見的"田""牧""衛"等職官的研究——兼論"侯""甸""男""衛"等幾種諸侯的起源》,《文史》第 19 輯,中華書局,1983 年,第 1—13 頁。

⑤ 周王朝給予西周封國君主擴張領土的權力,見於史籍,如《詩經·魯頌·閟宮》言:"王曰叔父,建爾元子,俾侯于魯。大啓爾宇,爲周室輔。"

⑥ 楊升南:《卜辭中所見諸侯對商王室的臣屬關係》,收入胡厚宣主編:《甲骨文與殷商史》,上海古籍出版社,1983 年,第 128—172 頁,亦指出"諸侯國的封界對商王是敞開的",認爲"商王對諸侯國領土具有土地所有權","在諸侯國內,商王可以行使各種權利,就是這種所有權的明證"。

通過近年來對西周封國君主的研究,已可知西周封國在長時期内,仍具有王國政區性質,"侯"的基本身份仍然是王國邊域上的軍事長官,只是因受封而同時兼有封君身份。[1] 西周的"侯"制顯然是脱胎於商後期商王朝之作爲外服職官的"侯",而有所改造(主要體現於封君身份上),則商王朝的"侯"應該有更强的、較爲單純的邊域軍事職官性質。只是"侯"與商後期其他商人貴族相同,擁有自己的屬地以安置其家族,其屬地與其軍事防衛區域範圍應是大體相同的。

再通讀卜辭中有關"侯"的資料,僅就可以大致讀懂的内容而言,有以下幾點是可以補充以前諸家對商王朝"侯"身份之認識的。

一、"侯"必須要由王任命

"侯"作爲外服職官,是由王任命的,"侯"的稱號要由王命才能使用。與此相關的卜辭資料雖然甚少,但屬歷組二類的一組卜辭則有助於證明這一點:[2]

> 癸亥貞,王其奠𠂤。(《屯南》862)
>
> 乙丑貞,王其奠𠂤侯商于父丁。
>
> 乙丑貞,王令□。
>
> 乙丑貞,□侯商□告□。(《屯南》1059,圖一)
>
> 丙寅貞,王其奠𠂤侯告祖乙。
>
> 丙寅貞,王其奠𠂤侯告祖乙。
>
> 貞,王其奠𠂤侯告祖乙。(《合集》32811,圖二)
>
> 己巳貞,商于𠂤奠。
>
> 己巳貞,商于𠂤奠。(《屯南》1059、4049)
>
> 辛未貞,夕告商于祖乙。
>
> 辛未貞,其告商于祖乙。(《屯南》4049)
>
> 乙亥貞,王其夕令𠂤侯商于祖乙門。
>
> 于父丁門令𠂤侯商。(《屯南》1059)

"奠"在這裏,應是設置、安置之意,《詩經·召南·采蘋》:"于以奠之。"毛傳:"奠,置也。"此組卜辭大意是説,癸亥日貞問,王是否要在𠂤地設置(侯)。兩日後,於乙丑日貞問,王要將

---

[1] 參見拙文《關於西周封國君主稱謂的幾點認識》,第 272—285 頁。

[2] 關於此一組卜辭揭示的商王册命侯之制度,筆者於《殷墟卜辭所見商王室宗廟制度》一文中做過論述,惟當時未引《合集》32811 及《屯南》862 卜辭。見《歷史研究》1990 年第 6 期,第 3—19 頁。

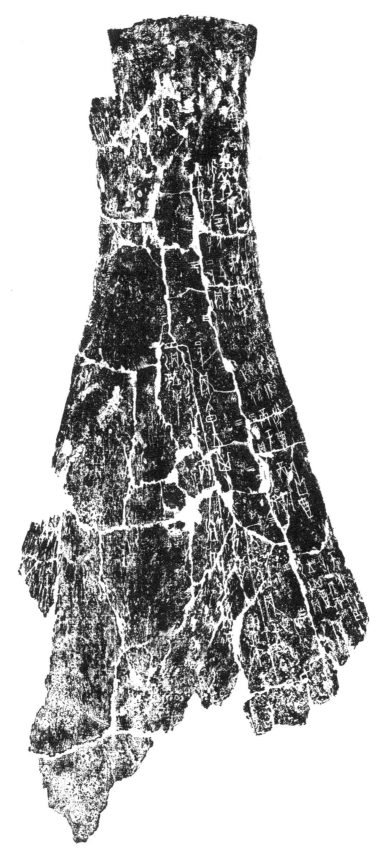

圖一 《屯南》1059

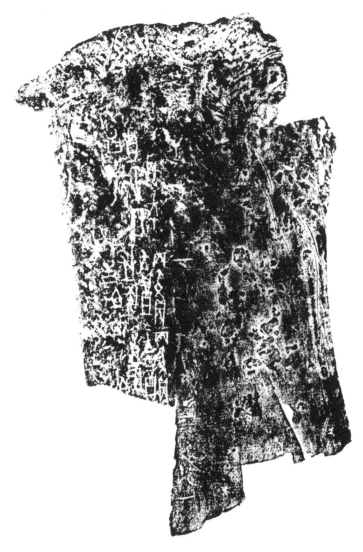

圖二　《合集》32811

商安置於🔸地作侯,是否要告於父丁?[1]　"告"字未刻,依下文此條卜辭在"于"前應有"告"字。次日,即丙寅日三次貞問,王將要在🔸地置侯,是否要告於祖乙? 又過了三日,至己巳

---

[1] 對於殷墟卜辭中"奠"字的含義,裘錫圭先生有專文論之(即《説殷墟卜辭的"奠"——試論商人處置附屬者的一種方法》),認爲"奠"是商王將被制服的方國、族人安置於所指定的地區。在該文中,裘先生也論及本文所引用的這一組與奠🔸侯商有關的卜辭。裘先生曰:"所以稱'🔸侯',當是由於🔸是這位侯的封地,但是(70)(按: 即《屯南》1059)卻卜問是否奠🔸侯商於🔸地,這是很奇怪的。在此之前,🔸侯商一定由於某種原因失去了原來的封地。所以奠🔸侯這件事應該是比較特殊的。"按:🔸侯商在被王任命爲侯前,肯定是不在🔸地的,他是否原來有過"封地"則未能得知。"奠"這個詞,在這一組卜辭中,可以認爲即是要設置或安置商去到🔸地爲侯的意思。從"奠"的對人作安排(即安置)的這個動詞字義上來説,"奠侯"與"奠"被征服者應該都是一樣的,只是被"奠"者身份不同,"奠"使用時的政治内涵不同。所以卜辭中"奠"似乎並非是只適用於被征服者(或其他臣服者)的。其實裘先生論文中,也已指出,卜辭中可見與商王同姓的貴族"也有被奠的",但基於文章對"奠"從政治含義上所作限定而認爲"目前還不能完全肯定"商人貴族也有被奠置的。從命商爲🔸侯的這一組卜辭中"奠"的用法來看,應該認爲對商人貴族職事上的設置也可稱"奠"。當然商人貴族被"奠",自然也並不僅是將其設置於某地爲職官的意思,在當時的歷史背景下,也意味着要將其所轄族人(及其他附屬者)一并安置於該地。參見裘錫圭:《説殷墟卜辭的"奠"——試論商人處置附屬者的一種方法》,"中研院"《歷史語言研究所集刊》64 本 3 分,1993 年,第 659—686 頁。

日,王又貞問,是將商置於地爲侯,還是置於地爲侯呢? 這是王在商究竟於何地爲侯問題上又有所考慮。己巳日後的第二天辛未日,王進一步貞問,是在夙時(早晨),還是在夕時(晚上),將命商爲侯之事告於祖乙呢?[①] 四日後的乙亥日,可能前幾次的占卜、貞問已有了結果,王已決定還是將商置於地爲侯,於是,王在此日貞問,是否確實要在晚上在祖乙宗廟之門命商爲侯(因爲已決定商在地爲侯,故此時已徑稱之爲"侯商"),還是要在父丁宗廟門進行這一儀式。

從上述占卜過程,似可以知道,王命商作侯是一個很慎重的行爲。這一方面,可能由於"侯"職的重要,另一方面,與商的身份也可能有關。命商爲侯,要通過占卜方式貞問向哪位先王奉告,在正式任命時還要在"祖乙門"或"父丁門"即兩位先王宗廟之門進行,則此位"商"有可能是地位甚高的子姓貴族。

儘管由於商的身份特殊,王命商爲侯程式複雜,但由這一組卜辭仍應該可以證明一個基本的事實,即卜辭中所見"侯",均應是商王給予的稱號,是王任命的官職。由此想到,以往諸家在論述及商後期的"侯"時,有一種泛化"侯"的傾向,即將凡是在王畿外任職外服的商人貴族均泛稱其爲"諸侯",這種説法似多有不妥。"侯"是一種要由王任命的特定官職,至於擔任其他官職的外服職官,如田(甸)、任(男)等,可否因勢力擴大而轉化爲"侯"的問題,即使有此種情況,應該也是要由王任命,而不大可能是自發、自然轉化的。

商所任侯之屬地,在賓組卜辭中較多見,王出巡亦曾至此地。在賓組一類卜辭中,可見地亦曾受呙(伯呙)之侵擾:

> 乙丑卜,呙其戎眔(《合集》6848,圖三)
> □辰卜,呙□戎眔(《合集》6849)

"戎"用作侵犯之意的卜辭,如:

> 壬申卜,殻貞,亙戎,其㞢我。(《合集》6943)
> 貞,方其大即戎。(《合集》151 正)

圖三 《合集》6848

這種用法的"戎",意當近"㞢"。胡厚宣先生考釋甲骨文"戎"字,曾引《禮記·中庸》"壹戎衣"鄭玄注,曰:"戎,兵也,衣讀如殷,壹戎殷者,一用伐殷也。"[②]

---

① 《屯南》4049 所刻辛未日貞的兩條卜辭,其中一條在命辭中貞問是否要"夕告商于祖乙"。但另一條命辭只言"其告商于祖乙",未貞問何時作此事。但在此命辭後面全辭之末補了一個字。此字疑即(夙)字或、(枫)字的省體。《合集》15355 可能是"夙"字的那個字形與本字相同。至於"枫"字,學者已指出亦可讀夙。參見沈培:《説殷墟卜辭中的"枫"》,《原學》第 3 輯,中國廣播電視出版社,1995 年,第 75—110 頁。這個字很可能是在前面命辭中刻漏了。如此,則這條卜辭實際上是要貞問"其夙告商于祖乙"。這樣,這兩條卜辭即是貞問,是在夙時(早晨)還是在夕時(晚上)將準備命商爲侯這件事告於祖乙。
② 胡厚宣:《甲骨文所見殷代奴隸的反壓迫鬥爭》,《考古學報》1976 年第 1 期,第 1—18 頁。按: 胡厚宣先生引文和阮刻本《十三經注疏》之《禮記正義》中的鄭注稍有不同。

上引卜辭中，卜畁戎🕈地，而記載伯畁攻擊其他地點的卜辭，尚有：

> 丁亥卜，畁其覃𡖂。五月（《合集》6846）
>
> 畁弗覃𡖂。（《合集》6847）
>
> □伯畁弗𢦏𡖂。（《合集》6845）

有關伯畁的卜辭中還有占卜其是否會"降𡆥"的卜辭，如：

> 丙寅卜，畁出（有）其降𡆥。
>
> 畁亡其降𡆥。
>
> 今🕈方其大出。
>
> 今🕈方不大出。（《甲骨拼合集》148 則）①

可見其與商人的關係確有過敵對狀態，故上引伯畁對上述一些地點的侵擾亦是其與商人敵對時的行爲。但在卜辭中也有伯畁服從商王調遣的辭例，如：

> 丁卯貞，王令鬼、畁剛于京。（《懷》1650）

可見伯畁與商人的關係是時叛時服，搖擺不定的。

在一條賓組卜辭中伯畁被稱作"土伯畁"：

> 庚子卜，土伯畁。（《合集》3419，圖四）

圖四 《合集》3419

"土"顯然是族名，"土伯"之稱猶如卜辭所見"易（唐）伯"（如《合集》3380"易伯𡖂"）、"兇伯"（《合集》6987）、"而伯"（《合集》6480"而伯龜"）等。如果"土"即是"土方"，則土伯畁即是土方之首領。如此，則由🕈地被土方侵擾，知此地應在商王國北部邊域。② 有可能屬於商人子姓貴族的商在歷組二類卜辭時代（祖庚時）受命爲🕈侯，而且儀式隆重，也許因爲此地在軍事上是商王國抵禦敵方之戰略要地，③這亦可以證明商王朝外服的"侯"確是被設於與敵方接觸之前沿的邊域地帶。

---

① 黃天樹：《甲骨拼合集》，學苑出版社，2010 年，第 165 頁。此類占卜所存的"伯某"降𡆥的卜辭亦見《合集》16475 所記："戊申卜，伯（或伯某）降𡆥。"學者或推測"可能是伯畁降𡆥致使方大出"。見蔡哲茂：《武丁卜辭中畁父壬身份的探討》，收入《古文字與古代史》第 3 輯，"中研院"歷史語言研究所，2012 年，第 125—147 頁。按：伯畁的"降𡆥"與其"方其大出"有關，也可能因爲其可能是土方之首領，這裏"方"即是指土方。畁可能與土方有關，見下文。

② 土方在商北國北面，有賓組涉及邊患的卜辭爲證，參見拙文《由殷墟出土北方式青銅器看商人與北方族群的聯繫》，《考古學報》2013 年第 1 期，第 1—28 頁，亦收入本書。

③ 🕈侯商似乎在位不久即離開人世，歷組二類卜辭有：

　　丁亥貞，王令保瞽因🕈侯商。

　　丁亥貞，王令陸彭因🕈商。（《屯南》1066）

"因"原篆作𡆥，張政烺先生讀爲"薀"，即有薀藏之義，亦即可以理解爲是下葬。張先生說，見《釋甲骨文中"俄""隸""薀"三字》，《中國語文》1965 年第 4 期，第 296—298、335 頁。"瞽"字字釋從裘錫圭先生：《關於殷墟卜辭中的"瞽"》一文的說法。收入《裘錫圭學術文集》第 1 卷，復旦大學出版社，2012 年，第 510—515 頁。

二、爲"侯"者絶大多數應是非子姓貴族

需要説明的是,遍查卜辭,稱"侯"者儘管有像上述商這樣可能爲較高層的子姓貴族的例子,但實際上甚少,或者説絶少有子姓貴族被命爲"侯",在武丁卜辭中反映出的情況應該是如此。[①] 所以如此説,是由分析以下幾點情況得出來的認識:

其一,在卜辭中基本上見不到稱"侯"者參與商王室祭祀,或商王爲之祭祀王室先人以求佑的卜辭。在卜辭中雖可以見到相當多的子姓商人貴族參與王室祭祀,或受到商王爲之祭祀求佑的禮遇,[②]但這些貴族名號基本上未在稱"侯"者中見到。不止於此,在商後期至周初的青銅器銘文中所見到的商人世家大族的名號(包括子姓的、非子姓的貴族),也少有卜辭中的"侯"之氏名或其私名。

其二,迄今爲止除個别例子,如下文所言"軎侯"(詳下文)外,未再見過可確定屬於商後期的"侯"所作青銅器(包括"某侯"之氏名"某"與"侯某"之表示私名的"某"所作器),[③]其原因自然有可能是因爲在商後期王國内的"侯"大多數在文化上還未完全認同商人之主流文化,並未完全接受商人青銅文化之禮器制度。

其三,是卜辭中可見王朝以强宗的軍事力量征伐"某侯",説明作爲外服職官的侯會有反叛商王朝的舉動。王親自征伐侯的卜辭有以下一組占卜伐𣂪(應該是"𣂪"的異體)侯的自組卜辭:

甲子卜,王從東戋𣂪侯戋。

乙丑卜,王從南戋𣂪侯戋。

丙寅卜,王從西戋𣂪侯戋。

[①] 與這個看法相關的,有兩三條卜辭需要討論。《合集》19852 有"辛丑卜弓呼雀凹雀取侯臣",此是《殷墟甲骨刻辭摹釋總集》讀法,但這條卜辭在讀法上有異議,《甲骨文合集釋文》(中華書局,1988 年)讀作"辛丑卜弓呼雀取臣/凹雀侯"。於是有了"雀侯"之稱("雀"應是子姓貴族,大家熟知)。但是有關"雀"的卜辭甚多,從來未見雀稱"侯"。實際上,細看原辭,《殷墟甲骨刻辭摹釋總集》的讀法應該是正確的。《釋文》的讀法不顧文字行序,不合殷墟甲骨文字行序的慣例。因此,這條卜辭不能作爲有"雀侯"之稱的證據。與"雀"有關的卜辭還有《甲骨拼合續集》(學苑出版社,2010 年)的第 449 則(龜腹甲新綴第二十九、三十則),同書"説明與考釋"所作釋文爲:
　　王勿曰隹(?)望□侯雀高□章。
　　癸未□王曰□章。
前一條卜辭的釋文似亦可以寫作:
　　王弓曰隹□侯雀□章□章。
"隹"("惟")後,原釋文讀作"望"字的那個字只剩下上半部的"臣",讀作"望"固然可以,但也不排斥讀作他字。這條卜辭雖然"侯"下緊接"雀",但亦不當連讀作"侯雀","侯"應歸上讀。兩辭雖皆殘,但仍可知是命雀攻伐之事。從以上分析看,"雀"的身份不會是"侯"。
[②] 參見拙著:《商周家族形態研究》(增訂本)第二章,天津古籍出版社,2004 年,第 583—670 頁。
[③] 上海博物館藏有一件西周早期的簋,其銘曰:
　　乍且(祖)乙𩫡侯弔(叔)隫彝。告田。(告田祖乙簋,《集成》3711)
器形未見,不知相當於西周早期什麼時段,如是周初,則被稱爲"祖乙"的其祖父𩫡侯,從時間上看也許是商王任命的"侯",不是西周王朝任命的"侯"。"告田"是商後期與西周早期銅器中常見的複合氏名,"告""田"也均有分别用的,有關銘文多較簡單。此銘文中稱先人用日名,應該是商人。但此器已入西周,且也並非是商人在商後期作器自稱"侯"。

丁卯卜，王從北戈**巿**侯戈。（《合集》33208，圖五）

圖五　《合集》33208

這組卜辭是占卜王究竟是要從東、南、西、北哪個方向攻擊⾺(即"㓞")侯可以取勝。[1] 下面一組卜雀伐㓞侯的自組卜辭,應該是爲同一場戰事所卜:

　　甲辰卜,雀受侯又(佑)。

　　☐卜,㓞侯戋雀。

　　甲辰卜,雀戋㓞侯。

　　甲辰卜,侯宛雀。

　　☐㓞☐丙☐戎☐(《合集》33071,圖六)

　　戊☐卜,令雀伐㓞侯。(《合集》33072)

圖六　《合集》33071

---

[1] "戋"在此組卜辭中作動詞用,當可讀作"虢"。戋,見母歌部,虢,匣母歌部,但从"可"、从"果"、从咼得聲的歌部字,則分布在見母與匣母中,所以"虢"亦應可讀同"戋"。《説文》:"虢,擊踝也。"朱駿聲《説文通訓定聲》釋"虢"曰:"按:戈亦聲。字亦作娍、叴,……又'叴,擊也。'參見朱駿聲:《説文通訓定聲》,武漢古籍書店,1983年,第478頁。末一字"戋",原篆作⼽,吳振武先生指出字形與戈異,"絶無可能再釋'戈'",釋此字爲"彤沙"之"沙",認爲是"殺"字異體。見其《"戋"字的形音義》,收入臺灣師範大學國文學系、"中研院"歷史語言研究所:《甲骨文發現一百周年學術研討會論文集》,文史哲出版社,1999年,第287—300頁。吳先生區分"戋""戈"二字甚確。惟商周金文中"戈"常寫作⼽、⼽,與此字戋形同,金文中此種字形似仍當讀作"戈",而不宜讀作他字,則此卜辭中之"戋"有可能實際也還是"戈"字,只是爲了表示與作名詞或動詞的"戈"有別的字義而寫成"戋"形。在此似可讀作與"戈"音同的"果",《左傳》宣公二年:"殺敵爲果。"此字在以上四條命辭之辭末,則應是有貞問伐㓞侯之結果的意思,故亦可以讀作"猓"。《爾雅·釋詁》:"猓,勝也。"

可能與伐侯有關的卜辭,還有《英藏》中的一條賓組卜辭,曰:

> 癸丑卜,叀□王自延比□北□伐侯□(《英藏》191)

但辭殘,不知是否確是伐"侯某"。另有曾爲上引裘錫圭先生文所引用的一組賓組卜辭:

圖七　《合補》2240

> 甲辰[卜],王,雀弗其隻侯、任才(在)方。(《懷》434)
>
> 甲辰[卜],王,雀弗其隻侯、任才(在)方。(《合補》2240,圖七)
>
> 甲辰卜,王,雀隻侯、任……(《合集》6963)

文辭簡略,亦不能確知雀所捕獲的是哪些逃至方(按:即商王國北面之方方所在地)的"侯"與"任"(男)。①

以上所述三點,可以説明商後期王國中的"侯",除了極少數由商人子姓宗親擔任外,絶大多數是由非子姓的一些貴族擔任的。而且這些人也並非是商王國中非子姓貴族中的顯赫者。他們多數應是已在政治上依附於商王朝的異族首領,聽從商王的調遣,雖也可以歸入"商人"這個廣義的共同體範圍内,但是似並未完全融入這個共同體内,在政治上會有反叛,在文化上亦並未與商人的主流文化完全認同。從他們的領地(也即軍事轄區)多在商王國邊域上,不排斥他們的族屬本來即是居住於此的土著族群,在商王朝勢力較强盛時,作爲商王朝之附庸而受王命,擔任"侯"這種外服職官。鑒於卜辭所見商後期王國中"侯"的上述身份,以往學者多將其視爲爵制,顯然是很不妥當的了。其實直到西周時期,"侯"仍然是具有封君身份的邊域上的軍事長官,亦未有爵位的性質。商王朝利用歸附的異族首領爲"侯"以守衛與開拓疆土的政策,在西周初也被周王朝采用,像西周早期封於今隨州的噩侯。②

三、卜辭中所見"侯"的職能

現所見資料不能説明在商後期之前,是否已有"侯"之官職,則商後期王國之"侯"的職能,應該即是學者們所指出的"侯"之本義,即"候望"之"侯",而官職即爲王之"斥候",即在邊域上監視敵方動向,爲王守衛邊土。當然,在王朝需出擊敵方或向外擴張時,"侯"也要擔負此類軍事任務。從卜辭看,似乎在商王朝發動的較大規模的對外戰事中,"侯"皆只是

---

① "方方"在商王國北面,參見朱鳳瀚:《由殷墟出土北方式青銅器看商人與北方族群的聯繫》。

② 噩侯墓地在湖北隨州羊子山,所出青銅器刊於隨州市博物館:《隨州出土文物精粹》,文物出版社,2009 年,第 19—33 頁。

作配合與協同,而征伐之主力則是王朝直接調遣的由常備軍("多馬""多射"之類)或商人中的强宗大族兵力擔任。此類辭例,即已爲大家討論過的,王或商人貴族"比"侯出征的卜辭:

壬午卜,賓貞,王虫帚好令正(征)尸(夷)。(《合集》6459)

貞,王令帚好比侯告伐尸(夷)。(《合集》6480)

貞,王虫侯告比正(征)尸(夷)。六月

貞,王弓隹侯告比。(《合集》6460正,圖八)

癸未卜,争貞,令旂以多子族璞周,出王事。(《合集》6814)

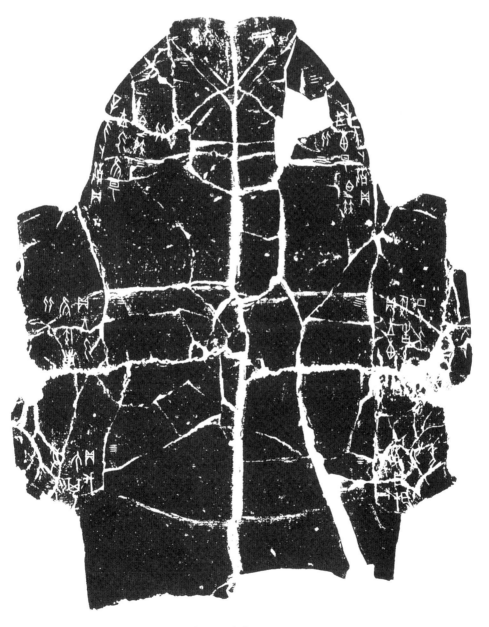

圖八 《合集》6460 正

己卯卜，允貞，令多子族比犬侯璞周，屮王事。五月。
（《合集》6812 正）

貞，令多子族比犬眔卣丐，屮王事。

貞，令多子族眔犬侯璞周，屮王事。（《合集》6813，圖九）

貞，令𤔲比𤔲侯璞周。（《合集》6816）

☐以多☐𤔲侯璞周，屮王事。（《合集》6817）

貞，令☐族眔☐侯☐周，屮☐（《合集》6820 正）

上引《合集》6817、6820 原辭很可能也是貞問是否"令𤔲以多子族比（或"眔"）𤔲侯（或"犬侯"）璞周"。𤔲能領率多子族，很可能是與商王關係密切的王室貴族。

此場"璞周"之戰事規模相當大，除以上涉及到的可能被命出征的"多子族"外，還有其他一些商人強宗，如：

圖九　《合集》6813

𤔲令☐侯璞周，五月。（《合集》6821）

貞，虫𤔲令比璞周。

貞，虫屮。五月。（《合集》6722）

關於在此類卜辭中"比"的含義，學者們已討論了很多，將《合集》6812 正與 6813 第二條卜辭相對照作比較，可知"比"與"眔"有相近的語法作用，[1]"比"訓爲"連""合"都是可以的。《孟子·萬章下》："將比今之諸侯而誅之乎。"朱熹集注："比，連也。"《國語·吳語》："而孩童焉比謀。"韋昭注："比，合也。"實亦即"聯合"之意。從此類卜辭可以看到，較大規模的戰事，王所直接下令的是"帚好""多子族""𤔲"之類商人高層貴族與強宗，而侯只是要等待王是否選擇他，以及他究竟要協同哪一支主力作戰。商人軍事主力所"比"之侯，其領地（亦即其駐紮地）應該與所征伐的敵方地理位置接近，以便於就近調動。此類卜辭後面強調"屮王事"，是侯爲王朝外服職官身份的證明。[2] 至商後期偏晚，黃組卜辭中有王伐"四舌方"的卜辭：

乙丑王卜貞，禽巫九备，余亡尊微告侯、田（甸），册叔方、羌方、羞方、彎方，余其比侯、田（甸）屮，戔四舌方。（《合集》36528 反）

這條卜辭也言及，征伐"四舌方"，是"余"（王自稱）親自"比"侯與田（甸）一起進行的，亦是侯在商末王朝大規模的戰爭中仍只是充當王師之佑助的例子。這裏所言的侯，也應該是

---

① 劉源：《殷墟"比某"卜辭補説》，《古文字研究》第 27 輯，中華書局，2008 年，第 111—116 頁。
② 卜辭亦可以見到"侯"可能亦會擔任戰事主角，如：
　　壬寅卜，崔侯弗戔哭。（《合集》6839）
　　貞，侯弗章哭。（《合集》6841）
　　但這也可能是在一個大的戰事中，王所委派的侯所擔負的局部戰事。

在其邊域屬地距離"四丰方"較近的侯,既未言"多侯",可見所伐之敵方雖有四,但地域似並不寬廣,所以需要配合王師的侯可能亦不很多。

在近刊安陽民間蒐輯甲骨中,有言及王比"多侯"伐尸(夷)方的卜辭,可與《合集》的一片相綴合:

> 丁巳王卜貞,畲巫九备,屯(蠢)尸(夷)方率伐東或(國),東毀東侯哲尸(夷)方,妥(綏)余一[人]其比多侯,亡屮自上下于羾示,余受圣(有祐)。王凸曰:大吉。☑彡(肜),王彝才(在)□□宗(《輯佚》690+《合集》36182,圖一〇)①

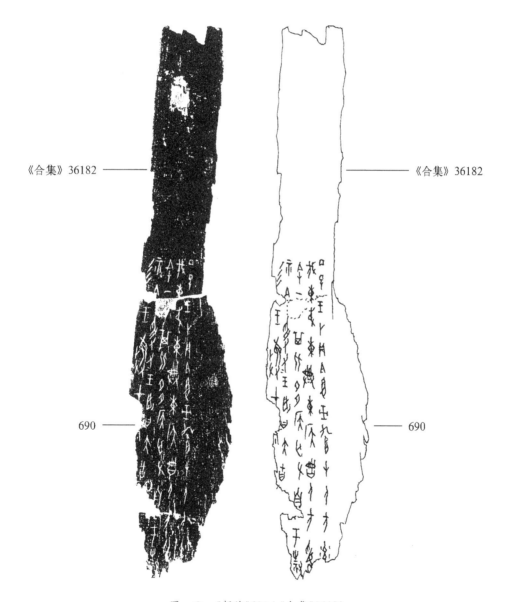

《合集》36182

690

《合集》36182

690

圖一〇　《輯佚》690+《合集》36182

---

① 按:"屯(蠢)"之字釋見蔣玉斌《釋甲骨金文的"蠢"兼論相關問題》,復旦大學出土文獻與古文字研究中心網站,2019年10月23日。

李學勤先生認爲此片卜辭屬帝辛九祀三月,丁巳爲康丁肜日。[1] 參考考古資料,這裏的“東國”是指商王國東土之外的東部地區,應即北自今山東臨淄,向南經章丘、曲阜,至滕州一綫以東區域。“夷方率伐東國”,近似於西周青銅器銘文中所言之淮夷“廣伐南國”。由於此夷方可能族群衆多,且所伐之“東國”地理區域廣泛,也干擾到商王國東土邊域以及與此“東國”接壤的商王國較多位侯,所以此次商王東征“罶夷方”,要“罶東侯”“比多侯”,即罶令東邊之“多侯”配合王師征夷方。

綜言之,商後期王國於邊域所設置的“侯”之職能應該大致合乎早期“侯”作爲“斥候”的身份,即以駐守邊域爲基本職能。而當王或商人高級貴族率王朝軍隊出征敵方時,會依其所征敵方地理方位就近調集一些侯,此種情況下侯是作爲王師之輔助兵力配合王師出征的。這點與西周中晚期後,周王可跨地域徵調諸侯遠征(如厲王時的晉侯穌鐘銘文所記晉侯會隨王東征“東國”)有所不同。

四、從卜辭看王、侯關係

卜辭中有的記録了商王在親自調遣、委派侯爲王朝效勞時的語句,直接反映了當時王與侯之間的複雜關係,例如以下有關𠂤侯的一組卜辭:

戊戌卜,㱿貞,王曰侯豹:奉,余不爾其合,以乃史(使)歸。[2]

戊戌卜,㱿貞,王曰侯豹:母(毋)歸。

己亥卜,㱿貞,王曰侯豹:余其得女(汝)史(使)☐[3]

貞,王曰侯豹:得女(汝)史(使)㱿。(《合集》3297 正,圖一一)

己亥卜,㱿貞,王曰侯豹:余其得女(汝)史(使)[㱿],受。(《合集》3301)

☐侯豹:奉,余不爾其合,以乃史(使)歸。

☐曰𠂤方其至于彖土亡𦣞(敗)。

☐曰侯豹:得女(汝)史(使)㱿,受。(《合集》3298)

☐豹:母(毋)史(使)㱿☐(《合集》3299)[4]

☐得☐史(使)㱿,受。(《合集》3300)

此組卜辭因有關王欲言之話語,加之王此次占卜的史實背景不清楚,故甚難讀懂,從卜辭内容看,似乎還是與王“比侯”與敵方作戰之事有關。作爲貞問之命辭,在“㱿貞”後

① 李學勤:《“殷墟甲骨輯佚”序》,收入段振美等:《殷墟甲骨輯佚——安陽民間藏甲骨》,文物出版社,2008 年,第 1—30 頁。

② “不”下一字,原篆作(下引《合集》3298 作),舊或釋作“束”,不妥。西周早期青銅器何尊銘文兩見此字,作,學者多釋作爾,釋其銘文曰“昔在爾考公氏”,“爾有唯小子亡識”均義通。故此字讀爾似較妥。

③ 此條卜辭中的“得”和下引《合集》3298 中的“得”,均寫作上下兩個對置的“得”字。但上引《合集》3301 中,“得”只寫一個“得”字,所以兩個上下對置的“得”的寫法或是“得”的繁體。其既亦可寫成“得”,至少證明其字義與“得”相同。

④《合集》3299 可與 3296 正遥綴,但仍殘失較多,參見黄天樹:《甲骨拼合集》,第 86 則,第 94 頁。

圖一一　《合集》3297 正

"王曰侯豹"云云，應理解作是貞人欲問王是否要對侯豹如此説，而並不是記録王已説過的話。依此種理解，這一組卜辭的大意是：

　　戊戌日占卜，殷貞問，王是否要對侯豹説，（你）已脱離了，我不再與你會合，（你）可以帶着你的使們回去吧。[1]

　　同日殷又貞問：王是否要對侯豹説不要回去。

這顯然是在選擇如何是好。

　　己亥日占卜，殷又問，王是否要對侯豹説，我會得到你的使們的協助嗎。[2]

這樣看來，王此時還是需要侯豹的協助。

---

[1] 原句："王曰侯豹：夆。""夆"字有逃逸之意，參見趙平安：《戰國文字的"遊"與甲骨文"夆"爲一字説》，《古文字研究》第 22 輯，中華書局，2000 年，第 275—277 頁。該文讀"夆"爲"逸"。"余不爾其合"可以理解爲"余不其合爾"，合，會和。參見黃天樹：《甲骨拼合集》之"説明與考釋"第 86 則。"史"似可讀作"使"，這裏未必是指使節，也許即是指侯豹所役使之人，應該即其下屬。王卜辭中亦多見王令王之"史"從事戰争。這裏的"史"是侯豹之"史"。胡厚宣先生曾作有《殷代的史爲武官説》，見《全國商史學術討論會論文集》，《殷都學刊》增刊，1985 年，第 183—197 頁。

[2] 原句："王曰侯豹余其得汝使啓☒"句後或有"受"字，受是承受之意，應是對以上所貞問之"余其得汝使協"而言。其用在句末，類似於上文所引(《合集》33208)"王從東戈𠂤侯戈"句末之"戈"的用法，是貞問有無結果。

　　此組卜辭究竟如何解釋,自然可以再討論,但還是可以從中得知當時王與侯關係之一斑。"侯"作爲王所任命之外服職官,王可以"命"侯,然而侯畢竟多是屬於歸順的異族首領,如上文已論及的,會時有反叛之舉,所以王要反復斟酌與侯如何相處。

　　賓組卜辭中涉及王、侯關係的卜辭,有時言及"胤侯",如:

　　　　貞,王虫易伯猋胤。

　　　　貞,王弓卒胤侯告。(《合集》3383)

"胤"在語法關係上與"比"近同,如:

　　　　壬午☐殷貞,王隹易伯猋比。(《合集》3384)

　　　　貞,王虫易伯猋胤。(《合集》3385)

惟"胤"未直接出現在占卜調動侯征伐的卜辭中,是否與軍事行動有關不能確知,但上引《合集》3383 中(以及下文引用的《合集》7410 中,此外尚有《合集》7411、7412),同版占卜"胤"侯告與易伯,在另一版卜辭中,又見爲易伯與侯告之事同版占卜(以下爲節録):

　　　　辛亥卜,殷貞,王虫易伯猋比。

　　　　貞,王虫侯告比正(征)尸(夷)。六月(《合集》6460 正,圖八)

　　所以上引《合集》3383"王弓卒胤侯告"亦有可能與軍事行動有關。而且"胤"是王的主動行爲。"胤"字較大可能是从戉、月聲字。徐中舒先生主編的《甲骨文字典》引《懷》988"王胤㳄旹"與《合集》4209"王帝㳄旹"相比,認爲其用例與帝(即觮)同,疑爲觮之異體。蔡哲茂先生同意此説,亦認爲其字義"和金文之觮、文獻之乂同義"即爲相助。[1] 其實月爲疑母月部字,[2]乂、嬖亦皆疑母月部字,故胤可假爲乂、嬖。《尚書·微子》:"降監殷民用乂。"孫星衍《今古文注疏》引《釋詁》:"乂者,治也。"《莊子·在宥》:"不聞治天下也。"成玄英疏"治,統馭也"。《周禮·地官·小司徒》:"大喪用役,則帥其民而至,遂治之。"鄭玄注:"治,謂監督其事。"如此,則上引"王弓卒胤侯告",也許是卜問王是否不要結束對侯告之監督。《合集》3383 可能與以下卜辭有關:

　　　　己巳卜,爭貞,侯告再册,王弓卒胤。

　　　　庚午卜,爭貞,王胤。(《合集》7408,圖一二)

　　　　己巳卜,爭貞,侯告再册,王弓卒☐

　　　　庚午卜,爭貞,王虫易伯胤。(《合集》7410)

---

[1] 蔡哲茂:《甲骨文字考釋四則》,收入宋鎮豪、段志洪:《甲骨文獻集成》,四川大學出版社,2001 年,第 14 册,第 205—206 頁。

[2] "戉"亦爲月部字,聲母爲匣母,與屬疑母的"月"音近同。

圖一二　《合集》7408

　　在殷墟卜辭中，"𡴆"未見用於商人子姓貴族。侯告可能因征戰等事受王命而"再册"，王占卜是否不要因此而停止對其監管。如可以這樣解釋，則這亦是當時商王對侯不能完全信任的表現。

　　卜辭資料零散，辭意又未能盡曉，故以上對當時王、侯的關係的探討可能有理解不當之處。但緣於上述絕大多數侯出身於異族的背景及其政治上的反復無常，如認爲這些背景勢必會造成當時侯與王及王朝的緊張關係，應該不是純粹無據的推測。①

五、關於"眔侯"

黄組卜辭中始見有"眔侯"之稱，②即：

> 癸未卜，才師貞，舍巫九备，王☐于眔侯舌自，王其才（在）眔夔，正☐③（《合集》36525，圖一三）

圖一三　《合集》36525

由此辭所言可知當時王是行軍途中，駐紮在眔侯舌的屬地，在眔侯舌所居之自内占卜。夔是从㞢（往）聲的祭名。④

"眔侯"之稱在青銅器銘文中數見，多置於"亞"中。且絶大多數亞（中）眔侯器在"亞（中）眔侯"下有"矣"字，各家釋文多作"亞矣眔侯"（或"眔侯亞矣"），似有不妥，應讀作"矣亞眔侯"（圖一四）。

"矣"是眔侯所屬之宗族名，從作器者署有私名時，仍署"亞（中）眔侯"，或只署"眔侯"但爲不同的"父"作器看，這些器銘中"眔侯"還是作爲氏名使用的。"眔侯"氏應是矣氏的分支，這種形式的器銘均當屬於所謂複合氏名。在卜辭中，矣氏並不多見，只有幾條出組卜辭占卜其"征"，其至，並有"自矣"之稱，在歷組卜辭中有一見（《合集》32908）。但是在青銅器銘文中氏名"矣"及"矣亞（中）眔"者較多見，其中有不少屬商後期器。這種情況表明，眔氏在商後期是一個較強的族氏，是矣氏的一個分支。從上引《合集》36525可知，大約在商後期偏

---

① 講到侯與商王的關係，似還有必要談一下《史記·殷本紀》中所記述的紂王時的一段史事。《殷本紀》曰：紂"以西伯昌、九侯、鄂侯爲三公。九侯有好女，入之紂。九侯女不憙淫，紂怒，殺之，而醢九侯。鄂侯爭之彊，辨之疾，并脯鄂侯。西伯昌聞之，竊嘆。崇侯虎知之，以告紂，紂囚西伯姜里。"此段文字中，"三公"之"公"作爲官職之稱，不見於卜辭，應非商人語言，很可能是移用西周人之制言商時事。如此記述確實，則説明殷末時，商王爲拉攏侯，原本爲外服職官的侯，也有的會被吸納參與王朝政事，並得到較高的待遇。但從九侯與鄂侯的遭遇看，侯與商王的關係實質上仍是相當緊張的，儘管這一事件與紂王個人因素，即其暴虐性格有關，但終殷代之世，侯多出異族與政治上爲附屬的身份所造成的不爲商王信任的格局終未有所改變，而且有所發展，應該是這一事件發生的政治形勢背景。順便説一下，如果《殷本紀》所記"鄂侯"即西周金文中所見噩侯之先人，則很可能因鄂侯被紂王殘殺，造成了鄂侯一支對商王的反叛，成爲殷末周人克商的同盟，故在周初又被周人册封爲"侯"，成爲西周王朝的外服職官。疑尊、卣銘所云：王令仲犧父"于入噩侯于盩城"（《青銅與黄金的中國：東波齋藏品》，希拉克總統博物館，2011年）可以爲證。至於噩侯爲何不久又移至隨州羊子山一帶爲侯，則有待於今後考古資料的新發現才能得知。

② 《殷墟甲骨刻辭摹釋總集》所作《英藏》195片釋文爲"☐令眔侯"，但在"眔"旁加了？號。查此片拓本，"令""侯"二字在下邊，字形較大，另有"其"字在上邊，較小，與"令""侯"並非屬同一條卜辭。本片應無"眔侯"之稱。

③ "舍巫九备"的意思請參見拙文《黄組卜辭中"舍巫九备"試論》，收入宋鎮豪：《甲骨文與殷商史》新三輯，上海古籍出版社，2013年，第158—165頁；亦收入本書。

④ 李學勤：《論美澳收藏的幾件文物》，收入氏著《新出青銅器研究》，文物出版社，1990年，第310—316頁。

圖一四　妖方鼎及銘文
(《中國青銅器全集》西周 2,文物出版社,1996 年,圖二)

晚時,旲氏族長被商王册命爲"侯",稱"旲侯",這是商人强宗被商王命爲"侯"的較少例子之一。

　　現所見有"亞(中)旲侯"銘文的青銅器,多屬商周之際,其中從器形與銘文字體皆不能排除有商器的可能,[①]如果確有商後期偏晚時的器,則此"旲侯"氏在此時已存在。以"侯"

───────────────

① 例如《銘圖》2257,即遼寧喀左北洞村 2 號窖藏出土之妖鼎(圖一四),10600 旲旲侯妣辛觶(原書稱亞旲妣辛觶),13283 孝卣,皆有爲商後期偏晚時器的可能。又 4381、4382 兩件旲旲侯簋僅有銘文,無器形,《銘圖》定爲"商代晚期"。

稱爲氏，在商器中包括西周器中均甚少見，以"𣊟侯"爲氏器如有屬商後期的，則在一定程度上反映了矢氏此一分支實力之强盛。

至於西周早期青銅器銘中所見到的"𣊟侯"氏，由其器銘均作複合氏名形式與矢氏相聯繫，知其仍屬於矢氏，作爲殷遺民，此"𣊟侯"之稱的背景有兩種可能：

其一，"𣊟侯"仍是商後期商王所命之"侯"，此時能沿用此以商王朝官職名所稱之氏名，當然是由於周初西周王朝采用了綏靖殷遺民的政策，舊的商人世族貴族仍喜用複合氏名顯示其家世，特別是"𣊟侯"被用爲氏名，是與其所屬"矢"實爲商人强宗有關，爲周人在周初所要綏靖的重要對象。

其二，另一種可能是進入周初後，周王再次重新册封𣊟氏族長爲"侯"，稱"𣊟侯"，如是這種情況，則此見於西周早期青銅器銘文中的"𣊟侯"氏雖然在名稱上是沿用商後期之氏名，但其同時已是周初受西周王朝册封的𣊟侯家族。周王朝確實封了"𣊟侯"的證明，是1969年11月在山東煙臺上夼村西周墓出土的叟鼎，[①]記"𣊟侯賜弟叟鬺戉"，惟此鼎已入西周晚期。西周早期器銘中"𣊟侯"不在"亞"中（在"亞"中即有作氏名用的可能），而是作爲生稱的例子尚未發現。

黃組卜辭中的"𣊟侯"與西周青銅器銘文中"𣊟侯"的關係大致如此，此種關係從一個側面展現了商人舊的世族在殷周社會大變動情況下的命運。

𣊟侯所屬矢氏可能並非屬子姓。春秋早期青銅器中有"𣊟伯姪父"爲其女"姜無"所作媵器（《銘圖》14407，盤）。還有"王婦𣊟孟姜"自作器（《銘圖》14929，匜），春秋器中尚有"𣊟公"爲其女"叔姜"所作媵器（𣊟公壺，《集成》9704），如此則𣊟氏爲姜姓。而此一𣊟氏如即是上述商後期與西周初作爲矢氏分支的那個𣊟氏（或𣊟侯氏），那麼商後期時的矢氏與其分支𣊟氏只是屬於商人共同體內的非子姓强宗。黃組卜辭中所見"𣊟侯"亦爲當時的侯多非出身於子姓的又一例子。

六、"侯"與"伯"的異同

董作賓先生在《五等爵》文中論到"伯"時，言及"伯之見於卜辭中，其例略同於侯，可證伯與侯，皆爲殷代封爵"；"伯與侯均爲殷代封建之制，似已毫無疑義。其侯與伯釐然有别，稱伯者不稱侯，稱侯者亦不稱伯，非如春秋時代侯與伯名義可相淆亂"。董先生基於當時所見資料，已指出二者在稱謂上不互稱，這自然可以啓發我們進一步去探尋侯與伯二者身份之差異何在。

稱"侯"者之身份已見上述。稱"伯"者，董氏《五等爵》一文已區分作稱"某方伯"（或"方伯"）者與非"方伯"之"伯"。現有卜辭資料顯示，"方伯"多爲商人當時對與商王朝處於

---

① 齊文濤：《概述近年來山東出土的商周青銅器》，《文物》1972年第5期，第6頁，圖12。又見《銘圖》2231。

敵對狀態的今所謂“方國”之長，①稱“方”也許是因爲其族邦規模較大，以下討論卜辭所見“侯”“伯”關係時不包括此類“方伯”。雖然如此，有一個問題仍需注意，即“某方伯”“方伯”之稱，將方國之長稱“伯”，與不稱“方伯”的“某伯”在“伯”字的内涵上還應該是相同的。在卜辭與商金文中，凡可確知屬商人者，②包括子姓與非子姓貴族，均未見有稱之爲“伯”者，這表明商人並無稱“伯”之習俗。從周人情況看，“伯”本應是親屬稱謂，是同一家族内對“長子”“兄弟之長”的稱呼，③引申爲家族長之稱。④ 商人雖稱其他非商人之族首領爲“伯”，但這些“伯”有一部分可能是這些“伯”所屬族群自己使用的稱呼，未必均是商人爲之所起的名號。商人只是延用了這一稱呼，並將之擴大至對所有異族群首領之泛稱，商人自己無“伯”之稱謂，而只稱異族首領爲“伯”，亦可作爲商人與非商人之族團間的差别。

卜辭所見非“方伯”之“伯”，稱“某（氏名）伯某（私名）”者，較典型的即上文提到的“易伯焂”。有關“易伯焂”的卜辭常與“侯告”見於一版，如：

> 辛亥卜，殻貞，王虫易伯焂比。
> 貞，王虫侯告比征尸（夷）。六月。（《合集》6460 正，部分）
> 乙巳卜，爭貞，侯告再册，王弓▢
> 庚▢卜，爭貞，王虫易伯焂▢（《英藏》198）
> 乙巳卜，殻貞，王虫易伯焂胥。
> ▢卜，殻貞，侯告再册，王胥。（《英藏》197）

又如上文已引過的一組卜辭：

> 貞，王虫易伯焂胥。
> 貞，王弓卒胥侯告。（《合集》3383）

雖然，僅就上舉卜辭，並不能確知王卜比“易伯焂”與比“侯告”是否爲同一事占卜，即爲征夷方而卜，亦不能確知王所要胥（按上文所論，可能即管制、監督、制約之意）易伯焂，與在侯告再册後要胥侯告是否屬於同一事（即征夷方事）。但僅從占卜用語看，也可推知易伯焂與侯告有較接近的社會地位，從王亦要卜“胥”之看，王與易伯焂之間的關係亦與上述王、侯關係近同，是王既要利用之、使用之，但又要戒備之。

如上文所言，“伯”非官職，稱“伯”亦非商人自己的語言，稱“伯”者非商人，故“易伯焂”

---

① 但稱“方伯”本身應並無敵意。周原甲骨中周人自己亦用“周方白（伯）”之稱（H11：82、H11：84），見曹瑋：《周原甲骨文》，世界圖書出版公司，2002 年，第 62—64 頁。

② “商人”概念，自不必僅指子姓貴族，甚至不必限於子姓與其關係密切之姻親，而應包括此二者之外歸屬於商王朝的其他非子姓族群。“商人”應該是指在商王國領土範圍内以子姓族群爲核心的有共同文化習俗，且在文化上相互認同、在地域上相互連接的若干姓族構成的共同體。

③ 《詩經·周頌·載芟》：“侯主侯伯。”毛傳曰：“伯，長子也。”《禮記·曲禮上》：“男女異長。”孔穎達疏引《禮緯含文嘉》曰：“嫡長稱伯。”《左傳》定公四年：“文武成康之伯猶多。”孔穎達疏曰：“伯是兄弟之長者。”

④ 《釋名·釋親屬》：“伯，把也，把持家政也。”參見王先謙：《釋名疏證補》，中華書局，2008 年，第 99 頁。

應是非商人的異族首領。"易伯燕"之"易"也許即是周初唐叔所封之"唐"。晉地之"唐"在兩周金文中多寫作"易",已有多例可證。覜公簋銘文的發現,證明易(唐)並非是山西曲沃北趙晉侯墓地所在地點,但應在其附近。①《史記·晉世家》云:"武王崩,成王立,唐有亂,周公誅滅唐。……唐在河、汾之東,方百里。"由文義可知,唐地在商末時並非爲商人所據。鄭玄在《毛詩·唐風·唐譜》中曰:"唐者,帝堯舊都之地,今日太原晉陽是。堯始居此,後乃遷河東平陽,成王封母弟叔虞於堯之故墟,曰唐侯。南有晉水,至子燮改爲晉侯。"其所云唐在晉陽一説當非是,以往研究者皆已否定之。此地雖曾爲堯故居,但堯遷走後,至叔虞封於此時,此地居民(亦應即是卜辭中所見"易伯燕"之屬族)是否仍是堯之後,從上引鄭玄話語中並不能看明白。儘管如此,卜辭中的"易伯"如即是此唐地之伯,還是可以證明稱"伯"者確非商人,而是附屬於商王國邊域外圍附近地區的族群首領。卜辭不稱其爲"易方伯",是易也許還達不到"方"的規模。卜辭中所見服屬於商王朝的被商王支配的"某(氏名)伯"其身份多即當同於"易伯燕"。裘錫圭先生在上引論卜辭中"田""牧""衛"的文章指出,伯"當是商王朝轄境内臣屬於商王的一些小國之君"。② 這個看法,應當是與卜辭所見的非"方伯"之伯的身份基本相合的。只是"伯"是否一定要在商王朝"轄境"内,似可再斟酌。商王朝之邊境未必如後代那樣整齊,所以諸"伯"之族群所居或多在商王國邊域及外圍附近地區。由於地理位置如此,故黄組卜辭記王征"盂方伯"(《合集》36510、36511、36513)時,言王要比"多田于多伯",比"𢼊伯"伐"□方"(《合集》36346),比"而伯𪅀"伐"□方"(《合集》6480),這與王征敵方時要"比"與敵方所在地理位置相近的邊域上的"侯"意思是一樣的。

儘管在卜辭中可見,有一些"伯"作爲服從於商王朝的族群首領,在軍事方面有與"侯"相近的配合王朝軍隊征伐的義務,但"伯"並不像"侯"那樣是王所任命之外服職官,自然亦不可能稱"侯"。董氏《五等爵》文中所指出的侯、伯不互稱的情況應是緣於二者此種身份之差别,而不是由於二者有爵制的差異。當然,爲"侯"者因駐於邊域附近,多出身於非商人的異族,也許有的本來亦在其族群内自稱"某(氏)伯",但既已被商王任命爲"侯",作爲記録王朝占卜事項的卜辭中,即只統以其官職"侯"稱呼之,不再以其在自己族群内自稱之"某伯"稱之,這也是合乎情理的。"伯"並非商王朝職官,應當是由於其對商王朝的忠誠程度不如侯,還不足以讓商王委其官職,其族屬作爲處於商王國邊域附近的非商人族群,比起"侯"的族屬來與商人關係更是相對疏遠,加之並無承擔商王朝委派之軍事職務,故在卜辭中見到有關商王對"伯"的經濟索取的辭例要遠多於對"侯",如:

丁酉卜,賓貞,令甫取𢇛伯芻及。(《合集》6)

① 參見拙文《覜公簋與唐伯侯于晉》,《考古》2007 年第 3 期,第 64—69 頁;亦收入本書。
② 裘錫圭:《甲骨卜辭中所見的"田""牧""衛"等職官的研究——兼論"侯""甸""男""衛"等幾種諸侯的起源》,第 1—30 頁。

貞乎(呼)取㪔白。(《合集》6987 正)

□亥卜,㲋貞,王其乎(呼)收𦥑伯出牛,有正。(《合集》8947)

貞,乎取雇伯。(《合集》13925 正)

己卯卜,王貞,鼓其取宋伯歪,鼓田,出朕事。宋伯歪比鼓。二月(《合集》20075)

因此,似可以認爲商人給“伯”的政治地位相對而言要低於“侯”。

從以上所述情況可知,商人的自我稱謂系統中並無“伯”稱,卜辭中的“伯”是商人以異族之自稱稱之。“伯”與“侯”既非爵稱,其二者之間的差別亦並非所謂“封建制”下的封爵之差別。

以上,從六個側面對以前學者們所論述過的商後期王國内“侯”的身份問題作了補證,對過去討論中涉及較少的一些問題做了新的探討,但思慮很不成熟,有些認識還需要再斟酌。文中提出的幾點看法可以歸納如下:

一、殷墟卜辭中所見到的“侯”,均應是由商王用某種禮儀形式正式任命的外服職官。由其他官職自然、自我轉變爲“侯”的情況應該是沒有的。

二、商後期王國的“侯”,其絶大多數出身爲商王國邊域上的土著族群的首領。由於在政治上表示服從商王朝,因而擔任了商王朝的外服職官,他們雖已漸融入商人共同體内,但在文化取向上,仍與商人有某些距離,在政治上對商王朝時有反叛,因此會有商王征伐“某侯”的情況發生。卜辭與金文資料顯示,只有少數子姓貴族與商人中非子姓强宗曾擔任“侯”,應是緣於軍事上的特殊需要。

三、此時期的“侯”從其職能上看,應屬於“侯”的原始形態,即合乎學者們已指出的“斥候”身份,主要職能是在商王國邊域上爲商王朝守衛邊境,在王朝軍隊對外征戰時,會依其屬地的地理位置接近於某方國而被徵調,配合王師對這些域外的方國作戰。其屬地也應該同時是其奉命駐守的邊地區域。

四、由於這些“侯”的出身與其在政治上的不穩定狀態,商王需要認真應對“侯”,在控制與監督的同時,使用他們。因而王與諸“侯”彼此之間存在着較複雜的政治關係。

五、從上述情況可知,商後期的“侯”絶非爲爵制,不宜用見於東周文獻中的所謂“五等爵”制來套用。

六、卜辭中所見非方國之君的“伯”,是當時活動於商王國邊域内外臣屬於商王的一些非商人族群的首領,“侯”與這些“伯”在異族出身上與對商王朝擔負的軍事、經濟義務上有相近處。但這些“伯”稱可能有相當一部分只是商人沿用了這些非商人族群對一族之長的自稱,而並非皆是商人所命名,後來才被商人擴大爲對所有異族首領之稱。“伯”並非商王所任命之職官,亦非爵稱,其與“侯”之間不存在同一爵制系統下不同爵位等級的關係。“伯”在商王朝統治下的政治地位要略低於“侯”。

將上述商後期“侯”的狀況,補充進此前學者們已指出的侯的其他重要特徵,如其對屬地没有完全獨立的政治上、軍事上的控制權(表現爲王朝會向其中派駐"田""任"等職官,會在其屬地内開墾王田等),則可以進一步豐富對商後期王國内"侯"這一外服職官及相關政治制度的認識,這對於深入討論所謂"五等爵制",追溯西周王朝封建制中"侯"制的起源,也都是有裨益的。商王朝的"侯"與西周王朝的"侯",雖在作爲外服基本的軍事職責上有共性,但在身份上、地位上有明顯的差别,體現了商、西周王朝政治制度之聯繫與差異。

(原載《古文字與古代史》第 4 輯,"中研院"歷史語言研究所,2015 年)

商人諸神之權能與其類型

在殷墟卜辭中,有相當多的卜辭是占卜商人所崇拜的諸種神靈是否作祟,或是否可以通過享受祭祀而授佑。[①] 諸神作祟與授人間以福佑的能力,在本文中姑稱之爲"權能"。通過此類卜辭對商人諸神權能的綜合研究,並藉以探討商人神靈系統之類別,不僅有助於讀懂此類卜辭而從總體上把握其含義,並且對認識商人宗教形態有重要意義。在以往,對此問題用力最勤者爲陳夢家先生(見其《殷虛卜辭綜述》)和日本的島邦男先生(見其《殷墟卜辭研究》)。近年來,隨着《甲骨文合集》以及《小屯南地甲骨》等書的出版,殷墟甲骨刻辭資料較之以前更爲豐富,爲更深入地研究此類問題提供了有利條件。本文即是以諸家研究成果爲基礎,對商人神靈崇拜方面的問題所作進一步的研究。次序是先對卜辭所見商人主要神靈之權能作一較爲綜合的分析與比較,説明諸神權能的異同,然後根據神靈權能範圍討論幾位神靈的性質,最後基於上述分析考察主要神靈的類型及有關問題。

一、商人諸神權能的分析

爲了節省文字,減少羅列卜辭的繁贅,下面將卜辭所見有作祟能力的主要神靈與其所作祟類別示如表一。將卜辭所見可授以福佑的主要神靈與占卜、祈告(多亦屬祭名)求其授佑的内容示如表二。所據卜辭多數爲賓組卜辭,其次爲所謂歷組卜辭,少數爲自組、何組與無名組卜辭,其時代大致屬於殷墟時期(即商代後期)的中期與晚期之初葉,不到二百年時間。限於卜辭資料之不系統,對此一階段商人宗教信仰之變化暫不涉及。表中各欄内數字既表明屬該橫欄的神靈具有該豎列所示權能,也是所引甲骨刻辭出處的檢索號碼,出處附於本文末尾。

對這兩個表中有幾個字詞需要解釋:

---

① 在中國古代典籍中,多以天神爲神,人死爲鬼。但《論語・爲政》"非其鬼而祭之"集解引鄭玄注曰:"人神曰鬼。"《左傳》僖公十年:"神不歆非類,民不祀非族。"《史記・五帝本紀》"依鬼神以制義"正義曰:"鬼之靈者曰神也。"説明被尊崇之人鬼亦可稱爲神。從殷墟甲骨卜辭所見凡有作祟能力之人鬼亦多受到崇拜,得到祭享,故本文均稱之爲神。現代宗教學將神的概念解釋爲:神靈是一種支配與操縱自然世界與人世生活的異己力量(見吕大吉:《宗教學通論》,中國社會科學出版社,1989 年),其範圍亦是較廣的。

表一中既有"蛊我""**㞢**我""**辥**我",①又有"蛊王""**㞢**王""**辥**王",顯然,"我"與"王"有語義上的差別。陳夢家先生在討論甲骨刻辭文法時曾指出,"我"與"余""朕"有別,"余""朕"爲時王自稱,而"我"是集合的名詞,主格、賓格云"我"就是"我們",領格的"我"就是"我們的"。② 從卜辭的實際情況看,陳氏的説法可從。在表一中的"我",當與習見的"我受年"的"我"作同樣理解,它含有商王本人的利益在内,但在外延上要更寬廣一些。如果作通俗的解釋,似可以將之理解爲所謂的商王國。

其次是表一中表示神靈作祟的幾個字中,蛊、**㞢**、**辥**三字的字義。蛊的意義是傷害,引申義可以理解爲損害,以往多以羅振玉舊説讀爲《説文》"它"字解釋中"無它"之它。裘錫圭先生隸定爲蛊,讀爲害。③ 有一條卜辭僅餘占辭:

　　……固曰:亡蛊,㞢(有)**㞢**。(《乙》6948)

説明蛊、**㞢**在字義上有別,如僅從表一所示可以看到,"蛊"可以施加於人,亦可施加於雨、年,但作爲作祟之義講的**㞢**僅可以施於人,而未見施於雨、年。**㞢**字應當釋爲求。**㞢**釋求,羅振玉、王國維、商承祚舊有此説,④近年裘錫圭先生亦持此説並作進一步考證,以爲此字凡關乎作祟時均應讀作咎(另外卜辭習見之"**㞢**雨""**㞢**年",當讀爲"求雨""求年"。"**㞢**年娥",娥應讀"宜",是求收成方面之福宜)。⑤ 蛊是損害,受損害者除人以外,也可以是自然天象、年成。咎訓爲災,訓爲罪過、惡、死、病,作爲動詞使用時均是加災、加惡於人。卜辭當作祟講的**㞢**既讀作咎,故不施於天象、年成。卜辭習見"亡(無)**㞢**""㞢(有)**㞢**"與"亡(無)蛊""㞢(有)蛊",前二者亦只適用於人災、人禍,後二者則於人之災禍外亦適用於年成,如"年㞢(有)蛊(《京津》648),"我禾亡(無)蛊"(《甲》403)。**辥**字,陳夢家先生讀作咎,當是咎之本字,**辥**在卜辭中用法即如表一所示,是**辥**王、**辥**帚,也是施於人,不施於自然物。上引占辭言"亡蛊、㞢(有)**㞢**",蛊、**㞢**既然對言,蛊在這裏恐非指神靈施祟於人,此段占辭可能是講無有自然之災而有人事之災。

表二中的"告×方"一般是向神靈稟告敵方入侵之消息,以求神靈佑助戰事,如"告呂方于上甲"(《合集》6131 正)、"告方出于且乙"(《合集》651)。"勾×方"與"奉×方",亦應理解爲是祈求佑助戰勝這些敵方。再者,表二中的"大示"是指上甲、大乙、大丁、大甲、大庚、大戊六位直系先王⑥。表二中的"告王事"指向神靈稟告王的政事以求保佑,如"王省从西告于大甲"

---

① 按:"蛊",原文隸作尳,不確。
② 陳夢家:《殷虚卜辭綜述》,科學出版社,1956 年,第 96 頁。
③ 裘錫圭:《釋蛊》,香港《國際中國古文字學研討會》論文。按:已收入《裘錫圭學術文集》第 1 卷,復旦大學出版社,2012 年,第 206—211 頁。
④ 參見李孝定:《甲骨文字集釋》卷八"裘"字條,"中研院"歷史語言研究所,1965 年,第 2733 頁。
⑤ 裘錫圭:《釋求》,中國古文字研究會第五次年會論文(提綱)。按:已收入《裘錫圭學術文集》第 1 卷,復旦大學出版社,2012 年,第 274—284 頁。
⑥ 見拙作《論殷墟卜辭中的"大示"及其相關問題》,《古文字研究》第 16 輯,中華書局,1989 年,已收入本書。

(《合集》1434)，"王其奠[symbol]侯告且乙"(《合集》32811)。"告×(貴族)"，則是指向神靈禀告非王的貴族(如"子某"之類)諸事項，這些貴族既由王向祖先神靈爲之求佑，則當屬子姓貴族。

表一　商人諸神權能(一)

卜辭中稱謂 ＼ 作祟方式	冬(終)茲邑	降飮、莫	蚩雨	蚩雲	蚩年(禾)	蚩我	畜(孽)我	求(咎)我	蚩王	以疾蚩王	求(咎)王	[symbol]王	蚩[symbol]王目、目王	畜(孽)王	蚩于×(貴族)	蚩[symbol]	求(咎)[symbol]	[symbol][symbol]
帝	1	2			3							4						
西方						5												
[symbol]						6												
[symbol](岳)			7	8	9	10												
河			11	12	13			14	15									
高祖夒			16		17				18		19							
高祖王亥			20	21				22										
上甲			23						24		25							
大乙(成)											26							
大丁						27												
卜丙									28									
大甲						29												
大戊											30							
祖乙							31		32					33				
祖辛						34			35		36		37					
羌甲						38			39		40							
祖丁									41		42			43				
南庚									44		45							
父甲(羌甲)									46	47								
父庚(般庚)、父辛(小辛)									48		49							
父乙(小乙)									50	51	52	53	54			55		56
□(□示)															57			
匕庚(示壬或祖乙、丁配)														58				
匕壬(大庚或大戊配)									59									
匕癸(中丁配)									60		61							
高匕己(中丁或祖乙配)									62									
匕己(祖乙或祖丁配)									63				64	65			66	
匕甲(祖辛配)									67									

續　表

卜辭中稱謂 ＼ 作祟方式	冬(終)茲邑	降攷、莫	蚩雨	蚩雲	蚩年(禾)	蚩我	裔(孽)我	求(咎)我	蚩王	以疾蚩王	求(咎)王	[symbol]王	蚩[symbol]王、[symbol]王	裔(孽)王	蚩于×(貴族)	蚩帝	求(咎)帝	[symbol]帝
母庚(小乙配)									68						69			
母丙(小乙配)																70		
母癸(小乙配)									71									
龔后																72		
娥									73			74			75			
[symbol]甲																		76
兄丁(武丁兄)									77						78			
伊尹(伊)			79															
黃尹								80	81	82								
咸戊									83									
盡戊									84									

表二　商人諸神權能(二)

卜辭中稱謂 ＼ 占卜與祈告內容	卜令雨	卜令雷、風	奉雨、(求)雨	寧雨	寧風	寧攷	受(授)年、禾	奉年、禾	钟年	告秋、告秋再	告天災	寧疾	告×方(敵方)	奉、钩×方(敵方)	告靶	告王事	告王疾	钟王疾	钟王	钟王[symbol]	告×(貴族)	钟×(貴族)	钟帝	奉生
帝	1	2					3																	
土(社)			4	5	6			7																
方			8	9	10	11	12	13					14											
[symbol]			15			16		17																
[symbol]			18	19			20	21	22				23											
河	24		25				26	27	28	29	30		31	32	33									
夒			34					35	36															
高祖夒			37					38	39															
高祖王亥								40	41				42	43										
上甲			44	45				46	47	48			49	50	51				52		53			
匚													54											
六元示																						55		
大示								56					57											
示壬			58					59					60											

占卜與祈告內容＼卜辭中稱謂	卜令雨	卜令雷、風	奉雨、秜（求）雨	寧雨	寧風	寧做	受（授）年、禾	奉年、禾	秜年	告秋、告秋再	告天災	寧疾	告×方（敵方）	奉勹×方（敵方）	告夒	告王事	告王疾	钔王疾	钔王	钔王	告×（貴族）	钔×（貴族）	钔帚	奉生
大乙(唐)			61					62		63			64	65							66	67		
大丁													68											
大甲								69					70			71						72		
祖乙								73					74			75	76			77	78	79		
祖辛																80	81	82						
羌甲																	83		84	85				
祖丁								86								87	88	89					90	
南庚																	91			92				
父甲(魯甲)																				93				
父辛(小辛)																		94						
父乙(小乙)																95				96	97	98	99	
父丁、祖丁(武丁)								100																
父甲(祖甲)								101											102					
□(□示)								103	104				105	106		107					108			
父丁(見歷組卜辭)								109			110		111			112					113			
匕庚示壬奭								114																115
高匕丙(大乙配)																								116
匕癸(中丁配)																	117				118	119		
匕己(祖乙或祖丁配)																	120			121		122		
匕庚(祖乙或祖丁配)																	123							
匕甲(祖辛配)																	124			125		126		
匕己(祖丁配)																		127			128		129	
母庚(小乙配)																					130	131		
母丙(小乙配)																						132		
母己(小乙配)																					133			
匕辛(武丁配)																	134							
后																					135	136		

占卜與祈告內容＼卜辭中稱謂	卜令雨	卜令雷、風	奉雨、(求)雨	寧雨	寧風	寧攸	受(授)年、禾	奉年、禾	卸年	告秋、告秋再	告天災	寧疾	告×方(敵方)	奉匄×方(敵方)	告匄	告王事	告王疾	卸王疾	卸王	卸王	告×(貴族)	卸×(貴族)	卸帚	奉生
帚																						137		
娥																						138	139	
(甲)																						140	141	
兄丁、兄戊(武丁兄)																						142		
伊尹(伊)			143					144																
伊奭			145	146																				
黃尹												147												

根據此二表的內容,對商人諸神靈的權能大致可以得出這樣幾點認識:

(一) 作祟於王是絕大多數神靈所擁有的能力,惟土、方、河、(符號)、(符號)未見卜作祟於王。諸先王與匕、母中只有少數未見卜作祟於王,不排斥是卜辭資料不完整所致。祖先神靈作祟能力的普遍,表明在當時商人對死者靈魂仍懷有較強的畏懼心理。

(二) 帝有特殊的爲其他神靈所未有的權能,即對風、雨、雷等自然天象有控制權與使令權,此外,帝有隨意降予商王國自然災害與人事災害的主動權。帝對於個人人身只作祟於王,但不涉及王以外的任何其他貴族人身。

(三) 方、土(社)與(符號)、戭、夒幾位先公高祖共有的主要權能是影響風雨、天象與年成(下文姑稱之爲"自然權能")。此外多亦有作祟於"我"(即商王國)的權能,但土(社)、戭尚未見卜其作祟的卜辭。這些神靈均不影響戰事,亦不是求佑於王的對象。

(四) 河、(符號)、王亥在自然權能方面與(三)所述神靈相近同,但此三者有部分人事權能是(三)所述神靈所未有的,如影響及與敵方戰事及其他王事的權能。

(五) 上甲及其以後直系先王的神靈多可作爲奉年的對象,即具有護佑農業收成的權能,部分先王(如上甲、示壬、大乙)有影響降雨的能力。① 但從涉及先王諸項權能的卜辭

---

① 下面一組卜辭可能與先王影響降雨有關(畫△的"雨自"二字偏在"奉自上甲……"一行的左側):

　　……未卜奉雨自上甲、大乙、大丁、大甲、大庚、大戊、中丁、且乙、且辛、且丁十示率牡……

　　……〔奉〕雨自上甲、大乙、大丁、大甲、大庚、大戊、中丁……(《合集》30385＋35227)

　　此版卜辭系由裘錫圭先生綴合(見其《甲骨綴合拾遺》,中國古文字研究會第六次年會論文。同版中問還有一條卜辭與以上的辭文義接近,但先王順序錯亂且有不合慣例處,學者多認爲是習刻)。如果以上兩條卜辭可靠,且確實可以如此順讀的話,則幾乎所有直系先王均可以有影響降雨的權能。此外,卜辭又有"……即卜,……奉雨……九示……"(《合集》34112),如九示是奉雨對象,則也可以證明先王中有不少是有影響降雨之能力的。但類似的卜辭甚少,所以先王即使有此種權能,在商人的宗教意識中也是不重要的,因而極少見向上甲以後的先王求雨。

數量比看,諸先王神靈的主要權能是在人事方面,即有作祟或佑護於王的人身與保佑與敵方戰事的權能。與(四)所述神靈不同的是,由祭告或卻祭他們以爲王以外貴族(應屬子姓貴族)求佑的卜辭,可知他們也多有佑護這些貴族,使其免於災禍的能力,當然亦就具有作祟於這些貴族的能力。近親的上二代以內的直系先王還可以作祟或保佑於王室諸帚。

（六）所有的屬直系先王配偶的女性神靈除示壬奭一例(《合集》28269)外,均不具有作用於天象、年成的自然權能,基本上不作祟於"我"即商王國,不干涉王任何政事,亦不具有干涉對敵方戰事,保佑戰爭勝利的權能。其權能在於作祟或佑護於王與王室諸帚,而且她們是王"奉生"即祈求王室諸帚生育的唯一一類神靈。她們亦多能作祟、佑護於非王貴族。

表三　商人諸神權能範圍

主要神靈 ＼ 神靈施權能範圍	天象	年成	"我"即商王國	對敵方戰事	王事	王自身	王以外貴族	諸帚	生育
帝	√	√	√	√		√			
土(社)	√	√							
方	√	√	△						
𡵂	√	√							
㝵	√	√							
夒	√	√							
𡸗	√	√	√	√					
河	√	√	√	√		√			
王亥	√	√	√	√	√				
上甲	√	√		√	√	√	√		
上甲以後直系先王	△	△	△	▲	△	△	▲	△	
旁系先王			△			△	△		
直系先王配偶或時王已故配偶						▲	▲	△	△
兄						△	△		
舊臣	△	△	△	△		▲			

√表示具有此項權能;△表示該欄内部分神靈具有;▲表示該欄内多數神靈具有。

（七）有關幾位受尊崇的王室舊臣(諸如伊尹等)之權能的卜辭較少。[①] 從現有卜辭知伊尹能影響降雨、年成,黄尹能影響戰事。從現有卜辭看,這些舊臣雖具有作祟於王身的

---

① 卜辭有"伊奭""黄奭"。其中"伊奭"的權能亦標於以上表二,其權能範圍在於影響降雨與寧風。從表一、二亦可見上甲以後先王配偶中只有示壬配偶爲奉禾對象,所以伊奭有可能並非指伊尹配偶,如是,則伊奭爲伊尹之別稱(見張政烺:《釋它示——論卜辭中没有蠶神》,載《古文字研究》第 1 輯,中華書局,1979 年),黄奭是黄尹別稱。此問題尚待再考。

能力，但均非爲王求佑之對象，他們的權能亦均不施於非王的王室貴族。

綜上述，諸神靈施加權能的範圍主要包括：天象、年成、“我”即商王國、對敵方戰事、王事、王自身、王以外貴族、諸帚、生育九項，此九項權能在諸主要神靈（按：表一、二中□、娥、靠后、□甲的歸屬詳下文，此暫不計入）中的分配情況可以概括如表三（其中直系先王配偶作用於年成的僅示壬奭一例，作用於王事者僅向武丁配匕辛告王田獵一例，均未計入）。

二、由諸神權能範圍看幾位神靈的性質

下面，基於以上對諸神權能範圍的分析，對以往諸家雖有論述但需商榷的幾位神靈的性質作一簡要的討論，看其究應屬於如表三所列的主要神靈中的哪一種。這幾位神靈有□（□示）、娥、靠后及□甲。

（一）□（□示）。島邦男於此有專文論述，且有較大的影響。他將□分兩類：一類讀丁，爲祖神，是以丁爲名的父祖略稱，並認爲丁在第一期卜辭中爲祖丁，二、三期爲武丁；另一類□（丁）應讀爲帝，□示、示□是對上帝的稱謂。[1] 關於□也可以表示帝的説法，得到一些學者的贊同。但在卜辭時代“示”只表示祖先宗廟中的神主，只有先王神主才稱示，正如張政烺先生所言，殷人稱示“一般都指商王的祖先”。[2] 非王之受崇拜的神靈中只有極個別者如伊尹，因“與商之先王同樣祭祀，爲之立示、立祊”[3]。上帝並非商人先祖（詳下文），不大可能稱示。爲了説明□示非帝，亦可換一個角度來看這個問題。根據上文對諸神權能的分析，我們看到，□（□示）的權能施加範圍，在年成、戰事、王事幾項外，還包括王以外的貴族，此類卜辭如：

> 貞，不隹□示虫旱。十月。（《合集》14906 正）

以上是賓組卜辭。在被學者稱爲子組卜辭的所謂非王卜辭中，也有“□示”之稱，如：

> ［乙卯卜，］貞，子□。
> 丁巳兄□。
> □示□不。
> 丁亥貞，□。
> 貞□（？）。（《合集》22290）

此版與《合集》22288、22289 多異版同辭（□示在《合集》22289 作示□）。上文曾論及，□讀作咎，作崇範圍只涉及於人。此類卜辭内容一般不涉及王，與“兄□”並卜的“□示□”，所

---

① 島邦男：《殷墟卜辭研究》，汲古書院，1975 年，第 177 頁。
②③ 張政烺：《釋它示——論卜辭中没有蠶神》。

咎者不會是王,當是占卜主體之貴族或其親屬。上引《合集》14906 正、22290 兩版有關□示的卜辭均曾被島邦男作爲言上帝之辭例引用,此外他在引上面"□示蚩㞢"卜辭時還並引了"隹□蚩妻"(《燕》721)一條卜辭。這類卜辭對於了解□示屬性是非常重要的,在上文論述諸神權能時已説明,帝對於個人只作咎於王,而不會直接作咎於其他非王貴族,不僅如此,上甲以前之先公高祖亦是如此,只有上甲及以後部分先王及王配、兄才有此種權能(參見表三)。僅據此即可以説明,上述卜辭所見□示並非指上帝。王卜辭中的□示還應屬於先王,即祖丁或武丁,而子組卜辭中的□示有可能屬於本家族先人。如果説在不太長的一段時間内(武丁至祖庚時期)的卜辭中,□同時既表示祖丁、武丁,又表示帝,對今日之研究者來説實難以區分,此種説法至少是證據不足。島邦男還舉出"秦年于□",而"酉百勿牛""三百羌用于□"這類卜辭説明用牲量如此之大非上帝莫屬,但有關祭父丁之卜辭,卜用牲量可達百犬、百豕、百牛(《合集》32674)、百羊(《合集》32698),又有用三百羌于"且□"(《續存》1·295)。可見對先祖亦偶可用數量較大的牲。總之,島邦男氏以□示爲帝、□亦指帝之説似難以成立,當然,否定□示、□爲帝稱,不等於□、□示的問題即解決,在這一時期卜辭中爲何對以丁爲日名的祖、父多不冠以親稱,只稱其名,仍是需要今後研求的。[1]

這裏附帶略論一下卜辭中所見作爲神靈之稱的"下上"(或"上下")之性質。卜辭有:

乙未貞,隹上下蚩㞢。

不隹上下蚩㞢。(《合集》4085)

同樣按上文所述諸神權能範圍,知"蚩㞢"之神靈"上下"也應是上甲以後的先王。這裏的"上下"似亦不當如舊説釋爲天神(指上帝等)與地上人神。疑"上下"是卜辭所見上示(即大示)、下示(指中丁以後直系先王)之省稱[2]。卜辭又有:

貞,下上融(徹)示弗其若。十三月。二告。(《合集》14269)

融(徹)示或單稱,不冠上下。《方言》三:"徹,列也,東齊曰徹。"徹、列聲母分別爲透母、來母,均屬舌音,韻皆在月部,音近可通。漢代因避武帝諱,稱"徹侯"爲"列侯"(見《後漢書·百官志》)。知徹可讀爲列,即有序列之義。故卜辭"下上徹示"應即下上列示,是指下示、上示列位神主。單言"上下"或"下上"亦當是此義。

(二)"娥"(䰩)。以上表一、二中作爲人神之稱的娥見於自、賓組卜辭。郭沫若《甲骨文字研究·釋祖妣》引卜辭祭娥之辭,以爲娥是舜妻娥皇。[3] 陳夢家《殷虛卜辭綜述》第十章論"先公舊臣",其中"耂王"者中亦有"娥"。在作總結時,將娥歸入"與年雨無關的""先

---

[1] 先人中省去親稱的不限於日名爲"丁"的先王,如祖乙或父乙可省稱爲"乙"(《乙》7781),又多有單稱"庚"者(參見島邦男《殷墟卜辭綜類》"庚"字條,汲古書院,1967 年)。

[2] 參見拙文《論殷墟卜辭中的"大示"及其相關問題》。

[3] 郭沫若:《甲骨文字研究·釋祖妣》,人民出版社,1952 年。

公"範圍内,但指出"娥是女字,當是女姓"。島邦男《殷墟卜辭研究》將"貞翊𢒉雨娥于河"(《佚》387)與"貞𢒉雨勾于河"(《甲》2949)對照,認爲娥與勾音相近,"娥"是勾的假借,勾又與"亥"音近,故他認爲娥即是王亥。按娥聲母爲疑母,上古韻在歌部,勾聲母屬見母,上古韻在月部,二字聲母相近,均屬牙音,韻部爲陰入對轉,娥可通勾。亥聲母屬匣母,娥、勾與亥雖聲母相近,但亥韻在之部,韻相差較遠,故他讀娥爲亥實難成立。"𢒉雨娥"即"求雨宜",這裏的娥非神靈。

娥屬於何種性質的神靈,據上文對諸神權能之分析亦能了解。由表一、二可知,她不僅能作祟於王,亦能作祟或施佑於"子某"之類貴族,如:

> 隹娥蚩子𘣀。(《合集》14787 正)
>
> 貞,娥蚩多……(《合集》12657 正)

後一辭"多……"可能是"多子"。又如:

> 貞,钔子央豕于娥。(《合集》3006)
>
> 弓钔帚于娥。(《英藏》42)

前一辭當是卜問是否要以豕爲牲爲子央求佑而钔祭於娥,後一辭是爲王室諸帚求佑而钔祭娥。由娥的這幾方面權能,結合表三,可知她顯然不可能躋身於先公之列,而應屬於表三所示王的配偶。過去我們已曾證明,娥即是自組卜辭中生稱的"𣥐(后)娥"(《合集》21067、21068),屬於武丁的配偶。[①] 正因此,所以她死後,多作祟或授佑於作爲王子的子某及王室諸帚。如此,則以往諸家將卜辭爲神靈之娥定爲商先公,甚至附會爲娥皇皆不可信了。

(三) 靠后。后作𣪝或𣥐,舊多讀爲司,但不如讀爲后,即王配。在以上表一中有"靠后",此外在表二中"后"欄内亦含有靠后,其名見於自、賓組卜辭。有關卜辭爲:

> 貞隹靡后蚩帚好。(《合集》795 反)
>
> ……戌卜,出靠后钔子𘣀。(《合集》20030)

靡與靠通。靠后既能施權能於帚與子某之類貴族,則據以上表三,她與直系先王的配偶的權能相同。由於她稱"后",故她當與后娥同,生前亦是王配。[②] 惟靠后之靠是其氏名,示其出身,卜辭有作爲氏名與地名的靠,學者或將卜辭"出于靠后"中"后"讀爲"司",以此中之靠爲神祖之名,[③]似不妥。

除以上后娥、靠后外,賓組卜辭中尚有單稱的"后",言於后钔帚與子某等貴族,其權能

---

① 見拙作 A.《論卜辭與商金文中的"后"》,中國古文字研究會第六屆年會論文(按:已刊於《古文字研究》第 19 輯,中華書局,1992 年);B.《商周家族形態研究》,第一章第一節,天津古籍出版社,1990 年。

② 關於靠后,請參見拙作《論卜辭與商金文中的"后"》。

③ 姚孝遂、肖丁:《小屯南地甲骨考釋》,中華書局,1985 年,第 7 頁。

亦皆附合表三中王配之權能。所有這些后當是因爲生前地位尊貴(多可能是所謂法定配偶),死後得享祭祀,被奉爲王室神靈。[1] 稱部分匕、母爲后,是以身份稱,稱之爲匕、母則是親稱,二者並無質的差別,因此,在歸劃商人諸神系統時,后均可歸入王配範圍內。陳夢家《殷虚卜辭綜述》雖指出"司某"皆先匕,但讀"司"不讀"后",故未能説明先匕爲何又稱"司"。

(四) 🜨甲。從表一、二中🜨甲的權能範圍看,其權能涉及非王的王室貴族與諸帚。上文曾言及只有近親先王才能作用於帚,🜨甲不可能是近親先王,所以此種神當是女性的,很可能亦是某位先王的配偶。陳夢家先生暫以"巴甲"稱🜨甲,曾懷疑其爲先王(小甲、河亶甲),[2]可能是不妥的。

三、商人諸神的類型及相關問題

探討商人諸神之類型,實際上是按照諸神的權能明確其特性,並加以分類,以從宏觀上了解商人神靈世界的基本結構。下面先就有關諸神特性的幾個問題作簡要討論,其中重在諸家異議較多或論述較少者。

(一) 先討論土(社)。卜辭社有三種,一是單稱的"土(社)",二是"亳社",三是峀社。三者區別在卜辭資料中看不很清楚,但直到春秋時代,宋國因是商人後裔而立"亳社"(《左傳》襄公三十年)。魯國因有殷遺民仍保有"亳社"(《左傳》定公六年)。可見亳社是商人居住地的土地神,凡有商人居住之地即可以立此社。《禮記・祭法》講王都內有兩種社,即"王爲群姓立社,曰大社;王自爲立社,曰王社"。則亳社即可能相當於大社。單稱之"土",在卜辭中所見祭祀最盛,有可能相當於王社。至於峀社,一般多釋爲邦社,但峀在卜辭中甚少見,此社的情況難以得知。對於單稱的"土"(社),陳夢家先生雖不同意王國維以土爲相土之説,指出"土"是社,但認爲"它與先公常並列於一群而受相同的祀禮",故仍將"土"列爲先公。[3] 目前學者多有從此説者。但土(社)只是土地神,祭社源於農業民族遠古時期對土地繁殖力的崇拜,只是一種對自然物、自然力本身的崇拜。社祭制度一直存留於後世,實一脈相承,只是後世社的權能不斷地擴展。且從卜辭看,土(社)的權能在商代晚期尚限於自然權能範圍內,從不涉及人事,與河、岳不同,無發展爲祖神之表現,所以將"土"視爲先公是不妥當的。卜辭中卜燎祭土(社)亦同言禘(禘)祭方,如:

燎于土(社)㝬方禘(禘)。二告。(《合集》11018)

這也許應當理解是燎於社以禘祭方。《左傳》昭公十八年"七月,鄭子產爲火故,大爲

---

① 見拙作《論卜辭與商金文中的"后"》。
② 陳夢家:《殷虚卜辭綜述》,第434頁。
③ 陳夢家:《殷虚卜辭綜述》,第340、582頁。

社,祓禳于四方,振除火災,禮也",即是築社,以於其内祭四方。又或卜並祭土(社)方:

……午卜,方⊕(禘)三豕,虫犬,卯于土(社)宰,㞷雨。(《合集》12855)

正與《詩·小雅·甫田》"以社以方"相合,此點學者多已指出。可見社、方作爲土地神在神性與類屬上的一致。

(二) 關於河、𡽽的神性多年來始終爲學者所樂道,其中尤以河爲甚。

近年來中日學者就河的神性寫過不少文章,說明河的神性確是較複雜的。有學者力主河非自然神而是祖先神。但河神又確是與河水同一的。陳夢家先生已注意到"祭河常記致祭一處的某一個小地名"。[1] 這些小地名刻在辭末者應是指占卜時所在地,但亦當距河不遠。其中最重要的是侯家莊 HS12A 坑出土的一組廩辛卜辭,爲巡狩過程中數日連續占卜,其中癸酉日卜田於𢀖地劉祭於河(《甲》3961),李學勤先生考證𢀖地在沁陽西方,黄河北岸。[2] 然河在卜辭時代又確被視爲祖神,因卜辭有"㞷禾高祖、河于辛巳"(《合集》32028),又曾卜河是否與夒、上甲"即宗"(《合集》28207),即同享於宗廟,河在殷都以外地尚有"河宗"(《合集》13532)。[3]

𡽽由於在釋讀上至今仍有異義,故其作爲神靈的本原嚴格而言尚不能肯定。但此字下部多从⋀⋀,即山,或作⋁形,卜辭中山字亦確有作此形的(如陳夢家先生所指出的《佚》67 對貞卜辭山字⋀⋀、⋁並出)。晚於賓組卜辭,又有作⋀、⋁者,前者仍是平底,是⋀⋀形的省變,而後者當是从⋁形之省變。所以將此字理解爲與山有關是比較合適的。卜辭火(⋃)字絶大多數作圓底不作平底,故釋𡽽爲羔是不妥的。即是說𡽽作爲神靈,本原是山,實爲山神。從上文所統計的𡽽的權能看,接近於河而更以自然權能爲主,亦説明將之視爲山神是有道理的。《説文》"岳"字古文作⋀,與此字有相近處,故此字可從孫詒讓説讀爲"岳"。但另一方面,岳與河同,商人亦曾將之與河及被稱爲"高祖"的夒一同作爲"㞷禾"的對象(《合集》32028),亦爲之立宗,稱爲"岳宗"(《合集》30298),並有卜其是否即於"又(右)宗"之辭(《合集》30415),説明其在卜辭時代亦確被奉爲祖神。

據上述,河、岳並不能視爲單純的自然神,島邦男在《殷墟卜辭研究》中,雖正確地將土(社)劃歸自然神,但同時又將河、岳亦歸入自然神體系中則是不妥當的。河、岳在卜辭中確有相當於高祖之身份。

河、岳有相當於商人高祖神的身份,還可以從祭日上考察。記明祭日的卜辭表明祭河往往在辛日。如以下賓、歷組卜辭:

---

① 陳夢家:《殷虛卜辭綜述》,第 344 頁。
② 李學勤:《殷代地理簡論》,科學出版社,1959 年。
③ 按:上引《合集》32028"高祖河"是否可以連讀尚需再考,同版有分别卜"高祖""河""岳"㞷禾的卜辭,所以"高祖河"也有讀爲"高祖、河"的可能。原文下文曾言河被稱爲"高祖"亦是據此條卜辭而言,現在行文上作了訂正。

癸亥卜，爭貞，翌辛未王其酌河，不雨。（《合集》14591）

己亥卜，内，翌年辛丑乎雀酌河……（《合集》4141）

其奉年于河，虫今辛亥酌受年。（《合集》30688）

祭岳日多在辛日，張光直先生於 1973 年已經指出。[①] 但祭河亦多在辛日，則似尚未見有學者指出。據現所見有關祭河、岳的卜辭像此類記明祭日的：河二十九條，其中記明在辛日祭祀的二十六條，餘丁日二條，甲日一條，屬賓組、歷組、無名組卜辭。岳約十二條，其中辛日九條，甲、乙、癸日各一條，屬賓、出、歷組。這樣看來，河、岳的祭日在辛日確非隨意而定。除河、岳外，如張光直先生已指出的，夒、王亥兩位高祖的祭日亦多在辛日。[②] 現所見記明祭日的卜辭，夒六條，其中辛日三條，甲、乙、丁各一條。王亥八條，其中辛日六條，乙日二條。下面一條卜辭只言高祖，也在辛日：

庚午貞，其酌高祖燎虫辛卯。（《合集》32305）[③]

由上述情況似可以認爲，祭河、岳、夒、王亥等先公高祖在祭祀時多用辛日，且祭法多用酌祭。衆所周知，先王、先妣之祭日多同於其日名之日干，但先公高祖祭日多選辛日的原因及意義還難以弄明白。然由此至少可以說明河、岳在商人宗教意識中具有與高祖近同的地位，在神性上構成了獨特的一類。

河、岳以自然神之身份而被奉爲祖神，當類似於典籍所言稷、土（社）。稷本是穀神（《太平御覽》引《禮記外傳》《漢書·郊祀志》）而烈山氏子柱與周棄皆被祀以爲稷。[④] 土是土神，共工氏子句龍曰后土，被祀爲社（土），[⑤]皆是自然神向人神之轉化。卜辭河、岳亦人神化，是商人在其早期歷史時期將某兩位有功業之先祖與自然神河、岳混合之結果，也即宗教學中所講的把人性附加於本來不具人性的對象上，使之成爲人格化的神，同時亦即使其更兼有較多的人事權能。關於此二者相當於文獻上哪位商人先祖，諸家說異，一時似難以確定。

（三）以上論及先公高祖祭日多爲辛，但另一位通常亦被認爲是先公的𤔍，從卜辭來看，其祭日則多在庚。現有十二條記明其祭日的卜辭，庚日即占了九條（其中《合集》33273片卜辭是一句内丙寅、丁卯、己巳三日均卜庚午酌祭）。餘甲、丁、辛日各一。如僅從祭日看，𤔍似與河、岳非屬一類。𤔍權能均在自然權能範圍内，此外卜辭有卜𤔍與土（社）、河、岳並祭（《合集》34185、《乙》5272、《甲》3610）者，𤔍次序皆在土（社）後，河、岳以前，或表明其神靈

---

① 張光直：《談王亥與伊尹的祭日並再論殷商王制》，《中研院民族學研究所集刊》第 35 期，1973 年。在此文中作者讀𤔍爲羌。

② 張光直：《談王亥與伊尹的祭日並再論殷商王制》。

③ 原文在引此條卜辭後有一小段文字，收入本書時刪去。

④ 據《左傳》昭公二十九年，又《國語·魯語上》《禮記·祭法》"烈山氏"作"厲山氏"，"柱"作"農"。

⑤ 《左傳》昭公二十九年及《國語·魯語上》。

屬性較近於自然神。但字从🔾(卩)，似爲人形化的神，故考慮仍以將🔾歸入先祖神較妥，但其介於土與河、岳間的地位卻顯示了其濃厚的傳説色彩。

(四) 從表一至表三已可以看出，帝有着明顯的區别於其他諸神的權能。與有着特定的附着物(無論是自然物還是人、獸)的諸神均不相同，産生於不同的造神方式。帝有廣泛的自然權能及相當多的人事權能，尤其具有其他任何神靈所未有的對人間的强大破壞力，反映了商人對帝懷有深深的畏懼心理。殷墟卜辭資料至今確實没有發現明顯的祈求於帝與祭帝的卜辭。[①] 屬於所謂子組卜辭中之一種的被《合集》收於丙一類的卜辭，有言及帝者：

> 己丑卜，钔于帝卅小宰，己丑余至狂、羊。(《合集》22073)
> 辛亥卜，坐歲于帝宰。(《合集》22075)

《殷墟甲骨刻辭類纂》釋帝作"帝"，但帝的字形中下部具有所謂束薪的結構特徵，不可更改。而帝字則包含與庚字相近似的結構(或可讀爲"上庚")，實非帝字。《合集》22075同版乙卯日卜坐歲於父己、兄己與🔾(武？)，疑帝與武皆爲該占卜者貴族先人之名號或溢美之稱，類似於王卜辭中稱大乙爲唐或成。卜辭中有占卜"帝降"者，如：

> 癸亥卜，翌日辛帝降其入于🔾大寞，在寝。
> ……于🔾小乙寞。(《合集》30386)

此可證帝是人格化的。"帝降"於商地某宫室後，商王是否要舉行祭祀仍是不得而知，此種情况下商王對於帝或可能有其他的崇拜儀式。

由上述情况可知，上帝在商人心目中是一種必須對之畢恭畢敬，不敢有絲毫違背的神靈。商王與帝的聯繫方式除上述"帝降"後可能采用的宗教儀式外，主要是占卜，相當多的涉及上帝的卜辭應是通過龜甲獸骨爲媒介來探尋上帝的旨意，在卜辭中可見部分先王(及舊臣)能"賓于帝"，[②]胡厚宣先生因而推測先祖是時王向帝表達企望的中介。[③]可見上帝不能像自然神與任何祖先神靈那樣，通過經常的隨時的祈求祭拜而取悦之，即可以免於被懲罰而得到福佑。所以將帝視爲商人的祖先神確是難以成立的，因此，上帝實際可以理解爲是商人幻想出來的在千變萬化的自然與社會現象後面，對這些現象進行操持的主宰之神，是這些現象産生與發展的本源。在缺乏進一步的理性思維的情况

---

① 《庫》1783"戊戌卜其奉🔾年(？)帝"，"帝"下不能排除尚有表示日名的天干之可能，本條屬無名組卜辭，約屬廪、康時。此時無名組卜辭中已見有"帝甲"(《撫續》167)、"帝丁"(《南北》輔62)。胡厚宣先生認爲此條卜辭"必爲方帝而决非于帝"(《殷卜辭中的上帝與王帝》(下)，《歷史研究》1959年第10期)。
② 卜辭所見卜"賓于帝"的先王是大甲、下乙(即祖乙)，同時卜是否咸(即巫咸)賓帝，而大甲、下乙又是否"賓于咸"(《合集》1402正)。這裏的賓，應當與《楚辭・天問》"啓棘賓帝《九辯》《九歌》"(原本作"賓商"，商是帝之訛)、《山海經・大荒西經》"開上三嬪(賓)于天"之賓義同。開即啓，啓能"三嬪"説明嬪(賓)的意思是作客。先王賓帝即作客於帝所。巫咸可作先王與帝接觸的中介，當是因爲在商人看來巫具有溝通人神的特殊法力。
③ 胡厚宣：《殷卜辭中的上帝與王帝》(下)。

下,上帝只能是可敬而不可親的。在卜辭中帝既稱作上帝,不僅自身能"降",且其權能亦多以"降旧""降若"等詞語來表達,這些通常不用於其他神靈,所以商人的上帝確是居於天上的神。

(五) 上甲及其以後的先王與王的配偶構成了比較單純的而有秩序的祖先神系統。此種秩序主要表現在:先王諸神權能之大小與其地位有對應關係。其地位則受兩種因素影響,一是商王室內部之親屬關係及政治等級關係,二是對王朝及民族貢獻之多寡。此種秩序的具體表現是:其一,先王諸神靈中,以直系先王爲主。卜辭中所見表示直旁系的"大示""下示"(以上合爲直系先王)、"小示"(旁系先王)等名稱,也可以認爲是基於權能的差異對神主所做的進一步區分;其二,直系先王中被商人尊爲聖王的上甲、大乙、大甲、祖乙等具有更多的權能,他們屬於《禮記·祭法》中所言"皆有功烈於民者"的文化英雄;其三,近親(指近三代以內)的直系先王亦具有較多權能;其四,在護佑非王貴族上受與這些貴族親屬關係的制約,例如我們曾説明:在主要存在於武丁時期的自、賓組卜辭中,可以見到王在爲"子某"(此是指王子)求佑時所祭先王主要是上二代以內先王(亦包括先妣),而爲非"子某"求佑所祭先王則多爲上二代以上的先王,這種關係亦反映在"子某"、非"子某"貴族的祭祀對象上,從而反映了類似於"同姓於宗廟,同宗於祖廟,同族於禰廟"(《左傳》襄公十二年)的關係。

先妣、母(包括"后")之神靈主要是見於周祭卜辭的所謂先王的法定配偶。她們最主要的權能即是對王室內諸帚(王配或其他王室成員配偶)發生影響,尤其是在生育上,商人女性神靈的這種權能與由此而表現的崇拜(實際是女性生殖力的崇拜),當與世界上許多古老民族一樣,其根源可追溯及原始氏族公社時期。此外,商人貴族家族內的女性長輩與晚輩女性(尤其是今所謂子媳)之間的等級關係可能是嚴厲的,所以除甲骨刻辭中反映的死去的女性先人常作祟於諸帚外,在商代青銅器銘文裏還可以看到婦爲其姑(即夫之母)作祭器的銘文。

按照上述分析,商人的主要神靈大致可以分爲以下四種類型:

(一) 帝(上帝)。無任何附着物的、超出於自然神與祖先神之外的天神。

(二) 自然神:包括土(社)、方等。

(三) 由自然神人神化而形成的故有明顯自然神色彩的祖神:河、岳屬此。

(四) 非本於自然物的祖神:又包括以下三種亞型:

1. 與商王有血緣關係,但年代久遠、世系關係已不可考的祖神,如夒[1]、𔖥、夋、王亥。在卜辭中此四者僅夋、王亥被稱爲高祖,或許表明夒、夋年代更早,因而血緣關係更疏遠。

2. 與時王有明確世系關係的祖神,包括上甲及其以後的諸先王、先妣(母)。

[1] 卜辭有"夒宗"(《合集》30299),又見占卜"酚夒"又(右)宗(《合集》30319),所以夒亦是商人之祖神。劉桓先生認爲即《國語·晉語二》所記執鉞之神蓐收(見其《殷契新釋》,河北教育出版社,1989年)。

3. 部分在商王朝發展中有影響的舊臣,如伊尹、黄尹及部分戊(巫),雖未必屬子姓,但可以認爲是商民族的祖神。

由祖先神的類型與其權能的對應關係,可知在祖先神中年代越久遠的、神話因素越强的神靈,自然權能亦越强。而世系關係越明確、越近的先人神靈其人事權能亦强,這反映了商人在自然與人的關係上,已漸從將自然界與人混爲一體過渡到將二者區分開來。

上述諸神類型(及亞型)的分劃,造成了不同的神靈系統,並因而對於商人宗教生活起到了種種制約作用,同時亦造成了一定的宗教活動秩序。其主要表現,例如:崇拜上帝與其他諸類型神有不同的形式;祭土於社、祭祖神於宗;宗廟分爲右宗與先王、先妣宗兩類,右宗專祭先公高祖;[①]在祭日上像上文已提到的,高祖先公多用辛日,𐓛多用庚日,先王、先妣之祭日多同日名之日干;除上甲外,先王一般不與先公高祖共祭,自然神祇如土,一般亦不與和王有明確血緣關係的高祖、先王同祭;在祭法上除酌祭等祭法較普遍地適用於諸類型神靈外,某些祭法只適用於同類型或類型相近者,如𥚃(禘)、燎祭多用於自然神土(社)、方與先公高祖,沈祭只用於河、土(社),伐祭多用於先王、先妣,所謂告祭多用於祖神(主要是直系先王)。再者,由於神之權能與類型的較固定的對應關係,在占卜需祭祀何種神靈祈求福佑與免去災禍時,通過占卜選擇所祭神靈,亦多是在同一類型或類型相近者中選擇。

在人類宗教發展史上,宗教形態主要取決於神靈觀念。現代研究宗教學的學者一般認爲,在自然宗教(亦稱自發宗教)轉變爲人爲宗教後,先有一個民族宗教階段,此後才是人爲宗教的第二階段,即世界宗教階段。民族宗教亦稱國家宗教,是早期階級社會内的宗教形態,其神靈觀念之特點主要在於國家崇拜的神靈與王權關係密切;或認爲王權神授,或以王之祖先神爲國家神,王爲神之後代。[②] 殷墟卜辭所反映出來的商代晚期商人神靈觀念,即大致屬於民族宗教。商王室祖先神已爲所有子姓貴族所尊崇,由於子姓貴族在商王國内的統治地位,商王室祖先神亦被奉爲一種國家神與整個商民族的神,同時也神化了王權,成爲商人宗教形態歸屬於民族宗教的標誌之一。

從本文對商人神靈權能與系統的論述可以看出,商人的民族宗教仍保留着較多自然宗教的因素,如以土、方爲代表的自然神的崇拜,特別是保留並强化父權制階段產生的祖先神崇拜,甚至將部分自然神與祖神結合,並爲王室祖神安排了較全面的權能、不同的類型與神位等級,因而區分於世界歷史上其他早期階級國家之宗教形態,奠定了中國歷史上發達的祖先崇拜制度之基礎。

商人上帝是其宗教已擺脱自然宗教之神靈範疇的束縛,進入人爲宗教形態的另一重

---

① 見拙作《殷墟卜辭所見商王室宗廟制度》,《歷史研究》1990 年第 6 期。
② 參見吕大吉:《宗教學通論》第三章,中國社會科學出版社,1989 年;又見幸日出男等:《世界の諸宗教》第八章,三和書房,1980 年。

要標誌。這一上帝實際上是伴隨着商王國的擴充與王權的發展,商人對一種神秘力量進行初步思考的產物,這種力量可以統一整個世界並給予其秩序。但衆多自然神、祖神的存在,各種自然與人事權能在多神中的分散,以及上帝與諸神間無明確的統屬關係,説明商人對統一世界力量的思索與秩序觀念尚未成熟。而商王國政治地理區域的較狹窄與商王權對諸子姓貴族家族的多重依賴(因而亦造成衆多的擁有權能的祖先神,以維護子姓商人的團結),可能是至上神形象未能成熟的社會原因。

附:表一、二所據甲骨卜辭著録書、號(僅注數字者爲《合集》編號)

表一

1	14209 正、10168	2	14171、10171	3	10124 正	4	902 反
5	33094	6	17362	7	《屯南》2438	8	《屯南》2105
9	10126、33338	10	14488	11	14620	12	《屯南》2105
13	33337	14	2415 正	15	25265	16	《屯南》2438
17	33337	18	《屯南》2369	19	《懷》1571	20	32064
21	《屯南》2105	22	478 正	23	12648	24	939 反
25	811 反	26	32444	27	14003 正	28	8969 正
29	1473	30	1495	31	1632 正	32	13750 反
33	248 正	34	95	35	1378	36	1735 乙
37	1747 正	38	1807	39	1823 正	40	5658 正
41	1901 正	42	17409 正	43	930	44	1823 正
45	5658 正	46	813	47	2123	48	1823 正、2166
49	2130	50	2231	51	13648 正	52	2275
53	2253	54	201 正	55	2822 正	56	6032 正
57	4085	58	2482	59	813	60	940 正
61	2502 乙正	62	738 正	63	1623 正	64	2252
65	2252	66	2849 正	67	1623 正	68	14161 正
69	454 正	70	2738	71	685 正	72	795 反
73	1677 正	74	5477 正	75	14787 正	76	795 正
77	2889	78	6945	79	32881	80	3484
81	6946 正	82	13682 正	83	10902	84	3521 正

表 二

1	5658	2	14127 正、672 正	3	《綴合編》一、464	4	12855、34493
5	34088	6	32301	7	847	8	30173
9	32992	10	30260	11	《甲》114	12	28244
13	28244	14	《屯南》1059	15	34270	16	《粹》607
17	《英藏》793	18	34196	19	14482	20	《屯南》2282
21	385	22	33229	23	14429	24	14638 正
25	12853	26	30688	27	10080	28	10097
29	9627	30	《粹》55	31	《屯南》2678	32	6203
33	805	34	33001	35	33274	36	33228
37	63 正	38	10067	39	33227	40	10105
41	9630	42	6157	43	7537	44	12861
45	《屯南》1053	46	3267 反	47	9628	48	33697

49	6131	50	《英藏》558	51	《屯南》994	52	22620
53	《英藏》594 正	54	6132	55	14829	56	《屯南》2359
57	《屯南》243	58	《屯南》2584	59	10112 正	60	《英藏》547 正
61	《英藏》1757	62	33319	63	33347	64	6138
65	1264	66	《英藏》594 正	67	4324	68	6139
69	10114	70	6141	71	1434	72	4324
73	28274	74	6349	75	7084	76	6120 正
77	1580 乙	78	《屯南》866	79	4326	80	1724 正
81	13853	82	13713 正	83	869	84	8333
85	1795 正	86	27318	84	5113 反	88	13626
89	13713 正	90	2787	91	6477 正	92	721 正
93	2115	94	775 反	95	13652	96	2194
97	13619	98	713	99	271 正	100	《屯南》2406
101	《屯南》2406	102	30297	103	10116	104	《懷》22
105	6672	106	1962	107	7084	108	13740
109	33320	110	33698	111	33015	112	《屯南》1059
113	《屯南》866	114	28269	115	《屯南》1089	116	《屯南》1089
117	13675 正	118	3208	119	2613	120	《英藏》97 正
121	915 正	122	19987	123	《英藏》97 正	124	11460 甲正
125	946 正	126	2616	127	331	128	905 正
129	34083	130	3010	131	2726 正	132	2834
133	3009	134	27558	135	《英藏》1768	136	《英藏》177
137	9560	138	3006	139	《英藏》42	140	3007
141	656 反	142	33202	143	27656	144	《屯南》93
145	34214	146	34151	147	6146		

（原載《盡心集——張政烺先生八十慶壽論文集》，中國社會科學出版社，1996 年）

殷墟卜辭所見商王室宗廟制度

宗廟制度曾被中國歷代王朝作爲維護宗族宗法制度的工具，帝王宗廟更對維護其世襲統治起到極重要的作用，以至宗廟、社稷並列，成爲王朝與國家的象徵。因此，宗廟制度的研究無疑是史學研究的重要課題。秦漢以降，歷代統治者多以文獻所載商周王室宗廟制度作爲設立宗廟及其相應祭禮的根據，但商周宗廟制度之實況，史籍所載甚略，故自漢以來學者即在這一問題上爭論不休。殷墟卜辭發現以後，已有學者利用其論及商王室宗廟制度，説明了卜辭所見王室宗廟的名稱、類型，並分析了其設置原則。[①] 這些成果，爲我們繼續研究奠定了基礎。但現在看來，以往的研究仍存在一些問題，主要表現在以下三個方面：其一，關於商王室宗廟群總體構成（包括宗廟與相關祭所的性質、相互關係、分布等問題），舊説多有可商榷之處；其二，對商王室宗廟及相關祭所設置的原則及其演變情況的研究不夠系統，有待深入；其三，對商王室宗廟的政治作用很少具體論述。本文即就以上三方面問題，試對商王室宗廟制度作進一步的探討。

一、商王室宗廟群的構成及其特點

商王室宗廟是若干單獨的宗廟集中在一起以宗廟群的形式存在的，這從殷墟卜辭中可以得到一些證明。卜辭有一個慣例，凡某一個先王（或其他先人）、先妣、母的宗廟均在"宗"前冠以該先王或先妣、母的日名，如"大乙宗"（《合集》32360）、"祖乙宗"（《合集》34082）、"父丁宗"（《合集》23265）、"妣庚宗"（《合集》23372）、"母辛宗"（《合集》23520）等。而且卜辭中還有"父丁門"（《屯南》1059）、"祖乙門"（同上）、"父甲宗門"（《屯南》2334）及"乙門"（《合集》13598）、"丁門"（《合集》13602）之稱，分別指父丁、祖乙、父甲以及日名爲

---

① 這方面比較系統、專門的論著如：陳夢家：《殷虛卜辭綜述》第十三章第四至第六節，科學出版社，1956 年；金祥恒：《卜辭中所見殷商宗廟及殷祭考》（上、中、下），《大陸雜誌》第二十卷 8—10 期，1960 年 4—5 月。又以下論著亦涉及於此：胡厚宣：《殷代婚姻家族宗法生育制度考》，收入《甲骨學商史論叢初集》，齊魯大學國學研究所專刊之一，1944 年；楊升南：《從殷墟卜辭中的"示""宗"説到商代的宗法制度》，《中國史研究》1985 年第 3 期；晁福林：《關於殷墟卜辭中的"示"和"宗"的探討兼論宗法制的若干問題》，《社會科學戰綫》1989 年第 3 期。

乙、丁之先王的宗門。由此可見當時需要設宗的王室先人各有自己獨立的宗廟建築，且各有其門。

此外在卜辭中還可以看到不冠以日名的"宗"，如：

(1) 受于宗北。(《合集》22072)

(2) 庚寅卜，在宗夕雨。(《合集》34054)

以上二辭中的"宗"雖有可能是省略了前面的日名，但從上述慣例看，這種單稱的"宗"應理解爲所有宗廟建築的集稱爲宜。與此相應的是，卜辭亦見"宗門"之稱，如：

(3) 王于宗門逆羌。(《合集》32035)

這是卜問王是否要在宗門迎羌人戰俘以爲祭牲。這裏的宗門，解釋爲某一先王或先妣、母之宗，不如解釋爲上述集稱的宗廟的門。這類辭例可證明當時諸先王宗廟是集聚在一起形成建築群的形式，諸宗廟各自有門，但整個建築群還有一共門，即卜辭所謂"宗門"。

商王室宗廟群的存在也可由殷墟發掘資料證明。已發掘的小屯東北地建築基址被劃分爲甲、乙、丙三組，其年代在卜辭資料的時代範圍内。三組基址中，甲組在北，乙組在甲組南，丙組在乙組西南。石璋如先生推測甲組爲宮室寢處，乙組爲宗廟所在，[①]已爲學者認同。丙組基址應爲社的遺存。[②] 現已發掘的乙組基址雖在丙組東北，但其向南仍當有所延續，[③]這樣丙組在西，乙組在東，與典籍所言左宗廟、右社稷相合，亦可證乙組基址確爲宗廟。乙組宗廟基址面積最大，且聯成片，包含若干單位，其南還當有同類基址，顯然符合宗廟群的規模。爲了説明商王室這一宗廟群的構成，即需要分析其中所包括的宗廟與其祭所的類型、性質、分布、構造及相互間的關係。

先論宗廟。宗廟從總體上看可以分爲兩類，第一類是先王(附先妣、母)的宗廟。第二類是高祖先公的宗廟。

先王宗廟又可以分爲兩種，第一種是只有一個廟主的單獨的先王與先妣、母宗廟。此種宗廟除上文已講到的冠以先王與妣、母日名的"某宗"形式外，還有一"中宗祖乙"之稱見於廩辛、康丁、武乙卜辭。"中"字不作旗狀，學者或認爲應讀作"仲"，但"仲"一般作爲人稱前的區别字，而"宗"本義是指宗廟，即陳夢家所言"中宗本是宗廟之宗"，[④]所以稱"中宗"，是説"在某一群宗廟中，其位置居中"。[⑤] 祖乙之所以被冠以"中宗"，當是爲了將其與同日

---

① 石璋如：《小屯》第一本《遺址的發現與發掘·乙編·殷虛建築遺存》，"中研院"歷史語言研究所，1959年。

② 石璋如先生持此説，後改變觀點，見其《殷代壇祀遺迹》，"中研院"《歷史語言研究所集刊》51本3分，1980年。但丙組基址形制符合典籍所謂壇上立廟之社制，其上用牲遺迹亦與卜辭所見祭社之祭法與用牲法合，故還是認作爲社較妥。

③ 1989年考古所在乙組基址南又發現大型宮殿基址，見《中國文物報》1990年2月22日。

④ 陳夢家：《殷虚卜辭綜述》第十二章"廟號上"，第415頁。

⑤ 見中國社會科學院考古研究所《小屯南地甲骨》下册1分册《釋文》，中華書局，1983年，以下對"中宗"的解釋亦參見此文。又賓組卜辭有一片言及"在中宗"(《合集》17445)("中"字下部不甚清)，如確可讀爲"中宗"，也可證"中宗"本是稱宗廟。

名的其他先祖相區分。①

　　廩辛、康丁、武乙卜辭中以祖乙宗廟爲"中宗",不僅可以證明當時先王宗廟呈集聚狀態,而且可以借此探討諸先王宗廟的排列形式。因"中宗祖乙"之稱始見於廩辛、康丁卜辭,而此時,自上甲至祖甲共十三位直系先王,即有十三宗(按卜辭中除三報二示外,直系先王皆各有宗,詳下文),祖乙宗恰位於中間。這樣計算自然不能算上祖己宗(約廩辛、康丁時的無名組卜辭中有"父己宗",見《合集》30302)。如祖乙宗稱"中宗"確是據此,則可知當時先王宗廟是按繼位順序排列的。② 但至武乙時,祖乙宗已非居正中,可是在卜辭中仍見稱祖乙爲"中宗"(如《屯南》2281),這很可能是因爲中宗已由宗廟名稱轉化爲對祖乙之專稱,即後世典籍稱祖乙爲中宗之由來。

　　先王宗廟的第二種是專爲合祭神主所設的宗廟,即胡厚宣先生所言合祭之廟。③ 這類宗廟在卜辭中稱作"大宗""小宗"。關於在大宗、小宗合祭先王之卜辭,如:

　　(4)己丑卜,在小宗,又从歲,自大乙。

　　　　□亥卜,[在]大宗,又从伐三羌,十小宰,自上甲。(《合集》34047)

　　(5)乙亥又从歲,在小宗,自上甲。

　　　　丁丑卜,□在小宗,又从歲,[自大]乙。(《合集》34046)

以往有學者以爲大、小宗與大、小示相對應,但實際上大示是指上甲與大乙、大丁、大甲、大庚、大戊五個日名前冠以"大"字的先王神主,而小示是所謂旁系先王神主。④ 如小宗僅供奉小示,則無法解釋以上二辭中在小宗祭自上甲、大乙等大示。即使當時有遷神主以合祭之制,亦應如典籍所載,將後世的神主升遷於先祖之宗,大示神主亦不應降於小示之宗受祭。如僅就此二辭看,大、小宗未必在所奉神主的等次或數量上有區別,而很可能像胡厚宣先生所言,是因其大小爲稱的。⑤

　　卜辭在言"自上甲"進行合祭時,是可能包括小示即旁系先王的,如:

　　(6)□未貞,又歲自上甲……示三宰,小示二宰,又……(《合集》34104)

那麼上述在大、小宗內受祭的先王,除直系外亦會有旁系。由於旁系先王無自己獨立的宗廟(詳下文),在祭祀時遷神主於大或小宗的可能性即不存在。看來,大、小宗內很可能本

────────────

① 《屯南》2281武乙卜辭作:"……辰卜,羽(翌)日其酌,其祝自中宗祖丁祖甲……于父辛。"中宗祖丁,學者或以爲是指中丁,但從辭義看,祝祭始於中丁,而後隔過衆多先王(特別是通常合祭時要祭的祖乙、武丁)而祭祖甲,於卜辭一般合祭先王的情況甚不相合。此外,在廩辛、康丁至武乙時,"中宗"往往單獨使用,成爲對祖乙之專稱,如祖丁再稱中宗,即會發生混淆。所以上辭應讀爲"中宗、祖丁、祖甲",即祖乙、武丁、祖甲。

② 當然,還可能有另一種解釋,即當時先王宗廟是按日干分別排列的,同日干者排爲一列,則廩辛、康丁日名爲乙的先王只有大乙、祖乙、小乙三宗,祖乙居中,故其宗得稱"中宗"。如可以這樣解釋的話,卜辭中所見到的"丁宗",以及"乙門""丁門"等所以只用日名爲稱而不冠親稱,即是由於同日名的先王宗廟又聚合爲一組,並有一門。至於"庚宗""癸宗"等則是個別先妣的宗廟。

③ 見胡厚宣:《殷代婚姻家族宗法生育制度考》。

④ 參見拙文《論殷墟卜辭中的大示及其相關問題》,《古文字研究》第16輯,中華書局,1989年。

⑤ 見胡厚宣:《殷代婚姻家族宗法生育制度考》。

身即安置有從上甲以來的諸直、旁系先王神主。由此似可推知,卜辭中所見"大示""上示"(可能即大示別稱)、"下示"(指中丁以後直系先王)、[①]"小示"等名稱,當是在此種集合神主宗廟中,對神主依其形狀、位置所進行的分類。[②] 而且因爲在這種大(或小)宗内存放旁系先王神主,卜辭所習見的對旁系先王的祭祀也可能即在其内進行。大、小宗的位置,因亦是先王之宗,仍當位於上述宗門之内,與諸先王單獨的宗廟共屬同一建築群。

下面討論高祖先公的宗廟。在無名組中屬廩辛至武乙時期的卜辭有"又宗",郭沫若始讀"又"爲"右",並指出古人以西爲右,但又認爲"右宗者,蓋謂宗祭于西方也"。[③] 從卜辭辭例看,往往言"即又(右)宗"(指神就享於右宗之意),又(右)宗顯然是一種宗廟的專有名稱。無名組卜辭有"即又(右)宗夒"(《合集》30318)、"酌夒于又(右)宗"(《合集》30319)。又有:

(7) 其束岳,又(有)大雨。

　　弜束,即又(右)宗,又(有)大雨。(《合集》30415、《甲骨文字研究》B. 1943)[④]

此辭似是卜問是束祭岳,還是不用束祭而是於右宗享祀岳可以降大雨。[⑤] 如是,則岳與卜辭習見之高祖夒、夔均可受祭於右宗。與以上"右宗"卜辭時代相近的無名組卜辭中,又有"夔宗"(《合集》30298、30299)、"岳宗"(《合集》30298)之稱。此種單獨的宗廟很可能即包含於右宗之中,[⑥]那麼右宗即是這樣幾個高祖先公之宗的聚合。在卜辭中未見上甲後的先王在右宗受祭,而且高祖先公一般也不與諸先王(上甲可能例外)共祭,自然亦不會有共祭所,亦可證右宗爲專祭高祖先公的宗。此外,卜辭可見並卜河與高祖先公受祭,又有並卜夒、河、上甲是否即宗(《合集》28207),[⑦]如此宗是指右宗,則河也在右宗受祭。惟上甲雖可受祭於右宗,但其宗未必在右宗内。[⑧] 另外河可能在殷都以外之地還有宗,如賓組卜

---

① 上、下示内涵參見拙文《論殷墟卜辭中的大示及其相關問題》。
② 上示(即可能是大示)、下示在大、小宗内的排列次序如按《禮記・曲禮上》所言"席南鄉(向)北鄉(向),以西方爲上",則是上示排在西,下示排在東。
③ 《粹》16 考釋。
④ "束"字之釋從姚孝遂先生説,見其《讀〈小屯南地甲骨〉札記》,收入《古文字研究》第 12 輯,中華書局,1985 年。
⑤ 《甲骨文字研究》B. 1945 言及"岳即宗",可參見。
⑥ 如果此種單獨的宗不在右宗内,則有可能設在外地,因如與右宗同地,則其廟主受祭不必在右宗内。
⑦ 按:《合集》28207 釋文是:
　　戊申
　　弜其立灷
　　其告龝上甲
　　弜
　　夒即宗
　　河[即]宗
並未言上甲即宗,所以這裏依據《合集》28207 説"又有並卜夒、河、上甲是否即宗"即爲不妥。但此《合集》28207 已與《合集》34169 綴合,見《綴彙》19,其下端的"戊申"即與《合集》3169 連讀爲:
　　戊申,夒眔上甲其即……
當亦是言"即宗"。所即之宗應即右宗。如此,言上甲可受祭於右宗可信。
⑧ 卜辭有卜合祭自祖乙或自小乙諸先王是否可"即宗于上甲"(《合集》32616),如右宗是專祭先公高祖之宗,則上甲以後先王不當入右宗受祭。但諸先王既可入即於上甲宗,則上甲宗就可能不在右宗内。上甲可入右宗,當是與其介於高祖先公與先王間的地位有關。

辭有卜：

（8）于南方將河宗。（《合集》13532）

右宗既冠以"右"宁，自當還有在其左邊（即在東邊）的宗，此位於東邊的宗只能是上述諸先王宗廟聚合構成的"宗"。諸先王之宗不稱"左宗"，則很可能是出於語言習慣：或由於古人尚右，故獨將高祖先公之宗稱右宗，也有與先王之宗相區別，以示更敬重之意。

以上討論了宗廟的類型與性質。關於當時宗廟內部的構造，只能據少數卜辭資料作一窺探。卜辭有"祖丁西室"（《甲骨文字研究》1794）、"大甲室"（《林》2.1.3），此種冠以祖先日名的室，當屬於祖丁、大甲宗廟內的建築。由"西室"之稱，知當時先王宗廟當至少有東、西二室。此外，卜辭又有"南室""東室""中室"之稱，其中僅南室可知爲祭所。以往學者據這些室名推測宗廟是四合院式的，惟這些標有方向的室在卜辭內容上不能繫連，因此它們是否皆屬於宗廟就不能確證；且目前殷墟發掘出的建築遺存亦尚未有明顯的四合院式建築，故此種推測尚待證實。另一可以説明宗廟內構造的資料，是小屯南地出土的一片卜辭，言及"剛于祖乙寢"（《屯南》1050），剛是祭祀時用牲法，祖乙寢應是指祖乙宗內之寢。先秦時代宗內有寢，即前廟後寢，見於典籍，據上辭可知商代宗廟亦然。[1] 陳夢家過去在《殷虚卜辭綜述》中，據當時所見卜辭認爲卜辭中寢無關祭祀，現已可修正。

在卜辭中除可見在上述諸宗廟內對王室先人進行祭祀活動外，還可以看到另一些重要的祭祀場所。這些場所不稱宗，説明平時不常存神主，但王也常在這些地方祭祀王室先人，説明這些祭所均與宗廟密切相關。這些祭所按其性質可大致分爲兩類：一類直接附屬於各宗廟，另一類則與諸宗廟是相對獨立的。附屬於各宗廟的祭所主要有以下三種：

其一是升，[2]約出現於出組晚期，即祖甲以後。廩辛以後其地位日益重要。升分屬先王、妣，但在每一王世多不超過上二代（詳下文）。廩辛、康丁時的無名組卜辭有：

（9）其用，在父甲升門，又（有）正。吉。

　　于父甲宗門用，又（有）正。吉。（《屯南》2334）

可見升亦分屬諸先王，但本身有門，不在諸先王宗內。卜辭中往往像辭（9）那樣卜問是祭於某先王之升還是祭於其宗，可見諸先人之升與其宗相距並不遠。如是，則諸升分別與諸先王宗廟鄰近，皆在"宗門"內，故卜辭未見不冠以日名的"升門"之稱。陳夢家以爲升應讀作禰，[3]但禰在東周典籍中作爲廟名皆當訓父廟，而卜辭中上二代之祖亦可有升，似與禰並不盡合。《春秋公羊傳》文公二年言及合祭先王時云"毀廟之主陳于大祖，未毀廟之主皆

---

① 關於前廟後寢制，見《周禮·夏官·隸僕》鄭玄注。

② 該字在甲骨文中多作𦫉形。字或釋必，但必字字形與此不合，參見裘錫圭：《釋秘》，《古文字研究》第3輯，中華書局，1980年。甲骨文中升字多數比金文升字兩側多出兩點，但亦有没有兩點的（如《屯南》2276。請與《粹》541同辭同字比較。又見《林》1.10.14），或偶作斗形（《屯南》2860），升、斗在金文中亦有互作之例，參見于省吾：《甲骨文字釋林》，中華書局，1979年，第37頁。

③ 陳夢家：《殷虚卜辭綜述》第13章"廟號下"。

升,合食于大祖"。何休注:"自外來曰升。"疑卜辭中升即此義。神主平時藏於宗中,升中或不存神主,受祭時遷宗内神主於升中,故此種遷主受祭之所亦曰升。

其二是須。原字形似口沿有流、束腰的三足酒器,三點示從流中傾出的酒液。舊或讀作祼。須始見於祖甲卜辭,多見冠以先人日名,説明諸須也是各專祭一位神主的。又可見卜問是祭於宗,還是祭於須(如《合集》30306、30310、30981),説明諸須並非諸宗廟内的一部分,但距諸宗不遠。卜辭未見"須門"或"須户"之稱,可見須未必是宫室型建築。下面一條廩辛、康丁卜辭或能説明其形態:

(10) 己未卜,其㠠父庚㠠須于宗。兹用。(《合集》30303)

"㠠"字張政烺先生釋作衰[1],在此義爲聚土,表明須是壘土而成,當與壇一類祭所相近。此辭是卜問可否築祖庚配偶的須於宗内,但祖庚未見有宗,所以這裏的宗是指上文所言的諸先王宗所在的宗廟群。由此亦可推知,諸先人之須也是建於整個宗廟群的宗門之内的。

其三是旦。作爲祭所的旦,陳夢家以爲"疑假作壇",[2]可從。壇有兩種,一種如"南門旦(壇)"(《合集》34071),是在先王宗廟外。此種壇當是《禮記·祭法》所謂泰壇、坎壇之類,而非祭祖先之用。一種冠以祖、父日名,如"父甲旦"(《合集》27446)、"祖丁旦"(《合集》27309),則是專祭祖先的,形制當同於《禮記·祭法》中"王立七廟,一壇一墠"之壇。《祭法》鄭玄注云:"天子諸侯爲壇墠,所禱謂後遷在祧者也,既事,則反其主於祧。"可知壇設在宗廟鄰近,以便於祭祀時從宗廟中升神主於壇受祭,祭畢再反於宗廟中。凌純聲先生曾引證托瑪土(Tuamotuan)群島中 Reao 島上祭壇説明壇制,該島於壇上立石象徵神祇與祖神,壇前設石座爲祭尸之位,壇後建有祖廟,中藏木匣或小木神屋以藏木刻神主,廟祭時擡至壇受祭。[3]卜辭所見祭祖先之制當與此近似。但卜辭中有宗廟之主亦可有壇,與東周禮書所言周制不同。

獨立於諸宗廟外的祭所主要有以下兩種。其一是庭,此字在甲骨刻辭中原篆從宀從聽,可隸定爲今廳字,[4]爲有屋頂的廳堂類建築。這裏從于省吾釋作庭。[5]庭字從广,本義與廳近同。庭爲祭所,但從未見有冠以先人日名的,證明庭是一獨立的建築。有一條武丁時期卜辭説:癸酉日占卜,王占曰有咎,要有禍亂發生。其驗辭則記録,第五日丁丑這一天,王賓祭中丁,結果傾倒在"庭阜"(《菁》一)。阜,《釋名》釋爲土山,然疑其形本象臺階之有等次,義即爲階(故後人造臺階之階仍從阜)。這條卜辭是説王將於庭行賓祭中丁之禮,但絆倒在庭的臺階上。由此可知,庭是一種高臺式的廳堂建築,設有臺階。此外卜辭中可

---

① 張政烺:《卜辭裒田及相關諸問題》,《考古學報》1973 年第 1 期。
② 陳夢家:《殷虚卜辭綜述》第十三章"廟號下"。
③ 凌純聲:《中國祖廟的起源》,《民族學研究所集刊》第 7 期,1959 年。
④ 參見李孝定:《甲骨文字集釋》卷九,"中研院"歷史語言研究所,1965 年,第 2950 頁;白玉峥:《契文舉例校讀》,《中國文字》第 43 期。
⑤ 于省吾:《甲骨文字釋林》,第 83 頁。按:廳、庭皆耕部字,聲母分別爲透母、定母,皆舌音,故二字音近可通。

見卜享飲於"庭門"(《合集》30284、30285），庭門既能進行祭祀，可能類同於"宗門"，是庭堂外墙垣(或栅欄)的門。

獨立於諸宗廟外的第二種重要建築是大室，讀作太室。出組早期祖庚卜辭中有卜"福告于大室"(《英藏》2082），又有：

(11) 庚辰卜，大貞，來丁亥其芇(塞)丁，于大室彡(畛），祊西饗……①(《合集》23340)

塞丁，是用牲報祭於丁，②丁是指祖丁或武丁。《禮記·曲禮》"畛於鬼神"，鄭玄注："畛，致也，祝告致于鬼神辭也。"這條卜辭大意是卜問可否於丁亥日報祭祖丁(或父丁)，於大室祝告(所祈之事)，於祊(即大室之門)西饗祭之以報。商後期金文中亦有"大室"之稱，如1965年長安灃西大原村出土的乙卯尊，記商貴族子在大室進獻九件玉珥，並於此侑祭百牢。③ 上引大室均未冠以先人日名，表明大室並非附屬於先王宗廟，而是獨立的建築。1959年發掘的安陽後岡圓祭坑中出土的戍嗣子鼎，言王在"宵(管)大室"，④在地名下徑接大室，亦證明大室是一種獨立的宮室建築。

以上庭與大室，既爲相對獨立的建築，不依附於某一宗廟，則是否亦位於上述宗廟群的大門即"宗門"内，尚難確知，但從卜辭看，這兩種建築也被用作祭祀王室先人的處所，祭祀所奉神主必要請自宗廟，故很可能座落在諸宗廟附近，也可能亦在宗廟群範圍内。

綜上所述，商王室宗廟群構成之要點可概括爲：

1. 整個宗廟群大致由三部分組成，即：先王(先妣、母)諸宗及附屬祭所，高祖先公諸宗(即右宗，位於先王之宗西)，獨立於諸宗廟外的建築(庭、大室)。

2. 先王諸宗包括先王單獨宗廟與合祭宗廟(大、小宗)兩種。諸宗各有其門，自成體系，依王繼位順序排列。諸宗内均含有寢與若干室。大、小宗内供合祭的諸先王神主依宗法地位作有次序的排列。

3. 升、𥜓、旦(壇)爲附屬於若干先王(妣、母)宗廟的祭所。升各有門，屬宮室建築。𥜓可能近似於壇。

從商王室宗廟群的構成，我們可以看到如下特點：多位高祖先公宗廟的存在反映了原始宗教在階級社會被統治階級改造利用的事實。這些高祖先公或具有半動物半人的性質，或具有自然神的因素，他們與商王室没有確切的世系關係，其本原當屬於商人中的子姓族群在自己早期歷史中以造神方式奉立的祖神，他們在商後期仍擁有宗廟，表現了原始

---

① 丁前一字原篆从木从示，讀爲塞，説見于省吾：《甲骨文字釋林》，第30—37頁。此辭祊字作口形而略扁，似爲了區別於同辭丁字。

② 塞爲報祭，參見于省吾：《甲骨文字釋林》。

③ 銘見陳賢芳：《父癸尊與子尊》，《文物》1986年第1期。按此尊作器者是受子所賞貝者，但其名銹泐，故暫用銘首干支名器。玉珥之釋，見李學勤：《灃西發現的乙卯尊及其意義》，《文物》1986年第1期。

④ 鼎器形與銘文見《殷墟發掘報告》第五章第二節"後岡圓形祭祀坑"，文物出版社，1987年。"宵"讀爲"管"，説見于省吾：《利簋銘文考釋》，《文物》1977年第8期。

宗教的殘餘影響。但此時他們的宗廟已屬王室宗廟的範圍,其祭祀權被王室壟斷,成爲神化王權與鞏固王朝統治的工具。其次,商王室宗廟體系遠較後世帝王宗廟完整、繁複,如自上甲以來直系先王宗廟並存,依繼位次序排列,又有大、小宗以合祭所有先王,亦可於大、小宗安放無獨立宗廟之先王神主,以爲其祭所,皆與後世淘汰無功德者與遠親之宗廟的作法不同;再如先王可有獨立宗廟,亦不同於後世聚若干神主於一廟,一廟數室之情況。之所以有這一特點,當是與商王國内子姓貴族集團仍保存着較濃厚的血緣關係這一歷史背景有關。子姓貴族集團是由歷代先王後裔組成,故商王保存系統的歷代先王宗廟、神主,可作爲子姓貴族集團共同血緣關係的象徵,以造成子姓貴族對王室之凝聚力。同時,商王室有定期遍祭所有先王的祭禮(如周祭之類)及隨時根據需要而設的對諸先王的多種祭祀,其本身也具有維護子姓貴族團結的含義,上述宗廟構成是與這種祭祀制度相適宜的。

二、商先王、先妣宗廟設置的原則與意義

殷墟卜辭所反映的商代後期先王、先妣宗廟設置的原則,其重要者大致可以歸納爲以下四點:

原則之一,直系先王可有自己單獨受祭的宗廟。

這一點陳夢家在 20 世紀 50 年代已指出。[①] 據已發表的卜辭來驗證此説,基本上仍可成立。目前所見到標明爲"某(先王名)宗"者有(宗名後著録號爲舉例,王名爲所引卜辭所屬王世):

1. 唐宗(《合集》1339,賓組,武丁)

   大乙宗(《合集》33058,歷組,武丁;《懷》1559,歷組,祖庚)

2. 大丁宗(《懷》1559,歷組,祖庚)

3. 大甲宗(《屯南》2707,歷組,祖庚)

4. 大庚宗(《屯南》3763,歷組,祖庚)

5. 大戊[宗](《屯南》3763,歷組,祖庚)

6. 中丁宗(《合集》38223,無名組,文丁)

7. 祖乙宗(《屯南》2707,歷組,祖庚)

8. 祖辛宗(《合集》38224,無名組,文丁)

9. 祖丁宗(《懷》1559,歷組,祖庚;《屯南》3764,歷組,祖庚)

   四祖丁宗(《合集》38227,無名組,文丁)

10. 小乙賓宗(《續》1.23.7,無名組,廩、康)

11. 武丁:父丁宗(《合集》23265,出組,庚、甲;《合集》32330,歷組,祖庚)

---

① 見陳夢家:《殷虛卜辭綜述》第十三章"廟號下"。

12. 祖甲：宗父甲（《合集》30365，無名組，廩、康）、父甲宗（《屯南》2334，無名組，廩、康）

13. 康丁：父丁宗（《合集》32681，無名組，武乙）[①]
    康祖宗（《合集》38228，黃組，文丁）

14. 武乙宗（《合集》36076，黃組，帝乙）
    武祖乙宗（《合集》36094，黃組，帝乙）

15. 文武丁宗（《合集》36094，黃組，帝乙）
    文武宗（《合集》36156，黃組，帝乙）

以上祖甲之"宗"或稱"宗父甲"，是廩辛、康丁時期行用的一種倒敘方法。[②] 卜辭中未見"上甲宗"，但歷組卜辭中有一片卜問自祖乙（或小乙）以下的神主是否"即宗于上甲"（《合集》32616），證明上甲亦有宗。除以上諸宗外，在廩辛、康丁卜辭中有一條殘辭言及"父己宗"（或讀"宗父己"，見《合集》30302），當是祖庚、祖甲之兄祖己之宗。祖己亦見於黃組周祭卜辭，即典籍所稱孝己。可見其在商王室祀典中地位近同於直系先王。據典籍，孝己爲太子，未及王位而卒，他是因有特殊地位而有宗。

直系先王雖可有獨立宗廟，但似並非所有直系先王皆有宗，因爲報乙至示癸五位先王未見有宗。從卜辭看此五位先王在商王室祭祀中地位低於一般直系先王，[③] 未爲他們單獨設宗，或與其地位有關。

旁系先王在卜辭中未見有宗，其原因有兩種可能，一是旁系先王卒後即從未建宗，死後僅將其神主供奉於上文所言大宗、小宗中，惟受祭時或移神主於某祭所。有的學者提出第二種可能，即旁系先王本有宗，只是後來被毀掉了。但在卜辭時代有兩位旁系先王，即祖庚、廩辛，而至今卜辭中尚未能確證祖庚、廩辛曾有單獨宗廟存在。在以下兩條無名組卜辭中可見到祖庚、廩辛與宗的關係：

(12) 翌日己酉父庚升，叀其即宗。（《合集》30330）

(13) 庚午卜，兄辛彡，徙于宗，茲用。（《屯南》657）

前一辭可能是卜問，己酉日祖庚受祭於升還是於宗，後一辭可能是卜以彡祭廩辛是否要移於宗進行。惟此二辭中的宗尚不能肯定即是他們自己之宗。如《屯南》2742 即卜祝祭父己、父庚（即祖己、祖庚）於丁宗，又卜辭可見祭兄於父母之宗。旁系先王有單獨宗廟後被毀掉的僅有羌甲一個特例。羌甲有子南庚爲王，南庚在位時當曾爲其設宗，可是卜辭中從未見有"羌甲宗"，故有可能是在祖丁諸子繼位爲王後，以祖丁爲直系，羌甲宗遂被廢棄。但這既是特例，則是否旁系先王原本均有過單獨宗廟，難以確知。

---

① 按：《合集》32681 卜辭作"己丑卜，告于父丁其卿（饗）宗"。
② 見貝塚茂樹、伊藤道治：《甲骨文字研究》1812 片釋文，同明舍，1980 年。
③ 詳拙文《論殷墟卜辭中的大示及其相關問題》。

原則之二,直系先王單獨宗廟可世代保存,未有毁廟之制。

上文所列舉的卜辭中直系先王諸宗,散見於不同組、不同王世的卜辭,故不能由此徑知在武丁時及其後每一王世,前面的直系先王諸宗均並存。但上引武丁賓組卜辭有唐宗,即大乙宗;《懷》1559約屬祖庚時卜辭,除大乙宗外,又有大丁、祖丁宗;此諸宗在祖庚時既然存在,説明武丁時先王諸宗可能即皆存,而未有毁宗之制。廩辛、康丁卜辭中祖乙之宗稱爲"中宗",如中宗之意同上文所言是指其位於自上甲始之直系先王諸宗中間的話,則可知此時諸先王之宗仍存。此外屬廩辛、康丁的無名組卜辭有卜"其又⿰彡丨歲于大乙其宗酻"(《合集》27097),説明當時確保存有大乙等先王之宗。惟在文丁卜辭中,世代較遠的先王,目前僅見中丁、祖辛、祖丁等先王之宗,是否至殷代末期宗廟設置之制有所變化,目前尚不能詳知,但中丁之宗既能保存,在其前一直被商人奉爲大示的諸直系先王之宗似無毁棄之由。綜言之,卜辭所見直系先王宗廟一般延續數世代均存在,決不限於典籍所言殷制天子僅六廟,[1]足證後世典籍記載並無實據,商直系先王宗廟並未行親盡毁廟遷主之制。

原則之三,爲近親先王增設祭所。[2]

這點可由前文所言附屬於宗的兩種重要祭所升與⿰彡丙的設置情況得知。在屬武丁時期的賓組與出組早期卜辭中,升、⿰彡丙均未見,在出組晚期即祖甲卜辭中始見,此後屬無名組的武乙卜辭中已不見⿰彡丙,但升則一直延續見於黄組的帝乙卜辭中。關於祭先王之升、⿰彡丙的設置範圍與其行用時間,可以表示如下表(×表示可能已被廢棄)。

爲設祭所之王 / 卜辭分組(王世)	武丁	祖庚	祖甲	康丁	武乙	文丁
出組晚期(祖甲)	父丁升 父丁⿰彡丙	兄庚升 兄庚⿰彡丙				
無名組(廩辛、康丁)	祖丁升 祖丁⿰彡丙	父庚升 父庚⿰彡丙	父甲升 父甲⿰彡丙			
無名組(武乙)	×	×	祖甲升	父丁升		
黄　組(文丁)			×	祖丁升	武乙升 武　升	
黄　組(帝乙)				×	武祖乙升	文武丁升 文武帝升

由上表觀之,設升、⿰彡丙之制似可分爲兩個階段。第一個階段,自祖甲至康丁時:祖甲時爲上一代先王武丁設升、⿰彡丙,未及上二代,但同時爲兄庚設升、⿰彡丙。至廩辛、康丁時,武丁

① 《禮記·王制》"天子七廟",鄭玄注:"……殷則六廟,契及湯與二昭二穆。"據孔穎達疏,鄭注本自《禮緯稽命徵》《鉤命決》。

② 按:原文作"爲近世直系先王增設祭所"。

升、祏仍保存，但祖庚之升、祏亦未廢，而與祖甲升、祏並存。可見在此階段升、祏均及於旁系先王。

第二階段，自武乙至帝乙：祏已廢止。原有的上三代與上四代的先王之升不再出現，可能是逐代被廢棄（如上表×所示）。

升、祏的設置範圍表明，此兩種建築是自祖甲後專爲上二代以內近親先王（及其配偶，詳下文）所增設的祭所，這反映了祖甲以後産生了對近親先王格外尊崇的觀念，並影響及宗廟制度。[①] 所以要增設升、祏之類祭所或可能與周祭制度有關。周祭乃有規律地用五種祀典輪番和周而復始地對先王、先妣進行祭祀。[②] 此制武丁時已有，至祖甲時已完備。在周祭成爲日常的最重要的祭祀制度後，爲了對近親直系先王表示格外尊崇，可能即要舉行某些單獨的特祭，[③]故需要爲他們特設升、祏之類祭所。在文丁、帝乙卜辭中即分別可見周祭以外對武乙、文丁舉行的特祭在升中舉行。此外，《甲》396 爲一帝乙時期的鹿頭骨刻辭，可能是記帝乙將在征人方歸途中獵得的鹿等獵物獻祭於文武丁升之事，亦可證升確是進行某些不在周祭範圍內的特祭之祭所。

原則之四，只有部分近親的先王配偶可以有自己單獨的宗廟或其他祭所。

卜辭中明確説明有宗與升、祏等祭所的女性先人不多，且所指爲何王之配偶需要辨析。如在出組祖庚、祖甲卜辭中有"母辛宗"（《合集》23520），此有宗之母辛顯然是指武丁的配偶。在無名組廩辛、康丁卜辭有：

（14）……即宗于妣辛（《合集》27566）

（15）己巳卜，其示于祖丁，叀今丁[未]示。

……示于妣辛于宗。（《屯南》632）

辭（15）妣辛與祖丁（武丁）並卜，可證這兩條卜辭中有宗之妣辛是武丁之配，即上述出組卜辭中的母辛。此外，在屬何組、無名組的廩辛至康丁時期的卜辭中，有"妣辛升"（《合集》26954、《甲》2682、《屯南》2538）、"妣辛祏"（《合集》31678 正），從上述廩、康時爲先王設升及祏不出上二代先人的情況，可推知此有升、祏之妣辛亦是指上述武丁之配。

除妣辛外，屬祖庚、祖甲時期的卜辭中有"妣庚宗"（《合集》23372）、"妣庚升"（《合集》25056），約屬同時的無名組卜辭中有"毓祖妣庚祏"（《屯南》3186），祏既是爲上二代内近親先人所設，故妣庚當爲小乙之配。黄組卜辭有卜祭文武帝（即文丁）之后於癸宗（《合集》

---

① 有一條廩辛至武乙時的無名卜辭言"即大乙升歲，王……"（《粹》153），這裏的升字從示，如可讀作祭所之升，則某幾位商人奉爲聖王的先王也設有升。惟僅此一見，不知是否確實如此。

② 常玉芝：《商代周祭制度》，中國社會科學出版社，1987 年。

③ 對近世直系先王舉行的單獨祭祀稱"特祭"，常玉芝先生先已有此稱，見所著《説文武帝》，《古文字研究》第 4 輯，1980 年。按：祖甲以後至文丁前，雖無系統的周祭卜辭，但周祭的幾種主要祭法仍可見於卜辭，故尚不能認爲周祭制度不行於此一階段，或僅是由於此時對已成爲定制的周祭不再時常占卜而已。

36176、《林》2.25.3)的，①此后應是文丁的法定配偶妣癸，癸宗是指爲其所設之宗。妣癸同時亦有升(《合集》36317、《林》1.13.18)。

據上述，卜辭所見女性先人有宗者僅小乙配妣庚、武丁配妣辛與文丁配妣癸，皆爲見於黄組周祭卜辭中的所謂法定配偶。武丁的法定配偶並非只有妣辛，且同樣是直系先王的祖甲、康丁、武乙之法定配偶亦不見有宗。可見這幾位近親的直系先王法定配偶是因某種原因而受到後世子孫格外尊崇才得以設宗的。她們還兼有升、𤔲等祭所。由於在目前所見到的卜辭中有宗的女性先人基本上未超過上二代，所以超過上二代的女性先人之宗是否仍保存，尚未可確知。

非直系先王配偶的單獨祭所，僅在無名組廩辛、康丁卜辭中見有"父庚奭升"(《合集》30305)。這與廩、康時期同樣爲旁系先王祖庚設升是相應的。祖庚升至武乙時即廢，其配之升亦不會再存在，所以皆存在一個較短的時期内。

以上概括了商先王、先妣宗廟設置原則中的幾個要點。在古代宗族社會中，宗廟的設置主要受兩種關係的制約。其一是受親族成員間親屬關係的制約。爲先人設宗廟是祖先崇拜的一種形式，受崇拜的祖先被奉作善靈，因爲他們與活着的宗族成員間具有血緣關係，爲之設宗廟不僅在於崇拜，也在於相信他們可以成爲族人的保護神。因此得以受宗廟祭祀者往往是血緣關係親近者或對親族成員最有功德者。其二是受宗族内部政治等級關係的制約。這是因爲在階級社會中的宗族組織内，祖先宗廟往往被利用來作爲維護宗族秩序與族長權力的工具。商王與受享於宗廟的先王、先妣的關係首先是親屬關係，所以王室宗廟的設置原則，有的是出於多種親屬關係的考慮，但由於商王室宗廟的設置關係到王權，因而更多的是出於對王權的維護。在上文所論商先王、先妣宗廟設置的四點原則中，三、四兩點當主要緣於親屬關係的因素，而一、二兩點則主要受王位繼承制的制約。下面試作分析。

上述原則中的一、二兩點，可以歸納爲對直系先王的突出崇敬。所謂"直系"，在人類學上是指父母與子女間繼嗣、承襲、傳授遺產的直線系統。這即是説分辨直、旁系的意義主要是爲了解決繼嗣、承襲等問題，則商王室通過宗廟設置(及祭祀活動)突出直系先王的地位，自然亦是爲了強調與維護商王室的直系繼嗣制。對於商王室來説，這種繼嗣主要是指王位繼承。從史載商王位繼承情況看，確是傳承限制於直系關係，即強調父子關係，凡王之親子均有權繼承王位，②故在商末以前一直允許親兄弟間的傳承，③而只排斥從父兄弟間的傳承。由於這種制度，對於每一在世的商王來説，只將王位看成是其父給予的權力，將自己視爲其父的繼承人，只爲其父設置宗廟，所以雖有兄終弟及，但在卜辭中見不到

---

① 此處后字從女，當是后之繁文，加女以表性別。
② 這裏不是講具體王位傳承，而只是講傳承範圍，具體傳承尚有諸如嫡庶、長幼等制度制約。
③ 對於兄來説，王位得自其父，其弟與父王亦是直系，自然亦有承繼權。

弟爲曾是先王的兄立宗廟。① 每一在世的商王既均只爲其父立宗廟,故造成了單綫的直系先王宗廟系統。得受祭於單獨宗廟的歷代直系先王被尊奉爲子姓商人的正宗主幹,而時王由於與這些先王具有直系血親關係而作爲王位的正嗣,亦就獲得了同歷代直系先王一樣神聖的地位。這對於商王權的鞏固無疑是具有强化作用的。

商王室直系繼嗣制進一步發展的結果,是在殷代晚期,於王位繼承上進一步排斥了同父兄弟間的實際上是旁系的繼承,而形成純粹的父死子繼制。前述宗廟設置的原則之三中曾言及祖甲之後爲包括直、旁系在内的近親先王設升及󰀀的制度,在武乙後進一步發展爲只爲上二代直系近親先王設升之制,這一變化正與自武乙後王位繼承僅限於直系父子相傳的變化是同時的,皆是進一步强調直系繼嗣關係的表現。同時也反映出王室宗廟類祭所的設置必須要適應與服務於王位繼承制度。

上述商王室宗廟設置原則之三,説明在祖甲後有爲上二代近親先王增設升、󰀀兩種祭所之制,這與在周祭等例行祭祀外又對近親直系先王進行特祭的制度相聯繫,反映了一種重近親、疏遠親觀念的産生與發展。常玉芝先生通過分析所謂祊祭卜辭已説明了此種觀念之發生,並認爲其産生於商代末期。② 然由上述設升、󰀀制度出現時間看,重近親的觀念甚至可以追溯至祖甲時。且由此觀之,《尚書·高宗肜日》中祖己在祖庚祭武丁時勸戒曰"典祀無豐于昵",僞孔傳釋"昵"爲近廟是可信的。③ 這段文字記載祖庚祭祀時優待近親,正可與上述宗廟制度反映出來的重近親的觀念相互印證。此外,由卜辭中也可以看到,當時先王實行合祭時,對近親直系先王所提供的祭牲比較優厚,甚至不亞於大示先王,亦當導源於重近親的觀念。此種觀念之産生,似可由《禮記·大傳》中一段話得到啓示,其文曰:"自仁率親,等而上之,至于祖,名曰輕。自義率祖,順而下之,至于禰,名曰重。"鄭玄注曰:"用恩則父母重而祖輕,用義則祖重而父母輕。"其文雖甚晚,但其義似符合上述商人重近親之觀念。蓋遠祖先王雖有威嚴,而情感不如近親先王重,故在日常祭祀外爲近親先王增設祭所,實行特祭,當然也是爲求得近親先王予以更多的庇佑。

至於上述原則之四,即爲部分直系先王法定配偶設宗,我們已指出可能是由於這幾位女性先人因某種原因受到子孫格外尊崇的緣故。但由女性先人之宗只限於直系母、妣,而且限於先王所謂法定配偶,升等附屬祭所的設置也是本於先王之升等情况看,可知先王配偶的宗廟等祭所的設置是從屬先王宗廟制度的,這顯然是由子姓商人内父權制決定的。而且先妣之宗與歷代直系先王宗廟並存不同,是不系統的、不連貫的,這也表明商王室内實行明確的父系繼嗣制,母系繼嗣關係已被排斥。

---

① 按:指"宗"。
② 常玉芝:《説文武帝》。
③ 關於對《尚書》此篇文章的解釋,參見劉起釪:《談〈高宗肜日〉》,收入《全國商史學術討論會論文集》,《殷都學刊》增刊,1985 年。

三、商王室宗廟對維護商王朝統治的作用

前文已説明,商後期王室宗廟的設置原則本身即有鞏固王權的作用,下面我們進一步來討論在商王室宗廟内舉行的各種政治禮儀及宗教性活動對商王朝統治的作用。

宗廟本來僅是藏放祖先神主與祭祀祖先的場所,人們通過祭祀用以表示對祖先的懷念、崇拜,並求得祖先的庇佑。就此意義而言,宗廟活動完全是一種宗教性質的活動。但在古代階級社會中,宗廟活動的意義已遠超出於此。《左傳》成公十三年所言"國之大事,在祀與戎",説明統治階級的宗廟祭祀實關乎國家存亡,這在商代尤其明顯。商王國内子姓商人成員間保存着較濃厚的血緣關係,並構成了商王朝政治統治的基礎。商王室宗廟内供奉的先公先王神主被整個子姓商人視爲共同的祖先神,亦是他們的保護神,所以殷墟卜辭中所見商王對祖先的頻繁祭祀活動即具有取悦於祖先,以降福於整個子姓商人與商王國的意義。就此意義而言,王室宗廟實爲商王日常最重要的政治活動場所。除此之外,商王室宗廟還具有以下三個方面的用途。

第一,商王室宗廟是商王朝政治禮儀活動的中心。首先,在卜辭中可以見到舉凡國家大事,商王皆要事先奉告於祖先宗廟,這類卜辭雖多數未言"告"之地點,然由下面的卜辭可知,告於祖先確是在祖先宗廟中進行的:

(16) 乙丑卜,告于父丁,其卿(饗)宗。(《合集》32681)

(17) 告上甲歲于父丁,卿(饗)宗。(《甲骨文字研究》2285)

饗即饗祭。有重要之事告於祖先宗廟時,同時要饗祭祖先,學者稱此種告廟之禮爲告祭。這當是因爲通過祭禮,才能將祖先的神靈請至宗廟,這在典籍中多有記載。卜辭習見卜問神靈是否"即宗",亦可證明在祭祀時神靈是降至宗廟受享的,則告廟時設祭祖先神主,可使之直接面聆所告之事。卜辭中所見告於宗廟之事有:告敵方來侵,告王巡省,告族人之征伐等行動,以及"告麥""告秋",即是奉告農事,告收成。此外還有"告疾",是在有了疾病後上告祖先。所有這些告廟之舉的目的,自然是爲了乞求祖先神靈能爲自己消除一切災禍,給以福佑。此種制度對以後的歷代王朝皆發生深遠的影響。《左傳》桓公二年:"凡公行,告于宗廟。"《禮記·王制》也講,天子將出征以前"造乎禰","受命於祖"。孔穎達疏曰:"受命於祖,謂出時告祖,是不敢自專,有所稟承。"所言顯然仍是商王告廟之制的遺存。其次,有少數卜辭説明,商王國的重要政治典禮亦在宗廟舉行。如在兩版歷組卜辭(《屯南》1059、4049)中,可見商王册命下屬爲侯之事。王先於乙丑、己巳兩日卜問是否要使商爲侯,於何地爲侯;接着又於辛未日卜是否將令商爲侯之事稟告祖乙;最後在確定了商爲侯之地點並告知祖先後,即要行册命典禮,所以在乙亥日又進行占卜:

（18）乙亥貞，王其夕令𓏺侯商于祖乙門。

于父丁門令𓏺侯商。（《屯南》1059）

侯前一字，是商將要爲侯之地點，亦即商將要駐防之地。祖乙門、父丁門是指祖乙、父丁宗廟之門。這是卜問是於祖乙宗廟之門還是於父丁宗廟之門來册命商爲侯。宗廟之門是宗廟牆垣之門，爲獨立建築，兩側當有塾，故可以行册命禮。册命之禮之所以要於宗廟舉行，當如《白虎通》所言：“天子遣將軍必於廟何？示不敢自專也。獨於祖廟何？制法度者，祖也。”卜辭資料零散，當日商王宗廟之禮的更多情況今日已難得知，但僅從上引卜辭已可證，像西周金文中與東周典籍所言於宗廟策命之禮，在商後期亦然。

第二，是作爲商王通過占卜形式與祖先神交往的神聖場所。商人依靠占卜，以龜甲與獸骨爲媒介，徵求神的意旨，但所乞賜卜兆的神是哪些神靈，頗值得研究。從卜辭所反映的情況看，已可知的神靈除上帝外，還有祖先神，這已有學者指出。[1] 此外，我們從卜辭中還可以看到，商王以占卜形式乞得祖先神旨意時，有時是在祖先神的宗廟内進行的，這點過去學者很少論及。能够比較清楚地説明這種宗廟占卜活動的例子，是幾條卜問大御諸直系先王之事的歷組卜辭，這幾條卜辭其後多注明“在某先王（日名）宗卜”，且可以繫聯爲一組（《粹》79、《合集》32330、《屯南》2707），爲印刷方便，姑將這組卜辭的卜日與内容按貞日排列如下，不録原辭：

> 甲辰日，卜問大御王自上甲事。
>
> 丁未日，在父丁宗卜問大御王自上甲事，並卜夕酚御事。
>
> ［丁未日］，在父丁宗卜問是否需將大御自上甲事，告於大乙、祖乙。
>
> 癸丑日，卜問是否于甲子日大御，行酚祭。
>
> ［甲寅日］，在大甲宗卜問大御王自上甲事。
>
> ［乙卯日］，在大乙宗卜問大御王自上甲事。
>
> ［乙］卯日，在祖乙宗卜問同事。
>
> 丙辰日，卜問是否需將大御自上甲事再告父丁。

以上用方括號括起來的卜日，原辭殘缺，是據内容推定的。細讀卜辭可知，王在某宗卜，實際是爲了就所卜事徵詢該宗神主的意旨。如丁未日在父丁宗卜是否需將大御事告於大乙、祖乙，大概是父丁神主認可了，故才又於乙卯日分別在大乙宗、祖乙宗卜大御事。這也説明所謂告於某王，有時也可能是在祭告後並行占卜，以求得該宗神主之意旨。上面一組卜辭中，卜日多與神主日名同。根據卜辭所見祭神主時祭日多與其日名之日干相同的情況，可推知這當是爲了便於同時進行祭祀，以使祖先神靈降於宗。[2]

這種宗廟占卜的習俗，顯然是由於當時人們相信宗廟既是祖先神靈降臨之地，在這裏

---

① 朱天順：《中國古代宗教初探》，上海人民出版社，1982 年。

② 在某宗卜，卜日並非皆與神主日名同，如庚午日在祖乙宗卜（《粹》12）。

占卜必然能直接地傾聽到祖先神靈的啓示,從而使人的世界與神的世界相溝通。宗廟既具有這種用途,則無疑更增加了其神聖性。

此種於宗廟進行占卜的習俗,於後世仍存,如《禮記·郊特牲》云:"卜郊,受命于祖廟,作龜于禰宮,尊祖親考之義也。"孔穎達疏曰:"作龜于禰宮者,作,灼也,禰宮,禰廟也。"此言於宗廟作龜之事與以上卜辭所反映的情況近同,惟卜辭所見,占卜不獨在禰廟,亦可在祖廟進行。①

宗廟占卜既在宗廟中進行,因此是非常莊重的一種宗教活動,而且由於可以直接與祖先神交往,其卜兆也被視爲最靈驗者,所以現所能見到的注明"在某宗卜"的卜辭(皆歷組卜辭),占卜事項均事關重大。這些事項,一是卜問重要祭典事項,例如上面所舉有關大御自上甲以來先王的卜辭,"大御"即是一種隆盛的祭典;又如卜問"秋大禹"於帝五丰臣(《粹》12),亦是一種盛大的祭典。二是卜問王親自進行征伐之事,如占卜王是否征伐召方(《屯南》81)。三是向先妣乞求保佑王配生育之事(《合集》34082),因關乎王位繼承人,自然也是大事。同時據現有卜辭可知,有關上述大事項的宗廟占卜,多是在被商人奉爲聖王的先王宗廟中進行的,這些先王有大乙(成湯)、大甲、祖乙、父丁。《晏子春秋·内諫篇》言:"夫湯、大甲、武丁、祖乙,天下之盛君也。"如上述"父丁"是武丁的話,則正與此段文字中的四位盛君相合。之所以要專於聖王宗廟中占卜,當是出於對聖王的特殊崇拜,由此亦可進一步看到宗廟占卜形式受到商王突出的重視,因而在商王朝政治活動中有重要地位。

論及此,還有一個問題需要明確,即無論是宗廟占卜,還是上述告廟、宗廟册命等活動,從表面上看,王皆聽命於祖先神,故而極易給人一種印象,似乎是神權在統治着商王國。但這樣想卻忽略了兩點重要事實,一是所有宗廟内的活動都是由王實際主持的,即使是以占卜形式向祖先乞求啓示,解釋祖先神靈意旨的仍是王,或是王直接控制的王室占卜機構,所以王在實際上並非是消極被動的。二是王本人被商人視爲祖先神在人世間的代表,祖先神廟被進一步神秘化,祖先權威被擡高,實際上亦進一步神化了王。所以王權與神權的關係,與其説是神權控制着王權,不如説是王權在利用着虛構的神權,而商王室宗廟正是虛構神權的表現場所,成爲商王利用神權鞏固商王朝統治的工具。

第三,是其可作爲商人子姓貴族參加王室祭禮的場所。對商王室先人的祭祀權是由商王控制的,所以商王室宗廟在一般情況下是不允許貴族將之用爲祭所的,但只有在一種情況下,即子姓貴族在王主持下參加王室祭禮時例外。從卜辭中可以看到,王有時占卜是否由一些子姓貴族來祭祀高祖先公與先王、先妣。這些子姓貴族可分爲兩類:一類是"子某",即時王與先王之子,或已從王族分化出去,另立有宗族,在卜辭中稱爲子族,或仍在王族内,後者一般是王之親子。另一類不稱"子某",而是"子某"的後裔。此類祭禮進行的地點,

---

① 於宗廟占卜,亦見於《新唐書·禮樂志》所載《大唐開元禮》"吉禮",言於太廟卜祭日。

由於要祭祀神主,也必在王室宗廟内。這在卜辭中是有證據的,如下面一條武丁卜辭:

    (19) 丙□卜,貞,卓尊歲羌卅,卯三宰,箙一牛,于宗用……(《合集》320)

即明確説明非王的子姓貴族是在王室宗廟内舉行對王室先人祭禮的。

    除了個别的子姓貴族按照王的安排單獨參加王室祭禮外,王有時還舉行衆多子姓貴族的合祭,如約屬廩、康時期的無名組卜辭中有:

    (20) 叀王卿(饗)受又(佑)。

        [叀]多子卿(饗)(《合集》27644)

    (21) 叀多生卿(饗)。

        叀多子[卿(饗)]。(《甲》380)

    (22) 貞,叀多子卿(饗)于庭。(《合集》27647)

多子即多位"子某"亦即多位王子,多生是指上述王子身份以外的多位同姓貴族族長。饗的用法同於《禮記·祭義》"孝子爲能饗親"之饗,即享祭。這幾條卜辭是卜問多子、多生可否參加王室饗祭之事。這種饗祭參加人數多,規模宏大,由辭(22)可見這種大規模祭禮是在前述獨立的祭所庭内進行的。商王使這些非王貴族於王室宗廟參加祭祀的目的,是通過祭祀共同先祖以維係血緣紐帶,加强子姓貴族成員間的團結,實即典籍所謂收族。同時由於王在實際上主持這種祭禮,亦强化了自己在子姓貴族間的宗子身份,並借以維護其於王朝的統治地位。[①] 從這種意義上看,商王室宗廟是子姓貴族集團得以穩固的重心之所在,因而對鞏固商王朝統治有着尤爲關鍵的作用。

    以上從三方面對商王室宗廟制度作了探討,限於目前所見資料,當時宗廟制度中一些更爲細緻的問題尚待今後進一步研求。僅就本文所論,已可知在商後期商王室已有了較完備的宗廟制度,在宗廟總體構成、設置原則及宗廟活動上,均體現出爲强化王權與維護子姓貴族團結服務的特點,從而使宗廟制度成爲鞏固商王朝統治的重要政治制度。由於歷史的發展,商代王室宗廟制度的許多具體内容在後世均已發生變化,但基於中國文化的延續性,即使在秦漢以後,在歷代王朝的宗廟制度上仍可以看到商王室宗廟制度的遺迹。例如左祖右社、前廟後寝的布局,强調直系父子相承、重近親的設置原則,特别是一些宗廟禮儀活動,如告廟、宗廟占卜、同姓貴族共祭等亦皆可以溯源至商王室宗廟制度。這説明商王室宗廟制度中有利於强化王權與王朝統治的内涵,已爲後世歷代王朝所吸收,對中國古代政治制度發生了深遠的影響。

(原載《歷史研究》1990 年第 6 期)

---

① 關於此種祭禮的詳細情況,參見拙著《商周家族形態研究》第一章第五節,天津古籍出版社,1990 年。

談殷墟卜辭中先公高祖的祭日

　　殷墟卜辭中，有幾位上甲以前的先公或被商人稱爲"高祖"，如高祖夒、高祖王亥(亦常寫作夒)、高祖河；或雖未見稱"高祖"，但有其受祭享之宗廟，故知亦爲先祖，如岳。① 關於他們受祭之祭日的特點，早已有學者注意到。如張光直先生即曾指出，王亥、夒、岳的祭日常在辛日，"河的祭日分布則似較雜亂"。② 在此前，日本的伊藤道治先生已曾指出王亥祭日多爲辛。③ 後來，筆者在考察商人諸神之權能時，又進一步提到，卜辭中所見河的祭日實際上也多數是在辛日，而且還提到"記明辛日祭祀四位神靈的祭法絕大多數是酚祭"。④但是，爲什麼幾位遠祖的祭日會多相同，多用辛日，筆者當時亦並未再作深究。

　　張光直先生解釋祭日多用辛日的理由，是將辛認作是廟號，以附會他所提出來的商王執政的分組制度，大致歸入他所謂的 B 組。但是，他對日名制的這種解釋，是一種問題較多的學術假說，未必能成立。即使不采用張氏此説，仍按照上甲以後諸先王祭日多與日名相合的規律來解釋祭日用辛日，也是很有問題的，因爲不管日名如何確定，此四位先公高祖的日名恰好都落在辛日，是不大可能的。再者，從殷墟甲骨刻辭有關殷先公、先王世系來看，繼上甲以後匚、匜、匚(即報乙、報丙、報丁)非常契合的順序，也反映處在匚以前(包括匚)，商人或尚未實行日名制，或雖可能有而無明確記載，以甲、乙、丙、丁之順序稱示壬以前先王，只是後人象徵性的設定。

　　根據以上分析，王亥、夒、河、岳四位先公多在辛日受祭，未必是因爲日名皆在辛。辛日只是商人爲祭祀他們一個主要的特定祭日。而之所以可有這個較固定的共同祭日，當是因爲他們在商人的宗教殿堂中有較相近的地位與權能。這可從他們常以不同的組合形式(此外，上甲也常與他們相組合)共同受到祭享得知，如下列卜辭：

---

① 詳見拙文《殷墟卜辭所見商王室宗廟制度》，《歷史研究》1990 年 6 期，亦收入本書。
② 張光直：《談王亥與伊尹的祭日並再論殷商王制》，收入《中國青銅時代》，三聯書店，1983 年。
③ 伊藤道治：《藤井有鄰館所藏甲骨文字》，《東方學報》第 42 冊，1971 年。
④ 詳見拙文《商人諸神之權能與其類型》，收入《盡心集——張政烺先生八十慶壽論文集》，中國社會科學出版社，1996年。按：此文亦收入本書，已略作修訂，該句引文已删去。

戊午卜，賓貞肜，㞷年于岳、河、夒。（《合集》10076）

……夒、岳辛丑其䬣肜，又（有）大雨。（《屯南》622）

……卜，今日……舞河眔岳……从雨。（《合集》34295）

癸巳貞，既燎于河……于岳……（《合集》34225）

……子貞，岳燎眔河……（《屯南》4397）

岳眔河肜王受又（有）又（佑）。（《合集》30412）

癸酉貞，弜取岳。其取，即于上甲。（《屯南》320）

燎于河、王亥、上甲十牛，卯十宰。五月（《合集》1182）

辛巳卜貞，王隻、上甲即于河。（《合集》34294）

辛巳卜貞，來辛卯肜河十牛，卯十牢；王隻燎十牛，卯十牢；上甲燎十牛，卯十牢。

辛巳卜貞，王隻、上甲即宗于河。（《屯南》1116）

辛未貞，㞷禾于高眔河。（《屯南》916）

辛未貞，叀上甲即宗于河。（《屯南》2272）

……河眔上甲，才（在）十月又二。小臣。（《合集》32663）

夒眔上甲其即。（《合集》34169）

以上卜辭中，所謂"即于上甲""即于河""即宗于河"，應是指即（就享）於上甲之宗與河宗。單言"即"，如《合集》34169辭"夒眔上甲其即"，也應是指"即宗"。綜合上舉諸辭例，可將幾位先公及上甲合祭的組合形式概括爲：

岳	河	夒		
岳		夒①		
岳	河			
	河		王亥	上甲
	河	夒	王亥②	
		夒		上甲③

現所見卜辭似尚未見岳與王亥共組合祭。而河、王亥、上甲共組合祭之情況，則很易使人聯想到典籍中所記載的王亥受難於有易及上甲聯合河伯爲之復讎的故事。

但是，儘管岳未見與王亥（及上甲）共組，說明岳也可能在權能上與王亥（及上甲）相對而言有較大區別。但岳與河、夒共組及河、夒又可能與王亥共組的事實，仍可以說明岳、

---

① 上引《屯南》622"……夒、岳辛丑其䬣肜，又（有）大雨"，前殘，不知是否還有河或其他神明。
② 上引《屯南》916"㞷禾于高眔河"，"高"是指高祖，應即指高祖夒、高祖王亥。
③ 上引《合集》34169辭言"夒眔上甲"，"夒"前是否尚有其它神名，因辭殘而不清楚。此僅說明夒也可與上甲共組。又辭《合集》1205有"貞告，既㞷于夒于上甲"也是二者同祭的例子。

河、夔及王亥是在商人宗教觀念中地位與權能比較接近的祖先神,故常爲乞求同一事而共受祭享。

下面需要進一步探討的是,商王對岳、河、夔及王亥這幾位先公(上甲雖可認作先王,但其神性介於先公與先王之間,這裏對上甲暫不作討論),經常進行不同形式的合祭,對他們有何種願望的乞求? 他們作爲祖先神又有哪些共有的重要權能呢? 從上引卜辭《合集》10076、《屯南》916 可知,以不同形式共組合祭的目的是爲了向他們乞求獲得好的年成。那麽,保佑或影響農業收成,是不是這幾位祖先神共有的重要權能呢? 下面將卜問祭祀這幾位先祖的卜辭中所明示的祭祀目的以及某些卜疑事項(卜問是否有祟於年成、降雨等)與相關受祭者或當事者的關係作一簡單的示意性統計(畫▲者表示多例,畫△表示較多,畫√表示存在):①

目 的 神 名	桒年 桒禾	卻 年	弗蚩禾 (蚩禾)	桒 雨	弗蚩雨 (蚩雨)	寧雨	去雨	告黽
岳	▲		√	▲	√	√		
河	▲	√	√	△	√		√	√
夔	▲		√	√	√			
王亥	√				√			

由上表已能看到,岳、河、夔爲商人乞求年成的重要神靈(對降雨的企望與控制,無疑也是出於乞求年成的目的)。河除表中所示權能外,尚有少數人事權能,但不如對農業施加影響的權能突出。表明王亥權能的卜辭有限,而其中與農業年成有關的仍占了較大的比例,這也反映對年成的影響亦是王亥的主要權能。

現在可以回到前文提出的問題上來了,這幾位先公既有着相近同的主要權能,常被以不同組合形式合祭,故而在祖先神系統中有着大致相近的地位,也因而才有可能選定一個共同的日子爲常用祭日。但是,爲什麽要以辛日爲常用祭日呢?② 因爲上文已經排除了這個辛日與日名的關係,則解釋這個問題似不妨另換一個角度。

可以作爲一種解釋的是,所以選定辛日爲常用祭日,是因爲"辛"之字義與祭祀這幾位先公高祖的目的——乞求年成有聯繫。《説文解字》曰:"辛,秋時萬物成而孰。"《釋名》:"辛,新也。物初新者,皆收成也。"如果"辛"的這一字義在商代後期即已存在,則選擇辛日來祭祀有此方面權能的一組先公以乞求豐收,似不失爲祭這幾位先公所以常用辛日的一個説法。

---

① 相關資料可參見姚孝遂、肖丁:《殷墟甲骨刻辭類纂》(中華書局,1989 年)所收"岳""河""夔""王亥"諸欄。
② 祭以上幾位先公高祖的卜辭中,多數只記占卜日,未説明實際祭日,寫明祭日的只占少數,但是上文已説明祭這幾位祖先神的主要目的,所以即使未標明祭祀的目的,也可以認爲主要是乞求年成,而未記明祭日的卜辭中的多數,特別是卜合祭,其祭日亦當多在辛日。

附記

　　擇日祭祀,而所擇日與祭祀目的聯繫,在商後期是否存在,過去似很少有學者論過。這篇小文只是試圖用此種看法作爲對幾位商先公常見祭日的一種探討。因急於草就以應《南開學報》文物與博物館學增刊之需,文中尚有不少問題有待詳考。

（原載《南開學報》增刊,2002 年）

論殷墟卜辭中的"大示"及其相關問題

　　殷墟卜辭中稱供奉在宗廟裏的祖先神主牌位爲"示",這些神主相互集合,構成不同的神主群,又稱爲"某示",如"大示""小示""下示"等。因爲這些名稱的具體含義關乎到商代祭祀與宗法制度,故一直是治上古史之學者感興趣的研究課題。本文主要對"大示"的含義做些探討,略涉及其他相關問題,以就正於方家。

一

　　卜辭中的"大示"指哪些先王？以往學者們多數認爲是指時王自身所出的直系先王,少數有異議,如金祖同認爲大示問題同於大宗,是上甲至示癸六先公。[①] 1982年,曹錦炎先生在先秦史年會上提交了《論卜辭中的示》一文(以下簡稱"曹文"),否定直系説,亦認爲大示是指上甲至示癸六示。雖然我們對他們劃定的大示之範圍有不同的看法,但認爲曹文所提出的,大示並非指所有直系先王的見解有一定道理。這個問題可從分析下面兩條卜辭得知：

　　(1) 庚子卜,爭貞,其祀于河,以大示至于多毓。(《合集》14851,圖一)
　　(2) □子卜,兀自大示……桒……(《合集》34089,圖二)

辭(1)似是賓組晚期卜辭,是卜問要否祀於河,並致祭於大示及以下的"多毓"。這裏雖未言"自大示",但其後既言"至于",還是以"大示"爲首,所以,言"大示至于多毓"同於言"自大示至于多毓"。

　　卜辭中所出現的合祭先王"自某至于某"的形式,包括以下幾種情況：

　　(一) 自某一先王至某一群先王。如"自上甲至于多毓"(《合集》10111),"自祖乙至多毓"(《合集》32031)。

---

① 金祖同：《殷契遺珠》六三一片考釋,上海中法文化出版委員會,1939年。

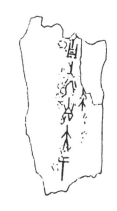

圖一 《合集》14851　　　　　圖二 《合集》34089 摹本

（二）自某一先王至某一先王。如："自上甲至于父丁"（《合集》32028），"自祖乙至父丁"（《合集》32548），"父甲至父乙"（《合集》20530），"入乙至父戊"（《丙》85）。

（三）自某一群先王（或神主）至某一群先王。這種情況罕見，如上舉辭（1）。

（四）自某一群先王至某一先王。如"逆自毓秦年"（《屯南》37）（案：是"逆自多毓至于上甲秦年"之意。①）

以上（一）、（二）類合祭都是按照先王世系的先後次序致祭，即所謂"順祀"，此已被甲骨學家認爲是商人祭祀時的一個原則。如張秉權先生據董作賓與島邦男的研究成果總結殷人祭祀先王、先妣的原則時，指出其中一個原則即是"先王以其世系的次序，先後受祭"。並曰："這大概就是《春秋》文公三年（案：應是二年），《左傳》所説的'子雖齊聖，不先父食'的理論根據，和歷史上的實例。"②以上第（四）種情況則是"逆祀"，即以與先王世系之先後相反的次序祭祀，這種情況很少見。③ 總之，這種以"自某至于某"的形式對先王進行的合祭，無論是順祀還是逆祀，皆是順或逆世系次序循序進行的。而且，在順祀時，凡言"自某（先王）"之某先王，應是世系次序排在前面的一個先王（或幾個先王），否則無從言"自"。

據上述，辭（1）"以大示至于多毓"屬於順祀，按順祀的原則，只能先祭大示，大示祭畢再依世系次序祭多毓。

"多毓"一詞習見於賓組、出組晚期及舊所謂乙、辛卜辭，多以"自上甲至于多毓"形式出現。陳夢家先生言"'自上甲至于多毓'，是指上甲以後的直系旁系"。④ 是直旁系均可言"多毓"。

在辭（1）中，如果將大示理解爲是所有的直系先王，那麼"以大示至于多毓"，即是要將所有的直系先王排在前面先祭，然後再祭多毓，則此多毓只能是指諸旁系先王，但是這樣

① 參見裘錫圭：《甲骨卜辭中所見的逆祀》，《出土文獻研究》，文物出版社，1985 年。按：同版有"自上甲秦年"，應是與"逆自毓秦年"相反的另一種選擇。

② 張秉權：《殷代的祭祀與巫術》，《"中研院"歷史語言研究所集刊》49 本 3 分，1978 年。

③ 參見裘錫圭：《甲骨卜辭中所見的逆祀》。

④ 陳夢家：《殷虛卜辭綜述》第十三章第三節，科學出版社，1956 年。

一來,就違反合祭先王時順祀的原則了。按照商王世系次序,自大乙之後諸先王已是直、旁系相雜,合祭時只能依世系次序順祀,怎麼能置整個旁系於後呢? 所以,辭(1)中的"大示",如理解爲是所有的直系先王,則確實是很費解的,按道理只能是指世系排在其所謂"多毓"前的幾個先王所組成的神主群。

辭(2)是歷組卜辭,也是合祭,明言"自大示",其義是卜是否"自大示"開始向諸先王進行桒年或桒雨之類祭祀。只是辭殘,不知是順祀還是逆祀。如是逆祀,因爲卜辭有"自上甲至于大示"(《屯南》1104),所以逆之只能是"自大示至于上甲",但這樣的辭例卜辭中沒有見過,而且逆祀爲數極少,所以屬逆祀的可能性很小,可能還是順祀,其義當接近於辭(1)"以大示至于多毓",這裏的"大示"亦應是指幾個先王組成的一個神主群,故可以之爲首順祀諸先王。

總之,由以上二辭例可知,大示不能是所有的直系先王。

<h2 style="text-align:center">二</h2>

"大示"並非全部直系先王,但究竟包括幾位先王,都是哪些先王,則是我們欲要探求的。爲了搞清這個問題,需要先明確一下"大示"首起於何王。關於這點,卜辭資料還是比較明朗的,如下列卜辭所示:

(3) 丁丑貞,又彡伐自上甲大示五羌、三牢。(《合集》32090,圖三)

(4) 己酉貞,邑呂牛,其用自上甲五牢兀大示五牢。

　　己酉貞,邑呂牛,其用自上甲兀大示叀牛。(《屯南》9,圖四)

辭(3)言"自上甲大示",可以說明大示是始自上甲。辭(4)是卜可否對上甲及其後諸大示每示各以五牢爲牲致祭,但值得注意的是,與辭(3)"自上甲大示"的形式有些不同,辭(4)是將"上甲"與"大示"分言之。分言上甲、大示的還有下面一條卜辭:

(5) 庚午貞,今來……[大]御自上甲至于大示,[叀]父丁彡……(《屯南》1104,圖五)

此言"御自上甲至于大示"這在語法現象上當近同於卜辭習見之"自上甲至于多毓",如將"至于多毓"的"毓"理解爲後王之泛稱。而上甲亦屬後王之一,則"自上甲至于多毓"當然即可以理解爲自上甲爲始之諸後王。但從卜辭看多毓有時並不與上甲連言,而是單獨使用,如:

(6) 庚申卜,逆自毓桒年……

　　自上[甲]桒年。(《屯南》37)

圖三
《合集》32090

130

圖四 《屯南》9

圖五　《屯南》1104

此處"毓"是"多毓"之省稱。在這種情況下,上甲又與"多毓"有些區別。裘錫圭先生認爲"毓"其實很可能應該讀爲先後之"後",指毓(後)祖而言。[①] 如果參照此種情況來看辭(5)"自上甲至于大示",則這種形式固然可以理解爲是指以上甲爲首之諸大示,但大示既可與上甲分言,表明"大示"亦可不包括上甲。所以,似乎可以認爲,連言"自上甲大示"時,上甲肯定在大示内,因而我們一般可以認爲上甲是大示之首,但單言"大示"時,有時可能僅是指上甲以後屬於大示的諸神主。

下面,我們再進一步看一下卜辭所明言的屬於大示的先王神主之個數及這幾位先王的名號。卜辭中明言大示個數的,有"四大示"(《合集》14846),"六大示"(如《屯南》2361、《屯南》2295)。上面已講到上甲爲大示之首,故卜辭又有"自上甲六大示"(《屯南》1138)。現在需要説明的是上甲以外的五大示究竟是指何王。如前文所介紹的,有的學者認爲"六大示"是指上甲至示癸六個先王,但此説似與事實有違。下面幾條卜辭有助於説明這個問題:

(7) 甲午貞,大御自上甲六大示,尞六小宰,卯九牛。(《屯南》1138,圖六)

(8) 甲午貞,大御六大示,尞六小宰,卯卅牛。(《屯南》2361,圖七)

(9) 癸丑貞,甲寅酚,大御自上甲,尞六小宰,卯[九牛]⋯⋯兹用。上甲不冓雨。大乙不冓雨。大丁冓雨。

庚申貞,今來甲子酚,王御于大甲,尞六小宰,卯九牛,不冓雨?

⋯⋯貞,甲子酚,王大御于大甲,尞六小宰,卯九牛。(《合集》32329正。圖八)

图六 《屯南》1138（部分）

這幾條卜辭皆歷組卜辭,且皆是卜大御之事。大御之祭,祭禮隆重,用牲頗富。從此類卜辭觀之,以大御之祭禮祭先王時,所祭先王可分爲三類,一類即如辭(7)所言是"自上甲六大示";第二類即是"自上甲𠛿至多[毓]"(《殷虛卜辭綜述》圖版二四,七);第三類是個別的先王,如"高且王亥"(《摭續》7.20)"上甲"(《後》上5.9)"祖乙"(《乙》5783)等,由所祭先王多爲殷人心目中之聖王,亦可知商人對大御之祭的重視。第一、第二類皆屬合祭,其中第二類雖是講自上甲至多毓,但亦必然應包括上甲以後之六大示,這是没有疑問的,即是説,凡以大御之禮合祭先王,六大示皆應在受祭者之内。

以上辭(7)、(8)卜日相同,皆係尞祭,所用牲中又皆有六小宰,所祭對象應是相同的,

───────────

① 見裘錫圭:《甲骨卜辭中所見的逆祀》。裘先生後來對這個看法有所更正。在《論殷墟卜辭"多毓"之"毓"》一文(收入《裘錫圭學術文集》第1卷,復旦大學出版社,2012年)中説明,讀"毓"爲"后"缺乏字形、字音上的根據,殷墟卜辭中作爲祭祀對象的"毓"是指包括曾祖在内的先王,並認爲"毓"字依音應讀爲"戚"。

圖七 《屯南》2361

二辭並卜只是要卜問究竟用九牛還是卅牛爲宜。① 所以辭(8)"六大示"已是一固定的神主群之專稱,實即指辭(7)的"自上甲六大示"。辭(9)僅言"自上甲",未言及"大示",但所祭者自上甲之後,依次是大乙、大丁、大甲等(詳下文),大丁後即接大甲,並未及大丁同世之旁系外丙,不會是一般合祭時順祀的包括旁、直系之"多毓",而且用牲數量同於辭(7)祭上甲六大示所用牲,因此辭(9)大御所祭"自上甲",似非前述第二類大御對象(即"自上甲至于多毓"),而應屬於第一類,亦即指自上甲六大示。

細析辭(9)癸丑日卜次日甲寅大御自上甲,是先御上甲,又於庚申日卜下旬甲子御

_____

① 按:由辭(9)貞問御於大甲用牲即是"尞六小宰,卯九牛",可知辭(7)—(9)中貞問"大御自上甲六大示"所用牲之"六小宰""九牛"是每一位大示所用牲量,不是祭六大示總共所用量。

大甲,説明此種大御之祭亦是遵照依所祭先王神主之名的日干爲序依次順祀的原則的。[①]"癸丑貞"一條自"兹用"起是占辭,根據卜兆預言祭祀時祭哪位先王會"菁雨",即會遇到陰天下雨。可知所卜問之事係問大御自上甲諸大示是否會遇雨。所以要卜是否遇雨,乃是因爲大御以尞祭的祭法進行,當然需要晴日,這和卜辭卜尞祭時是卜"易日"意思是一樣的。即是説,凡大御受尞祭之先王,皆要通過占卜來探知其祭日會否遇雨。

從辭(9)"癸丑貞"一條的占詞觀之,先講上甲,繼言大乙,皆不遇雨,繼又言大丁遇雨,而後並未言及其他諸示,證明此一句内只於甲、乙、丁三日順祀上甲、大乙、大丁,不再祭其他先王。大丁之後,應當祭大甲,但按順祀原則只能在下一旬甲日祭,故在本旬庚申日接着問"來甲子"(即下旬甲子日)會否遇雨。

圖八 《合集》32329 正

由以上分析可知,很顯然,上甲之後依世系次序順接的報乙至示癸五示並不在此大御對象的範圍内,如果在内,則依順祀原則,驗辭中應在言上甲後即言報乙、報丙、報丁以至示壬、示癸,而決不會在言上甲後徑言大乙、大丁。進而言之,此五示不屬大示,如爲大示,則重要的大御之祭,無由捨之而不祭。同時,我們在前文已經説明,辭(9)大御之祭的對象即應是"自上甲六大示",報乙至示癸五示既不在此大御之受祭範圍内,當然亦不會屬於上甲六大示了,而所受祭的上甲、大乙、大丁、大甲則顯然均應在六大示範圍内,以此可以推知其後的二大示應是大庚、大戊。

關於報乙至示癸五示不計入大示内的原因,可以由下面的卜辭資料得知:

(10) 乙未酚,盉品,上甲十,報乙三,報丙三,報丁三,示壬三,示癸三,大乙十,大丁十,大甲十,大庚七,小甲三……三,祖乙……(《合集》32384)

此辭亦是歷組卜辭,上甲、大乙至大庚用牲數近同,惟大庚略低,但均高於報乙至示癸五示。顯然,如果報乙至示癸五示同爲大示,無由降低其格。由此可説明報乙至示癸五示地位確要低於上甲和大乙、大丁、大甲、大庚諸示。歷組卜辭又有:

---

① 關於此種原則,參見裘錫圭:《甲骨卜辭中所見的逆祀》所引文。

（11）乙酉貞，又尞于上甲、大乙、大丁、大甲……
（《合集》32387）

（12）庚申貞，其御于上甲、大乙、大丁、大
［甲］……且乙……（《屯南》290）

在這兩條卜辭中，自上甲始祭，隔過了報乙至示癸，亦證明
在當時商人的宗教觀念中，報乙至示癸五示在先祖神中的
實際地位低於其他直系先王。

從卜辭中還可以見到往往將報乙至示癸五示與旁系先
王集合爲一神主群，如：

（13）己卯卜，酉三報至戔甲十示。（《合集》22421
反，圖九）

這是武丁時的自組卜辭。三報至戔甲十示，應是指三報、二
示、外丙、小甲、雍己、外壬、戔甲，即報乙至示癸五示加上祖
乙以前的五個旁系先王。

因此，"自上甲六大示"中不包括此五示，並不奇怪。

圖九　《合集》22421 反

三

如上所述，"自上甲六大示"應是上甲與大乙、大丁、大甲、大庚、大戊六示。前面我
們曾引卜辭"自上甲至于大示"，說明大示與上甲分言時，大示可以單獨使用，現在看來，
這即是說大乙至大戊五個廟號均冠有"大"字的先王亦可單獨稱爲大示。廟號冠以"大"
字的含義，陳夢家先生即曾以爲是"表示廟主之先後次第的"，並且說"先王稱大的，都是
直系，即大乙至大戊五世。大戊以後，再無稱大的"。[1] 這些意見都是很有見地的。當
然，"大示"之稱是否確與廟號冠以"大"有關，還需要再研究，但是正如曹文已指出的，卜
辭中見到的大示個數，最多僅有"六大示"，言示數超過六者，有"九示"至"十四示"，但均
不再稱"大示"（有的著作曾將歷組卜辭中出現的"十又三示"稱爲十三大示，這是據舊說
以大示爲直系而言的，卜辭中並未有"十三大示"之稱）。這種現象當非偶然，似乎已透
露出大示只包括上甲與五個廟號冠以"大"的先王，即是說卜辭中的大示只有"自上甲六
大示"。

大戊以後先王神主不稱大示，下面一條卜辭亦可爲證：

（14）癸卯卜，爭貞，下乙其出鼎。王固曰：出鼎。上隹大示、王亥亦⊠。（《合集》

---

[1] 見陳夢家：《殷虛卜辭綜述》十二章七節。

11499 正,圖一〇)

這是武丁時的賓組大字卜辭,卜問是否對下乙行㞢(侑)鼎之祭。王視兆後曰:可以對下乙行㞢(侑)鼎之祭,同時還要對其上的神主大示和王亥行彡祭。大示起自上甲,前文已述,故不能以"大示王亥"連稱,應分讀爲"大示、王亥"。這裏"上"的含義,如陳夢家先生所言亦是表示廟主之先後次第的,上下有先後之義。① 歷組卜辭有:

圖一〇 《合集》11499 正

(15) 桒其上自祖乙。

桒其下自小乙。(《合集》32616)

祖乙神主次第在小乙之上,故言"上自祖乙","下自小乙"。辭(14)"上隹大示、王亥"之"上"當是對下乙而言的,下乙即祖乙。② 可見祖乙不在大示內,大示是祖乙以上的先王。祖乙前直系先王爲中丁,再上即是前文所言"自上甲六大示",祖乙是被商人奉爲中宗的聖王,祖乙不在大示內,中丁更無由在大示內,由此亦可證明,"自上甲六大示"後再無大示。

陳夢家先生在《殷虛卜辭綜述》中曾列舉有關大示的諸條卜辭,其中有"于大示父丁"(《甲》742),並大約是據此辭而言曰:"大示自上甲起,終於父王,與直系同。"島邦男《殷墟卜辭綜類》所錄《甲》742,讀同於陳氏。但細察此片卜辭,其文應是:

圖一一 《合集》34099

(16) 癸……丁……

于大示又……(《合集》34099,圖一一)③

陳氏所言"父"實乃"又"字,且"丁"字應歸下面的一條卜辭,不能與"又"連續。④ 所以,大示終於父王之説實無確切之證據。

再有,張秉權先生對《丙》395 片(屬賓組大字)考釋中所作釋文如下:

(17) 王固曰:[不吉],南庚蚩。祖丁[蚩],大示祖乙、祖辛、羌甲蚩。(《丙》395F,《乙》

① 見陳夢家:《殷虛卜辭綜述》十二章七節。
② A. 胡厚宣:《卜辭下乙説》,《甲骨學商史論叢初集》,齊魯大學國學研究所專刊之一,1944 年;B. 見陳夢家:《殷虛卜辭綜述》十二章三節。
③ 按:此片刻辭已與《合集》33677 綴合,詳本文末"附記"。
④ 曹錦炎先生的論文已指出此種讀法爲誤。

3063；圖一二）

並據此認爲祖乙、祖辛、羌甲均在大示内。但卜辭中未見有稱某王名時冠以“大示”（或“小示”）例，惟有過去《甲》742被讀爲“于大示父丁”，實爲誤讀，上面已説明，所以這裏的“大示”亦不應與祖乙等連讀，而應斷讀爲“大示、祖乙、祖辛、羌甲”，類似於前引辭(14)“大示、王亥”之讀法。“大示”作爲一固定的神主群，在卜辭中往往可以獨立使用，習見於卜辭，不煩贅舉。如：

> （18）貞，王疾，隹大示。（《綴合》443，《合集》13697正乙）

> （19）貞，不隹大示蚩王。（《粹》1261，《合集》14833正）

此二辭也是卜問大示會否爲害於王之意。可見，將“大示”斷讀在文法上與解釋上都較爲穩妥。又案：此片卜甲文字多殘泐，字迹不清，細審此段文字其所讀爲“示”的字，很可能是“戌”字，則“大示”似應讀爲“大戌”。大戌神主位在祖乙前，與此次序亦相合。

圖一二　《乙》3063（《丙》395）

　　這裏，還有必要回顧一下本文開頭所引的辭(1)和辭(2)，其辭言合祭時“以大示至于多毓”，或祭“自大示[至于多毓]”，大示既然是指上甲至大戌六示，則按照順祀的原則，六大示排在祀首，祭畢才祭“多毓”，這裏的“多毓”只能是指大示以後的諸直系先王。

四

　　卜辭中有時以大示與其他集合神主並卜，如：

> （20）己亥貞，卯于大[示]其十宰，下示五宰，小示三宰。（《屯南》1115，圖一三）

下示、小示含義的推定，無疑有助於從諸類集合神主的相互關係上，從總體上驗證上文對大示的看法。

　　小示都包含哪些先王，最直接的辦法是從對以下卜辭的分析入手：

> （21）甲申卜，貞，肜，祭自上甲十示又二牛，小示九羊。（《殷虚卜辭綜述》圖版二十二，二；《合集》34116）

> （22）乙未貞，其祭自上甲十示又三牛，小示羊。（《後》上28.8，《合集》34117）

由此可知,小示當是在自上甲十二(或十三)示以外的神主,從用牲情況看,其地位還要低於自上甲十二(十三)示。所以合理地推定自上甲十二(或十三)示的含義即成爲認識小示的關鍵。過去的研究者根據自上甲十二(或十三)示用牛牲,小示用羊牲,形式上同於"大示卯重牛,小示卯重羊"(《燕》6),故定自上甲十二(或十三)示爲大示。但卜辭既未有見過稱自上甲六大示以外的集合神主爲大示的,所以這種想法並無確證。自上甲若干示如何計算,現有卜辭資料所反映出來的方法有兩種:

一是,直、旁系皆計在內。如《佚》884"自上甲廿示"。舊説以爲是直系,近已有學者認爲此片卜辭屬武丁時期,故自上甲廿示亦可能包括直、旁系。①

二是,以直系計。但不計報乙至示癸五示。如:

(23)□未卜,牢雨,自上甲、大乙、大丁、大甲、大庚、大戊、中丁、祖乙、祖辛、祖丁十示,率牡。(《佚》986,《合集》32385)

從現有卜辭來看,凡明言上甲與報乙至示癸五示並祭時一般不稱爲"自上甲六示",即不采用若干示這種集合神主的名稱,如:

(24)庚申卜,酌,自上甲一牛至示癸一牛,自大乙九示一宰,柁示一牛。(《甲骨文字研究》2979,《合集》22159)

圖一三 《屯南》1115

這是自組小字卜辭。柁示以上是直系先王。值得注意的是,卜自上甲至示癸每示各用一牛爲牲,下面雖已言"自大乙九示",是用的集合神主之稱,但上甲至示癸卻不采用"自上甲六示"之稱。由此可推知,在用自上甲若干示的形式稱直系先王的集合神主時,一般可能不計入報乙至示癸五示。

---

① 參見楊升南:《從殷墟卜辭中的"示""宗"説到商代的宗法制度》,《中國史研究》1985 年第 3 期。

　　如此,與小示並卜的"自上甲十二示",則可能有兩種計算法,一是直、旁系皆計在内。即是始於上甲而終於小甲。① 但以小甲爲此集合神主之終,而將大戊排除在外(或以大戊爲另一神主群之首),殊無道理。故此種計算方法當非適宜。所以"自上甲十三示"亦不可能是采用此種方法計算。如果以第二種方法計算,則"自上甲十二示",是始於上甲而終於武丁,此實即是前引辭(23)自上甲至祖丁十示,再加上小乙、武丁二直系先王。筆者認爲"自上甲十二示"以此計算可能較符合其本義。"自上甲十三示",學者有以爲是在武丁後加上祖甲。② 然此十三示之計算,亦可能是在祖辛後補上羌甲,卜辭之羌甲即《殷本紀》中的沃甲,因其有子南庚繼位,故從卜辭看,其在神主中的地位往往要高於其他旁系。

　　"自上甲十二示"既推定爲上甲到武丁十二位直系先王,則小示就應當屬於此十二位直系先王以外的先王了。由此看,過去學者定小示爲"直系以外旁系之先祖",還是合理的。③ 只是既然報乙至示癸五示不在大示内,很可能亦歸入小示,如前引《合集》22421 反所示,惟不能確知,書此待再考。這裏需要説明的是,小示不可能是作爲辭(20)、(21)(歷組卜辭)占卜主體的時王之父王或上二代先祖,因爲從卜辭看,時王對屬於自己近親的直系先王在祭祀時之禮遇不會比所有的遠親的直系先王都低,故不可能以之作爲小示僅奉以羊牲,而奉獻給其他所有直系先王以牛牲。因而對歷組卜辭斷代見解不同似亦並不影響小示爲旁系的結論。

　　現在再來看上引辭(20),大示用牲十宰,下示用牲五宰,小示用牲三宰,是下示之神主地位在大示與小示間。有的學者將大示定爲全部直系先王,將下示解釋爲是指未曾即位爲王的諸王之兄弟行,但這與辭(20)所反映的下示之地位不符,未曾即位爲王的兄弟在祭禮待遇上似不應高於旁系先王。我們上文即已指出大示並非所有的直系先王,而小示亦已推定爲旁系先王,則處在大、小示間的下示仍應歸入直系先王内。

　　下示含有哪些直系先王,可以從下列幾條歷組卜辭對比上推知(以下辭[20]、[21],前文已引過,故仍用舊號④):

　　(20)己亥貞,卯于大[示]其十宰,下示五宰,小示三宰。

　　　　庚子貞,伐,卯于大示五宰,下示三宰,小示□宰。(《屯南》1115)

　　(25)庚寅貞,酚,□伐自上甲六示三羌三牛,六示二羌二牛,小示一羌一牛。(《合集》32099)

---

① 《史記·殷本紀》中的仲壬、沃丁二旁系先王不見於卜辭。此據陳夢家:《殷虚卜辭綜述》十一章附表二"卜辭世系表"。
② 胡厚宣:《卜辭下乙説》。
③ 胡厚宣:《殷代婚姻家族宗法生育制度考》,《甲骨學商史論叢初集》,齊魯大學國學研究所專刊之一,1944 年。
④ 按:辭(20)、(21)、(25)皆屬歷組二類卜辭。

(21) 甲申卜,貞,酌,卒自上甲十示又二牛,小示𠂤羊。(《殷虛卜辭綜述》圖版二十二,二;《合集》34116)

辭(25)"自上甲六示",上文已説明不會是指上甲至示癸六示,應即是指"自上甲六大示",則辭(25)的六示地位正相當於辭(20)的下示,所以很可能即是下示。① 辭(21)的"自上甲十示又二",應該等於辭(25)的"自上甲六示"再加以"六示"。由此可以推知,辭(20)中的下示有六,相當於自上甲十二示的後邊六示,根據上文對自上甲十二示的判定,此辭所言下示應是中丁至武丁六位直系先王,中丁以後的直系稱下示,可能是因爲於集合神主的序位上在"自上甲六大示"之下。卜辭中有"上示"但僅見於下辭一例:

(26) □戌卜,貞,卒見百牛,𠂤用自上示。(《前》7.32.4,《合集》102)

此言"自上示",實是指"自上示"至於其他諸示之意,按卜辭中所見到的"自某示"爲始合祭先王,目前只見到前引"自大示"合祭先王之例,①故此辭"自上示"之"上示",疑亦即大示的不同叫法。如確是這樣,則大示之後諸直系先王稱下示,就更好理解了。在下示諸王中,被奉爲中宗的祖乙在卜辭中又被稱爲"下乙"。陳夢家先生曾提到:祖乙之稱下乙,"亦可能由於'上示'、'下示'的分別",②意即下乙之稱或可能是因爲祖乙列於下示之故,這也是很有啓發性的。

綜上述,本文所論主要可以概括爲以下幾點:

(一) 大示並非所有的直系先王。

(二) 大示只包括六個直系先王,即"自上甲六大示",上甲、大乙、大丁、大甲、大庚、大戊。

(三) 中丁以後的直系先王屬下示。小示是指旁系先王(或可能包括報乙至示癸五示)。

(原載《古文字研究》第 16 輯,中華書局,1989 年)

補記:

本文所引卜辭(16)(即《合集》34099),已由李愛輝將之與《合集》33677 綴合,於 2020 年 1 月 2 日發表在中國社會科學院中國歷史研究院古代史研究所先秦史研究室網站題爲《甲骨拼合第 481～490 則》。此綴合屬第 486 則(《合集》34099+《合集》33677)綴合後拓本見下,補圖一),據此可將此版釋文寫作:

---

① 《合集》25025 有"自元示",元示即大示。見張政烺:《釋它示——論卜辭中没有鹽神》,《古文字研究》第 1 輯,中華書局,1979 年。

② 見陳夢家:《殷虛卜辭綜述》十二章三節。

其牢。

癸……弜尞……父(?)……

癸亥卜,甲子尞于丁。

于大示又……(《合集》34099+33677)

這版牛胛骨刻辭屬歷組二類,已在祖庚時期。歷組二類卜辭中有:

甲寅卜,又尞于丁。

乙卯卜,又尞于丁。(《合集》32647)

丁巳卜,又尞于父丁百犬、百豕,卯百牛。(《合集》32674)

可以与以上釋文相比照。

補圖一 《合集》34099+《合集》33677

論 彫 祭

1961 年,屈萬里先生在爲《殷虛文字甲編考釋》所作《自序》中講道:"在考釋方面,最感困難的,是關於祭祀的問題。……除了這五種祭祀(本文作者按,即周祭所屬五種祭祀)之外,那許多有關祭祀的名詞或動詞,它們所代表的實際情形究竟怎樣,從事甲骨文研究的人,對於這些問題,還大多數弄不清楚,甚至於有些是祭名或是用牲之法,都還無法斷定。這點,作者謹以至誠,寄望於對於《三禮》有深切研究的學者們。"屈氏在四十年前所提到的此一甲骨研究的困難問題,到今天也並沒有得到很好的解決,殷墟卜辭中衆多祭祀詞語的内涵,仍缺少細緻的研究,還需要做不少工作,而這對於深切了解各種祭祀活動的具體情況,進而了解祭祀制度卻是至關重要的。

本文試論彫祭,作爲祭祀詞語系統的研究與探討之一。

一、關於"彫"字的音義

卜辭中"彫"字有時亦可寫作"酉",請看以下辭例:

(1) 甲子卜,犾,彫卜丙,卲。

甲子彫大戊,卲。

甲子卜,酉丁中,卲。(《合集》19838,自組)

(2) ……戊辰卜,㣻貞,彫盧豕至豕龍母。

戊辰卜,㣻貞,酉小宰至豕后癸。(《合集》21804,子組)

(3) ……卜,乡彫又事。(《合集》21797,子組)

(4) 乙亥卜,乡酉又事。(《合集》21796,子組)

(5) ……王卜貞,酓亞九备,其彫乡日……至于多毓衣亡徝,才欴,才……又二。

王囧曰:大吉。惟王二祀。(《合集》37835,黄組)

(6) 癸未王卜貞,酉乡日自上甲至于多毓衣亡蚩,自欴,才四月,惟王二祀。(《合集》37836,黄組)

(7) 癸未王卜貞，旬亡畎。王曰曰：吉，才月又一甲申彡酉祭上甲。(《合集》37840，黄組)

(8) 辛亥酉受又。(《合集》41536，無名組)

(9) 戊午貞，酉，卒禾于岳，燎三豕，卯……(《屯南》2626，歷組二類)

(10) 酉于夒，兹用。(《英藏》2443，歷組二類)

上舉卜辭中，將(1)中的三條卜辭、(2)中的兩條卜辭互相對比，並將(3)與(4)、(5)與(6)對比，均可證"彡"也可寫作"酉"，(8)至(10)各條卜辭中的"酉"亦皆應讀作"彡"。這説明，"彡"音與"酉"同，以上諸條卜辭中"彡"作"酉"，是假"酉"爲"彡"。彡從酉又以其爲聲，其義亦當與酒有關。這些酉假借爲彡的例子對於彡字的釋讀十分重要。彡既以酉爲音讀，則以往有學者提出的彡從彡聲，即彡字的繁文(彤字的本字)這一看法就是不合適的。

"彡"的本義，可從分析字形得到啓發。彡字原篆作彡，作彡，從酉從彡(或作彡)，酉旁的三斜道很短，不同於卜辭中彡祭之彡(彤)。彡或作彡，作彡，而殷墟卜辭中彡所從的彡從未寫過此形，也可見二者有別。① 這一點很重要，因爲以往常有學者認爲，彡從彡，故即是以酒行彡祭，或認爲所從彡有彡續之義。明確了彡非彡，對這些説法已無必要再申辯。

彡所從之三斜點彡，其形可理解爲是由酉(即大口尊形器)中倒出的酒。1959 年郭沫若舉周初青銅器德鼎銘文中彡字(郭氏釋爲"益"字)爲例，認爲易字作彡(或作彡)即此字之省形，二者爲繁簡二體，彡字象向帶半環耳之器皿中傾入水狀，甲骨文中有此字之更繁體作彡，可以明顯看到此點，所以器皿中之三斜點彡確可以表示傾入之酒水。類似的例子，如甲骨文中之次字作彡，亦以彡表示人吐出的口水。彡字以彡與酉組合，無疑是表示從酉(即大口尊)中傾出酒液。

也有的學者認爲彡字所從彡既是表示液體，後因與彡易混淆，故至篆文時變從彡爲從水，所以認爲此字即酒字。但這種解釋也是有問題的，因爲彡字所從彡在這裏並非僅是表示酒液的液態(屬水類)，而更主要的是象徵酒液的傾出，與酒的水旁示義在造字的方法與目的上都有本質的不同，所以彡字並非酒字。上引卜辭中彡字或寫作酉，應理解爲是同音假借，並不等於彡即是酉字。

當然彡在甲骨文中不一定在每一個字中皆表示傾倒液體。如彭字作彡(彡)，董作賓認爲左象鼓形，右象其聲，即彡字也。但釋此字右旁彡爲彡字，亦是混淆彡與彡之區別。言彡象聲，也比較牽强，聲無形豈可象，但以彡示鼓聲連綿還是可以的，彡本爲傾出之水流，但在這裏僅取其連續之義。

綜上述，彡字讀酉音，以酉與彡會意，以彡示從酉中傾下的酒液。如此，當彡作爲祭名

① 西周昭王時青銅器麥方尊銘文中"彡"字寫作彡，從酉從彡，與殷墟甲骨刻辭中的彡右邊作彡不同。但現在所見到的此尊銘文載《西清古鑒》，屬摹本，字形未必準確。當然也有另一種可能，即此字到西周時期後漸發生形訛。

使用時,如非作假借字使,即應該是指一種傾酒的祭儀。

二、酌祭與其它祭儀及用牲法的關係

酌作爲祭名,在卜辭辭句中有不同的存在形式,反映不同程序的祭儀。其形式大致可分爲以下三種:

(一)酌與其它祭名共見,合組爲一個祭祀的過程

如:

1. 酌與钟

丁巳卜,㕛貞,酌,帚好钟于父乙。(《合集》712,賓組)

貞,翌甲辰酌,钟自上甲。(《合集》1195,賓組)

甲子卜,酌大戊,钟。(《合集》19838,𠂤組)

2. 酌與歲

戊寅卜,即貞,叀父戊歲,先酌。(《合集》25204,出組)

辛亥卜,即貞,翌壬子酌示壬,歲亡尤。(《合集》22709,出組)

3. 酌與彡

癸卯卜,王貞,乙巳酌且乙,彡亡尤。才(在)十月。(《合集》22922,出組)

4. 酌與翌

甲子王卜曰,翌乙丑其酌,朙(翌)于唐,不雨。(《合集》22751,出組)

5. 酌與劦

癸未卜,……貞,翌甲申气酌,劦自上甲衣至于毓,亡……(《合集》22651,出組)

6. 酌與祭

癸酉卜,尹貞,旬亡囚,甲戌酌,祭于上甲,才……(《合集》24280,出組)

……卜貞,王旬囚畎,才(十)月,……酌,肖祭上甲。(《合集》35407,黃組)

7. 酌與桒

戊午卜,賓貞,酌,桒年于岳、河、夒。《合集》10076,賓組)

甲申卜,貞,酌,桒自上甲十示又二牛,小示㝬羊。(《合集》34116,歷組)

8. 酌與匚

癸酉卜,貞,來甲申酌,大匚自上甲。五月(《合集》14859 正,賓組)

甲申卜,賓貞,其酌,匚于河,……來辛丑……(《合集》6331,賓組)

9. 酚與告

    ……卜，出貞，大史其酚，告于盟室。十月（《合集》25950，出組）

10. 酚與祝

    其祝妣辛，叀翌日辛酚。（《屯南》261，無名組）

11. 酚與聂

    其聂秜且乙，叀翌日乙酉酚，王受又。（《屯南》618，無名組）

以上諸辭例，列舉了酚祭與其它一些祭祀禮儀之間相互組合的關係。就目前對卜辭所見祭名内涵的了解，這些祭祀禮儀可分爲三類：

第一類是有某種特定目的的祭祀，即通過祭祀對所祭對象有某種特定要求，如钔、秜（秜年等）、告、祝。

第二類，如匸（可能是報祭）、聂（可能是登嘗之祭，像嘗新祭之類），是對祭祀對象表示報答，有取悦之意。

以上提到的祭名，聂是呈獻農産品，應當有相應的祭儀，而钔、秜、告、祝、匸等祭祀亦均應有單獨的特定的祭儀，包括奉獻祭品，從有關卜辭中這幾種祭祀皆有用牲的辭例可知。

第三類則可能是例行的較常規的祭祀，如上舉出組卜辭中的啓、歲、彡、翌等。這類常祭必有獨立的特定的祭儀自不待言。

在出組周祭卜辭中，酚祭名已經出現在五種祭典祭名前，上舉諸出組辭例中，乙巳酚彡且乙，乙丑酚翌于唐，可能已屬周祭。[①] 而酚啓自上甲至于毓的卜辭（《合集》22651），則肯定屬周祭了。在黄組周祭卜辭中，已可見到酚祭與屬周祭諸祀典結合，如酚彡、酚祭、酚翌日等（酚啓、酚壹尚未見）。

這些不同類型的祭祀都與酚相組合，則酚應當是舉行這些祭祀時必須要履行的一種祭祀儀式，一個必備的步驟，而且從多數辭例中酚祭在卜辭内的位置看，酚是在舉行上述諸類祭祀之特定的禮儀前首先要進行的一種祭儀。比較明確地表現了這一點的是以下辭例：

    貞，业（有）匸于上甲，先酚。（《合集》1162，賓組）

    戊寅卜，即貞，叀父戊歲，先酚。（《合集》25204，出組）

此兩條卜辭皆言"先酚"，即明確了是在舉行匸祭或歲祭前先要舉行酚祭。

從卜辭中可見在另外一種情況下也有卜"先酚"的，如：

---

① 常玉芝：《商代周祭制度》（中國社會科學出版社，1987 年）第 22 至 23 頁，認爲類似卜辭，可能是周祭尚未形成或形成初期的卜辭。

　　大乙先上甲酌，王受又（佑）。（《合集》27055，無名組）

　　叀示壬先酌。

　　叀上甲先酌。（《合集》28272，無名組）

　　叀兄先酌。

　　叀母先酌。

　　叀父先酌。（《合集》27489，無名組）

　　類似卜辭中的"先酌"，是卜問在需要酌祭幾位先人時，先酌祭何者，這顯然與上面所舉辭例中其它祭祀儀式前先舉行酌祭的"先酌"不同。

　　綜上述，卜辭中凡酌祭與其它祭祀名稱共見於一條卜辭時，均反映出酌祭是在與共見的另一種祭祀組合爲一套完整的祭儀，而酌祭先於其它祭祀進行。

　　現在再看酌祭名稱在卜辭中的第二種存在形式。

　　（二）酌祭與用牲法或直接與牲名相聯繫

　　與用牲法聯繫的辭例，如：

　　　　丁亥貞，辛卯酌河，燎三宰，沈三牛，宜宰。（《屯南》1118，歷組）

　　　　庚寅貞，酌，彳伐自上甲六示三羌、三牛。（《合集》32099，歷組）

　　　　丁亥貞，酌，卯于大乙……（《合集》32423，歷組）

　　以上沈、燎、伐、卯皆用牲法。這似乎表明酌祭本身並無用牲的内涵，故舉行酌這種祭儀後（或同時）要以諸種用牲法殺牲爲受祭者提供血腥之祭品。如何解釋下面一條卜辭，對於討論酌祭本身是否用牲的内容是必要的：

　　　　癸丑卜，𣪊貞，來乙亥酌下乙，十伐屮（又）五，卯十宰。乙亥不酌……（《合集》897，賓組）

辭中言"酌下乙，十伐屮（又）五"，"酌下乙"後接"十"，"十"是否指酌祭的祭牲數呢？"十"如隨上讀，讀爲"酌下乙十"，則"伐屮（又）五"不太好講通，所以此辭還是應該讀作"酌下乙，十伐屮（又）五"，"十"隨下讀，即伐十五（某牲）。所以這條卜辭亦並不能證明"酌"是用牲之祭。

　　但在卜辭中還有不少辭例在言酌祭後並未接用牲法而是接牲名。此類卜辭的句式又可以分爲兩小類，一小類是"酌"後先接受祭者，再言牲，如：

　　　　酌河五十牛。（《合集》672 正，賓組）

　　　　甲午貞，乙未酌高且亥……大乙羌五、牛三，且乙羌……，小乙羌三、牛二。父丁羌五、牛三。亡𡆥。兹用。（《合集》32087，歷組）

此類卜辭中另一小類的句式是，"酌"後徑接祭牲，如：

酒五宰于且丁。(《合集》1862,賓組)

貞,于宗酒卅小宰。九月(《合集》13549,賓組)

丙寅貞,其先酒九牛。(《合集》32029,歷組)

對此類卜辭中以上兩小類辭例的句式最好的解釋,是將這種句式理解爲省去諸辭中用牲法,而不是"酒"祭本身含有各種用牲的內容。爲了説清這一點,不妨再舉幾個例子,如卜祭祀河的卜辭言:

酒五十牛于河。(《合集》1403,賓組)

這裏酒後徑接"五十牛",按照一般卜辭句式,"酒"很象是用牲法,但再看下一條卜辭:

丁亥貞,辛卯酒河,燎三宰,沈三牛,宜宰。(《屯南》1118,歷組)

很顯然,"酒"明顯地與具體的殺牲方法燎、沈、宜之語法地位是不同的。如酒本身也要用牲,在此種句式中也應該寫明牲數,而不能只有後三種用牲法寫明牲數。另一條內容相似的卜辭言:

辛巳卜,貞,來辛卯酒河,十牛,卯十宰。(《屯南》1116,歷組)

這裏"十牛"前未接用牲法,但與上引《屯南》1118 相比,即可以認爲是省了某種具體的用牲方法,或是漏刻。又,卜辭中多見"酒伐"(按:實際上應該在"酒"後斷句,酒、伐是兩個過程,詳下文)連用,如:

……巳,酒伐六宰,惟白豕。(《合集》995,賓組)

顯然,"伐"是殺牲。那麼,有無可能"酒伐"是同義詞連用,而上述常見的單用"酒"接牲的用法是"酒伐"之省呢? 從下面一條卜辭看,這種可能也是不存在的:

丙申卜,殼貞,來乙巳酒下乙。王固(占)曰:酒,惟屮(有)求(咎),其屮(有)設。乙巳酒,明(萌)雨;伐,既雨;咸伐,亦雨;改卯,鳥星(晴)。(《合集》11497 正,賓組)

這條卜辭大意是説,丙申日占卜,由殼貞問,來日之乙巳日是否可以酒祭下乙。王視卜兆後云:可以行酒祭,但會不順利,有些阻礙。驗辭記錄曰:乙巳日酒祭時,始下雨;伐牲時已經下得較大了,繼續伐牲,還在下雨;直到改卯牲時,天才晴。由此可知,"酒伐"實際上包括了酒、伐兩種祭祀方式、兩個過程,而且正如前文已講過的,酒祭這一過程在前面,伐,即殺牲在其後。

總之,卜辭中儘管有時在"酒"後不接用牲法而接牲與牲數,仍完全可以理解爲是省略了殺牲的方法。而由酒祭與用牲法或徑與牲名相聯繫的此種卜辭形式,又可以知道酒祭後一般是要對受祭對象獻牲的,亦即要用某一種或幾種用牲法殺牲以祭。關於這一點,下文還將通過徵引文獻來作進一步論證。

（三）酌也可與非用牲類祭祀相聯，如：

　　乙酉卜，貞，來乙未酌，鬺（酥）于祖乙。十二月（《合集》1594，賓組）

　　叀乙卯酌鬺（餗），大吉。（《合集》30806，歷組）

《説文解字》鬺字或體作餗，殆音同通假，訓爲“鼎實”，即以鼎盛食物。酥或即以酒爲祭物。此兩條卜辭所言，均是施行酌祭形式後，再獻上酒或食物爲祭品。

綜合上文對酌字字義、字音及酌祭與其它祭儀及用牲法關係的分析，可知酌祭的形式是傾撒酒液，其音亦與酒同；酌祭往往是其它祭儀進行之前，先要舉行的一個必要的儀式，一種先導；酌祭這種形式本身雖不含貢獻祭品的過程，但酌祭後一般皆要連帶着進行用某種方法殺牲、獻牲或貢獻其它祭品的儀式。

周國正在分析卜辭中兩種祭祀動詞之語法特徵時曾指出，酌可能是一種先行的預備性乙類祭祀，與其它乙類祭祀分開舉行。[①] 所云“乙類祭祀”即是要使用祭品（指祭牲）的祭祀。他這樣講，是緣於酌與祭牲直接相接的句式，即上舉酌在卜辭中第二種存在形式的第二類句式，是將省略用牲法的句式理解爲酌本身亦是用牲法。關於這種省略用牲法的句式，上文已作過論證。

三、酌祭内涵的文獻印證

東周禮書與漢人注釋所記祭祀禮儀是今日研究先秦祭祀制度所必須重視的。儘管東周禮書及漢人注釋相對殷墟卜辭時代成文較晚，多有構擬成分，但畢竟提供了解釋卜辭中祭祀詞語内涵的文獻參考。本文開首所引屈萬里先生將搞清甲骨文中祭祀問題寄望於對《三禮》之研究，應當也是出於此種考慮。能够與上文所分析的“酌”祭内涵相聯繫的文獻記載，見於《周禮·春官·大宗伯》及其鄭注。其文曰：“以肆、獻、祼享先王，以饋食享先王，以祠春享先王，以禴夏享先王，以嘗秋享先王，以烝冬享先王。”鄭玄注曰：“宗廟之祭有此六享。”與我們要討論的酌祭直接有關的是“以肆、獻、祼享先王”一句。對於肆、獻、祼，鄭注逐一解釋曰：“肆者，進所解牲體，謂薦孰時也。獻，獻醴，謂薦血腥也。祼之言灌，灌以鬱鬯，謂始獻尸求神時也。”（賈公彥疏“云祼之言灌者”是“以鬱鬯灌地降神取澆灌之義，故从水”。）此後，鄭注又引《郊特牲》，講人死後魂氣歸於天，而形魄歸於地，祭祀是爲了求諸陰陽之氣，殷人先求諸陽，反之，周人先求諸陰，故周人“祭必先灌，乃後薦腥薦孰于祫……”鄭注講的殷周這一差別是否存在，需要證明，但其強調灌這一程序必在祭儀之首，則是非常重要的。即是説，祭祀時第一要先行祼（灌）禮，第二在祼禮行畢即要薦血腥，薦牲體。祼的方式與其在祭禮中的次序及與肆、獻等用牲法的關係，恰與上文所分析的酌

---

① 周國正：《卜辭兩種祭祀動詞的語法特徵及有關句子的語法分析》，香港中文大學中國文化研究所等：《古文字學論集》初編，1983 年。

字字義與酓祭的特點多有相合之處。所以可以認爲卜辭中的酓祭應即是裸祭,卜辭中有時在言"酓"後即接用牲法及牲名,或徑接牲名,都反映上面所引文獻所講的灌祭之後要殺牲薦牲這一套程序,而並不是説酓本身是一種用牲之法。

如酓實質即是裸,則由卜辭所展示的情況看,商人祭祀時也是先行酓禮,鄭注以之爲周人祭祀所特有似不確切。

"酓"與文獻中"裸"(灌)義同,在卜辭中也可以找到較直接的證據。在賓組與無名組卜辭中有"酓萑"或"酓雚"連言者,如:

> 禱大乙,酓雚王每(悔)。(《合集》27115,無名組)

> 乙酉,酓雚,其靠又。大吉。(《合集》30828,無名組)

> 钔小辛三牢,又戠二,酓萑至……(《合集》21538乙,自組)

以上卜辭中,"酓萑"與"酓雚"並見,則"萑"即"雚"字。雚在與酓連言時可讀作灌祭之灌。[1] 灌與裸上古音同(聲母皆見母,韻母皆屬元部)。上面已説明,酓本身的儀式即與裸同,這裏又接"灌"(裸)字,當屬於同義詞連用。

再看以下一條卜辭:

> 乙未卜,爭貞,來辛亥酓萑,匸于祖辛。七月(《合集》190正)

將這條卜辭與上文所引卜辭"甲申卜,賓貞,其酓,匸于河"(《合集》6331)對照,可知本辭之"酓萑"即相當於卜辭6331的"酓"。

四、卜辭中所見酓祭對象

卜辭中以酓祭祭神靈,多標明祭祀對象。在自、賓、無名組及黃組卜辭中,以酓祭與其它祭法及用牲法結合所祭祀的神靈,包括先公(如王亥、𧊲、河、岳、夒等)、先王(自上甲以下諸王,以所謂直系先王爲主,也有旁系先王,如賓組中可見酓祭示壬、示癸、魯甲,無名組中可見酓祭卜丙,歷組中有父甲)、兄(如兄丁)、先妣、母及舊臣(如伊尹、黃尹),這些受祭者皆屬人神。從前引《周禮·春官·大宗伯》"以肆、獻、裸享先王"及賈公彥疏所云"凡宗廟之祭,迎尸入內,坐於主北,王以圭瓚酌鬱鬯以獻尸……"可以知道,裸祭屬於宗廟之祭,確是對人神之祭。祭人神爲何先要行酓祭即灌禮?前引《周禮·春官·大宗伯》鄭玄注所言,灌禮是爲了求諸於陰。賈公彥疏曰:"人死魂氣歸於天爲陽,形魂歸於地爲陰。祭時作樂爲陽,是求諸陽;灌地爲陰,是求諸陰。"這即是説,以酒灌地是爲了與所祭者在地下之形魄溝通,是求神之必要禮儀。賈疏還言及以鬱鬯灌地也即是降神(此説又見《詩經·小雅·信南山》孔穎達疏,其文曰:"故云祭之禮先以鬱鬯降神,然後迎牲郊特。")。降神,當

---

[1] 孫海波:《甲骨文編》(哈佛燕京學社,1934年)與金祥恒:《釋萑雚》文(《中國文字》第六卷,1967年)均有此説。

是使歸於天之魂靈與在地下之形魄相符後降於祭所。由此可知，行灌禮是求得人神之形魄與魂靈之合一以到達祭所接受祭享。

值得注意的是，卜辭中所見受酚祭者中也有非人神者，見於無名組卜辭，如：

> 于丁卯酚南方。（《合集》30173，無名組）

這種受祭者爲非人神的卜辭雖然例子很少，但仍值得討論，因爲這關乎到酚祭與文獻中所見裸（灌）禮之異同。在《周禮·春官·鬱人》的賈公彥疏中曾講到過裸（即灌）不施於人神以外諸神，其文曰："天地大神至尊不裸，至於山川及門社等事，在鬱人亦無裸事，此云祭祀唯據宗廟耳。"

按照上文提到的，祭人神要先用酚祭，灑酒於地，是與欲祭之祖先在地下的形體相溝通，同時也即感應了其在天之魂靈，於是使形體與魂靈溝通，遂有降神之效應。但是，從卜辭中有關辭例看，方（四方之神）無受享祭之宗廟，也從未被稱爲"高祖"，似當歸屬爲所謂自然神。自然神當無祖先神那種死後形體與魂靈分爲於地、天之情況，所以具降神功能之酚祭按理似亦不當適用於方。從卜辭總體情況看，方也確極罕見與酚祭相聯繫。[①] 但以上所舉與酚祭聯繫的幾條卜辭又當如何解釋呢？

從卜辭所反映的情況看，方在受祭時，亦常使用祭牲，這與商人不祭上帝（當是因爲上帝有特殊的神性，不享人間供品）有別，可見在商人心靈中，方之類本爲自然神者，雖未必一開始即與某一固定祖先神相合一，但亦漸人神化，相土亦即土、社之傳說，亦當是此種宗教觀念演化的結果。[②] 在自、賓組等較早的卜辭中未見酚方的辭例，上舉一例屬無名組，其年代似不早於祖甲時期。這説明，如有方、土（社）之類自然神向人神化的演變，似也當在商後期中葉以後。

（原載《古文字研究》第 24 輯，中華書局，2002 年，收入此書時個別行文有所修改）

---

① 按：《合集》29992 有"其酚于今夕，又（有）雨。吉，兹用"，《甲骨文合集釋文》（中國社會科學出版社，1999 年）將"于"釋作"方"，筆者本文原文亦作此讀，但細看還應釋"于"。無名組卜辭有"叀今夕酚。大吉，兹用"（《合集》27454）。
② 《左傳》昭公二十九年："后土爲社。"又《國語·魯語上》亦言，因后土能平九土，"故祀以爲社"。按：《合集》34188 爲祖庚時期的歷組二類卜辭，其文曰"……寅，尞，酚……伐于土"，雖末尾言伐祭於土（社），但酚祭對象並不清楚。如確是祭社，則也可能屬於這種情況。

黄組卜辭中的"舍巫九备"試論

在黄組卜辭中,有王親自占卜、貞問的一種卜辭,其句式有特點,即皆在開頭"干支王卜貞"後接有"舍巫九备"這一句話,以下才是命辭。例如:

> 丁卯王卜貞,舍巫九备,余其比多田于多白(伯)正(征)盂方白(伯)炎,叀衣。羽(翌)日步,亡尤自上下于戠示,余受又(有)又(佑),不萑戉,[囚]告于丝(兹)大邑商,亡徝,才(在)斿。[王囚曰:]引吉。才(在)十月,遘大丁羽(翌)。①(《合集》36511)

"舍巫九备",原字"舍"作![舍字],"备"作![备字]。目前已知的句式相同的卜辭,在《合集》中約有十九條,但絕大多數都有不同程度的殘缺。其命辭的内容,多數屬於卜戰事,但也有不是卜戰事的,例如:

> ……王卜貞,舍巫九备,其酚夕日……至于多毓衣亡徝才(在)斿,才(在)……又(有)又(佑),王囚曰:大吉。隹王二祀。(《合集》37835)

所以,以往有的學者認爲"舍巫九备"是戰争卜辭的習語,恐非確論。雖然如此,有"舍巫九备"的卜辭確實多與占卜戰事有關。概而言之,所卜均是内容相當重要的大事,像上舉辭例,是大規模的征伐或規模較大的祭祀活動,故皆需要王親自占卜。此外,此種句式的卜辭,注明占卜地點的,多在大邑商。

"舍巫九备"如何解釋,一直是治甲骨學與殷商史的學者關注的問題,並有多種説法。欲對這句話作解釋,首先應説明的一個問題是,不少學者將"舍巫九备"讀作"今囚巫九备",認爲"舍"並非一個字。筆者觀察了出現此句話的十九條卜辭,在"备"字没殘損的辭例中,"今囚"兩個字符絕大多數上下貼得較緊湊,比其他各字之間的距離明顯要小,於相鄰的其他文字對比,如"巫""王"等字,也可以清楚地看到這兩個字符只占了一個字的位置,與下邊"夊""囚"所構成的"备"字人小基本相等。符合此種情況的,計有《合集》36344、36507、36508、36510、36511(以上圖一),36513、36515、36523、37281、39461(以上圖二)。

---

① "[王囚曰]"依其他句式相同的卜辭補。

圖一

1. 《合集》36344 2. 《合集》36507(局部) 3. 《合集》36508 4. 《合集》36510 5. 《合集》36511

圖二

1.《合集》36513　2.《合集》36515　3.《合集》36523　4.《合集》37281　5.《合集》39461

圖三

1.《合集》37835　2.《合集》36503　3.《合集》36525　4.《合集》36182＋《輯佚》690

　　只有以下少數幾條卜辭中,"今""冊"兩個字符上下相距稍遠,即《合集》36503、36525、37835以及《合集》36182＋《輯佚》690(以上圖三),其中"今""冊"明顯相對較遠的,只有《合集》37835。但在這一版卜辭中,其他文字,如"备""彡""徝",字形也均拉得較長,寫得較松垮,所以"今""冊"間距較大也可能是該刻手書寫風格所致。

按照上述情況，將"今囧"兩個字符視爲相合成的一個字，而非兩個字，似乎是較爲穩妥的，故本文取此種讀法。在以往諸家論著中，作此種讀法的學者，有李學勤、常玉芝等先生。[①]

此外，關於"舍"字還有一個問題，即《殷墟甲骨刻辭摹釋總集》將《合集》36513、36523此字分別摹作"舍"與"㔾"（上面"今"字殘缺），此字如按這樣寫即應隸定作舍（亦即舍）了。但仔細看拓片（圖二，1、3），可知此種摹寫是有誤的。《合集》36513（圖二，1），摹寫者可能將"囧"下邊的筆畫看成是"囧"右下邊曲筆的一部分，其實那一橫筆畫正是下面"巫"字的上一筆，而右邊看似爲豎畫的，應是骨上的劃痕。而且，如真是囧字，其右下角的曲筆也並没有這麼大，也没有這樣作標準的直角狀。至於《合集》36523（圖二，3）的"舍"字右下角的一短畫，應該只是甲骨上的劃痕，並不是囧字右下角的曲筆。

這即是說，在此種句式的卜辭中，"舍"字只有這一種寫法，即只能讀作"舍"，寫作"舍"字是不當的。

在澄清以上兩個問題後，我們再來討論"舍巫九备"這一句話的含義。這句話的語法結構應該是"舍"作動詞，"巫九备"是賓語，是個動賓結構的句子，主語當然是"王卜貞"之王。

先説"巫九备"的意思。相對其他説法，唐蘭先生在《天壤閣甲骨文存并考釋》中所作的解釋，可能是最貼近其本義的，唐先生認爲"巫九"即"九巫"。"九巫"見於《周禮·春官·簭人》，其文曰：

> 簭人掌《三易》以辨九簭之名，一曰《連山》，二曰《歸藏》，三曰《周易》。九簭之名，一曰巫更，二曰巫咸，三曰巫式，四曰巫目，五曰巫易，六曰巫比，七曰巫祠，八曰巫參，九曰巫環，以辨吉凶。

鄭玄注認爲"此'九巫'讀皆當爲簭字之誤也"，並將九個"巫某"之"某"分別解釋爲九件事情，比如認爲"簭更"是"簭遷都邑也"，"巫咸"是"謂簭衆心歡不（否）也"等。唐蘭先生已指出鄭玄此種解釋"甚誤"，並指出"劉尚文、陳祥道、薛季宣並讀如字，謂巫更等爲古精簭者九人"。唐先生並明確説明"則卜辭之'巫九备'，疑即《周禮》九簭也"。[②] 唐先生這種解釋，在目前應該説是可以較好地與文獻記載繫聯的一種説法，不然很難解釋"巫九"。當然也還可以再作進一步的討論。

依唐先生此説，卜辭中的"巫九"，自然不宜理解爲九個巫，因爲上引《簭人》中，所云九個"巫某"，雖有可能像有的學者所解釋的那樣，是古代有名的巫者的名字，但按《簭人》文

---

① 李學勤：《論新出現的一片征夷方卜辭》，《殷都學刊》2005 年第 1 期；又載於《文物中的古文明》，商務印書館，2008年，第 135 頁。常玉芝：《商代周祭制度》，綫裝書局，2009 年。

② 唐先生讀"备"字爲"备"。

意,此九個“巫某”實是“九簭(筮)”之名,亦即九種筮術之名稱,而只是以善於這九種筮術的巫者之名名之。[1] 卜辭不言“九巫”,當是爲了避免理解爲九個巫者。由此可以認爲卜辭中“巫九”即稱爲“巫某”的筮術九種。

“巫九”之後的“咼”字,从“夂”,从“囚”,“夂”當是《説文》釋爲“从後至也。象人兩脛後有致之者”之“夂”,其字形象下行(即降落)之足,“各”字所从“夂”即此字。如此,則“咼”字似可以有兩種讀法:

其一是上引唐先生《天壤閣甲骨文存并考釋》中的説法:“咼之字象有足來至囚上,其本義或是卜而神靈來降於繇與?”[2]“繇”即《左傳》閔公二年“成風聞成季之繇”,杜預注:“繇,卦兆之占辭。”“囚”在卜辭中是骨上有卜兆之形,如按唐先生所云“咼”字爲會意字,自然可以將“咼”字理解爲是符合神靈意旨的卦兆之占辭。

其二“咼”字可認爲是从囚、夂聲的字。“夂”爲端母脂部字,而从“至”得聲之字,有一部分,如窒、銍、挃等皆爲端母質部字,聲母同,而韻部脂、質爲陰入相諧,故“夂”可讀爲“至”,亦即“咼”字與“至”通。《國語・楚語上》記白公子張諫楚靈王曰:“昔殷武丁能聳其德,至於神明,以入於河。”韋昭注:“至,通也。”“咼”字以表示卜兆的囚爲形符,夂聲,亦即“至”聲,其義也當是通神靈之卜兆,亦可引申爲符合神靈指示的卦兆之占辭。

以上兩種對“咼”字的解釋雖不盡同,但其意思其實還是接近的,似可以説从囚夂聲的“咼”字是專用以表示神靈降其意旨於卦兆,是卜筮之專用字,其意亦即按照神靈所示符合神靈意旨的占辭。如可以這樣認識,則卜辭“巫九咼”是指運用“九筮”即被稱爲“巫某”的九種筮術後所得出的占辭。

現在再來看“酓巫九咼”句前面作爲動詞的“酓”字。“酓”有可能从囚、今聲。“今”爲見母侵部字,而屬於溪母侵部的字有“戡”“勘”“堪”等从“甚”得聲字,見、溪聲母極近,又同屬侵部,故从“甚”得聲字當可與从“今”得聲字相通用。《説文》“戧,殺也。从戈,今聲。《商書》曰西伯既戧黎”。“西伯戧黎”,即今本《尚書》中的《西伯戡黎》,是戧、戡因音近而相通。故“酓”字亦可讀爲从“甚”得聲字,在此似當讀爲“勘”。“勘”見於《説文》新附,从力甚聲,其意爲“校也”。朱駿聲《説文通訓定聲》釋曰:“蓋引申爲深切考覈之意。”王筠《説文句讀》曰:“考其事,必得其實,乃謂之覈。”《玉篇》:“勘,覆定也。”按照以上對字、句的分析,“酓巫九咼”的意思即是:考覈用“巫九”筮術所得到的占辭。

黄組有“酓巫九咼”句的卜辭,在此句話前面,即卜辭開首多言“干支王卜貞”,是“酓巫

① 殷墟卜辭中所見“巫”的身份有兩種:一種是爲商王服務的巫,如《合集》5649“巫曰:集貝于帚(婦)。用,若”,《合集》21880“叀巫先”等所見“巫”,即當是在王身邊,以巫術爲王服務者。另一種是作爲商王祭祀對象的“巫”,應該是商人所崇拜之神巫。如賓組卜辭習見之“帝(禘)巫”之巫以及爲“寧風”所祭之巫。卜辭有記“帝(禘)北巫”(《合集》34157),“帝(禘)東巫”(《合集》5662),可知商人所崇拜者有“四方之巫”。“酓巫九咼”之巫也可能已屬於這類被作爲神人而受到尊崇的巫。

② “囚”,唐先生釋作“繇”,裘錫圭先生有《説囚》一文(收入《古文字論集》,中華書局,1992年)贊同之。

九备"也已屬於命辭中一部分,是卜辭在正式貞問占卜主題之前先交代的一句話,説明在此次用甲骨占卜之前,所要占卜的事項已先通過名爲"巫九"的筮術得到了結果,有了占辭,現在要進一步用甲骨占卜的方式對此占辭之可信性加以考覈。

這樣理解,自然涉及商後期商人是否已使用筮法的問題。關於這個問題,近三十餘年來已有多位學者通過商後期陶器、卜用甲骨、青銅器等所刻、鑄的筮占數位記號,對當時在占卜同時已使用筮法,給予肯定。① 宋鎮豪先生對此有系統的述評,並明確指出晚商王朝的占卜制度,已是"卜筮並用,兩相參照聯繫"。特別是在殷墟遺址發現的記有筮占後所記筮數的卜用甲骨,有的還兼記卜辭,更是卜、筮結合的反映。"甲骨上記筮數,不在於强調卜法的不同,而在於强調占卜事項的同一性"。② 如本文所討論的黄組卜辭中的"禽巫九备"確與筮法及先筮後卜有關,而在較早的卜辭中,似尚未有如此記録,則卜筮並用的占卜方法很可能到了殷末時更受到商王的重視。

按照上文的解釋,黄組卜辭中的"禽巫九备"不僅是當時卜筮並用的一種記録,而且是以甲骨占卜的方式對已經用筮法得到的占辭作進一步的考覈,即將筮占之事再通過甲骨占卜檢驗一下,這種情況完全符合《周禮·春官·簭人》中所言"凡國之大事,先簭而後卜"。上文已言及黄組卜辭中凡有"禽巫九备"句的卜辭,多占卜的是當時重要的戰事及隆重的祭禮,此亦合於《左傳》成公十三年所云"國之大事,在祀與戎",故商王慎重地采用了"先筮而後卜"的作法。

上引《簭人》文鄭玄注:"當用卜者先筮之,即事有漸也。於筮之凶,則止不卜。"依此説,則黄組中有"禽巫九备"句的卜辭所卜之事,應是筮占已認爲是可行吉利的。至於筮占雖已有結果,何以還要再進一步用甲骨占卜,恐因當時人雖相信筮卜並用更爲靈驗保險,但在心理上還是認爲甲骨占卜要更靈於筮占。《左傳》僖公四年記"初,晉獻公欲以驪姬爲夫人,卜之不吉,筮之吉,公曰'從筮'。卜人曰:'筮短龜長,不如從長。'"此雖是東周時人的看法,但很可能反映了自商後期以來既有的觀念。

以上短文,是基於前人的研究成果,對黄組卜辭中諸家多有不同理解的"禽巫九备"這句話的幾點膚淺認識,但可作印證的資料較少,所云有推測性,未必正確,敬請方家賜正。

(原載《甲骨文與殷商史》新三輯,上海古籍出版社,2013 年)

① 張政烺:《試釋周初青銅器銘文中的易卦》,《考古學報》1980 年第 4 期;又其《殷墟甲骨文中所見的一種筮卦》,《文史》第 24 輯,中華書局,1985 年。餘諸家有關論述,參見宋鎮豪:《夏商社會生活史》(下),中國社會科學出版社,2005 年,第 896—901 頁。
② 宋鎮豪:《夏商社會生活史》(下),第 899 頁。

武丁時期商王國北部和
西北部之邊患與政治地理
——再讀有關邊患的武丁時期大版牛胛骨卜辭

一

在武丁時期的賓組卜辭中,有一類甲骨刻辭(如本書所收國家博物館藏品 35、36、56片牛胛骨刻辭[①])格外惹人注意,其特點可以歸納爲:

(一)都刻在大版的牛胛骨上;

(二)字形較周正、開朗,筆畫較粗而剛健,是殷墟甲骨文書法藝術的典範;

(三)字多有涂朱;

(四)往往在牛胛骨正背兩面皆有刻辭,同一面刻辭常包括若干條卜辭。當文字密集時,多會在各條卜辭間用豎欄加以間隔;

(五)卜辭構成多較完整,多含前辭、命辭(卜一旬有無囚)、占辭、驗辭(記一旬之内應驗之事)幾部分;

(六)貞人主要是在賓組卜辭中出現率最高的賓、殼、爭;而占辭則常是由王親自視卜兆後所作的判斷之辭,以"王固(占)曰"開頭爲常見形式。

凡具有上述幾個特點的甲骨刻辭,按道理講,應該是存在於一段不會太長的時間内。這也就是説,此類刻辭如果保存較好,發現較多,則其内容在時間上有相銜接排序的可能。但遺憾的是,這類卜辭已見於著録的並不太多,現僅對此類刻辭中記載了戰事的部分卜辭作排時序的探討,並對其内涵再試作進一步闡釋。下面先將有關的卜辭作釋文,並將同一癸日占卜的卜辭(包括占、驗辭)歸爲一組,按癸日先後次序排序如下:

第一組

(1)癸未卜,殼貞,旬亡[囚,王固(占)曰:出(有)]求(咎),其出(有)來嬉(艱)。

---

① 按:"本書"指中國國家博物館編:《中國國家博物館館藏文物研究叢書·甲骨卷》,上海古籍出版社,2007 年。

气（迄）至七日［己丑］，允出（有）來娟（艱）自西，╪戈［化乎（呼）］告曰："呂方皿（征）于我奠……"（《合集》584 正甲，圖一）①

（2）……王固（占）曰：出（有）求（咎），出（有）夢，其出（有）來娟（艱）。七日己丑，允出（有）來娟（艱）自［西］，╪戈化乎（呼）告［曰："呂］方皿（征）于我示……"（《合集》137 反，圖二）

（3）癸未卜，永貞，旬亡田。七日己丑，╪友化乎（呼）告曰："呂方皿（征）于我奠菫……"□月（《合集》6068 正，圖三）②

（4）……壬辰，亦出（有）來自西。甾乎（呼）……皿（征）我奠，戋四……（《合集》584 反甲，圖四）③

（5）……娟（艱），╪……呂皿（征）于我……辰亦出（有）來……曰……呂……四……（《合集》6067，圖五）

（6）……王固（占）曰：出（有）求（咎），其出（有）來娟（艱）。气（迄）至九日辛卯，允出（有）來娟（艱）自北，蚊妻安告曰："土方㷋（侵）我田十人。"（《合集》6057 反，圖六）

（7）……卜，殼貞，蚊妻……（《合集》4547，圖七）

（8）……貞，旬亡田，……［王］固（占）曰：其出（有）來娟（艱）。气（迄）至九日……安……（《合集》7142 正、反，圖八）

圖一　《合集》584 正甲

---

① 按：此片刻辭已有綴合，詳本文文末"補記"。

② 按：本條卜辭末尾署月份，但"月"前一字拓本字迹不清。《甲骨文合集釋文》作"七月"，如確爲七月，則此條卜辭所記呂方犯╪氏之舉即可能在七月，本文第三節所制敵方侵擾戰事即要延至七月。

③ 按：相關綴合詳本文文末"補記"。

160

圖二　《合集》137 反

圖三　《合集》6068 正

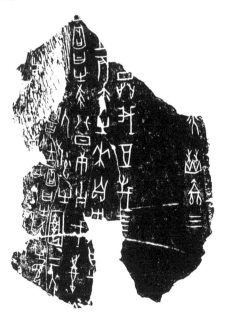

圖四　《合集》584 反甲

圖五　《合集》6067　　　　　　　　　圖六　《合集》6057 反

1. 正　　　　2. 反

圖七　《合集》4547　　　　　　　　　圖八　《合集》7142

第二組

(9) 癸巳卜,㱿貞,旬亡囚。王固(占)曰:㞢(有)求(咎),其㞢(有)來娃(艱)。气(迄)至五日丁酉,允㞢(有)來[娃(艱)自]西,沚戫告曰:"土方𢓊(征)于我東啚(鄙)[田],𢦏二邑,𢀛方亦㛙(侵)我西啚(鄙)田……"(《合集》6057正,圖九)

(10) 癸巳卜……娃(艱),气(迄)至……戫告曰:"土……𢀛方亦……"(《合集》6060正,圖一〇)

(11) ……㱿……囚。王固(占)曰:……來娃(艱)。六日……㞢(有)來娃(艱)。沚戫乎(呼)……𢀛……(《合集》7143正,圖一一)[①]

(12) ……爭貞,旬亡囚。王固(占)曰:㞢(有)求(咎)……㞢(有)來娃(艱)。沚戫乎(呼)告曰……(《合集》7139,圖一二)

(13) ……戫告曰:"土方……㪔(侵)我西[啚(鄙)田]……"(《合集》6059,圖一三)[②]

(14) 癸巳卜,永貞,旬亡囚……隹(惟)丁。五日丁酉允㞢(有)……于我東啚(鄙)……(《合集》6058正,圖一四左)

王固(占)曰:其㞢(有)來……(《合集》6058反,圖一四右)

圖九 《合集》6057正

① 按:此片卜辭已與本文圖一《合集》584正綴合,詳本文文末"補記"。
② 按:此片卜辭已有綴合,詳本文文末"補記"。

圖一〇　《合集》6060 正　　　圖一一　《合集》7143 正　　　圖一二　《合集》7139

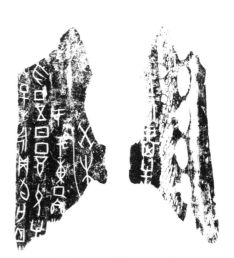

圖一三　《合集》6059　　　　　　圖一四　《合集》6058 反

第三組

　　(15) 癸卯卜，爭貞，旬亡囚。甲辰……大戛（驟）鳳（風），之夕乙巳，……奉〔羌〕五人。五月，才（在）……（《合集》137 正，圖一五）

　　(16) 癸卯卜，殻貞，……王固（占）曰：业（有）求（咎），……戛（驟）鳳（風），之……羌五〔人〕……（《合集》367 正，圖一六）

　　(17) ……大戛（驟）鳳（風）……乙巳，奉〔羌五〕人。五月才（在）章。（《合集》13362 正，圖一七左）

　　(18) 癸卯卜，殻貞，旬亡囚。王固（占）曰：业（有）求（咎），其业（有）來嬉（艱）。五日丁未，允业（有）來嬉。飲钔（御）……自呂圍六人。① （《合集》6057 正，圖九）

　　(19) 癸卯卜，賓貞，旬亡〔囚〕……方盅（征）于呂（邑），叙（侵）……（《合集》6778 正，圖一八）

圖一五　《合集》137 正　　　　　　　圖一六　《合集》367 正

---

① "六人"，《殷墟甲骨刻辭摹釋總集》作"六月"，但細審"六"下一字，似與此類卜辭中所寫"月"字字形特徵有別，而近於"人"字，待再考。

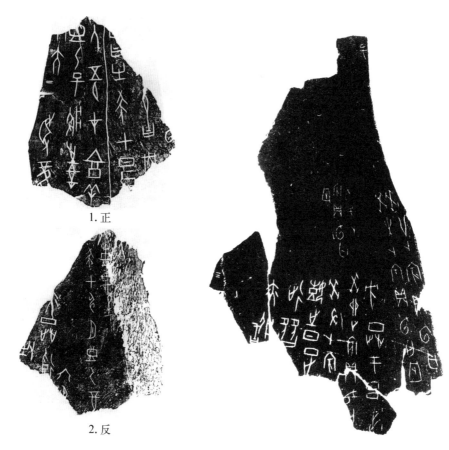

1. 正

2. 反

圖一七　《合集》13362　　　　　　圖一八　《合集》6778 正

第四組

（20）癸丑卜，爭貞，旬亡囚。三日乙卯□屮（有）娃（艱），單丁人薑□于象……丁巳罷子薑𩰊……鬼亦得疾。（《合集》137 正，圖一五）

（21）四日庚申，亦屮（有）來娃（艱）自北。子嬪告曰："昔甲辰方品（征）于奴，俘（俘）人［十屮（又）］五人。五日戊申，方亦品（征），俘（俘）人十屮（又）六人。"六月才（在）［𣑯］。（《合集》137 反，圖二）

（22）……奴……亦品，俘（俘）……六月……（《合集》13362 反，圖一七右）

（23）癸丑卜，爭貞，旬亡囚。王固曰：屮（有）求（咎），屮（有）夢。甲寅允屮（有）來娃（艱）。左告曰："屮（有）𩰊𩰊自𣑯十人屮（又）二。"（《合集》137 正，圖一五）

第五組

（24）［癸亥卜］……王固（占）曰：屮（有）求（咎），其屮（有）來娃（艱）。气（迄）至七日己巳，允屮（有）來娃（艱）自西。𩰊友角告曰："呂方出，㖆（侵）我示𤎅田七十人五。"（《合集》6057 正，圖九）

以上辭（21）屬於驗辭的一段話，言"四日庚申"，顯然是從丁巳日始算的，則此丁巳日必是辭(20)中驗辭之丁巳日。此辭(20)、(21)二者也恰在同一版的正、反面,應該是連讀的。

以上五組卜辭,占卜日自癸未至癸亥,所反映的史實自癸未至己巳,共四十七天,顯然跨了兩個月。據其中第三組中辭(17),乙巳日在五月。而據第四組辭(21),庚申日已在六月。所以,這兩個月應該即是五月與六月。五月朔日,最早在丙子日或丁丑日。在以上五組卜辭中多有占卜内容相同的卜辭,甚至驗辭也相同,只是貞人不同。這説明當時事關重要的占卜、貞問,不僅可能會一事多卜,而且會同時由不只一位貞人來擔負。

五組卜辭所展現之史實,大概言之,可以説主要的即是商王朝及其邊域族屬與西方及北方異族的戰事,而尤主要表現爲異族的入侵。在短短不到兩個月的時間内,即有土方、吕方、方三個較强悍的所謂方國不斷地多次征伐,破壞商王朝的邊邑地區,並進行掠奪,形成嚴重的邊患,一時使商王朝邊域處於危急狀態。但是再次細讀這五組卜辭,則感到其中還有不少細緻的問題需要作深入探討,在此基礎上,可以對辭義有更深刻的領悟。

二

下面先按辭序對以上五組卜辭中幾處需要加深理解的字詞進行討論。

(一) 關於𠂤(𠂤)

第一組與第五組卜辭中所見向王禀告吕方入侵信息的𠂤戈化、𠂤友角,是兩個私名,𠂤或作𠂤,應是氏名及地名。賓組卜辭中所見𠂤的情況是:

A. 受王命,爲王服役,如:

　　乙未卜,王令𠂤。(《合集》4562)

　　乙未卜,令𠂤吕(以)望人秋于禁。(《屯南》751)

　　戊辰卜,爭貞,𠂤亡囚,由王事。(《合集》5448)

B. 王占卜其是否有禍,受侵害。

　　貞,𠂤亡囚。(《合集》2286 正)

　　貞,𠂤其喪。(《合集》4564 正)

　　吕方其戔𠂤。(《合集》6316)

C. 地名,如:

　　戊申卜,殷貞,隹(惟)白乎(呼)望(往)于𠂤。(《合集》7982)

　　貞,𠂤不其受年。(《合集》9791 正)

𠂤的上述狀況如何解釋,正是甲骨學與商史學界過去多次討論過,而迄今仍有不同意見的。商晚期時,商人的私名應該並非是一個字的,如上舉"𠂤戈化""𠂤友角",但以上 A 組

中的受王令的 *f* 從辭義上看，又很像是私名。從 B、C 組的内容看，*f* 又是群體名、地名。在此種情況下，還應該承認，以往學者已指出的，卜辭中確實存在着一個名號在不同辭句中有不同含義的情況。像這裏所討論的將 *f* 解釋爲氏名，代表這個族氏之群體，同時又是地名，是因其所居之地與氏名相同。而在作個人名稱使用時，顯然只有代表這個族氏的族長才可能以氏名同時作爲個人名號。這應該是商人特有的名號制度。但這種以氏名稱族長個人的用法，也許只存在於特殊的文體中，如卜辭，或禮器的銘文中，不等於日常也這樣稱呼，而是應有類似"*f* 戈化""*f* 友角"這樣的名字。"*f* 戈化""*f* 友角"亦當是 *f* 氏内首領之名。*f* 氏内類似的人名還有"*f* 友唐"（《合集》6063 反），"友"在這裏也可能有同族兄弟之意。[1] 由此種稱呼，可知商人私名也是以氏加個人名組成。像戰國以後人稱以"姓"（即氏）加本人名組成，當是沿襲此種制度。

f（*f*）字與 *f*（兂）字字形有别，亦與 *f*（遣初文所從）字形有别。[2] *f* 似不從人，其上端之曲折特徵亦不應被忽視。

（二）關於作區域名稱使用的"示"

將第一組中辭(2)"*f* 戈化呼告［曰：吕］方征于我示……"，與第五組中辭(24)"*f* 友角告曰：吕方出，侵我示篆田七十人五"相比較，可知辭(2)吕方所征也當是"示某田"。屬於本文所討論的這類賓組卜辭中還有：

> ……自 *f* 友唐，吕方戠……戠屮示旲（易）。戊申亦屮（有）來自西，告牛家。（《合集》6063 反）[3]

再將此種句式與上引辭(1)、辭(4)、辭(9)、辭(14)比較，則辭(24)"示篆田"的"示"與《合集》6063 反的"屮示易"的"示"一樣，有可能同鄙、奠一類的用法相同，是個行政區域名。屮如同 *f* 一樣，是個氏名，也是其居地之地名。"屮示"即是屮地之示。"示"的這種用法還見於以下卜辭：

> 癸卯貞，……未征屮示，其隹（惟）褻。（《合集》32485）
> 癸卯貞，丁未征屮示，其夙。（《屯南》1115）

以上二辭是卜問是在褻（熟語，即掌燈時），即天暮以後，還是在"夙"時，即清晨時，通過屮之示這個區域。

賓組卜辭有：

> 令韋以多射衛（衛）示，乎（呼）*f* ……六月。（《合集》5746）

---

[1] 參見拙著《商周家族形態研究》（增訂本），天津古籍出版社，2004 年，第 297 頁。
[2] 于省吾先生認爲此字是"刀"之初文，刀背三折畫乃"腓"，即扉棱，甲骨文 *f* 與 *f* 字，"舊釋爲刀和玓是對的，刀從止，表示動用之意"（見《甲骨文字釋林》"釋丯"，2009 年）。
[3] 按：此片卜辭已有綴合，詳本文文末"補記"。

此被王命壴率多射來保衛之"示"，應該是與上文屬於⼻的"示"、屬於𢼄的"示"同，是性質相同的行政區域。

由於卜辭中直接言及行政區域（特別是各族自己屬地內的行政區域）名稱的辭例不多，所以"示"在族屬地內的位置似還不能講得很清楚。但上引卜辭既言呂侵"示篗田"，篗當是在"示"區域範圍內的一個地點，此地有農田，由此也可知"示"內是有"田"的，故"示"也應是在中心都邑之外圍郊地。

在典籍中，"示"常讀如"寘"。① 例如，《詩經·小雅·鹿鳴》"示我周行"，鄭玄箋"示當作寘，置也"，孔穎達疏："示寘聲相近，故誤爲示也。"又《荀子·大略》"示諸檃括"注："示讀如寘。"《禮記·中庸》"其如示諸斯乎"，鄭玄注："示讀如寘諸河干之寘。"寘與奠聲母分別爲章母、定母，章母爲齒音，定母爲舌音，上古齒音讀舌音，而韻部均屬真部，所以寘、示與奠上古音讀同。《左傳》昭公四年"使寘饋于個而退"，《釋文》曰："寘，本或作奠。"所以也許"示"就是在同時期的賓組卜辭中出現的與"示"語法位置相同、作爲行政區域名的"奠"，即上文所引辭(1)"⼻戈化乎(呼)告曰：'呂方征于我奠'"(《合集》584 正甲)，辭(4)之"𢼄乎(呼)……征我奠"(《合集》584 反甲)之"奠"。如是，則"示""奠"應該屬於音同的同一種行政區域名，只是在書寫時因不同的習慣寫法而寫成兩個字。

（三）妑妻𡚻

辭(6)記"有來婎(艱)自北"，妑妻𡚻告土方入侵其田，劫掠走了十人。以商王都（今安陽）來辨方位，則災難來自北，即當在今華北平原北部。妑（或作妑）應是此區域內一地名。但由"妑妻𡚻"之稱可知，妑同時也是屬於妑地的族屬名稱，即氏名。"妻"字在卜辭中作𡘿、𡚸或𡚷，舊曾釋"敏"，但釋"敏"於卜辭辭義不通，而釋"妻"則合適，卜辭有"出于示壬𡚷匕(妣)庚"(《合集》938 正)，"御王于丁妻二妣己"(《合集》331)，可證唯有釋妻才與辭義合。②

"妻"是對女性配偶之親稱，與卜辭中"帚(婦)"在親稱歸類上可歸爲一類。卜辭"婦其"之"某"，當"某"加表示性別之"女"旁時已是該婦個人之名。如"婦好""婦妌"之"好""妌"。但此女名的設立實際上是以婦出身之父氏名女字化形成的，"子""井"即應該是婦好、婦妌出身之父氏。在"妑妻𡚻"之稱中，𡚻是妻𡚻之名，但𡚻的構成也應與"好""妌"一樣，是父氏加"女"旁，所以𠂤應是妻𡚻出身之父氏。如此，則妑即不會是父氏名了，只能是"妻𡚻"之夫氏，"妻𡚻"是妑氏之妻。

現在似可以將殷墟卜辭與商金文中的女子稱呼構成分類如下：

A. "某女"，如"𢼄女"(《集成》2020)、"異女"(《集成》2146)，"某"是該女子出身之父氏。

B. "某后"，如"靠后"(《集成》2433)，"某"是該后(王配)出身之父氏。

① 按：寘，見於《說文》新附，曰："置也，从宀，真聲。"真，章母真部；示，船母脂部。章、船皆齒音，脂、真陰陽對轉，故示、寘音近可通。
② 詳見李孝定：《甲骨文字集釋》卷十二，"中研院"歷史語言研究所，1965 年，第 3599 頁。

C.“后某”，如“后娉”（《集成》825），“某”是后之私名。

D.“婦某”，如“婦妌”（《合集》2725 正），或作“婦井”（《合集》2756），“某”帶“女”旁是該婦個人之名，不帶“女”旁（如“妌”寫成“井”），是該婦出身之父氏。

E.“妻某”如“妻安”，“某”帶“女”旁是該妻之私名，不帶女旁（如安寫成𠂤）是該妻出身之父氏。“某妻某”如“𢏚妻安”（《合集》6057 反），“妻”前一“某”字應該是該妻夫氏。

當然“婦某”“妻某”之“某”帶“女”旁時，雖可以認爲是該婦、妻個人之名，但又與僅僅是個人名號的私名有別。因爲從理論上講，凡出身於該“某”氏的女子出嫁後皆可以用此名以昭示出身之父氏，類於周金文中女子名要注明父姓。“𢏚妻安”之安，表明𢏚氏之妻出身於𠂤氏。𠂤，舊多釋作“竹”，但似還可以再斟酌。北京故宮博物院藏簋銘文作“竹祖丁”，“竹”字寫作竹，上部不相連。在𠂤組、賓組及歷組卜辭中可見𠂤之稱，由辭義可知，𠂤服屬於商王朝，受商王指令、派遣，向商王納貢。𠂤氏也與其他商後期強大的族氏一樣，擁有自己的武裝，故小屯南地出土甲骨中屬於歷組二類的卜辭有：

乙未卜貞，召來于大乙征。

乙未卜貞，召方來于父丁征。

己亥貞，𠂤來，呂（以）召方于大乙束。（《屯南》1116）

……卜貞，𠂤來，呂（以）召方……羴于大乙。（《屯南》4317）

乙未日占卜，貞問貢納來的召方（之戰俘），是否用於祭祀大乙、父丁。己亥日占卜，貞問𠂤貢來召方之人，是否以之爲牲祭大乙。𠂤能貢召方之戰俘，足見其有相當強的軍事力量。𠂤氏與商王室關係可能還是比較親近的。出組卜辭中可見“卜𠂤”之稱，占卜是否以宰屮祭于丁（《合集》23805）。是祖庚時𠂤氏上層曾有人作過商王朝卜官，參與王朝宗教事宜。武丁時期骨臼記事刻辭還有“帚（婦）安”之稱，記其“示”若干“屯”（純）牛肩胛骨，大約是檢視卜骨整治是否合格，可見此帚安是供職於王室占卜事宜的王室諸婦之一。王卜辭中所見供事於王朝或王室事宜的“婦某”，應該是王配或嫁予其他商王室貴族的女子。商王室有無同姓婚，限於現有資料還不能確知。但鑒於西周時周人已相當注意同姓不婚，則商王室婚姻亦未必是同姓婚。商後期嫁予商王室的𠂤氏女子，有稱“𠂤司（司，即后）”的（《殷周金文集成》8271，爵銘），其時當在商後期偏晚，“𠂤后”應是出身於𠂤氏之王后，𠂤亦即未必是子姓。上述武丁骨臼刻辭中的“婦安”，如是商王室內的諸婦之一，似與上引辭（6）中的“𢏚妻安”不是同一人。正如上文所言，商晚期出嫁的女子之名既是以氏名加“女”旁構成，則自然不會限於一人。

辭（6）記“𢏚妻安”向王匯報土方入侵之事。土方所侵之地即當是作爲𢏚氏族居地之𢏚。𢏚氏受土方侵擾，爲何要由“𢏚妻”來向王申報，其情不得詳知，或許作爲𢏚氏首領的其夫已故去，故由“𢏚妻安”來主政。商後期貴族婦女有一定的參與政治、宗教與軍事活動的權力,有關婦好、婦妌的卜辭有不少這方面的例證。貴族婦女這種社會地位,是中國後來歷代王朝中比較少見的。

（四）𡥈𢷎

辭(23)記癸丑日卜旬,王視兆後斷云,有災難,而且有夢兆,至甲寅日果然得知有災難的消息,左(疑是王朝官吏名,貼近王的“左吏”之類官吏。西周初利簋,利自稱“右吏”)告訴王災難之事是“𡴋(有)𡥈𢷎自𤂣十人𡴋(有)二”。𡥈亦可寫作𡥈,舊或釋爲“𡳐”,認爲是从止从立,義爲逃亡①。但止下作𡵀形,與立作𡵀形有別。諸家説解中,似以張桂光讀爲奉字簡體爲妥當。②𡥈爲奉字簡體從下列辭例亦可體會到:

A. ……𡴋己未,𢷎𢷎𡥈,𡥈自爻圍。（《合集》138）

B. ……𢷎𢷎,奉自爻𡐔六人。八月（《合集》139 正）

C. 甲戌……貞,奉自㳄圍,得。（《英藏》540）

D. 己卯卜,𠱾貞,□牽𡥈𢷎自穽。王固(占)曰,其隹(惟)丙戌牽,𡴋(有)尾,其隹(惟)辛家。（《合集》136 正）

E. ……𡴋(有)𡥈𢷎自𤂣十人𡴋(又)二。（《合集》137 正,即本文辭[23]部分）

以上辭 A、B(上引張桂光文已引)爲兩條辭驗,當屬於異版記同事之例,可知𡥈(應是𡥈再省體),與奉實爲同字異體。辭 C 的語句形式與 A、B 同,雖未言𢷎,但“奉自㳄圍”也是自㳄圍奉𢷎事。只是辭 C 可能是命辭,與 A、B 爲驗辭不同。辭 D、E 皆言“𡥈𢷎”自何地,與辭 A、B 所要表達的與𢷎有關的文義也是近同的。其中辭 D 言“牽𡥈𢷎”,也屬於命辭,辭 E 則是驗辭。③

卜辭“𡥈𢷎”雖可知應即是“奉𢷎”,也即逃逸的𢷎,但“𢷎”在這裏指的是牲畜還是人,值得討論。在卜辭中,“𢷎”在“𢷎于某(地名)”的形式中是作動詞用,即放牧(或飼養)於某地。言“來𢷎”時,“𢷎”前常有氏名或地名,則可能是貞問征取或使某氏(地)來貢納“𢷎”之事,“𢷎”在此類卜辭中應是指牲畜。但卜辭言“牽𢷎”“𢤸𢷎”或“奉𢷎”時,因爲是以手鋅捕捉,“𢷎”似當即是指人而不是牲畜了。似只有這樣理解,也才能説明何以上辭 B、E(亦即本文辭[23])中言“奉𢷎”自某處而以“人”計數。如此,則“𢷎”作爲人稱時,應當是指𢷎牧之人,或可即稱𢷎人。

以上辭 A,𢷎疑是𢷎之異體。④ 𢷎字不識,如讀“秋”音,則也可能當讀如“揪”,以強力

---

① 胡厚宣:《甲骨文所見殷代奴隸的反抗鬥爭》,《考古學報》1976 年第 1 期。
② 張桂光:《古文字中的形體訛變》,《古文字研究》第 15 輯,中華書局,1986 年。他釋此字字義爲“桎”(械足)。
③ 按:近年,趙平安聯繫楚簡帛文字,讀奉爲“失”,依音亦可讀作逸,認爲上引卜辭中的“奉”都指逃逸,其説可從。詳見趙平安:《戰國文字的“遊”與甲骨文“奉”爲一字説》,《古文字研究》第 22 輯,中華書局,2000 年。
④ 𢷎在卜辭中多見被用作牲,或亦被驅使去與敵方作戰。但𢷎也有叛逆之時,如《合集》583 反,其驗辭中言“𡴋(有)𢷎在受𢷎在……蓑亦焚㐭(廩)三。十一月”即可能屬於這種情況。

掠取之意。圉當讀同圂。《說文》:"圂,圂人,掌馬者。"《周禮·夏官·校人》"乘馬一師四圂",鄭玄注:"四匹爲乘,養馬爲圂。"圂可以是指養馬之類牲畜的處所。辭A"𢦌龜𡆥,奉自爻圉",即是言𢦌掠走了自爻地飼養牲畜的處所逃跑的𡆥人。

辭C之"沝圉"應是指在沝地飼養牲畜之處所。

辭D,㱿貞問□(某臣屬)會否執捕從宜地逃跑的𡆥人。王視兆後判斷説,會在一旬内丙戌日捕捉,會在辛家(也可能是指辛氏族屬地)執捕。"屮(有)尾"義不明。

辭E,亦即本文所列大版牛胛骨刻辭(23),從辭義可知,"有奉𡆥自𥁋十人又二"是屬於"娍(艱)"性質的災難,所以可以肯定是屬於商人的在𥁋地的十二個𡆥人逃跑了。

三

以上將辭(1)至辭(23)中幾個較重要的詞語與文句之理解問題做了討論。下面,來進一步分析一下這些大版的牛胛骨刻辭所反映的史實。

辭(1)至辭(23)中涉及到的商人受敵方侵擾與發生戰事的内容,可以按實際發生的時間順序簡要梳理如下表("禀告月日"是指卜辭所記族屬向商王"告曰"之月日):

禀告月日	實際發生日	來艱方向	敵方侵擾與戰事内容	《合集》著錄號
約五月己丑	己丑前幾日	自西	呂方征于𠂤氏之奠	584 正甲
五月辛卯	辛卯前幾日	自北	土方侵蚁田十人	6057 反
五月壬辰	壬辰前幾日	自西	呂(?)方征𠂤氏之奠,戈四[邑]	584 反甲
五月丁酉	丁酉前幾日	自西	土方征于沚氏東鄙田,戈二邑 呂方侵沚氏西鄙田	6057 正
五月戊戌	戊戌前幾日	[自西]	呂方侵沚氏	7143 正
	癸卯前幾日		方征于邑	6778 正
六月庚申	五月甲辰 五月乙巳	自北	方征于蚁,俘人十有五人 𤔌奉[羌五]人	137 反 13362 正
五(或六)月丁未	丁未前幾日		飮御……自呂圉六人	6057 正
六月庚申	五(或六)月戊申	[自北]	方亦征蚁,俘人十有六人	137 反
六月己巳	己巳前幾日	自西	呂方侵𠂤氏篲田七十人五	6057 正

表中五月壬辰來告"來(娍)"的𠂤氏所告敵方,原卜辭殘失,但此卜辭(《合集》584 反甲)與記己丑日𠂤氏來告呂方的卜辭(《合集》584 正甲),是一版正反面,所記時日相近,𠂤氏所告亦當即是呂方。𠂤常受呂方侵擾,見諸卜辭。如與本文所梳理的武丁大版牛胛骨卜辭爲同類的、屬於這時段的卜辭《合集》6063 反記呂方戈"𠂤示易",《合集》6062 亦記呂方"戈𠂤",均可見呂方在此一時段内對𠂤造成極大危害。下面,依照本表已簡化並已歸納

清楚時日的辭義討論幾個相關的問題：

（一）關於規定"來娥"之方向的基點

上表排列的敵方侵擾與發生戰事的時間，在五月己丑前幾日，至六月己巳前幾日，大致集中在四十天範圍內。來犯的敵方有呂方、土方、方（方方）。由於卜辭説明"來娥（艱）"之方向，所以以王所在占卜地點爲準，可知呂方主要活動於此地點西，土方活動於此地點北與西，方則活動於此地點北。

上表所列卜辭，多數未記占卜地點，按照殷墟卜辭體現出的慣例看，王占卜時如是在王都，可能都不會特意注明地點。故可以認爲凡未注明占卜地點的上述大版牛胛骨卜辭中"來娥（艱）"於何方向，是以王都爲中心而言的。而且，這個方位可能是與同樣以王都爲中心而設定的固定的區域名，即卜辭所見四土（北土、東土、南土、西土）是相聯繫的，或説是一體的。凡言"來娥"之方向，其中心點即是商，①亦即是大邑商——商後期王都所在，即今安陽殷墟。換一個角度看，上舉與諸敵方入侵有關的卜辭中，被敵方侵擾的邊地族屬，都要派人來向王"告"敵情。這一方面固然體現了商王朝已有較明確的領土觀念，有邊界，故各邊邑族屬皆有責任向王朝稟報敵情，但另一方面，這種稟告實際上也含有要尋求王朝保護的動機，在此種態勢下，王居於國土之中的王都來應對與處理四方頻頻來告的緊急情況是正常的。

上舉諸牛胛骨刻辭中，只有兩例是注明占卜地點的，即辭（17）與辭（21）。辭（17）爲癸卯日占卜後的驗辭，記甲辰大驟風之次日，即乙巳日，可能是附近有流散的羌人活動，故又記林奉（即執捕）了羌五人。辭末記明作驗辭時的時間、地點是"五月在臺"。辭（21）庚申日記"六月才（在）"後地名實殘缺，陳夢家《殷虛卜辭綜述》引《菁》5（即本辭），"才（在）"後作"敦"（即臺），細審辭（21）"才（在）"後殘字上端，尚有一小斜筆，言爲"臺"字實在有可能，聯繫辭（17）乙巳"在臺"，與庚申日二者相差十五天，知王在此一時段可能皆在臺。

臺，《説文》"敦"字所從，亦爲敦聲符。在商晚期是個很重要的地點，從賓組卜辭至黃組，臺地始終是王的重要禮儀活動與田獵地點，也是王田所在。鑒於其在無名組卜辭中與喪、桗並卜"亡戈"（《合集》28915），而喪、桗與盂、宮等地也有並卜"亡戈"之辭例（《合集》28919），其地望應該也在所謂沁陽田獵區大範圍內，或相距不遠，即在今安陽西南之豫西黃河北岸。但臺可能離當時商都（今安陽殷墟）較近，所以王言及"往于臺""至于臺""出于臺""在臺"的卜辭甚多。

賓組卜辭有：

乙卯卜，亘貞，今日王至于臺，夕酻子央于父乙。（《合集》7954）

由辭義看，如果乙卯日是在王都（今安陽殷墟）占卜，則王可能當天即可以到臺，故夕（晚

---

① 商晚期以商爲四土之中心，見《合集》36975。

上)才可能爲子央舉行酌祭向父乙求佑。

根據上述情況,似可以認爲武丁時期大版的賓組牛胛骨卜辭,凡未注明在某地者,其占卜地點應該皆是在王都(今安陽殷墟)。已知注明地點者即"在臺",五月、六月之際王皆在此,而臺雖非王都,但離王都甚近,故辭(21)言"來娅(艱)自北",與在王都言"自北"並無差別。所以,從各方來報告敵情的商人族屬之所在地望與吕方、土方、方(方方)的主要活動地望,還是可以以安陽爲基點,根據卜辭辭義加以推測的。

(二) 利用卜辭推測敵方活動地望的方法及虸之地望

較早地根據辭義來估算商人這些敵方位置的,是郭沫若。他在《甲骨文字研究·釋臣宰》一文後附有《土方考》,利用本文所引辭(9)、辭(6)與辭(21)考證了土方之位置。他在《卜辭通纂》第513片考釋中,用同樣的研究方法再考了土方之位置,唯結論稍有不同。今日再來讀郭氏的論述,覺得其方法仍是可借鑒的,但在具體利用卜辭辭例時,對辭義的理解似可商榷。比如,郭氏根據本文所引辭(21)(《合集》137反)討論土方距殷都距離時,認爲該片言"四日庚申亦有來娅,則四日前之丁巳必曾有來娅一次,又言'昔甲辰方征于虸……五日戊申方亦征',則庚申之來娅乃報戊申之寇,丁巳之來娅乃報甲辰之寇也。甲辰至丁巳十四日,戊申至庚申十三日,邊報傳至殷京(即今安陽)之日期前後相差不遠,是知土方之距殷京約有十二三日路程也"。郭氏將此條卜辭中的"方"認作土方,是不確的,但他從探討政治地理的角度對這條卜辭的分析確是很用了心,也很有獨特見地。他注意到此條卜辭開首即言"四日庚申亦有來娅",因此推定丁巳日必定亦來娅過一次(按卜辭慣例丁巳至庚申計爲四日),這一推測是非常有道理的。但郭氏並沒解釋在"四日庚申亦有來娅"前這條驗辭爲何不言及丁巳,按卜辭文例,既言"亦有來娅",上邊必定有"丁巳允有來娅"之類文句。實際上,如前文已說明過的,這段驗辭刻在卜骨反面(《合集》137反),只是所屬的這條卜辭全部驗辭中的後半部分,其命辭在卜骨正面(《合集》137正)即癸丑日卜旬,其後緊接着所刻驗辭先記三日乙卯有來娅事,繼而又記丁巳日有兩件禍事,一是"毘子薨?"(按:此字諸家說解異,似當以唐蘭先生釋作"尿"爲是。"尿"通"溺",《釋名》"死于水曰溺"),另一是"鬼亦得疾"。此所記丁巳日,正應該是郭氏所推測的在庚申前必曾有來娅一次的丁巳。此版卜骨反面,開首即言"四日庚申亦有來娅",實是繼正面驗辭前半部分所言丁巳日來娅之事而言的。而且,此條刻在反面的一段驗辭所記皆是子婎在庚申日所匯報的內容。其所匯報的是兩件事,一是甲辰方征虸,二是戊申方又征虸。這從辭義完全可以看明白。而郭氏將此庚申日所報前後二事分別歸屬於丁巳之所報"來娅"之事與庚申之所報"亦有來娅",似是不合乎此驗辭之辭義的。

但是郭氏在此項研究中,據戊申"方亦征",至庚申用了十三日報至殷都之邊報傳遞時間,再乘以每日行程(郭氏在《土方考》中以百里計,在《卜辭通纂》中以八十里計,後者可能較適合當時交通能力)推測土方之疆域所在,在研究思路上,是有合理因素與啓發意義的。

但是這種推測顯然帶有較多假設成分,因爲邊域上受侵擾的商人族屬是否即在受到侵擾當天即立即派員上報,以及上報路途是否順利,是否暢通,都是很難説準的。而且像這條卜辭這樣,明確言及敵方侵擾邊域的具體時間是不多的,更多的只是記下何時來娥,亦即何時受侵之族屬派人來報告的。至於報告的時間與事件發生的時間間隔幾日,此類卜辭多數並未言及。此外,屬於北方民族的呂方、土方及方(方方)生活方式帶有較强的游動性,即使可據卜辭推知發生邊域侵擾事件之地點至商都距離,此也應該只是邊域族屬的屬地位置與敵方當時的活動區域,並不是這些北方敵方當時之常居地。因此郭氏用上述方法推測土方距殷京有千里上下,這似可以理解爲是位於商王朝北部的蚊氏屬地之位置與殷都距離的上限。但千里之遥,即五百公里以上,已進入今山西北部、内蒙境内,似過於遥遠,超出考古資料所提供的商後期商文化北界。蚊可能是从又、凵會意,凵亦聲,即有聲。學者或推測此在安陽以北的蚊氏,即生活於今河北省之古洧水流域。譚其驤認爲此洧水乃《水經注·濁漳水注》中之桃水,在今滹沱河流域。[①] 河北藁城臺西商代遺址即在滹沱河南岸,所以此説還是有可能的。商晚期時商王國北境或即在此一帶。滹沱河流域距安陽約二百五十公里。

(三)關於𠂤、屮、沚氏之地望

上表所列舉之卜辭,占辭中言及"來娥自西"而受呂方及土方侵擾的商人族屬有𠂤(𠂤)氏、屮氏與沚氏。

𠂤(𠂤)是氏名,前文已論述。

屮氏,賓組與歷組卜辭習見,商後期金文亦多見。屮地是商王國邊域之重要農業區與軍事重地。

沚氏,多見於賓組卜辭,歷組與非王卜辭亦可見(非王卜辭中見於花園莊東地甲骨),多單稱"沚"。大版牛胛骨卜辭中報告敵情的沚𢈺,應是當時沚氏之長,或應是其私名。見於歷組一類卜辭與花園莊東地卜辭的"沚𢈺",未必與沚𢈺是一人。從有關卜辭内容看,沚氏是商人,沚地與屮地相同,也是商王國邊域之要地。

從上舉卜辭可知,𠂤氏與屮氏只受到呂方侵擾,而沚氏不僅受呂方,也受土方侵擾,這種情況,在其他卜辭辭例中也可見到。與𠂤氏、屮氏發生衝突的敵方未有土方,但沚氏卻要對付呂方、土方兩個勁敵以及其他敵方。如賓組卜辭有:

> 貞,呂方弗瞽人𨛜沚,乎伐……二告。(《合集》6178)
> ……比沚……伐土方受又(佑)。四月(《合集》6420)
> 丁丑卜,㱿貞,今𠂤,王比沚𢈺伐土方,受屮(有)又(佑)。(《英藏》281)

由這些辭例可知,在武丁時期,沚氏也是王發動對呂方、土方征伐的主要軍事力量,而

---

① 參見鄭杰祥:《商代地理概論》第四節《商代的北土和北部方國》,中州古籍出版,1994 年,第 236—327 頁。

且沚地還是商王伐呂方、土方必經之通道與前沿。這可能近似於西周中期後，周王遣師伐南淮夷必經蔡地，蔡侯自然也要出動軍事力量從征。[①]

根據上文排出的此三個商人族屬受敵方侵擾的日程，己丑日𝄞氏告呂方，壬辰日𨚵氏告呂方，丁酉日沚氏告呂方、土方，戊戌日沚氏告呂方，乙巳日𝄞氏再告呂方，如果假定此三氏皆是在受呂方入侵後立即向王報告（這應當是可能的），那麼似可據以推測出此三個族氏相對的地理位置。對呂方入侵，卜辭皆言"來娓自西"，知呂方必位於商王國西土之西，亦即是説，呂方來征，是從西開始的。由己丑日至丁酉日，𝄞、𨚵、沚氏先後來告呂方入侵，可知三地相鄰近，三者來告有幾日時差，似可以認爲是受呂方入侵時間有幾天時差，呂方是流動式地陸續侵擾此三商人族氏的。而且𝄞相對於𨚵距呂方爲近，可能偏西，故首當其衝。𨚵、沚可能皆在𝄞東，故晚了幾日被侵。沚不僅受呂方侵擾，還受土方危害，土方在北方，所以侵其東部，因此可知沚在此三地中更靠東，或更靠東北。

由於卜辭只記載了𝄞、𨚵、沚氏將敵情禀告到王的時間，並未言及實際被入侵時日，所以即使像上文所言，郭沫若在《卜辭通纂》中所采用的以時日乘里程方法計算距離仍爲可采用之方法，也不能應用於此。但是呂方在商西土之西，商後期商王國西土自在商都（今安陽殷墟）以西。自今安陽往西，近六十公里已抵太行山脈，山脈以西即入晉東南。考古發掘資料説明，晉東南在商後期的文化面貌上與殷墟文化是爲一體，這個區域應當屬於商王國之西土。𝄞、𨚵、沚應當即位於此一區域內。

沚地與𝄞地相鄰近，但如上文所述，其應當更靠東北，則其很可能在太行山西麓的濁漳水與清漳水流域附近。𨚵地大約在𝄞東、沚西南。

（四）關於呂方、土方與方

呂方在商後期的主要活動區，位於商人西土之西，而武丁時期商人西土在今晉東南，上文皆已論及。值得注意的是，上舉卜辭（《合集》6057 正）記，"𝄞友角告曰'呂方出，侵我示㮆田七十人五'"，賓組卜辭還有"乙巳卜，賓貞，𨚵乎（呼）告呂方出，允其……"（《合集》6079）在殷墟卜辭中，"出"常是指從一較常住的固定區域、邑落出發之行爲，卜辭習見卜"王出"，自然是指王從王都出發。所以，以上卜辭言"呂方出"，當然亦是指呂方從其主要居住地區出動之行爲。𝄞氏、𨚵氏必然是很清楚"呂方"離開其主要居住地出動之行爲才能言其"出"，則呂方主要居住地距𝄞、𨚵所居必不會太遠。據上文對𝄞氏居地地望之推測，呂方主要居住地或即當位於今晉中汾水流域靈石、介休以東，近晉東南地區。

土方攻擊𩇕地，也攻擊沚。上文曾論及𩇕可能在今河北滹沱河流域，沚可能在太行山西麓的濁、清漳水流域，所以土方主要居住區可能在今晉東北或冀西北之太行山脈東西兩側範圍內。卜辭亦有卜"……土方出"（《合集》6381），惜殘，難以對其主要居住區再作更進

一步推測。在賓組卜辭中亦多見卜問"方出""方大出"的辭例,武丁時期的歷組一類卜辭有"癸酉貞,方大出,立事于北土"(《合集》33049),"立事",當是指因"方大出"入侵而在北土聚合軍事力量以抵禦之。由此知"方"的主要居住區域,當與商王國北土相距不遠。卜辭從未見方在商之西土活動,所以,方的主要居住區當在商北土以北,今冀西北之太行山東麓,故其南下活動範圍也基本限於商之北土。西周金文、文獻中周人征伐之"方",也可能是此方之後裔,其活動區域緣於商末、周初形勢變化或已有所變動。

上舉卜辭中所出現的呂方、土方與方之大致地望已如上述。由這些辭例看,屬於當時的北方族群的這些商人敵方東進、南下侵擾的内容,一是破壞、摧殘商王國邊域上商人族屬地中心大邑外圍的邊邑,所謂戈邑,也可能含有對邑中財物的奪取,但從辭義看,似並未能占領城邑;另一即是劫掠人,所掠者包括在田中居住之人,應是農民,也可能包括上文所論之努人,即牧民。對人口之掠奪也許出於役使奴隸、發展經濟之需要。這似乎是當時應已處於青銅時代的這些北方族群進攻中原族群一個很重要的目的。

本文通過梳理、繫聯武丁時期一類在載體(骨料)、文字及卜辭文法、内涵等方面有共同特徵的卜辭,着重討論了這類卜辭中所見商人敵方侵擾商王國西土、北土之邊患與相關的政治地理問題。從上文所論,可知在此類卜辭所屬時段(應歸賓組一類卜辭,大約在武丁中期),商王國的北部與西部邊域普遍受到若干北方族群的攻擾,一時間烽火連天,形勢危急。當然,這些北方族群南下東漸的背後原因,或許與當時北方山地、草原地區環境變化有關,環境之不利於生存,會促使他們用武力向中原民族索取人力資源與其他財物。也許因爲武丁時期商王尚處於較強盛期,這些北方族群在生存區域上的擴張受到了扼制。至於呂方、土方、方(方方)等這些族群的具體的考古學文化特徵,將會隨着對北方考古學文化研究的不斷深入而獲得更多的了解。

(原載《中國國家博物館館藏文物研究叢書·甲骨卷》,上海古籍出版社,2007 年)

補記:

本文所引甲骨刻辭,多有相關的綴合成果,現綜合介紹如下,並對綴合所提供的可補充本文論述的新信息作扼要的説明。

(一)與本文所引辭(1)即《合集》584 正甲(圖一)相關的綴合成果,見蔡哲茂《綴彙》585(補圖一),本文對此片刻辭中"癸未卜"的一條卜辭所作釋文中,原用[ ]符號補充的部分卜辭内容,現已可以由此綴合的卜辭證實。《綴彙》585 右邊所綴爲《合集》7143 正,即本文辭(11)(圖一一),從而使兩段殘句合爲同一條卜辭,並大致可讀,其釋文爲:

> □亥卜,殼貞,旬亡囚。王固(占)曰:……來嬉(艱)。六日[戊辰]……里(有)來嬉(艱),沚戓乎(呼)[告曰]……呂[方]……

　　按卜旬卜辭的文例，占卜的時間應是癸亥。如此則本文將辭(11)(即《合集》7143 正)歸入第二組即六月癸巳日占卜的一組即未必妥當了，應歸入第五組，即癸亥日占卜的一組。此條卜辭中的"六日"應指的是戊辰日。將此條卜辭與第五組《合集》6057 正相聯繫，可知六月戊辰日與己巳日的前幾天，呂方在商王國西部邊域又曾先後侵犯沚、f。己巳日的前幾天呂方對沚的侵犯可以補充到第三節中按時日記載呂方、土方與方侵擾商人西部邊域的時序表內。

補圖一　《綴彙》585

(《合集》584 正甲＋《合集》9498 正＋《合集》7143 正＋《合補》5597＋《合補》6523)

（二）與本文所引辭(4)即《合集》584 反甲（圖四）相關的綴合，是《綴彙》585 反面（補圖二），依據此綴合，可知本文辭(4)的釋文中，可補充的是，"戋四"下邊可接"邑"字即"戋四邑"。

補圖二　《綴彙》585 反（《勘誤》P58）

（三）與本文所引辭(13)即《合集》6059（圖一三）相關的綴合，是林宏明《契合集》152（補圖三），綴合後的釋文爲：

……旬亡囧，王固（占）曰……业（有）來娥（艱），戉告曰："土方……敊（侵）我西〔啚（鄙）田〕……"。

（四）與本文第二部分第二小節中所引卜辭《合集》6063 反有關的綴合見《綴彙》332 反（補圖四），其釋文即是在《合集》6063 反的釋文前加"來娥"二字。可以和此條卜辭相聯繫的，是林宏明《契合集》中綴合的一片牛胛骨刻辭，也應是同時或相近時間所占卜，此即林宏明《契合集》61（補圖五），其釋文如下：

……自西……呂方鼹我……莧亦戋齒示……

莧在賓組一類卜辭中所見是商王國西部邊域的地名，如：

癸卯，王固（占）曰：……四日丙午……〔f〕友唐告

補圖三　《契合集》152

（《合集》6059＋《合集》7152 正）

……入于莧。(《合集》8236)

歷組二類卜辭有王往莧地的辭例:

丙辰貞,王步于莧。(《合集》33148)

如果上舉《契合集》61表明莧在武丁中期曾受呂方等族群侵擾,則由此條卜辭看,祖庚時期這個地點仍在商王國勢力範圍內。

補圖四　《綴彙》332反

(《合集》6063反+《合補》1760反)

補圖五　《契合集》61

(《合集》6062+《合補》6438)

(五)黃天樹主編《甲骨拼合集》五輯1098,屬賓組一類卜辭(補圖六)。此綴合成的骨版,其中一部分即《合補》1760正,實即本文所引《合集》6063反的正面,其字體亦屬於本文開頭所述那種類型。此骨版中間兩條卜辭所記邊域侵擾事,侵擾者當也是上述幾個西北或北方族群,其釋文如下:

……旬亡囚,王固(占)曰:由(有)求(咎),其由(有)來娸(艱)。……𢓊、夾、方、相四邑。十三月

……貞,旬亡囚。……允由(有)來娸(艱)自西,翁告曰……

　　此十三月,無論是在上文所舉西北、北方族群集中侵擾商王國邊域的五、六月份之前或之後,均不會隔的時間很長,但至少也有近半年。由此可見,發生在約武丁中期的這次西北、北方族群干擾商王國邊域的規模也較大,涉及到商王國西北、北部邊域的眾多聚落。

　　武丁用多版牛肩胛骨在半年多的時間內反復占卜邊域被侵犯的情勢發展,説明了這次異族入侵對商王國來説事態之嚴重程度。同時從文化交流角度看,這些卜辭也爲我們了解武丁時期商人與北方族群的互動與商文化與北方文化的溝通、交融提供了重要信息。

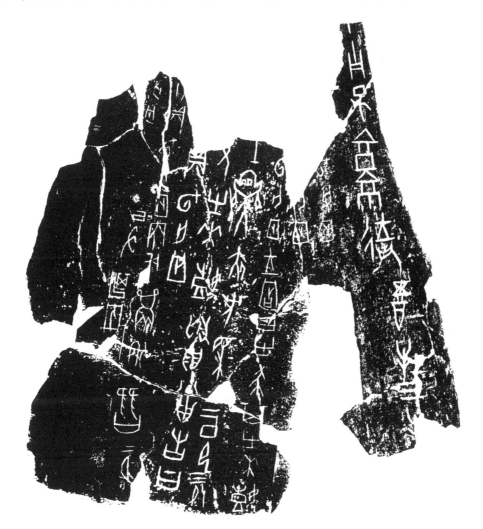

補圖六　《甲骨拼合集》五.1098

(《合補》1760 正+《合集》3139+《北大》1715)

由殷墟出土北方式青銅器看商人
與北方族群的聯繫

一、武丁卜辭所見北方族群對商王國邊域的侵擾

在武丁時期的卜辭中,有一類大版牛胛骨上的卜辭記載了北方族群對當時商王國西土、北土的侵擾。這類卜辭字形周正、剛勁,多有涂朱,常有王親自占卜(即出現"王固(占)曰"),且卜辭構成多較完整,即多同時會有前辭、命辭、占辭、驗辭四種成分。對這一類卜辭,筆者曾專文作過探討,①嘗試着按所記時日與内容繫聯其中一部分卜辭(特別是其中的驗辭)。此類卜辭屬於卜辭分組中的賓組一類,時間主要屬武丁中期。②

下面列舉其驗辭所記時日大致可以繫聯的幾條卜辭(圖一)。

(1) 癸未卜,殸貞,旬亡[囚],王固(占)曰:出(有)求(咎),其出(有)來媸(艱)。气(迄)至七日[己丑],允出(有)來媸(艱)自西,𢦏戈[化乎(呼)]告曰:" 呂方品(征)于我奠……"(《合集》584 正甲;圖一,4)

(2) ……王固(占)曰:出(有)求(咎),出(有)夢,其出(有)來媸(艱)。七日己丑,允出(有)來媸(艱)自[西],𢦏戈化乎(呼)告[曰:"呂]方品(征)于我示……"(《合集》137 反;圖一,3)

(3) ……王固(占)曰:出(有)求(咎),其出(有)來媸(艱)。气(迄)至九日辛卯,允出(有)來媸(艱)自北,蚰妻妟告曰:"土方帰(侵)我田十人。"(《合集》6057 反;圖一,2)

(4) ……壬辰,亦出(有)來自西。峀乎(呼)……品(征)我奠,𢦀四……(《合集》584 反甲;圖一,5)

---

① 拙文《武丁時期商王國北部與西北部之邊患與政治地理——再讀有關邊患的武丁大版牛胛骨卜辭》,中國國家博物館:《中國國家博物館館藏文物研究叢書·甲骨卷》,上海古籍出版社,2007 年,亦收入本書。
② 李學勤、彭裕商將此類卜辭定作"賓組一B 類",認爲賓組一類的時代大致屬於武丁中期,下限可延及武丁晚期(李學勤、彭裕商:《殷墟甲骨分期研究》,上海古籍出版社,1996 年,第 105—128 頁)。

1

2

3

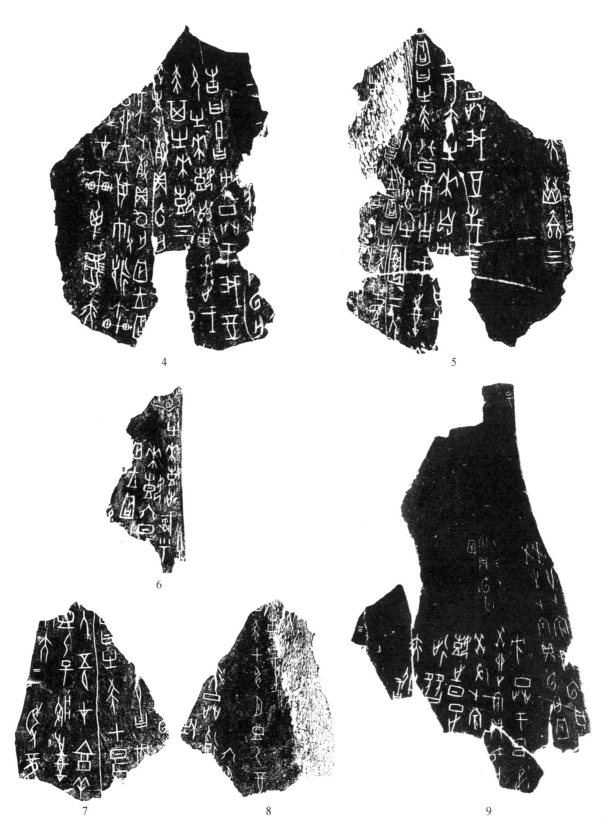

圖一　武丁時期有關敵方侵擾邊域的卜辭拓本

1.《合集》6057 正　2.《合集》6057 反　3.《合集》137 反　4.《合集》584 正甲　5.《合集》584 反甲　6.《合集》7143 正
7.《合集》13362 正　8.《合集》13362 反　9.《合集》6778 正

（5）癸巳卜，殼貞，旬亡囚。王固（占）曰：屮（有）求（咎），其屮（有）來媜（艱）。气（迄）至五日丁酉，允屮（有）來［媜（艱）自］西，沚馘告曰："土方正（征）于我東啚（鄙）［田］，戋二邑，呂方亦牉（侵）我西啚（鄙）田……"（《合集》6057 正；圖一，1）

（6）……殼……囚。王固曰：……來媜（艱）。六日……屮（有）來媜（艱）。沚馘乎（呼）……呂……（《合集》7143 正；圖一，6）

（7）癸卯卜，賓貞，旬亡［囚］……方正（征）于呂（邕），叔（侵）……（《合集》6778 正；圖一，9）

（8）……大叟（驟）鳳（風）……🐚乙巳，🐚羍［羌五］人。五月才（在）𦍙。（《合集》13362 正；圖一，7）

（9）四日庚申，亦屮（有）來媜（艱）自北。子娀告曰："昔甲辰方正（征）于牧，孚（俘）人［十屮（又）］五人。五日戊申，方亦正（征），孚（俘）人十屮（又）六人。"六月才（在）［𦍙］。[①]（《合集》137 反；圖一，3）

（10）……牧……亦正（征），孚（俘）……六月……（《合集》13362 反；圖一，8）

（11）［癸亥卜］……王固（占）曰：屮（有）求（咎），其屮（有）來媜（艱）。气（迄）至七日己巳，允屮（有）來媜（艱）自西。𝄞友角告曰："呂方出，牼（侵）我示𥈭田七十人五。"（《合集》6057 正；圖一，1）

以上 11 條卜辭所歷時日爲癸未至己巳，共四十七天，顯然跨了兩個月。據其中第 8 條卜辭，乙巳日在五月。而據第 9 條卜辭，庚申日已在六月，所以，這兩個月應該即是五月與六月。五月朔日，最早在丙子日或丁丑日。

在卜辭時代，即商後期，對於從四方來侵擾商王國的異族之不同族群，卜辭多稱爲"某方"，甲骨研究者習稱"方國"。按現在對國家的定義看，這些很可能是半農半牧或游牧的族群之社會，是否已進入國家形態尚難以確知，但他們可能已步入青銅文化時期。在上舉大版牛胛骨卜辭中所見方國有呂方、土方與方方（多單稱爲"方"）。按照上列一組卜辭的文辭句式，各條卜辭之驗辭中所記五月或六月之時日，是邊域屬族派人抵達王之駐所報告敵情之日。驗辭中所言"允有來艱自某（方向）"即根據邊域屬族之報告而得知的有危難自某方向來臨，[②]是王在驗辭中記錄的已知事件，此方向自當是以王當時之駐所，亦即王所在占卜地點爲準的。而某方侵於何地，則是商王國邊域之族屬派人向王所報告之具體的敵情。下面試據以上幾條可以按時間繫聯的卜辭之辭意梳理一下呂方、土方與方方侵擾商王國邊域之城邑、土田之時空過程（"?"號表示其前面的文字是據辭意推擬的）：

---

① 辭（9）前可能當接《合集》137 正，其文曰："癸丑卜，爭貞，旬亡囚。三日乙卯囗屮（有）媜（艱），單丁人👤囗于彔……丁巳毘子👤🐚……鬼亦得疾。"辭（9）驗辭中所言"四日庚申"當是從《合集》137 正驗辭之"丁巳日"計算的。

② 卜辭所言"來媜"之"媜"讀作"艱"，在此意爲患難、災難，《尚書·大誥》："有大艱于西土。"偽孔傳釋"大艱"爲"大難"。

有來艱自西，五月己丑前幾日，呂方征於𡠹氏之莫。(《合集》584 正甲、137 反)①

有來艱自北，五月辛卯前幾日，土方侵蚁氏田十人。(《合集》6057 反)②

有來艱自西，五月壬辰前幾日，呂方(?)征𡥈氏之莫，戋四邑。(《合集》584 反甲)③

有來艱自西，五月丁酉前幾日，土方征於沚氏東鄙田，戋二邑，呂方亦侵沚氏西鄙田。(《合集》6057 正)

有來艱自西，五月戊戌(?)前幾日，呂方侵沚氏(《合集》7143 正)

五月癸卯前幾日，方征於邕(《合集》6778 正)

有來艱自北，五月甲辰日，方征於蚁，俘人十有五人。(《合集》137 反)

[有來艱自北]，五(或六)月戊申，方亦征蚁，俘人十有六人。(《合集》137 反)

有來艱自西，六月己巳前幾日，呂方又侵𡠹氏示簝田七十五人。(《合集》6057 正)

按照殷墟卜辭慣例，凡未注明占卜地點的多可能是在王都(今安陽)占卜。由上引《合集》13362 正與 137 反可知，五月、六月時王也曾在韋(敦)。據有關卜辭可知，此地離王都(今安陽殷墟)很近，是王曾較長期居處之地，王多在此指揮軍事行動。由於地理位置相近，所以從方位上講，與王在王都無太大區別，因此，即使此組卜辭在韋占卜，其驗辭所言"有來艱自某(方向)"，也大致可認爲是從王都占卜的。

根據以上對卜辭文例之分析，則由此組卜辭可知：

(一) 按來艱之方向，可以判斷報告敵情的𡠹、𡥈、沚氏等商人族屬皆位於商王國西部邊域，應即在今晉東南地區。由己丑日至丁酉日，𡠹、𡥈、沚三氏先後派人來報告呂方入侵，知三氏居地鄰近。三者來告呂方入侵有幾日時差，即可以認爲是受到呂方入侵時間之差，呂方是流動式地侵擾此三氏的。而且𡠹在西，𡥈、沚在其東。沚還受到土方危害，土方在北方(詳下文)，亦可證沚在三地中更靠東或東北。綜合考古資料(即屬殷墟文化系統的遺存在晉東南地區出土地點)，居於商王國西部邊域的此三氏有可能位於今晉東南太行山西麓的濁、清漳河流域。

(二) 同樣可由來艱之方向，知蚁氏地望當在商王都以北之商王國北部邊域，參考殷墟文化系統遺存在冀西、太行山東麓北部區的分布情況，蚁氏可能位於太行山東麓、今石家莊北之滹沱河與唐河流域之間。④

---

① 上引《合集》137 反，𡠹戈化呼告曰："呂方𡠹(征)于我示……"，與下引《合集》6057 正𠃕友角所告呂方"𢦏(侵)我示簝田七十人五"，此兩條卜辭所言之"示"，筆者疑當讀如"莫"，《禮記·中庸》"其如示諸掌呼"，鄭玄注："示讀如實諸河干之實。""實"與"莫"上古音近同，聲母分別爲知母、澄母，相近，韻部分屬支部、耕部，支、耕陰陽對轉。在這裏"示"可能是"莫"的另一種表示法，故其內有田。𡠹戈化與𠃕友角當是𡠹氏的兩個分支族長。

② 卜辭這裏所言之"侵"其意合於《春秋穀梁傳》隱公五年之"苞人民，毆牛馬曰侵"。

③ 五月壬辰來告"來婭"的𡥈氏所告敵方，此條卜辭殘失，但此條卜辭與己丑日𡠹氏來告呂方的卜辭(《合集》584 正甲)是一版正反面，所記時日相近。𡥈氏所告應亦即是呂方。𡥈常受呂方侵擾，見諸卜辭(《合集》6062、6063)。

④ 關於此一區域商文化與北方文化互動之前沿地帶，參見段宏振：《太行山脈東西兩翼：中原與北方青銅文化互動的重要通道》，《三代考古》(三)，科學出版社，2009 年。

（三）卜辭言呂方入侵商王國邊域爲自西來艱，説明呂方當時活動區域在商王都（安陽地區）以西。由𢆶氏、𢎥氏均可掌握何時“呂方出”的情報（分別見《合集》6057 正與 6079，卜辭此處所言“出”是言從自己的領域出動），由此可知呂方的武裝力量當時主要駐屯地離𢆶、𢎥不遠，應在今晉東南區域以西，依上述對𢆶氏、𢎥氏地望推測，或即在今晉中汾水流域的靈石、介休以東一帶。

（四）由卜辭言土方、方（即方方）入侵商王國邊域爲“自北來艱”，可知土方、方方的武裝力量當時主要活動區域在商王都以北。土方既攻擊位處商王國北土之今太行山東麓滹沱河流域之奻地，同時又攻擊在晉東南清、濁漳河流域之沚氏的“東鄙田”，則土方當時的武裝力量主要活動區域，有可能在今冀西、晉東北之太行山脈東西兩麓。而方方在商王都以北，亦攻擊奻氏，知方方的武裝力量在此時有可能主要活動於今冀西太行山東麓之滹沱河、唐河流域一帶。

（五）由卜辭中呂方、土方與方方侵擾商王國西土、北土之行爲看，他們主要是攻擊商王國邊域之小邑，掠取財物與人，其侵擾方式是破壞性的，不以占據土地爲主，似均與這些敵方屬於北方族群，很可能是以游牧或半游牧、半農爲經濟生活方式，生活方式具流動性有關。

（六）呂方、土方與方方在武丁中期時侵擾商王國西部與北部邊域時，其武裝力量駐屯地與主要活動區域雖如上所推測，但由於當時的北方族群既具有很强的流動性，所以卜辭所見這些族群的武裝力量駐屯與主要活動地區應當並非皆是商後期時其族群在此時段主要的居住區，只是大致從地理方位上指示了他們各自可能的來源，即當時其族群居住之中心區域的位置。如此，則上引卜辭中侵擾商王國西土之呂方可能來源於晉西，而侵擾商王國北土、西土之土方可能來源於晉西北乃至陝東北、内蒙中南部，侵擾商王國北土之方方則可能來自今冀北山地。因此，如從考古學上尋覓這些北方族群之遺存，即當在上述區域内及鄰近地探尋。

從殷墟卜辭看，呂方、土方主要見於武丁時期的賓組卜辭，當時此二方甚强大，是商人强勁的對手，賓組卜辭亦可見王調動較多的兵力征伐呂方、土方。在出組卜辭（祖庚、祖甲時期）時呂方仍可見，土方已不見，此後呂方亦不再見於卜辭，也可能是商人對呂方、土方數次征伐，使他們將族群流動的方向轉移或被瓦解。而只有方方不獨在武丁時期成爲干擾商人北方邊域的主要敵方，而且在武丁以後，在祖庚、祖甲時期的出組卜辭與廩辛、康丁時期的無名組卜辭中還可見到，其與商人的戰事延續了相當長一段時間。[①]

殷墟卜辭中所見商王國周邊屬於異族的“某方”甚多，即使是武丁卜辭中所見之“某方”也不僅只是以上所論之呂方、土方、方方，上面的論述僅是舉其要者，一是説明武丁及其以後時期商王國所受到的來自於西北與北方的異族族群之嚴重的干擾，另一是説明這些族群可能的活動區域、來源與活動方式。

---

① 參見羅琨：《商代的“方”方》一文，此文係 2006 年 10 月“紀念山西省考古研究所侯馬工作站建站 50 周年學術會議”論文。

二、商後期北方青銅文化的類型與分布

經過自 20 世紀中葉以來近六十年的考古發現與研究,對於商後期時在商王國以西、以北之鄰近區域內,與商人和商文化有較密切互動關係的若干北方族群之青銅文化面貌,已有了初步的認識,從其所包含的青銅器角度看,大約包括以下幾個類型。[①]

(一) 石樓類型

在位於晉西山地(呂梁山脈)的石樓縣內,有若干小地點出土有一種比較有特徵的北方式青銅器。與之文化面貌近同的遺存也發現於石樓南北晉西山地諸縣,由北至南,有保德、柳林、石樓、永和、隰縣、吉縣等。由於石樓縣轄內所發現此類文化遺存最多,故青銅器研究者也習慣稱此種文化類型爲"石樓類型"。在與晉西山地隔黃河相望的陝東北高原綏德一帶,也出土與石樓類型有某些共同之處的文化遺存,亦有學者將其與"石樓類型"統稱爲"石樓—綏德類型",[②]這樣概括,對於從客觀上把握商後期這兩個區域文化之相互關係是有益的。考慮到本文需要,這裏還是將晉西山地與陝東北山地青銅文化遺存按各自不同特點分作兩種類型叙述。

石樓類型青銅器多數出於墓葬中(墓葬發現時雖多已被破壞,但常遺留有人骨),這點非常重要。正緣於此,此一文化類型所附着的地理空間即相對較爲明確,其在一段時間內作爲一個區域性文化類型亦即更爲明朗。這一類型中的北方式青銅器在墓葬中往往與商式青銅器並存,此所謂商式器包括容器與兵器,其中有的可能即是直接取自商人之手,也有的可能是仿造商式,後者雖可歸入商式,但仍可看出區域性特點。石樓類型中最有特徵的器物爲可歸入北方式的幾種青銅兵器及工具,主要有以下一些。

1. 管銎斧[③]

斧身較平薄,作長條形,前端鋒刃部分較器身寬闊,弧刃,管狀銎接於斧身基部(與鋒刃相對的一側),上下伸出於斧基,按銎部可以分爲短銎(圖二,1、2)、長銎(圖二,3;實際是下部較長)二型。在銎部外側接有窄於斧基的寬度不等的長方形(或作元寶形)直內狀突起。長銎斧元寶形突起之上下兩側有小凸鈕,這種形制的管狀銎斧,因其整體形似馬首,故學者或稱之爲"馬首形管狀斧",其淵源或可追溯至出土於伊朗尼哈文德的長管銎斧。[④]

石樓類型管銎斧有的有紋飾,作數條凸起的條狀紋,或由斧身向後通貫銎部與直內狀突起(圖二,2)。

---

① 以下所述幾種文化類型與其遺存之資料來源,凡未注明者及有關各類型遺存的年代論證與前人研究狀況,均請見拙著《中國青銅器綜論》第十章第二節,上海古籍出版社,2009 年。

② 李伯謙:《從靈石旌介商墓的發現看晉陝高原青銅文化的歸屬》,《北京大學學報(哲學社會學版)》1988 年第 2 期。

③ 本文所稱"管銎斧"指銎作管狀的斧,此定義與管狀銎長短無關,不僅限於長度大於斧基的管狀銎,管狀銎可與斧基長度相等或短於斧基。

④ 朱永剛:《中國北方的管銎斧》,《中原文物》2003 年第 2 期;李剛:《中國北方青銅中的歐亞草原文化因素》,文物出版社,2011 年,第 111 頁。

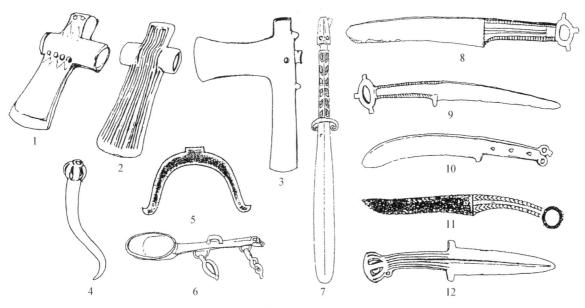

圖二　石樓類型青銅兵器與用具

1—3. 管銎斧(1、2. 保德林遮峪,3. 石樓曹家垣)　4. 鈴首觶形器(保德林遮峪)　5. 銅弓形飾(石樓褚家峪)　6. 蛇首帶環勺(石樓曹家垣)　7. 蛇首匕(石樓後蘭家溝)　8、9. 三凸鈕環首刀(石樓後蘭家溝、二郎坡)　10. 雙環鈕首刀(柳林高紅)　11. 環首刀(石樓褚家峪)　12. 鈴首短劍(石樓曹家垣)

2. 三凸鈕環首刀

柄後部接橢圓形環首,環首上立有三個短柱狀小凸鈕(圖二,8、9)。

石樓類型的環首刀,柄部中間或作成透空的窄槽,兩側多飾有成條狀的斜綫或人字形紋。環首雖非可稱作特色,但其柄上的修飾方法則使此類型中的環首刀因此顯得頗有特徵(圖二,11),長度在 30 厘米以上。

3. 雙環鈕首刀

柄首作雙環狀鈕(圖二,10),或在柄與環鈕交接處下方再接一小環鈕。柄扁平,上或有圓或三角形鏤孔,長度在 12—28 厘米不等。

4. 鈴首短劍

劍身較寬闊,多有凸起的中脊。鈴首頂部作凸起的圓頂,鈴壁鏤空,作六瓣狀,環抱鈴球。鈴首下部與柄交接處或接一半圓形小鈕,柄部略下彎(圖二,12),長度在 20 餘厘米。

除以上四種典型器外,石樓類型銅器中還有幾種小件的器物也有特色,即蛇首匕(圖二,7)、蛇首帶環勺(圖二,6)、鈴首觶形器(圖二,4)及銅弓形飾(圖二,5)。其器物除喜用鈴首外,還多喜用半環耳套環,均是其有特徵處。

上述石樓類型銅器,由於多在墓葬中與商式器同出,可以比照殷墟銅器大致估計此類型銅器的年代,即絕大多數相當於拙著《中國青銅器綜論》所分殷墟青銅器二期,在年代上即相當於殷墟文化一期偏晚至二期這一時段內,亦即相當於武丁至祖甲時期。[①]

---

① 拙著《中國青銅器綜論》第十章第二節,上海古籍出版社,2009 年。

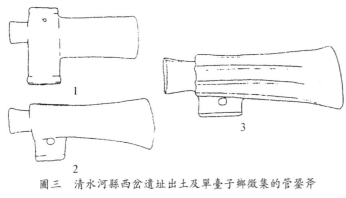

圖三　清水河縣西岔遺址出土及單臺子鄉徵集的管銎斧

1. 老牛灣 AQ.1　2. 老牛灣 QC.2　3. 西岔 M10：1

在晉北之保德沿黃河北上進入今內蒙境內，即到達清水河縣，1997至1998年在這裏的單臺子鄉西岔村發掘，在三期遺存中發現有青銅管銎斧（圖三，3），1988年在清水河縣單臺子鄉徵集到銅管銎斧兩件（圖三，1、2），[1]與西岔遺址發掘到的管銎斧應屬同一類型。這幾件管銎斧的斧刃多較斧身爲寬，管狀銎或上下皆伸出斧基，或僅下面伸出。從基本形制特徵看，除了銎筒只在下部伸出的形制目前未見於石樓類型外，其餘皆與綏德、石樓類型短銎的管狀斧特徵較爲接近，所以，清水河縣的青銅器可能還是與綏德、石樓類型有關。

（二）綏德類型

與晉西的石樓類型文化諸遺址隔黃河相望的陝北高原地帶，由綏德向南延及清澗、延川、延長一線所出青銅器有石樓類型較多的因素，而又有某些獨特的內涵。此類青銅器因在綏德所轄區域內發現最多且典型，故可以“綏德類型”名之。綏德類型銅器多數出土地點同出有人骨，而且也都有商式銅容器並存，可知亦多出於墓葬。有一定特徵的器群出土於這一較集中的區域，也正可以昭示此一文化類型在當時所附着之空間。此類型最有特徵的、有代表性的器類有：

1. 管銎斧

管銎斧之管銎多數上下均伸出斧基，其中有與石樓類型管銎斧中“馬首型”長銎斧相近同的形制，惟管銎下部伸出長度相對較短，弧刃略寬於器身，尾部有直內狀突起。延川稍道河鄉去頭村出土的此型斧在器身中部近銎位置有圓孔，圓孔兩側有三條凸起的條紋，銎部靠近斧基中部有長方穿孔，在銎部還飾有由細小突起的小方格紋構成的並列交叉的紋飾帶（圖四，1），也與石樓類型作素面的不同。

綏德類型管銎斧中以下幾種形制是較爲獨特的：

管狀銎上下伸出器身，下部較長，斧身窄長，兩側近於平齊，弧形鋒刃與器身等寬，管狀銎上部外側接有扁平內狀突起，銎上有穿孔（圖四，2）。

管狀銎雖上下伸出器身，但較短，與石樓類型中的短銎斧形近，斧身形制同於上面所述長銎斧，亦是兩側平齊形，中間或有穿孔，且銎外側接小短柱或釘狀柱（圖四，3、4）。多

---

① 內蒙古文物考古研究所、清水河縣文物管理所：《清水河縣西岔遺址發掘簡報》，《萬家寨水利樞紐工程考古報告集》，遠方出版社，2001年；曹建恩：《清水河縣徵集的商周青銅器》，《萬家寨水利樞紐工程考古報告集》，遠方出版社，2001年。

有紋飾,尤以突起的豎條紋與圓圈紋中夾圓點紋而別致(圖四,3)。

　　斧身與管狀銎的形制近似於上一型,但銎外側所接突起的長度與斧基相同,作扁寬直內狀,上有穿孔(圖四,5)。

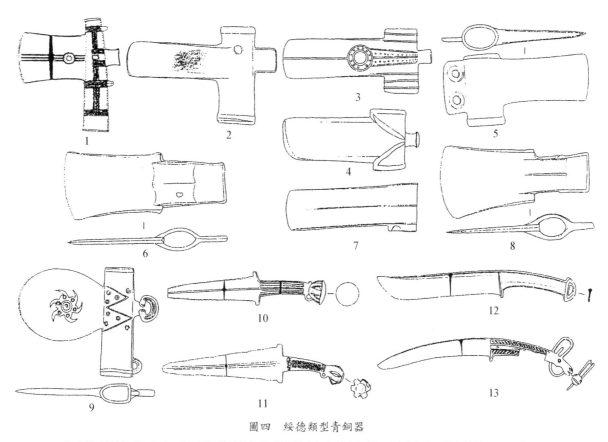

圖四　綏德類型青銅器

　　1—8. 管銎斧(延川稍道河鄉去頭村、綏德供銷社揀選、清澗雙廟河鄉雙廟河村、綏德崔家灣鄉黃家坡村、綏德徵集、綏德中角鄉楊家峁村、清澗高杰鄉李家崖村 M9、綏德縣博物館)　9.鉞(延長徵集)　10、11. 鈴首劍(延川稍道河鄉去頭村、甘泉下寺灣)　12. 半圓形環首刀(延長黑家堡鄉張蘭溝村)　13. 馬首刀(綏德義合鄉瑪頭村)

　　管銎甚短,僅下部略伸出器身,斧身同於以上幾型(圖四,7)。

　　斧刃寬於斧身,弧刃,管狀銎短於斧基,外側接寬扁的直內狀凸起。斧身較薄,且平直(圖四,6、8)。[①]

　　2. 橢圓形鉞

　　器身作橢圓狀,寬圓刃,較長管狀銎,銎外側接有橢圓形或圓形突起,器身與銎部或有紋飾,銎部下端或有半環形鈕(圖四,9)。

　　3. 鈴首劍

　　形制基本同於石樓類型,鈴首頂部作圓凸狀(圖四,10),也有的作扁圓片形(圖四,11)。

---

① 曹瑋:《陝北出土青銅器》,巴蜀書社,2009 年。

4. 半圓形環首刀

柄端首部環首近於半圓形(圖四,12)。

5. 馬首刀

柄端作馬首狀,其頸、額部接高拱形環,下部有半環形鈕,柄部兩側有斜綫紋等構成的紋飾帶(圖四,13)。

綏德類型銅器的年代,同樣可根據與之在墓葬中同出的商式銅器年代推知,大約相當於殷墟文化一期偏晚至三期,即下限已可能晚到殷代晚期,比石樓類型時間要延長了一段。

(三)黑豆嘴類型

黑豆嘴類型青銅器因 1982 年出土於陝西淳化夕陽鄉黑豆嘴塬頭而得名。目前發現的遺存尚不够豐富,主要還是黑豆嘴這一地點發現的四座墓葬(CHXM1—4)内所出器物。此外,1978 年在淳化秦河鄉北坡村,1982 年在淳化肖莊鄉趙家莊亦有發現。也由於青銅器均出土於墓葬中,使此類型分布地點得以明確。墓葬内或同時隨葬有商式(或仿商式)的青銅容器。此一類型中有代表性的北方式器物有以下數種。

1. 管銎斧

黑豆嘴類型的管銎斧很有特徵,與石樓、綏德類型的管銎斧有較大的差别。像下列三種形制皆爲石樓、綏德所不見。

管銎不探出器身,斧身窄長,銎上下兩邊不平行,向尾部斜張,尾部略呈凹狀,弧刃幾乎與器身等寬或微寬,尾部接細圓柱(圖五,1),柱或作釘形(圖五,2)。1986 年發掘的西安東郊老牛坡墓地 M7 中也出土有此種形制的尾部接細圓柱的管銎斧(M7∶1)。[①]

管銎下部伸出器身,器身亦窄長,斜弧刃,銎部上部斜張成角狀,尾部接短細釘狀柱,銎部有一圓穿(圖五,3)。

管銎下部伸出器身較長,與器身構成曲尺形,器身窄長,兩側平直,微弧刃與器身等寬(圖五,4)。

2. 管銎鉞

銎上立有三短小的圓柱,鉞身與銎部間有兩個半圓孔(也可理解是鉞身雙刃角内卷形成),器身中部還有一圓孔(圖五,7)。

3. 蕈首刀

刀柄頂端作窄而低矮的蕈首,首與柄間有扇形小鈕(圖五,5)。

4. 角狀首刀

刀柄頂端下部呈枝狀上彎成角狀,刀尖上卷(圖五,6),或下彎。

---

① 劉士莪:《老牛坡——西北大學考古專業田野發掘報告》,陝西人民出版社,2002 年。

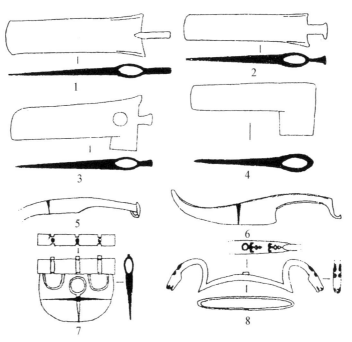

圖五　黑豆嘴類型青銅器

1—4. 管銎斧(淳化夕陽鄉黑豆嘴村 M2、淳化秦河鄉北坡村、淳化
夕陽鄉黑豆嘴村 M3、淳化潤鎮鄉西梁家村)　5. 蕈首刀(淳化夕陽鄉黑
豆嘴村 M1)　6. 鉤首刀(淳化上官應鄉趙家莊劍幹梁)　7. 鉞(淳化夕
陽鄉黑豆嘴村 M2)　8. 弓形器(淳化夕陽鄉黑豆嘴村 M2)

除以上頗有特徵的器類外,黑豆嘴類型器還有馬首形弓形器(圖五,8),也值得
注意。①

黑豆嘴類型銅器的年代,根據同出墓葬所出商式容器的年代,可推知約在殷墟文化
二、三期之際,即約在祖庚、祖甲至廩辛之時。

(四)冀北類型

冀北類型主要分布於太行山脈之北端東麓及其向東延綿的餘脈(即燕山山脈)之南
麓。此一區域內發現的商後期北方式青銅器,主要是兵器,均出於窖穴。其中較重要的發
現是 1961 年在今承德東南之青龍縣王廠鄉抄道溝發現的窖藏,②所出北方式青銅器
包括:

1. 管銎斧

斧身窄長,兩側邊向刃部稍張,弧刃略寬於器身,管銎僅下部伸出器身,銎上部外側有
內狀突起(圖六,1),其形制特徵近同於上述清水河縣出土的管銎斧(圖三,1、2)。

2. 羊首劍

劍身有中脊,通柄,劍身基部寬闊。羊角向外側斜伸而內卷,長髯後卷連於柄末下端

---

① 黑豆嘴類型青銅器中有卷刃條形刀,刀身上或有圓孔,也是此類型中較有特點的器物。但其用穿縛柲,與北方式兵
器普遍用銎納柲設計理念有別,故疑此形刀有可能混進了商文化的因素,已非北方式器物原型。
② 河北省文化局文物工作隊:《河北青龍縣抄道溝發現一批青銅器》,《考古》1962 年第 12 期。

成環(圖六,3),其劍身基部較寬,形制近同於石樓或綏德類型的鈴首劍。

3. 鹿首刀

鹿首上帶扁環,柄上有凸起的小方格構成的紋飾帶(圖六,4),形制特徵同於綏德瑪頭村所出馬首刀。

4. 鈴首刀

鈴首作六瓣,頂部作扁圓片狀,刀身較短(圖六,5),柄部紋飾特徵均近同於石樓、綏德類型鈴首刀。

5. 三凸鈕環首刀

扁柄,弧背(圖六,6),形制近同於石樓類型此型刀,但三凸鈕較爲圓鈍,近泡狀。

6. 銎內啄戈

中間起脊,前端作圓鋒,兩側有刃,尾部作平刃或微弧刃,援部中脊突起後經銎部貫通至尾刃(圖六,2)。①

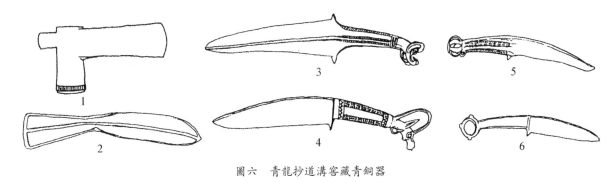

圖六　青龍抄道溝窖藏青銅器

1. 管銎斧　2. 銎內啄戈　3. 羊首劍　4. 鹿首刀　5. 鈴首刀　6. 三凸鈕環首刀

抄道溝窖藏中除啄戈不見於上述諸類型文化外,餘均與石樓、綏德類型器物相近。窖藏形成於商後期的可能性較大。

冀北山地商後期北方式器的另一較重要的發現,是1984年在興隆小東區鄉小河南村發現的窖藏。② 其中屬北方式的器物有:

1. 牛首刀

刀身近於商式大型刀,刀身寬闊,背近平而微凹刃,長扁平柄,柄下近牛首頸部有半環,首作牛首狀(圖七,1),也有學者稱"羊首"。③

---

① 林澐先生稱此型戈爲"啄戈",並指出這種武器在黃土高原未曾發現,"只分布於河北北部和遼寧"(林澐:《商文化青銅器與北方地區青銅器關係之再研究》,《考古學文化論集》,文物出版社,1987年)。按:此種戈不僅因有前鋒、後刃與粗壯的中脊而有啄擊功能,同時戈身兩側亦有刃,似也可以兼有鈎殺功能。

② 王峰:《河北興隆縣發現商周青銅器窖藏》,《文物》1990年第11期。

③ 鄭紹宗:《興隆小河南發現北方式青銅器概況》,《長城地帶發現的北方式青銅刀子及其有關問題》附錄,《文物春秋》1994年第4期。

2. 鈴首刀

刀身極短,弧背。鈴首較長,頸部有凸鈕,刀柄有長方形鏤孔,兩側有橫條紋(圖七,2)。

3. 覃首劍

扁條莖,上有凹槽,有雙齒狀格,劍葉窄長(圖七,3)。

4. 管銎斧

斧身較寬闊,有圓孔,弧刃,尾部接梯形內狀突起(圖七,4)。

以上鈴首刀、覃首劍的形制均見於昌平白浮村 M3 同類器,白浮村 M3 年代已在西周早期。[1]此外,其內管銎斧雖管銎形制仍有石樓、綏德類型特徵,但器身形制不見於石樓、綏德類型,也應

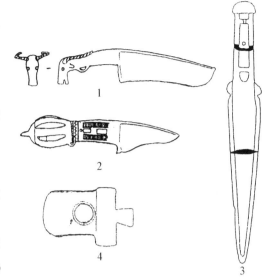

圖七　興隆小東區鄉小河南村窖藏青銅器
1. 牛首刀　2. 鈴首刀　3. 覃首劍　4. 管銎斧

是一種較晚出的變化、改造的器型。此窖藏中與北方式器物同出的尚有已見於殷墟文化晚期的銎內有胡戈與兩斜邊對稱的三角形援戈,且有一商末周初的商式簋蓋。綜合以上情況,小河南的此一窖藏混合了商人與北方族群不同時期器物,來源複雜,其窖藏形成的年代應已入西周。根據這種情況可以認爲,楊建華先生討論燕山南北商周之際青銅器遺存分群,將青龍抄道溝與小河南器物群分別爲 EⅠ、EⅡ 兩組,將二者時代與內涵上相區別(認爲小河南所屬 EⅡ 組與卡拉蘇克文化相似)[2]是有道理的,也是很有必要的。按照本文討論的時間範疇,則商後期的冀北類型應主要以青龍抄道溝器物群爲代表。

屬商後期青銅文化的遺存,除以上抄道溝窖藏外,1986 年在屬冀北山地西部的懷安獅子口村出土過鹿首刀一件,[3]雙角向上豎起,柄兩側飾人字形紋,刀身與柄部形制及紋飾風格均近於綏德瑪頭村出土的馬首刀與青龍抄道溝出土的鹿首刀,惟首上無豎起之扁梁。1959 年在張家口東北之崇禮出土過覃首刀一件,除首與柄聯接處無環鈕外,同於黑豆嘴類型中的此型刀,同一年在圍場還出土過三凸鈕環首刀(殘)一件。[4]

上述冀北地區商後期北方式青銅器的發現,表明冀北區域在此一時段,北方式青銅器所代表的文化面貌與晉西山地的石樓類型、陝東北山地綏德類型有關,少數可能與黑豆嘴類型有關,[5]但可以認爲其構成獨立文化類型的是,也有自己獨特的形制與器類。如抄道

---

① 拙著《中國青銅器綜論》第十一章第五節。
② 楊建華:《燕山南北商周之際青銅器遺存的分群研究》,《考古學報》2002 年第 2 期。
③ 劉建忠:《河北懷安獅子口發現商代鹿首刀》,《考古》1988 年第 10 期。
④ 鄭紹宗:《長城地帶發現的北方式青銅刀子及其有關問題》。
⑤ 黑豆嘴類型中的覃首刀,除上述崇禮有出土外,1976 年在綏中前衛鎮馮家村一窖穴中也曾出土,其柄部與柄間還有扇形鈕(《遼海文物學刊》1996 年第 1 期)。

溝三凸鈕環首刀,相對石樓類型中的此型刀其凸鈕多數顯得低矮且圓潤,或可稱之爲"泡形凸起",不像石樓類型的此型刀三凸鈕高且細,作柱形凸起。[1] 此種具三泡形鈕形制的刀在南西伯利亞的米奴辛斯克盆地的卡拉蘇克文化遺存中也有發現。又如,青龍抄道溝窖藏中出土的銎内啄戈,不見於晉西、陝東北,但 1976 年在遼西興城楊河一處窖藏中也有此型啄戈與三凸鈕環首刀(凸鈕亦較圓潤)、帶尾柱的長身管銎斧(與綏德類型斧同)同出。[2] 1987 年在遼西綏中馮家發現的窖藏銅器中,出土有此型銎内啄戈 13 件。[3] 所以,啄戈有可能是商後期時在冀北—遼西區域所流行的青銅兵器。此外此類型中羊首刀之羊首雙角斜伸而内卷的造型也是很有特徵的。當然鑒於在冀北山地出土的這些青銅器均出於窖穴,尚未有出土於墓葬的,所以,與此商後期冀北類型有關的北方族群在一段時間内相對穩定的居住與活動區域現還未能確知。

綜上所述,商後期時,與商人有較密切互動關係的北方青銅文化類型年代較早的是分布於晉西山地與陝東北山地兩區域内的石樓類型與綏德類型。石樓類型主要流行在殷墟文化一期偏晚與二期,即相當於武丁至祖甲時段;綏德類型的上限與之相同,下限可能拖得略晚,會到殷墟文化三期。[4] 陝西中部的黑豆嘴類型,應與綏德類型有一定聯繫,但流行年代可能稍晚,大約在殷墟文化二、三期之際,即相當於祖庚至廩辛時段。分布於太行山脈北端東麓及燕山山脈南麓之冀北類型,很可能與上述石樓、綏德類型有較多關聯,但也有自己其他獨特的北方青銅文化因素。其年代上限似亦當與石樓、綏德類型相近。

三、殷墟出土的北方式青銅器

自 20 世紀 20 年代發掘安陽殷墟迄今,先後在殷墟及鄰近地區(商後期王國勢力範圍内)若干個發掘單位(墓葬或祭祀坑、陪葬坑及車馬坑)内發現有北方式兵器或工具。下面按單位的性質作一概述,並説明各個單位的具體年代。

(一)祭祀坑與陪葬坑

祭祀坑亦稱"殺祭坑",主要是舉行奠基祭祀儀式時,埋入被用以殺祭的人及隨

---

[1] 李剛:《中國北方青銅器的歐亞草原文化因素》,第 150 頁。

[2] 錦州市博物館:《遼寧興城縣楊河發現青銅器》,《考古》1978 年第 6 期。

[3] 王雲剛等:《綏中馮家發現商代窖藏銅器》,《遼海文物學刊》1996 年第 1 期。

[4] 2004 年在屬晉西山地的柳林三川河北岸山梁頂部發現有二十餘座夯土基址,據打破夯土的遺迹單位出土木炭所作碳十四測年,夯土建築使用年代相當於殷墟文化二期。研究者或將此遺址與本文所謂石樓類型文化相聯繫,認爲是該文化屬族的政治集團活動中心(山西省考古研究所:《2004 年柳林高紅商代夯土基址試掘簡報》,《三晉考古》第 3 輯,山西人民出版社,2006 年;馬昇、王京燕:《對柳林高紅商代夯土基址的幾點認識》,《中國文物報》2007 年 1 月 12 日第七版)。1983 年在陝東北清澗縣高杰鄉李家崖村西發掘了有城牆的古城址,據城址内出土陶器,其時代上限亦約相當於殷墟文化二期,下限可能已入西周(張映文、吕智榮:《陝西清澗縣李家崖古城址發掘簡報》,《考古與文物》1988 年第 1 期)。學者或將本文所述綏德類型、石樓類型統稱爲"李家崖文化"。從李家崖城址位置與存在年代看,與綏德類型的關係應更密切。至於是否要將陝東北山地與晉西山地的兩種類型的文化以一種文化統稱,似還需要再作更多的工作來明確。

葬物之坑穴。但在西北岡王陵區東區的大量成排分布的小墓,多埋有殺後埋入的無首人骨架,由於其分布在大墓周圍與附近,成排、成組,與大墓有關係,所以學者或定爲"陪葬坑"(陪葬墓),但也有學者認爲是祭祀坑(爲王墓舉行安葬儀式或祭祀活動時形成的)。

1. 西北岡東區墓地中的"刀斧葬"

1934 年秋至 1935 年間在侯家莊西北岡發掘的陪葬坑中,有一種隨葬有刀、斧之葬坑,高去尋曾著文稱之爲"刀斧葬"。[①] 這種陪葬坑散布於西北岡東區成排分布的一千多座小墓之中,已發掘的共 80 座,其内人架均無首,多數墓同時隨葬有銅刀、銅斧與礫石,三種器物繫在一起,出於人骨胸背際,非原本佩戴之位置。高去尋文曾推論此類墓坑中通常所葬爲 10 人,大約是每人隨葬一刀一斧一礫石。這個看法從高去尋文之附表一所列人骨架數與刀、斧、礫石數能够得到證明。當然可以推測,這些葬坑中所埋葬者亦即被殺殉者,生前正是使用此類工具者。

高文僅給出了"刀斧葬"中所隨葬的 57 件銅刀的圖像,從這些圖像中可知,所隨葬刀多數爲環首刀。而能推知是北方式刀的,如其中 M1008:8964(圖八,3)、M1693:9306:6(圖八,4)、M1537:9161:1(圖八,5)均爲獸首刀;M1616:9299:2(圖八,6)似爲蕈首刀。其中 M1537:9161:1 獸首較形象,刀背有較大弧度,尖峰略上翹,柄部兩邊有三角形紋,與綏德瑪頭村所出馬首刀形近。

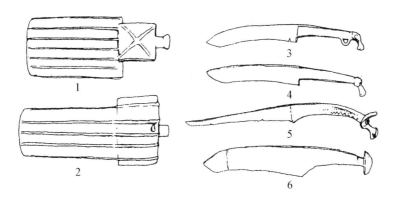

圖八　西北岡"刀斧葬"中出土的管銎斧與刀

1、2. 管銎斧(M1694:R9308、M2093:9211)　3—6. 刀(M1008:8964、
M1693:9306:6、M1537:9161:1、M1616:9299:2)

"刀斧葬"中斧的資料迄今未有系統報道。據筆者於 2012 年 6 月在"中研院"歷史語言研究所文物館庫房參觀"刀斧葬"出土器物,可知所出斧有共同形制特徵,即均爲長方形器身(但有長短之分),多數長度在 13—17、寬 4—6.5 厘米,器身平直而扁薄,在斧基外側接管狀銎,銎橫截面多作橢圓形,銎的外側多數接有小圓柱或小釘狀柱,少數接

---

① 高去尋:《刀斧葬中的銅刀》,"中研院"《歷史語言研究所集刊》37 本上册,1967 年。

有短扁平直内狀突起。按照管狀銎長度與接於斧基部的位置之不同,大致可分爲以下三型。

A 型：管狀銎長度短於斧基部。又可分爲二亞型。

Aa 型：管狀銎接於斧基中部。

Ab 型：管狀銎不接於斧基中部,稍偏向一側(圖八,1)。

B 型：管狀銎與斧基等長。

C 型：管狀銎長於斧基,上下均伸出斧基(圖八,2)。[①]

以上三型斧,斧身上多有數目不等的凸起的細條狀紋,或貫通銎部,也有的在銎管上飾以凸起的"X"形或三角形紋飾。

這類青銅斧多數器身輕薄,表明其砍擊力似不會很強,用途當與具厚重器身的斧有别,由於體積較小,也不似兵器。但據上引高去尋文講,這些斧多是裝了木柄的,發掘時可見木柄腐痕,故其可能還是實用的有某種特殊用途的工具。其中個别器身較厚重的,當然不排斥可以有更多用途。

20 世紀 50 年代日本學者岡崎敬著文介紹的傳出土殷墟後流入日本的七件管銎斧中有六件形制和紋飾均與上述 A 型斧相同。[②]

上述管狀銎長度短於或等於斧基的 A 型與 B 型管銎斧在商王國西部、北部臨近地區,即今山西、陝西、河北、内蒙、遼寧區域内的商後期青銅器中發現不多。目前只有在綏德類型中存在與以上 Aa 型斧形制特徵近同的管銎斧,短管狀銎接於斧基中部(惟外側只見有接直内式突起),這種接管狀銎的方式上的共同處還是值得注意的。至於"刀斧葬"中這種管銎斧的近於長方形的器身、管銎外側接短柱或釘狀柱,或接扁平直内形突起的設計,在綏德類型管銎斧中也甚爲普遍,這顯示了二者間似存在的密切關係。管銎斧在實際使用時,應該是管銎越長,與斧身的結合自然即越牢固,且銎部厚重,越有利於加强砍劈的力度。所以,似可以假定,這種短銎斧中管狀銎短於斧基的 Aa、Ab 型及等長於斧基的 B 型,保留了有銎斧較早的型式,而管狀銎上下伸出斧基的 C 型則應是較爲進步的器型。[③] 所以僅從管銎斧形制發展的邏輯次序看,"刀斧葬"的年代均有可能處於上述綏德類型存在年代之偏早階段,即不晚於殷墟文化二期。

---

① 以上 Ab 型、C 型管銎斧圖像,據"中研院"歷史語言研究所"考古資料數位典藏系統"刊布照片繪制,僅供參考。Aa 型形制可參見下文殷墟丁組基址 1 號房基南 M10 出土的管銎斧(圖九,1、2),B 型可參見此 M10 出土的另一管銎斧(圖九,4),唯此斧銎上未接小柱或直内式突起。

② 岡崎敬：《鉞と矛について——殷商青銅利器に関する一研究》,《東方學報》第 23 册,1953 年。

③ 關於銅管銎斧此一形制上的發展之進步意義,已有學者論及,如在分析小屯北地丁組基址 90M10 出土的管銎斧形制時曾言："長銎(筆者按：指"銎上下兩端均長出斧身")可使木柲牢固,是較進步的形制。M10 所出的短銎斧形制較原始,不難看出工具的不斷演進。"(中國社會科學院考古研究所：《安陽殷墟小屯建築遺存》,文物出版社,2010 年,第 113 頁)

還需要提到的是,這一類管銎斧常在斧身上飾數道條狀紋,或延及銎部,其風格亦見石樓、綏德類型和西岔 M10 出土的管銎斧,這也是值得注意的。

2. 90M10

1990 年秋發掘,位於小屯北地乙組基址南的丁組基址 1 號房基址南部,[①]此葬坑爲長方形豎穴土坑(1.8×0.96 米),内埋人骨架 3 具,均面向下之附身葬,似屬於房屋奠基時被殺祭者。隨葬物有陶器、青銅器、斧、刀與石器。其中青銅斧 4 件,三件爲長方形扁平斧身,長度分别爲 10、13、13.2 厘米,微弧刃,短管狀銎,在尾部接一短小的釘狀柱。斧身上均飾有豎條形棱,或延及銎部。銎的長度短於斧基寬度,接在斧基中部(圖九,1、2)或偏在一側(圖九,3)。分屬於上述"刀斧葬"中管銎斧中的 Aa、Ab 型,另一件(圖九,4)銎與斧底部等長,銎長徑較短,其上無短柱,斧身素面。

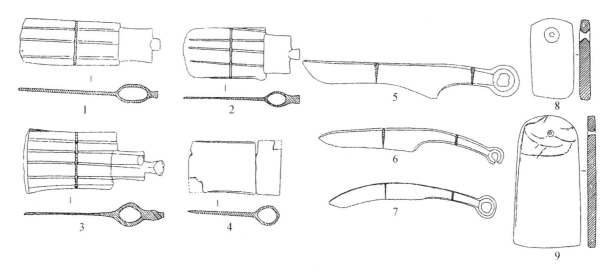

圖九　殷墟丁組基址 1 號房基南 M10 出土青銅工具與礪石

1—4. 銅管銎斧(M10：4、3、9、7)　5—7. 銅刀(M10：1、2、6)　8、9. 礪石(M10：5、8)

90M10 的年代,可據同坑内所出陶器推知。陶器有鬲與盆兩類,形制屬殷墟文化一期偏晚。發掘者亦將 1 號房基址年代定在"武丁早期"。[②] 故綜合起來看,武丁在位時間如按三分法,90M10 的年代即當在其早期至中期偏早。這自然也可視爲四件管銎斧的流行年代。

90M10 還出土有三件環首刀,長度在 16—20.5 厘米間,亦屬於工具,並伴出有兩件礫石。此墓内斧、刀與礫石的組合(圖九),與上舉高去尋文中所介紹的殷墟西北岡墓地東區的"刀斧葬"中的殉葬組合相同。看來,這種隨葬組合在當時殺祭或殺殉的葬坑中慣用。

---

① 中國社會科學院考古研究所:《安陽殷墟小屯建築遺存》。
② 中國社會科學院考古研究所:《安陽殷墟小屯建築遺存》。

3. 殷墟乙組基址南 M238

即石璋如所謂乙七基址南之"北組墓葬"之一。[1] 此類葬坑多作長方形,埋有被斬首的人骨架。M238 埋有五具人骨,分三層埋入,隨葬有陶容器與青銅工具及礫石、石斧(圖一〇)。青銅工具是一把長 22.8 厘米的蕈首刀(圖一〇,1),背近平,刃稍內凹,鋒部微翹起,柄部有邊棱,中間有三條凸起的條紋,其蕈首近於"雞心形",蕈首下接小扇形環鈕。此種小環鈕的形制,近同於黑豆嘴類型中 CHXM1 所出蕈首刀(圖五,5)。同坑所出隨葬器中還有弧背、扁平首(即所謂"蹄首")形弓形器(圖一〇,2),與殷墟及鄰近區域較常出土的鈴首及馬首形弓形器不同,而與米奴辛斯克出土的屬卡拉蘇克文化中的弧背或直背弓形器的末端形制相近同,與蕈首刀一樣,也顯示了隨葬器物中的外來因素。[2] M238 的年代,在殷墟文化二期,即約在武丁中期偏晚至祖甲時段。[3] 如果此墓內的石斧是代替銅斧,則仍是此一時期陪葬坑與祭祀坑中習見的刀、斧、礫石的工具組合,同於"刀斧葬"。

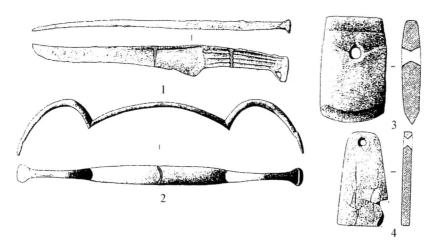

圖一〇　殷墟小屯乙七基址南 M238 出土的青銅器與石器
1. 蕈首刀(R1598)　2. 弓形器(R1770)　3. 石斧(R803)　4. 礪石(R10850)

4. 殷墟乙組基址南 M164

此葬坑爲石璋如所謂乙七基址"中組墓葬"之一,[4] 是一個南北向的人、馬合葬坑,內有人、馬骨各一具,狗骨兩具,埋葬時人被馬所壓(圖一一,1)。出土的青銅兵器有三凸鈕環首刀一件(圖一一,2),其形制屬於石樓類型。此銅刀出土時在人骨腰部,另有弓形器一

---

[1] 石璋如:《小屯》第一本《遺址的發現與發掘·丙編·殷墟墓葬之一·北組墓葬上》,"中研究"歷史語言研究所,1970 年。

[2] 李剛:《中國北方青銅器的歐亞草原文化因素》第 185、198—199 頁。

[3] 拙著《中國青銅器綜論》第十章第二節。又,M238 附屬於乙七基址,而乙七基址約建於武丁晚期至祖甲時段。參見拙文《論小屯東北地諸建築基址的始建年代及其與基址範圍內出土甲骨的關係》(《古代文明》第三卷,文物出版社,2004 年,亦收入本書)。

[4] 石璋如:《小屯》第一本《遺址的發現與發掘·丙編·殷墟墓葬之二·中組墓葬》,"中研院"歷史語言研究所,1972 年。

件也在此位置。同出的陶罍、陶罐與陶盆從形制上看,可歸屬殷墟文化二期,亦即約在武丁中期偏晚至祖甲時段。

(二) 墓葬

1. 懷履光所記載的"象墓"[①]

1931 年至 1933 年懷履光從古董商人處得到出土於殷墟的象觥,以及同時出土的青銅容器、兵器與工具、車馬器。[②] 出土器物中有五件銘有"亞矣"名號(圖一二,2),表明墓主人可能屬此氏。出土的工具中有馬首刀、三凸鈕環首刀(圖一二,3、4),兩件刀柄部兩側分別飾兩排圓點紋與人字形紋飾帶,同出的另三件環首刀中,有兩件柄上紋飾亦類似(圖一二,5、6),而這種紋飾特點也是石樓、綏德類型刀、劍柄上常見的,尤其是這座墓所出長管銎斧(圖一二,1)尾部接一小圓柱,兩邊各有一乳刺,其特殊形制與屬石樓類型的"馬首形"管銎斧形制相同。此墓所出兩邊不對稱的弧形刃鉞(圖一二,2),器身較窄長,屬較早的形制,不晚於殷墟文化二期。所出不等腰的三角形戈與所出青銅容器的形制亦均在殷墟文化二期時段內,即約武丁中期偏晚至祖甲時段。

2. 西北岡 M1311

此墓爲疊壓在西北岡 1001 號大墓北墓道北端西側上邊的陪葬小墓,未隨葬容器,所隨葬的青銅器中有兩件銎內戈、一件鈴首弧背型弓形器以及一件駱駝首刀,此外尚有銅策飾、鏃與骨觿(圖一三),[③]駱駝首刀長 31.9 厘米,刀身與柄部有闌,下部出齒。刀柄部截面作橢圓形,兩側各有兩道繩索形的斜綫紋,中間各有三個中空凸起的圓圈紋鑲嵌有綠松石,此刀形制與上舉"象墓"所出馬首刀特徵基本相同。其柄部兩側飾斜綫紋的風格亦與"象墓"中出土的馬首刀、環首刀近同,此種風格見於石樓、綏德類型的刀柄上,刀柄中間三

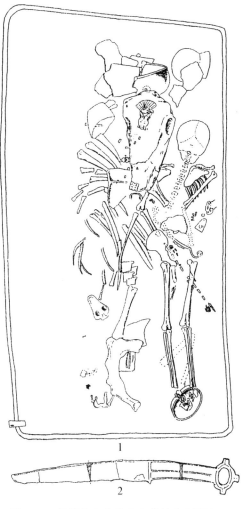

圖一一　殷墟小屯北地乙七基址南 M164
平面圖及出土的青銅刀

1. M164 平面圖　2. 青銅刀

---

① 懷履光,即英國人懷特(W. C. White,漢名懷履光,1873—1960),1897 年來華,1907 年後在河南任加拿大中華聖公會教士,後當選爲主教。在華期間曾爲加拿大安大略博物館從安陽、洛陽收購出土的古物。1934 年辭去教會職務,任安大略博物館東亞藏品部主任。

② William Charles White, *Bronze Culture of Ancient China*, University of Toronto Press, 1956.

③ "中研院"歷史語言研究所編:《來自碧落與黃泉——歷史語言研究所文物精選録》,1998 年;李永迪編:《殷墟出土器物選粹》,"中研院"歷史語言研究所,2009 年;黃銘崇:《畜牧民與農耕民之間——清澗—石樓文化與商文明》,"中研院"歷史語言研究所"'周邊'與'中心':殷墟時期安陽及安陽以外地區的考古發現與研究"學術研討會,2006 年 8 月。

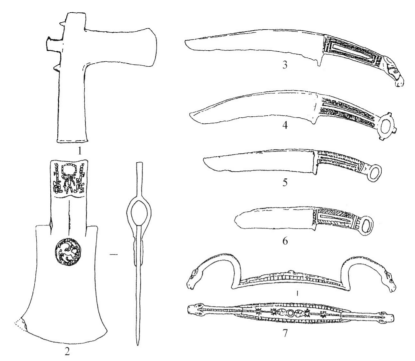

圖一二 "象墓"出土青銅器(部分)

1. 管銎斧 2. 亞吳鉞 3. 馬首刀 4. 三凸鈕環首刀 5、6. 環首刀 7. 弓形器

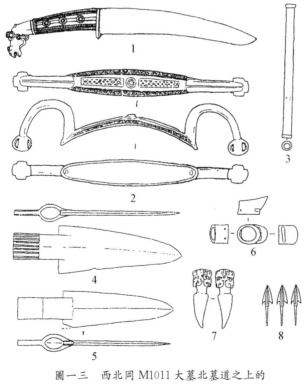

圖一三 西北岡 M1011 大墓北墓道之上的
小墓 M1311 出土青銅器與骨器

1. 駝首刀 2. 弓形器 3. 策飾 4、5. 銎內戈 6. 銅鞖 7. 骨觿 8. 鏃

圓圈紋亦見於綏德類型的鈴首劍。墓中所出弓形器弧背上兩側飾有交錯三角紋(席紋),中間飾有凸起的圓圈紋,兩邊飾菱格紋。這種風格也與以上駱駝首刀柄相近。《1001 號大墓》在介紹"墓葬以後的墓葬"中言及 M1311 這座小墓雖破壞了這墓的北道,但確係同期之物。[1] 此墓其周邊並無其他小墓或葬坑,從其位置與隨葬器物看,還應是屬於 1001 號大墓的殉葬墓,惟墓主人身份似較特別,其隨葬策飾(即馬鞭上的銅飾)及弓形器,也可能是馭手。隨葬北方式兵器與弓形器,表明墓主人也可能即屬北方族群,故善馭駕。此墓年代當同於 1001 大墓,即亦應在殷墟文化二期偏晚時段內,約祖庚至祖甲時期。

---

① 梁思永、高去尋:《侯家莊》第二本《1001 號大墓》上册,"中研院"歷史語言研究所,1962 年,第 3 頁。

3. 1953 年殷墟大司空 M24

1953 年發掘的殷墟大司空村一小型墓 M24 內出土有一件管銎啄戈(圖一四,1)。[①]除鋒部作三角形外,餘形制特徵均同於窄身的管銎斧。管狀銎上下伸出器身,器尾部接有方內形突起。按其形制看,很自然會與石樓、綏德類型短銎的管銎斧相聯繫。此墓中與管銎啄戈同出的尚有一陶鬲(M24:01),有短錐形足跟,腹身有繩索狀附加堆紋,其形制具殷墟文化二期陶鬲特點,據此,M24 的年代亦應可能早到武丁中晚期,下限不晚於祖甲時期。

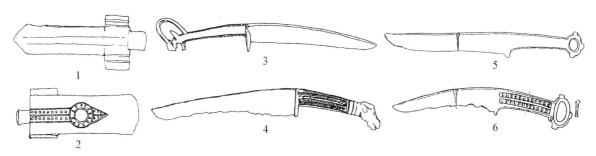

圖一四　殷墟墓葬中出土的北方式青銅器

1. 1953 年大司空村 M24 出土管銎啄戈(M24:2)　2. 1980 年大司空村 M539 出土管銎斧(M539:4)　3. 婦好墓出土馬首刀　4. 1958 年大司空村 M51 出土牛首刀　5. 1980 年大司空村 M539 出土三凸鈕環首刀(M539:37)　6. 2008 年郭家莊東南文源綠島 M5 出土三凸鈕環首刀(M5:12)

4. 1958 年殷墟大司空村 M51

此墓爲較小的中型墓,出土有成套的銅禮器、兵器及陶器、玉器。銅兵器中有牛首刀一件(圖一四,4),[②]柄截面爲橢圓形,兩側有人字形紋,中間有鏤空的槽溝。其形制與上文提到的懷履光所介紹之"象墓"中出土的馬首刀形近,柄上的紋飾則同於"象墓"中出土的環首刀。據墓中所出陶、銅器,知此墓年代屬殷墟文化三期,約廩辛至文丁時期。[③]

5. 殷墟婦好墓

1976 年發掘的小屯 M5(即婦好墓)內出有一件馬首銅刀(圖一四,3),[④]通長 36.2 厘米,馬首鼻上與頸上相聯的高拱形梁下接半環鈕的造型及柄兩側的斜綫紋,均與上舉綏德墕頭村馬首刀形制近同。婦好墓的年代屬殷墟文化二期,約在武丁晚期至祖庚時。[⑤]

6. 1980 年殷墟大司空村 M539

大司空村 M539 爲一較小的中型墓,隨葬有成組的銅禮器,[⑥]身份應屬於商人貴族下層。隨葬銅器有管銎斧一件(圖一四,2),與三凸鈕環首刀一件(圖一四,5)。斧的形制與

---

① 馬得志等:《一九五三年安陽大司空村發掘報告》,《考古學報》第 9 册,1955 年。
② 河南省文化局文物工作隊:《1958 年春河南安陽市大司空村殷代墓葬發掘簡報》,《考古通訊》1958 年第 10 期;《河南出土商周青銅器》編寫組:《河南出土商周青銅器》(一),文物出版社,1981 年。
③ 拙著《中國青銅器綜論》第十章第二節。
④ 中國社會科學院考古研究所:《殷墟婦好墓》,文物出版社,1980 年。
⑤ 拙著《中國青銅器綜論》第十章第二節。
⑥ 中國社會科學院考古研究所安陽工作隊:《1980 年河南安陽大司空村 M539 發掘簡報》,《考古》1992 年第 6 期。

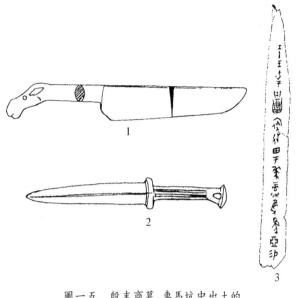

圖一五　殷末商墓、車馬坑中出土的
北方式青銅器及鑲字骨片

1. 馬首刀(M1713：8)　2. 安鋼第二煉鋼廠西南部 M11 等
大墓的陪葬車馬坑 M3 出土的蕈首劍　3. 安鋼第二煉鋼廠西南
部 M11 出土的鑲字骨片

屬綏德類型的清澗縣雙廟河村出土的管銎斧(圖四,3)形近,惟管銎上下伸出器身部分甚短,尾部有釘狀柱。斧身中部有圓孔,孔內側與斧尾間飾三凸弦紋夾圓圈紋,亦近同於雙廟河管銎斧。所出三凸鈕環首刀通長 27 厘米,其形制屬石樓類型,刀環下與柄交接處有一半環形小鈕的設計,亦見於石樓類型雙環首刀及鈴首劍。從所出陶、銅器形制可知,此墓亦在殷墟文化二期第 II 階段,約在祖庚至祖甲時期。①

7. 殷墟西區 M1713

1984 年在殷墟西區第七墓區北區發掘 M1713,屬較小的中型墓,有殉人三。隨葬青銅容器由明器與實用器相組合。② 在隨葬的兵器中,有馬首刀一件(圖一五,1),刀身平背斜刃,刀柄橢圓,此種大刀與上舉屬西周早期的興隆小河南窖藏出土的牛首大刀風格相近。③ 此墓葬年代已屬殷墟文化四期,時近殷末。④

8. 殷墟花園莊東地 M54

此墓於 2000 年 12 月至 2001 年 2 月發掘。⑤ 墓室面積 165 平方米,已屬較大的中型墓,有十五個殉人。隨葬的青銅容器中,包括有圓鼎六、方鼎二,特別是有觚九、爵九,並有大量的青銅兵器,包括戈 73 件,矛 78 件,卷首刀 3 件。隨葬的青銅容器、樂器、兵器上多銘有“亞長”,可知墓主人是商人中等貴族中的上層,且是武士。墓中隨葬有一件馬首刀與一件鹿首刀(圖一六,1、2),鹿首刀通長 27.5 厘米,馬首刀通長 31.5 厘米,柄截

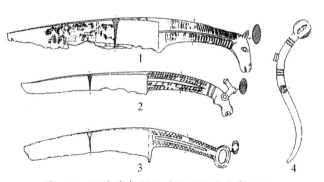

圖一六　殷墟花東 M54 出土的北方式青銅器

1. 馬首刀(花東 M54：300)　2. 鹿首刀(花東 M54：373)
3. 環首刀(花東 M54：301)　4. 鈴首錐形器(花東 M54：295)

---

① 拙著《中國青銅器綜論》第十章第二節。
② 中國社會科學院考古研究所安陽工作隊:《安陽殷墟西區一七一三號墓的發掘》,《考古》1986 年第 8 期。
③ 按:M1713 出土的此件馬首刀通長 30.5 厘米。
④ 拙著《中國青銅器綜論》第十章第二節。
⑤ 中國社會科學院考古研究所:《安陽殷墟花園莊東地商代墓葬》,科學出版社,2007 年。

面均作橢圓形,柄中脊兩側分別飾有弧綫紋與短斜綫紋。同墓還出有一件橢圓環首刀(圖一六,3),柄兩側有三角形紋,中間鏤空。鹿首刀的雙角先向上豎起,上端後折,與上舉懷安獅子口出土的鹿首刀有共同特徵。兩件刀柄部中間兩側所飾斜綫紋與弧綫紋的修飾風格,亦與綏德類型馬首刀相近。同出的"鈴首錐狀器"(圖一六,4)則與保德林遮峪所出觶形器相同,是石樓類型有代表的器物。花東 M54 亦當屬殷墟文化二期,其年代在武丁中期偏晚至祖甲時段内。[1]

9. 郭家莊東南文源緑島 M5

此墓爲 2006 年 11 月發掘。長方形土坑豎穴,有腰坑,墓口面積約 5.5 平方米,屬較小的中型墓,一椁一棺,有殉人三。隨葬銅器有鼎四、甗一、觚一、爵一、罍一,形制特徵亦近同於小屯 M18 所出同類器。[2] 陶器有簋、觚、盆,形制屬殷墟文化二期晚段。由陶、銅器形制可知墓葬年代即當屬殷墟文化二期晚段,約在祖庚、祖甲時。墓中出有兵器戈、鉞、矛與大刀,知墓主人爲男性中等貴族,和其他多數男性貴族一樣,亦有武士身份。墓室中出有鈴首形弧背弓形器一件與三凸鈕環首刀(發掘報告稱爲"削")一件(圖一四,6),[3]刀通長 29.2 厘米,脊背較直,微凹刃,長直柄,柄上飾兩條"U"字形紋飾,形制特徵近同於上述石樓類型的三凸鈕環首刀。刀柄部兩側飾對稱"U"字形紋飾的風格亦同於石樓、綏德類型。

(三)車馬坑

1. 殷墟小屯北地乙七基址南 M20

此葬坑爲石璋如所謂小屯北地乙七基址南"北組墓葬"之一,[4]其内埋有人骨三具,馬骨四具,出土有分屬兩輛車的銅車馬器,銅曲内戈兩件,弓形器兩件,獸首刀三件。三件獸首刀,分別是羊首刀(圖一七,1)、牛首刀(圖一七,2)與馬首刀(圖一七,3)。三件刀柄部截面均作橢圓形,中間有一透空的溝槽,三件刀造型特徵相同,應是同時産物。此羊首、牛首、馬首刀的尺寸與重量分別如下:長

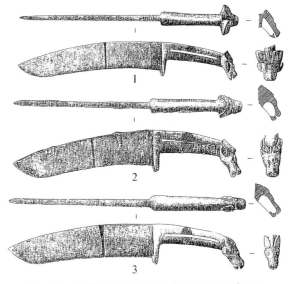

圖一七　殷墟小屯北地乙七基址"北組墓葬"中
車馬坑 M20 出土的獸首刀

1. 羊首刀(M20∶1857)　2. 牛首刀(M20∶1859)
3. 馬首刀(M20∶1858)

① 拙著《中國青銅器綜論》第十章第二節。
② 中國社會科學院考古研究所安陽工作隊:《安陽小屯村北的兩座殷代墓》,《考古學報》1981 年第 4 期。
③ 安陽市文物考古研究所:《安陽殷墟徐家橋郭家莊商代墓葬——2004—2008 年殷墟考古報告》,科學出版社,2011 年。
④ 石璋如:《小屯》第一本《遺址的發現與發掘·丙編·殷墟墓葬之一·北組墓葬上》。

30.1、寬3.5、厚0.75厘米,重303克;長31.4、寬4.4、厚0.9厘米,重371.5克;長32、寬4.2、厚0.9厘米,重382克。所出曲內戈援部較長,曲內下端與戈的下闌平齊,尚未伸於下闌之下,形制與59武官村M1出土的曲內戈(59武官M1:14)形同。由此推知M20的年代當與59武官M1近同,亦在殷墟文化一期偏晚,[①]約武丁早期至中期偏早時。需要討論的是,M20所出三件橢圓柄的獸首刀,學者或疑係商人仿造於北方式器物,主要原因是柄部截面爲橢圓形,而北方式刀柄部均扁平,而且刀體較厚重。但上文論及青龍抄道溝出土的鹿首刀、懷安獅子口村出土的鹿首刀,其柄部截面亦均作橢圓形,蓋皆爲用手直接持用所設計。此外,上文述及之懷履光所記"象墓"出土的馬首刀、西北岡大墓北墓道上方的小墓M1311出土的駱駝首刀,刀柄也均作橢圓形,也均較厚重,而這兩件刀,其柄部紋飾、風格均亦應認作是北方式的。所以橢圓形刀柄是否均是被商人改造過後的器形,還可以再深入探討。實際上殷墟所發現的獸首刀總體來看並不多,而且多數出於特殊的葬坑(殺祭或殉葬坑)內,似與殺後埋入的人的身份有關,也即此類獸首刀應是被殺祭或殺殉的人生前使用。如果説還要爲被殺祭或被殺殉的人專門仿制北方式器物隨葬似不太合情理。

2. 安鋼第二煉鋼廠西南M3

2005年上半年,在安陽第二煉鋼廠西南部發掘了三座較大型的墓(M11、M12、M13),由西向東排列,其西南有七座車馬坑(M1—M7),應屬於此三座墓的陪葬。七座車馬坑中,M3車前輿部右側發現有青銅短劍一件(圖一五,2)。[②] 短劍作葦首,其下部(即柄端)鏤空。柄部有幾道凸起的弦紋。在車輿右側有殉人一名,其身份應是馭手。學者或認爲葦首短劍當爲此殉人所使用,[③]短劍作爲近身使用的武器必須與人相伴,所以這種推測是有道理的。此件短劍的形制在已發現的北方式短劍中,尚缺乏可參考的資料。在黑豆嘴類型的銅器中已有葦首的刀,但西周早期時,冀北地區的青銅短劍也流行葦首(如興隆小河南村窖藏與昌平白浮村M3出土的葦首短劍),不能排斥冀北地區北方族群在殷末也行用此型劍。此劍之劍柄上部並非豎直,在鏤孔部位略向一邊斜伸,使柄端葦首也呈歪斜狀。此種造型,與鈴首劍有相似處,而且與黑豆嘴類型中帶小半環鈕的葦首刀之首部亦有近似處。限於資料尚未全部發表,此座車馬坑及相關遺存的年代現只能靠已發表的大墓M11所出的一件帶字骨片(圖一五,3)來判斷,此骨片用綠松石鑲嵌成文字,共16字,記商王獵獲兕之事績,[④]其字體已屬殷代末年,所以,相並列的幾座大墓之年代可能均已在商後期偏晚,附屬車馬坑年代及其內隨葬的器物的年代自亦當相同。

---

① 拙著《中國青銅器綜論》第十章第二節。
② 國家文物局:《2005年中國重要考古發現》,文物出版社,2006年。
③ 韓金秋:《大司空村2005AGM3出土青銅短劍的若干問題》,《河北省考古文集》(四),科學出版社,2011年。
④ 劉釗:《安陽殷墟大墓出土骨片文字考釋》,《古文字與古代史》第2輯,"中研院"歷史語言研究所,2009年。

除以上在殷墟區域内不同單位發現的北方式青銅器外,在商後期王國勢力範圍内還有一些重要遺址也曾出土過北方式青銅器。例如:

1. 河北藁城臺西商代遺址[①]

此遺址是接近商王國北端一處重要的商人聚落,其早期墓葬可早到二里崗上層期偏晚。説明此遺址在商前期時已有商人居住,而後延續使用至商後期前半葉。1972 年村民在該遺址内發現 M112,其出土銅器中較晚的形制已具殷墟銅器早期的特點,知此墓年代大約屬於殷墟文化一期。在墓中出土有獸首雙半環的銅匕(圖一八,1),其形制特徵與石樓型的蛇首匕(圖二,7)近同,其衛環的形制也是石樓類型器物特徵之一,已見上述。M112 是較小的中型墓,所出銅器中尚有屬於兵器的鐵刃銅鉞一件,標誌墓主人應是男性,生前也是武士。上述墓中所出具石樓類型風格的銅匕,應反映了商人在殷墟文化一期時,即盤庚至武丁中期偏早時即已與石樓類型所屬的北方族群發生了聯繫,這件匕出於墓中,多可能是戰利品。值得注意的是,在該遺址 M17 中出土有啄戈一件(圖一八,2),形制與商後期冀北類型中有代表性的器類之啄戈相近同。同墓還出有分鑄的銅戟(是戟較早出現的例子),此件戟的戈作直内寬條形援狀,援長與援本的比例接近 3.0,其年代應約在殷墟青銅器二期,[②]亦即約在殷墟文化二期,不晚於祖甲時,M17 的年代可以以此爲參考。這件啄戈在 M17 的出土,反映了商人在殷墟文化二期時,即已與冀北類型銅器所屬族群發生接觸,啄戈作爲武器,出於 M17 也應是戰利品。總之,臺西墓葬中出土的兩件北方式武器,證明商人在武丁早期甚至早於武丁的商後期之初時即曾與位於晉西與冀北的北方族群通過戰爭有所接觸。

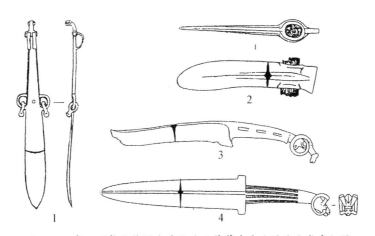

圖一八　商王國勢力範圍内其他地點墓葬中出土的北方式青銅器

1. 獸首匕(藁城臺西 M112：11)　2. 啄戈(藁城臺西 M85：5)
3. 羊首刀(靈石旌介 M2：20)　4. 羊首劍(滕州前掌大 M41：42)

① 河北省文物研究所:《藁城臺西商代遺址》,文物出版社,1985 年。
② 拙著《中國青銅器綜論》第十章第二節。

2. 山西靈石旌介村商墓①

1995 年發掘的山西靈石旌介 M2,墓室面積約 7.5 平方米,墓主人男性,有女性陪葬,並有一殉人。隨葬青銅器中有大量容器與兵器,兵器中有一件獸首刀(圖一八,3),通長 27.7 厘米,額頂雙角斜伸内卷,其風格近同於青龍抄道溝窖藏出土的羊首劍,刀柄中間有三長方形透孔,其形制則近於上舉興隆小河南村窖藏出土的蕈首劍柄部。總之,此件羊首刀形制具有冀北類型特徵。靈石旌介商墓的年代已接近殷墟文化四期,屬殷代晚期,墓主人屬與商王族關係密切的𢆶氏,②此時旌介已位於殷墟文化圈西北,在當時屬商王國西北邊域,M2 中出土的具冀北類型因素的獸首刀,似表明直到殷晚期時商人仍與位於冀北山地的北方族群有着某種聯繫(比如戰爭)。

3. 滕州前掌大墓地③

在此墓地中發掘的屬殷末周初的車馬坑 M41,車尾部有殉人一,車輿内有隨葬的銅兵器與工具,其中有羊首短劍一件(圖一八,4),其雙角向外斜伸而内卷,呈環形接於腮部,其風格也同於青龍抄道溝窖藏出土之羊首劍。此劍柄上飾有四條細圓點紋,亦與抄道溝窖藏中的鈴首刀與鹿首刀柄部紋飾特徵同。前掌大墓地在商後期時爲魯南地區附屬於商王國的史氏家族墓地,M41 車馬坑所出具冀北類型因素的羊首劍有可能爲該坑内的殉人生前所用,而以俘獲的北方族群中人馭車,並用以殉葬,同於上舉 2005 年殷墟發掘的第二煉鋼廠西南的車馬坑 M3。此遺存也可作爲殷代晚期商人與位於冀北之北方族群有所聯繫的參考。

四、結　語

其一,以上所列舉的在殷墟發掘出土的北方式青銅器的情況,可以歸納如下。

1. 在殷墟小屯村北宫殿區内,相當於殷墟文化一期偏晚(約武丁早期至中期偏早)時的祭祀坑與車馬坑中,已出現了有可能與綏德類型早期遺存有關的北方式青銅器,如小屯北地丁組建築 F1 所附屬之 M10 所出管銎斧(以及西北岡東區所謂"刀斧葬"所出同型斧)。同期的小屯北地乙七基址車馬坑 M20 出土的三件獸首刀亦當屬於北方式器。

2. 在殷墟地區所發現的屬於殷墟文化二期的多座墓葬及附屬於大墓或建築基址的陪葬坑或祭祀坑、車馬坑中有較多的北方式青銅器出土,以屬於同時期的石樓類型或綏德類型爲主,也有少量近於黑豆嘴類型、冀北類型。其年代約相當於武丁中期偏晚至祖甲時段。器類包括有不同形制特點的管銎斧、獸首刀、劍以及三凸鈕

---

① 山西省考古研究所:《靈石旌介商墓》,科學出版社,2006 年。
② 拙著《中國青銅器綜論》第十章第二節。
③ 中國社會科學院考古研究所:《滕州前掌大墓地》,文物出版社,2005 年。

環首刀、蕈首刀。

3. 在少數殷墟文化三期、四期的墓葬與車馬坑中還可發現有北方式青銅器,如殷墟西區 M1713 所出的馬首刀,刀背平直,柄與刀身間無闌,在形制上已較晚,與屬西周早期的興隆小河南村窖藏中的牛首刀有共同形制特點。安鋼西南大墓之陪葬車馬坑 M3 所出蕈首劍也具有北方式劍的特徵,惟其所述類型尚不能知曉。

4. 殷墟遺址中出土北方式兵器與工具的有祭祀坑、陪葬坑、車馬坑與商人墓葬,在祭祀坑、陪葬坑或車馬坑中隨葬北方式兵器或工具者,或可能即是戰爭時被俘的北方族群成員,所隨葬的北方式兵器與工具也很可能即是他們生前所使用的;① 至於商人墓葬中也出北方式器具,而這類墓葬從多隨葬有兵器可知,墓主人皆爲武士,則所隨葬的北方式器具自然可以理解爲是在戰爭中所俘獲的戰利品,轉歸爲該墓主人所有。

其二,由上述殷墟發現的北方式青銅器可知,其多數屬於殷墟文化一期偏晚至二期即武丁早期至祖甲時期,這一時段亦即相當於殷墟甲骨刻辭的自組、賓組、出組存在時間。在這一時段内商人與今晉西山地、陝東北以及冀北山地等區域的北方族群有過較多的聯繫,從反映這種聯繫的銅器中有相當數量的兵器,以及北方式器具在殷墟均出土於殺祭坑、陪葬坑、車馬坑及出土於商人貴族武士墓中的情況可推知,商人與北方族群的聯繫方式主要是戰爭。這一點,正與本文開頭所講到的,在武丁賓組卜辭中所見到的武丁時期商王國西部、西北部邊域因受到北方族群(方國)的侵擾而紛紛告急,商人與活動於太行山東西兩側及冀北山地的北方族群有過頻紛的戰事之情勢相合。從整個殷墟卜辭情況看,亦以武丁時期對北方各族群的戰爭最爲頻繁。北方族群所以在武丁時期(實際上應當稍早,有可能早到武丁前盤庚至小乙時期)大規模的束進、南下,干擾商人,正如學者們所推測的那樣,是由於中國北方地區的氣候逐漸惡化,而迫使半農半牧的或游牧的北方族群向東、向南爭取自己的生存空間。② 順便説一下,抵禦這些北方族群也應該是商人將都城遷至今安陽的重要因素。

其三,將殷墟出土的北方青銅器情況與上引武丁時期卜辭所反映的史實相聯繫,則

---

① 在隨葬有北方式青銅器的陪葬坑中,20 世紀 30 年代在西北岡東區發掘的所謂"刀斧葬",數百個無首的殉葬人,多使用形制特徵近同的管銎斧與北方式刀,配以礪石隨葬。采用此種相同的組合形式,似反映這些"刀斧葬"中的無首殉葬者屬同一族群,而且應當非商人族屬。學者研究殷墟文化一至四期出土青銅工具的墓葬,歸納出主要組合形式爲錛、鑿,其次爲錛、鑿、刀(削),或削(按: 凸背凹刃的環首刀)、刀並用,斧爲主(孔德銘:《殷墟墓葬中青銅生產工具組合的初步研究》,《殷墟與商文化——殷墟科學發掘 80 周年紀念文集》,科學出版社,2011 年),明顯與"刀斧葬"中的工具組合不同。"刀斧葬"中埋入的殉人既都配以相同的工具隨葬,説明這些人生前可能是具戰俘身份的爲商王室服務的手工業奴僕。據高去尋文,這些被殺殉者,有的在腿骨側出土有銅矢或骨矢,亦可知其戰俘身份。已發掘的 80 座"刀斧葬"並非集中在一個地點,而是分散在若干小墓群中,所以同一族群的此類殉葬者未必是同時、一次被殺殉的,但彼此間隔時間可能不長。

② 按: 楊志榮的《中國北方農牧交錯帶全新世環境演變綜合研究》(海洋出版社,1999 年)一書曾論及,距今 3 500 至 3 000 年這一時段,北方農牧交錯帶古文化的發展因環境的惡化受到嚴重影響,至距今 3 000 年前後北方地區氣候更急劇惡化。首先在鄂尔多斯高原出現的農牧結合型文化自距今 3 500 年便開始向東南方向移動,距今 3 000 年前後游牧文化在鄂尔多斯高原發展到繁盛階段,並开始向東南、東北傳播。

這些北方青銅器所屬之晉西山地之石樓類型、陝東北綏德類型及冀北類型各自所屬北方族群,極有可能即是卜辭中所見當時東進、南下以武裝力量活躍於今晉中、晉東南的呂方,活動於冀西、晉東北太行山東西兩麓之土方,以及活動於冀西的太行山東麓之方方等。從考古資料可知,石樓類型青銅器主要存在於殷墟文化二期,綏德類型以及關中地區的黑豆嘴類型,皆自殷墟文化二期延至殷墟文化三期時仍有存在,太行山北端之冀北類型與石樓、綏德類型有聯繫之北方式青銅器則有可能延續、發展至殷末及西周早期。從迄今在殷墟所發現的北方式青銅器所反映的情況看,在武丁中晚期至祖甲時段的遺存中發現的北方式青銅器最多,此后,北方式銅器在殷墟似已較少出現。上述這種情況也正與上文所言及的甲骨卜辭中所見到的情況:武丁時期非常活躍的與商人激烈衝突的呂方、土方等可能因爲在武丁時受到商人不斷的征伐而逐漸解體或遷移有關。在商王國北方的方方一直見於武丁後各類卜辭中,並仍與商人有戰事,也許可以解釋上舉殷墟及其他商人勢力範圍內的殷代晚期遺存中出較多冀北類型銅器的原因,這種情況表明在殷代晚期時,冀北類型爲代表的北方族群與商人發生的戰爭等聯繫可能較多。

其四,武丁時期商人與來自商王國西方、北方的北方族群之頻繁的戰爭,使商人獲得各類北方式青銅器,從而得以吸取北方式青銅器的有益成分,改進自己的器具。例如自殷墟文化二期始即在商人兵器中出現有多種有銎的兵器(銎內的戈、斧、鉞與具有多個短管狀銎的卷首刀等)。① 此外,在殷墟屬殷墟文化二期(及以后)遺存中發現的大量的車馬坑及車馬器,也標誌着馬車的使用很可能亦源自於武丁時期與北方族群的戰爭。戰爭當時在客觀上也成爲促進文化交流的重要方式。而且,在開始使用馬車的同時,與馭馬有關的弓形器也被引進,而更多的是被商人仿造,從而使弓形器成爲商人生活中非常重要的器具。

商人與北方族群在青銅文化上的交流,同時也使北方族群吸收了不少商文化的因素,如青銅容器被北方族群上層所喜愛,以至出現多種由北方族群仿造的商式容器,而商式兵器、工具也廣泛地被北方族群所利用和改造,並可能因此而進一步促進了商文化對北方歐亞草原區域的影響。

其五,由於石樓、綏德、黑豆嘴、冀北等北方青銅文化類型的文化因素,有不少應該是從更遙遠的歐亞草原其他地區去尋找其來源。例如管銎斧,其源頭或可追溯至公元前三千年至二千年前半葉的西亞地區。② 所以,商人與北方族群在青銅器制造與使用方面的

---

① 前引林澐:《商文化青銅器與北方地區青銅器關係之再研究》一文即已指出,到了殷墟文化的大司空村二期,開始出現了新式銎內戈和銎內鉞,應該是不斷接觸管銎式的北方系武器之後,對改進安柄方式的一個嘗試。
② 烏恩岳斯圖:《北方草原考古學文化比較研究——青銅時代至早期匈奴時期》之第二章第二節"管銎斧",科學出版社,2008年。

交流也可以視爲是商文化與歐亞草原多種青銅文化交流的一種渠道。

（原載《考古學報》2013 年第 1 期）

補記：

2009 年發掘、清理的殷墟王裕口村南地 330 餘座墓葬中，已報道的兩座墓 M103、M94 皆出有北方式青銅器。M103 是長方形豎穴土壙墓，墓口面積 5.28 平方米，在殷墟商墓中屬中型墓中較小者。墓主人爲 30 歲左右男性。在二層臺上分兩層殉人 9 個。此墓中出土有一柄三凸鈕環首刀（補圖一），三凸鈕中有兩個已殘損，從尚存的一個凸鈕看，其形作短柱形，與冀北類型所出三凸鈕環首刀之凸鈕作圓泡狀不同，似當屬於上文所述石樓類型器。M103 所出陶鬲，形近於苗圃北地Ⅱ期墓 M206：1 鬲與殷墟西區 M694：1 鬲，此二墓皆屬殷墟文化二期；所出陶簋深腹、腹壁斜直内收，内壁上部有陰綫紋一周，外壁有陰綫紋數周，亦與苗圃北地Ⅱ期（即殷墟文化二期）時的陶簋形制特徵相同；此墓所出銅容器，亦符合殷墟文化二期的形制特徵，故簡報將此墓定爲殷墟文化二期是正確的。此墓中出石樓類型三凸鈕環首刀，上文曾論及石樓類型主要存在於殷墟文化二期，而此一時期也是殷墟墓中出北方式器最多時際，這顯然是與此時期商人與北方族群戰爭頻仍有關。

補圖一　三凸鈕環首刀（王裕口南地 M103：33）

王裕口村南地 M94 與 M103 相距 7 米，爲甲字形墓，墓口面積達 10.14 平方米，已屬於殷墟中型墓中的中等。墓中有二殉人，所出銅器中亦有戈、矛之類兵器，墓主人應是男性。此墓所出陶觚爵具殷墟文化三期特徵，所出來腰形葉矛是殷墟文化三期盛行的形制，而所出歧冠曲内的明器戈亦是殷墟文化三期墓中常見器物。所以簡報將此墓屬殷墟文化三期也是可信的。所出兵器中有管銎啄戈（圖二，簡報稱"斧"），其形不見於上文所舉殷墟出土的管銎啄戈，但從形制看，此器應主要使用前鋒砍啄，兼用兩側刃，與斧、戈功用不盡同，其形制接

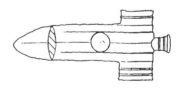

補圖二　管銎啄戈（王裕口
南地 M94：49）

近上文所舉 1953 年大司空村 M24 出土之管銎啄戈（M24：2）。上文曾提及，林澐先生曾指出銎内型啄戈尚未出土於安陽西部與西北部的黃土高原，而只分布於冀北與遼寧。此種形製的管狀銎内的啄戈尚未見有明確出土地點，上文亦曾論及，武丁後，殷代晚期時，商人與使用冀北類型器的北方族群發生戰爭聯繫可能較多，則此形戈或有出自冀北及遼西的可能。

以上王裕口墓葬資料，見中國社會科學院考古研究所安陽工作隊《河南安陽殷墟王裕

口村南地 2009 年發掘簡報》,《考古》2012 年第 12 期。二墓所出器物銘文中均有賓組貞人占的名字,除表明二墓墓主人與占有關外,彼此葬在同一墓地且相近,也表現出有親族關係。以上補記中所提到的殷墟西區與苗圃北地陶器及分期,見中國社會科學院考古研究所安陽工作隊《1969—1977 年殷墟西區墓葬發掘簡報》,《考古學報》1979 年第 1 期;中國社會科學院考古研究所編著《殷墟發掘報告》第五章,文物出版社,1987 年。

重讀小臣牆骨版刻辭

　　2003 年,筆者在參與編撰中國國家博物館所藏甲骨集時,曾初步讀過著名的小臣牆骨版刻辭,並作過釋文。但該書出版後,[1]覺得此刻辭的照片雖然已較清楚,但由於骨面不平坦,有的筆畫依然不甚清晰,發表的拓片也存在類似情況,且所作釋文亦多有須斟酌之處。鑒於此刻辭內容之重要,遂向中國國家博物館保管一部提出再看原件的申請,並得到批准,得以再次觀察此骨原件(圖一)及館藏拓片(圖二)。現在諸家研究基礎上,對這篇刻辭作幾點補論(同時根據較清楚的照片與拓片做了骨版正面刻辭的摹本,即圖三,以供參考)。

　　這塊殘骨屬肩胛骨,長 6.9 厘米,寬 3.9 厘米,[2]是一塊長條形骨版的下部。關於這塊骨版的長度,李學勤曾根據骨面的干支表推測接近於商尺一尺(16—17 厘米)。[3] 骨版

1　　　　　　　　　2

圖一

---

① 中國國家博物館:《中國國家博物館館藏文物研究叢書·甲骨卷》,上海古籍出版社,2007 年。
② 館藏登記卡片上記的尺寸是"長 6.9 厘米,寬 4.5 厘米",這個寬度也許是按骨面弧度測的。
③ 李學勤:《小臣牆骨牘的幾點思考》,《三代文明研究》,商務印書館,2011 年,第 49 頁。

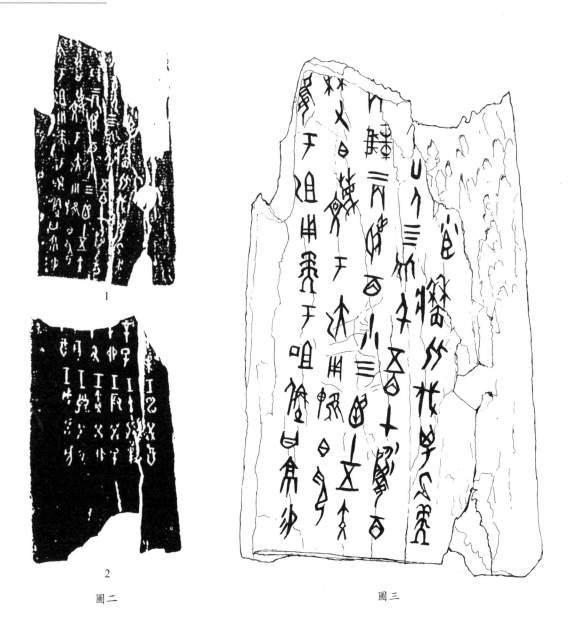

圖二

圖三

正面提到小臣牆的這段刻辭下端已接近骨版的底部,但是不知道這篇刻辭上端是否也是頂頭刻寫的,所以刻辭的全部字數尚難推知。

現先將刻辭釋文隸寫如下:

……小臣牆比伐,旱(禽)户𣄼

……人(?)廿人四,𣄼千五百七十,嬰百

……丙,車二丙,𣄼百八十三,甶五十,矢

……𤰔,又白麋于大乙,用𣄼白(伯)印……

𥈆于且(祖)乙,用𣄼于且(祖)丁,堕甘京易

……

需要討論的有這樣一些字句:

产，原篆作，一般釋作“产”，讀成“危”，仍可從。[①]

，舊曾釋“美”，但字實與“美”字作形有别。學者或釋作“美”，從本刻辭中的字形看，作此種釋讀是可以的，但此字亦見於其他無名組及何組卜辭，其字形又作（《合集》28088，产方）、、（《合集》28089正），“大”形上部並非作“矛”形，而像頭上長髮。《説文》曰：“髦，髮也。”劉釗釋作“髦”是有道理的。[①]《詩經·鄘風·柏舟》“髧彼兩髦”，毛傳曰：“髦者，髮至眉，子事父母之飾。”“髧，兩髦之貌。”依照此説，是“髦”字强調髮長，“髧”字則强調的是髮向頭兩旁下垂。所以，此字釋“髦”雖通，但釋作“髧”似更爲合適。即便如此，“髦”“髧”均爲形聲字，與字還是有别，在這裏仍暫用其原字形。

字，舊釋“而”。唐蘭、于省吾等有説。[②] 學者或釋作“馘”，[③]亦有其道理。[④] 在本刻辭中，前殘辭作“……人(?)廿人四”，由此知，如果是講生俘，就要提多少人，但言及只説“千五百七十”，未言“人”，也顯示這裏將釋作“馘(或聝)”比解釋爲族名妥當。[⑤]

嫛，此字在骨版正中下方，字的中下部位於一道骨裂上，故以往的照片及拓片均有模糊處。現在經目驗，並細看新近得見的較清晰的照片(圖一，1)與拓片(圖二，1)，再將字形放大(圖四)，可以判定此字實際上作形，上部爲“陶”，下部爲“妥”(手抓在女頭上)，可隸定作“嫛”。劉釗將此字隸定作“嫛”，[⑥]近是。“陶”應該是個族名，在賓組一類卜辭中有：

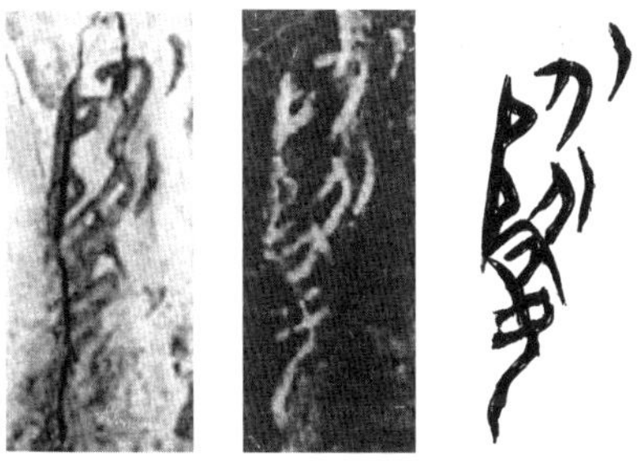

A. 照片　B. 拓本　C. 摹本

圖四　“嫛”字放大的字形

……卜賓貞，乎(呼)共取陶……

……巳卜，亘貞，不其凡。(《合集》8844)

---

① 近年來有學者釋此字作“皃”，似仍以釋“产”爲妥。但《説文》釋“产”爲“仰也。从人在厂上”，所云與此字初形有别，在殷墟卜辭中，此字大致作以下幾種字形：、、、、。趙平安認爲是“笄”之本字(《釋甲骨文中的“”和“”》，《文物》2000年第8期)，“笄”是竹器，即圓竹筐。此説釋之爲容器，甚有啓發。從字形上看，其下半部分與卜辭中“甾”字作(《合集》36348)、(《合集》36515)者有共同特徵，上半部分的長弧綫，頗似示意爲將甾形器内東西傾倒。與此字有關的字有(劉釗：《新甲骨文編》、李宗焜：《甲骨文字編》均隸作“㪉”)，或是此字繁體，更像雙手持甾形器傾倒物品。從音義上看，“产”可讀作“攲”。“产”爲疑母歌部字，“攲”爲溪母支部字，支、歌皆陰聲韻而旁轉。《玉篇》：“攲，傾低不正，亦作攱。”“攱”爲見母支部字，與“攲”通。《説文》訓“攱”爲“持去也”。如何解釋，以往諸家説異。“持去”也許正是上述持甾傾物之()字本義。《漢書·匈奴傳上》“得漢食物皆去之”，顔師古注：“去，棄也。”卜辭和金文中與此字相類、亦是以弧綫示傾倒之義的字，比如作爲族名的字，所从酉上之弧綫，也應是示意傾倒酒液。這種用綫條表示運行方式的字，又如“酌”之“彡”。

① 劉釗：《新甲骨文編》，福建人民出版社，2009年，第505頁。

② 見《甲骨文字詁林》第四册，3357號“而”字條，中華書局，1999年。

③ 見上注“而”字條引李圃説。

④ 金文所見“執訊隻(獲)馘”中，“馘”字从或作(柞伯鼎)、(小盂鼎)，所从或，有學者認爲是从首省(參見陳斯鵬等：《新見金文字編》，福建人民出版社，2012年)。只是“首”字在西周金文中作形，毛髮較短，“馘”字从形的，確可以認爲是从首省，从者如是之異體，已有形變，而且从之“馘”未有如形之作四道曲綫者。存疑待考。

⑤ 如讀作“而”，“而”與“聏”皆日母之部字。《説文》：“聏，斷耳也。”

⑥ 劉釗：《新甲骨文編》，福建人民出版社，2009年，第762頁。

>……□取陶射……昌……(《合集》5788)

在無名組二類卜辭中亦見:

>……五十陶……(《屯南》2154)
>
>……叀奴……
>
>……叀陶女。
>
>……叀殴羌。
>
>……于宗……(《屯南》2259)

從以上賓組卜辭内容看,陶在武丁時期即曾被商人征取物質,其射手也被征調,是被商人統治與支配之族。而從以上無名組二類卜辭可知,陶族人當時似已與商人敵對,曾被商人俘獲並用作人牲。其中"陶女",應即與小臣牆刻辭中的"嬰"指稱的是同一種女子,只是"嬰"用了合文的形式,此字"女"上又加了"又",應是示意其被俘獲之身份,猶如"羌"加繩索作"羍",又如卜辭中有"𡊏(執)"字,通常作𡊏(《屯南》2651),但也可以作𡊏(《合集》33008,又如《合集》28084),字在"幸"上加"又",仍可隸作"𡊏"(當然也可隸作"𩤳"),只是示意所梏之人是被擒獲的,標誌其身份。關於"陶女",下文還要論及。

𡊏,以往諸家有多種讀法。裘錫圭以爲即"櫓"之初文,櫓即大盾,可從①。

"又白麐"上面一字正在骨版上端斷裂處,殘餘半,從殘留筆畫看,並非⚭字。

"又白麐"之"又"在這裏應是言祭祀用牲之用語,卜辭習見貞問又某先人用多少牲的辭例,一般是"又＋先人＋牲"的形式,但"又"也可以直接接所用牲再接所祭者,如:

>……午卜,……貞,其又豕于三母,今其夕……不羊……三月。(《合集》23462)

故"又白麐於大乙",是記以"白麐"祭祀大乙。"麐"可讀作"麟",《説文》釋作牝麒,一説即牡麟。上引李學勤文疑"白麟"不是人名,而是真實的動物,所説確有可能。卜辭所見用爲牲以及獵獲的動物中,尤重視白色動物,應是商人尚白之表現。當然,現存的刻辭中,其他幾處言及"用"的祭先王的牲均是人牲,所以在這裏如讀"白麐"爲"伯麐",以"麐"爲私名亦不無道理。卜辭中不稱"某(族名)伯某"只稱"伯某"的例子是有的,如"白(伯)㝯"(《合集》3418、20530),"白(伯)紲"(《合集》5949、20088)。《合集》5949言"𡊏伯

---

① 此字胡厚宣隸作"虝",解釋作盾牌(《中國奴隸社會的人殉和人祭》下篇,《文物》1974年第8期),雖字釋正確,但缺少對字形字音的分析。姚孝遂認爲"象虎士執盾形",逕釋作"盾"(《甲骨文字詁林》第1693號"盾"字條),亦是字義接近,但對字形的解釋似可商榷。李學勤隸作"號",認爲此字是从虎的"弧",《説文》釋作木弓(《小臣墻骨牘的幾點思考》)。細審拓片、照片,此字右半部確可以釋作"虎",但左半部是盾形還是弓形,需要討論,這也是諸家釋字有異的原因。此字左半部與甲骨文中"弓"作𢎨或𢎨有所不同,其左側中部並無凹下,與"弓"字表示弓背的筆畫不同。裘錫圭曾舉出《合集》20397之辭:……卜,王令……伐𡊏方𡊏。辭中最後一字,顯然即小臣牆刻辭中的這個字。其左側中部也是作弧綫,並未凹下,仍與弓形有別。裘先生釋作"櫓",見《説"捄函"——兼釋甲骨文"櫓"字》,《裘錫圭學術文集》第4卷,復旦大學出版社,2012年。

紵",可見即使是稱敵對族首領也可只稱"伯某",所以以上對"白麐"的兩種解釋都有可能。

⿰字,左邊從⿰,疑是"毌"字之異體。"毌"字在卜辭中作⿰(《合集》6971)、⿰形(《合集》21659)。金文中有複合氏名"屮毌"寫作⿰(《金文編》附錄 366),亦作⿰(㒳鼎),可見"毌"亦可以寫成⿰。如是,則此字可隸定作"雖",字從隹,或可讀作"蘿","毌、蘿"均見母元部字。在本刻辭中,"雖伯"後的"印"似是其私名。雖伯印被用作人牲,知"雖"在當時應爲與商人敵對之族名。

"塦甘京",因爲前面言祭先王之句式均是"用某于先王",故"塦甘京"之上一句亦暫句斷於"祖丁",即"用⿰于祖丁"。"塦"是王在王都外所建離宫一類建築,在卜辭中多以"地名＋塦"形式爲稱。甘京,即在甘地之京,"京"疑指有高臺建築的城邑。李學勤釋"塦甘京"爲在甘京設立行宫,在這裏以"塦"爲動詞,可從。卜辭中"塦"雖多作名詞,但也有"王塦于……"(《合集》20277)的句式,是"塦"作動詞之例。"塦于"某地在語法上類似於西周金文中"邑于"某地(即在某地建邑)的句式,如"令邑于奠(鄭)"(矜簋)。此種卜辭中"塦甘京",省了"于"字。此次戰事應是王親征,故上文言"小臣牆比伐"。上文所言祭諸先王也是王的行爲,則塦於甘京,在甘京建行宫,可能也即是上述用牲祭先王之地點。① 下文言"易(賜)……",應即王要在塦對在這次戰事中的有功之臣進行賞賜。

關於小臣牆刻辭的年代與其所涉及的史實,諸家已多有論述。刻辭不屬於卜辭,刻辭的刻手亦未必是卜辭的刻手,但其字體的風格近於無名組中年代較晚的一類(或稱無名組三類)與黃組卜辭的字體,尤其是此骨版背面還有較典型的屬於黃組字體的干支表,所以刻辭的年代,諸家指出應在較晚的無名組與較早的黃組卜辭存在時期,亦即小臣牆參加的這場戰事大約在文丁時期,這應當是可信的。

此版刻辭的年代可由具時代性風格的字體推知,而刻辭中的族名、人名亦有見於何組、無名組卜辭的,這對於更細緻地認識各組卜辭存在的年代是有裨益的。

刻辭中比較值得注意的人物是⿰,⿰多見於無名組卜辭。李學勤、彭裕商《殷墟甲骨分期研究》(下簡稱《分期》)將有關⿰的無名組卜辭定爲無名組二類。② 此暫借用此分類稱呼,有關卜辭如:

---

① 何組三類卜辭中也有在甘這個地點祭饗先王之辭例:

    ……貞,大乙祖丁眔卿(饗)。

    癸亥卜,彭貞,大乙、祖乙、祖丁眔卿(饗)。

    癸亥卜,貞,隹大乙眔祖乙卿(饗)。

    ……亥卜,……祖丁其……甘卿(饗)。(《合集》27147)

末一辭之"……甘卿(饗)",應是"于甘卿(饗)"。值得注意的是,所饗先王爲大乙、祖乙、祖丁,與此小臣牆骨版刻辭中殘餘部分所見受祭之三先王同。

② 李學勤、彭裕商:《殷墟甲骨分期研究》,上海古籍出版社,1996 年。本文對不同組類卜辭的分類、年代的説法主要依據此書。

戶白（伯）🧍于之及……𡊜……（《合集》28091）

"伯"是商人對異族首領之稱，可見🧍是卜辭多見的户方的首領，而且🧍是其私名，是個具體的人物。這點很重要，因爲作爲一個具體的人，他的主要活動年代應該是在一個不太長的時段内，特別是顯示其有精力活躍於戰事的卜辭，更不會跨很長時間。這條卜辭殘斷，但涉及"𡊜"，與其所貞問之事項相同的無名組二類卜辭有：

王于𢀎史（使）人于🧍，于之及伐𡊜，王受又。

𢀎取🧍卯（御）事，于之及伐𡊜，王受又，隹用。

王其比𡊜再册光及伐𡊜，王弗每（悔），又（有）戋。

白貯其乎（呼）取🧍卯（御）……（《合集》28089 正）

取🧍卯（御）事，于之及伐𡊜，王受又。（《合集》28090）

上引卜辭説明，雖然户方在武丁時曾與商人敵對，賓組卜辭多見伐户（亦稱下户），但在此時🧍作爲户方的首領顯然已臣服於商王，被王派白貯與𢀎征調以伐𡊜，並稱此爲"御事"。無名組二類卜辭，《分期》認爲應在康丁至武乙中期，但小臣牆刻辭表明🧍在文丁時期仍可與商人有戰事，而武乙在位的年代，據《古本竹書紀年》，應在 35 年以上，則上引記述🧍受商王調遣去伐𡊜的戰事，就不會早到武乙早期，而以在武乙中期以後爲妥。[1] 何組卜辭有：

……卜㲋……户方🧍……𥄗于……若。（《合集》28088）

因爲辭殘，不能判斷此時🧍與商人的關係是怎樣的。這條卜辭，《分期》定爲何組三類，並認爲何組三類約在廩辛至武乙中期以前，依上述有關🧍活動的卜辭年代分析，這條卜辭自然不會早到廩辛時，亦以在武乙中晚期爲可能，在何組三類中年代應是較晚的。[2]

無名組卜辭又可見：

……其钒🧍……（《合集》33008）

以上這條卜辭，《分期》亦歸入所謂無名組二類。這説明在無名組二類時，🧍已與商人反目，其雖未必與小臣牆刻辭所記擒獲🧍的戰事是同一事，但亦應不會太遠。這也是無名組二類卜辭下限有可能到武乙晚期之例。

無名組二類卜辭還有：

……用户方𠂤于匕庚，王窨。（《合集》28092）

這可能是貞問要用捕獲的户方之人的首級祭妣庚，王是否要親臨。由於只言"户方𠂤"，並

---

[1] 上引《合集》28089 正的背面，即 28089 反，有"夕🦵口匕庚中……"墨書，其字體修長，已近於無名組中較晚的字體，似也表明無名組二類下限也有可能晚至武乙偏晚。
[2] 何組三類卜辭（《合集》27011）有"叀……尹伐……🧍……"，但辭殘甚，是否與伐🧍有關，還不可確知。

非一定是𢀛方首領的首級,亦未必是小臣牆刻辭中那場戰爭所斬殺者,但至少也能證明在無名組二類偏晚時,𢀛方已與商人徹底決裂,小臣牆骨版刻辭則是記録用捕獲的𢀛方伯𡥛作牲祭祀祖丁之事。[①]

與𡥛一樣,小臣牆顯然也是個具體的人物。有小臣牆的刻辭除此條外,還見於兩條無名組卜辭:

> 其令……方……
>
> 叀小臣牆令乎(呼)比,王受又(佑)。
>
> 叀𣂤令。
>
> 弜令。
>
> ……𣂤……(《合集》27888)
>
> ……才(?)小臣牆又(有)來告……(《合集》27886)

這兩條卜辭,《分期》分別歸入無名組一類(一B)與二類。按該書的推測,一B類下限是在武乙初年,二類不晚於武乙中期。與上文分析的一樣,如果小臣牆骨版刻辭所記戰爭是文丁時期的事,且武乙在位不少於35年,則小臣牆能"比"王作戰之時間,不會相隔20餘年之久,亦即上面兩條卜辭的下限可能都會晚到武乙晚期。

另外,出現"陶女"的無名組卜辭與小臣牆刻辭(有"𡥛","陶妾"合文)年代也不會隔得太遠,因爲"陶女"既是商人俘虜之陶族女子,也與商人伐滅陶這一特定歷史事件有密切聯繫。

附記

筆者在做本文校對時方讀到劉釗先生的《"小臣墙刻辭"新釋——揭示中國歷史上最早的祥瑞記録》一文。本文在釋字與解讀方面有與劉先生同者(劉先生在《新甲骨文編》中將小臣墙刻辭"馘千五百七十"後面一字的上部釋作"陶",將舊多讀作"美"的字讀作"髦",本文均已引述),間或有不同的看法,還請劉先生與諸位方家指正。

(原載《古文字研究》第31輯,中華書局,2016年)

---

① 無名組二類卜辭(《合集》13607)有"于南門即𡥛"。這條卜辭所言不能確知。如果是要貞問是否以𡥛作爲所獻俘在南門祭祖,即與小臣牆刻辭所記擒𡥛、用𡥛發生聯繫,但亦可能不是。

論卜辭與商金文中的"后"

　　自殷墟五號墓出土[字]諸器後,過去在研究[字]大鼎時曾討論過的舊題,即銘文中的[字]究竟應該怎樣釋讀,重又成爲學者們感興趣的課題,衆説紛紜。會合新舊之説,主要有以下幾種見解:

　　(1) 司隸定作司,讀"祠",通祀。祀母某即祭祀母某。[①]
　　(2) [字]隸定作姤,是女性后的專用字。[②]
　　(3) 司隸定作后,[字]即后母。[③]
　　(4) 司隸定作司,讀"嗣",嗣母即法定王位繼承人之母。[④]
　　(5) 司隸定作司,讀"妃",司母某即妃母某。[⑤]
　　(6) [字]隸定作姛,是出身於司氏族之婦人。[⑥]

諸説雖見解相異,但廣開思路,於促進此問題研究之深入,頗有益處。

　　上述諸説中聲訓之説,就銘文本身固然可通,然從文字學角度言之,如果根據同時代的文字資料,此字不采用聲訓即可講通,似不必棄其本字而迂曲以聲訓爲釋。

　　殷墟五號墓中與[字]銅器同出有石牛,下頜上刻"司[字]"二字,這與[字]的意義應該是相同的,只是形式上較省略。爲大家所了解的是,殷墟卜辭中有[字]字,或寫作[字],少數可能應讀作動詞,多數用爲人稱,作人稱用的[字]([字]),也有在其後接日名的,這同五號墓的器銘在字詞形式上是一致的。只是這些作人稱用的[字]([字])字,過去有許多被讀成動詞,未能得其本

① 于省吾:《司母戊鼎的鑄造和年代問題》,《文物精華》第三集,文物出版社,1964 年 11 月;中國社會科學院考古研究所:《殷墟婦好墓》"伍·結語",文物出版社,1980 年 12 月。
② 《安陽殷墟五號墓座談記要》中唐蘭先生的發言,見《考古》1977 年第 5 期。
③ 李學勤:《論"婦好"墓的年代及有關問題》,《文物》1977 年第 11 期。
④ 尹盛平:《"帝司"與"司母"考》(油印本),中國古文字研究會第五屆年會論文,1984 年。
⑤ 張亞初:《對婦好之好與稱謂之司的剖析》,《考古》1985 年第 12 期。
⑥ 林巳奈夫:《殷周時代青銅器の研究·殷周青銅器綜覽一》(吉川弘文館,1984 年)第一篇第四章補論《殷墟五號墓出土青銅器銘"司母辛"の讀み方》。

義,直接影響到今天對青銅器銘文中此字的釋讀。

因而,如果將卜辭中作人稱用的司(后)字之含義及其字體演化搞清楚,無疑會有助於正確理解同時代的器銘。早在1962年,金祥恒即著有《釋后》一文,七年後,丁驌又著《説后》。① 這兩篇論文於此問題之研究有開拓之功。惟他們對卜辭内容的釋讀多有可商榷之處。本文即是在學者們研究的基礎上,兼采諸家之長,對卜辭與商金文中作人稱使用的"司(后)"字之含義及其字形所做的進一步的探討,請前輩學者與同志們匡謬。

下面,先分析卜辭中作人稱用的"司(后)"字,説明其含義與字形,然後再談商金文中此字的釋讀及相關問題。因爲在卜辭中作司與作后無别,下文中除引用卜辭時保持原字形外,作一般論述時皆只用后形表示。

一、卜辭中的"后"

卜辭中作人稱用的后,可用爲生稱。如:

(1) 丁酉卜,王,占娥娩,允(?)其于壬不。十一月②(《合集》21068,𠂤組,圖一)

(2) 戊戌卜,□,占⿰女力。(《合集》21069,𠂤組,圖二)

(3) 乙丑卜,王貞,占娥子(?)余子。(《合集》21067,𠂤組,圖三)

圖一 《合集》21068

圖二 《合集》21069

圖三 《合集》21067

占,舊多不釋,或釋爲占,按此字實即是后,下文引卜辭"毓占"也作"毓后"(見辭[16]至[18])可證。此種寫法主要見於𠂤組,較晚卜辭偶見之。辭(1)、(2)是卜后娥是否於壬日分

① 分别見《中國文字》第10期、第31期。
② 此條卜辭拓本不甚清楚,娩後一字舊多釋允,但其左邊似有㞢字,疑是⿰女力字。

娩,是否吉利。辭(3)之意,是王貞問后娥所生子可否作爲己之子。①

(4) 甲申卜,王,于匕己知𠧻𩰫。十月。(《合集》19886,𠂤組,圖四)

(5) 帚𩰫娩,不其妨。(《後》下 39.4,《合集》14016,賓組)

這兩條卜辭中的𩰫似即是一人。

由以上卜辭可知,稱后者是女性,亦可稱帚,王既然爲后生育之事占卜,且卜是否以其所生子爲子,則其身份係王之配偶。

主要存在於武丁時期的𠂤、賓組卜辭中,王爲之卜生育的帚某,有十餘名,她們多數屬於王的配偶,但王配中能見到稱后者甚少,除以上二后外,還有帚好。如:

(6) ……后帚好……(《合集》2672,賓組,圖五)②

因此,似非所有王配皆可稱后,稱后者的地位要高於一般的配偶,相當於武丁時帚好的地位。

從卜辭可知,生前稱后之王配,死後仍可以爲稱,並享受王之祭祀。以下皆祭后之卜辭:

(7) 己卯卜,后,㞢匕己。

叀𢊁后用。(《合集》19884,𠂤組。圖六)

(8) 叀豕后……𢓊……吉(《前》6.23.1,《合集》19212,𠂤組,圖七)

(9) 于司知子辟。(《庫》429,《英藏》1768,𠂤組,圖八)

(10) ……知[子]㱿……司癸。(《合集》15124,賓組,圖九)

(11) ……貞,翌辛□㞢于司辛,𢦏㞢羌十。(《前》5.9.6,《合集》332,賓組,圖一〇)

(12) 戊辰卜,𢓊貞,酌𠙵(盧)豕至豕龍母。

戊辰卜,𢓊貞,酌小宰至豕司癸。(《合集》21804,子組,圖一一)

圖四
《合集》19886

圖五 《合集》2672

辭(7)、(8)金祥恒文以豕后連讀爲人名,誤,丁驌文已指出。這是卜是否以豕爲牲祭后,其句式近同於《乙》8808:"乇𢊁𡭴用?"辭(12)是卜以盧豕至豕與小宰至豕爲牲,分別祭龍母與后癸。二者皆女性先人。辭(9)、(10)卜御祭后以爲子某攘災。子某是商王同姓貴族,王爲之攘災要以御祭求佑於后,亦可見后在王室中地位之崇高。

① 王卜其子之故,胡厚宣先生認爲是,王之子"必須經過一種貞卜之選擇,然後始承認之",見《殷代婚姻家族宗法生育制度考》(《甲骨學商史論叢初集》,齊魯大學國學研究所專刊之一,1944年)。

② 這幾個字在一殘版上,辭不全。除作此種讀法外,當然也可能作其他讀法,但從帚好的地位看,其稱后完全是可能的。

圖九　《合集》15124

圖七　《合集》19212

圖六　《合集》19884　　　　圖八　《英藏》1768　　　　圖一〇　《合集》332

　　在武丁卜辭中見到的爲子某求佑而祭祀的王配,最主要的是匕己和母庚,匕己是祖丁的所謂法定配偶,母庚是小乙的法定配偶。説明爲子某求佑而祭之王配,可能主要是所謂法定配偶。辭(10)爲子𩰬求佑所祭之𠯑癸,則可能是乙辛周祭卜辭中武丁的法定配偶之一的妣癸,如是,則妣癸在武丁生時先已故去。辭(11)從字體看,似屬賓組晚期卜辭,已進入祖庚時期,𠂤辛似即是武丁另一個法定配偶,即乙辛周祭卜辭中的妣辛。

　　武丁卜辭中王所祭祀的諸𠂤中有一相當重要的人物,即龏𠂤:

　　(13)□酉卜,𢀕,叀□酚(?)……龏𠂤。(《京人》S. 3149,𠂤組,圖一二)

　　(14)□寅卜,余……龏𠂤。(《佚》505,《合集》8200,𠂤組,圖一三)

　　(15)□戌卜,屮龏𠂤䣆子𢀕。(《合集》20029,𠂤組,圖一四)

　　(16)貞,屮於龏𠯑。(《甲零》55,《合集》14814,賓組,圖一五)

　　(17)貞,隹龏𠯑蚩帚好。

　　　　貞,不隹龏𠯑蚩帚好。

　　　　酚𠯑。

　　　　弜酚。(《丙》514,《合集》795 反,賓組)

　　商金文中有"亞(中)龏父辛"(《録遺》196,《集成》5747,尊),卜辭中有"令龏"(《前》7.31.4),並有地名稱龏(《丙》3),學者多認爲即共,今河南輝縣。以上可證明龏是氏名,龏𠂤即出身於龏氏之后。辭(17)中的龏,是龏字異體。

223

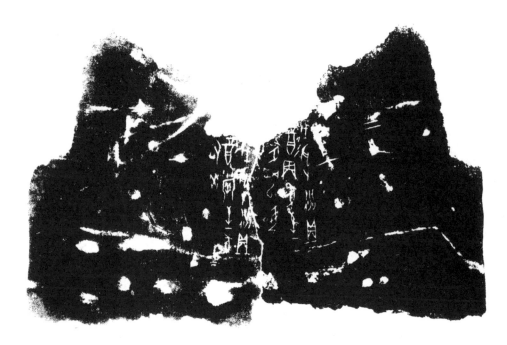

圖一一　《合集》21804

圖一二　《京人》S.3149　　　圖一三　《合集》8200　　　圖一四　《合集》20029　　　圖一五　《合集》14814

在出組卜辭中可以見到"韋𢀠"：

（18）……卜，[即]貞，……又于韋亏……以……（《明後》B.2087）①

（19）韋𢀠先酭，羽……（《金》694，《英藏》1972）

（20）……丑屮于五毓至于韋𢀠。（《合集》24951）

---

① 按：此條卜辭與《合集》24859可綴合，即《合補》7480。全辭應作"辛丑卜，即貞，其又于韋𢀠"。

嚴一萍認爲⿰司丂是"⿰后丂"的合文，①此説是有道理的。《南北》明 572(《合集》32548)有"司丂"之稱，②説明丂身份確爲后。《京人》有一片胛骨刻辭作：

图一六
《合集》32975

(21) 至⿰司⿰丂王受又。(《京人》B.1855，《合集》32975，無名組，圖一六)

嚴一萍文引此辭，釋文作：

　　☐至司(祠)后丂王受又。

將⿰司作爲司、丂合文，説這是省口的⿰⿰字爲后合文的最好證明，都是對的。但是讀司爲祠，當動詞用，與丁驌《説后》説同，似有不妥。比較下列卜辭可知：

(22) 至毓且丁，王受[又]。(《拾》1.15)

(23) 癸巳卜，大貞，其至且丁兄(祝)，王受又。(《甲》655，《合集》27283)

(24) 且甲尞，其至父丁……(《甲》729，《合集》32655)

"至"某先人，是言祭祀時所祭先人之下限。依卜辭文例，"至"後不會再有所謂祭動詞。故辭(21)"至⿰司丂"是説祭祀時祭至⿰司丂。⿰司丂即丂(小⿰丂)，本已是后丂合文，但可能是書之已久，遂成爲專有名字的寫法，故後人稱呼她時，爲表敬意又在其名上加上表示身份的后，即是説，⿰司丂前的司仍應讀作上述表示王配之后，這種情況類如卜辭中"帚⿰"，可以合書爲⿰，但有時仍寫作"帚⿰"(《後》下 27.10)。西周金文將文王、武王寫作"玟王""珷王"，也與此類似。由以上資料來看，⿰司丂確是后丂的合文，靠⿰司丂可以讀作靠后丂，但根據⿰司丂之⿰司可讀作丂的情況，亦可以讀作靠丂。靠是其所出身之氏名，后是其身份，丂爲其本人之名。此出組卜辭中的靠后，未必即是自組卜辭中受祭之靠后。③ 下文還要提到，商後期器銘中也有靠后生稱，説明她們屬於不同的王的配偶，但皆出於靠氏。由此可知，作爲商王配偶之后，有些出身於世代與王室通婚的同一族氏。

像靠氏這樣，以氏名置於后前表示其出身的后，還見於武丁時期的子組卜辭。如：

(25) 庚子子卜，叀小宰帥龍母。

庚子子卜，叀小宰⿰后母。

辛丑子卜，貞，用小宰龍母。

辛丑子卜，貞，用小宰⿰后母。

叀豕用至祠宰。(《合集》21805)

---

① 嚴一萍：《釋小⿰丂》，《中國文字》第 19 期。
② 按：亦作"司⿰奇"，見《合集》32149。
③ 出組卜辭中有"小⿰丂"，按照以上論證，可以讀爲"小丂"或"小⿰后丂"(小后似是后的區別之稱)。則其與靠⿰司丂當是同一人。出組卜辭有卜"小⿰丂⿰"(《拾掇》1.210)的，可見后丂卒於祖庚、祖甲時，她不可能與自組卜辭中受祭的靠后爲同一人，而是另一出身於靠氏之后。

亻(尸)、𠂤①亦應是二𠂤所出之族氏。與之並卜的龍母,當是出身於龍氏之女性先人。她們只在子組卜辭中出現,可能與作爲子組卜辭占卜主體的貴族有較近的親緣關係。

下列卜辭也是卜祭𠂤之事的:

(26) □未卜,大[貞],……卯(?)三司日……(《清暉》178,《合集》26070,出組,圖一七)

(27) 丙寅卜,又伐于司𠂤卅羌,卯卅豕。(《粹》430,《合集》32050,歷組,圖一八)

(28) 乙丑卜,其又歲于二司一牝。

……牡。(《甲》875,《合集》27582,無名組,圖一九)

(29) ……于𠂤辛,叀今日丁絲……(《甲》824,《合集》27606,無名組,圖二〇)

(30) 壬子卜,其柬(束)司魚。

于室。

于𠂤(?)。(《南北》明726,《合集》29700,無名組)

(31) 其至司𠂤又正?(《甲骨文字研究》B.1854,《合集》27605,無名組,圖二一)

圖一七 《合集》26070　　　　圖一八 《合集》32050

辭(26)、(28)中"三司""二司"是言三位、兩位𠂤。疑出組的三司是指武丁的三個法定配偶。
辭(27),郭沫若《粹》430考釋曰:司假爲祠,絧殆嗣省,讀爲礫,爲用牲之法。金祥恒《釋后》文從之。但依卜辭文例,"又伐"是動詞,"伐"已是用牲法,其後以介詞"于"接間接賓語(受祭者),最後接直接賓語(所用牲),是最常見的句式。如"甲辰貞,又伐于上甲九羌,卯牛七"(《合集》32083,歷組二類)。此與辭(27)形式全同,故辭(27)中"司𠂤"是受祭者之稱

---

① 此字李學勤先生讀屍,見《論"婦好"墓的年代及有關問題》。

謂。讀司爲祠,讀司爲用牲法,皆不確。司在這裏仍是王配之稱。司疑是司、台合文,猶前述之司,稱"司",同於稱"司"。台(台)是此司私名。辭(31)之句式近於前引辭(21),后嬌,即司夸,亦即司,夸加女旁是繁化以表詞性。

圖二〇 《合集》27606

圖一九 《合集》27582 　　　　圖二一 《合集》27605

以下卜辭言祭🔲:

(32) 其□🔲叀……

……🔲大室。(《粹》1251,《合集》30370,無名組,圖二二)

(33) ……🔲🔲,其□文武帝,乎🔲🔲于癸宗,若。

王弗每。(《林》2.25.3,《合集》36176,黃組,圖二三)

(34) ……卜貞,丁卯……文武帝……🔲🔲……(《合集》36175,黃組,圖二四)

圖二二　《合集》30370　　　　圖二三　《合集》36176　　　　圖二四　《合集》36175

先言辭(33)、(34)中的🔲,學者舊多隸定爲妠,讀作姒姓之姒。但卜辭中無女子稱姓之確證,且🔲是祭名,不能與🔲連讀爲女名,僅以姓稱受祭者殊無道理。李孝定說妠是女字。[①] 但卜辭中祭女性先人,都要言其身份或親稱,不能僅稱私名。學者或以爲是后母合文,然此種字形亦見於同時的器銘(如下文所引葊夒器),讀𠃌母在器銘中不可通,雖能通此而不能達彼,故不取。此字學者作一字解是對的,惟非妠字,實是王配之𠃌的異體,加👄,只是用以表示詞性,是古文字繁化的一種表現,此猶如卜辭🔲又作🔲,卜辭🔲(匕)後世金文又作🔲。下文中我們引用的商金文資料也可以證實,𠃌字作爲王配之專稱,在殷代(即商後期)中、晚期已較普遍地加上了表示詞性的女符,似是當時文字書寫的一種風氣,而不是個別現象。這種字形還見於下列卜辭:

---

① 見李孝定:《甲骨文字集釋》卷十二,"中研院"歷史語言研究所,1965 年。

（35）……卜，⿰昌⿱？貞，又⿰🝔？（《佚存》466，《合集》27607，約廩辛卜辭，圖二五）

（36）其唯⿰🝔祜，正？（《合集》38729，黄組，圖二六）

圖二五　《合集》27607　　　　圖二六　《合集》38729

這都是卜祭⿰之事。

　　辭(32)的下一條，郭沫若讀作"司(祀)母大室"。查卜辭，宗廟之室前冠以親稱的例子尚未有。此辭中的⿰字應即是辭(33)至(36)中增加了女符的⿰字，只是卜辭時代有早晚之別，字體略有差異。卜辭有"其柰丁于大室"（《合集》23340）、"其禋告于大室"（《英藏》2082），皆是在大室祭祀之例，所以辭(32)也有可能是卜問是否在大室對⿰舉行某種宗教活動。"大室"前省了介詞"于"，語法形式同於"王其又匕庚新宗"（《南北》明668）。

　　辭(33)、(34)是異版同辭，大約是卜丁卯日祭文武帝，即文丁，同時是否可以在癸宗祭⿰，由此可推知，此⿰當是文丁之配，即見於帝乙卜辭中的文丁的法定配偶母癸，而癸宗即其宗廟（或日名爲癸的女性先人之宗廟）。陳夢家《殷虚卜辭綜述》講，宗没有先妣的。但卜辭所見確有女性先人之宗，如"甲申卜，即貞，其又兄壬於母辛宗"（《合集》23520），辭(33)中的癸宗如上述也是女性先人之宗。下面一條卜辭亦提到此類宗廟建築。

　　（37）……凡母辛，歲于⿰亥，以束？十月（《合集》24951，出組）

亥是宗廟中一部分。[①] ⿰亥，即⿰亥之亥。

　　綜上述，我們可以將通過分析卜辭所認識到的以⿰爲人稱者之身份與狀況小結如下：

　　（一）⿰爲女性，是王之配偶，其地位較尊貴，高於一般的王配。

　　（二）⿰可用爲生稱，表示特定的身份，死後仍可以之爲稱。

---

① 陳夢家：《殷虚卜辭綜述》第十三章六節，科學出版社，1956年。按：細審原拓片，"亥"也可能是"宗"字。

（三）稱“某后”者，某是其出身之族氏名，稱“后某”者，某是其本人之名。

（四）歷代商王都可能有出身於同一族氏的后，此類族氏與王室累世通婚。

（五）后死後享受王之祭祀，是商人認爲她們具有爲王室成員及其他王的同姓貴族降佑與攘災的能力。

（六）后有自己的廟室。

由這些情況來看，卜辭中后的身份與《禮記·曲禮》所言“天子之妃曰后”是吻合的，《曲禮》還言曰“天子有后，有夫人，有世婦……”，是說后地位在所有王配中最高，卜辭所見后地位尊於一般王配，正與此相符。從文字形體上看，也與《説文》所言“司，……从反后”相合。因此，我們將卜辭中作人稱用的后（司）隸定爲“后”，讀作王后之后，是較爲合宜的。

這裏還應談一個問題，即商人所稱之“后”，究屬商王配偶中的哪些人。蔡邕《獨斷下》：“帝嫡妃曰皇后。”前文分析卜辭時已提到，商王配偶中稱后者很少，見於武丁卜辭中生稱之后有名者三人，而武丁的所謂法定配偶亦是三人，辭(26)祖庚、祖甲卜辭中恰有“三后”之稱。再有，前文還提及，辭(10)、(11)中的后癸、后辛有可能是見於乙辛周祭卜辭中的武丁法定配偶妣癸、妣辛。所以，卜辭中作爲王配之后，大概皆是王的法定配偶。惟資料有闕，難能確知。

最後，將上引卜辭中“后”的字形（附后名之合文）分組列爲下表。表中諸組之先後，並不盡等同於時間早晚。貞人某卜辭約屬廩辛時期，單列之。

組	自組	賓組	子組	出組	歷組(二)	（某）	無名組	黃組
字形	后司司	后司	后	后	后	某	后后某	后后
合文				后后	后		后	

后形主要見於自組。較早的卜辭后、司二形互作，較晚者主要作司形。增加女符的后字，可以依其形隸定爲妟，當然也可以從《説文》新附寫作姤。妟形約出現於出組後，較晚卜辭習見。

二、“毓”與“后”

過去，學者們所以多不以卜辭中作人稱用的后字爲后字，除了對卜辭内容理解不同外，另一原因似乎是考慮到，先秦經典中講夏、商之事，“后”絶大多數用作男性君主之稱，即君后，王配不稱后。此種認識，古人已有，《白虎通》曰：“商以前皆曰妃，周始立后。”顧炎武《日知録》中專有《后》一節，言“詩書所云后皆君也”，認爲自春秋始才有王后之稱。此外，學者們還舉出甲骨文與金文爲例，説明商、西周時即使是君后之后當時也多以毓字爲之，而不寫作“后”。因而形成一種較普遍的看法，即“后”作王配之稱，始於東周，卜辭與商金文中不會有后字。於是，將卜辭與商金文中的“后”讀作司，音訓爲祀，或尋找其他解釋。

因此，爲了説明王配稱后商已有之，就需要澄清這樣兩個問題，即毓的含義、毓與后的關係。

在卜辭中習見祭祀"自上甲至于多毓","多毓"是指上甲以後的多位男性先王。此外，卜辭中還可以見到"毓匕某"之稱。又前引辭(20)言"坣于五毓至于龔弐"，是已故王之配偶亦可稱毓。① 此種稱謂之原由學者們見解不同。有的學者認爲毓字本義是生子，則原本是母權時代對女性君長之稱，父權制後，男性君主稱毓則是"母權的孑遺"。② 但此種見解一則難以説明爲何卜辭中仍將已故王配稱"毓"，二則亦難以説明"毓"只作死稱不用作生稱是何道理。另一種見解，是"毓"應讀爲前後之後。毓可讀後，其説始於王國維。王國維根據 $\textbf{毓}$ 之字形有倒子，在人後，指出其"引申爲先後之後"，"毓、後、后三字本一字也"。③ 丁驌《説后》從之，認爲："毓且乙、毓姒己之后乃前後之後，……亦可兼有後代之意。"但他們仍拘於先秦文獻，以爲是假毓爲后，所以仍將"毓且乙"理解爲"后且乙"，而且也如此書寫。裘錫圭先生近著涉及到這個問題，其文曰："'多毓'的'毓'一般讀爲后王之'后'，其實很可能應該讀爲先後之'後'，指毓祖而言。"④所言甚是。先妣稱"毓匕某"時，"毓"也應讀成先後之後。如下面一條卜辭：

貞，𠂤以羌自高匕己、匕庚，于毓匕己……(《粹》397，《合集》279，賓組)

此辭中有三匕，但僅一匕稱毓，可見毓的含義不是一般表示身份的詞。此係武丁卜辭，高匕己可能是中丁或且乙配，毓匕己則是且丁配。⑤"毓匕己"即"後匕己"，後是相對高而言的。陳夢家先生過去在講廟號區別字時即已指出"高、後(即毓)是前後"，是表示廟主之先後次第所用詞。⑥ 此外，從卜辭看，這種本表示廟主先後次第之"毓"，因爲專用於祭祀，可能漸成爲固定詞語，有時亦被單獨使用，指稱某些(或某一位)祖妣，如所謂"五毓"等。

毓在卜辭時代其義大致如此，則毓與后在當時是有嚴格區別的，並不混同。已故的先王、先妣固然皆可稱毓，但后卻是王配之專稱，男性君主決未有稱后者。今日所見到的先秦文獻，如《尚書》《詩經》中將夏、商先王之稱寫作"后"，至早不過是西周晚期，而主要是東周時期人的手筆。西周中期的班簋，有銘曰"毓文王、王姒聖孫"，"毓"字之義，學者意見不一，或有釋爲文王之稱的，如是，則在西周中期，男性先王仍稱毓，不作后。

---

① "坣于五毓至于龔弐"形式同於"钉于匕乙至匕辛"(《合集》22074)，可見龔弐在五毓内。
② 郭沫若：《卜辭通纂》，科學出版社，1983年，第17頁；陳夢家：《殷虚卜辭綜述》第十九章，第643頁；白川靜：《説文新義》卷九。
③ 王國維：《戩壽堂所藏殷虚文字考釋》，石印本，1917年，第8頁。
④ 裘錫圭：《甲骨卜辭中所見的逆祀》，《出土文獻研究》，文物出版社，1985年。裘先生後來對這個看法有所更正。在《論殷墟卜辭"多毓"之"毓"》一文(收入《裘錫圭學術文集》第1卷，復旦大學出版社，2012年)中説明，讀"毓"爲"后"缺乏字形、字音上的根據，殷墟卜辭中作爲祭祀對象的"毓"是指包括曾祖在内的先王，並認爲"毓"字依音應讀爲"戚"。
⑤ 見陳夢家：《殷虚卜辭綜述》第十四章，第489—490頁。
⑥ 見陳夢家：《殷虚卜辭綜述》第十二章，第439—441頁。又：武丁時的子組卜辭中，有"后匕"之稱(《合集》21555)、還有"后匕甲"(《庫》645)。"后匕"，可能是表示有"后"這種身份的匕，亦可能后假爲後。但在賓組卜辭中未見有以后、匕連稱者。

卜辭中稱王配爲后,其緣由爲何呢? 過去王國維曾認爲后字是毓字之變。[1] 但二字字形相差較遠,同時在卜辭中二字並存,此種字形轉化説似難成立。

張政烺先生曾著《奭字説》,提出奭古音當讀仇,解爲匹,即妃匹之謂。[2] 陳夢家先生《殷虛卜辭綜述》又提出,奭可能假作后妃之后。[3] 陳説奭假作后,未必如此,奭字本即有相儷爲偶之義,[4]稱王配爲奭與字義有關。但奭、后音近,可能是從同一語音分化出來的字。李平心《奭字略釋》亦曾提出,奭、后同聲,奭是后、姤等文的詞源。[5] 奭、后皆商人用以稱法定配偶之詞。但在卜辭中可以見到,奭專用以稱已故王配,而后則不限於此,生死皆可用之。

漢以來,學者釋天子之妃曰后,多以後訓后,如《釋名·釋親屬》:"后,後也,言在後不敢以副言也。"此純屬聲訓,不知何據,但可以爲參考。

至於后字造字本義,諸家雖有分析,然皆嫌證據不足,一時似難能搞清。

后在商代已作爲王配之稱,西周時器銘仍以此稱周王之配。如爲大家熟悉的與墻盤同出的商尊、商卣,屬西周早期,其銘曰:

帝司(后)赏(賞)庚姬貝卅朋。[6]

帝指已故周王,后係其配。作器者商,屬髳氏,係殷遺民,改朝換代,仍稱王配爲后,應是周人亦有此稱。再有,1967 年長安灃西新旺村出土之遹盉,時屬西周中期,其銘有"命遹使于遂土隚謎,各勾(姒)司(后)寮女寮奚",[7]是記爲王后選致侍女事,亦是西周時王配稱后之證。

三、商金文中的"后"

上文説明了商晚期"后"已用作王配之稱,在卜辭中后可以接日名作爲廟號使用,在書寫形式上,后可以增加表示詞性的女符,寫作奼(姤)。從這幾點認識出發,再來看本文開頭提出的關於殷墟五號墓中器銘釋讀的問題,可以得出這樣的看法:

(一) 𩫖中的𩫖不是兩個字,應即是卜辭中增加了女符以指示詞性的后字,亦即奼(姤)字。(二) 𩫖是以辛爲日名的女后。這種看法,唐蘭先生在 1977 年 7 月關於五號墓的座談會上已提出,但唐先生的意見並没引起重視。現在看來,唐先生的意見還是正確的。

與奼辛銅器同出的石牛刻銘作"司(后)辛"(圖二七,4),"后辛"同"奼辛"只是后字兩種不同的書寫形式,是一字之異體,並不是"后辛"省去了一個字。

---

[1] 見王國維:《戩壽堂所藏殷虛文字考釋》。
[2] 張政烺:《奭字説》,中央研究院《歷史語言研究所集刊》13 本,1948 年。
[3] 見陳夢家:《殷虛卜辭綜述》第十一章五節,第 379 頁。
[4] 見張政烺:《奭字説》。
[5] 見李平心:《奭字略釋》,《中華文史論叢》第 1 輯,1962 年。
[6] 陝西周原考古隊:《陝西扶風莊白一號西周青銅器窖藏發掘簡報》,《文物》1978 年第 3 期。
[7] 陝西省博物館:《陝西長安灃西出土的遹盉》,《考古》1977 年第 1 期。

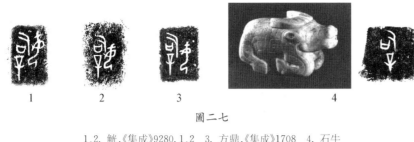

圖二七　　　　　　　　　　　　　　　　圖二八
1、2. 觥,《集成》9280.1、2　3. 方鼎,《集成》1708　4. 石牛　　　　　　方鼎,《集成》1706

當然,青銅器銘文中的"殳"字與卜辭字體略有差異,卜辭中殳寫作𦥑、𣀎、𤔔等形,司一般在𡥊(㞢)的正上方,器銘中司偏向左側(圖二七,1—3)。這種差異,一是因爲青銅器銘文畢竟不同於甲骨文中的書寫體,要照顧整個銘文布局的美觀,特別像大鼎這種重器,尤要注重於此。如果將司如卜辭一樣寫在㞢上,而將日名寫在一側,則整個銘文布局即失去平衡。殳戊大鼎的銘文布局與殳辛器相同(圖二八),應也是出於此種意圖。第二,商器銘中僅有幾個字的銘文,同一個字的偏旁常有錯落不齊,甚至拉開距離的情況,這是大家所熟知的。即以殷墟五號墓所出器銘而言,此種例子可隨手撿來,如"帚好"二字(有的可能應讀"婦子"),可以寫成如下諸形(括號内爲器物編號):

瓹(796)　　觚(603)　　爵(680)　　爵(662)　　爵(652)

因此,"殳辛"中的殳字與甲骨文中殳字字形不盡同,是由於青銅器銘本身書寫的特點決定的。它們仍然可以認作同一個字。相對而言,殳辛諸器與殳戊鼎銘中的殳字,司、㞢基本相互獨立、司所從口在𠃌下,字形構成較近於卜辭中黄組以前的殳字(參見上表),這可以從它們時間較接近來解釋。

爲了進一步説明商金文中有殳字,補充説明𦥑𣀎應讀成殳(姤)辛,下面再舉出有關器銘以爲例證。

傳世有𦥑𣀎器三件,方鼎二、觚一,銘近同,是同時所作。林巳奈夫將之歸入殷後期Ⅲ。[①]從器形看,應屬於殷代(即殷墟時期)晚期。三器銘文如下:

　　𦥑𣀎易商貝于叴,乍父乙彝(方鼎一,圖二九)

　　𦥑𣀎易商貝于叴,乍父乙彝(方鼎二,圖三〇)

　　𦥑𣀎易商貝𠕋𩰬,用乍父乙彝(觚,圖三一)

---

① 見林巳奈夫:《殷周時代青銅器の研究·殷周青銅器綜覽一》圖版:方鼎31、觚126;陳夢家編纂的《美集》亦歸入殷代。陳書只著録了二鼎(A74,R450,R505),陳書中 A74 即林巳奈夫書中的方鼎31。另一方鼎僅見銘,未見器形,據陳氏云,形同於 A74。

圖二九 《集成》2433

圖三〇 《集成》2434

圖三一 《集成》7311

是記龏妟得到后賞賜的商貝，爲父乙作器。二鼎銘文中賞賜龏妟的“后”均作司，唯觚作姛(妟)，由此可進一步證明前文已指出的，后與妟是同一字的異體，妟不可以讀做“后母”合文。觚銘不僅后寫作妟，且于字也寫成亏，説明觚銘字形是有意繁化。以上器銘后或作妟，林巳奈夫已注意到，但他將后字讀作司，認爲是氏族名，未涉及到后字異體的問題。

到這裏，問題没有完，即：如此銘後面的司(姛)讀成后(妟)，那麽龏妟如何理解呢？學者或讀作龏姛，以爲是女字，或女姓(姒)。但就現有資料而言，商代女子有稱姓之制的證據很少。① 龏妟即龏后，與前文所引卜辭中的兩位龏后皆屬龏氏。本銘既言龏后受到后的賞賜則此后的地位要高於她。此后的地位有兩種可能，一是后與龏后皆時王之配，但后的地位在龏后之上，二者有等級差别；二是，龏后是時王之配，后是其姑，即時王之母，後世所謂太后。後者可能性較大。在商器銘中，受賜者要説明自己是何人，而對賞賜者，因是其上級，一般只言其身份，尊稱之，不言其名。如：

> 甲寅，子商(賞)小子省貝五朋，省玐(揚)君商(賞)，用乍父己寶彝。𦍒(卣，《三代》13.38.9，《集成》5394)
>
> 子光商(賞)小子啓貝，用乍文父辛隮彝。𦍒(尊，《三代》11.31.5，《集成》5965)
>
> 乙亥，子易小子𦣻王商(賞)貝，才(在)𡿨帥，𦣻用乍父己寶隮。𦍒(鼎，《續殷》上，25.1、2，《集成》2648)

類似例子尚多，不贅舉。子、小子皆稱“子”，子當是宗族長，小子是其同宗下屬，很可能是分族之長。小子省、啓、𦣻皆受賜者，故言己名，因尊賞賜者子，故只稱其爲子。龏妟器銘中，龏后雖未言其私名，但已著明自己是出身於龏氏之后，而對地位尊貴於己的后，僅稱后，也是表示敬意。這應是當時爲商人貴族所遵奉之制。

龏妟諸器中的妟字，在書寫時多將司、女二符上下緊密相合，甚至形成將司所从之口排

① 婦好，學者或以爲好即子姓。但卜辭婦某甚多，某字多與卜辭與器銘中所見氏名同，未見有姓。婦好即婦子，子亦可能是氏名。《屯南》341 有：

> 壬申卜，王令直呂𠦪尹立于章？
>
> 壬申卜，王令夒呂子尹立于帛？

子尹與𠦪尹並卜。𠦪是卜辭與器銘中習見之氏名，子在這裏應亦氏名。

擠到左側之狀況,這與乙辛卜辭中妟字的寫法相同(參見上表),顯然,這也是由於它們時間相同,故皆反映出殷末特有的書寫風格。由此亦可見,商金文的釋讀應當與同時代的甲骨文字的研究相結合,這樣可以取得相互啓迪、相互印證的效果。

商金文中從女的后字,還見於著名的亞𐫱器群。此群中有一組器銘作:

亞(中)𐫱　者𐫱呂大子障彝(圖三二)

圖三二

舩,《集成》9295.2
(9295.1 作"者女")

𐫱,舊多隸定作娟,讀爲女姓之姒。實際仍應隸定作妟(姤),讀同后。者,爲此后出身之氏名。"者后"之稱猶卜辭與前引龔妟器銘中的"龔后"。呂,這裏讀作祀,此種用法卜辭有其例。[1] 這一器銘是講,者妟(姤)做障彝以祭祀大子。大子之稱,見於卜辭,商與西周器銘中皆可見,從器銘來看,有些未必是王族的貴族也爲自己的大子作器,則大子不一定是所謂王儲之太子,此待另文探討之。

亞𐫱器多出於山東益都蘇埠屯,此地已發掘出商後期大墓,學者或認爲其屬於與商王國關係密切的東方諸侯或方伯之族氏。[2] 如此,則"者后"可能是此地君長之配偶,而非商王之配。"后"之稱在當時可能並不限於商王室,如同商周時代稱王者不儘是商周王朝之王一樣。

者妟組器銘中,"者妟"或作"者女"(如《集成》9295.1 者女舩器銘、蓋銘),説女是妟省講不通,可能稱后是示其身份,稱女僅表示其係出身於者氏之女,商器中女子作器往往自稱"某(氏名)女",如彭女、射女等,皆屬此類。

以上商金文資料亦説明,商晚期時君主之配稱后,且書寫時往往從女。𐫱應讀作妟辛,在同時代的卜辭與金文資料中皆已得到證明。

圍繞商金文中妟字的釋讀,還有兩個問題需略加討論:

(一)妟字所從女在卜辭中或作𢀪形,在商金文中則大多數作𢀪。𢀪,學者有的認爲其與𡥀有別,引《禮記·曲禮》"女子許嫁笄而字",𢀪上一橫是笄,故應讀母。此説注意𡥀、𢀪之別,並解釋了此種差別之含義,有相當道理,值得深入研究。但妟從𢀪時是否需讀成后母合文,則可以商権。

在卜辭中,女字作𡥀,不可以𢀪代之,母字正體作𢀪,但也可以𡥀、𢀪代之,二者區別較嚴。但以女爲偏旁即從𡥀用以表示詞性的字,亦可以從𢀪。如卜辭中諸婦名,娥、𡥀、𡥀也作𢀨、𢀩、𢀬。此外,卜辭的𡥀(妃)或作𢀭,商金文中婦作𡱰也作𡱲等皆其例。甚至乙辛卜辭中假爲眛之妹字也可以寫作𡱳。爲何作𡥀又作𢀪,有以下可能:𡥀、𢀪或並無含義上的區別;或

① 參見島邦男:《殷墟卜辭綜類》第 503 頁"𠬝亍"。按:"呂"即"以",通"治",在此義當近於制。
② 殷之彝:《山東益都蘇埠屯墓地和"亞醜"銅器》,《考古學報》1977 年第 2 期。

、🔣確有上述之區別，但在表示女性上有共同性，所以需从🔣之字亦皆可从🔣。至於从🔣亦可从🔣之字用何形，則與書法習慣有關，如賓組多作🔣，自組、子組間或作🔣，較晚之卜辭作🔣者漸多，至晚期卜辭主要作🔣。商金文多作🔣，西周金文中作🔣漸少見。但是，如果🔣不僅表女性，還表示出嫁之女，則从🔣之字是有限制的，婦名、匕名、婦、妃及🔣字均可从🔣，也許因爲這些字表示的皆出嫁之女。惟是否从🔣之字皆限制於此義，尚不能肯定（如🔣）。即使从🔣之字有此義，🔣也只是一種既表示女性又表示出嫁之女的符號，不必單讀爲母，正如🔣、🔣仍應讀作妃、婦，而不讀作“已母”“帚母”一樣，🔣也應隸定作🔣（姤），讀同后，而不必讀成“后母”。

這裏，附帶提一個現象，即在商周金文中，不像卜辭那樣，母字多可以🔣、🔣代之，而是凡可確認的母字，基本上都寫作🔣或🔣形，不作🔣、🔣（唯顯卣，將母字寫作了🔣）。[1] 此外《三代》6.28.7、8 有“王作母癸”毁，亦器蓋同銘，其中一銘中母作🔣。此器未見器形，🔣亦異於一般🔣字）。像🔣辛、🔣戊大方鼎之類重器，如有母字，無由不書作🔣（🔣）而省作🔣。

（二）商金文中有字作🔣，見於以下器銘：

乙未，王賣（賞）🔣🔣才（在）雷（《彙編》436）

此器爲爵，學者以爲🔣🔣與 1975 年小屯村北 F11 内祭坑中發現的殷晚期器（器蓋）所銘“王乍🔣弄”中的🔣是同一人。[2] 🔣字應隸定作🔣（🔣），吕、司聲近同，其中有一爲聲符，很可能是以吕爲聲符。此字不同於🔣（🔣），最主要在於其有聲符，其加聲符吕的目的，正在於標明音讀，以區別同時期的🔣（🔣）字。🔣可讀作姒，即使是姓，姒這種稱謂形式在商文字中亦是相當少見的。

🔣字在西周器銘中出現較多，如：

🔣🔣乍寶障彝（高一、簋一，林巳奈夫《殷周青銅器の研究》“同時作銘青銅器表”66，《集成》2193、3567）[3]

衛🔣乍寶障毁（簋，《録遺》148，《集成》3836）

公🔣易🔣貝才（在）莽京（簋，《三代》6.51.4，《集成》4088）

叔🔣易貝🔣王🔣（方尊一、方彝一。上引林巳奈夫書“同時作銘青銅器表”61，《集成》5962、9888）

毓文王王🔣聖孫（簋，《集成》4341）

以上🔣均讀作姒姓之姒。在西周器銘中已可見到較嚴格的女子稱姓制度，出嫁女子必書其姓。夫爲婦作器一般以婦出身之氏與其姓合稱之，女子本人在夫家作器則以夫氏與本人之姓相合以爲自稱。以上🔣姒、衛姒之稱皆屬後者。王姒之稱同於習見之王姜。

---

[1] 按：見《銘圖》13293。
[2] 李學勤：《〈中日歐美澳紐所見所拓所摹金文彙編〉選釋》，《古文字研究論集》（《四川大學學報叢刊》第 10 輯，1982 年）。
[3] 按：《集成》2193 誤以爲鼎。

公姒之公是身份,公姒、王姒都是以夫之身份冠於婦姓前爲稱。

總之,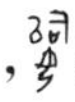與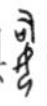(㚸)無論讀音還是字義均不同,應加以區别。

關於卜辭與商金文中的“后”及同此字有聯繫的幾個問題,大致已如上述。最後,在本文結束前,想就殷墟五號墓中的兩組“后”器,略陳淺見。除㚸辛組器外,五號墓中還出有后㜏組器,其銘有“后㜏”與“后㜏癸”兩種,“癸”似可以認爲是后㜏之日名。㜏是后名,既以日名稱之,則製“后㜏癸”器時,此后已故,故去之后可稱其名,同於前引卜辭中的“后嫡”等。如果這樣理解可行的話,則五號墓中即有兩組爲后所作的器,一組是爲后辛所作,一組是爲后癸所作,這兩組“后”器置於此墓内原因何在,一種可能是:兩組中有一組當如李學勤先生講后辛器時所説,“是在墓主死後專門鑄作,以供隨葬”,只是確如李先生已指出的“這種情形是以前所不了解的”。① 而且,這只能解釋一組器。另一種可能是:這兩組器中的“后”皆非指墓主人,按照通常的情況,兩組器既都有日名,則都是祭器。過去有的學者講,墓主人是母辛,祀母辛器是爲墓主人所作祭器,但祭器是生人祭先人之器,似不應反將之放入受祭者的墓中,在考古發掘出土的祭器中,往往有兩個以上的日名,如這些器都是爲墓主人所作,不會有這種現象。比較妥當的解釋是,墓中隨葬的祭器,皆墓主人自己生前所用以祭祀先人之器。此當如《禮記·檀弓》記仲憲言於曾子曰:“殷人用祭器,示民有知也。”當時是事死如生,貴族死去,其生前所寶貴之物多隨之入葬,以爲陰間之用,則其最珍視的祭器必也要隨葬。在商金文中可見婦爲其姑作器,似乎婦尤以祭其姑爲要事,則五號墓中兩組“后”器即可能是墓主人生前作爲時王之配爲已故王后(多可能是太后)所作祭器,故而隨葬於墓中。

(原載《古文字研究》第19輯,中華書局,1992年)

補記:

本文寫成於1986年,爲提交給中國古文字研究會第六次會議(山東長島)的論文。文中所提出的看法未必妥當,但文中所討論的一些問題實相當重要,至今仍有很大的研究餘地,故這裏仍基本照原文刊登(只是第二節,略有删除)。裘錫圭先生有《説“㚸”》一文,載於《裘錫圭學術文集》第1卷(復旦大學出版社,2012年),對本文多有教正。

① 見李學勤:《論“婦好”墓的年代及有關問題》。

論殷墟卜辭中紀時用的"歲"

殷墟卜辭中"歲"字的用法,比較明確的有兩種:一種是祭祀用語,可理解爲祭名,此種祭祀有某種較固定的制度,在一定時日進行,像是一種常祭,受祭者爲祖先神,祭品爲牲畜,但其規律性還未能搞清。另一種用法即是紀時,本文討論的即是與此種用法的"歲"有關的幾個問題。

"歲"字在卜辭中作紀時用語時,最多見的即是卜"今歲""來歲"受年,如:

> 癸丑卜,大貞,今歲受年。二月(《合集》24429,出組)
> 甲子卜,來歲受年。八月。二告。(《合集》9659,賓組)

或卜"今來歲"受年:

> 貞,今來歲我不其受年。九月。二告。(《合集》9654,賓組)

"今歲"應是指占卜日所在之歲,"來歲"是指下一歲,"今來歲"是指臨近的未來的歲,[①]實際相當於"來歲"。現有卜辭中所見卜"今歲""來歲""今來歲"受年的卜辭系以月份的,分別爲:

> "今歲"——二月(《合集》24429)、七月(《合集》24427)、八月(《合集》37849)、十月(《合集》24431)、十二月(《合集》9650)
> "來歲"——六月(《合集》33241)、八月(《合集》9659)
> "今來歲"——九月(《合集》9654)

陳夢家《殷虛卜辭綜述》設想按不同品種農作物種植時間將一年分爲兩歲,即春(禾季)、秋(麥季)。春歲可能含十二月至來年八月,秋歲可能含七月至來年三月。按此種設想,則兩季不重合的月份只有四至六月、九至十一月,前者屬禾季,後者屬麥季。但這種假設有不好理解的地方,依此説,某一個月即可能分屬兩個歲,[②]如十二月、一至三月、七、八月。如

---

① 卜辭有辛亥日卜"今來乙卯"事的,或丁丑日卜"今來乙酉"的,由此可知"今來"之意。陳夢家:《殷虛卜辭綜述》(科學出版社,1956年)言"今來歲"是"指最近的下季",是他將"歲"理解爲季節。
② 陳氏自己也講,當時曆法不大精確,同是記載"八月",在此年可能是"禾季"的末了,在那年可能是"麥季"的開始。見其《殷虛卜辭綜述》。

238

此則上引卜辭"二月""七月""十二月"卜"今歲受年"時,即不知"今歲"究竟是指哪一歲。此外,出組卜辭有:

> 庚申卜,出貞,今歲秋不至玆商。二月
> 貞,秋其至。(《合集》24225)

陳氏因爲此辭言"今歲秋"而係以二月,故將二月劃入"秋",但這裏的"秋"未必是指秋季,很可能是人名(或氏名),①卜辭也有地名曰秋(《合集》150正、《合集》6016正)。

再看以上卜辭卜"來歲""今來歲"的月份,有六、八、九月。如八、九月已屬該年第二歲即陳氏所言秋歲,則在此歲最初的幾個月不卜"今歲受年"而卜"來歲""今來歲",也不太好理解。所以依此辭言秋季爲一歲延至來年三月,證據不甚可靠。

黃組卜辭有:

> 癸丑卜,貞,今歲受禾。引吉。在八月,隹王八祀。(《合集》37849)

細析此條卜辭,卜"今歲受禾",辭末紀明"在八月,隹王八祀"也正是爲了表明此辭"今歲"即指王八祀這一年,不太像是一年兩歲的樣子。

綜言之,陳氏所以將一年假設爲兩季,是因爲他不相信當時已以歲爲一年,故將卜辭中的歲理解爲季。② 但他的假設有些牽强。實際上,將卜辭中紀時用的"歲"理解爲相當於年(一年的時間)的概念,卜"今歲""來歲(今來歲)"受年,即是卜今年與來年受年並没有太大問題。卜"來歲受年"不在一年之初始月份,而在六月後也容易説通。③ 惟《合集》9650十二月卜"今歲受年"較爲費解,或許此"今歲"當爲"今來歲"之省或訛脱。

卜辭中的"歲"應當理解爲相當於年的概念,也可以從其與另外兩個紀時用語"年""祀"用法的差異悟出。卜辭中"年"除了多作收成講外,亦已用作時間單位,相當於後世的一年。但卜辭中從未見過"今年""來年"之稱,而僅有表示時間長短的"幾年"的形式。④

---

① 類似的句式如:
　　辛酉卜,王貞,方其至,今八月。乙丑方……(《合集》20479)
　　辛酉卜,王貞,方不至,今八月。(《合集》20480)
　　"方"即是人名或氏名(或即是屬方國之方方)。
② 陳氏言:"以歲爲一年,當是比較晚之事,它最初當是季。"見《殷虛卜辭綜述》第228頁。
③ 按:殷墟卜辭中的正月,有可能相當於農曆的五月(參見拙文《試論殷墟卜辭中的"春"與"秋"》),故六月、八月、九月卜"來歲受年",即相當於在農曆十至次年一月間,即立冬月至立春月卜下一收穫季(在時間上自然屬卜辭中的下一年)的收成,應屬合理。
④ 卜辭中所見"幾年"的例子,如:
　　……戌卜,出貞,自今十年有五王壴……(《合集》24610)
　　癸未卜,貞,燎于𡧂十小宰,卯十牛,年十月用。(《合集》14770)
　　乙……至……
　　乙巳卜,貞,尹至于七年寅。
　　乙巳卜,貞,尹至五年寅。(王玉哲先生存中村不折舊藏甲骨刻辭拓本,又見《文物》1987年第8期)
　　……卜,貞,[尹]至于十年寅。(《合集》35249)
　　……保十年。(《侯家莊出土之甲骨文字》19)

此種用法的"年"見於賓組、出組(早期)卜辭,約相當於武丁至祖庚時代。在約始自文丁時代的黃組卜辭(及基本同時的青銅器銘文)中出現"惟王幾祀"的形式,"祀"即王年,董作賓釋以"祀"爲王年的原因爲周祭以五種祭祀方法遍祭先祖妣一過恰滿三十六旬,時近一年,故稱一年爲一祀。而且此種"祀"雖出自周祭祀典,但已與祀典無直接關係。[①]"祀"雖在此時(直到周代仍常被襲用)成了年的代稱,但在卜辭中仍見不到"今祀""來祀"的用法。總之,卜辭中所見"年""祀"在當時皆用來計年數(其中二者又有區別,"幾年"是計幾個年頭,"祀"只有"惟王幾祀"形式,僅用以計王在位年),而不用來指稱今年、來年;用以代稱年的,並可用來指稱"今年""來年"的只有"歲",在當時已有明確的、完整的年的時間區劃概念時,如果没有可表示"今年""來年"觀念的紀時用詞是難以解釋的,由此亦可見將"今歲""來歲"理解爲"今年""來年"是合乎情理的。

"歲"在卜辭中雖有以上主要用法,但也可以像"年"一樣來計年數,即計幾個年頭,如:

癸丑貞,二歲其屮(有)囚。(《合集》20795)

辛末卜,……自今三歲……女(毋)執。(《合集》20796)

貞,其于十歲迺屮(有)正。(《英藏》1300)

三歲王率用弗每(悔)。禾。

二歲用。

……歲。(《屯南》2445)

以上第三辭之"有正",即習見於無名組卜辭的"又(有)正",此組内卜辭常卜行某種祭事會否"又(有)正",正當訓"適",訓"善",[②]"有正"即有合宜的、完善的結果。

"歲"作年理解固然可以成立,但爲何要以"歲"字來表示年呢?《春秋》桓公三年:"有年。"孔穎達疏曰:"謂歲爲年者,取其歲穀一熟之義。"《左傳》哀公十六年:"國人望君如望歲焉。"杜預注:"歲,年穀也。"這裏將"歲"與"年"的内涵混在一起,當是因爲"歲"有了"年"的意思後用"年"的含義來解釋"歲",並不能説明"歲"與"年"發生關係的原因。爲説明這個問題,有必要先分析一下"歲"字的字形。"歲"字在卜辭中的基本字形可示意如右(A—F 表示型,a、b 表示型下的亞型,Ⅰ、Ⅱ表示式):

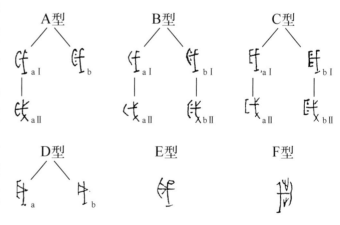

① 董作賓:《殷曆譜》上編卷三,中央研究院歷史語言研究所專刊,1945 年。
②《儀禮·士喪禮》"決用正",鄭玄注:"正,善也。"《國語·吴語》"遠無正就",韋昭注:"正,適也。"

"歲"字以上六型所屬卜辭類型,大致是:

自組：BaⅠ

賓組：AaⅠ、Ab、BaⅠ、BbⅠ、CaⅠ、CbⅠ、E

歷組：BaⅠ、CaⅠ、CbⅠ、Da、Db

出組：AaⅠ、CaⅠ

無名組：CaⅠ

黃組：AaⅡ、BaⅡ、BbⅡ、CaⅡ、CbⅡ

諸型皆是有柲類戰斧的象形,A、B型皆作圓刃,不同處在於A型刃尾更作卷曲形。圓刃的戰斧在青銅器分類定名中通稱作"戉(鉞)"。A、B型中a、b亞型的區別,在於b亞型戉身(當指所象銅質戉頭,下同)有雙點,于省吾先生據殷代銅戉形制釋此雙點爲刃尾內卷所餘透空處,[1]可作爲一種較好的解釋。

A、B二型既皆具戉形,當然亦可以讀爲"戉",賓組卜辭中另有"戉"字作 ,戉身半圓,亦作圓刃,在卜辭中作氏名(人名)或地名,已成爲此氏名專用字。雖因同作爲戉之象形而具有共同特徵,但字形有所不同,並未統一,可見甲骨文字尚屬早期文字,未臻於成熟。

C型似可看作是A型變形,無非是將圓刃書成平刃(這大概是由於甲骨文字多契刻而成,圓筆不如直筆方便),但戉身尾部後卷特徵仍保存,且CbⅠ型戉身仍有雙點,故可以肯定還是戉的象形。

D型中a亞型的特徵與CaⅠ式是接近的,b亞型雖可認爲是a亞型之省變,但實際上已與卜辭"戉"字相同,應該視爲訛變,只是因聯繫具體的辭義才可以認爲其仍讀"歲"。[2]

E型與BaⅠ式特徵相近而更象形,僅一見(《屯南》2445)。

F型僅三見,分別見於《合集》13475、《明》2235、《誠》239。此型可視爲AaⅠ式增加形符 (即"步",或理解爲兩止形),同時仍以AaⅠ式字爲音讀。其形已與西周金文中所見"歲"字相近。

從以上分析可知,除F型外,A至E型僅就字形而言都可讀爲"戉",即"鉞"字。實際上是以"戉"字作爲"歲"字使用。所以能如此,是因爲"戉""歲"上古音同,"戉"可假借爲"歲"。戉爲匣母月部字,歲爲心母月部字;但从歲得聲的月部字,如噦、濊聲母皆爲曉母或影母,薉、饖皆影母,曉、影均與匣同爲喉音,故"戉"與"歲"的上古音應該說是極相近的。《詩經·小雅·庭燎》"鸞聲噦噦",《説文》"鉞"字下引作"鑾聲鉞鉞"亦可證"歲""戉"上古音近同。

"歲""戉"音近,故"歲"假"戉"字是無可疑。但用來表示"年"這一時間單位的"歲"爲何要假"戉"字爲之仍是需要探討的。卜辭中"年""祀"可用來記年數,皆與其字義及內涵

---

[1] 于省吾:《甲骨文字釋林·釋歲》,中華書局,1979年。

[2] 作Db形的"歲"字見《屯南》646、2629,皆卜"今來歲受禾",屬歷組卜辭。

有直接關係。"歲"(讀"戉"音)必然亦與年有某種内在的聯繫。戉作爲一種戰斧,不大可能與表示時間的"年"發生關係。對於這個問題,上舉甲骨文"歲"字的 F 型 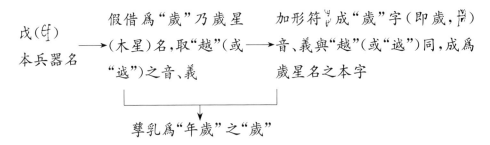可作爲考慮的出發點,此型從步(或説從二止)戉聲,增加了步爲形旁,表明了"歲"字本義與行動有關,因此其義當近同於"越""逑"字。《説文解字》訓"越"爲"度也"(《廣雅·釋詁二》訓"渡也"),訓"逑"爲"踰也",即"通過""踰越""跨越"之義。用"歲"這樣一個本義爲動詞的詞語來稱年,自然會使人想到"歲"與"歲星"(即以"歲"爲稱)的關係。因爲只有歲星既在天空運動踰越周天,又因曾是紀年之標準而與年有密切關係。

歲星即木星(Jupiter),是太陽系八大行星中最大者,爲夜空中最明亮的幾顆星之一,通常情況下亮度要超過火星(火星衝日時例外)。殷墟卜辭中有關於火星的記載,比火星還要亮的木星不會不引起商人注意。中國古代很早即發現木星在天空右旋運行,約十二年運行一周天,於是將周天分十二等分(通稱十二次),木星每年行經一次,這樣,木星的位置即成爲紀年的一種根據。關於木星以"歲"爲稱的原因,《説文解字》的解釋比較妥當。

《説文解字》曰:"歲,木星也。越歷二十八宿,宣徧陰陽,十二月一次。從步,戌聲。律曆書名五星爲五步。"段玉裁注:"歲、越疊韻","行於天有常故從步"。段氏並曰,這段文字所以引《漢書·律曆志》稱五星爲"五步"是釋從步之意。故《説文》實是以"越歷二十八宿"說明因歲、越同音且同義,歲星運行越歷於二十八宿(即周天)故名"越"(歲);並説明"歲"字所以從步,是因爲歲星運行於周天之故,古代稱五星爲"步"亦緣於行星行於天。關於歲星取自"越"之音、義,不獨《説文》有此説,其他典籍亦可見,如東漢劉熙《釋名·釋天》曰:"歲,越也。越故限也。"《説文》以"歲"爲木星名,實際上亦是肯定先有歲星之名,後又因以歲星紀年而以之爲年歲之歲。從上面對卜辭"歲"字字形、字義分析來看,這種説法是有道理的,惟《説文》言歲"戌聲"是本於小篆字形,從甲骨文"歲"字字形可知,歲乃以戉爲聲,非戌聲,《説文》這點需要更正。

綜上所述,卜辭中以"歲"稱年,"歲"假作爲兵器名的"戉"字爲之,是因爲歲星本以"戉"爲稱,因歲星可以紀年,故再孳乳而爲"年歲"之"歲"。歲星所以稱"戉",是以"戉"假借爲"越"而取"越"義(越歷周天)。上舉"歲"字的 F 型,即從步戉聲的"歲"字則是歲星的專用字了。

以上過程可示意如下(甲骨文"戉"字僅舉一型):

對於卜辭以“歲”稱年本自歲星,郭沫若早有此説,他認爲先有歲星名歲,而後始有年歲字。而之所以用戉表示歲星,是因爲古人對歲星甚神異視之,以戉爲歲星符徵並以名之,猶如古巴比倫以矛頭爲歲星之符徵,即示其威嚴可怖之意。他引《史記·天官書》歲星主伐,以此作爲歲本爲戉之一證。[①] 郭氏以年歲之歲源自歲星可謂卓見,但他對歲星何以要取“戉”爲名的解釋不免牽强。他以歲星主伐而取戉爲符徵之説本於《史記·天官書》,是書所據爲戰國時代《石氏星經》等書,與分野之説相聯繫,商人是否已有此種占星術難以得知。

如果卜辭中所見的“歲”(戉、歲)確是本自歲星之名,正是由於歲星十二年周行於天、年行一次的規律才賦予“歲”以年的含義,則其意義不限於使甲骨文“歲”字字義明朗,而且至少還有以下兩點意義:

其一是説明歲星運行規律與可以利用其記年至晚在卜辭時代即商代晚期已被認識,這在中國天文學史上是很重要的事。《爾雅·釋天》講三代稱年用語不同,“夏曰歲,商曰祀,周曰年”,蔡邕《獨斷上》亦曰“夏曰歲”,均言夏代即已稱年爲“歲”。果真如此,則對歲星的觀察與了解更可提前至夏代,商人稱年爲歲是沿襲舊稱。但迄今對夏代的情況了解太少,不能證實此説之可靠與否。

其二是有助於對武王克商年代的研究。1976 年 3 月陝西臨潼出土的利簋,其銘文言:“武王征商,隹甲子朝,歲鼎,克聞(昏)夙又(有)商。”對於“歲鼎”的含義,學者們爭論最大,一説這裏“歲”是指“歲星”;一説“歲”應是指歲祭;另一説“歲”指年歲。其中後二説不取“歲”爲“歲星”説,固然都有卜辭中“歲”的用法爲依據,但多少都有些不太相信“歲”在當時本是歲星之名的意思。但釋“歲”爲歲星,不論如何解釋下面的“鼎”字,都比作後二解要自然的多,通暢的多。銘文開首已言及克商之時日,如轉而又去言歲祭或歲貞(貞問一歲之事),實不合情理。“歲鼎”之“歲”如采歲星説,則“鼎”即應按有些學者已指出的那樣,釋爲“當”義。[②] 鼎訓當,那麼“歲鼎”可有兩種解釋,一是如張政烺先生所釋,即“歲星正當其位”,[③] 亦即在星空中位於宜於伐商之位次;另一是釋“當”爲“當空”,表示吉兆。[④] 二説中,又以前説較好,因爲前文已論證殷代時年歲之“歲”本自歲星紀年,則當時已知歲星十二年一周天之規律,與其逐年在天空運行的位次。《國語·周語》記伶州鳩向周景王(前 544—前 520)釋律,言及“昔武王伐殷,歲在鶉火……歲之所在,則我有周之分野也”。韋昭注曰:“歲,歲星也。鶉火,次名,周分野也。”“歲星所在,利以伐人。”對於伶州鳩所言“分野”之説,舊多認爲是東周出現的,在西周初年未必已存在,但也不能排斥當時已有將歲星位

① 郭沫若:《甲骨文字研究·釋歲》,人民出版社,1952 年。
② 《漢書·匡衡傳》:“無説詩,匡鼎來。”服虔注:“鼎,猶言當也。若言匡且來也。”
③ 張政烺:《利簋釋文》,《考古》1978 年第 1 期。
④ 爲戚桂宴之説。收入《關於利簋銘文考釋的討論》,載《文物》1978 年第 6 期。

次與某些人事吉凶相聯繫的可能。"鶉火"作爲次名,可能是在分野説形成時才有,但言歲星當時在星空中處於相當後來所説鶉火的位置(即《史記‧天官書》正義所云"柳八星、星七星、張六星"的位置)則很可能是流傳有緒的古代傳聞。[1] 因此,以此説爲一有價值的天象記録,[2]按照現代天文學方法測算出歲星在那一星空位置的年代,[3]即可作爲確定武王克商年代的重要參考。

(原載《南開大學歷史系建系七十五周年紀念文集》,南開大學出版社,1998 年)

---

[1] 參見張培瑜:《西周年代曆法與金文月相紀日》,《中原文物》1997 年第 1 期。馬承源:《西周金文和周曆的研究》,《上海博物館館刊》,1982 年,也有類似見解。

[2] 關於武王伐紂時的天象,文獻中還有其它説法,如《荀子‧儒效》曰:"武王之誅紂也,行之日以兵忌,東面而迎太歲。"此説當比《國語‧周語》略晚。如利簋中"歲鼎"鼎訓爲當,采用《儒效》此説,認爲是東迎歲星,與銘文内容似不能協調。

[3] 參見張培瑜:《西周天象和年代問題》,收入《西周史論文集》上,陝西人民教育出版社,1993 年。

試論殷墟卜辭中的“春”與“秋”

中國古代四時制的出現大約是在西周末、春秋初年。[①] 在殷墟卜辭中可以看到，殷代時只有春、秋兩種季節劃分，治甲骨諸家對此多有論述，已成定論，此不贅言。卜辭中春字寫作 𣚘、𣗍、𣙙 等形，即是《說文》中的䓞字，經秦隸後進一步隸變作春，此爲于省吾先生考定。[②] 秋字寫作 𧒸、𧌒 等形，唐蘭先生隸定爲龜、龝，認爲均應讀爲穫，後省爲秋。[③] 這兩個字的考定早已成爲公認。下文引卜辭即徑用今字。

春、秋在殷墟卜辭中是用作季節之名，同時我們又從卜辭中得知在殷代時因爲已知置閏月，所以當時春、秋兩個季節所包括的月份就應大致穩定在幾個月份上。但當時既無有四時季節之劃分，所以它們在一年中各自所包含的月份自然也就與後世春、秋二季的月份不盡相同。本文主要依據卜辭資料對此問題試作探討，兼及其他相關問題。

一、卜辭中“今”的含義與“春”“秋”二季的分界

殷墟卜辭中有言“今春”“今秋”而後記明占卜月份的，這自然對探討當時春、秋所屬月份有幫助。但在討論這樣的詞例前，有必要先討論“今春”“今秋”之“今”在這裏的含義。對於這一點，下面一組武丁時的非王卜辭有參考價值：

(1) 庚申卜，今秋亡(無)𣂁之。七月
　　庚申卜，又(有)𣂁之。七月
　　庚申卜，今𡱳亡(無)𣂁。七月
　　庚申卜，又(有)𣂁今𡱳。
　　庚申卜，今月亡𣂁之。
　　庚申卜，又(有)𣂁今月。(《乙》8818)

---

① 參見于省吾：《歲、時起源考》，《歷史研究》1961 年第 4 期。
② 于省吾：《甲骨文字釋林·釋屯》，中華書局，1979 年。
③ 唐蘭：《殷墟文字記·釋龜、龝》，中華書局，1981 年。

"今⚘"與"今秋"並卜,⚘應即是春字。其字形似示草初生於土。① 由此一組卜辭可知,"今春""今秋"之"今"既能包含兩個季節,則應該是指卜辭中以一月至十二月(或十三月)表示的時段。其時間長短相當於卜辭中用以計年數的一"祀"或一"年"的時間。但卜辭中不見稱"今祀""今年"的,用來表示這種情況下的年的時段概念是"歲"。② "今"在這裏可以理解爲即是"今歲",而"今春"即"今歲之春","今秋"即"今歲之秋"。

爲了更準確地理解以上"今春""今秋"之"今"的含義,這裏有必要簡略地討論一下在卜辭中"今"的用法。一種是如以上"今春""今秋","今"所指的是一個較長的階段(今歲),類似這種用法的,還有下列情況下"今干支"中"今"的用法:③

　　　戊寅卜,今庚辰酌𡥑三羊于匕(妣)……(《合集》22228)

戊寅日與庚辰日在一旬内,所以這裏的"今"應該是指"今旬",也就是指一個時段,只是時間比"歲"短。又如:

　　　癸亥貞,取𠂤于伊尹,叀今丁卯酌三牛,兹用。(《屯南》1122)

丁卯與癸亥同旬,"今"亦當是指一旬,而且可知一旬是從癸日計起。以上兩個"今干支"的例子中,"今干支"相當於"今旬干支",對於占卜日來説,是一旬内未來的日子。

如果不在同一旬則在"今"後加"來"。如:

　　　庚寅卜,爭貞,今來乙未夆。(《合集》15255)

陳夢家《殷虚卜辭綜述》曾認爲卜辭中"今"的用法,是表示"現在式"的。④ 這對於"今日""今夕"等形式,無疑是對的,而對於以上"今春""今秋"或特定情況下的"今干支"中的"今",既可以理解爲"今歲""今旬",當然也可以認爲是將現在時(占卜之日)包括在"今歲""今旬"内,至於卜辭中言"今某月"時,應該即是指占卜日所在月。這可以由以下辭例得知,如:

　　　辛亥,内貞,今一月帝令雨。四日甲寅夕。(《拾掇》2.6)

此辭言"今一月"。一月是年之始,既言"今",則占卜日總不會在上一年,必在一月内。又如:

---

① 見拙作《關於殷墟卜辭中的周侯》,《考古與文物》1986 年第 4 期。
② 卜辭中以"歲"稱年,當是由於"歲"本爲歲星之名,因其有十二年周行於天,年行一次的規律,故被賦予年的含義。見拙作《論殷墟卜辭中記時用的"歲"》,收入《南開大學歷史系建系七十五周年紀念文集》,南開大學出版社,1998 年。
③ 按:以下對"今干支""今來干支"的理解是不準確的,詳見本文"補記"。
④ 陳夢家:《殷虚卜辭綜述》,科學出版社,1956 年,第三章"文法"之第八節"指詞"。其文曰:"'今'皆表示現在,其期限則爲半日、一日、三十日,而歲、秋、世則似是長於三十日的一個季節。"除了"世"字尚待研究外,大致是正確的。所謂現在,實際上即是指占卜之當時、當日或包括占卜之時在内的一段時間。

帝其及今十三月令雷。

帝其于生一月令雷。(《乙》3282)

辛亥卜,内貞,今一月𧽾正化其𡆥至。

其于生二月至。

王固曰:今[一]月其至,隹女其于生二月……(《乙》7288)

在卜辭中,"生月"是指占卜日所在月之下一個月,[①]上引卜辭中"今十三月"與"生一月"並卜,"今一月"與"生二月"並卜,則"今十三月"與"今一月",皆當是兩條卜辭占卜日所在月。總之,"今某月",是指占卜日所屬之月。"今干支"除了以上所舉出的今句内某干支的情況外,[②]還有另一種情況,即如島邦男《殷墟卜辭綜類》所舉"今干支"辭例來説:

丙申卜貞……今丙申夕彫𦉔于丁。十二月(《京津》709,《合集》1594)

辛未卜,王貞,今辛未大鳳(風)不隹𡆥。(《前》8.14.1,《合集》21019)

這種情況下,"今"顯然是表示"今日",亦即占卜日。

綜言之,卜辭中"今"在與其他時間概念組合時,雖總體是表示現在時,包含占卜日在内,但具體表示的是哪個概念,要視具體辭例即"今"後所接表示時間概念的詞來定。可以表示"今歲""今旬",此種情況下,"今"後所言時間,占卜日是包括在内的,或是包括占卜日以後的未來的一段時日。在言"今干支""今某月"時,也可以表示占卜日所在日、月。[③]

二、"春"與"秋"所含的月份

言"春"而直接係以月份(本文凡未説明是農曆月份者皆是卜辭中的月份,不再加注)的卜辭,除前面所引辭(1)外,還有下面三條:

(2) 壬子……貞,今屯(春)受年。九月(《合集》9652)

(3) 戊寅卜,爭貞,今春衆出(有)工。十一月(《合集》18)

(4) 癸丑卜,賓貞,今春商敔舟由。

己未卜,賓貞,呂方其亦𧺫(征)。十一月(《合集》6073)

上面辭(4)中的兩條卜辭同版,占卜日干支相近,很有可能是相接近的幾天。己未日在十一月,那麼,癸丑日時占卜言"今春",此卜日亦當在十一月或十月。

(5) ……亥,王……貞,自今春至……翌尸方不大出。

---

① 參見陳夢家:《殷虚卜辭綜述》第117—118頁所引《粹》508、398與《金》569及其所作的解釋。

② 按:"今干支"應該是指自占卜日計十天内的某日,詳本文末"補記"。

③ 按:依上述分析,再來看上引辭(1)。七月卜"今秋""今春",則"秋""春"必包括在今歲之未來一段時日内,即七月(占卜日後所餘時日)至十二月(或十三月)内;占卜日所在之七月亦即在"今秋"内("今春"則是未來時日),或在"今春"内("今秋"則是未來時日);而且非常重要的是,一歲之内"春""秋"二季之分界必在七月至十二月之間。

王圌曰：言。在二月。邁祖乙彡，隹（惟）九祀。（《合集》37852）

以上辭(2)至辭(4)中"今春"是指"今歲之春"，則"今春"存在於占卜之時與此後至歲末的未來之時段內。亦即辭(2)至(5)末尾所係占卜日所在月份九、十、十一月內。①

下面再看卜辭中卜"今秋"而係以月份的辭例。上文所引辭(1)之《乙》8818卜"今秋"而係以"七月"，則七月已屬秋，或秋季還未到，在七月以後。以下卜辭亦是在七月卜"今秋"的，也是七月可能在秋季之例。

(6) 辛亥卜，貞，□今七月茲。

辛亥卜，貞，□叀今秋……（《合集》21695）

實際上，不僅七月可能屬秋季，八月份也可能在秋季內。這個推測，可以由以下言及"秋"而又間接與月份有關係的卜辭證明：

(7) 乙未余卜，受今秋麥

乙未［余］卜貞，今秋我入商。

乙未［余］卜貞，今秋麓歸。

今秋歸。

乙未余卜，今八月有事。惟今八月有事。

乙未余卜，于九月有事。（《合集》21586）

辭(7)乙未日卜而言"今八月"，但九月不言"今"，所以八月應是指占卜日（即乙未日）所在之當月，而九月是下一個月，因此辭(7)乙未日當屬於八月。此八月卜"今秋"，則按上文所述，八月有可能即在秋季內，但也可能不在，秋季在九月或九月後，但不出十二月。然而上舉辭(2)至(5)，是記錄在九月、十月、十一月以及二月卜"今春"的。且依上文所論，九至十一月皆有已屬春季之可能。而在卜辭中尚未見到在九至十一月間卜"今秋"的，所以，以九月爲春季之始，九至次年二月爲春季，三月至八月爲秋季，是一種有較大可能性的推擬。如按此推擬，秋、春季之分割大致在八、九月間。但殷代是所謂太陰曆，以月之盈虧爲一月，並借觀察其他天象以插入閏月，平年十二月，閏年有十三月。因此即使依此分割方法，春秋季節的分割也並不是必在八九月間，也可能在這條界綫後有一個月的擺動。

下面，將用殷墟卜辭資料來進一步印證這一推擬。

三、由有關農事與氣象卜辭印證春、秋月份

爲了檢驗上述春、秋兩季時間範圍的推測是否得當，可以舉出有關卜辭加以補充

---

① 按：辭(5)占卜日在二月，亦卜"今春"，是二月本身即可能在春季內。春季作爲卜辭時代一年兩季中的一季，大致會在6個月左右，則二月自然亦有與前面所引幾條卜辭中占卜"今春"的九至十一月合成一季（春季）之可能。

證明。

先看與"告秋"有關的紀月卜辭:

(8) 乙未卜,賓貞,于……告秋……一(?)月(《合集》9632)

(9) 丙辰卜,貞,告秋于丁。四月(《懷》22)

(10) 庚戌卜,貞,虫(有)𤲞(𤏪)秋,告[于]丁。四月(《林》2.18.3、4)

(11) 乙酉卜,賓貞……秋大再佳。
　　　　……六月(《合集》19536)

(12) 丁巳……告秋……西……七月(《合集》9631)

辭(8)、(9)言"告秋",辭(10)先言有秋,後言"告于丁",𤏪,于省吾先生以爲是"庶"之初字,"有庶秋"猶言豐收的秋收。[①] 辭(11)據他辭可補,應亦是卜"告秋"。"告秋"又見於:

乙未卜,賓貞,于上甲告秋……

乙未卜,貞,于夒告秋。(《合集》9629)

甲申卜,賓貞,告秋于河。(《合集》9627)

……戌貞,其告秋,再于高祖夒六[牛]。(《合集》33227)

"告"即是稟告,《爾雅·釋言》"告,謁請也",《廣韻》"報也,告上曰告,發下曰誥",卜辭中向神明所告之事項甚多,如:

壬午卜,旦貞,告吕方于上甲。(《合集》6131正)

貞,告疾于祖乙。(《合集》13849)

王其田,其告妣辛,王受又(佑)。(《合集》27558)

出田,告于父丁。(《粹》933)

以上幾例中,"告方"當是方有所侵擾而稟告上甲,其意自然是求上甲降佑。有疾告於祖乙,當是求祖乙佑助以免除災病。"王其田,其告妣辛"而問"王受佑"否,很明顯是求妣辛降佑於田獵。"出田"是出行田獵,"出田"而告父丁,也是求父丁佑助於此次田獵。像這種因田獵而告神明,都是在即將田獵之前進行的。綜上所述,"告"於神明是將現時已發生或即將發生之要事向神明稟告,其用意是請神明降佑。"告"既是求佑於神,故也要通過祭祀禮儀進行,屆時要獻牲,如上辭,"再于高祖夒六[牛]","再"即舉、進獻。

再來看辭(8)至(12),這幾條卜辭中的"秋"其義當同於《説文》所言"禾穀熟也",是

---

① 于省吾:《甲骨文字釋林·釋庶》,中華書局,1979年。

指莊稼的收成。從一月、四月至七月都卜"告秋",①所以"告秋"可能有兩種情況,一是在莊稼播種畢,其正在成長期而尚未完全成熟,所以要"告秋"是求神明保佑不要在莊稼成長時際發生災害,例如辭(9)、(10)的"告秋"可能即屬此。另一種情況是像辭(10)占卜時言"有庶秋",大概此時莊稼已經大致成熟,這時"告秋"也有可能是求神明在收割之際給予佑助,使其最終能獲得豐碩收成。此外,"告秋"可能也有在已收成後稟告神明,以示不忘神明恩澤之意。辭(8)是否"一月"卜,因"月"上字不清楚,未能確知。

卜辭中上述"告秋"即求神明保佑秋收的卜辭,占卜之日集中在四至七月間,而"告"於神明的事都是已經發生或將發生的事情,不會卜時間較遠的未來的事情,亦已見上述。所以在這一段時間"告秋",當是由於這一段時間屬於已經播種完畢,接近秋季,或已在秋季莊稼趨於成熟之時,恰在上文我們所推定的秋季時間範圍內,可以證明上文推定的秋季時間不誤。

除以上所引卜辭外,還可以作爲秋季大致始於三月的參考的是下列卜辭:

(13) 庚申卜,出貞,今歲秋不至茲商。二月

　　貞,秋其至。(《合集》24225)

此辭之"秋"如可以理解爲"秋季",而不是人物,則卜"秋至",有可能是卜問秋收可否得到。辭言"今歲秋",是今歲之秋,相當於言"今秋"。在二月時卜秋季是否要到商,知二月當接近於秋季,此與上述三月即屬秋季的看法是相協和的。

下面,從幾條關乎到季節性農事而又係月的卜辭對上述春季是在九月至次年二月的觀點作進一步的補證:

(14) 己丑(卜),殼貞,……弓屍(肖)……小宜……十一月(《合集》9580)

(15) 庚辰貞,翌癸未屍(肖)西單田,受圭(有)年。十三月(《合集》9572)

(16) 庚辰卜,王叀往黍,受年。一月(《合集》20649)

(17) 貞,叀小臣令衆黍。一月(《合集》12)

(18) 丁酉卜,爭貞,今春王弓黍。

　　……今春王黍于南……于南洮。(《合集》9518)

(19) 貞,王立(蒞)黍,受年。一月(《合集》9525 正)

以上辭(14)、(15)都言肖田。張政烺先生言肖應讀作趙,義爲刺,即刈除草。② 辭(14)小宜當是田所在地名,時記十一月,如按舊"三正"說,殷曆建丑,此十一月即是農曆十月,這

---

① 按:辭(11)之"六月",不屬於乙酉卜之卜辭,應屬其上面一條卜辭,但上下相鄰,占卜時日或相近。
② 張政烺:《甲骨文"肖"與"肖田"》,《歷史研究》1978 年第 3 期。

時不可能有除草的農作,當然卜辭中也有提前占卜的,但是作爲具體的某項農事,並不是祀與戎之類的"大事"或整個年成,似没有提前數月即占卜的必要與可能,以上占卜諸具體農事卜辭都應理解爲是在臨近農作時所卜。農活中除草一般是苗已生,鋤禾苗間草,即鋤地,按現在四季來説是在春末夏初(以下言四季,都是指四季劃分後的時節)。因此辭(14)肖田,當是爲早春作物除草。辭(15)肖西單田,時在十三月,是年底置閏,應相當於後來所謂夏鋤。

辭(16)言"王叀往秂",秂,于省吾先生釋作齋,以爲即"稷"之初文。[①] "往秂"即王前往種秂,當然實際上是王親自到農田監視農作或行藉禮。"稷"在今河南地區是稱形態近似於黍子的一種散穗作物,于省吾先生以爲是今之穀子,但無論是何種作物,都不是冬植作物,而按四時來説是春夏季種植的作物。此辭占卜時間屬一月,大致應屬後世夏季之初。

辭(17)至(19)都是卜種黍。占卜之時日當相近。由辭(18)言"今春王黍"可知種黍之時在春季。而辭(16)、(17)、(19)所記占卜日屬一月,上文已論述卜辭中的一月正屬春季。關於種黍的時節,《大戴禮記‧夏小正》五月:"初昏大火中,大火者,心也,心中,種黍、菽、糜時也。"《淮南子‧主術》:"大火中,則種黍、菽。"二説同。《史記‧五帝本紀》正義引《尚書‧考靈曜》:"主春者張昏中,可以種稷;主夏者火昏中,可以種黍菽。"東漢時崔寔《四民月令》講當時洛陽地區農曆四月"蠶入蔟,時雨降,可種黍"。西漢成帝時的《氾勝之書》講陝西關中地區:"黍者暑也,種者必待暑,先夏至二十日,此時有雨,彊土可種黍。"《太平御覽》引《尚書大傳》:"夏昏火中可以種黍。"《説文解字》:"黍,禾屬而黏者也,以大暑而種故謂之黍。"由以上記述可知種黍要進暑,在夏曆四或五月份,地區不同略有早晚,但相差不大。商代時河南氣溫有可能比後世略高,許多學者都論及於此。據竺可楨先生研究,當時比現時平均氣溫高2℃左右,農曆一月溫度比現在高3℃—5℃。[②] 所以商代還不至於暖和到可以在後世立春前後即能種黍的程度。即從此點看,卜辭中一月卜種黍,如果説是預卜以後的事,種黍這種一般農事又何須提前幾個月即占卜? 所以此一月不應屬於後世初春,而應是在即將或已開始種黍之時,即已入暑。按上文所論,卜辭一月正值農曆五月,節氣爲夏至,在卜辭中歸屬春季,故仍稱爲"春",此時種黍完全合乎農書所記時日。

綜上所述,上引有關春夏農作的卜辭,其卜日紀月皆在十一至一月間,正在本文所推定的卜辭中的春季範圍内。如此集中,不能解釋爲都是提前數月占卜,應該理解爲占卜這些農事之時也正是臨近耕作之日或正在耕作時節中。

---

① 于省吾:《甲骨文字釋林‧釋黍、齋、秂》,中華書局,1979年。按:秂寫作 𣎺、𣏌、𣏚 等形,裘錫圭先生認爲此字也是"黍"字,見所撰《甲骨文中所見的商代農業》一文,收入《裘錫圭學術文集》第1卷,復旦大學出版社,2012年。從辭(16)卜"王叀往秂"在一月,與辭(17)、(19)卜種黍皆在一月看,秂即黍的可能很大。
② 竺可楨:《中國近五千年來氣候變遷的初步研究》,《考古學報》1972年第1期。

爲了更全面地印證一下上文對於卜辭中春秋兩季所包括的紀時範圍的認識，下面將有關農事與氣象的係月卜辭中與季節相關的幾個事項，按占卜之日所屬月份列簡表如下：

表一　有關農事與氣象卜辭所係月份登記表

占卜之時 ＼ 所卜事項	卜農作	卜某種作物"受年"	卜"受年"、"受禾"	卜秦年、御年、盅年	卜氣候	本文所推定的春、秋季
一月	王立（蒞）黍（9525 正）令眾黍(12)王叀往秦(20649)	受黍年(10020)受禾年（《乙》7750）	受年（9672 正）受禾(20653)	秦年(10079)	今一月多雨（《佚》796）霧（《懷》248）帝令雷(14132 正)帝降莫(10178 正)	春
二月	黍在龍囿……(9552)	受黍年(10094 正)受禾年（《粹》890）受耷年(10047)	帝受我年(9731 正)受有年(9552)	秦年(10084)帝盅我年(10124 正)	今二月多雨(12511 正)及茲二月出（有）大雨(24868)雷(14129 正)西土不降莫(10183 正)	
三月	不其刈(9567)	受禾年（《粹》894）受禾年(10024 正)受年（《英藏》822）	受甫藉在妞年(900)（西土）受年(9744)	秦年（《東大》s. 0046a）	今三月帝令多雨(14136)雷(11501)其莫(10181)舞雨（《屯南》4513）	
四月		受黍年(9950 正)乙保黍年(10133 正)黍田年魯(10133 正)	受年(9676)	秦年(23717)	帝及四月令雨(14138)雨(24769)小雨（《屯南》4513 ＋ 4518）	秋
五月				御年于上甲(40115)年有盅(10125)	大雨（《外》422）五月多雨(12577 正)大驟風(13562 正)	
六月			來歲大邑受禾(33241)		甲霧(13452)	
七月			今歲商受年(24427)		今日其大雨(12598)	
八月	受今秋麥(21586)		來歲受年(9659)今歲受禾(37849)		生八月帝令多雨(10976 正)	

所卜事項 占卜之時	卜農作	卜某種作物"受年"	卜"受年"、"受禾"	卜羍年、御年、蛊年	卜氣候	本文所推定的春、秋季
九月			今春受年(9652) 今來歲受年(9655)	羍年(10111)	不遘大雨(37646) 帝不降大莫(10167)	
十月		今歲受黍年(24431)	商受年(9663)		雨其惟雹(12628)	
十一月	𡩩田(1)		受年(9672正)	羍年(10103)	帝令多雨(14140正) 兹雹惟降田(11423正)	春
十二月	𡩩田(9499) 甼田(《明》620) 王其觀藉(9500)	受黍年(10020) 受禾年(《合》55)	今來歲我受年(9668正) 今歲受年(9650)		降莫(10170) 羍雨(《金》523)	
十三月	肖田(9570)	受黍年(9934正)			帝令雷(14127正)	

* 表中所列甲骨文著録書編號,僅是舉例。凡僅注明編號的皆《甲骨文合集》的編號。

表中有關農作卜辭已見上述。在卜"受年"的卜辭中,卜"受黍年"是從十月到四月,按上文所推的季節,主要是在春季與早秋,這一段時間大抵即是黍子播種前後與生長、成熟之際,至四月後基本不見卜黍年,知黍子已收割完畢。五月卜受黍年僅一例。估計此年可能是閏年,《四民月令》:"有閏之歲,節氣近後,宜晚田。"

在上表中,卜受年、卜向神明求年多同卜受黍年的時間大致相同,這是因爲其他作物,如秫等生長期與黍相近。由此可知陳夢家關於"卜辭的卜年和卜歲都應該在收穫之前"的假設基本是正確的,[①]只有在莊稼生長之期才有卜年與求年的必要。六、八月多卜"來歲"受禾或受年,而六月已值農曆立冬,八月則正值農曆小寒、大寒,卜"來歲"受禾,受年應是卜次年一月後即夏至後農業收成。九月卜"今來歲受年",九月正值立春,卜今歲受年,即應是卜今歲內冬小麥收成,卜來歲受年,則應是卜來歲夏秋莊稼收成。七、八月卜"今歲"受年、受禾已值冬季,亦應是卜正在生長的冬小麥之類作物可否有收穫。表中八月引《合集》21586卜"受今秋麥"可證明這點。所謂"今秋麥"應即是指冬小麥。

上表所示氣候中,卜"多雨"主要見於一、二、三、五月,卜辭是卜未來,所言未必皆是事實,但既於此時卜"多雨",可知此一時段必亦處於一般多雨季節。河南四季的雨量的分

---

① 陳夢家:《殷虛卜辭綜述》。

配,主要集中於夏秋季,以現代安陽地區爲例,夏季降雨量占全年降雨量的 68.1％,其次是秋季,占年降雨量的 17.6％,夏、秋兩季降雨量合計占全年的 85.7％。[1] 殷代時氣温較暖,故從卜辭看到,一年四季均有雨,但較集中卜“多雨”的幾個月也正屬於我們所推定的晚春初秋之際,相當於四季中的夏、秋季,仍與現代類似。

上表一、二月卜☷,即雷,而雷陣雨一般出現在夏季。十一月卜問雹,是否降田,如按“三正”説,此是農曆十月事,則此時莊稼已經納場,即使降雹似也不至於構成災禍。卜辭十一月已卜啓田,知已有早春播種的作物禾苗,故降雹有害於苗,當然冬麥此時已趨成熟,也怕降雹。

因此,上表所反映出來的各方面情況,都是與我們所推定的春、秋兩季之季節特徵大致相合,可以作爲這一推論的旁證。

四、卜辭中的月份與農曆月份的關係

關於卜辭中所見春、秋的月份範圍大體如上述。那麽,這兩個季節所各自包含的當時的月份,與現在農曆的紀月有何對應關係,是一個有必要説明的問題。按照傳統的“三正”説,顯然不能解釋以上列舉的許多卜辭所反映出來的事實,前文已多次論及,不贅述。[2]爲了探討這個問題,先需要説明一下上引卜辭中春、秋兩種概念的含義。《釋名》:“春之言蠢也,萬物蠢然而生。”《爾雅·釋天》“春爲青陽”,又曰春爲“發生”。《莊子》:“夫春氣發而百草生。”《説文解字》:“萅……春時生也。”秋,《釋名》:“秋者,緧也,緧迫萬物,使得時成也。”《爾雅·釋天》曰:“秋爲白藏。”又曰:“秋爲收成。”這些典籍中所講的春、秋兩個詞的含義,在歷史上各個時期都從來没有異説。以它們作爲季節名稱時,即各自反映這一時節中最典型的氣候特徵與農業生産中最重要的事項。由上文可知卜辭中的春、秋與後世春季、秋季等表示的氣候變化的時間概念含義相同,都與自然氣候有密切的關係。由於有了這種季節式的紀時方法,人們才能較及時地適應氣候的變化,有規律地來安排自己的生活與生産。不僅如此,從前文所述還可知,在本文推定的卜辭中的春季時間範圍内,氣候特徵大致符合於後世春、夏兩季的特徵,而秋季大致符合於後世秋、冬兩季的特徵,同時春、秋兩季中的主要農作,亦同於後世春、秋兩季,即春季是大田播種爲主之季節,秋季則是大田莊稼成熟與進行秋收(及播種冬麥)之時節,並且大概因爲農業生産中以大田一播一收爲重要環節,故而以春、秋兩季節囊括了整個年度。所以,我們可以初步地假定卜辭中的春季大致包括後來四季中的春、夏,而秋季包括了後來的秋、冬。這種假定,可以示如下表:

---

[1] 鄭州師範學院地理系:《河南地理》,商務印書館,1959 年。

[2] “三正”説,最早見於《左傳》昭公十七年,近世學者多持反對意見,參見《中國大百科全書·天文學》分册所引諸家説法。又見新城新藏:《東洋天文學史研究》(沈璿譯,中華學藝社,1933 年)一書中有關文章。

表二　卜辭季節、月份與農曆季節、節氣、月份對照表

月份 ＼ 四季	春			夏			秋			冬		
農曆(夏曆)節氣	立春雨水	春分	清明谷雨	立夏	夏至	小暑大暑	立秋	秋分	霜降	立冬小雪	大雪冬至	小寒大寒
農曆(夏曆)月份	一	二	三	四	五	六	七	八	九	十	十一	十二
卜辭中月份(平年)	九	十	十一	十二	一	二	三	四	五	六	七	八
本文推定的殷代兩季	春						秋					

這個表只是一種示意,而且這種對應關係也只能説是大致如此,這不僅因爲,卜辭中的春、秋與後世四季的對應關係是一種基於現有資料所作的假定,而且由於殷代往往於年終置閏,有十三月,故而以上卜辭月份與農曆紀月對應關係也並非絶對的,有可能略有出入。但這些所造成的誤差,似乎不至於影響我們可以按此表來做進一步的探討。

五、殷曆建正

要證明以上表二所示可以成立,比較重要的是要説明一個問題,即何以殷代之建正在後世的夏季(如表中所示,以農曆五月爲歲首),因而造成春、秋兩季與月份之參差不齊。1981 年底,筆者曾探討過殷代建正之時間,將文獻資料與卜辭所提供的情況相印證,初步得出殷代是以大火星初昏中天之時爲歲首的看法。文未成,又見到常正光先生《殷曆考辨》(載《古文字研究》第 6 輯)一文,知其亦有類似的論述,只是他以爲農曆四月爲殷正月,並由他的論文才知龐樸先生早有《火曆初探》一文(載《社會科學戰綫》1978 年第 4 期),明確提出我國遠古時代一些部族曾施行過以大火爲授時星象的自然曆,可以名之爲"火曆"。以上兩文,均可參見。按本文表二,建正之時是在農曆五月,下面對這種可能性之有無略作探討。

首先需要説明的是,觀星象(恒星)以定歲首與時節,在世界許多古代民族歷史上都存在,如古代埃及以天狼星(大犬座星)在清晨出現於東方地平綫上之時,亦即尼羅河水即將泛濫之時作爲一年之始。巴比倫則以廣車(即御夫座星)初見於曉晨之時作爲一年之始。[①] 古代印度人以阿耆尼(Agni)晨見爲一年之始,[②]墨西哥的阿茨特克人以休脱庫特里(Xiuhtecutli)晨見爲一年之始。在我國歷史上觀星象定時節的方法也在各古代部族中應用過,故而《禮記・月令》每言月名,後則歷數其時之星象。《鶡冠子》有斗柄四指分劃四季的説法。《大戴禮記・夏小正》記正月時"初昏參中",據《左傳》昭公元年言:"遷實沈于大夏,主參,唐人是因……故參爲晉星。"參星是居大夏之地部族所主測之星,故"夏曆"當是

---

① 《中國大百科全書・天文學》,中國大百科全書出版社,1980 年;新城新藏:《二十八宿之起源論》,收入沈璿譯新城氏所著《東洋天文學史研究》。

② 李約瑟:《中國科學技術史》中譯本第四卷《天學》,第 177 頁,注(1)(原注無"晨見"二字)。

以參星初昏中天時爲一年之首。①

當然，各古代民族觀星象定時節與歲首所采用的星座以及具體的星象是不同的，這應是與各古代民族在其活動地域所能觀測到的星象不同有關。此外也與民族習慣有關，例如作爲觀象授時的標準星象，世界其他民族多取晨星，而我國古代則多取昏星。②

據典籍可知商人以觀察大火星（即心宿二，天蝎座 α 星，爲赤色一等星）紀時。關於這點前面提到的諸家均已有詳論，這裏只舉出幾條有關的文獻資料。《左傳》襄公九年士弱回答晉侯之問曰：“……陶唐氏之火正閼伯居商丘，祀大火，而火紀時焉。相土因之，故商主大火。商人閱其禍敗之釁，必始於火，是以日知其有天道也。”《左傳》昭公元年：“后帝不臧，遷閼伯于商丘，主辰。商人是因，故辰爲商星。”《春秋公羊傳》昭公十七年：“大火爲大辰，伐爲大辰……”何休注曰：“大火與伐，天所以示民時早晚，天下所取正，故謂之大辰。辰，時也。”商人主大火，以大火紀時，由上引文可證。

商人主大火紀時爲何以夏曆五月爲一年之首？這可能與此時大火星之天位有關。《尚書·堯典》：“日永星火，以正仲夏。”蔡邕注曰：“火謂大火，夏至昏中之星也。”（《古今圖書集成》），《大戴禮記·夏小正》：“五月初昏大火中，大火者，心也，心中種黍糜時也。”所謂“中”即指該星宿出現於南方之天空。《爾雅·釋天》：“大火謂之大辰。”郭璞注：“大火，心也，在中最明，故時候主焉。”新城新藏亦曾曰：“蓋大火係夏季傍晚見於南中之明星，曾用爲正仲夏五月節之標準星象。殷代全世，尤主測此星，以正季節，稱之曰辰。”③據典籍所記，新城此言可從。當時在相當於今農曆五月時節大火星最明亮，最利於進行較精細的觀測。於是此時的大火星象可能就很自然地成爲區劃兩個年度的明顯的星象標誌，大火南中之時也就被定爲一年之始。④

據上所述，可以推測商人的曆法是：以農曆五月大火星昏中之時節爲正月，即一年之始。以月之一次盈虧爲紀時的一個月，即朔望月。閏月的配置可能也是以觀察大火星爲準，補閏月的目的是使一年之歲首能基本上穩定在夏曆五月時。由此看，由於大火於農曆五月昏中這一星象，使殷人得以大致確定一年的時間範圍，它對於農業生產的意義，在於它提供了正年時的標準，在此基礎上能够比較精確地劃分季節，而這對於農業生產是至關重要的。

商人按這種觀察大火星之星象與月相相結合的紀時方法所確定的月份與氣候變化並無内在的、一致的關係。但是卜辭中所見到的春、秋兩種季節，則是一種與農業生產密切相關的表示氣候的時間概念，就是説卜辭所見的用春、秋紀時與依天象所確定的曆法是兩

---

① 參見龐樸：《火曆初探》，《社會科學戰綫》1978 年第 4 期。
② 參見陳遵嬀：《中國天文學史》第一卷，上海人民出版社，1980 年。
③ 新城新藏：《干支五行説與顓頊曆》，收入氏著《束洋天文學史研究》。
④ 又據《中國天文學史》（中國天文學史整理研究小組編著，科學出版社，1981 年）“觀測星辰南中來確定節氣，可以減少地平綫上的折射和光滲等影響，觀測精度會有所提高”，“有利於昏、旦觀測大火南中，以定二至的時代爲：旦測南中以定冬至，約公元前 2100 年前後。昏測南中以正夏至，約公元前 1000 年前後（殷周之交）……中國歷史上確實存在根據昏測大火南中以定夏至的時代，這個時代就是殷商”。

個體系,所以,從卜辭中我們見到春、秋兩季與十二個月份之間表現出相互交錯的情況。至於它們之間的關係,則如上述,由於有了建正的標準,並因此大致固定了年時,使一個平年包括十二個月,故當時也可能已經用比較固定的月份來大致標記春、秋兩季的時間範圍,如本文所論述的那樣。

最後需要說明的是,本文所言純屬探討性的,其目的只是試圖對卜辭中所見春、秋所係月份這一複雜的問題作出一種解釋。文中不當之處希望得到方家批評而有助於對此問題研究的深入。

附記

本文寫成於 1983 年 9 月,時隨維商師讀完碩士後整一年,留南開大學歷史系任講師。當時曾以《試論殷墟卜辭中的"春"與"秋"》爲題,參加系裏組織的學術研討會,並在會上宣講。記得維商師曾鼓勵將此文正式發表。然自我感覺所論尚需斟酌,故置於手中,並又陸續補充了一些資料。而那時距今一晃已經過了近二十四年了,今適逢維商師紀念文集編撰,謹以此文作爲對吾師之紀念。文章原貌未有大的變動,只將引用的甲骨文卜辭著録號盡可能改作《甲骨文合集》編號,但仍保留了一些原著録書的編號。又,常玉芝先生 1998 年出版《殷商曆法研究》(吉林文史出版社)一書考證殷曆之歲首相當於夏曆五月,與本文意見相合。

(原載《仰止集——王玉哲先生紀念文集》,天津人民出版社,2007 年,收入本書時有所訂正)

補記:

關於"今干支""今來干支"形式的卜辭所表達的對"今""今來"之時間範圍,本文當初所作分析有不準確之處,需要更正。孫亞冰有《説甲骨文中的"今來干支""今干支"》一文(收入中國社會科學院考古研究所主編《殷墟與商文化——殷墟科學發掘 80 周年紀念文集》,科學出版社,2011 年。下簡稱"孫文")對此問題有深入論述,可以參考。僅就孫文所舉出的卜辭辭例,可藉以對本文所云"今干支"相當於"今旬干支"(一旬從癸日計起),以及"今來干支"是指下一旬的干支日之看法作出修正的,是以下辭例:

> 庚辰卜,其吾,叀今乙酉酚。(《合集》31068)
> 壬寅貞,叀今甲辰酚。(《英藏》2456)

庚辰與乙酉、壬寅與甲辰皆不在無論是從甲日計起還是癸日計起的一旬内,但都可以言"今乙酉""今甲辰",可見"今干支"並不必與占卜日在同一從甲日(或癸日)計起的一旬内,而是在十天範圍内。

> 戊午卜，爭貞，今來辛酉呼酌河。（《合集》14590）
>
> 丁酉卜，爭貞，今來辛丑勿尞，其酌。（《合集》30775）

戊午與辛酉，丁酉與辛丑皆在從甲日（或癸日）計起的同一旬内（自然也在十天内），但也可言"今來辛酉""今來辛丑"。

依以上兩種卜辭辭例，"今干支""今來干支"，皆是指從占卜日計起的未來十天内的某一天。這一點孫亞冰論文已指出，應該是正確的。孫文還引用了下面的卜辭：

> 壬子卜，來乙丑（?）又𢆶。
>
> 壬子卜，今來乙丁又𢆶。（《合集》21818）

前一條卜辭，乙丑與壬子，已相隔十二天，所以没有用"今來乙丑"。第二條卜辭，"今來乙丁"，應當是指十天内未來的乙丁，丁日，即乙卯日與丁巳日。

"今干支"還有一種特殊情况，即如本文上文所引用過的卜辭：

> 辛未卜，王貞，今辛未大鳳（風）不隹囚。（《合集》21019）

這種情况説明"今干支"也可以指的是占卜日當日。

綜上所析，"今干支"應是指包括占卜日當日在内的十天之内的某一日，"今來干支"是指自占卜日算起的十天内未來的某日。

將"今"後接干支的情况與"今"後接其他時間概念的情况綜合考慮，則本文要討論的卜辭中"今"的用法，大致可以認爲是，可以指占卜日當日，更多的是指自占卜日計起此後未來的一天或一段時間，具體視"今"後所接表示時間概念的詞來定。

説殷墟甲骨文中的"龍"字及相關諸字

龍在古代是一種傳説中的動物,殷墟甲骨文中有"龍"字,寫法大致可分爲三型:

A 🐉Ⅰ　　　🐉Ⅱ　　　　🐉Ⅲ

B 🐉Ⅰ　　　🐉Ⅱ　　　🐉Ⅲ(龐所从)

C 🐉

以上字形,有如下幾點特徵:

其一,爲表示龍的軀體細長而蜿蜒,使尾部彎曲,標準寫法是尾部後卷上翹,商代青銅器紋飾中的龍及玉龍因爲是具體表示形象,所以身軀與尾部的卷曲方向自然可以隨意設計,並非都是尾後卷上翹的,但作爲文字,要有一定的特徵規範,所以龍字尾必上卷。

其二,從AⅡ與BⅠ兩種字形中可見到頭部作🐉、🐉形,其口部作内勾狀,這是甲骨文中描寫動物利齒的方法。如甲骨文中虎、豹字作:

其口部寫法,與以上龍字中龍的口部同,這種口部内勾表示的是利齒,可由以上例3骨版所刻虎的圖像中口部形狀證明。龍有利齒,也可由殷墟婦好墓出土的玉龍(M5:408)得見。其他龍字字形中口部未表示利齒,應該是簡略的寫法。

其三,龍頭頂上顯然是冠角,但在字形中表示冠角的符號寫法較複雜,以上A、B、C三型的分割也主要是依冠角的寫法之差異爲標準。A型中AⅠ型的冠角作平頂瓶狀,可能是最象形的。殷墟婦好墓所出銅大方壺(M5:807)腹部所附雙身龍及同墓所出盤(M5:777)内底龍紋中,龍的頭頂上雙角均作此形。B型作🐉或🐉,🐉應是🐉的省略形。甲骨文中商字作🐉,亦作🐉,所从🐉、🐉即是繁簡二形,這裏並不是説商字上邊的這個符號與龍首上的同形符號表示的是同義（商字上所從此符號之意義，及商字的構造現在還不清楚），而只是説這個同形（而可能象徵的意義並不同）的符號在寫法上有近似的變化規律。類似的情況，如甲骨卜辭中"子帝（商）"之商字也可以寫成帝，這也可説明，上列龍字 C 型的頂冠的寫法是 B 型中 BⅠ、BⅡ形頂冠寫法的省略。綜言之，龍字的 B、C 型是互爲異體的，C型是 B 型的進一步省略。

那麼，龍字 B 型中龍頭頂上的冠角爲什麼不作 A 型那樣的象形寫法而作 丫 或 ▽ 形呢？對此，請看以下有類似符號的甲骨文：

競　競　妾　童

這幾個字形中，人形頭上所頂之 丫 或 ▽ 顯然是冠飾的抽象。① 除人的頂冠可用 丫 來表示外，丫 也加於鳥首上，以示鳥冠，如鳳作，或稍繁作（右凡爲聲符）。所以，于省吾先生提出此種符號"在人則爲頭飾，在物則爲角冠類之象形"是正確的。② B、C 型龍首上作 丫 或 ▽，亦是采用此種習用的統一用來表示頂冠或冠角的抽象符號，與 A 型角冠作象形僅是表示方法的差異（當然用抽象符號應是一種進步），這也説明在殷墟甲骨文時代文字字形還未充分規範化。

甲骨文中的"龍"字並未完全反映當時龍的全部形體特徵，從商金文中的龍字及青銅器紋飾中龍的形象還可以看到，龍是有爪的，或只有前爪（應是兩只爪，字形或紋飾上作側面觀時只表示一爪），或前、後皆有爪。此外，青銅器紋飾中龍體是有鱗片的。甲骨文中的龍字作爲文字，雖象形而無爪亦無鱗，當是爲了簡練。文字畢竟不是圖畫，只要把最富特徵之處表達出來就可以了。所以上面所分析的龍字的三點字形特徵即：頭有冠角、張口有齒、尾後卷上翹，是龍字的組成因素。但其中齒部又不是必備因素，在書寫中可以表示，亦可以省掉。

下面討論一下與龍字有關的幾個字：

先從　字説起，此字見於以下卜辭：

> 壬寅卜，賓貞，若兹不雨，帝隹兹邑　，不若。二月（《合集》94 正）
>
> 王固（占）曰：帝隹兹邑　，不若。（《合集》94 反）

其意大致是卜問，（此邑）如此這樣久旱不雨，是否因爲帝對此邑　而招致不順利。王視卜兆後判定説，是帝對此邑　而招致不順利。

---

① 郭沫若釋此類人形頭頂之符號即辛字，認爲是一刻鏤之器，字從辛，即黥其額以爲奴隸，而非頭妝飾（《甲骨文字研究·釋干支》）。但競字形實象兩人相逐，故競之本義應如《爾雅·釋言》中所言是"逐"也（另一義爲"彊"，《説文》同）。競所從人形，頭頂有冠飾，也可能是爲了從字形上區分於 比（比）、 从（從）諸字。如依郭説此種頭頂有辛之人亦爲奴隸，在文字中表現這點似並無意義。妾、童在殷代也未必是奴隸，如商王稱其先妣也爲"妾"，這點學者早就指出，而且上舉帝（商）字亦有符號 丫，言其爲工具也不好懂。所以，丫、▽ 是否爲刻鏤之器，當可再研究，或即如郭説爲刻鏤之器，同形符號在加於人與禽獸頭頂上也非此義。

② 于省吾：《雙劍誃古文雜釋·釋競》，中華書局，1962 年。

從此卜辭看,🐉是一種非善意會造成惡果的處置行爲。🐉字,學者或認爲是龍之異文,假爲"寵"。① 但此説因🐉字與龍字字形明顯有別,故比較牽强,學者多不從,而又有以下諸説:或認爲屮、🐉合文,讀爲有龍(丁驌説);或認爲屮與又通,所以此字當釋爲《説文》之龓,《説文》"龓,兼有也。从有,龍聲。讀若聾"(李孝定説);或認爲是从龍屮聲。②

以上三説雖有不同,但有一點相同,即認爲此字所从🐉即是龍字。但按上文對龍字字形基本因素的分析,🐉雖首、身同於龍字,但首上無冠角,因此不當讀作龍。🐉與龍字之差在於頭頂無冠角。有龍之身形而無角,正合於《説文》所言螭的一説。③ 其文曰:"螭,若龍而黄,北方謂之地螻。从虫,離聲。或云無角曰螭。"《漢書·司馬相如傳》:"蛟龍赤螭。"《廣雅》:"無角曰虯龍。"《玉篇》:"虲,今作螭。"螭在先秦文獻中一説爲一種猛獸,如《左傳》文公十八年言舜"流四凶族……以禦螭魅"。又宣公三年:"故民入川澤、山林,不逢不若,螭魅罔兩,莫能逢之。"説明此傳説中之神物,因凶猛而危害人類。此🐉字从螭形,蓋借螭形而取降災難之義。此字以屮爲音。一般認爲屮與又、有音同,則與尤亦同音。《左傳》襄公十五年記宋向戌聘於魯,見孟獻子而"尤其室",杜預注:"尤,責過也。"从尤得聲之字有訧,訓罪。又《廣雅·釋詁三》:"訧,惡也。"是訧有罪惡之義,用爲動詞則爲怪罪之、惡之,引申即懲罰、作孽之義。🐉字字義即當如此,字或可隸定作蟉。

由🐉字與龍字之分辨還可以引發出對另一甲骨文字的考釋,即卜辭中習見之🐉字,此字與龍字構造有接近處,皆以單綫條曲綫示生物軀幹,前接首之中部。該字有異體,大致可分爲如下二型:

A 🐉a 🐉b 🐉c

B 🐉a 🐉b

此二型及諸亞型之所以可認定爲同字之異體,是因爲卜辭中常見這幾個異體在同辭可互代之例子,或同類語句中語法作用相同的例子,如:

乙酉卜,爭貞,从之🐉。(《合集》19349)

癸丑[卜],爭貞,从之🐉。(《合集》19350)

疾齒🐉。(《合集》6483 正)

貞,疾止(趾)🐉。(《合集》7537)

貞,疾疋🐉。(《合集》13693)④

乙未卜,殸貞,匕庚🐉王疾。(《合集》13707 正)

① 郭沫若:《卜辭通纂》三·别二,科學出版社,1983 年。
② 以上三説參見《甲骨文字詁林》(中華書局,1988 年)1827、1833 條。"从龍屮聲"説見 1827 條"按語"。
③ 此字形亦見於《合集》4035,辭殘,字形🐉,唐蘭先生曰:"此無角爲虯也,孫誤入龍。"
④ 按:此條卜辭"疾"下一字作🐉,在腿部膝蓋處加一方塊形指事符號,似指示疾在膝部,此字或當釋作"膝"。

貞，高[匕]己王疾。(《合集》13708 正)

由上舉辭例可以看得很清楚，A、B 二型及諸亞型爲同字，A、B 二型之别僅在於頭頂部形狀表示方法之差異。Ab 型是在 Aa 型首部加了目，而並非表示齒。Ac 型與 Bb 型均甚少見，當分别爲 Aa 型與 Ba 型之簡化。

此字以往諸家多讀作龍字，唐蘭先生始將之與龍字相區分，認爲龍字"虯曲而尾向外，此蟠結而尾向内，其形迥異"。[①] 唐蘭先生所指出的這一字形差别是很重要的。此外，似還應補充更爲重要的一點，即此字頭部並没有上頂冠角(唐蘭先生謂此字爲側面表示方法，故有一角，似不確，詳下文)，而龍字頭部必有冠角，是爲必要因素，此點上文已説明。將本字與龍字字形相比較，即可以證明本字形頭頂雖與龍字頭頂冠角有相近處，但絶非冠角(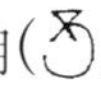上部雖近於龍的冠角表示方法，但去掉這一部分，下邊的口部即未有寄托，所以其頭頂也非冠角)：

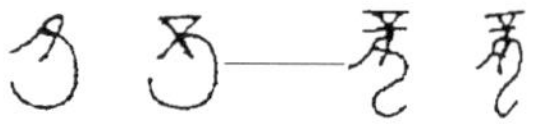

上舉右邊龍字的第二型，説明龍字軀幹可以接於頭頂部，本字則皆接於頭部中間，也是一微小差别。

現在需要進一步討論的是，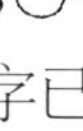字(以下除引卜辭外，正文行文均僅以此形代表本字各異體)字義與讀音，除上述釋爲龍字已論其誤外，諸家或釋作旬，讀作惸、𢡁(唐蘭説)；或讀肙即蜎(陳邦懷説)；或讀眴，通瞚即眩，亦即目搖(嚴一萍説，丁驌亦讀眴)，此説實際是在唐説基礎上作字義的選擇，可歸屬唐説；或讀作虯(夏渌説)；或釋𣎆，讀爲嬴(曹錦炎、湯餘惠説)。[②]

以上諸説中，有一些雖有一定道理，但或缺乏字形依據，或對所徵引之文獻理解多有可商榷之處。

釋𣎆之説，是將甲骨文中出現的另一字與字相混同，此字形作如下形體：

(《合集》31084)

(《合集》35255)

與字相比，一是首部不同，多了觸角；二是軀幹着意表現甲介之節段；三是軀幹有多條小足(?)。西周金文中的嬴字作(庚嬴卣)，嬴字作(筍伯盤)，去掉所从形符貝、女，所餘部分即與以上甲骨文字特徵大致相同，所以將此甲骨文字釋作𣎆是對的。從字形看，𣎆可能是一種有甲介的昆蟲或動物，確爲何物，異説較多，僅憑字形似難遽定。但此字與字形相差甚大，也没有字體可互代之辭例，故似不宜歸並爲一字。

① 唐蘭：《天壤閣甲骨文存并考釋》，輔仁大學，1939 年，第 40—41 頁。
② 陳邦懷説見《殷代社會史料徵存》下一九，餘見《甲骨文字詁林》1838"𣎆"字欄。

　　釋虯之説,正確地指出了𤣥與龍字頭頂寫法相同但無角這一點,並以《淮南子·覽冥訓》高誘注"有角爲龍,無角爲虯"及王逸注《楚辭·天問》"有角曰龍,無角曰虯"爲本,虯是虬或體。但究竟虯有角還是無角,文獻解釋不一,歷來學者也多持不同意見,見段玉裁《説文解字注》(段注改諸本《説文》"虯,龍子有角者。从虫,丩聲"前一句爲"龍無角者")與朱駿聲《説文通訓定聲》。如從另一角度看,从丩之字有觓(或作觩),《説文解字》:"觓,角皃。从角,丩聲。"《詩經·小雅·桑扈》"兕觥其觩",陸德明《音義》曰兕觩"以兕角爲之,觩音虯,本或作觓"。大徐本《説文解字》引此句即作觓。朱熹《詩集傳》釋觓曰:"角上曲貌"。《春秋·穀梁傳》成公七年:"郊牛日展觓角而知傷。"注:"觓,球球然,角貌。"丩既爲表示角狀之觓的聲符,是古人習用丩聲稱角狀,虯爲有角之龍的説法更接近字古義。故此字不當釋虯。此外,此説只是以字形中部分特徵與文獻中一説相聯繫,於字形其它特徵(如體軀之内卷狀),未作更細之分析。

　　釋蜎之説,是陳邦懷先生提出來的,比以上二説較有説服力。此説注意到𤣥字中身軀屈曲之形象,與卜辭中蜀字(𤣥)字所从通,並引《詩經·豳風·東山》"蜎蜎者蠋"與《説文解字》對蜀字的解釋,而云二字字形"皆象其身蜎蜎也"。此説以蜎的同音字捐(義爲除,即除疾)解析諸多卜問王疾之辭例中此字用法,義也可通。此説可商榷者,是《詩經·豳風·東山》毛注曰:"蜎蜎,蠋貌。桑蟲也。"桑蟲亦即蠶。《字林》:"蜎,蟲貌也。"《玉篇》:"蜎,蜀貌。"所以蜎蜎多用來形容小蟲之貌。當然,如僅取其環曲之形釋爲蜎也是可行的。但上文已指出此字𤣥首部與龍字所示之龍首表示方法同,惟缺冠角,但仍有大口。所以,𤣥所示者似還應歸屬與傳説中的龍身首相近的一類動物,並可以從這個角度給予字釋。

　　可作此種推測佐證的是下面的一個例子:殷墟卜辭中有一地名,字作𤣥,應隸定作廳,似可讀作龔(即共,今河南輝縣),此字基本字形是从广、从今龔字,字形中雙手所持爲龍,但有一辭例中此字作𤣥形(《合集》795反),將龍換成𤣥(即𤣥)。此字應从収(共聲)得聲,所以雙手所持舉之物並不影響讀音,但此例可以説明𤣥是龍之同類物,義近,故在有些情況下可以代用。

　　根據上面的評述,則可以認爲唐蘭先生的看法,即認爲:𤣥即𤣥(旬)字,𤣥當屬龍類,蜎是旬的假借字,而《説文解字》所言"螭,若龍而黄,北方謂之地螻",地螻即是地蜎之誤,所以𤣥實象螭之形,[1]相對而言,更接近於𤣥字之音義,但此説有以下幾個問題還需要作進一步的辨析與思考:

　　其一,𤣥與𤣥(旬)字的關係,唐先生抓住兩字形所象物共有的體軀内卷的特徵,而將二字相聯繫,實際上唐先生是認爲𤣥是𤣥的進一步簡化與抽象,這是很有見地的,是解決𤣥字音義的一個很重要的思路。但二字在字形上既有差異,而且二字在卜辭中也没有相

───────────────

① 唐蘭:《天壤閣甲骨文存并考釋》,第40—41頁。

互替代使用的情況,應讀爲旬的字只作[字],從未作過[字]形,反之,用[字]時也從未以[字]代替過,都表明二者不僅字形有差異,而且字義及在卜辭中的具體用法亦均不同。所以,[字]雖很可能確實是由[字]字經過進一步抽象而成的文字,故有相同的讀音,但二者並不能認爲是同一個字,即[字](旬)已成爲一個有特定字義與用法的獨立的文字。

至於[字]與[字]有相同的讀音這一點,還需要再作申述。唐先生的意見是[字]與[字]是同一字在不同用法情況下的異體。並因此在[字]與[字]同音情況下去確定[字]字的解釋。可見讀音是否相同是很重要的事。這裏還可以再補充一點證據:甲骨文中有字作[字]、[字]、[字],于省吾先生曾有論述,認爲此字應隸定作[字],今作[字],是一個從兮旬聲的字。[1] 上舉的三個字形中,所從旬也有作[字]的,[字]未必與[字]是同一個字,但有相同的讀音作爲音符可以替代,所以與[字]類似的[字](二者是否同字還不好肯定,但[字]、[字]、[字]三者很可能是同一生物的三種表現符號,但未必是同一個字)與[字]音同也並非臆説。

其二,至於螭與螻的關係,《説文解字》曰:“螭,若龍而黄,北方謂之地螻。”依此説,則螭即是地螻。唐蘭先生則認爲這裏螻是螾之誤,亦即認爲螭即是地螾,這可能主要是因爲他將[字]讀作旬,認爲是螭之象形,而螾是旬之假借字,所以認爲螭不是螻而是螾。但《史記·封禪書》曰:“黄帝得土德,黄龍地螾見。”這明顯地將黄龍與地螾區別開來。又《吕氏春秋·應同》曰:“凡帝王者之將興也,天必先見祥乎下民。黄帝之時,天先見大螾、大螻。黄帝曰‘土氣勝’,土氣勝,故其色尚黄,其事則土。”將這段話與上引《封禪書》的記載對照,可知黄龍即大螻,與《説文》所記“若龍而黄”的螭即地螻相印合。所以,《説文》所記似並不誤,螻即是螭,而螾是另一物。上文已言螭是無角龍,故天見螭(即螻)爲祥瑞。舊説螻是螻蟻,不可能爲祥瑞象徵,故這樣説是無道理的。那麽螾是何物呢?《史記·五帝本紀》索隱云:“螾,土精,大五六圍,長十餘丈。”《封禪書》集解引應劭説同。這即是説螾實際上是一種傳説中的大蛇狀神物。上引典籍記黄帝時祥瑞之兆,即是黄龍(螭、螻)、地螾,一爲黄色,一爲土物,符合所謂黄帝尚黄法土之制。

其三,[字]的音義。根據上文的分析,[字]與龍類似,有大口,其讀音可能與旬同,則[字]字可釋作螾,是一種生於土中蛇狀神物。螾的上古音亦正與旬近同。

在卜辭中,[字]常見於占卜身體某部位有疾時會有什麽結果的辭例中。[2] 比如:

　　貞,疾止(趾)[字]。(《合集》7537)

　　貞,有疾目[字]。

　　貞,有疾目不其[字]。(《合集》13625 正)

　　疾齒[字]。(《合集》6483 正)

---

① 于省吾:《甲骨文字釋林·釋兮》,中華書局,1979 年。
② 按:[字]或作[字]。

　　此類卜辭中,⚡所表示的意思有兩種可能,一是對克服疾病有利,二是對克服疾病不利。從下面的辭例看,第二種的可能性大一些。

　　　　疾身,不御匕己⚡。(《合集》6475 反)

　　　　貞,王目⚡。

　　　　王固(占)曰:⚡出,下上⚡,惟有蚩。(《合集》11018)

前一辭是卜問,如不御祭匕己是否會得到⚡的結果,此結果顯然是使疾病更嚴重。後一辭是卜問王目是否會有⚡的結果,王視兆後判斷説:不要外出,因爲下(下示)、上(上示)會使眼疾⚡,這是有害的。所以,在此類辭例中,⚡有使疾加重之意。

　　如上述,⚡字既可讀作螾字,則⚡字的字義恰可與以上卜辭中⚡字應有的字義相合,《淮南子・天文訓》:"寅則萬物螾螾也。"高誘注:"螾螾,動生貌。"《史記・律書》:"寅言萬物始生螾然也。"螾從寅得聲,而寅及其它從寅之字也有動生之義或與其相近的字義,如:《釋名・釋天》:"寅,演也,演生物也。"《爾雅・釋詁下》:"寅,進也。"《釋名・釋言語》:"演,延也,言蔓延而廣也。"《説文解字》"螾,螾或從引",是寅與引同音,故典籍中寅及從寅之字也有引意。綜合之,螾可以訓爲生長、發展、蔓延、延引之義。所以,上引卜疾病是否⚡的卜辭中⚡均可讀爲螾,訓爲發展,卜辭占卜的是疾病的病勢是否將發展,即更嚴重,這是完全可以講通的。上引後兩條卜辭則是卜問先人(祖先神)是否會使疾病加重。[①]

　　卜辭中有時言"征⚡",是同義、義近詞連用,如:

　　　　丙辰卜,殷貞,婦好郍征⚡。(《合集》13712 正)

　　卜辭有關占卜疾病的卜辭還卜問"鼎⚡",鼎在這裏可能當訓爲"始"或"方",表示時間狀態。

　　最後還需要提一下,另一個與⚡(螾)相近的字⚡(或寫作⚡、⚡)。與⚡相似,只是身軀雙勾繁化,口中或現齒,但這些特徵與釋⚡(螾)爲與龍相類的蛇狀神物也是不違背的,所以,這個字似可以看成是⚡(螾)的異體。之所以有寫法不同,可能與分屬不同組的卜辭,時間上與書寫風格、習慣之差異有關。作⚡者多屬賓組卜辭,作⚡者多屬歷組、出組(及子組)卜辭。此外,自組卜辭中此字有作⚡形者(《合集》21187)正可聯繫以上兩種字形。出、歷組卜辭中出現此繁體的有關卜辭相對賓組爲少,似多用作人名或氏名(地名)。

(原載《故宮博物院院刊》2000 年第 6 期)

---

① 按:以下卜辭應也是卜問先妣會否延長王疾:

　　　乙未卜,殷貞,匕庚⚡王疾。(《合集》13707 正)

　　　乙未卜,㞢貞,匕庚⚡王疾。(《合集》13707 正)

　　　貞,高□已⚡王疾。(《合集》13708 正)

釋 "🦌羌"

《旅順博物館所藏甲骨》403(圖一),①即《合集》451 是牛肩胛骨刻辭,屬賓組,其文曰:

　　辛卯。

　　乙丑。

　　貞,其用🦌羌,叀酚彡用。

　　壬辰。

與此條卜辭有關係的是另一條賓組卜辭,即《合集》452(圖二),曰:

　　　　☑🦌羌眔☑白人歸于☑

"🦌羌"之"🦌"字,常弘釋作"黽"。丁山釋🦌字左側下邊的🦌(此字形應即本文討論之🦌字異體)作"象蟲口之利於戈戟者",並釋🦌爲蠢字。李孝定從之。饒宗頤隸定該字作"獻",是將🦌釋作"黽"。姚孝遂否定讀"蠢"説,但未釋讀,只認爲🦌"爲用牲之法"。② 方稚松釋此字作"鼀",以爲是"進獻"之義。③ 但此字很可能是"甗"字的異體。"甗"字在賓組卜辭中多寫作🦌、🦌、🦌,爲甗的象形。在🦌(《合集》18567,賓組)、🦌(《合集》34343,歷組)字中,下邊的🦌、🦌亦應是甗的象形字。裘錫圭《論歷組卜辭的時代》曾舉出🦌字(《合集》10076,賓組),認爲是🦌字的異體,④亦可證甗字可寫作🦌或🦌。西周早期器甗侯鼎的"甗"字寫作🦌,其左下部甗的象形字形作🦌。現在我們討論的"🦌羌"之🦌字,其上部的🦌,應即🦌、🦌的異體,亦即甑部。下部🦌即是🦌或🦌(鬲的象形)的異體。此字中間的一橫畫,疑即表示甗器甑、鬲之間的箅。下面做簡要論證。

---

① 宋鎮豪、郭富純:《旅順博物館所藏甲骨》(上)圖版 403 正(1)、(2),(中)拓本 403,上海古籍出版社,2014 年。以下圖一用的是此書拓本。又,🦌現學者通釋作"竹",本文暫用其原篆。

② 以上諸家説見《甲骨文字詁林》(中華書局,1996 年)第四册,第 3347—3349 頁。

③ 方稚松:《殷墟甲骨文五種記事刻辭研究》,綫裝書局,2009 年,第 62 頁。按:其釋義是對的。

④ 收入《裘錫圭學術文集》第 1 卷,復旦大學出版社,2012 年。

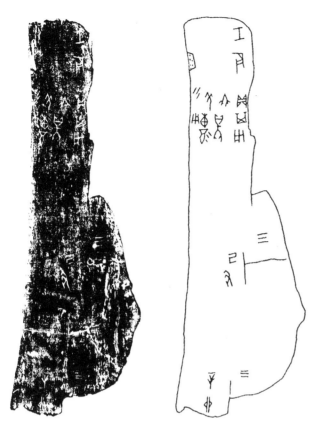

圖一 《旅順博物館所藏甲骨》403(《合集》451)　　　　圖二 《合集》452

上文提到的𢆶字,見於以下何組卜辭:[1]

　　庚子卜,大貞,王其又𢆶且,叀今辛酚又。(《合集》27376)

　　☐亥卜,其又𢆶毓☐(《合集》27378)

　　叀𢆶。(《合集》27379)

　　☐于匕庚叀𢆶。(《合集》27540)

　　癸亥卜,其酚𢆶于河。(《合集》30428)

由這個字不同的寫法可知𢆶、𢆶、𢆶與"𢆶羌"之"𢆶"均應是象形的甗字之異體。

西周時青銅甗常有自名爲"獻",字寫作從犬從鬳,或從犬從甗的象形,後者字形先已見於殷墟卜辭,如𢆶(《合集》31812)、𢆶(《合集》36345)。加"犬"旁之意,《說文》釋作:"宗廟犬名羹獻,犬肥者以獻之。從犬,鬳聲。"意即專爲宗廟獻祭所用犬名。何琳儀《戰國古文字典》認爲"犬亦聲"。[2] "獻"是曉母元部字,"犬"是溪母元部字,韻部同,而聲母分屬曉母、溪母。曉母是喉音,溪母爲牙音,而喉、牙二聲母在上古時發音極近。[3] 故

---

① 關於𢆶字及𢆶字,請參見本文末之"附錄"。

② 何琳儀:《戰國古文字典》(上、下),中華書局,1998年。

③ 參見李新魁:《古音概說》,廣東人民出版社,1978年,第59頁。

"獻"確與"犬"聲近同。所以此从犬从象形甗字的字仍可讀同於只作象形之甗，並可讀作"獻"字。①

西周金文中"獻"字寫法多數不作上引卜辭从犬、从甗的象形的字形，而作从犬从虍。所从虍在卜辭中作🦴（《合集》26954），在西周金文中作🦴（獻侯鼎）、🦴（史獸鼎），"虍"下本亦還是从"甗"字象形，从鬲（或鼎）是西周中期以後的訛變。②

在西周早期器伯真甗銘文"白（伯）真乍（作）𦥑甗（甗）"（圖三）中，"甗"寫作🦴，基本上仍是上引殷墟卜辭所見从甗之象形、从犬的寫法，所从鬲應即是"甗"字通常所寫的象形字形之異體。③ 而非常重要的是，這一字形與上邊所列舉的🦴及其異體🦴等尤爲接近，不同的僅是下部鬲的三足在🦴或🦴等字形中省成兩足，而器物之三足省成兩足，卜辭中習見。説至此，"🦴羌"之"🦴"字應是"甗"字常規寫法之異體似乎可爲一説了，故"🦴羌"即"甗羌"，亦即"獻羌"。

山東省博物館藏甲骨中有言"甗"臣、妾的賓組卜辭：

貞，今庚辰夕用，🦴小臣卅、妾卅于帚（婦）。九月（《山東省博物館珍藏甲骨墨拓集》331）④

🦴（甗）即當讀作"獻"。

小屯村中、村南出土甲骨中亦有以寫成🦴的"甗"字讀爲"獻"的：

甲戌卜，其來于🦴羊百、牛百、黄牲五。（《村中南》364，午組，圖四）⑤

圖三　《銘圖》3247

圖四　《村中南》364

---

① 獻、甗皆从"虍"聲。從上古音看，"甗""獻"均元部字。聲母，"甗"爲疑母，"獻"爲曉母，疑母爲牙音，曉爲喉音，上古牙、喉音發音極近。故"甗""獻"上古音可通。

② "虍"或即从"虍"，"甗"聲（訛作"鬲"）。或以爲"虍"爲所加聲符。"虍"爲曉母魚部字，獻爲曉母元部字。魚部爲陰聲韻，元部爲陽聲韻，魚、元主要元音相同，有近似於陰陽對轉的關係。

③ 此字所从"甗"的象形字上邊加有"卜"字，其字形與西周金文中"鼎"或寫成"鼎"類同。

④ 劉敬亭：《山東省博物館珍藏甲骨墨拓集》，齊魯書社，1998年。

⑤ 中國社會科學院考古研究所：《殷墟小屯村中村南甲骨》（上、下），雲南人民出版社，2012年。

將認作"甗"而讀作"獻",卜辭即可文通義順。

"甗"可讀作"獻",那麽上引旅順博物館所藏卜辭(《合集》451)中"貞,其用獻羌,叀酚乡用"其大意即可理解爲是貞問:是否用獻來的羌作人牲,在行酚乡之祭祀時用?

《合集》452 言"獻羌罘☑白人歸于☑",因辭殘,不能知其完整的語義,因"羌"後有"罘"字,所以向王所獻除羌外,似乎尚有其他被俘獲的異族人,後邊"白人"不知是否會在其中。"白人"也可能是指白皮膚之人(白種人?)。[1] 以"甗"讀作"獻"使用,在卜辭中有其他例子,如何組卜辭有:

乙卯卜,琢貞,鬳(獻)麰其用匕辛莰。(《合集》26954,圖五)

這也是言"獻羌"用於祭祀。

☑王貞,余乎甗。(《合集》20317)

王所乎"甗",自亦當讀作動詞"獻"。

上引《合集》451、452 言"獻羌",殷墟王卜辭中還多見卜問下屬是否"來羌""(以)羌",其義雖會有某種差別,但大致均是講向王致送俘獲的羌人。由卜辭多卜"來羌""以羌"亦可知,當時商王令下屬捕獲、致送羌人似已成爲常制。從卜辭看,可能大部分的羌人在送來不久即都被王用作人牲了。如:

丙子卜,殻貞,今來羌率用。(《合集》248 正,賓組)
丙寅卜,賓貞,小來羌,來甲戌冘用。(《合集》241,賓組)
辛亥卜,旅貞,有來羌其用。在四月。(《合集》22539,出組)
甲辰貞,射翁呂(以)羌其用自上甲冘至于父丁。叀乙巳用,伐冊。(《屯南》636,歷組)

在賓組卜辭中可見商王用羌狩獵(《合集》154—158),知送到王室的羌人也有被留作奴隸侍奉商王的,但多數還是被用作祭祀時的人牲了。[2] 商王朝不甚珍惜勞動力,不是將俘獲的異族人用到生產中去,而是大量用作人牲,確實像以往學者們指出的,除了反映出當時確以祭祀爲"國之大事"外,也折射出商人的社會與所謂奴隸社會的狀況有所不同。

圖五 《合集》26954

附録:關於及字的字釋

字从戈从。但上邊的字形並不單一,或作,或作,作(字見《史語所購藏甲骨

---

① 參見裘錫圭:《從殷墟甲骨卜辭看殷人對白馬的重視》,收入《裘錫圭學術文集》第 1 卷,復旦大學出版社,2012 年。
② 羌人已成爲商人用來作祭祀人牲之主要對象,相比羌人,其他異族族群作人牲者似乎要少得多。這一種可能是因爲羌人族群在商人周圍的異族中人數相對較多,且居住地分布廣泛,以至於像在卜辭中見到的那樣,商人田獵即能捕獲羌人。二是可能因爲羌人在殷代前期,即廩、康之前,武裝力量較弱。在何組卜辭中可見"王令五族戍羌方"(《合集》28053),知此時羌人已成爲商人軍事勁敵,但時已至廩、康。

集》334），①作🔣（字見《村中南》238），或作🔣（《合集》36417，27376 🔣所從，又見下引大保玉戈銘），🔣、🔣、🔣皆當讀作"橐"，🔣或是"橐"之異體，而🔣則是"束"字。由此可見，此字🔣上所從或作"橐"，或作"束"，字不統一，似不大可能作聲旁，②故此字當讀🔣聲，即仍可讀作"甗"（獻）。下邊所引諸卜辭中的🔣字當是從戈甗聲字，亦仍可讀作"獻"。卜辭中🔣後多接受祭之祖先神，🔣讀作"獻"，其義即奉獻祭牲（字從"戈"，或有殺牲以用享之意）。

《史語所購藏甲骨集》有三條卜辭言及🔣，惟字多殘：

其用🔣，☐弗悔，王侃。（332，圖六）

☐女，其用🔣若，弗悔，王侃☐克孚二人。（333，圖七）

……🔣若，☐侃，余執☐（334，圖八）

圖六　《史語所購藏甲骨集》332　　圖七　《史語所購藏甲骨集》333　　圖八　《史語所購藏甲骨集》334

此三辭中均貞問及"用獻若"，"獻"在這裏應是指祭祀所用人牲，故前邊使用卜辭用牲之習語"用"。

小屯村中、村南出土甲骨中，有無名組卜辭作：

戊子卜，其酚，沚陸🔣，吕（以）🔣（罕）憲。兹用。允雨。（《村中南》238）

沚，沚氏，卜辭中多見。陸或是私名，🔣讀作"獻"。即言沚陸爲祭祀有所貢獻（獻牲），"憲"或可讀作宓（密），安寧也。"以罕密"或是指酚祭以罕（或即以罕盛酒灌地）而降神、安神。從辭末驗辭言"允雨"看，此次祭祀或與求雨有關。

黃組卜辭有：

戊戌卜，王其迓🔣馬🔣🔣馬☐小臣☐🔣克尸（夷）🔣☐（《合集》36417＋8359，蔣玉斌綴合）

---

① "中研院"歷史語言研究所編印：《史語所購藏甲骨集》，"中研院"歷史語言研究所，2009 年。
② 按："橐"爲透母鐸部字，"束"爲書母屋部字，透母爲舌音，書母爲齒音，而屋、鐸皆入聲韻而旁轉，則"橐""束"二字音實相近，故上邊所言"橐""束"不大可能作聲旁並不妥當。此字待再考。

此條卜辭辭義待再考，但之主語如是小臣□，則亦當讀作“獻”，是小臣□之行爲。

又，現藏美國華盛頓弗里爾美術館的所謂大保玉戈，其刻銘曰：

六月丙寅，王才（在）豐，令大保省南國，帥漢，徣（出）窾南，令侯辟，用走百人。（《銘圖》19764）

大保令侯“辟”，即令其開闢其省南國之路。侯“用走百人”，《文選》司馬遷《報任少卿書》“太史公牛馬走”，李善注“走，猶僕也”。《左傳》襄公三十年“使走問諸朝”，陸德明《釋文》“走，走使之人也”。故此句話其意即“因而侯貢獻了僕役百人”。

（原載《甲骨文與殷商史》新五輯，上海古籍出版社，2015 年）

試説𠂤組卜辭中"盧"字的異體

　　《屯南》4310 是龜腹甲上部刻辭,左右對貞(圖一):

圖一　《屯南》4310

　　　甲午卜,征,亡􀀀印(抑)。
　　　甲午卜,徦,由􀀀印(抑)。十月

貞人是征(徦),從貞人與字體看,應歸屬所謂的𠂤組小字。

　　􀀀字,以往的著録與《殷墟甲骨刻辭類纂》之類工具書均未釋。[①] 前幾年,筆者在探討卜辭中"甗"字的異體時曾提出,過去常被釋爲"黽"或"鼁"的􀀀(或寫作􀀀、􀀀)字,應即是"甗"字的另一種寫法,或稱異體,在卜辭中亦多假借爲"獻",可使文通義順。卜辭中"甗"的這種字形與西周早期青銅器伯真甗銘文中(《銘圖》3247)"甗"字􀀀所從之甗的象形􀀀字形極近似,只是下部表示"鬲"的字形作二足。[②]

　　卜辭中作這一字形的"甗"字,與伯真甗銘文"甗"字中甗的象形,其下部表示"鬲"的筆畫,在三足(或兩足)内裏畫出斜綫,可能是爲了表示足部並非如柱形足那樣,是實心的,而是作腹足狀,要指示"腹足"這個形制特徵。"鼎"字可以寫成􀀀形,足部作單綫條形,因爲鼎足是實心的(銅鼎足多有範土在内)。"甗"字這種異體的足部内裏有斜綫作向下狀,應亦無特別含義,實是因爲契刻時向下行筆較爲方便。這種用綫條表示中空可容物的方法,與"鼎"字腹部可寫成􀀀或􀀀("鼒"字所從,《合集》30999)道理相似。商後期的銅甗下面鬲的腹足部没有扉棱,所以不寫成"鼎"(􀀀)字下面足部有向外横生的扉棱的形狀(商後期較

---

① 或隸作"爾"。甲骨文􀀀字與西周早期何尊"爾"字作􀀀形相近,學者或認爲即"爾"字,"爾"字上端作􀀀形,下部斜出短筆畫似荆刺,故向兩邊伸出,與《屯南》4310 此字􀀀下部的字形還是有差别的。
② 拙文《釋"􀀀羌"》,《甲骨文與殷商史》新五輯,上海古籍出版社,2015 年,第 1—7 頁,已收入本書。

272

大的銅鼎足根部有扉棱,此種鼎的字形,也有可能表示方或圓的扁足鼎,其足根部作鳥或龍形歧出,似短扉棱)。

在卜辭中,不帶聲符"虍"的"盧"字是盧的象形,最常見的有兩種基本的寫法:作𤭪(《合集》19956),或𤰞(《合集》12800)。"盧"字亦有一例作𤰞(《合集》22073)。以上第二種較基本的寫法,下面表示足的部分,不同於卜辭中的"鼎"字。于省吾釋"盧"的字形曰"上象盧之身,下象款足",[1]"款足"即空足。

《屯南》4310𤰞下部與上舉"甗"字異體𠬝、𤰞下部寫法同,亦應是表示足部,而其上部作田,與"盧"字表示腹部的寫法同,故𤰞字應是𤭪、𤰞、𤰞字的異體,即是"盧"字。

以上提到的"甗、盧"二字與其異體的關係,可以示意如下:

𠬝—𠬝 𤰞   𤰞—𤰞 𤰞

由此可知,卜辭時代,即商後期的所謂"盧",不是皿形器,下邊應是有款足的。當然,具體到盧,其款足亦未必同於甗下部鬲的腹足形,而只是説其器腹以下足部内是有空間的。"盧"可讀作"鑪"。《説文》"鑪,方鑪也",段玉裁注曰:"凡爇炭之器曰鑪。"所以盧的下部很可能是像青銅器研究者所稱之"鼎形温食器"那樣,[2]在足與腹底間做成封閉式爐竈形,或足上接托盤(《屯南》4310兩個"盧"字,其中一個在腹足中間有一橫畫,頗似上舉甗字異體甑與鬲部間表示箅的一橫畫,即有可能是表示此種足中所鑄接的托盤),均可以裝納木炭以加熱其上部之食物。

盧的腹部是否方形,從字形上部均作田形看似有可能。上面討論的𤰞字,器腹爲方形,下部作三足形,而方腹形器一般不會作三足,故此字形下部應只是表明有款足而非嚴格的象形,非必爲三足。

在商後期青銅器及陶器中尚未有明確稱爲"盧(鑪)"的器形,其形制如何不可確知。迄今青銅器自名爲"盧"的,皆爲春秋中晚期器,如徐王之元□(子?)𦱤盧(《銘圖》19267)、徐令尹者(諸)旨剳盧(《銘圖》19268),二者皆圓形器。後一器自稱"盧盤",是因其本身即作盤形。二器下部皆有鏤空圈足,均是爲了便於加炭火。著名的1923年出土於新鄭李家樓大墓的王子嬰次盧,長方形,平底,下部有23個泡形足(一説是柱形足殘)。[3]

王子嬰次盧器身較大,很可能是用來盛炭火,相當於今日所謂炭火盆,而徐令尹者(諸)旨剳盧、徐王之元□(子?)𦱤盧(口徑只有8.5厘米)下有鏤空圈足,則有可能是下加炭火的温食器。[4]

---

[1] 于省吾:《釋𤰞、膚》,《甲骨文字詁林》,中華書局,2009年,第52—55頁。
[2] 見拙著《中國青銅器綜論》,上海古籍出版社,2009年,第109—112頁。
[3] 河南博物院、臺北歷史博物館:《鄭公大墓青銅器》,大象出版社,2001年。又見《銘圖》19261。
[4] 此器銘自稱"少(小)𢪒膚"。"𢪒"或當讀作"攝",持也,以其體形小而便於手持爲稱。

由後世自名爲"盧"的器形及功用看,盧肯定如段玉裁所云,是使用炭火之器,唯功用已分化爲温食器與取暖器兩種,形制自然亦因而有所不同。卜辭中"盧"字字形所示之器,以用作温食器可能較大。① 現在商後期青銅器中尚未見此種作爲食器的盧,也不排斥有陶制的可能。

再來看《屯南》4310 這兩句卜辭的辭義。

前一句中的"亡",即"無","没有"之義。後一句的"由",學者認爲,當它與"弗、不(唯)、亡"這些否定詞處於相對應的語法位置時,應與"表示强調的語氣副詞'唯'接近"。②

在王卜辭與非王卜辭中,"盧"常用在豕、犬之類牲前,稱"盧豕、盧犬、盧羊",組成特定的名詞,③"盧"在這種用法中很可能當讀作"膚",《禮記・内則》"麋膚",鄭玄注:"膚,切肉也。"《廣雅・釋言》:"膚,剥也。""盧"加牲名,是指經過"盧"這一程序的牲,即已屠宰後剥去皮切成塊的該種牲的肉,爲已經整治的牲肉,而不是屠宰后未經整治的牲體。④

在《屯南》4310 這兩句卜辭中,"盧"單獨使用,其句式與下面幾條卜辭頗接近:

于己丑又(有)來,亡(無)來。(《合集》33063)

貞,屮(有)來自西。亡(無)其來自西。(《合集》975 正)

這裏的"來",可能是"亡來娷"(《合集》22577)之"來娷",也可能是"自西來雨"(《合集》12870 甲)之"來雨",占卜"來",是占卜類似情況會不會來,會不會降臨,是非主觀能控制的行爲。故《屯南》4310 的對貞句,也是在占卜"盧"會不會發生。其具體情由,囿於卜辭簡略,不能確知。"盧"單用的例子,在無名組卜辭中可見,如:

庚辰卜,盧,羽(翌)日甲申。(《合集》34680)

庚申卜,盧,羽(翌)耏,甲子。

弜耏。(《合集》34681)

此兩版卜辭,庚辰日卜,是否要在甲申日進行盧祭;庚申日卜,在甲子日盧祭,是否先要進行耏祭。作爲祭名的"盧"可讀作"旅",陳列祭品以祭。⑤

《屯南》4310 所卜"亡盧"、"由盧"之"盧"不像是占卜主觀能決定做不做的行爲,即似不宜解釋作"盧"常用之義,釋作整治牲肉或祭名,而是近於占卜"盧"會否發生。此種情況

---

① 1990 年發掘的安陽郭家莊 M160 出土青銅器中有所謂"方形器"(發掘報告云"或稱盧形器"),器腹如長方盤形,長 37.2、寬 31.5、通高 20 厘米,兩側有雙獸首環耳,套接一絢索狀環把。器腹下有高几形足(中國社會科學院考古研究所:《安陽殷墟郭家莊商代墓葬——1982～1992 年考古發掘報告》,中國大百科全書出版社,1998 年)。此種方形器,如亦可稱"盧",其功能即相當於炭火盆,或稱"暖爐"。但卜辭"盧"字所示器形,則應主要指温食器,而未必是此種取暖用的爐。

② 陳劍:《釋"由"》,《出土文獻與古文字研究》第 3 輯,復旦大學出版社,2010 年,第 34—41 頁。

③ 如"御牧于妣乙盧豕、妣癸彘、妣丁豕、妣乙豕豕"(《合集》31993),與彘、豕語法的地位相當的"盧豕",自然也是一個固定的詞語,作名詞用。

④ 于省吾:《釋□、膚》。

⑤ 于省吾:《釋□、膚》。

下"盧"也可能當讀作"虜"。"盧、虜"均从虍得聲,皆來母魚部字。《說文》:"虜,獲也。"即獲取、俘獲之意。《漢書·樊噲傳》"捕虜十六人",顏師古注:"生獲曰虜。"

"亡(無)"后可以接動詞,除上舉《合集》33063、975 正的例子外,又如:

不隹出(有)由。(《合集》17324)

······亡(無)由。(《合集》17325 反)

此"由"或當訓爲"從"。再如:

······吕方其至于癸土,亡(無)昌(敗)。(《合集》3298)

貞,亡(無)昌(敗)。(《合集》17313)

貞,昌(敗)。(《合集》17317)

《屯南》4310"盧"如果可讀作"虜",則所卜乃是"亡(無)獲"還是"由獲"。無虜,既無有獲取。由虜,"由"義近"唯",相對無虜,應亦即有獲之意。

(原載《古文字研究》第 32 輯,中華書局,2018 年)

記中村不折舊藏的一片甲骨刻辭

　　1983 年，在王玉哲先生處見到一小册頁，内有殷墟甲骨刻辭拓片六紙，據日人藤田梯二的題簽與日人武田在册頁末的題記，①知所收拓本之原骨均爲中村不折舊藏。② 六紙拓片中有五紙顯係僞刻，但另一紙所拓牛胛骨刻辭不僞，且時至當時并未見著録。筆者徵得王先生同意後，對這片刻辭略做考釋，並準備發表在雜誌上，以供學者參考。1983 年 9 月文章草成後，曾呈張政烺先生求教。張先生閱後，認爲資料很好，提出將推薦給中華書局《古文字研究》刊載，並對此片刻辭釋讀中的一個問題發表了看法。③

　　此文承張先生交給《古文字研究》後，在待發期間，《文物》雜誌 1987 年第 8 期刊登了胡厚宣先生《殷代稱"年"說補證》一文，並發表了此片刻辭之拓本(據胡先生説，是曾天宇先生所藏拓本)，於是拙文即已失去著録的意義，遂從《古文字研究》撤回了文稿。胡先生的文章雖介紹了這片刻辭的内容，但並未做深究，現將 18 年前討論本片刻辭的這篇小文做了一些補充與修改，發表於此，藉以表示對張政烺先生九十壽辰的祝賀。此片甲骨刻辭的文字似並不複雜，但因可參考的資料甚少，内容頗費解。拙文所言很不成熟，懇請專家教正。

　　圖一拓本爲中村不折舊藏的一片牛胛骨刻辭。④ 其釋文可定爲：

　　　　乙……至……

　　　　乙巳卜，貞，尹至于七年賓。

　　　　乙巳卜，貞，尹至五年賓。

　　與此片刻辭有聯繫的是郭沫若《殷契粹編》1279(《合集》35249，圖二)，同爲牛胛骨刻辭，其文曰：

---

① 武田題記後署名是"昭和十年三月二日"寫於天津。昭和十年即 1935 年。
② 中村不折(1866—1943)，日本油畫家、收藏家。本名"鈺太郎"，别號孔固亭、豪猪先生等。1936 年在東京建立書道博物館，將與書法有關的文物一萬兩千餘件入藏。
③ 張政烺先生信簡，見本文附録。
④ 按：此片刻辭已收入胡厚宣：《甲骨續存補編》，編號爲 5.292.1。

圖一　中村不折舊藏牛肩胛骨刻辭

……卜，貞，尹至于十年寅。

　　兩片刻辭的字形大致相同，内容有聯繫，很可能是同時所卜，但《粹》1279字體略大，不像是一版之折，似屬異版卜同事。從文辭格式、字形特點及書寫風格看，應歸屬於所謂無名組卜辭，年代可能在廩辛、康丁時期内。

　　關於釋文，也還需要討論。《粹》1279郭沫若釋文做：

　　　　□□卜貞寅至于十年。

　　由圖一中村不折藏辭可知，“至”上應有“尹”字，且“寅”字似當置於文末“年”字後。張政烺先生提出“寅”“尹”不當分開讀作兩個字，可能是一個字“𡩟”。① 張先生此説當是仔

————————

① 見張政烺先生信簡，本文附録。

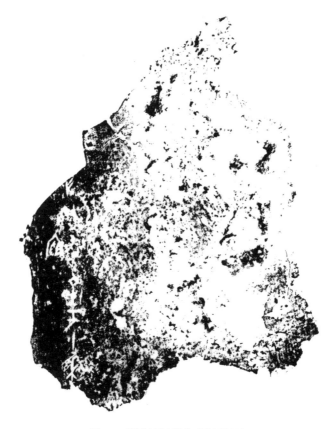

圖二　《粹》1279（《合集》35249）

細審視了這兩片刻辭中兩個字符"竟""尹"相對位置後得出的看法。在這兩片刻辭中，"竟"總是放在"尹"的左側，特別是《粹》1279 與中村藏刻辭文字排列形式不同，全辭基本上是作一縱行自上而下排列，惟"竟"字既不置於文末，也未像中村藏辭那樣另起一行置於上首，而是仍放在"尹"(已泐)字左側。因此，張先生的這一看法是值得重視的。如按張先生的意見，則中村藏卜辭與《粹》1279 釋文即應做：

　　□□卜，貞，𩏂至于十年。

　　乙巳卜，貞，𩏂至于七年。

　　乙巳卜，貞，𩏂至五年。

　　此外，卜辭中"黃尹"亦常寫作合文形式，寫作𩏂(或𩏂)，所以即使按張先生的順讀方法，"𩏂"也可以理解爲是合文，即讀做"竟尹"。按卜辭習見的"某(氏名)尹"的例子，則竟是氏名，"竟尹"即是竟氏之長。但是，問題有兩個，一是"竟""尹"兩個字符號雖靠近，但明顯地占了兩個字的位置，將"竟"大致排在了另行，不太像一個字或合文。二是，無論是將"𩏂"讀做一個字，還是作合文理解，這組卜辭皆不好讀通。因爲按卜辭文法慣例，"至×年"都只能作時間狀語，後邊必須要有動詞才能合理地構成一句話，否則讀成"𩏂至于×年"或"𩏂至×年"都不太像一句話。所以，似乎還是將"竟"置於句末，當做動詞理解比較容易講通。下面姑且按此種解釋來討論一下與本組卜辭有關的其他的幾個問題(當然，《粹》1279中"賓"爲何要單獨另起一行而且仍寫在"尹"的左邊，確還是個問題，是偶然，還是有用意，尚可以討論)。

先談一下"賓"字的釋讀問題。此字在甲骨刻辭中目前僅見於本文所引兩版卜辭，在金文中僅見於賓簋(《小校》7.15)，爲人名或氏名。此字從字形結構看有兩種可能的讀法：

其一，是從宀貝聲的形聲字，但這種可能性似乎不大。

其二，是從宀從貝的會意字，示藏貝在屋内。按照此意，並從商周文字中出現的意符從宀從貝的形聲字情況看，又可能有兩種讀法：一種可能是讀作廎，缶聲，此字見於禽簋銘文(《大系》圖58，《集成》4041)，即寶字。另一種可能是讀作宁，亞聲，此字見扶風莊白一號窖藏出土之墻盤(《集成》10175)，盤銘文中有"文考乙(式)宁受(授)墻爾鬷福"句，其中"宁"字多了形符玉，但與宁還是同一個字，猶如寶與廎字同。

以上兩種讀法中，讀作寶，在本文所舉兩版卜辭中似乎講不通。因爲寶字多用爲名詞，少數情況下亦用作及物動詞，如青銅器銘文中常見的"永寶之"，即"寶愛"之意。但本文所舉卜辭如讀爲"尹至于×年寶"則無論"寶"怎樣講，都不好解釋。在此種句式中"寶"顯然不可能是名詞，只能是動詞。但作爲動詞"寶愛"，占卜至於多少年"寶愛"，實不可理解。故"賓"字在這裏似不宜讀作"寶"，而可以考慮讀作宁(宁)，從宀從貝(或加玉)亞聲，其字義當可從亞聲字中探討。

亞字，在卜辭中僅一見(《英藏》2536)，作地名用。僅憑此，其音義均難知曉。但在西周金文中，常見從宀從亞的宁字，多數情況下，是一個表示賞賜、賜予之意的字。此字以往有不少學者讀爲"宁"，但對其形音義均未做深論。惟唐蘭先生提出"亞原是庭宁的宁，與貯藏的宁形近，音義相同，常通用"。[1] 唐先生這裏所言"貯藏的宁"是指殷墟甲骨刻辭中所見宁字。此字所以被讀做宁，一是因其字形與《説文解字》宁(宁)字形近(《汗簡》《古文四聲韻》中宁亦作宁)；二是因爲在商周文字中有從貝從宁之字，一般被讀爲貯。但殷墟甲骨刻辭中的以往被讀爲貯的字，作宁，從宁從心(心)，"心"被誤讀爲貝，此點于省吾先生已經指出。[2]《金文詁林》所收商金文中"貯爵"之"貯"實際也是從心，亦應從"貯"字中剔出，但所收鉦銘作宁，則是從宁從貝。此外，西周金文中習見賓字(或作賓)，一般也讀做爲貯。這一被讀爲"貯"的字，究竟是會意字還是形聲字，亦難肯定。以往學者多根據宁及宁字形，將宁視爲"貯藏器"，但前一字形從心，此説即根據不足。即使如第二字形，宁中確有貝，也未必能説明宁即是貯貝之器。因爲在古文字中作爲構成因素的符號相對位置並不是固定的，例如弓(弓)也可作弓。所以，宁這個符號是否爲可貯貝之貯藏器即亦不能肯定。

① 唐蘭：《略論西周微史家族窖藏銅器群的重要意義——陝西扶風新出墻盤銘文解釋》，《文物》1978年第3期。
② 于省吾：《甲骨文字釋林·釋心》，中華書局，1979年。

現在的問題是亞可否讀如宁。按唐蘭先生的說法，亞釋“庭宁之宁”，與只是形近，音同，可通用，並非是一個字。庭宁之説，見《爾雅・釋宫》“門屏之間謂之宁”。《釋名・釋宫室》解釋曰，所以名宁，是因爲此處是上朝“將見君所佇立定氣之處也”。屏即是塞門，或稱蕭墻、照墻，此種建制在商代是否存在尚不清楚，且亞字是否即表示的是門屏之間亦不太好從字形上看出。殷墟卜辭中有字作，或簡作，此字與()不盡相同，但字形構造有近似處，皆似在表示一種建築的平面，則字是强調中間部分，亦即是中間之庭院。亞或即是之省，猶如(亭，墉)是之省。亞可寫作，猶如可寫作。西周金文中的字(散簋中賓字所从作)，从宀，从亞，亞亦聲，是會意兼形聲，加了形符宀，當是規定了宲之義類爲宫室建築，是表示當時建築物中這一特定位置(即中間之庭院)。

至於亞與宁字的關係可以從宲字之讀音方面來考慮。西周中期青銅器盂簋(《集成》4162)銘文中有句曰“……對揚朕考易休，用宲兹彝”，郭沫若曰：“用宁兹彝，宁殆讀爲鑄。”[①]郭説徑讀宲爲宁，但宁爲定母魚部字，鑄爲章母幽部字，定母爲舌音，章母爲齒音，上古齒音讀舌音；魚、幽雖皆陰聲韻，但並不相近，郭説似不甚妥。商周金文中常言“用乍(作)”某器，乍爲精母鐸部字，其聲母與宁字的聲母也是齒、舌音的關係，其韻部與宁字韻部爲陰入對轉，故這裏宲殆假爲作。這是一個較少見的以假借字代“作”的例子。從亞得音的字還有珜，見於商末的𡢁卣(故宫博物院藏品，舊稱六祀𠨘其卣，《集成》5414)與西周早期的亢鼎(上海博物館藏器)：[②]

𡢁卣：乙亥，𠨘其易乍册𡢁𡉩珜。……

亢鼎：乙未，公大保買大珜于美亞，才五十朋。……

字从玉，亞聲，是玉名。依上述，亞字音可能與作、宁近同，則珜或當讀爲瑹，瑹或作琭，聲母爲定母，韻在魚部，與作、宁音同。《玉篇》：“瑹，美玉。”瑹亦作荼，《禮記・玉藻》：“天子搢珽，方正於天下也；諸侯荼，前絀後直，讓於天子也……”據鄭玄對此段話所做注，珽(亦謂大圭)、荼皆屬於笏，只是因佩者身份不同，而又有更細的形制差别。所以亢鼎銘文中之“大珜”，也可能即當讀做“大瑹”，亦即較大型之瑹。

從以上例子看，亞音讀爲宁是有可能的，兩者似可以通假。

在西周金文中使用宲字時，多數情況下假借爲表示賜予之義的字。在此種情況下，當是假借爲予。上文已論述宲音可能近同於作、宁，作是精母鐸部字，予是喻母魚部字，精母是齒音，喻是舌音，魚、鐸陰入對轉，故宲可能與予音近通用。宁爲定母魚部字，與

① 郭沫若：《長安縣張家坡銅器群銘文彙釋》，《考古學報》1962 年第 1 期。
② 馬承源：《亢鼎銘文——西周早期用貝幣交易玉器的記録》，《上海博物館集刊》第 8 期，2000 年 12 月。

予聲母皆爲舌音,而又同韻,故宁可讀作予。王國維在釋貯字時即已指出"貯、予古同部字",[①]于省吾釋上引墻盤銘中的𡧫字時亦讀爲予,並舉《史記·夏本紀》中"帝杼"索隱引《系本》作佇,說明予、宁古同音故可通用。[②] 由𡧫、宁皆可讀作予,亦可見二字有音近相通的可能。

在本文所要討論的這兩版卜辭中,"𡧫"可以讀爲𡧫(𡧫)字,也可隸定作𪒧(或𪒧),至於其當讀爲什麼字,則要綜合考慮其與形符所示字義相符的亞聲即宁聲字。此字在宀下加貝,示屋中存貝(或加玉,亦是表示屋中存貴重物),其字義當爲珍藏。與寶字的形符相同,故字義有共同點。在確定此種字義的前提下,再考慮其可能爲宁聲字,自然可以將其讀爲"貯"字,其義爲珍藏的引申義,即藏貯、積貯。

卜辭卜尹至於幾年貯,究竟是什麼意思,由於文辭簡略,其文義似很難講清楚,只可以稍做一些探討。這即牽扯到"尹"的含義。"尹"在殷墟卜辭中的身份,可以從與其有關的卜辭的文辭形式上將其性質大致分爲兩類,一類是王朝職官,只稱"尹",或稱"多尹",所以可將此種單稱"尹"的人視爲王朝官職,是因爲另一類尹均在"尹"前加有族氏名號而稱"某(氏名)尹",此種尹實即族長,張政烺先生早已指出此一用法。[③] 所以不稱"某(氏名)尹"的"尹"應當是王朝官吏之一種。單稱"尹"或"多尹"的王官,擔負着耕種(應當是監耕)王田的職責,如:

> 令尹乍大田。
>
> 弓令尹乍大田。(《合集》9472 正,賓組)
>
> 癸亥貞,王令多尹袁田于西,受禾。
>
> 癸亥貞,多尹弓乍,受禾。(《合集》33209,歷組)

"乍(作)大田",當是一種農田改造的工程,所以要占卜是否要由尹負責從事這項農事。"多尹袁田",也當是類似的整治農田的工程,是搞這項工程有利於收成(即"受禾"),還是不搞有利於收成,需要占卜決定。由此類卜辭可知王朝之尹在王田經營方面有重要職責。

在卜辭中還可以見到王朝之尹還擔負其他多方面的王事,如田獵(《合集》5840正)、王室宮殿的土木工程(《合集》32980,卜"令多尹乍王帚[寢]")、參與王室祭事(《合集》27894,卜"叀多尹郷[饗]")。"多尹"在出組早期卜辭中亦稱"多君",從有關辭義看多君可以在王身邊,參與占卜事項(《合集》24132—24137)。卜辭中還見到王爲"尹""多尹"占卜休咎(《合集》5551、5611 正、5612)。綜合這些情況看,王朝之尹數量較多,

---

① 王國維:《頌壺跋》,《觀堂別集》卷二,收入《觀堂集林》(附別集)四,中華書局,1959 年。

② 于省吾:《墻盤銘文十二解》,《古文字研究》第 5 輯,1981 年。

③ 張政烺:《卜辭裒田及其相關諸問題》,《考古學報》1973 年第 1 期。

擔負着不同的職事，其中可能有等級差別。但有一個共同點，即所從事的工作多是直接與王室内部事務有關，其身份頗近於西周時王家之宰。商與西周時，由於是專制君主制，故王室之事與王朝之事難分，尹爲王室之官，也是王朝之官。在本文所討論的兩版卜辭中，卜問尹至於幾何可以“寅”，上文已論及，“寅”可讀做“寏”，亦即可讀做貯，《説文解字》訓貯爲“積也”，而“積，聚也”，段玉裁注曰：“禾與粟皆得稱積，引申爲凡聚之稱。”按照上面所言，尹作爲管理王室農事等事務的職官，卜其於幾年可以寅（貯），很可能是卜尹治理某塊王田於幾年才能有所積貯。當時農業生産力水平低，自始開墾一塊土地，如没有幾年時間，不可能有所積蓄。如《禮記·王制》曰：“國無九年之蓄曰不足，無六年之蓄曰急，無三年之蓄曰國非其國也。三年耕，必有一年之食；九年耕，必有三年之食。”當然，就寅（寏）之貯藏本義言，自然不限於積藏農產品，希望將來能有新的資料對上述推論給以驗證或修正。

　　與上述解釋相關聯的還有一個重要問題，即是“年”的含義問題，兩版卜辭中，“年”前均有數字，分别爲十、七、五，依上文的解釋是將“年”作爲記時之詞，但“年”究竟可否作紀年用呢？“年”在卜辭中的用法，多相當於《説文解字》所言“年，穀孰也”，即年穀一熟之義。侯家莊出土卜辭中有“……保十年”（《安陽侯家莊出土之甲骨文字》19），[1] 故宫博物院所藏殷晚期青銅器小臣𣅔方鼎銘文曰：“王易小臣𣅔湡賚（積）五年”（《集成》2653），此二例中的“年”，即均是作“年成”之義，並非記時。殷代晚期黄組卜辭中紀年稱“祀”，似不稱“年”，但比較早期的卜辭中確有以“年”記時之例，如：

　　　　□戌卜，出貞，自今十屮（又）五，王娀……（《續》1.44.5，《合集》24610）

　　此是出組卜辭，“十年”前有介詞“自”，應該是紀時。又如賓組卜辭有：

　　　　癸未卜，貞，燎于𡇯十小宰，卯十牛，年十月用。（《前》4.7.8，《合集》4770）

　　這條卜辭的“年”後繫以月份，顯然也應是記時。這樣的例子説明，“年”在殷墟卜辭時代，其詞義已由表示一次播收的農作全過程，而接近於時間概念的年。[2] 本文所論兩版卜辭中“幾年”前均有介詞“至于”（“至”），而在卜辭中“至于”皆只是聯繫地點或時間，或所祭神的下限，所以可以解釋成爲“到”，因此兩版卜辭中的“年”也只能是記時用，爲證明殷墟卜辭中的“年”有作記時用詞又增加一個例證。

① “保十年”之義，由“貞，乙保黍年”（《合集》10133 正）之類卜辭之辭例看，當是卜某神是否能保十個年成。
② 《美國所見甲骨録》451 有卜辭曰：“……今歲五年……”這裏的年也可能是紀年，但辭殘難以確知。

282

附錄：張政烺先生信簡

鳳瀚同志：

大文讀過了，材料很好。我的意見，「𨗉」应当是一个字，不得分成兩行，不知尊意如何？此文是否还有修正处？如果不再修改，便当试为介绍发表。

寄上拙文《婦好略说補记》，我对历组卜辞的意见大抵如此，请你提意见，越尖锐越好！以便于我修正。

敬礼。

张政烺
1983.9.13

（原載《揖芬集——張政烺先生九十華誕紀念文集》，社會科學文獻出版社，2002 年 5 月，收入本書時對文字表述略有所修訂）

近百年來的殷墟甲骨文研究

一

　　殷墟甲骨文是商代晚期商王室及其他商人貴族在龜甲、獸骨等占卜材料上記録與占卜有關事項的文字,也包括少數刻在甲骨上的記事文字。

　　近百年前,1899 年的秋季,山東濰坊的古董商范壽軒(維卿)帶着一種特殊的"古董"——一些沾滿泥土的刻有文字的龜甲、獸骨,到北京求售於當時的國子監祭酒、金石學家王懿榮。① 這位范先生不會料到,他拿來的"古董"會使中國甚至世界學術界爲之震動。

　　1900 年庚子事變,八國聯軍攻入北京,王懿榮殉國,他雖曾用重金搜求甲骨,并悉心考察過甲骨,但未及留下有關的文字。稍後收藏甲骨的劉鶚受羅振玉的鼓動,在 1903 年出版了第一部甲骨文著録書籍《鐵雲藏龜》,並在自序中正確地説明甲骨文乃是"殷人刀筆文字"。由此,殷墟甲骨文爲世人所知,並逐漸成爲一些金石學家樂於收藏與研究的對象,而對甲骨文進行研究也應從這一年開始。但甲骨出在安陽西北五里的小屯,由於古董商的有意隱瞞,在較長時間内未被學界了解,直到 1908 年才被羅振玉查訪清楚。1910 年羅振玉在該年出版的《殷商貞卜文字考》"自序"中指出,小屯甲骨"實爲殷室王朝之遺物"。自此,甲骨文的時代與性質已被認清,而安陽小屯的名字即與殷墟和甲骨文聯繫在一起了。

　　殷墟甲骨文與敦煌文書,新疆、甘肅、内蒙等地的漢晉木簡,内閣大庫元明以來書籍檔册,被學術界視爲 19、20 世紀之際中國學術史上的四大發現,②對中國學術界産生了巨大而深遠的影響。

---

① 與王懿榮幾近同時開始收存殷墟甲骨的尚有天津的王襄、孟定生。據王襄遺作《簠室殷契》(《歷史教學》1982 年第 9 期),在 1898 年范壽軒即曾在天津與王、孟二人講過"河南湯陰出骨版,中有文字",孟氏認爲是"古之簡策",促范氏往購。是此年學者中並未有人見過甲骨文。至第二年十月,范氏又來津將一部分有字的骨版售予孟、王二氏。
② 見王國維:《最近二三十年中中國新發見之學問》,《學衡》第 45 期,1925 年。

甲骨文發現的重要意義之一,是證實了中國早期國家——商王國的存在。在殷墟甲骨文發現以前,人們只能從有限的文獻記載中知道歷史上有個商王朝,而且這些文獻無一是成於商代的。最系統講商史的是西漢司馬遷所撰《史記·殷本紀》;即使連公認爲保留了較多商人語言的《尚書·盤庚》篇,其中亦多雜有西周時的詞語,顯然是在西周時期被改造過的文章。由於文獻奇缺,更缺乏同時代的文字史料,以至在20世紀20年代,著名學者胡適仍主張"現在先把古史縮短二三千年,從《詩》三百篇做起"。① 殷墟甲骨文的發現,將大量的商人親手書寫、契刻的文字展現在學者面前,使商史與傳說時代分離而進入歷史時代。特別是1917年王國維寫了《殷卜辭中所見先公先王考》及《續考》,②證明《史記·殷本紀》與《世本》所載殷王世系幾乎皆可由卜辭資料印證,是基本可靠的。同時,他根據綴合的兩片卜辭(《後》上8.14+《戩》1.10),發現上甲以後幾位先公之次序應是報乙、報丙、報丁,《史記》以報丁、報乙、報丙爲序,是後世傳抄致訛。這篇著名的論文,無可辯駁地證明《殷本紀》所載商王朝是確實存在的。這不僅是中國歷史研究的一件大事,而且鑒於殷商文明在世界文明史上的重要地位,這一發現也是世界歷史研究中一件值得大書特書的事。

甲骨文發現的重要意義之二,在於王國維用甲骨文證實了《殷本紀》的史料價值,使《史記》之類歷史文獻有關中國古史記載的可信性增強,其意義不僅局限於商史。因爲這一發現促使史學家們想到,既然《殷本紀》中的商王世系基本可信,司馬遷的《史記》也確如劉向、揚雄所言是一部"實錄",③那麼司馬遷在《夏本紀》中所記錄的夏王朝與夏王世系也恐非是向壁虛構。特別是在20世紀20年代疑古思潮流行時期,甲骨文資料證實了《殷本紀》與《世本》的可靠程度,也使歷史學家開始擺脫困惑,對古典文獻的可靠性恢復了信心。

殷墟甲骨文發現的重要意義之三,是引發了震撼中外學術界的殷墟發掘。"五四"運動促使中國的歷史學界發生兩大變化,一是提倡實事求是的科學態度,古史辨派對一切經不住史證的舊史學的無情批判,"使人痛感到中國古史上科學的考古資料的極端貧乏"。二是歷史唯物主義在史學界產生巨大影響。④ 1925年,王國維在清華國學研究院講授《古史新證》,力倡"二重證據法",亦使中國歷史學研究者開始重視地下出土的新材料。這些歷史因素對近代考古學在中國的興起起了催生作用。1927年秋,前中央研究院歷史語言研究所開始發掘殷墟,其最初的目的乃是爲了繼續在此地尋找甲骨。⑤ 當李濟主持第二次發掘時,已開始從主要尋找甲骨變成對整個遺址所有遺存的科學發掘,認識到"凡是經過人工的、埋在地下的資料,不管它是否有文字,都可以作研究人類歷史的資料"。⑥ 並從而取得以

---

① 見胡適:《自述古史觀書》,收入《古史辨》第1冊,上海古籍出版社,1982年。
② 收入王國維:《觀堂集林》卷九,中華書局,1959年。
③ 陳壽:《三國志》卷一三《王肅傳》:"司馬遷記事不虛美,不隱惡;劉向、揚雄服其善叙事、有良史之才,謂之實錄。"
④ 夏鼐:《五四運動和中國近代考古學的興起》,《考古》1979年第3期。
⑤ 董作賓:《民國十七年十月試掘安陽小屯報告書》,《安陽發掘報告》第1期,1929年。
⑥ 李濟:《現代考古學與殷虛發掘》,《安陽發掘報告》第2期,1930年。

後 14 次發掘的重大收穫,所以可以説,正是甲骨文的發現揭開了中國現代考古學的序幕。

殷墟甲骨文發現的重要意義之四,是大大加速了對傳統的中國文字學的改造。漢代以後中國的文字學家崇尚許慎的《説文解字》,文字學主要是《説文》學;但由於北宋以來金石學的發展,特別是對金文的研究,已不斷地用商周古文字對《説文》的文字學進行補充。到了清代,在乾嘉學風的影響下,對金石學的研究進一步深入,使《説文》的權威性受到了較大的衝擊。光緒九年(1883)刊行的吳大澂《説文古籀補》以金文資料充實、修訂《説文》,爲中國文字學向近現代文字學發展搭起了一座橋梁。甲骨文的發現更提供了漢字的早期形式,其構成離小篆甚遠,多有象形、會意文字,令當時學者眼界大開。《説文》以小篆爲本解釋字原的理論與其整個文字系統皆難以維持,從而使"許學最後的壁壘也被衝破了",從此"中國文字學就到了一個新的時期"。①

二

自甲骨文被發現迄今,殷墟出土的有刻辭的甲骨約有十五萬片之多。② 其中屬考古發掘出土的近三萬四千片。

正如王國維所言:"古來新學問起,大都由於新發見。"③隨着甲骨的不斷出土,甲骨文資料的陸續增加,使研究甲骨文成爲專門的學問,在學術界通稱爲"甲骨學"。甲骨學除了從古文字學角度考釋甲骨文字,從考古學角度研究甲骨的分期、斷代與卜用甲骨的整治外,也包括利用甲骨文來研究商代的歷史與文化。截止到 20 世紀 80 年代末,國内外已出版的各種甲骨文著録書籍已達 80 餘種。④ 其中私人編輯、年代較早的,最有名的有羅振玉在 20 世紀 20 年代以前刊行的《殷虚書契》《殷虚書契後編》《殷虚書契菁華》等,收入了羅氏傾其全力收集的甲骨文拓本。20 世紀 30 年代後,重要的私人編輯的甲骨文著録書有郭沫若《卜辭通纂》(1933 年)、《殷契粹編》(1937 年),後者收入了著名收藏家劉體智的藏品。容庚、商承祚等著名古文字學家也將他們從公私選拓的甲骨文編撰出版。⑤ 20 世紀 40 年代至 50 年代初,胡厚宣先生在動盪的社會環境中爲搜訪甲骨文資料,辛勤奔波於南北各地,編著出版了一系列重要的甲骨文著録書籍。⑥ 今日,年輕一代的甲骨文研究者在利用上述甲骨文資料時,都會從心中感受到老一輩學者們爲保存珍貴的甲骨文資料所

---

① 唐蘭:《古文字學導論》,齊魯書社,1981 年。
② 胡厚宣:《八十五年甲骨文材料之再統計》,《史學月刊》1984 年第 5 期。
③ 王國維:《最近二三十年中中國新發見之學問》。
④ 見劉一曼等:《甲骨文書籍提要》,書目文獻出版社,1988 年。
⑤ 容庚:《殷契卜辭》,北平哈佛燕京學社,1933 年;商承祚:《殷契佚存》,金陵大學中國文化研究所叢刊甲種,1933 年。
⑥ 如《甲骨六録》(成都齊魯大學國學研究所叢刊之一,1945 年);《戰後寧滬新獲甲骨集》(1951 年)、《戰後南北所見甲骨録》(1951 年),以上來薰閣書店出版;《戰後京津新獲甲骨集》(1954 年)、《甲骨續存》(1955 年),以上群聯出版社出版。共著録甲骨 13814 片。

做工作之艱辛,並由此對他們産生由衷的敬意。

以上著録書所刊布的皆是 20 世紀上半葉中由私人以非科學手段挖掘出土的甲骨,雖有文字史料價值,但多失去原出土地點與層位,無法利用它們采取考古學方法作分期、斷代的研究。迄今考古發掘的甲骨文資料除去 1991 年花園莊東地出土的甲骨正在整理外,餘均已全部公布。前中央研究院歷史語言研究所 1 至 9 次發掘殷墟所獲甲骨收入《殷墟文字甲編》,於 1948 年出版。第 13 至 15 次發掘所獲則收入《殷墟文字乙編》,分上、中、下三輯,在 1948 年至 1953 年期間出版。甲乙二編,每片甲骨均附發掘次數、原登記號,但《甲》未注明坑位號,《乙》附列坑位號。所以《乙》的編撰體例較好,將考古發掘的優點體現了出來。甲乙二編共收甲骨 13047 片,囊括了前中央研究院歷史語言研究所發掘出土甲骨中全部重要者,二書均由董作賓編著。1957 年至 1972 年期間,張秉權所編著之《殷墟文字丙編》分三輯出版,將《乙》所刊甲骨拼對復原,並附有詳細的考證。

1973 年,中國社會科學院考古所在小屯南地發掘的甲骨,則在 1980 年、1983 年以《小屯南地甲骨》爲名分上册(含二分册)、下册(含三分册)刊布。每片甲骨拓片均注明考古發掘單位(灰坑、房基址、墓葬)、原出土順序號,而且標明層位關係。比起《乙》來,由於在發掘中注重了甲骨層疊壓關係及與甲骨同出的有助於斷代的陶器形制特徵,所以著録水平有提高,更便於根據甲骨出土的層位關係探討甲骨的斷代。特別值得提出的是在本書上册後,附有不清晰的甲骨摹本與有關這批甲骨鑽鑿形態的資料及研究成果。可以説此書在已出版的甲骨文著録書中體例最爲完善。

迄今爲止工程最大,成績最爲卓著的著録書是《甲骨文合集》(下簡稱《合集》)。此書由郭沫若主編,胡厚宣任總編。中國社會科學院先秦史研究室爲編此書用了 20 多年的時間,集中了國内外百餘種書刊中所發表的甲骨文資料,尋訪了全國百多個單位及私人藏品,去重、辨僞、綴合,並作了分期、分類整理的工作。全書自 1978 年陸續出版,至 1983 年共出 13 册,收録甲骨 41956 片。此書的特點是全書按通行的董作賓五期分法編排,將甲骨學家有意見分歧的甲骨文單作一册附於一期後,非常便於研究者利用。另外在同期下采取按内容分類的方法,這種編排有利於專題研究,突出了史學研究的性質,同時也使大量内容相近同的卜辭(如卜田獵、卜休咎、卜天氣等内容的卜辭)聚合在一起,適應了卜辭本身的特點。當然這樣編排也存在問題,如一大版卜辭上内容極龐雜,如果只將其中一條卜辭内容視爲重要,歸入某類中,則同版其餘卜辭便没有突出出來,而這些卜辭從另外角度看也是很重要的。所以研究者在利用《合集》搜集資料時必須利用有關的工具書(如姚孝遂、肖丁主編的《殷墟甲骨刻辭類纂》)①去檢索,不能單純依賴於現有的分類。《合集》雖堪稱爲集大成的著作,但仍不免有所遺漏,甚至是較重要的辭條。此點,裘錫圭先生在

---

① 姚孝遂、肖丁:《殷墟甲骨刻辭類纂》,中華書局,1989 年。

《評〈殷墟甲骨刻辭類纂〉》(上)中已舉出若干例子。[1] 除以上美中不足外,在甲骨卜辭分組上也有些問題,如將被一些學者稱爲"非王卜辭"的幾種卜辭單列在一期後,其中乙一、乙二、丙一與"非王卜辭"的分組大致吻合,但亦有少數不合宜者,而丙二中的問題尤多。[2]

應該指出的是,國外收藏的甲骨數目很可觀,據胡厚宣先生統計,至 1984 年已知國外有 12 個國家和地區共收藏了甲骨 26700 片,而國外出版的甲骨文著録書亦相當多。[3] 這是因爲在 20 世紀初即已有外國在華的人士(主要是傳教士)熱衷於購藏甲骨,使殷墟甲骨很快地流散於歐美與日本,並引起外國漢學家及其他對中國文化懷有興趣的學人的關注,甲骨學也隨之成爲一門國際性的學問。

早在殷墟甲骨被學者發現的第二年,即 1900 年,居於山東青州的英國浸禮會代表庫壽齡(S. Couling)即已開始購買甲骨,成爲最早收藏甲骨的外國人。1903 年至 1908 年期間,庫壽齡與居於山東濰縣的友人、美國北長老會傳教士方法斂(Frank H. Chalfant)共同收集一批甲骨。1908 年,英國駐華外交官金璋(Hopkins)也曾從方法斂手中購得甲骨。庫、方二氏與金璋所收集的甲骨,後來分別歸於美、英的幾家博物館與圖書館,其中大部分已經陸續著録出版。[4] 近年來,關於美、英、法諸國所藏甲骨皆有新的著録書籍出版。[5] 特別是由李學勤、齊文心、艾蘭(英國)所纂輯的《英國所藏甲骨集》,[6]不僅包括庫、方二氏與金璋舊藏甲骨的墨拓,而且收入了不少過去未曾著録的甲骨刻辭,其中 2674 片所謂"家譜刻辭"還有正反兩面彩色照片,爲學界提供了珍貴的資料。

加拿大甲骨收藏家與研究者明義士(James M. Menzies)是長老會傳教士,1914 年被派駐安陽,故有機會搜求到更多的甲骨。早在 1917 年他即在上海以石印方法刊行了著録其藏品的《殷虛卜辭》一書,成爲歐美學者出版的第一部甲骨著録書。明義士收藏的甲骨數達五萬片,多數留在中國國內,餘存於加拿大多倫多皇家安大略博物館。在加部分已著録發表。[7] 安大略博物館還收藏有懷履光(W. C. White)在開封購藏的甲骨,[8]從而使在

---

[1] 裘錫圭:《評〈殷墟甲骨刻辭類纂〉》(上),《書品》1990 年第 1 期。

[2] 如乙一種中,21703 片"貞"字作三足形,前辭作"乙貞""庚貞",應歸屬另一類卜辭,21907 片卜王應歸於自組。丙二中 22159 至 22169 諸片,卜祭示癸、大丁、大甲、大庚、中丁等卜辭並不是"非王卜辭"。此外丙二中 22301、22312 諸片屬於李學勤先生所謂"亞卜辭"(《帝乙時代的非王卜辭》,《考古學報》1958 年第 1 期),亦與其它收入丙二中的卜辭不同。

[3] 胡厚宣:《90 年來甲骨文資料刊布的新情況》,《中國文物報》1989 年 9 月 1 日第 3 版。

[4] 見《庫方二氏藏甲骨卜辭》,商務印書館石印本,1935 年。此書著録甲骨 1687 片,内有較多僞刻品(全部或部分僞刻)。這些甲骨後分售與英、美四家博物院。庫、方二氏的甲骨還有一部分轉售與柏根(Bergen),著録於《柏根氏舊藏甲骨文字》,明義士編著,齊魯大學國學研究所,1935 年。金璋收藏的甲骨著録於《金璋所藏甲骨卜辭》,美國紐約影印本,1939 年。

[5] 美、法所藏甲骨見周鴻翔:《美國所藏甲骨録》(加利福尼亞大學,1976 年)、雷焕章:《法國所藏甲骨録》(1985 年)。

[6] 李學勤、齊文心、艾蘭:《英國所藏甲骨集》,中華書局,1985 年。

[7] 許進雄編著:《明義士收藏甲骨文字》,加拿大皇家安大略博物館,1972 年。本書收録了明義士舊藏而現保存於安大略博物館的甲骨 3176 片。另外,明義士所編《殷墟卜辭後編》收墨拓 2812 片,1972 年由許進雄編輯,在臺灣藝文印書館印行。此原骨在北京故宮博物院(據胡厚宣:《關於劉體智、羅振玉、明義士舊藏甲骨現狀的説明》,《殷都學刊》1985 年第 1 期)。

[8] 安大略博物館保存的懷履光舊藏甲骨已由許進雄編輯著録,見《懷特氏等收藏甲骨文集》,1979 年安大略皇家博物館影印出版,書中收入懷履光藏品中重要者及其它四家藏品。

加的甲骨數量達約 8700 片,僅次於日本。

20 世紀三四十年代時流入日本的甲骨甚多,據胡厚宣先生統計,現藏日本公私收藏家的甲骨約有 12400 餘片,①是國外收藏甲骨最多的國家。1921 年,日本林泰輔編纂出版了《龜甲獸骨文字》兩卷,是日本首部甲骨文著録書。此後公私家所編甲骨文著録書出版有多部,如貝塚茂樹、伊藤道治所編纂的《京都大學人文科學研究所藏甲骨文字》(圖版篇,1959 年;本文篇即釋文,1960 年),按期排列,同一期下又分類,並附有釋文,在當時是已出版的甲骨著録書中體例最完備的一部。1983 年出版的松丸道雄編纂之《東京大學東洋文化研究所藏甲骨文字》所著録甲骨,每片均同時刊載正、背面拓片與照片,在著録方法上較先進。

除上述國家外,其他如德國、瑞士、前蘇聯及韓國、新加坡等也都存有少數甲骨,多數亦已被著録出版。可以説經過國内外研究甲骨文學者八九十年的努力,已出土的殷墟甲骨絶大多數已發表公布,從而爲甲骨文的科學研究工作提供了豐富的第一手資料。

三

1904 年是《鐵雲藏龜》刊行的第二年,當多數文史學家對這本石印書上細小古怪的文字還只是覺得非常新奇,而少數學者(其中有的是聲名退邁的文字學家,如章炳麟)則抱着懷疑甚至否定態度時,被學界公認是晚清最杰出經史學家的孫詒讓卻已經寫成了第一部研究甲骨文的專書《契文舉例》,②他已受到近代新學的影響,學術上較少保守習氣,故能在古文字學上作出承前啓後的貢獻。

90 餘年來的甲骨文研究是從多角度、多層次進行的,從今天的研究水平來回顧以往的研究情況,似可從以下幾方面概括其主要成果:

(一) 甲骨文字的考釋

甲骨文研究最根本性的工作是盡可能多地認識這種文字。孫詒讓的《契文舉例》只是根據《鐵雲藏龜》所載甲骨文來作研究,所釋讀的甲骨文有 100 多字是正確的,如干支中的大部分以及一些重要的名、動詞。所以在甲骨文識讀上他有筆路藍縷之功。但孫氏未能釋出"王"字,以"王"爲"立",又將"貞"讀爲"貝",因此他未能通過識讀甲骨文字來正確地説明甲骨文的性質。

甲骨文字考釋在孫氏後有一個飛躍,造成這一飛躍的是羅振玉,他在 1914 年刊行的《殷墟書契考釋》中釋出人、地名外的甲骨文字 485 個,至 1927 年出版的增訂本中已增加

① 胡厚宣:《八十五年來甲骨文材料之再統計》。但松丸道雄估計日本所藏甲骨實際只有約 8200 片。參見王宇信:《甲骨學通論》,中國社會科學出版社,1989 年,第 261 頁。

② 孫氏的這部書雖寫成於 1904 年,但直到 1913 年書稿才被王國維發現,1917 年由羅振玉在上海印出,即"吉石盦叢書本"。

到 571 字。郭沫若曾盛贊本書之成績,言此書"使甲骨文字之學蔚然成一巨觀"。① 羅氏有極好的金石學修養,尤熟識金文,因此他能在文字的考釋時不僅聯繫金文,而且注意緊密結合卜辭本身的釋讀,更多地注意文通義順,同時已開始注重對甲骨文字作偏旁分析,所以他在考釋文字中所采用的方法是較進步的,他的一些做法對後來的甲骨學家們有很大的啓發作用。

羅氏的成績在於釋讀了卜辭中一些常見的字,因而使甲骨文已大致可讀,但要真正讀懂卜辭就必須識讀一些構造複雜而不易與金文作直接對比的文字。而要做到這一步,僅依靠小學與金石學的功底是不夠的,必須要有更爲科學的研究方法,這一任務自然即落到在中國文字學上有新見識、新的科學的文字學理論素養的學者身上。在 20 世紀三四十年代的古文字學學者中,唐蘭與于省吾是最具典範性的。

1934 年唐蘭在北京大學講授甲骨文字,其方法是將自己做過精細考釋的 74 個字一一作分析。② 其中最爲學者熟悉的、成功的考釋如"釋屯""釋秋""釋啓(艱)"等。在對這些難字作具體考釋過程中,他實踐了自己在另一古文字學理論性著作《古文字學導論》中所提出的考釋古文字的三種科學方法③,即對照法(與其它時代文字形體比較)、推勘法(將有關辭例與文獻辭句相印證)、偏旁分析法。進一步建立了甲骨文字與其它古文字的科學的研究方法。

20 世紀 40 年代前半葉,于省吾刊行了他的《雙劍誃殷契駢枝》初、續、三編,共三冊,考釋了甲骨文字、詞 98 個。他嚴格遵循釋通一個古文字必須兼顧形音義三要素的原則,而且"注意每個字和同時代其它字的橫的關係,以及它們在不同時代的發生、發展和變化的縱的關係",④每考一字又必詳舉有關辭例,使其結論在辭例中未有阻滯。他所考出的"屯""氣""歲"等字已爲不易之論。1979 年中華書局出版于氏的《甲骨文字釋林》,以極謹慎的態度將以上三書所考文字作了精選,只保留了 54 個字詞。書中還收入了他在 20 世紀五六十年代所取得的新收穫,如對甲骨文中表示農作物名稱的文字所作精細的辨析等。在本書中他還提出了關於"獨體象形字"的理論,認爲甲骨文中有一些象形字本身即帶有聲符,與後世形聲字不同,這是前人未曾提出過的創見。

20 世紀 50 年代以來,繼續致力於甲骨文字考釋並作出突出成績的學者有張政烺、裘錫圭等。張政烺作爲一名歷史學家,對先秦古文字與兩漢簡牘、帛書、石刻文字均極熟諳,在做字形比較時得心應手。他將功夫下在那些與商代社會歷史研究有極密切關係的文字上,一字識破,往往會使數條卜辭得以讀通。如他的《卜辭裒田及其相關諸問題》一文釋甲

① 郭沫若:《卜辭中的古代社會》,《中國古代社會研究》,群益出版社,1947 年。
② 後編爲《殷虛文字記》,1932 年 12 月北京大學石印本,1981 年中華書局手寫影印本。
③ 唐蘭:《古文字學導論》,1935 年北京大學講義本,1981 年齊魯書社影印本。
④ 于省吾:《甲骨文字釋林·序》,中華書局,1979 年。

骨文中與衆人農作有關的字"叟"爲叟,認爲叟从臼,臼亦聲,有刨土、捧土二義,但以刨土之義爲主,叟田即開荒造新田;同文並考釋了其它一些疑難文字,並由叟字之釋論及叟田之制度,進而引申到對商代生產關係、階級關係、社會組織等重要問題的探討。① 儘管學者間對這個字還有不同讀法,但這篇文章分析字形之嚴謹,考查音韻之平允,特別是聯繫辭例解釋字義時的旁徵博引,都將甲骨文字研究置於一個更高更新的層次。裘錫圭的甲骨文字考證在方法上與張政烺有許多共同處,特別是也重在攻克一些難度較大而且對商史研究至關重要的甲骨文字,而考釋的結果多被學者們認同,創獲尤多。自 20 世紀 60 年代初發表《甲骨文中所見的商代五刑——并釋刖剢二字》,②到 20 世紀 90 年代,已發表的考釋文章有數十篇,每出一文必有新見。③

經過近一個世紀的幾代甲骨學者的持續鑽研,迄今已發現的 5000 餘個殷墟甲骨文字中,已有 1000 多個字被識出,且獲公認。這 1000 多個字雖只占一小半,但多屬與理解文義有關的較重要的字,從而使多數卜辭的文義能夠被了解或大致讀懂。

在殷墟甲骨文字考釋成績方面,還應提到有關的重要工具書的出版。

這方面的工具書主要有兩種類型。第一種是僅列舉字形,不附考釋,重在字形檢索。例如 1920 年王襄編著的《簠室殷契類纂》(1929 年出增訂本),可稱第一部甲骨文字典。重訂本正編收 957 字,超過羅振玉《殷虛書契考釋》380 多字,每一字後皆附原辭,且除"正編"外還另設"存疑卷",收尚不能確識的字,另有"待考"收不識之字。這種做法常爲後世古文字字典仿效。其缺點是未注明所引字的原辭出處。1934 年孫海波所編纂之《甲骨文編》由哈佛燕京學社印出,比王襄《類纂》進步的是已在每字下標明出處,字形皆從原著録書上摹寫,較爲準確。1965 年此書出了增訂本,"正編"收字達 1723 字,"附録"達 2949 字,在文字釋讀上更吸取了許多新的研究成果,是一本應用非常方便的甲骨文字典。但此書編纂不夠精細,有不少摹寫的錯誤,包括一字分爲二或二字合一,或因增減筆畫而變形等情況,所引卜辭原文亦有的不準確。④ 1959 年臺灣藝文印書館曾出版了金祥恒的《續甲骨文編》。

有關甲骨文字考釋的第二類工具書是集釋型的。不僅開列字形,而且於每一字詳列諸家解說,故極方便於研究。此類書較早的是李孝定的《甲骨文字集釋》。⑤ 此書據《甲骨文編》《續甲骨文編》所收甲骨文字輯成,對每一個字引用諸家考釋,並加作者按語,評價外亦有自己新見。這不僅有利於初學者,而且對於甲骨文專家學者也是必備之書。不足之

---

① 張政烺:《卜辭叟田及其相關諸問題》,《考古學報》1973 年第 1 期。
② 裘錫圭:《甲骨文中所見的商代五刑——并釋刖剢二字》,《考古》1961 年第 2 期,筆名"趙佩馨"。
③ 裘氏考釋甲骨文字及其它古文字的文章近已編爲專集出版,見《古文字論集》,中華書局,1992 年。按,2012 年,《裘錫圭學術文集》由復旦大學出版社出版,可參看。
④ 參見崔志遠:《讀甲骨文編札記》(油印本),殷商文化國際學術討論會論文,安陽,1987 年。
⑤ 李孝定:《甲骨文字集釋》,"中研院"歷史語言研究所,1965 年。

處在於所收資料未能涵蓋 1949 年以後大陸地區學者的新説。1993 年日本東京大學東洋文化研究所出版了松丸道雄與高嶋謙一合作編纂的《甲骨文字字釋綜覽》(實際問世是 1995 年初)。其特點是每一甲骨文字均摹寫原篆,備列截止於 1988 年底(個別至 1989 年)的諸家字釋,書後詳附文獻出處。所收諸家解説細到發表於各刊物上的論文,凡此期間重要的有代表性的論著均收入其内。其貢獻應充分肯定。1996 年 11 月中華書局出版了于省吾主編的《甲骨文字詁林》4 册,編纂亦歷經 10 餘年,因晚出,故所收諸家見解較齊備。

亦與甲骨文字考釋有關但重在檢索甲骨刻辭内涵的工具書,有日本汲古書院 1967 年出版的島邦男《殷墟卜辭綜類》,在字頭下收録有關刻辭,相當於一套甲骨卡片,特別是成功地編製了符合甲骨文字構造體系的部首表。1989 年中華書局出版了姚孝遂、肖丁主編的《殷墟甲骨刻辭類纂》,體例仿《綜類》,内容以《甲骨文合集》等書爲依據,比《綜類》更豐富亦更嚴謹。香港中文大學中國文化研究所的《甲骨文通檢》(饒宗頤主編,沈建華編輯)又開創了按甲骨文專題分類檢索的新體例,已陸續出版了四分册,即先公、先王、先妣、貞人(1989 年),地名(1992 年),天象(1993 年),田獵(1995 年),第五册職官人物即出,[①]第六册祭祀尚在排印中。這套工具書對今後深入進行甲骨文專題性研究極有裨益,於資料建設方面打下了一個很好的基礎。

(二) 甲骨刻辭的分類與斷代

《史記·殷本紀》正義引《竹書紀年》曰:"自盤庚徙殷,至紂之滅,二百五十三年,更不徙都。"安陽殷墟正是此時期内商都所在。在這裏出土的以商王室卜辭爲主的甲骨刻辭按理説亦應持續存在於上述 200 多年的時間内。此間商王朝共存在 8 世 12 王,顯然,爲了深入研究商史,了解商代社會的發展變化之真情,便不能將分屬不同時期的甲骨刻辭囫圇使用,必須先作甲骨刻辭的斷代工作,使之真正成爲科學的史料。

在殷墟甲骨刻辭發現後最初的二三十年中,釋字尚爲研究者們主要的目標,1917 年當王國維的名著《殷卜辭中所見先公先王考》發表時,他已參考羅振玉的見解,提出了以稱謂定王世的辦法,並依此法推斷了武丁、祖甲卜辭。1928 年加拿大籍傳教士明義士在其所纂《殷虚卜辭後編》的序言中已不僅采用稱謂定時代,而且注意到不同時代的字體特徵。其獨到處是將後來被董作賓定爲四期的武乙、文丁卜辭(即現所稱"歷組卜辭")斷爲武丁或祖庚、祖甲時代。[②] 此階段雖已有分期的初步嘗試,但還没有分類的概念。所謂分類是將甲骨卜辭按某一(或幾項)標準劃分爲若干組類,然後在分類基礎上確定每一類卜辭主要存在的時代,亦即斷代。

稱謂是卜辭斷代的重要標準,但稱謂在多數卜辭中不存在,且有異代同稱之情況;而

---

① 已於 1999 年出版。
② 明義士的序稿已附在李學勤《小屯南地甲骨與甲骨分期》一文後發表,載《文物》1981 年第 5 期。

字體(指字形結構、書體)雖可用來作分類標準,但標準不是特別明朗,字體的差異在不少情況下要靠對卜辭文字特徵的熟悉來體會,操作性較差。這就需再尋找一種涵蓋性較強的分類與斷代的標準,在這個關鍵問題的解決上做出貢獻的是董作賓。

1929年殷墟第三次發掘時,在小屯北地"大連坑"南端發現四版比較完整的大龜甲,皆是卜旬卜辭,每句卜辭中"某某日"卜後、"貞"字前一字有多種,董作賓否定了此字爲地名的可能,明確提出"貞"字前一字是"卜問命龜之人",他稱之爲"貞人"。[①] 這是一個極爲重要的發現。顯然,凡見於同版的貞人必曾同時活動過,其年齡不會相差太遠。那麼如果其中一個或幾個貞人可由同版卜辭中的稱謂知其時代,則見於同版的貞人都必當屬於同一時代或相差不遠。在此種研究的基礎上,1933年董作賓發表了著名的論文《甲骨文斷代研究例》,提出了"貞人集團"的概念,將見於同版、相互繫聯的曾在同一時期活動的貞人稱爲一個集團;並具體舉出武丁(即第一期)、第二期(祖庚、祖甲)、第三期(廩辛、康丁)的貞人集團構成,同時提出"不錄貞人的時期"(指第四期,第五期大部分卜辭亦不錄貞人)與"王親卜貞的時期"(第五期較多),從而確定了他的五期説。[②] 董作賓在這篇論文中還提出了除以上所提到的世系、稱謂、"貞人"外的其他七項斷代標準,即坑位、方國、人物、事類、文法、字形、書體,但這些標準的内容多是在五期已劃分出來後,對各期卜辭特徵的歸納。在實際運用中,對於無貞人、無稱謂(或有稱謂而不明朗)的卜辭,可以借鑒有貞人卜辭的文字(字形、書體)與文法特徵等來斷代。

現在看來,董作賓的五期説尚有不少需修正處,如徑將王世、期別與貞人集團相統一,似乎全是"一朝天子一朝臣",這並不符合實際,如董氏定爲一期的貞人有的可能已進入祖庚時期,即他所定的二期。另如他所定的10項標準中之坑位實際只是甲骨出土的坑號與其具體地點,並非考古發掘中甲骨出土的灰坑之地層關係、坑内堆積情況及甲骨共存關係等。

董氏的五期説提出後,很長時間内爲研究者們普遍接受,直到今日,一些大型的甲骨文著錄書中仍采用董氏的五期分法。

1956年科學出版社出版了陳夢家的《殷虛卜辭綜述》,書中專闢兩章論述甲骨文斷代。陳氏的新貢獻主要有以下幾點:

其一,將董氏"貞人集團"這一雖有以貞人分類意圖,但在字義上側重於貞人關係的概念發展爲"組",如將董氏提出的一期、二期、三期的貞人集團分別稱爲"賓組""出組""何組"(明確爲廩辛時期),雖仍是講貞人(陳氏稱"卜人")的組合,但在同文中已提出了"賓組卜辭""何組卜辭"的概念,從而進一步靠近了以貞人作爲卜辭分類主要依據的觀念與

---

① 董作賓:《大龜四版考釋》,《安陽發掘報告》第3期,1931年。

② 1949年董作賓在《〈殷墟文字乙編〉序》(《中國考古學報》第4期)重新按照他研究卜辭曆法、祀典後所總結出來的新、舊派觀點,將甲骨卜辭分爲四期。第一期是舊派,從盤庚至祖庚三世五王。但武丁前不清楚;第二期是新派,祖甲至康丁,二世二王;第三期是舊派,含武乙、文丁;第四期又是新派,含帝乙、帝辛。這種分期方法是以其新舊派爲根據,按照他所歸納出來的新舊派卜辭在以下幾方面的差異確定的。這幾方面是:祀典、曆法、文字、卜事。

做法。

其二,在董氏所提出的幾組"貞人集團"的貞人外,又檢出了自組、子組、午組貞人,並明確分出了"自組卜辭""子組卜辭""午組卜辭";同時將董氏在《〈殷虚文字乙編〉序》中定爲四期文武丁卜辭的子、自、午組卜辭劃定在武丁時代(武丁晚期)。日本的貝塚茂樹、伊藤道治在1953年發表的論文中亦將自組、子組卜辭定爲武丁時代。[①] 陳氏是在獨立研究後才看到日本學者文章的。

其三,在他認定的武乙、文丁卜辭中檢出了貞人"歷"。

陳氏在《殷虚卜辭綜述》中提出的以貞人組分劃卜辭類型的做法,爲進一步更科學地在分類(分組)基礎上做卜辭斷代工作打下了一個基礎。同時他在確定子、自組卜辭時代時已注意坑位情況(堆積狀況及卜辭共存關係),運用田野考古方法,這對後人也是有啓示意義的。陳氏斷代工作的遺憾是,他仍稱"武丁賓組卜人""祖庚、祖甲出組卜人""廩辛何組卜人",雖有很好的分類研究方法,但仍把貞人組與一二個王世共始終,把分類與王世、分期混一了。因爲同一類卜辭未必僅存在一個(或兩個)王世,一個王世也可能會並存不同類的卜辭。

殷墟卜辭的分期斷代研究在陳夢家所作工作之後最重要的進展表現在兩個方面。其一是對自組與子組、午組卜辭時代的進一步論證。1979年林澐《從武丁時代的幾種"子卜辭"試論商代的家族形態》一文發表,[②]根據子卜辭(含陳氏子組、午組卜辭)與賓、自組同版關係、同坑現象及子卜辭出土時的地層關係,進一步肯定了陳氏的子、午組卜辭屬於武丁時代。1973年小屯南地發掘,在T53(4A)層中發現7片刻有自組卜辭的卜甲,而根據T53(4A)層在遺址裏的層位關係,可知其相當於小屯南地早期偏晚,屬武丁時代晚期,由此證明了自組卜辭的時代不晚於武丁晚期。[③]

分期斷代研究另一重要進展是"歷組卜辭"概念的提出與對其所屬年代的研究。1977年在討論殷墟5號墓(即婦好墓)的年代問題時,李學勤提出了"歷組卜辭"的概念(即董作賓所定四期武乙、文丁卜辭),[④]並從文字特徵、文例、人物、貞卜事類、稱謂及與出組卜辭有共版關係諸方面論證了歷組卜辭非武乙、文丁卜辭,而應是武丁晚年至祖庚時代的卜辭。[⑤] 這

① 貝塚茂樹、伊藤道治:《甲骨文斷代研究法的再檢討——以董氏的文武丁時代之卜辭爲中心》,收入《殷代青銅文化的研究》,京都大學人文科學研究所,1953年。
② 林澐:《從武丁時代的幾種"子卜辭"試論商代的家族形態》,《古文字研究》第1輯,中華書局,1979年。本文初稿寫於1965年9月,1978年11月寫定。
③ 嚴一萍曾據打破T53(4A)的H91中所出卜甲能與T53(4A)中自組卜甲(T53[4A]:145)綴合,否定自組卜甲屬於武丁時代。見其《甲骨斷代問題》,臺灣藝文印書館,1983年。劉一曼等:《考古發掘與卜辭斷代》一文(載《考古》1986年第6期)認爲此屬較晚的灰坑破壞了較早的灰坑所致。
④ 李學勤:《論"婦好"墓的年代及有關問題》,《文物》1977年第11期。按:與陳夢家所稱"某組"卜辭不同的是,歷組卜辭除"歷"以外並未有其他貞人,所以所謂"歷組卜辭"是包括有貞人"歷"的卜辭和與此種卜辭字形、書體相近的卜辭。
⑤ 見李學勤:《小屯南地甲骨與甲骨分期》(《文物》1981年第5期)。明義士在《殷虚卜辭後編·序》中已有近似的説法。德國法蘭克福大學張聰東:《甲骨文所見商代祀典》(1970年)亦已有貞人歷的卜辭在祖庚至祖甲前期之説。

一見解,無疑是對董氏五期分法所作的重大修正。與此同時,李學勤還提出了"無名組"(即没有貞人名的卜辭)、"黄組"(主要是指董氏五期卜辭,有貞人黄及其他貞人,依字體相近同而共組)的概念。這樣即將殷墟王卜辭分成了7組。"無名組"雖未有貞人,但仍是以貞人作爲分組出發點的。至此,殷墟甲骨文的分類已較完整形成按貞人組分類的構架。

歷組卜辭如提到武丁至祖庚時期,則又必須要解釋一個問題,即爲何在這段時期內會同時有賓組、出組、歷組等幾類卜辭。於是1984年李氏繼續提出了殷墟甲骨分期的兩系統説,即一個系統是賓組—出組—何組—黄組,另一個系統是自組—歷組—無名組。[①] 對於"歷組卜辭"時代的新説,現存在兩種意見,一種是基本贊同,但認爲尚需作更科學的解釋與補充;另一種則持反對意見。兩種意見展開了較激烈的爭論。1981年裘錫圭發表論文,[②]認爲歷組卜辭按稱謂可細分爲"父乙類""父丁類",並舉出數例説明歷組卜辭與賓組及出組早期有許多占卜事項及人名重複相合,支持了歷組爲武丁晚年至祖庚時期卜辭的觀點。甲骨卜辭中固然有異代同名情況,但隔上幾個王世占卜事項仍多相合、人名亦過多相合總是難以解釋的,所以裘文是相當有力量的。1984年林澐著文按字體將歷組卜辭分爲兩類,同時按型式學原則依卜辭字體及其演變對全部卜辭作了更細緻的分類,提出了諸如"自歷間組""自賓間組"的概念(這實際上是以貞人分類與以字體分類兩種原則的綜合使用),在此基礎上進一步對兩系統説作了更加細緻的表述。[③]

1991年黄天樹《殷墟王卜辭的分類與斷代》(文津出版社)出版,1994年彭裕商《殷墟甲骨斷代》(中國社會科學出版社)出版。二書皆是博士論文,均支持兩系統説,同時不同程度地對此説作了更具體的解釋、發揮與修正。

以上贊同歷組卜辭時代提前並持兩系統説的學者,在按貞人分類的總原則下都又進一步按字體趨勢探討某幾類間的發展過程,建立像"自賓間組""自歷間組"的概念,實際上是肯定諸如自組與賓組間、自組與歷組間必定存在着兼有兩組字體特徵的卜辭,認爲書體也有類似於古器物諸式間存在的漸次形變的規律。這當然是有道理的,但由於在實際檢查卜辭時,找出類之間過渡的"組"基本上是依靠觀察字形特徵與書體風格的感受,故而確實有標準不盡嚴格與難以掌握的問題。因此,不贊同歷組屬於武丁晚年至祖庚時代因而也不同意兩系統説的學者對按字體分組表示了否定意見。[④] 堅持歷組卜辭仍應屬於武乙、文丁時代的學者還有一個主要的根據,就是1973年小屯南地發掘獲得的地層關係資料,即歷組卜辭中有"父丁"稱謂的一類(林澐所謂"歷組二類"),皆出於中期第一段(屯南

① 王宇信:《西周甲骨探論》李學勤序,中國社會科學出版社,1984年。
② 裘錫圭:《論"歷組卜辭"的時代》,《古文字研究》第6輯,中華書局,1981年。
③ 林澐:《小屯南地發掘與殷墟甲骨斷代》,《古文字研究》第9輯,中華書局,1984年。
④ 陳煒湛:《"歷組卜辭"的討論與甲骨文斷代研究》,《出土文獻研究》,文物出版社,1985年;王宇信:《甲骨學通論》第八章第三節,中國社會科學出版社,1989年。

第3段)至晚期地層,未見於早期地層;而歷組卜辭中有"父乙"稱謂的一類(即林澐所謂"歷組一類")皆出於中期第二段(屯南第4段)至晚期地層。①

迄今爲止,對於歷組卜辭所屬年代範圍,研究者間尚有不少分歧,然而歷組年代應提前的説法及相關的卜辭兩系説畢竟是建立在對歷組卜辭内涵深刻考察基礎上的。這個問題的提出與爭論極大地促進了卜辭分類與斷代研究的理論水平的提高。

近年來卜辭斷代研究在以下幾個問題上也有新成果。其一,是關於無名組卜辭時代的問題。林澐有論文將無名組中有"父丁"稱謂的卜辭按字體分爲兩大類,第一類近於歷組二類(林文稱之爲"歷無名間組"),屬祖甲時代。第二類與歷組區別較大,按字體又可分兩群,上起康丁下延至武乙。② 黄天樹著作則將林文第一類稱爲"歷無名間類",認爲,應在祖甲晚至武乙間,無名類(即無名組)的時代則是在康丁至文丁間。其二,是現已見甲骨卜辭中有無比武丁時期更早的卜辭。自組大字卜辭(扶卜辭)字形比較原始,學者們推測武丁以前甲骨當與之接近,然苦無根據。曾有學者認爲壓在小屯北地丙組基址下的自組大字卜辭無"父乙""母庚"而有"兄戊"(自組有"父戊")稱謂,可能是武丁以前的卜辭。③黄天樹、彭裕商著作中均已指出《合集》20017"兄戊""父戊"見於同版,而自組大字類卜辭是否確可早到武丁前尚未有明確證據。④ 其三,是帝辛卜辭是否存在。這個問題多年來未能搞清。20世紀30年代郭沫若在撰寫《卜辭通纂》時於"自序"中提出帝乙末年曾遷沫,故安陽没有帝辛卜辭。⑤ 40年代董作賓在《殷曆譜》中曾舉三事以證帝辛卜辭存在:即周祭卜辭有兩個系統,必分隸於帝乙、帝辛;史載紂伐東夷,所以伐人方卜辭必爲帝辛時物;《殷虚書契》1.26.1"父乙"是帝辛周祭帝乙卜辭。50年代陳夢家撰《殷虚卜辭綜述》不以郭氏之説爲然,認爲據《史記》張守節正義,殷末時擴大都邑,安陽至帝辛時仍是都邑。並舉周祭"妣癸"的例子,認爲是帝辛稱文丁之配,卜辭中"文武帝"之稱是帝辛稱其父帝乙。至於"妣癸"之稱,至今學者意見不一,或認爲可能是武乙配,⑥或以爲是文丁配。⑦ 如是前者,則"妣癸"之稱屬帝乙、帝辛皆可;如是後者,則"妣癸"之稱只能屬帝辛。值得注

① 中國社會科學院考古研究所安陽工作隊:《1973年小屯南地發掘報告》,《考古學集刊》第9輯,科學出版社,1995年;劉一曼等:《考古發掘與卜辭斷代》,《考古》1986年第6期。按:屯南H95(上引報告定爲中期一段、屯南第3段)出甲骨九版(2667—2676),其中有自組、午組甲。其中2667,李學勤認爲是歷組卜辭,其反面有"又歲兄庚"當是指庚,見其《殷墟甲骨分期的兩系統》(中國古文字研究會第六屆年會論文,1986年),上引黄天樹書認爲是"歷組草體",年代已延至祖甲時。

② 林澐:《無名組卜辭中父丁稱謂的研究》,《古文字研究》第13輯,1986年。

③ 李學勤:《小屯丙組基址與扶卜辭》,《甲骨探史録》,三聯書店,1982年。

④ 1973年小屯南地發掘,在T53第七層下發現灰坑H115,内出龜腹甲一,近左甲橋有刻辭二字,字形纖細。H115上面被H112疊壓,H112被H111打破,H111又被T53(4A)打破,T53(4A)内出自組扶卜辭等,故有學者推測H115所出腹甲刻辭有可能比自組卜甲要早,或可早到武丁以前,見《考古發掘與卜辭斷代》(《考古》1986年第6期)。但上引彭書認爲T53(4A)絶對年代在武丁中期或偏早,所以H115所出腹甲刻辭未必已到武丁以前。

⑤ 胡厚宣:《郭沫若同志在甲骨學上的巨大貢獻》一文言及郭氏晚年認爲有無帝辛卜辭應再加研究。論文收入《甲骨探史録》,三聯書店,1982年。

⑥ 常玉芝:《商代周祭制度》,中國社會科學出版社,1987年。

⑦ 方述鑫:《試論帝乙、帝辛卜辭》(油印本),甲骨文發現90周年國際學術討論會論文,安陽,1989年。

意的是,1987年常玉芝在《商代周祭制度》一書中指出黄組卜辭中的周祭實際上有三個系統,[1]這三個系統自然有可能分屬文丁、帝乙、帝辛,這對證明帝辛卜辭的存在是非常重要的。

(三)甲骨出土地點及其與殷墟建築基址關係的考察

1935年,董作賓在《甲骨文斷代研究例》一文中指出:小屯村北主要出其所分的一、二、五期卜辭,村中及村南主要出三、四期卜辭。後來陳夢家在《殷虛卜辭綜述》中將甲骨出土地與殷墟遺址布局聯繫起來,對甲骨出土地點分布的背景作推測,指出卜骨集中出土於小屯北地、村南與侯家莊,而小屯北地、南地"乃國都和宗廟所在",侯家莊南地爲居址與葬地。"由此可知那些有意儲積甲骨的處所,往往是王朝所在地,而甲骨、卜官所居與卜府所在是有着密切聯繫的"。這段話正確地説明了甲骨之所以在這些地點出土是因爲這些宫室、宗廟所在與占卜有直接關係。陳氏還在書中具體分析了殷墟發掘出土的甲骨各類、組在遺址中分布的情況。

殷墟發掘出土的甲骨之坑位情況,長期未有詳細報告。1986年石璋如所著《小屯·遺址的發現與發掘·丁編》(甲骨坑層之一)在臺北出版,公布了1至9次甲骨(收入《殷虛文字甲編》)出土的詳細記錄,書中的甲骨遵從董氏五期分法分期。如果按現在通常采用的分組名稱,則此書所公布的諸組卜辭在殷墟小屯遺址中的出土情況大致是:自組廣泛出土於村北與村中、村南;賓、出、黄組主要出土於村北甲、乙組基址區;何組主要出在乙組"大連坑"及附近,少數出於甲組基址區;歷組、無名組集中出於村中、村南;子、午組出於乙組基址區南部。

第13次發掘亦是在村北乙組基址區,包括著名的YH127坑,此次所出甲骨除賓組外,有子組、午組(收入《殷虛文字乙編》)。1973年小屯南地甲骨發掘,所出也是以歷組、無名組卜辭爲最多,有少量自組及午組卜辭,其它罕見。對於小屯村北、村中、村南所出卜辭在類組上的上述差別如何解釋,顯然是一個不僅涉及各組卜辭的年代與相互關係的問題,而且也涉及殷墟遺址中與卜辭相聯繫的建築基址性質的問題。

持甲骨發展兩系説的學者,對不同組甲骨出土坑位分布上的差異用甲骨分兩系獨自發展的理由作了解釋,將主要出於村北的稱爲"村北系",反之爲"村南系",而較廣泛分布於村南、北的自組則被認爲是兩系的共同起源。[2]"持不同卜法的人將他們所卜的甲骨分別集中在他們居息之所,有的藏儲起來,有的傾倒在窖穴裏後,就造成兩系甲骨出土坑位的差異。"[3]這種説法可作爲一種解釋,但存在的問題是:歷、無名組分布較集中於村南、村

---

[1] 李學勤:《小屯南地甲骨與甲骨分期》一文已指出:"試排過黄組卜辭周祭祀譜的都知道,這種卜辭關於周祭的記録,加上有關的器物銘文,很難容納在兩個王世的祀譜裏。"

[2] 李學勤、彭裕商:《殷墟甲骨分期新論》,甲骨文發現90周年國際學術會議論文,安陽,1989年。

[3] 李學勤:《殷墟甲骨分期的兩系説》,中國古文字研究會第六屆年會論文,1986年。

中,但其他村北諸組甲骨多零散分布於甲、乙組建築區,難道這些有可能是宗廟性質的建築也是貞人"居憩所"? 這個問題下文還要提到。

石璋如近年來發表論文,由卜辭出土地點及其内涵探討殷墟建築基址的性質。他在《"扶片"的考古學分析》(上、下)中提出:"'扶坑'(按: 即出有貞人扶的卜辭的坑)的位置,似與宗廟或祭壇有關。"[①]他統計甲、乙、丙、村南四基址區出"扶片"的坑中所出貞人數量在各期的變化(從董氏五期説),以推測各組基址興盛與没落的時間。但所舉僅限於少數有"扶片"的坑,以其中貞人數量變化來推測整組基址的興廢情況似不够全面。石氏在另一篇論文《殷虚的穴窖坑層與甲骨斷代二例》中,[②]認爲小屯北地東北的 E16 坑内所以多有賓組卜辭,是因爲"接近當時的實力中心",而乙一基址建築於祖庚、祖甲時期,[③]故二、三期卜辭集中出於與乙一基址相鄰的大連坑中。這種看法實際是認爲某一時期貞人活動最集中的地方與同時期甲骨出土最多的地方,也是當時宗廟祭祀活動的中心地區。儘管甲骨出土地點與建築基址間的關係較複雜,而且甲骨在坑内的堆積情況也還有許多至今尚不能完全搞懂的地方,但將甲骨出土地點與建築基址的性質作如上綜合考慮的思路還是非常有啓發性的。

(四) 甲骨整治、占卜術與卜辭命辭性質的探討

1956 年出版的陳夢家《殷虚卜辭綜述》,專用一節討論"甲骨的整治與書刻",其中於"鑽鑿"問題叙述尤詳。1988 年張秉權《甲骨文與甲骨學》出版,[④]在第四節專論"骨卜習慣的考證"中,也詳述了骨卜的整個過程。1984 年,臺北故宫博物院張光遠發表《從實驗中探索晚商甲骨材料整治與卜刻的方法》,[⑤]發表了其復原商代卜骨的實驗過程與結果,其中對灼法的實驗作了詳細的介紹。在有關甲骨整治的研究中,對鑽鑿形態的研究近年來尤受到學者們的重視,這除了因爲鑽鑿是實施占卜的必要條件外,更是由於學者們發現不同時期、不同類組的卜骨(甲)有着不同的鑽鑿形態。這顯然可以作爲甲骨分類、斷代的依據之一。1973 年許進雄《卜骨上的鑿鑽形態》一書出版(藝文印書館)。1979 年又出版了《甲骨上鑽鑿形態的研究》(藝文印書館),對前書有所增減,根據董作賓五期分法考察不同期甲骨不同型之鑽鑿形態,肯定自組卜辭屬文武丁時代。書末附 500 多片甲骨鑽鑿形態插圖可資利用。1984 年劉淵臨《卜用甲骨上攻治技術的痕蹟之研究》出版(臺北中華叢書編審委員會),作者研究了二三十年代小屯 1 至 15 次發掘出土的全部卜骨與部分背甲、腹甲(含小屯南地出土品),對攻治技術痕迹(含鑽鑿形態)作了詳細記錄,並附大量圖像,其研究成果極爲寶貴。惟劉氏對甲骨只記錄貞人(無貞人記稱謂),未分組分類,鑽鑿形態亦

① 石璋如:《"扶片"的考古學分析》(上、下),"中研院"《歷史語言研究所集刊》56 本 3 分,1985 年。
② 石璋如:《殷虚的穴窖坑層與甲骨斷代二例》,"中研院"《歷史語言研究所集刊》59 本 4 分,1988 年。
③ 石璋如:《殷墟地上建築復原第七例——論乙一及乙三兩個基址》,"中研院"《歷史語言研究所集刊》66 本 4 分,1995 年。
④ 張秉權:《甲骨文與甲骨學》,中華叢書,1988 年。
⑤ 張光遠:《從實驗中探索晚商甲骨材料整治與卜刻的方法》,《漢學研究》第 2 卷第 1 期(1984 年)、第 2 期(1984 年)。

未能依考古類型學方法分型式，故概括鑽鑿形態演進特點稍嫌籠統。

　　研究鑽鑿形態的最新成果是 1983 年出版的《小屯南地甲骨》下册第三分册《小屯南地甲骨的鑽鑿形態》，此書按考古類型學方法對小屯南地甲骨鑽鑿作了系統的分析，將鑿形制分爲六型，各型下還有式的分劃，並且對六型鑿作了分期（以王世劃分）。書中并附有背面鑽鑿較完整的甲骨 323 片。彭裕商《殷墟甲骨斷代》一書曾在"歷組卜辭的鑽鑿形態"一節中對小屯南地甲骨鑽鑿諸型式間的演變關係發表了與《小屯南地甲骨》不同的意見，通過鑽鑿形態進一步論證了歷組卜辭時代應提前的看法。

　　商人占卜術中有"習卜"與"三卜"制，宋鎮豪曾有論文專門論述這兩種制度，認爲習卜是指對一件具體事多次因襲占卜，時間上又開，故同版卜日不同而卜數、事類相同的卜辭即屬此，其目的是力圖求得上帝的意態與人王意願統一。另有一次性的"卜用三骨"，屬異版同辭，"元卜""右卜""左卜"爲此制之表現。文章特別指出，三卜中"元卜"爲商王所卜，三卜制作用在於使人們將對自然世界的神靈崇拜轉化爲對人王之絕對服從。[①] 文章從論占卜制引申到王權與神權的關係，很有新意。

　　丁驌的《殷貞卜之格式與貞辭允驗辭之解釋》一文，[②]結合卜辭實例探討殷人如何由卜兆定是否之法。認爲卜兆兆枝向上爲是，向下爲非，平出爲無定，兆不明曰"不𤔔命"（按：一釋"不玄冥"）。至於卜兆有長短粗細、分歧與否等形狀，有可能是判斷凶吉之根據，但不可確知。丁氏研究的這一問題不唯關係占卜之法，更關係到對卜辭内容的把握，故此文得出的結論與研究方法非常值得重視。

　　多年來，甲骨學界根據《説文解字》對"貞"字的解釋（"貞，卜問也"），將命辭理解爲問句。1972 年美國加州大學伯克利分校的吉德煒（David N. Keightley）在《釋貞——商代貞卜本質的新假設》一文中否定命辭是疑問句，[③]認爲命辭乃是"一有關未來的陳述命題"，是宣示某種"意圖"或"預見"，釋"貞"爲"正"，即正之。1974 年華盛頓大學舒琭也主張命辭非問句，釋"貞"爲"正"或"定"，義近於檢驗、校正。[④] 1982 年斯坦福大學的倪德衛（Davd S. Nivison）、1983 年芝加哥大學的夏含夷（Edward L. Shaughnessy）皆有文章討論此問題，[⑤]與吉德煒意見相近。由於這個問題涉及對卜辭内涵的正確理解，1987 年安陽國際商文化學術討論會上對此問題曾展開過熱烈的討論。裘錫圭爲此在會上提交了《關於殷墟卜辭的命辭是否問句的考察》的論文，[⑥]認爲只有帶疑問語氣詞的句子才可以確定是問句，同時指出漢語中常有句末不設疑問語氣詞的問句，而且命辭中可能存在這樣的詞

---

① 宋鎮豪：《殷代"習卜"和有關占卜制度的研究》，《中國史研究》1987 年第 4 期；宋鎮豪：《論古代甲骨占卜的"三卜"制》，《殷墟博物苑苑刊》創刊號，中國社會科學出版社，1989 年。
② 丁驌：《殷貞卜之格式與貞辭允驗辭之解釋》，載《中國文字》新 2 期，1980 年。
③ 吉德煒：《釋貞——商代貞卜本質的新假設》，太平洋沿岸亞洲研究學會會議論文，加利福尼亞州蒙特利。
④ 舒琭：《商代卜辭語言研究》，《通報》卷六十，1974 年。
⑤ 倪德衛：《問句的問題》，檀香山商代文明國際討論會論文，1982 年；夏含夷：《周易的構成》（博士論文），1983 年。
⑥ 裘錫圭：《關於殷墟卜辭的命辭是否問句的考察》，《中國語文》1988 年第 1 期。

句,但可以確定的不多,同樣可以確定不是問句的命辭也不多。由此可知,裘氏這篇論文雖然否定了美國學者的一些看法,但同時在命辭的性質上也提出了一些與傳統認識不同的見解。

(五)甲骨文商史研究

殷墟甲骨文自刊布於世不久,即已被學者運用於商史研究。1904年孫詒讓著《契文舉例》即在正文中設置"鬼神""官氏""方國""典禮"諸章,表明他已深知甲骨文對商代社會歷史與思想文化研究的重要性。孫氏此書問世較晚,對古史學界較早發生影響的是1910年羅振玉的《殷商貞卜文字考》,羅氏將"正史家之遺失"作爲本書主旨之一,第一章即"考史",考"殷之都城"與"帝王之名謚",兼及祭祀、田獵等問題。王國維《殷卜辭中所見先公先王考》在證實與修訂《殷本紀》商王世系方面取得了巨大成功,他還利用甲骨文去考證商代禮制、政治制度及都邑遷徙,從而奠定了科學的甲骨文商史研究的基礎。故郭沫若云:"我們要說殷墟的發現是新史學的開端,王國維的業績是新史學的開山,那是絲毫也不算過分的。"[1]

自王國維之研究開始至今,殷墟甲骨文研究已極大地促進了商史研究,涉及這一研究領域內的許多方面。限於篇幅,下面僅扼要概述其中幾個重要問題的研究狀況,重點放到近年來一些新收穫、新見解上。

1. 商王位繼承制與王室結構

王國維做學問以考證精湛見長,但他於1917年所作《殷周制度論》卻是一篇高屋建瓴的概括性極强的論文。[2] 他從三點説明了商周文化與制度之差異。第一點是立子立嫡之制,認爲商人繼承制以弟及爲主,而以子繼輔之,無弟然後傳子。至周始有傳子之制、嫡庶制。王氏有此説,自然是本於他用殷墟甲骨文訂正了《殷本紀》商王世系後獲得的新認識。因爲自湯始17世商王中,有9世是兄弟相傳,其中弟繼兄者14位。問題是,這在當時確是一種被遵奉的王位繼承制,還是一種囿於客觀形勢所采取的權宜措施。當代學者中多有支持王氏這一看法的,如認爲這樣大比例的弟及不可能是"變例",只是雖以兄終弟及爲主,但兄弟同輩,且必有傳完之日,所以必要輔以父子相傳。同時又認爲王氏商人無嫡庶制之説不合事實,正是因爲惟嫡子才能承繼王位,故弟及最多亦不過4人。[3] 更有學者細緻分析了此種制度之演變與消亡的過程,指出湯至南庚一段,弟死後傳兄子。陽甲至祖甲則已是弟死後傳弟子,表現出父死子繼制逐漸加强。[4] 這種對王氏之説的補論與訂正,使

---

[1] 郭沫若:《古代研究的自我批判》,收入《十批判書》,科學出版社,1956年。
[2] 王國維:《殷商制度論》,收入《觀堂集林》卷十。
[3] 王玉哲:《試論商代"兄終弟及"的繼統法與殷商前期的社會性質》,《南開大學學報》(哲學社會科學版)1956年第1期。本文並認爲"兄終弟及"表現出父子關係不如兄弟關係密切,乃是因爲母系氏族制的殘餘形式被保留在父系氏族社會中,但兒子已有繼承權,又説明父系氏族特色已滲入其內部。
[4] 鄭慧生:《從商代的先公和帝王世系説到他的傳位制度》,《史學月刊》1985年第6期。

兄終弟及爲定制之說愈加合理化。但近年來也有相當一部分學者否認此爲一種定制,認爲當時的制度應是"子繼爲常,弟及爲變",只有在王無子或有子尚年幼或不肖情況下,才採取兄終弟及爲補充形式。故一般情況下,一世之中至多只有一二位兄弟相繼即位,待子輩已及青壯年時必傳位於子輩。① 這種說法實際上是強調當時承繼王位者必須是成年且有能力者。如確有此原則,則"兄終弟及"在商代早中期的流行也可視爲是爲了貫徹這一原則而釀成的習慣。但商王位繼承總的趨勢是傳子則是可以肯定的。在卜辭中可以看到身爲時王之弟從不爲曾是先王的兄立宗廟(卜辭中稱"宗"),顯然是每一位在世的商王皆將王位看成是其父王給予的權力,在觀念上重視父死子繼的制度。此外,從《左傳》等典籍中亦可看到,古代王(君)位繼承即使有一定原則,但時王(君)本人的意願、好惡也常會造成權力繼承方面的一些變異,這種因素在研究商王位繼承制時也是應該注意的。

與商王位繼承制密切相關的是商王室結構問題。1963 年哈佛大學教授張光直的論文《商王廟號新考》發表。② 張氏依據甲骨卜辭重新審視《殷本紀》商王世系,否定古今學者對商王以十干爲謚的諸種解釋(即皆以廟號爲偶然選擇的結果),認爲商王廟號在世系中的出現是有規則的,即十干中甲、乙、丁、庚、辛占六分之五,甲或乙與丁隔世代出現;同世兄弟諸王間,甲或乙與丁或辛不同時出現;祀典中先王與其配偶廟號均不同。基於上述現象,張氏對商王室結構作出了一種全新的解釋:商王室同爲子姓,然分爲兩組(親群)及若干小組。十干之廟號只是對這些親群的分類。兩個大組之一,包括甲、乙、戊、己,以名甲乙者最多,另一大組包括丙、丁、壬、癸,以名丁者最多。此甲乙組與丁組爲子姓王室内政治勢力最大的兩支,隔代輪流執政。他認爲商王室内部實行内婚制,甲、乙與丁兩大組每隔一世行父方交表婚制,並由此解釋王姒未有乙丁廟號之緣故。

由於歷史原因,張氏之說在 20 世紀 70 年代後期才爲大陸多數學者了解,但當時對日本與港臺學者影響甚大,不少學者或發揮其觀點或提出質疑。大陸研究者迄今尚少有人正面討論張氏提出的商王室結構問題,而將主要力量放在討論張氏所提出的日名制問題。③ 張氏的看法有較多的假設成分,如他自己所言,此說欲成立,首先非要假設殷王世系中的"父子",全非親父子,子皆是甥。此外,他的看法建立在將日名制視爲商王室親群分類方法的基礎上,但實際上日名制並不限於商王室,而是在商人諸宗族内較普遍流行的一種親屬制度,如果認爲商王室依十干分組,則也要認爲其他非王室的商人宗族内部都有如此複雜的親屬制度,這是較費解的。儘管如此,張氏的新見還是給予商史研究以較大的影響,其貢獻是應該肯定的。

---

① 參見吳浩坤:《商朝王位繼承制度論略》,《學術月刊》1989 年第 12 期。
② 張光直:《商王廟號新考》,載《民族學研究所集刊》第 15 期,1963 年。又收入《中國青銅時代》一書,三聯書店,1983 年。
③ 關於商人日名制,不僅涉及甲骨文,而且涉及商周金文,有關研究成果在這裏不繁贅引。請參見筆者與徐勇合著《先秦史研究概要》(天津教育出版社,1996 年)第五章商史部分第十三節。

2. 商王國的政體及國家結構形式

通過殷墟甲骨文資料與田野考古資料相結合進行商王國的政體與國家結構形式的研究,直接關乎對中國早期國家的形態特徵與中國國家形成之類重要問題的了解。從殷墟卜辭中可以看到王的地位非常突出,整個殷墟王室卜辭皆是專門服務於王的貞卜機構按照王的意志進行占卜的記錄,王對下屬臣民使用"呼""令(命)"等詞語,顯然是國家最高主宰者。1957 年胡厚宣《釋"余一人"》論文發表,[1]指出卜辭中所見商王自稱"余一人",與《尚書·盤庚》篇盤庚自稱"予一人"同;並徵引文獻説明"余一人"實質上是一種至高無上,唯我獨尊的稱謂,是專制君主的口吻。20 世紀 50 年代至 80 年代初,在有關商史的論著中,商王國是專制政體的看法曾被多數學者所接受。但在 80 年代中葉後,有的學者利用甲骨文資料論説商代的神權與王權的關係,對商王國的政體性質提出新的看法。如晁福林在其先後發表的文章中提出,商代王權雖有專制獨裁因素,但要受三種勢力的制約,這三種勢力是方國聯盟、神權(體現在貞人權力上)、族權(子姓族眾權力),因此呈現某種原始民主的色彩。文章指出,從甲骨文中可見武丁至廩辛時,貞人多爲各部族首領,故族權成爲神權之後盾,貞人可以利用占卜權力左右王朝軍政大事,限制王權的發展。廩辛至帝辛時期,貞人由王室人員擔任,祭祀也偏重於祖先,王權遂得以加强,王權與神權之爭以王權取勝而結束。[2]

商代的王權是否會受到貞人占卜權力的制約,涉及王與貞人(貞人集團)的關係。早在 1936 年,陳夢家在論説商代巫術時即提出商代"由巫而史,而爲王者的行政官吏;王者自己雖爲政治領袖,同時仍爲群巫之長"。[3] 貞人如屬於廣義上的巫,則必須聽命於王。1979 年張秉權亦曾發表過意見,否認貞人有制約權,因爲雖然王的行動要通過占卜由神的意志來決定,但事實上"代表神説出話來的,還是群巫的領袖,也就是當時的國王"。卜辭中的"王占曰"即是王代表神説話。[4] 1987 年發表的孫曉春的論文亦認爲當時宗教神權始終未能成爲獨立於專制王權以外的政治力量。[5]

從殷墟卜辭資料看,貞人事實上正是代替王來進行貞問的,占卜機關確是王朝的下屬,而且王常常作爲判定卜兆吉凶、是否的"占者"。所以如果説貞人能有獨立於王權外的較大權力,以至於在一個階段内能左右軍政大事,還需要從卜辭中找到更堅實的根據。

利用甲骨文對商王國國家結構形式所作的研究形成以下四種看法:

其一,認爲商王國像西周一樣已有封建諸侯的制度。1944 年胡厚宣發表《殷代封建

① 胡厚宣:《釋"余一人"》,《歷史研究》1957 年第 1 期。胡氏後又有《重論"余一人"問題》(收入《古文字研究》第 6 輯,1981 年),指出武丁、武乙(即歷組)時卜辭王自稱"于一人",祖庚、祖甲與帝乙(或帝辛)卜辭自稱"余一人"。
② 晁福林:《試論殷代的王權與神權》,《社會科學戰線》1984 年第 4 期;《殷墟卜辭中的商王名號與商代王權》,《歷史研究》1986 年第 5 期。
③ 陳夢家:《商代的神話與巫術》,《燕京學報》第 20 期,1936 年。
④ 張秉權:《卜辭中所見殷商政治統一的力量及其達到的範圍》,"中研院"《歷史語言研究所集刊》50 本 1 分,1979 年。
⑤ 孫曉春:《商周時期不是神權時代》,《吉林大學社會科學學報》1987 年第 2 期。

制度考》，①提出殷代封建説。上引張秉權1979年的論文與1983年發表的楊升南《卜辭中所見諸侯對商王室的臣屬關係》一文亦均有此説。② 從甲骨卜辭中可知,商人確有册命下屬爲侯的制度,③卜辭中所見部分侯、伯等確也對商王室擔負有一定義務。但是他們的土地、民人是本身固有的還是確曾像西周那樣,因封建制度而得,卜辭資料似不足爲證。對於商有封建制,陳夢家等學者均曾持否定態度。④

其二,認爲商王曾與其它方國結成"方國聯盟"。1957年于省吾《從甲骨文看商代社會性質》即首先提出,⑤商代諸方有類似古代墨西哥阿兹忒克軍事聯盟的關係,商王爲聯盟首腦。1981年林澐發表《甲骨文中的商代方國聯盟》,⑥通過考證甲骨卜辭中"比"字的字形、字義,認爲"王比某方"即是王與其它方國結成軍事聯盟。卜辭中的侯是聯盟中方國首領的稱號。此説近年來被相當一部分商史研究者采用。唯卜辭資料能體現的只是商王爲了某次征伐之事會同其它方國(或侯、伯)共同行動,其間是否有較長時期的聯盟關係,尚需證實。

其三,認爲商代存在"多王",這些王既有子姓貴族也有異姓封國君長,故商朝國家與後來中央集權國家相比是比較松散的。此説首見於1985年齊文心《關於商代稱王的封國君長的探討》一文。⑦ 1990年高明《商代卜辭中所見王與帝》與葛英會《殷墟卜辭所見王族及相關問題》二文也有類似的見解。⑧

其四,認爲商王國的核心是商王室與重要子姓宗族,商王通過宗法關係控制子姓宗族,同時也保證了對整個商王國内其他異姓宗族及被征服的處於附屬地位的部族的統治。⑨

以上對商王國結構形式的探討,由於强調的方面、研究角度的不同,故歸納出來的模式亦有所不同。諸家立論主要依據甲骨卜辭,所以更全面地整理有關的卜辭資料,正確理解其内涵,盡可能避免由於資料不充足或視角單一所造成的認識上的偏差,亦是這一研究走向深入的關鍵。

3. 等級身份與奴隸制

1952年郭沫若寫成《奴隸制時代》一文,⑩第二節是"殷代是奴隸制",其根據除了認爲

---

① 胡厚宣:《殷代封建制度考》,收入《甲骨學商史論叢初集》,成都齊魯大學國學研究所專刊之一,1944年。
② 楊升南:《卜辭中所見諸侯對商王室的臣屬關係》,收入《甲骨文與殷商史》第一輯,上海古籍出版社,1983年。
③《屯南》1059、4059記商王册命商爲侯。
④ 陳夢家:《殷虚卜辭綜述》第九章,科學出版社,1956年;黃中業:《商代"分封"説質疑》,《學術月刊》1986年第5期。
⑤ 于省吾:《從甲骨文看商代社會性質》,《東北人民大學學報》1957年第2、3期。
⑥ 林澐:《甲骨文中的商代方國聯盟》,《古文字研究》第6輯,1981年。
⑦ 齊文心:《關於商代稱王的封國君長的探討》,載《歷史研究》1985年第2期。
⑧ 高明:《商代卜辭中所見王與帝》,葛英會:《殷墟卜辭所見王族及相關問題》,均收入《紀念北京大學考古專業三十周年論文集》,文物出版社,1990年。
⑨ 拙著《商周家族形態研究》第一章第五節《商人諸宗族與商王朝的關係》,天津古籍出版社,1990年。
⑩ 郭沫若:《奴隸制時代》,科學出版社,1956年。

殷墟發掘大墓中大批的殉人是奴隸外,另一重要根據即是認爲甲骨卜辭中所見從事農耕的"衆"("衆人")是奴隸。對郭氏這一看法,20世紀50年代中葉有少數學者持不同意見,如認爲"衆"是"自由民",是"家長制家庭公社成員",①但未引起重視。直到70年代末,多數教科書與論著仍從此説,有的還發揮了郭氏的看法,如李亞農《殷代社會生活》。② 1973年張政烺曾發表《卜辭裒田及其相關諸問題》,③雖亦在奴隸社會前提下論及"衆人"身份,但强調"衆"生活在百家爲族的農業共同體中,爲殷王擔負師、田、行、役等徭役,因此區別於以往將"衆"視爲類似希臘、羅馬奴隸制中的那種奴隸形態,對於促進這一問題的深入研究有相當重要的啓示作用。

　　進入80年代以後,一些學者相繼對殷墟卜辭中"衆"的身份作了新的探討,其共同見解是"衆"("衆"與"衆人"爲一)非奴隸。1981年筆者發表論文主張"衆"是生活於族組織中的商人族衆,屬平民階級,有着某種獨立的族的經濟,能參加一定宗教活動,是商王國的主要軍事力量,以服勞役的形式受商王與貴族的剥削;並將殷墟西區族墓地中的小型墓葬中的墓主人與"衆"相聯繫。④ 1983年楊寶成、楊錫璋兩位長期從事殷墟發掘的學者亦撰文指出,殷墟小型墓的墓主人生前應屬於聚族而居的平民,身份與甲骨卜辭中的"衆"相吻合。⑤ 尤其需要提到的是裘錫圭1982年的論文,⑥文中認爲,從卜辭看,廣義的"衆"意思就是衆多的人,大概可以用來指除奴隸等賤民以外各個階層的人;而狹義的"衆"應是爲商王服農業勞役的主要力量,他們無疑也是廣義的"衆"裏面數量最多的那一種人,應該就是相當於周代國人下層的平民。這種看法是相當全面、穩妥的。對以上見解有的學者不以爲然,仍堅持"衆"是奴隸説,認爲以上文章在對卜辭的分析與對文獻史料的解釋上未有突破性的進展,且缺乏理論的闡明,並認爲衆人是保存有族氏組織的奴隸,而在中國被征服的族保存族組織是研究中國奴隸制類型的一個重要課題。⑦

　　有關等級身份與奴隸制問題的研究,還應該提到對有關戰俘、人牲與奴隸關係問題的討論。1979年姚孝遂發表的《商代的俘虜》一文,⑧强調不應把見於甲骨刻辭早、中期用作犧牲的俘虜定爲奴隸,俘虜只有當其活下來從事勞役時才有奴隸身份。對姚氏提出相反

---

① "自由民"説見斯維至:《關於殷周土地所有制問題》,《歷史研究》1956年第4期;徐喜辰:《商殷奴隸制特徵的探討》,《東北師範大學科學集刊》(歷史)1956年第1期。"家長制家庭公社成員"説見趙錫元:《試論殷代的主要生產者"衆"和"衆人"的社會身份》,《東北人民大學人文科學學報》1956年第4期。

② 李亞農:《殷代社會生活》,上海人民出版社,1955年。

③ 張政烺:《卜辭裒田及其相關諸問題》,載《考古學報》1973年第1期。

④ 拙文《殷虚卜辭中的"衆"的身份問題》,《南開學報》1981年第2期。1982年張永山也有《論商代的"衆人"》一文,除引甲骨卜辭資料外,深刻分析了《盤庚》篇裏"衆"的身份,並認爲"衆"屬平民,但内部兩級分化,文章收入《甲骨探史録》,三聯書店,1982年。

⑤ 楊寶成、楊錫璋:《從殷墟小型墓葬看殷代社會的平民》,《中原文物》1983年第1期。

⑥ 裘錫圭:《關於商代的宗族組織與貴族和平民兩個階級的初步研究》,《文史》第17輯,1982年。

⑦ 王貴民:《商代"衆人"身份爲奴隸論》,《中國史研究》1990年第1期。

⑧ 姚孝遂:《商代的俘虜》,《古文字研究》第1輯,中華書局,1979年。

意見的是 1982 年楊升南的《對商代人祭身份的考察》一文，①認爲用作犧牲的人應已是奴隸而不是剛抓來的俘虜。1982 年羅琨的論文《商代人祭及相關問題》贊成將用作人牲的俘虜與奴隸相區別，②但羌人已多被用爲畜牧奴隸，成批殺祭羌人是爲了給過去的先王補充財富與臣民。

卜辭中的"衆"與人牲的身份直接關係到商代晚期商王國內是否存在着大量的作爲農業勞動者的奴隸，因此也影響到對商代社會形態的看法，所以在今後相當長一段時間內此類問題還可能會繼續引起古史研究者的興趣。

4. 家族形態及宗法制度

以往對商人家族的研究大致包括兩個層面，一個是較宏觀的研究，即論述商人家族的類型、分布與在當時社會生活中的作用及其與王朝的關係；另一個是微觀式的研究，深入家族內部，具體地剖析商人家族內部的組織結構、等級結構及經濟生活。這兩個側面在諸家的論著中往往兼顧，但時有側重。

1950 年出版的丁山遺著《甲骨文所見氏族及其制度》試圖將文獻與甲骨文資料相結合，③以説明"殷商後半期的國家組織以氏族爲基礎"。在當時能有這樣的眼光是十分難得的。遺憾的是，他將記事刻辭中的"示"讀爲"氏"，從而將示龜、示骨者均當作族氏名稱，並以此作爲立論基點，這樣就影響了他見解的可靠性。1950 年發表的張政烺的論文《古代中國的十進制氏族組織》是一篇名作。④ 他將商代家族置於當時的歷史環境中，論證了商人族氏不僅是商王的軍事組織，也是爲商王服役的農業組織，使古史研究者們對商代家族在社會中的重要作用有深刻印象，對促進這一問題的研究有較大影響。

由於 20 世紀 50 年代至 70 年代，中國大陸的古史研究偏重於政治與經濟制度，對社會結構關注不够，所以對商人家族的研究，特別是對商人家族的類型及其在當時國家內的地位很少有文章涉及。20 世紀 50 年代中葉日本白川靜有《殷代雄族考》7 篇，⑤具體地考察了與王室同出一族而後立於王都周圍的 7 個商人强宗的地望及在商代社會內的作用。1968 年林巳奈夫發表《殷周時代的圖象記號》，⑥將商金文中的族氏名號與甲骨文中出現的地名、人名、貞人名相比較，對商人族氏的諸種類型作了分析。

20 世紀 80 年代以後，國內古史研究者對古代社會史表現出極大的熱情，對商代家族的研究也有較多的成果。筆者在《商周家族形態研究》一書中用專門章節論述了商人家族

① 楊升南：《對商代人祭身份的考察》，《先秦史論文集》，《人文雜誌》增刊，1982 年。
② 羅琨：《商代人祭及相關問題》，《甲骨探史録》，三聯書店，1982 年。
③ 丁山：《甲骨文所見氏族及其制度》，《歷史研究》編輯委員會編輯，科學出版社，1956 年，此書含《甲骨文所見氏族及其制度》《殷商氏族方國志》（未完稿）兩篇文章。
④ 張政烺：《古代中國的十進制氏族組織》，《歷史教學》2 卷 3 期、2 卷 4 期、2 卷 6 期，1951 年。
⑤ 白川靜：《殷代雄族考》，《甲骨金文學論叢》（油印本）5 至 8 集。按：已收入《白川靜著作集別卷·甲骨金文學論叢（全三册）》，（東京）平凡社，2008 年—2012 年
⑥ 林巳奈夫：《殷周時代的圖象記號》，《東方學報》（京都）第 39 册，1968 年。

的類型(子姓與非子姓宗族,子姓中的王族、子族及其他家族的構成及相互關係),商人諸宗族與商王室在宗教、軍事、經濟等方面的關係,肯定了商人諸宗族對商王國的支柱作用。① 從宏觀上討論商人家族類型的論文還有劉昭瑞《關於甲骨文中子稱和族的幾個問題》②與葛英會《殷墟卜辭所見王族及相關問題》。③ 葛文對"王族""子族"的内涵作了許多新的解釋,他也提出當時存在多王族,這與前述齊文心、高明論述商代多王的論文有某些相合處,唯葛氏將其理解爲部族的聯合。

促進商代家族研究走向深入,進入上述第二個層面的一項重要研究成果是甲骨卜辭中"非王卜辭"的發現與論證。"非王卜辭"即王以外商人貴族的卜辭,這種卜辭的内容直接關係到占卜者貴族所在家族的事務,是了解商人家族内部形態與制度的彌足珍貴的資料。早在 1936 年,董作賓在《五等爵在殷商》一文中即講到,卜辭中有稱"子卜"或"子卜貞"的,"疑此子乃王子某,但稱子不自署名而已"。④ 1938 年日本貝塚茂樹著文肯定了這個説法,并認爲這個"子"是多子族的族長。⑤ 後來他在與伊藤道治合寫的論文中又稱這種卜辭爲"多子族卜辭"。⑥ 1958 年李學勤發表《帝乙時代的非王卜辭》一文,⑦首次提出"非王卜辭"的概念,並從稱謂系統、字體、内容諸方面將非王卜辭作了分類,推定了諸類非王卜辭問疑者的身份,説明他們與商王室有一定的親屬關係,他們各自家族有封地,有的擁有師旅,參加政治與軍事活動。在此文中,李氏將他所劃定的幾種非王卜辭時代定爲帝乙,但後來又改變了這一看法,贊成其爲武丁時期卜辭。⑧ 繼李氏後,林澐在 60 年代完成的論文《從武丁時代的幾種"子卜辭"試論商代的家族形態》中正確地將"子"解釋爲當時對男性貴族的尊稱,同時指出幾種非王卜辭占卜主體的家族屬商人父權家族,並對此種家族之形態(如家族構成、族長權力、經濟情況等)作了具體論述,從而將對商人家族的研究提到一個新的高度。⑨

對商代家族制度的研究,多集中在對宗法制度的探討上,自王國維在《殷周制度論》中否定商人有宗法制與嫡庶制後,長時間内少有學者持異議。1944 年胡厚宣在《殷代婚姻家族宗法生育制度考》一文中,⑩根據商晚期康丁後已傳位於長子,提出宗法在殷代已萌芽。⑪

① 按:這方面的論述是以 80 年代發表的有關論文爲基礎的。
② 劉昭瑞:《關於甲骨文中子稱和族的幾個問題》,《中國史研究》1987 年第 2 期。
③ 葛英會:《殷墟卜辭所見王族及相關問題》,《紀念北京大學考古專業三十周年論文集》,1990 年。
④ 董作賓:《五等爵在殷商》,中央研究院《歷史語言研究所集刊》6 本 3 分,1936 年。
⑤ 貝塚茂樹:《關於殷代金文中所見圖象文字彙》,《東方學報》(京都)第 9 册,1938 年。
⑥ 貝塚茂樹、伊藤道治:《甲骨文斷代研究法的再檢討——以董氏的文武丁時代之卜辭爲中心》,《殷代青銅文化的研究》,京都大學人文科學研究所,1953 年。
⑦ 李學勤:《帝乙時代的非王卜辭》,《考古學報》1958 年第 1 期。
⑧ 李學勤:《小屯南地甲骨與甲骨分期》,《文物》1981 年第 5 期。
⑨ 林澐:《從武丁時代的幾種"子卜辭"試論商代的家族形態》,《古文字研究》第 1 輯,中華書局,1979 年。
⑩ 胡厚宣:《殷代婚姻家族宗法生育制度考》,《甲骨學商史論叢初集》。
⑪ 但他釋卜辭"婦某"之某爲姓,以證明殷代女子稱姓,屬族外婚,也作爲宗法存在之證明,今日看來並不確切,"婦某"之某似是指父家之氏名。

1982 年裘錫圭《關於商代的宗族組織與貴族和平民兩個階級的初步研究》一文中，[①]進一步論證了在甲骨文時代已存在宗法制度，認爲其表現是强調宗子世襲與大小宗統屬關係。楊升南《從殷墟卜辭中的"示""宗"説到商代的宗法制度》一文，[②]通過卜辭中反映出來的王位繼承制上的嫡庶制論證商代宗法制度的存在。

　　嫡庶制的存在在古代社會主要是在多妻因而多子的父系家族内爲選擇家長繼承人所建立的一種習慣法，以避免權力繼承上的混亂。但事實上立嫡長子之制往往會受到干擾而不能嚴格實行，此種情況下不能説即没有宗法。所以宗法制的實質是什麼，是一個需要深入討論的問題。從商周時代的情況看，似應主要是指宗子在家族内的主祭權與對族人政治、經濟上的控制與支配權。在卜辭中可見到子姓商人貴族參加由王主持的王室祭祀活動，商王具有相當於宗子的地位，表明其與子姓諸貴族間的確存在着大小宗的宗法關係。[③]

　　由甲骨卜辭揭示的生動細緻的商代家族形態與家族制度不僅使我們對商代社會結構、社會生活的了解更豐富充實，更立體化，而且由商代家族的存在與社會功能也可以看到當時國家的形態特徵，所以在這方面的研究成果可以説是商史研究中很重要的收穫之一。

　　5. 宗教、祭祀與宗廟制度

　　對商代宗教觀念與宗教活動的深入研究，從一定意義上説是了解商代社會的關鍵。由殷墟卜辭中能够感悟到，商人宗教發展階段實質上已由自然宗教(亦稱自發宗教)發展到了人爲宗教第一階段的民族宗教階段。此時商王室故去的祖先已被奉爲商民族與國家之神。同時商人還在思索、尋求一種在能力上超出祖先神與自然神的統一世界的力量，在此過程中所創造的神即是"上帝"，但它只是此種思索不成熟的產物。於殷墟卜辭中頻頻出現的"上帝"早就引起學者們的注意。20 世紀 30 年代初，傅斯年即據卜辭、西周金文與文獻評論過殷周之際帝天觀念的演變。[④] 50 年代中葉陳夢家《殷虛卜辭綜述》出版，其中亦專有幾節論帝，總結了商人上帝之權威，並認爲當時上帝不受祭。但迄今對卜辭中有關上帝内容所作最系統、全面解説的論者，還應説是胡厚宣的《殷卜辭中的上帝和王帝》。[⑤]文章論證了上帝是殷人的至上神，是殷王形象在天國的反映，而且將卜辭中的"王帝"之稱解釋爲是死去的帝王，爲王權神化的表現。[⑥] 文中亦主張上帝不享祭。這篇論文的見解長期以來被學者們所信從，於多處被引用。但近年來陸續有學者提出了一些不同看法。

---

① 裘錫圭：《關於商代的宗族組織與貴族和平民兩個階級的初步研究》，《文史》第 17 輯，1982 年。
② 楊升南：《從殷墟卜辭中的"示""宗"説到商代的宗法制度》，《中國史研究》1985 年第 3 期。
③ 參見拙作《商周家族形態研究》。
④《安陽發掘報告》第 2 期，1930 年。
⑤ 胡厚宣：《殷卜辭中的上帝和王帝》，《歷史研究》1959 年第 9、10 期。
⑥ 李學勤認爲殷墟甲骨文的"王帝"其實就是"皇帝"。見其爲劉桓《殷契存稿》(黑龍江教育出版社，1992 年)所作"序言"。

1990 年晁福林在《論殷代神權》一文中，[①]認爲在殷代尚未出現至高無上的王權，天上也未出現至高無上的神。1993 年筆者在《商周時期的天神崇拜》一文中，[②]亦根據卜辭資料與宗教學理論提出上帝雖在商人神靈系統中地位崇高，但並未與祖先神、自然神形成明確的上下統屬關係，故並非至上神。由於對商人上帝的研究是對殷代宗教研究的一個重點，牽涉到對古代中國宗教與思想文化的認識，研究者間尚有較大的分歧，這顯然需要在今後加強討論。

在商代祭祀的研究上最重要的成果，是董作賓對周祭制度的研究。1945 年董作賓公布卜辭中有一種用五種祀典輪番祭祀其祖先、周而復始的制度，他稱之爲"五祀統"。[③] 有的學者評價這一發現是"他把那散落在滄海裏的珍珠，從深水淤河裏撿出來，再穿貫成恰到好處的項圈，這真是一個偉大而精細的工作"。[④] 董氏的見解後來又經島邦男[⑤]與陳夢家作補充與修正，陳氏并稱之爲"周祭"。[⑥] 1968 年許進雄《殷卜辭中五種祭祀的研究》一書出版，系統論證了周祭之特性，受祭者之資格，重新排定了祭譜，在祀首擬定上與諸家以"肜祀""祭祀"爲祀首不同，而是以翌祀爲祀首。[⑦] 這方面最新最重要的成果是 1987 年出版的常玉芝《商代周祭制度》一書，[⑧]因是在以上諸家工作基礎上所作，搜集材料更爲齊備，論證亦更爲精密，因而糾正了前此諸家不少錯誤。本書還進一步論證了黃組卜辭（及商金文與雕骨刻辭）之周祭有三個系統，應分屬三王，這對甲骨分組、分期及確定帝辛卜辭的存在有重要意義。

陳夢家的《古文字中之商周祭祀》系統考證了卜辭諸祭名内涵。[⑨] 張秉權《殷代的祭祀與巫術》一文，[⑩]分析祭祀對象、種類、用牲與場所，全面檢討了卜辭中的祭祀制度。此外還有一些論著對卜辭中所見的一種或幾種祭禮作專門研究，如胡厚宣對四方風神祭祀的研究，[⑪]張政烺論耤田爲祭田祖之祈年祭，[⑫]宋鎮豪、常正光對"出日""入日"之祭的考察，[⑬]連劭名對"血祭"的研究等，[⑭]都有獨到的見解。

至於卜辭中所常見到的作爲祭祀對象之神主——"示"的類型與内涵的研究，近年來

① 晁福林：《論殷代神權》，《中國社會科學》1990 年第 1 期。
② 拙文《商周時期的天神崇拜》，《中國社會科學》1993 年第 4 期。
③ 董作賓：《殷曆譜》，中央研究院《歷史語言研究所集刊》，1945 年。
④ 屈萬里：《殷虛文字甲編考釋·自序》（小屯·第二本），臺北，1961 年。
⑤ 島邦男：《殷墟卜辭研究》，日本弘前大學文理學部中國學研究會，1958 年。
⑥ 陳夢家：《殷虛卜辭綜述》。
⑦ 許氏後又有《第五期五種祭祀祀譜的復原》一文，載《大陸雜誌》第 73 卷第 2 期。
⑧ 常玉芝：《商代周祭制度》，中國社會科學出版社，1987 年。
⑨ 陳夢家：《古文字中之商周祭祀》，《燕京學報》第 20 期，1936 年。
⑩ 張秉權：《殷代的祭祀與巫術》，"中研院"《歷史語言研究所集刊》49 本 3 分，1978 年。
⑪ 胡厚宣：《釋殷代求年於四方和四方風的祭祀》，《復旦學報》1956 年第 1 期。
⑫ 張政烺：《殷契耤田解》，《甲骨文與殷商史》，上海古籍出版社，1983 年。
⑬ 宋鎮豪：《甲骨文"出日""入日"考》，《出土文獻研究》第 1 輯，文物出版社，1985 年；常正光：《殷人祭"出入日"文化對後世的影響》，《中原文物》1990 年第 3 期。
⑭ 連劭名：《甲骨刻辭中的血祭》，《古文字研究》第 16 輯，中華書局，1989 年。

也有新的進展。1985 年楊升南發表論文,①認爲商王直系爲"大示",旁系爲"小示",大小示在受祭的禮數隆盛程度、宗廟保存與配偶受祭與否上有不同待遇。但大示的含義是否如以上傳統看法爲直系先王,近年來已有學者提出異議。如 1982 年曹錦炎著文認爲大示爲上甲至示癸六示,並非直系。② 1989 年筆者提出大示只包括上甲、大乙、大丁、大甲、大戊、大庚六先王,小示仍解釋爲旁系爲妥。③

與祭祀制度研究相聯繫的是宗廟制度的研究,陳夢家《殷虚卜辭綜述》將商王室宗廟作了類型的分割,並具體討論了各類宗廟及附設祭所的廟主、功能、結構等問題,爲以後深入研究打下了基礎。繼陳氏後,金祥恒、楊升南、晁福林先後有文章專論或涉及商王室宗廟制度。④ 1990 年筆者亦有專文討論商王室宗廟的設置原則與意義,附屬祭所的作用及宗廟制度對王室統治的作用,内中涉及宗廟占卜等問題。⑤ 最近石璋如在作殷墟建築基址復原研究時,聯繫甲骨卜辭與文獻,認爲甲四、六、十二、三基址分別是祭上甲、三報二示、大乙至祖丁九示、及它示(遷殷後諸王神主)的宗廟。⑥ 石氏還有文章認爲乙二基址爲早期的右示(祭先公遠祖及自然神所在),乙一(黄土臺)爲傳説中的"高宗"。⑦ 這是第一次具體地將殷墟建築遺存與卜辭中所見到的宗廟相聯繫。存在的問題是這樣做不免有較多的推測成分,而且卜辭中的宗廟與殷墟建築基址的關係似應該是在對整個基址群(甲、乙、丙組)進行綜合考慮的基礎上進行判斷。

6. 商代的曆法與地理

殷墟甲骨刻辭的發現亦爲研究商代曆法提供了最可靠的第一手資料,數十年來在這方面已有較多的研究成果。1945 年在四川石印出版的《殷曆譜》是董作賓以 12 年時間利用甲骨文等資料撰寫的研究殷代曆法與周祭祀譜的巨著。在該書第一卷中提出商人采用干支紀日,一直連續至今日而未間斷;商人之月爲太陰月,有大小月之制(小月 29 日,大月 30 日),過 14 或 16 月後連置兩大月;他認爲當時采用陰陽合曆之年,故有置閏月之法,19年而 7 閏,並依其新舊派之分的見解,指出舊派(如武丁)年終置閏(設 13 月),新派(如祖甲)則爲年中置閏。在第三卷他還討論了卜辭所見日、月食,企圖證明當時已有古四分術與正月建丑之制。陳夢家《殷虚卜辭綜述》進一步肯定了董氏的一些説法,同時作了修正,

① 楊升南:《從殷墟卜辭中的"示""宗"説到商代的宗法制度》,《中國史研究》1985 年第 3 期。
② 曹錦炎:《論卜辭中的示》,中國先秦史學會第一次年會論文,成都,1987 年。
③ 拙文《論殷墟卜辭中的"大示"及其相關問題》,《古文字研究》第 16 輯。
④ 金祥恒:《卜辭中所見殷商宗廟及殷祭考》(上、中、下),《大陸雜誌》第 20 卷第 8—10 期,1960 年 4—5 月;晁福林:《關於殷墟卜辭中的"示"和"宗"的探討——兼論宗法制的若干問題》,《社會科學戰綫》1989 年第 3 期;楊升南:《從殷墟卜辭中的"示""宗"説到商代的宗法制度》。
⑤ 拙文《殷墟卜辭所見商王室宗廟制度》,《歷史研究》1990 年第 6 期。
⑥ 石璋如:《殷墟地上建築復原第六例——兼論甲十三基址與祐示》,"中研院"《歷史語言研究所集刊》65 本 3 分,1994 年。
⑦ 石璋如:《殷墟地上建築復原第七例——論乙一及乙三兩個基址》,"中研院"《歷史語言研究所集刊》66 本 4 分,1995 年。

認爲年終或年中置閏在一個時期(祖庚、祖甲)内曾並行。但陳氏批評董氏所提出的殷代曆法爲古四分術及正月建丑之説,認爲"是完全錯誤的"。1981年出版的由天文史學家撰寫的《中國天文學史》肯定了董、陳氏對陰陽合曆與大小月的看法及董氏提出的干支紀日從殷代至今未間斷的看法,並肯定了年終置閏,但否定了殷代有年中置閏的可能性。[①]

殷代以太陰紀月,治甲骨文的學者如董作賓過去多認爲是朔日爲首。上舉《中國天文學史》與1984年張培瑜等發表的論文均認爲應是以新月出現爲首。[②] 同樣的看法,日本學者藪内清在1957年即已提出。[③] 但1990年馮時發表《殷曆月首研究》一文仍認爲殷人是以朔日爲月首,[④]因爲相對疏闊的朔還是可以通過觀測取得。由此可見對這個問題的爭論今後還會繼續下去。

有關商代地理的知識對於商代社會歷史、文化的研究是至關重要的,但是殷墟甲骨文發現以前,文獻中有關的記載寥寥可數,因此殷墟卜辭中出現的地名便格外引起學者的注意。開殷墟卜辭地理研究之先河者爲王國維,他在1914(或1915)年撰寫了一篇很短的文章《殷墟卜辭中所見地名考》,從當時已能見到的200餘地名中選了8個距今安陽較近而又見載於文獻的地名,考釋了其地望。此時還談不上地名間繫聯。真正爲卜辭地理研究創立了一種行之有效而又科學的方法的學者是郭沫若。他在1933年出版的《卜辭通纂》(日本文求堂)中以商王田獵卜辭爲研究對象(此種卜辭多附記當日占卜地名,即田獵駐地),通過同版幾條卜辭干支之日差計算地點間的距離,而後又通過異版同名聯繫其他地名,從而結合文獻記載建立起地理區域構架。此後,雖有不少學者繼續開拓商代地理研究領域,但采用的方法皆本自於郭氏的干支系聯法。至80年代末,治商代地理成績突出的有董作賓、陳夢家、李學勤、島邦男、松丸道雄與鍾柏生。[⑤] 董氏的成績在於將黄組卜辭的征人方卜辭中經過地點系統地收集起來,按干支繫聯,借以考釋其地望,並繪出路綫圖。陳氏則較全面地討論了商晚期諸種地理結構,如大邑商所在之王畿地區與沁陽田獵區,勾畫了卜辭地名網,並在伐人方路綫上修正了董氏之説。李氏的專著將沁陽田獵區作了更細緻的區域分劃,更正了郭沫若將"衣逐"之"衣"釋爲地名的錯誤,指出"衣"當讀爲"殷",訓"同"或"合"。松丸道雄的著作則從理論上討論了田獵地之間距離的推定方法,這是他超出其他諸家之處。鍾柏生的論文集將卜辭地名作了分類,分爲田遊地理、農業地理、部族方國地理等。他詳細評析了以前諸家研究的成績與方法、觀點上存在的問題,在田獵地

① 中國天文學史整理研究小組:《中國天文學史》,科學出版社,1981年。
② 張培瑜等:《試論殷代曆法的月與月相的關係》,《南京大學學報》(哲學社會科學)1984年第1期。
③ 藪内清:《關於殷曆的兩三個問題》,鄭清茂譯,《大陸雜誌》第十四卷第1期,1957年。
④ 馮時:《殷曆月首研究》,《考古》1990年第2期。
⑤ 董作賓:《殷曆譜》;陳夢家:《殷虚卜辭綜述》;李學勤:《殷代地理簡論》,科學出版社,1959年;島邦男:《殷墟卜辭研究》,日本弘前大學文理學部中國學研究會,1958年;松丸道雄:《關於殷虚卜辭中的田獵地》,《東京大學東洋文化研究所紀要》第30册,1963年;鍾柏生:《殷商卜辭地理論叢》,藝文印書館,1989年。

名研究上雖仍主要采用干支繫聯法,但對辭例的條件作了較嚴格的規定。①

有關殷墟卜辭地理研究的最新成果是 1994 年出版的鄭杰祥的《商代地理概論》,②其特點首先是對地名作詳細的文字考證,以求字識準確;其次是卜辭資料更爲齊全,不僅利用了《甲骨文合集》,而且有《小屯南地甲骨》等新資料,是他書所未采用的;三是書中充分利用了最新的田野考古資料。

商代地理的研究雖然有較多成果,但由於卜辭資料本身的限制,對卜辭中出現的地名之地望的看法分歧仍比較大。其中最明顯的如商王田獵卜辭中所反映出來的主要田獵區究竟在哪裏,現在即有河南沁陽、山東泰山、河南濮陽(及新鄉以東、山東以西)三個地區三種看法;此外"大邑商"是一塊區域名還是都城名? 卜辭中的"商"地究竟在何處? 這些重要問題都還有待於作進一步的深入討論。

四

殷墟甲骨文的發現到 1999 年即是 100 周年了,這對於中國史學界乃至世界史學界都是一個非常值得紀念的日子。近一個世紀以來,國內外衆多學者在甲骨學這一奇妙而又異常艱深的學術領域辛勤耕耘,收穫了豐碩的果實,使這門學問成爲一門國際性的顯學。在 21 世紀即將來臨之際,我們自然會想到今後應該如何使殷墟甲骨文的研究上升到一個更高的層次,從而爲中國與世界古代文明的研究作出更大的貢獻。要做的工作很多,但以下幾方面可能是比較重要的。

(一)繼續致力於甲骨文字的考釋

甲骨文研究要想繼續深入,識別一些長期未能解決的難字是首先要做的一件基礎性的事。甲骨文中有些字,僅是人名、地名暫時不識還無關大局,但有些字經常出現,對於理解辭義很關鍵,如長久不能識讀或者不明確其字義,自然會影響到正確運用卜辭去研究史學問題。甲骨文字有其特殊的書寫形式,在不同組、不同時期的卜辭中字形也有變化,此外還會有一字異體的情況。只有通過搜集更齊備的資料,搞清某些難識的甲骨文字字形演變的綫索,尋找其與商周金文及戰國、秦漢文字字形上的聯繫,同時注意文例的比較與同文的比勘,聯繫具體辭例疏通其字義,才有可能在文字考釋上有所進展。最近饒宗頤先生談到目前甲骨文字考釋上有兩種不正確的傾向,一是不注意弄清字形演變的過程,僅是

① 鍾氏在選擇辭例時注重嚴謹性是非常正確的。但田獵卜辭資料本身總顯得比較粗疏,如該書第 93 頁所舉《前》2.44.5辭,在甲、乙、丙三個占卜地點(田獵駐地)各自占卜時間是壬申、戊寅、壬午三日,壬申、戊寅間相隔五日,戊寅至壬午間相隔三日,但似乎不能據此就可以肯定甲至乙地是"需時六日",乙至丙地"需時四日",因爲商王究竟何時動身,何時到達都没交待,這樣估計兩地間距離總有不嚴密處。即使是鍾氏書中 30 頁所舉典型辭例也不是没有這種問題,某日在甲地貞今日"王步於乙地",又於某日在乙地貞"今日步於丙地",何以能知道王從甲地到乙地是什麽時間到達的呢? 未必是兩個干支日之差所走的路程。所以利用田獵卜辭作地理研究有較大的推測性,需依靠文獻與實際地名相聯繫,調整相對位置。
② 鄭杰祥:《商代地理概論》,中州古籍出版社,1994 年。

孤立地分析字形構造,曲解字形;二是脫離文義搞純字形考釋,這樣的考釋對理解文義、通讀卜辭於事無補。① 這是非常值得我們注意的。

（二）加强甲骨卜辭的分類、斷代工作的科學性

甲骨卜辭發展的“兩系説”、歷組卜辭時代的提前等新見解是建立在對卜辭内涵深入分析基礎之上的,如果新説能够較好地解決董氏五期分法不好解釋的一些現象,當然是可以用來改造舊説的。但目前甲骨卜辭的分類與斷代工作要更深入一步,還需增强科學性,要有科學的理論根據。例如新説欲成立,有以下幾方面問題即需更好地解決:其一是分類的標準問題。近年來有的學者强調字體可以作唯一的分類標準,但實際上幾乎所有學者在分類時仍然未能脱離開陳夢家最先使用的以貞人組爲基礎的分類方法,而且這樣的同一組卜辭在字體與時代風格方面總有某些較相近之處。所以,以貞人爲基礎分類與按字體分類還是可以有相適合的一面。現在,有些學者采用以貞人分組,②同組下又按字體及風格更細緻的差别再分小類,這種方法是可行的。比單純用字體分類有較强的操作性,標準亦較好掌握。有些組之間從字體上看呈過渡狀態的卜辭似可以采取依主要字形特徵歸入其上或其下某一貞人組範疇内的方法,似不宜分得過細,以致在實踐中不好掌握。其二是“兩系説”如何從史學角度作解釋。上文曾引用有的學者的見解,認爲兩系甲骨出土坑位分布有區域差異,是持不同卜法的貞人(原説稱卜人)將其占卜所用甲骨分别帶回其居所之故。這牽涉到甲骨出土坑位地點與殷墟建築基址的關係問題。甲骨出土於宗廟(及其他祭所)、宫室建築附近,則這些宗廟宫室可能即是用甲骨占卜時的處所,在有的卜辭下還明記“在某宗卜”。之所以要在宗廟占卜,可能與宗廟(及其它祭所)通過祭祀活動可以降神,因而可以更直接地得到神靈啓示有關。如可以這樣理解,則不同系統的甲骨出土坑位分布區域的差異也可能與不同的貞人組經常從事占卜的宗廟(及其它祭所)與宫室地點不同有關,不一定與貞人居所不同有關(𠂤、賓等組卜辭出土坑位在小屯村北分布較散,貞人似不可能居住得如此分散)。與“兩系説”有關的還有一個問題,即爲什麽同一個王會需要同時並存持兩套屬不同占卜體系的貞卜班子? 特别是爲同一事也需要由兩套貞卜班子分卜,其緣由何在? 是否與占卜制度有關? 這一問題也是需要解釋的。其三,歷組卜辭時代提前亦有待於甲骨出土的地層根據作證明。而與此相關的問題是,甲骨本身使用年代與其在地層中的分布狀況二者之間的關係(較早的卜辭何以常出現於晚期地層中,同一坑中不同組、不同時期的卜辭何以會混合堆積)還需作合理的解釋,這也涉及到對甲骨(特别是刻辭甲骨)爲什麽會分置於窖穴、灰坑與散布於一般地層中的不同原因的探討。所以甲骨卜辭的分類斷代工作應更好地與田野考古工作相聯繫。

① 饒宗頤:《甲骨文研究斷想——爲紀念于省吾先生百年誕辰而作》,《史學集刊》1996 年第 3 期。
② 無貞人稱“無名組”,亦是建立在以貞人爲標準的基礎上的。歷組無貞人組,是按與歷卜辭字形有共同特徵這個因素歸爲一組的,黄組情况亦近似。

甲骨卜辭的分類、斷代工作除了從上述幾方面去努力外，對於不同類組卜辭内涵的分析、比較也是確定先後發展次序與相互關係的一個重要參考因素。例如對於不同類組卜辭祭祀制度的考察即有助於分類與斷代，因爲同一個王世貞人組可能不同，占卜制可能有差別，但其祭祀禮制不應有兩套。合理的分類、斷代方案在類似這樣的卜辭内涵上也應該是協調的。

（三）更好地利用甲骨文資料，深化對商代社會形態的認識

用甲骨文研究商史固然已取得許多收穫，但在有關商代社會形態及等級身份研究的一些重要問題上，仍存在較多分歧。這些分歧的造成，有的在於對具體卜辭字釋與辭義的理解不同，如"喪衆"之"喪"，或解釋爲"喪失"，認爲"喪衆"指在戰事中損失師旅；或解釋爲逃亡，認爲"喪衆"是指"衆人"的逃亡，如果將"衆"的身份理解作奴隸的話，即更可認爲是奴隸的一種反抗鬥爭。當然，這種問題的解決一方面需要深入考察有關的關鍵字詞在商、西周時代使用的習慣並與相近同的文例相比勘；另一方面則需要從卜辭以及時代相近的文獻語法角度來作論證。但是，對於有些關於商代社會形態的較重要問題之所以產生分歧，可能主要還不在於對卜辭及一些考古資料的理解不同，而在於對應如何認識中國古代社會形態，如何認識奴隸制與奴隸社會等問題存在較大的差異，這其中當然也包括應本着什麼原則去處理史料與理論的關係問題。中國社會在商代可以認爲還處於早期階級社會，商王國也可稱爲早期國家。從殷墟卜辭資料看，其有着許多不同於後世國家的特點。如此時雖有了實行專制主義統治的王、非居民自動武裝的軍隊與一整套國家官吏機構，具備了作爲恩格斯所説的"國家的本質特徵"的"和人民大衆分離的公共權力"，[1]但國家的基層組織並未完全實現地域化，以貴族階級爲主幹的各宗族仍在親族範圍内保留着血緣關係，當然其總體已非單純的血緣關係，而是一種經過改造的國家政治與軍事單位。在此種國家内，各宗族内部占多數的平民族衆與族中的貴族階層已存在階級差別，平民族衆成爲國家的主要兵源與諸種勞役（主要是農業勞役）的實際擔負者，從戰俘與被征服民中轉化的奴隸多用於王室或各宗族内專爲貴族階層服務的手工業機構及畜牧業中，或用作貴族家内奴僕。如果以上特徵可以認爲是事實的話，那麼像商王國這種早期國家，應該像張光直先生所講的，可作爲世界歷史中的國家的基本類型之一。[2] 更好地利用甲骨卜辭資料與其它多種考古與文獻資料相結合，在歷史唯物主義指導下實事求是地闡明商代在特定的歷史背景與人文、地理環境下國家與階級社會的實況與特點，從而豐富我們對中國國家起源與其早期形態的認識，這不僅是對中國古史研究，也是對世界古代文明史研究極有意義的事情。如果在這個問題上我們的古史研究者能有共識，則在對殷墟卜辭中反映社會等級身份與經濟形態、國家形態的許多資料的解釋上，即能够展開更爲熱烈而又更富學

---

① 恩格斯：《家庭、私有制和國家的起源》，《馬克思恩格斯選集》第四卷，人民出版社，1972年，第114頁。
② 參見張光直：《中國青銅時代》，三聯書店，1983年，第53、54頁。

術意義的討論,這樣才能真正促進商史研究的深入。

(四)加强對商代祭祀制度的研究

有關祭祀制度的内容在殷墟甲骨文中占了相當大的比例,作爲"國之大事"之一的祭祀,在當時人們的社會生活與精神生活中都占有相當重要的位置,自然應是甲骨文研究的一項重要課題。但是至今除了對周祭制度的研究已相當深入外,其他諸種祭祀制度的研究仍相當薄弱,尤其是諸種祭祀制度之間的體係關係没有搞清,其間還有不少難點。例如在卜辭中與周祭卜辭形式相近的歲祭至今尚很少有學者作深入研究,其與周祭的關係也需要探討。即使是周祭制度也有問題,出組、黄組存在此種制度,但年代處於出組與黄組間的卜辭,以至於賓組卜辭也有類似的祭名,是否也有類似的周祭,只是未見於卜辭? 董作賓用新派、舊派解釋,贊同者不多,但如非新、舊派所致,何以會在祭祀制度上有如此大的起伏? 又如常見的酚祭,總附帶其它祭名,其間必有祭禮之間的屬從關係。再有,常説的"祭名""用牲法"是否能分清? 諸祭名的内涵是什麼? 凡此都是需要今後甲骨學者們作深入考察的重要問題。

(五)在甲骨文研究中積極采用新技術手段

首先是電子計算機技術的應用。早在 1987 年南京大學范毓周等即設計了"計算機甲骨文信息處理系統",采用義形四位等長碼輸入甲骨文,與激光照排系統連接,用於印刷甲骨文書刊,並可用於教學與科研。香港中文大學中國文化研究所出土文獻研究中心於 1995 年 9 月開始籌備甲骨文資料庫電腦檢索系統,預計在 1998 年底可以完成全部工程,其成果同時可以用來修訂、補充現有的類纂一類工具書。臺灣成功大學也有學者在采用電子計算機技術編制"世界甲骨檢索全集",其成果將可以方便地檢索甲骨卜辭的全文與片語。總之,可以預知,將有更多的單位與學者致力於將電子計算機技術運用於甲骨文研究,大大地提高研究的科學性與效率。此外,1996 年 5 月 16 日開始啓動的"夏商周斷代工程"將采用加速器質譜法(AMS)測定有年祀、稱謂和天象記録的甲骨的年代。毫無疑問,將諸種高科技手段應用於甲骨文研究是今後甲骨文研究的新途徑。

(原載《歷史研究》1997 年第 1 期)

殷墟西北岡大墓年代序列再探討

　　殷墟西北岡是商後期王陵區所在,陵區分爲東西兩域,中隔百米(圖一)。西區有帶四條墓道的大墓七座,即 M1001、M1002、M1003、M1004、M1217、M1500、M1550,還有一座尚未修完的方形豎穴大墓 M1567 與一座較小的"甲"字形大墓 78AHBM1。東區有一座四條墓道大墓 M1400,三座"中"字形大墓 M1129、M1443、50WGM1(即武官大墓)與一座"甲"字形大墓 84M260。這些大墓,除了 50WGM1 與 84M260、78AHBM1 是由中國社會科學院考古研究所發掘清理外,餘十一座皆由前中央研究院歷史語言研究所發掘清理。[①]

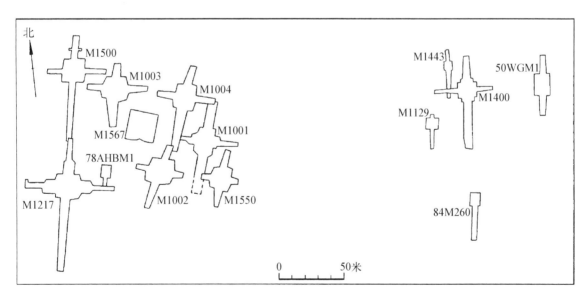

圖一　西北岡大墓分布平面圖

---

① 梁思永、高去尋:《侯家莊》,1001 號大墓,1002 號大墓,1003 號大墓,1004 號大墓,1217 號大墓,1500 號大墓,1550號大墓,1129、1400、1443 號大墓,"中研院"歷史語言研究所,1962、1965、1967、1970、1968、1974、1976、1996 年;郭寶鈞:《一九五〇年春殷墟發掘報告》,《中國考古學報》第五册,1951 年;中國社會科學院考古研究所安陽隊:《殷墟259、260 號墓發掘報告》,《考古學報》1987 年第 1 期;中國社會科學院考古研究所安陽工作隊:《1978 年安陽殷墟王陵區侯家莊北地一號墓發掘報告》,《江漢考古》2017 年第 3 期。

發掘資料表明,所有大墓很早即不止一次地被盜掘,墓室遭到嚴重破壞,絕大多數隨葬物品被取出或被拋棄,這不僅造成文化遺産的嚴重損失,而且爲正確認識這些大墓的内涵帶來很大的困難。

西北岡大墓是商王朝極爲重要的文化遺存,如何利用墓區殘留的隨葬品對各個大墓的年代、先後次序、墓主人身份做出妥當的認識,仍有相當重要的考古學價值與歷史學意義。正因此,自大墓發掘清理後,數十年來,先後有多位學者對上述問題作過研究,發表過意見,①他們的論述與不同的見解,是本文再作探討的重要參考。

在展開討論前,有必要對所依據的資料做一申述。西北岡諸大墓出土的遺物,按其出土位置與狀況,可分兩類。第一類是保存於原始位置,未被盜掘擾動的,比如墓道出土,槨室外被夯打在夯土層中的器物。第二類是散亂出土在早期盜坑(報告編寫者稱爲"翻葬坑")中的器物。第一類遺物自然是研究的重要依據,而第二類器物是否可以用作研究資料,則需要斟酌。早期盜坑内的器物絕大多數是盜掘者在槨、棺附近掘得之後所拋棄的。其中也包含建在大墓之上的、打破大墓的年代較晚的墓葬與灰坑所出器物,在盜掘時也會因原生層位被破壞而散落在大墓回填土中,如 M1003 有四件短柄直内短胡戈、一件短胡銎内戈集中出土於盜坑内 5.8 米深處,但這四件直内短胡戈,援較細長,下刃近中部起波折,在形制上已屬於西周早期戈的特點,②不應計入 M1003 出土的兵器中,可能是疊壓在大墓上的西周早期墓在後來大墓遭盜掘時被破壞,所出戈被拋擲於填土中。發掘報告編撰者之一高去尋曾講到:

> 早期盜掘坑中,雖然從淺處到深處都散見着古代遺物,但大致説來,在上層較少,愈往下愈多,到地下 8.5—10 公尺深才是大批遺物的出土地。這種情形似乎可以使我們推測這些早期盜掘坑的出土物,大部分在未經盜掘之前大概是墓坑底上木室裏面的東西。在盜掘時墓坑内淺處的填土自然先被掘出堆放在坑外,成爲"虛土堆"的下層,深處所出的土和被掘出而又捨棄的器物自然便逐漸成爲"虛土堆"的上層,填盜

① 梁思永遺稿對西北岡區大墓埋葬次序已有思考,參見李濟:《殷虛出土青銅觚形器之研究》下篇"花紋的比較"之(二)"侯家莊西北岡墓組","中研院"歷史語言研究所,1964 年;鄒衡:《試論殷墟文化分期》,《北京大學學報》(人文科學版),1964 年第 4、5 期;V. Kane, A Re-examination of Anyang Archaeology, *Arc·Orientalis*, 10, 1975;胡厚宣:《安陽殷墟五號墓座談紀要》,《考古》1977 年第 5 期;楊錫璋:《安陽殷墟西北岡大墓的分期及有關問題》,《中原文物》1981 年第 3 期;《關於殷墟初期王陵問題》,《華夏考古》1988 年第 1 期;曹定雲:《論殷墟侯家莊 1001 號墓墓主》,《考古與文物》1986 年第 2 期;《殷代初期王陵試探》,《文物資料叢刊》第 10 輯,文物出版社,1987 年;靳松安:《侯家莊墓 1217 年代的初步推定》,《鄭州大學學報》(哲學社會科學版)1993 年第 4 期;鄭振香:《侯家莊 1001 號大墓的年代與相關問題》,《揖芬集——張政烺先生九十華誕紀念文集》,社會科學文獻出版社,2002 年;胡進駐:《略論殷墟王陵制度的形成》,《華夏考古》2008 年第 3 期;《略論殷墟晚商王陵穴位的昭穆排列規則》,《北京師範大學學報》(社會科學版)2015 年第 5 期;井中偉:《殷墟工陵區早期盜掘坑的發生年代與背景》,《考古》2010 年第 2 期;范毓周:《殷墟王陵年代探論》,《殷墟與商文化——殷墟科學發掘 80 周年紀念文集》,科學出版社,2011 年;何毓靈:《殷墟王陵早期被盜年代研究》,《考古》2014 年第 6 期;李維明:《殷墟西北岡王陵區商代大墓分析》,《四川文物》2014 年第 5 期;魏凱:《殷墟西北岡王陵區大墓的建造次序與埋葬制度》,《考古》2018 年第 1 期。
② 井中偉:《早期中國青銅戈、戟研究》,科學出版社,2011 年,第 61 頁。

掘坑時自然先將"虛土堆"上層的土和器物向坑內填塞,於是大部木室裏的器物仍復歸於深處。

必須注意的是,西北岡大墓早期盜坑內出土同一器物殘片有分散出於兩座大墓早期盜坑的現象。如 M1001 盜坑所出二片青釉硬陶片,二者不能拼合,但其中較大一片,則可與 M1567 大方坑中所出陶片拼合。類似情況當是由於幾座鄰近大墓被盜及回填時間都較接近、各墓出土物回填時混雜所致,如高去尋所舉三例。[①]

第二類出土遺物雖有出土單位混淆的問題,但從總的數量看應是少數,某一大墓早期盜坑內所出器物,絕大多數還應是該墓的隨葬器物。特別是早期盜坑所出小件器物,如骨角牙器和玉石器,數量較多,而且同形制的器物在同一盜坑內會出土多件,有的應是盜掘者所輕視或忽略而就地拋置在椁室內外的,即使原存椁室外夯土中被盜挖至墓坑外者,其回填於原墓的可能性也應大於被填入相鄰大墓,因此發生錯位的概率當較小。如果將此類器物完全棄之不顧,則會使西北岡諸大墓內涵的分析難以深入。

另外,抗日戰爭爆發後史語所數度搬遷也導致少數器物(特別是殘片)失去田野編號,故在整理時致使出土單位混淆。例如高去尋所記 M1001 殉坑(殉 2)所出銅器可能被認爲出於同墓另一殉坑 HPKM1133,另有他墓的幾件器物被誤編進 M1001。[②] 這種情況發掘報告有所提示,利用材料時自當注意。報告中有個別器物與所出大墓年代難合的或與此有關。

一、打破關係、出土銅器與墓葬序列

(一)打破關係

根據發掘報告,西區諸大墓間有以下打破關係: M1002 北墓道打破 M1004 南墓道。M1004 南墓道打破 M1001 西墓道,其東墓道打破 M1001 北墓道。M1550 西墓道打破 M1001 南墓道。M1217 北墓道打破 M1500 南墓道。M1217 東墓道打破 78AHBM1 南墓道。據打破關係,可知其年代序列(符號"—"前者早於後者):

M1001—M1004—M1002;

M1001—M1550;

M1500—M1217;

78AHBM1—M1217。

東區諸大墓中,M1400 西墓道打破 M1443 南墓道,又有另一早晚序列,即 M1443—M1400。

---

① 梁思永、高去尋:《侯家莊》第二本《1001 號大墓》,第五章,"中研院"歷史語言研究所,1962 年。
② 梁思永、高去尋:《侯家莊》第二本《1001 號大墓》,第六章。

此外,西區 M1003 西墓道被小墓 M1414 打破,M1414 與其東邊 M1421 並列,二墓皆南北向。M1003 西鄰 M1500,M1421 與 M1414 既然並非 M1003 殉葬墓,則很可能是 M1500 的殉葬墓。[①] 因此可以得出又一個序列,即 M1003—M1500。

(二)出土青銅器

諸墓所出青銅禮器及青銅兵器有助於判斷墓葬早晚關係。

1. 禮器

首先看出有青銅容器的幾座墓葬。

M1001 西墓道殉人墓 M1133 隨葬青銅鼎一、鬲一、觚一、爵一件,椁室頂面層上殉坑四出土青銅鼎一、爵一、瓿一件。

M1550 墓室東北角殉人墓 M1550:49 隨葬青銅鼎一、觚一、爵一件,另一殉人墓 M1550:40 隨葬青銅觚一、爵一件。

M1400 南墓道中段西壁出土青銅酒器一組,即觚二(殘一)、爵四(殘一)、斝一、尊一、觶一件。東墓道西端地面下七米深處出土青銅壺一、盂一(寢小室盂)、盤一、勺一件。

從形制看,三墓所出青銅器均可歸屬殷墟文化二期。其中 M1001 所出鼎腹較深,柱足較細(圖二,1),年代似早於 M1550 出土鼎(圖二,2)。M1001 所出爵雙柱壓於流折上(圖二,3),餘二爵雙柱則有漸離流口的趨勢(圖二,5、7),M1400 所出爵柱離流折比 M1550 所出爵更明顯。且 M1001 所出爵腹平面尚存橢圓形遺風,而 M1400、M1550 所出爵腹皆已作圓形。M1001 所出觚形體相對較粗矮,中腰外鼓不明顯(圖二,4),腹壁曲率明顯低於 M1550 和 M1400 所出觚(圖二,6、8),M1550 與 M1400 出土觚中腰已明顯外鼓,而 M1400 所出觚中腰與圈足已有扉棱,年代相對略晚。從青銅器形制看,其序列應是:M1001—M1550—M1400。M1001 應屬殷墟文化二期偏早,所出青銅瓿(M1001:R11021),形近於武官大墓 M1 所出瓿,而更顯寬扁。[②] 武官大墓 M1 屬殷墟文化二期偏晚,亦可證 M1001 年代偏早。M1400 或可晚至殷墟文化二期之末。

2. 兵器

大墓中所出青銅兵器亦有助於進一步判定其期別。

M1004 出土有與婦好墓"姤辛"大方鼎形制特徵相近的鹿方鼎,表明此墓可能亦屬殷墟文化二期,但如上述二期墓至少已有三墓,則 M1004 可能已進入殷墟文化三期。M1004 可入三期,所出兵器亦可作為輔證。此墓出有七十二件戈,其中二件歧冠曲內戈出於盜坑中,餘七十件銎內戈與七百餘件長箭圜底三角形葉矛在南墓道北口與數十件銅盔形成堆積。銎內戈約始見於殷墟文化一期偏晚,殷墟文化二期始較多見,約盛行於殷墟文化三期,如殷墟西區墓地所出十二件銎內戈,屬於殷墟文化二期者二件,三期者八件,四

---

① M1003 發掘報告已肯定此點。魏凱亦有相同看法,見其《殷墟西北岡王陵區大墓的建造次序與埋葬制度》。
② 中國社會科學院考古研究所安陽工作隊:《安陽武官村北的一座殷墓》,《考古》1979 年第 3 期。

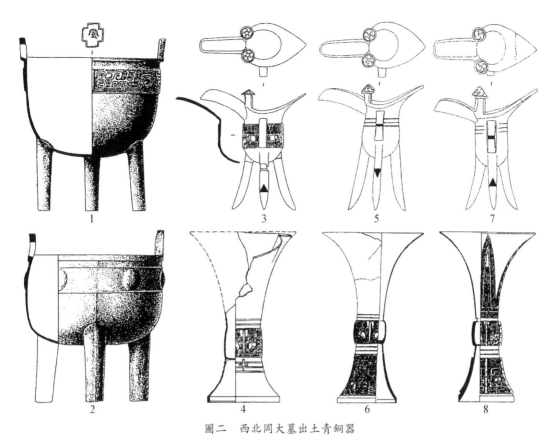

圖二　西北岡大墓出土青銅器

1、2. 鼎(M1001：M1133：4、M1550：49：R119)　　3、5、7. 爵(M1001：M1133：R1068、M1550：49：R1058、
M1400：R1054)　4、6、8. 觚(M1001：M1133：R1030、M1550：49：R1037、M1400：R1034)

期者一件,期别不明者一件。^① 長箇、箇有雙半環鈕的圜底三角形葉矛約始見於殷墟文化
二期,自殷墟文化三期一直流行至殷墟文化四期。與 M1004 這兩類兵器大量集中出土的
現象相近的是殷墟郭家莊 M160,此墓爲較大的中型殉人墓,屬殷墟文化三期,出有銅戈一
百一十九件,其中與 M1004 銎内戈形制相近的戈即有一百零三件。同墓所出七十八件矛
中,與 M1004 矛形近的長箇圜底三角形葉矛有五十二件。而這些矛亦多成捆的放置,以五
件、八件或二十件爲一組,矛鋒同向,湊成矛叢,與 M1004 銅矛的置放方式也大致近同。^②

　　根據上述情況,M1004 的年代與郭家莊 M160 可能相近,大致排在殷墟文化三期應是
較妥當的。

　　綜合以上分析,據打破關係與所出青銅器,西北岡諸大墓已知序列,可以進一步歸納爲:

　　M1001—M1550—M1400—M1004—M1002;

　　M1443—M1400;

　　M1003—M1500—M1217;

① 中國社會科學院考古研究所安陽工作隊:《1969—1977 年殷墟西區墓葬發掘報告》,《考古學報》1979 年第 1 期。
　　"墓葬登記表"中 M928 所出戈爲 B 型 I 式、B 型 II 式,但據圖六四,M928 所出戈屬 A 型 I 式戈,此據圖六四改。
② 中國社會科學院考古研究所:《安陽殷墟郭家莊商代墓葬——1987—1992 年考古發掘報告》,中國大百科全書出版
　　社,1998 年。

78AHBM1—M1217。

上文已論及，M1400 約屬殷墟文化二期偏晚，M1004 已入殷墟文化三期，那麼 M1002 也不早於殷墟文化三期。

上述幾個序列，只代表西、東區部分大墓彼此之間的先後次序，可作爲下一步研究的基礎。欲進一步明確諸大墓的序列，從西北岡大墓現存的資料看，應主要依靠對諸墓所出陶器、骨器與玉石器的分析。

二、M1002、M1003 及 M1217 之次序

（一）M1002、M1003 的次序

從上文所列西北岡諸大墓的序列可以看到，M1002 與 M1003 二墓的早晚關係如能確定，則諸墓的總序列會進一步明朗。

M1001、M1550、M1002、M1003 及 M1217 諸大墓均出有白陶假腹豆的陶片，其形制接近，但仍有差別。其紋飾皆是以雷紋填地的連續折弧紋，只是用來填地的雷紋構成有細微差異。這些白陶假腹豆的形制差別似可爲排列 M1002、M1003 的次序提供參考。但是，上述諸墓所見白陶片皆出於早期盜坑填土中。鑒於盜坑中出土器物（特別是陶器）狀況較複雜，所以對其形制與紋飾的分析與得出的結論應屬推測，或説是一種可能。這種可能的序列，將在下文用幾類骨器與玉石器的資料來進行驗證。

白陶假腹豆完整的器形見於小屯 M388（圖三，1），[①]出土於棺外椁內東南隅，屬殷墟文化一期早段。由此可知，這類白陶假腹豆流行於整個殷代，且係高級貴族使用的器皿，其形制、紋飾也較穩定，在當時可能作爲一種較高級的技藝與造型傳統被保留了若干代。其形制則隨時代發生細微的變化，從現有資料看，主要體現在口沿與假腹上。小屯 M388 所出兩件白陶假腹豆（圖三，1、2）均是淺盤，寬圈足，盤底微圜，二者的主要區別在口沿有方唇平沿與尖唇內斂之分，後者因唇內斂而使豆盤內壁有明顯的垂腹狀。M1001 所出豆，口沿是從小屯 M388：R107：1 方唇、平沿狀的形制發展而來，口沿雖作方唇，但已外傾呈坡狀而微內斂（圖三，3）。M1550 所出豆，口沿趨內斂，豆盤內壁亦作明顯垂腹狀，假腹變深（圖三，4）。M1002、M1003、M1217 所出三豆，口沿雖仍作方唇，但已有明顯的外傾坡狀，假腹已承繼 M1550：4：130 的形制，較早期深且開闊（圖三，5—7）。[②] 將此三墓所出豆相比較，M1002 所出豆盤形制顯然近同於 M1550 所出豆，而 M1003 所出豆盤僅微垂腹，且 M1002 所出豆盤底作略顯圜底狀，仍繼承小屯 M388 所出此類豆的特徵，而 M1003 豆盤已平底，腹、底及口沿形制皆與 M1217 所出豆同，可見 M1003 與 M1217 所出豆形制

[①] 石璋如：《小屯》第一本《遺址的發現與發掘·丙編·殷墟墓葬之五·丙區墓葬上》，"中研院"歷史語言研究所，1980 年。
[②] M1002 所出白陶假腹豆，報告所刊器形綫圖（圖版捌零之 7），豆作束腰高圈足形，但並無根據。故本文只是取了上半部。

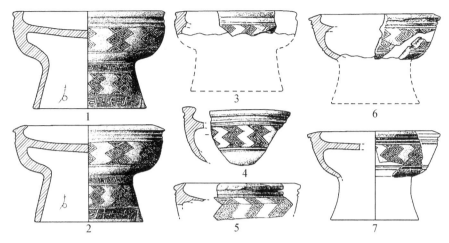

圖三　殷墟出土白陶假腹豆

1. 小屯 M388：R107：1　2. 小屯 M388：R107：2　3. M1001：3：546　4. M1550：
4：130　5. M1002：2：2058　6. M1003：3：3884＋M1003：3：3988　7. M1217：4：88

更接近。這就是說，M1002 有可能早於 M1003。

以上從白陶假腹豆形制變化角度討論了 M1002 與 M1003 的次序，兼亦證實 M1217 確當排在 M1003 之後。

（二）M1217 的次序

M1217 與 M1500 的打破關係也決定 M1217 必晚於 M1500，因而 M1217 更在 M1003 後。但有一個問題始終影響 M1217 年代的判定，據發掘報告，有兩座小墓破壞了 M1217 的北墓道，其一是 M1506，其內所出"肥足繩紋陶鬲"應屬西周陶器，[1]這顯然不影響將 M1217 排在殷晚期。但 M1488"破壞北道東壁，位在南口北道上口計 14.9—16.9 m 間、南北長 2.0 m、長徑 15 m，東西寬 1.0 m、地面以下 1.6 m 到底，全部被擾亂成一灰土坑，在灰土中挖得銅戈二（一件完整）、石刃銅尾戈一、銅斝一、銅觚一，小玉石器若干的殘片。人骨已不存在"。所出斝（M1488：R2020）、觚（M1488：R1036），分別見録於《古器物研究專刊》的斝形器與觚形器册，但實際上 M1488 還出有一爵（R17691），亦見於《古器物研究專刊》的爵形器册。[2] 爵、斝、觚的形制均較早，可歸入殷墟文化一期。有學者據此種"打破關係"將 M1217 提早到殷墟文化一期。但如將 M1217 提早到殷墟文化一期，會與晚於 M1500 的地層關係不合，與此墓出土器物的年代特徵亦不相符，這是不少學者難以接受的。仔細研讀報告的介紹與所附"1217 墓上層之小墓（並附被盜東側之二小墓）分布圖"及 M1488 的照片、俯視綫圖，對於 M1488 打破 M1217 北墓道是可以提出質疑的，因爲據上引報告文字，並沒有像記録 M1506 那樣說此墓是"破壞北道夯土挖成"，在發掘北

---

① 何毓靈：《殷墟王陵早期被盜年代研究》。
② 李濟、萬家保：《殷虛出土青銅觚形器之研究》，"中研院"歷史語言研究所，1964 年；《殷虛出土青銅爵形器之研究》，"中研院"歷史語言研究所，1966 年；《殷虛出土青銅斝形器之研究》，"中研院"歷史語言研究所，1968 年。

墓道時,此墓已被擾亂成"灰土坑",而且没有人骨,但仍保留有幾件青銅容器、兵器與小玉石器。從照片與平面圖看,此墓恰在北墓道北端東側,大部分在墓道外,發掘時是往墓道東側掏了一部分土,才將 M1488 揭露,隨葬物很凌亂。很顯然此墓在發掘前已被破壞,但如果是被盜掘破壞,卻没有取走墓中的青銅器(容器、兵器)是很難理解的,所以此墓被盜掘的可能性似不大。[①] 既非考古發掘又未必是盜掘,那就還有另一種可能,即此墓在 M1217 北墓道開挖時,其墓壙西部被破壞,遂使墓葬暴露,人骨被抛棄,而墓内隨葬品亦被擾亂。在墓道回填時墓壙又被填滿,因在東壁外,並未夯打。如果是這樣,那只能説 M1488 被 M1217 北墓道破壞(猶如 M1400 西、南墓道曾破壞五座小墓),而非 M1488 打破 M1217。因此,M1217 並不存在被殷墟文化一期墓打破的情況。

M1217 被排在諸大墓總序列之末,年代接近 M1002、M1003、M1500 諸墓,而不應放在總序列的前列,還可以從出土陶器上得到印證。M1002、M1500、M1217 三墓都出有用單綫方式刻畫的長尾鳥紋與龍紋的陶片(圖四,1—7),而這種紋飾在此前諸大墓所出陶器中均未見到,很可能是屬於殷墟文化三期的 M1002 之後出現的製陶新工藝。此外,M1003 與 M1217 所出陶片皆有正倒相間、交錯分布的内填豎繩紋的三角形劃紋,上下三角紋間界以素地的寬帶(圖四,8、9)。此種紋飾較特殊,雖與殷墟文化三期以後多施於陶簋、陶罍等器腹上的三角劃紋有聯繫,但紋樣又有所不同。M1003 出現此種紋飾,亦進一

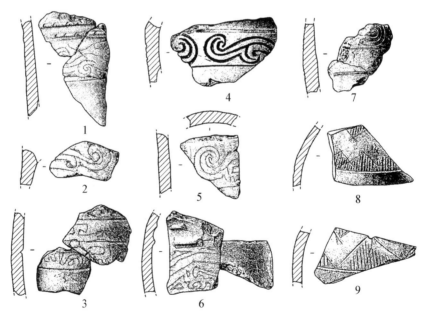

圖四　西北岡大墓出土刻紋陶片

1. M1002:3:1108＋M1002:3:2511　2. M1002:3:174　3. M1002 出土
4. HPKM1500:4:608　5. M1002:3:3275＋M1002:3:1744　6. M1217:4:755
7. M1217:4:700　8. M1003:2:406　9. M1217:4:1879

① 即使被盜掘,也不能排除此墓西部被 M1217 北墓道破壞的可能,因此不能證明是此墓打破 M1217。

步證明 M1003 已在殷墟文化三期以後。由此可知,位於三期墓 M1004 與 M1003 之間的 M1002 也當在殷墟文化三期,而且 M1217 更不會早於殷墟文化三期。

上述陶器紋飾的例子也可以作為 M1002、M1003、M1500、M1217 諸墓所屬時段相近,且在次序上先後相接的輔證。

現依照以上對自 M1002 至 M1217 諸墓次序的推測,將上述西北岡諸大墓間的序列關係進一步歸納爲以下三個序列:

M1001—M1550—M1400—M1004—M1002—M1003—M1500—M1217;

M1443—M1400;

78AHBM1—M1217。

下面對尚未統一於大序列的後兩個小序列進行討論。

三、M1443 與 78AHBM1 的分期

(一) M1443 分期

M1443 因其南墓道被 M1400 西墓道打破,故而必然早於 M1400。上文已論及, M1400 約在殷墟文化二期偏晚,但同屬殷墟文化二期的尚有 M1001(約二期偏早)、 M1550(約二期中段),則 M1443 便不能再排進殷墟文化二期,所以早於 M1400 的 M1443 可能屬於殷墟文化一期。

M1443 保留遺物甚少,形制符合其年代特徵的是在南墓道北端地面下 1.2 米深夯土所出一組佩飾中的五件石戈,其形制當仿自銅直內窄條形援戈。其內較短且無闌(蓋因其非實用兵器),內近援處有一圓穿,或爲穿繫佩帶而設,或爲安裝於其他質料之內設。這五件石戈援較長,其中 M1443：R1279 援及鋒部尤長,且鋒尖偏下抵至刃部。婦好墓所出玉戈,其援部亦有近似於 M1443 石戈者。[1] 除 M1443：R1277 前鋒殘外,M1443： R1275、R1276、R1278、R1279 四戈(圖五)援長與援本的比例分別是 4：1、4.2：1、 3.8：1、5.2：1。

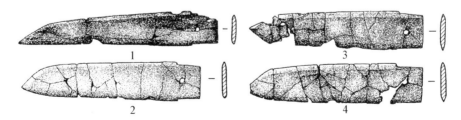

圖五　M1443 南墓道出土石戈

1. R1279　2. R1276　3. R1275　4. R1278

---

[1] 中國社會科學院考古研究所:《殷墟婦好墓》,文物出版社,1980 年。

援長與援本的比值超過 3.5，是二里岡上層時期直內長條形援銅戈的特徵，至殷墟一期文化早段，這個比值通常還在 3.3 以上。[①] 仿銅玉石戈二者的比值亦有接近者，如屬於殷墟文化一期早段的小屯 M232：R853，二者比爲 3.33：1；小屯 M388：R852，二者比爲 3.31：1。[②] 殷墟文化二期之後，二者比值有所下降，如 M1550 所出玉戈，二者比爲 3.24：1。殷墟文化一期晚段以後，出現直內寬條形援銅戈，援長與援本的比值均小於 3，玉石質戈也有仿此形制的。M1443 所出五件長條形援戈形制特徵偏早，且未見寬條形援戈，[③]可將其定在殷墟文化一期。

（二）78AHBM1 分期

從打破關係看，78AHBM1 早於 M1217，但 M1217 年代在西北岡諸大墓中時代較晚，這對於解決 78AHBM1 的年代並無太大幫助，所以 78AHBM1 的年代、分期，要依靠對該墓中殘存少數遺物進行分析。

此墓發掘簡報刊載於 1982 年，[④]發掘者已將該墓年代定爲"殷墟文化早期"。[⑤] 2017 年刊發了該墓的發掘報告，報告結語認爲，此墓"應該屬中商時期，或者說洹北商城晚期"。[⑥] 洹北商城晚期約相當於本文所説殷墟文化一期早段。這個意見是有道理的。[⑦]

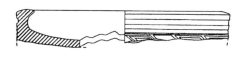

圖六　白陶假腹豆(78AHBM1：0119)殘片

78AHBM1 出土遺物中亦有白陶假腹豆殘片（M1：0119，圖六），方唇，近平沿而微圓，斂口，腹內壁微垂，盤底微圓。其形制較近於上舉小屯 M388：R107：1(圖三，1)，而與 M1001 及其以後諸大墓所出方唇、口沿作外傾坡形的白陶假腹豆有別。78AHBM1 石器殘片多飾饕餮紋(圖七，2、3)，紋飾無地紋、淺浮雕、綫條流暢，與二里岡上層青銅器紋飾風格極其相似。而且，饕餮紋尾部均上卷，這與殷墟一期早段青銅器所飾饕餮紋尾部仍普遍承繼二里岡上層作上卷而無下卷之例所體現的時段性特徵相同(圖七，1、4)。因此，從 78AHBM1 殘留器物來看，將此墓歸屬殷墟文化一期早段還是比較合適的。M1443 與 78AHBM1 二墓皆歸屬殷墟文

---

① 拙著《中國青銅器綜論》，上海古籍出版社，2009 年，第 1021、1022 頁。

② 石璋如：《小屯》第一本《遺址的發現與發掘·丙編·殷墟墓葬之三·南組墓葬附北組墓補遺》，"中研院"歷史語言研究所，1973 年；《殷墟墓葬之五·丙區墓葬上》，圖版壹柒肆之 2。

③ 與五件玉石戈同出的有三角形鋒、短寬援、有中脊、底部內縮且外形近的石器應歸屬"圭"，參見拙作《新見商金文考釋(二篇)》，《出土文獻與古文字研究》第 6 輯，上海古籍出版社，2015 年。

④ 中國社會科學院考古研究所安陽工作隊：《安陽侯家莊北地一號墓發掘簡報》，《考古學集刊》第 2 集，中國社會科學出版社，1982 年。

⑤ 楊寶成曾提到，1978 年春發掘 78AHBM1 時"曾在該墓的墓口上發現商代灰土層，內含殷代早期陶片"，並認爲這類遺存"很可能是爲商王室修築大墓的築墓人的生活遺迹"。見氏著《殷墟的墓葬》，《殷墟文化研究》，武漢大學出版社，2002 年。

⑥ 中國社會科學院考古研究所安陽工作隊：《1978 年安陽殷墟王陵區侯家莊北地一號墓發掘報告》。

⑦ 靳松安亦曾指出"78M1 的年代應接近於二里崗期"，參見氏著《侯家莊墓 1217 年代的初步推定》，《鄭州大學學報》(哲學社會科學版)1993 年第 4 期。

化一期,78AHBM1 屬早段,M1443 沒有更多的資料證明其屬於早段還是晚段,在下文排序列時,暫將其排在 78AHBM1 之後。

綜合上文所推測的墓序,將除 M1129 外西北岡諸大墓總次序構擬如下:

78AHBM1—M1443—M1001—M1550—M1400—M1004—M1002—M1003—M1500—M1217。

上文亦討論了諸大墓所屬的期別與時段,即 78AHBM1、M1443 屬於殷墟文化一

圖七　器物紋飾

1. 銅斝(小屯 M388：R2047)紋飾拓本　2. 石簋
(78AHBM1：039)紋飾拓本　3. 石壺(78AHBM1：084)紋飾
拓本　4. 銅鼎(盤龍城李家嘴 M1：2)紋飾拓本

期;M1001、M1550、M1400 分屬殷墟文化二期先後時段;M1004、M1002、M1003、M1500 四墓相銜接,上文曾推測 M1004、M1002、M1003 屬殷墟文化三期,若依殷墟文化三期所含王世,則 M1500 亦當屬殷墟文化三期。M1217 則屬殷墟文化四期早段。

據發掘報告,西區的 M1129 發掘出土物登記簿上只有兩件器物,即"殘花石"、"殘銅",但也在此後搬遷中遺失,沒有留下圖像資料,故僅憑目前刊布的資料,很難確知此墓歸屬殷墟文化哪一期。

上述序列還可以通過諸大墓所出骨質與玉石質器物作進一步驗證。

四、出土骨器與大墓次序

本節所討論的骨器包括笄和鏃兩類。

(一)骨笄

較早對殷墟出土骨笄進行研究的是李濟,他在 1958、1959 年曾先後發表過兩篇論文論及殷墟出土骨、牙、玉質笄形器的類型及年代分期,[1]其中所舉笄形器多有出於西北岡大墓者,因爲他認定"小屯的地層遠較侯家莊西北岡墓組群複雜,要講骨笄在此一遺址的分布及在時代上可能的意義,宜先就西北岡大墓出土品有聯繫者着手"。他在 1959 年發表的文章之表十三中,根據其對西北岡諸墓及小屯部分墓葬(如小屯 M331)年代的認識,對所分八類笄形器進行了年代排列。[2] 但是,如果要將重點放在利用笄形器來推定西北岡大墓的次序,則需要先對殷墟遺址、墓葬所出笄形器各型式的年代變化有所認識,當然李濟的笄形器年代排列也仍是重要參考。後來,楊錫璋在討論西北岡大墓分期的文章中,

---

① 李濟:《由笄形演變所看見的小屯遺址與侯家莊墓葬之時代關係》,"中研院"《歷史語言研究所集刊》第 29 本下册,1958 年;《笄形八類及其文飾之演變》,"中研院"《歷史語言研究所集刊》第 30 本上册,1959 年。
② 李濟曾轉述梁思永對西北岡諸大墓年代的看法,見李濟:《殷墟出土青銅觚形器之研究》,"中研院"歷史語言研究所,1964 年。

運用了當時所能掌握的殷墟遺址、墓葬發掘所獲骨笄重點討論了 M1500 與 M1217 兩墓的時代。[①] 1993 年,靳松安在專論 M1217 年代時,也引用了有關殷墟骨笄的發掘材料。[②]

下面在學者研究的基礎上,再就西北岡諸大墓所出骨笄檢驗上文所排列大墓的序列。

殷墟所出骨笄較常見的器形,按笄頂部形制,可分十二型。

A 型:平頂。斷面呈圓形者可稱 Aa 形(圖八,1);[③]上端呈扁圓形者可稱 Ab 型(圖八,2)。此型大致屬李濟所分"撲狀類"。

B 型:平頂。頂邊緣外侈,作釘帽狀(圖八,3)。

C 型:頂部呈牌狀等邊梯形,頂緣磨薄,其下有一坡狀階,牌上或沿邊緣有交叉的單直綫或雙直綫框(圖八,4),或作素面。

D 型:頂部作鳥形,扁平。可分四亞型:

Da 型:特大鳥首,冠頂有齒狀頂飾,鳥首上刻有曲綫或斜綫紋,圓目突起,較早形制雕刻較精細,可稱作 Da 型Ⅰ式(圖八,5)。較晚形制已較抽象,正、反面多有菱格劃紋,可稱作 Da 型Ⅱ式。

Db 型:近於 Da 型,但無齒狀頂飾,簡素(圖八,6)。

Dc 型:在近似於 Da 或 Db 型的鳥形頂上面加一平頂蓋(即李濟所謂"平頂鳥型")。依鳥形由較寫實發展到抽象,可分爲 Dc 型Ⅰ式(圖八,7)、Dc 型Ⅱ式(圖八,8)。

Dd 型:鳥首有倒梯形高冠,下有"工"字形或"王"字形底座,即李濟所云"高座鳥型"。"工"字形座似出現稍早,可稱 Dd 型Ⅰ式(圖八,9)。"王"字形座出現似稍後,鳥尾部無伸出尾羽,可稱 Dd 型Ⅱ式(圖八,10),"王"字形座較晚形鳥尾部中伸出一短尾羽,可稱 Dd 型Ⅲ式(圖八,11)。高座鳥首笄迄今僅見於西北岡大墓。

E 型:薄圓形活動頂下有圓頸,中穿孔,與頂部突起的圓榫形成榫卯結構(圖八,12)。

F 型:高傘蓋形活動笄頂,用榫卯式或穿插方式與笄連接(圖八,13)。

G 型:平頂,頂部作"干"字形(圖八,14)。

H 型:頂作傘蓋形,下有一層或兩層平階。依傘蓋形高低,可分爲 Ha 型(圖八,16)與 Hb 型(圖八,15)。

Ⅰ 型:頂作長方形薄片,中間開口,近於"凹"字形,下有三層坡狀階。較早形階間距較寬,可稱Ⅰ型Ⅰ式(圖八,17),較晚形階間距較窄,可稱作Ⅰ型Ⅱ式(圖八,19)。

J 型:頂作倒立龍形,"臣"字目,龍身軀抽象成角狀,延邊緣雕出扉棱,龍張口下銜笄

---

① 楊錫璋:《關於殷墟初期王陵問題》。
② 靳松安:《侯家莊墓 1217 年代的初步推定》。
③ 圖八之 1—3、6、14、16—18、20 引自中國社會科學院考古研究所:《殷墟發掘報告(1958—1961)》,文物出版社,1987 年,第 188—192 頁。圖八 7、8 引自李濟:《由笄形演變所看見的小屯遺址與侯家莊墓葬之時代關係》,"中研院"《歷史語言研究所集刊》第 29 本下册,1958 年;《笄形八類及其文飾之演變》,"中研院"《歷史語言研究所集刊》第 30 本上册,1959 年。

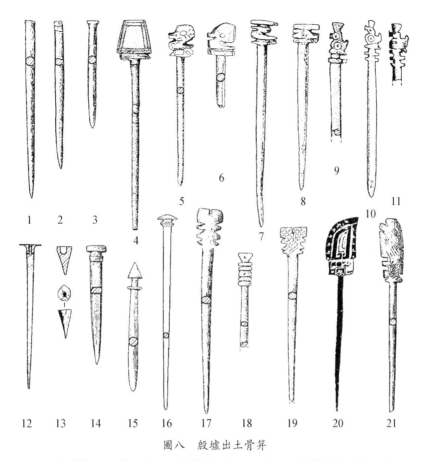

圖八　殷墟出土骨笄

　　1. Aa 型(SH317②：7)　2. Ab 型(PNH217：22)　3. B 型(VET11⑤：28)
4. C型(小屯 M331：R21402：3)　5. Da 型Ⅰ式(花東 M60：30)　6. Db 型(KH103：
1)　7. Dc 型Ⅰ式(YM242：B1284)　8. Dc 型Ⅱ式(C326：B2408)　9. Dd 型Ⅰ式
(HPKM1001：B2406)　10. Dd 型Ⅱ式(HPKM1550：R16011)　11. Dd 型Ⅲ式
(HPKM1500：R568)　12. E 型(殷墟婦好墓：134)　13. F 型(HPKM1217：
R14672,僅殘餘笄頂部)　14. G 型(PNⅣT5④：37)　15. Hb 型(GNT2⑤：105)
16. Ha 型(殷墟婦好墓：130)　17. Ⅰ型Ⅰ式(CH202：64)　18. L 型(HPKM1002：
R578)　19. Ⅰ型Ⅱ式(GT229③：2)　20. J 型(殷墟婦好墓：102)　21. K 型
(PNT220③：6)

竿(圖八,20)。

　　K 型：頂作鷄冠形,一側有較窄缺口,另一側有較大缺口(圖八,21)。

　　L 型：頂部爲多種幾何形層疊,李濟稱之爲"幾何形頂飾"(圖八,18)。

　　A、B 二型較簡樸,二里岡上層期即已流行,殷墟文化一期至四期均存在。

　　C 型約始見於殷墟文化一期早段,如小屯 M333 出有該型笄、[1]殷墟文化一期晚段的
小屯 M331 仍多出此型笄。[2] 殷墟文化二期仍流行,如殷墟婦好墓出土七十四件此
型笄。[3]

---

① 石璋如:《小屯》第一本《遺址的發現與發掘·丙編·殷墟墓葬之五·丙區墓葬上》。
② 石璋如:《小屯》第一本《遺址的發現與發掘·丙編·殷墟墓葬之五·丙區墓葬上》。
③ 中國社會科學院考古研究所:《殷墟婦好墓》,第 212、213 頁。

Da 型、Db 型約始見於殷墟文化一期晚段,如花園莊東地 M60 出有五件此型笄,含 Da 型 I 式、Db 型。Da 型流行於殷墟文化二期,如殷墟婦好墓所出三百三十四件 Da 型 I 式笄;① 小屯 M18 亦見 Da 型 I 式笄。② Dc 型不晚於殷墟文化一期晚段,如小屯 YH201: B2311 即屬 Dc 型 I 式笄。③ Dc 型笄約延續至殷墟文化四期,如殷墟梅園莊 902 建行營業樓所出 Dc 型 II 式笄。④ Dd 型目前似僅見於西北岡大墓。Dd 型笄約始見於殷墟文化二期,延續至四期。

E 型見於殷墟文化二期,如殷墟婦好墓所出兩件此型笄。⑤ 但屬於一期早段的小屯 M232 出土之石質笄,竿上端中間出細圓柱形榫,與此型笄形同。⑥ 殷墟文化較早時期,活動笄頂並不多見。

F 型至晚在殷墟文化二期即已存在,延用至殷墟文化四期。出土時傘蓋頂多與笄脫開。

G 型約始流行於殷墟文化二期,延用至殷墟文化四期。⑦

Ha 型即傘蓋形頂較低矮之一型,約始見於殷墟文化二期,如殷墟婦好墓所出四十九件此型笄、⑧Hb 型即高平傘蓋形頂,約主要存在於殷墟文化三、四期。⑨

I 型約始見於殷墟文化一期,⑩在殷墟文化二期已流行。

J 型約流行於殷墟文化二期,且多出於高級貴族墓中。如殷墟婦好墓即出土此型笄三十五件。⑪ 小屯 M18 亦出有此型笄,此後似少見,至殷墟文化三期時偶見,如殷墟劉家莊北 M73:37。⑫ 劉家莊北 M73 是一座小墓,出有當時並不多見的 J 型骨笄,不排除是作爲一種珍貴的工藝品隨葬的。

K 型出現於殷墟文化一期,多見於二期。⑬

L 型較少見,約始見於殷墟文化三期,西北岡大墓 M1002 早期盜坑中出土有此型骨笄(R578),延用至殷墟文化四期。

---

① 中國社會科學院考古研究所:《殷墟婦好墓》,第 210、211 頁。
② 中國社會科學院考古研究所安陽工作隊:《安陽小屯村北的兩座殷代墓》,《考古學報》1981 年第 4 期。
③ YH201 壓在 YH200 下,YH200 又被水溝破壞,參見李濟:《由笄形演變所看見的小屯遺址與侯家莊墓葬之時代關係》。水溝約修於殷墟文化一期晚段,參見拙作《論小屯東北地諸建築基址的始建年代及其與基址範圍内出土甲骨的關係》,《古代文明》第 3 卷,文物出版社,2004 年。
④ 中國社會科學院考古研究所安陽工作隊:《河南安陽梅園莊的一座殷墓》,《考古》1992 年第 2 期。
⑤ 中國社會科學院考古研究所:《殷墟婦好墓》,第 212 頁。
⑥ 石璋如:《小屯》第一本《遺址的發現與發掘·丙編·殷墟墓葬之三·南組墓葬附北組墓補遺》。
⑦ 中國社會科學院考古研究所:《殷墟發掘報告(1958—1961)》,第 188—192 頁。G 型,該書稱爲 II B 式,並認爲此式在苗圃二、三期皆有出現,苗圃二、三期約相當於殷墟文化二至四期。
⑧ 中國社會科學院考古研究所:《殷墟婦好墓》,第 210 頁。
⑨ 中國社會科學院考古研究所:《殷墟發掘報告(1958—1961)》,第 188—192 頁。
⑩ 小屯甲組基址 87H1 即出有此型骨笄(87H1:43),但磨損較甚。87H1 約屬於殷墟文化一期。見中國社會科學院考古研究所:《安陽殷墟小屯建築遺存》,文物出版社,2010 年,第 128、129 頁。
⑪ 中國社會科學院考古研究所:《殷墟婦好墓》,該書稱此型爲"夔形頭",第 209 頁。
⑫ 中國社會科學院考古研究所安陽工作隊:《河南安陽殷墟劉家莊北地殷墓與西周墓》,《考古》2005 年第 1 期。
⑬ 中國社會科學院考古研究所:《殷墟發掘報告(1958—1961)》,第 188—192 頁。

西北岡 M1129 以外諸大墓,除 M1400 發掘報告未報道其出有骨笄(而且骨器中只有一件小骨管)外,其他諸墓均出有骨笄(圖九),只是有的出土極少,如 M1500 僅有三件,M1217 也僅有十三件,且多存骨竿,難以判斷型式。現將西北岡諸大墓出土骨笄形制列表如下(表一)。

表一　西北岡諸大墓出土骨笄型式登記表

型式 \ 墓號	78AHBM1	M1443	M1001	M1550	M1004	M1002	M1003	M1500	M1217
Aa 型			√	√	√	√	√		√
Ab 型			√	√	√	√	√		√
B 型	√		√						
C 型	√								
Da 型			√	√					
Db 型									
Dc 型 I 式			√						
Dc 型 II 式						√			
Dd 型 I 式			√	√					
Dd 型 II 式				√	√	√			
Dd 型 III 式							√	√	√
E 型									
F 型				√	√	√	√		√
G 型							√		
Ha 型									
Hb 型			√						
I 型 I 式									
I 型 II 式									
J 型				√					
K 型									
L 型				√		√	√		
備注		長梯形牌狀頂笄1件*	I 型 II 式象牙笄1件					Dd 型 III 式象牙笄1件	長梯形牌狀頂笄1件**、L 型象牙笄1件

　　* M1443 出土骨笄九件,可辨形制者僅此一件。頂部作牌狀長梯形,下部無階,牌面中部偏上有一穿孔。同形骨笄目前未見其他墓葬或遺址中出土。

　　** 此件牌狀長梯形笄,下部無階,牌面正中有四穿,兩斜邊各開兩凹口。同形骨笄目前僅此一件。

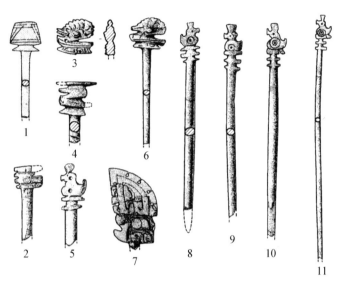

圖九　西北岡大墓出土骨笄

1. 78AHBM1：03－2　2. M1002：R15927　3. M1550：R16012
4. M1001：R3994　5. M1550：R16010　6. M1001：R3999
7. M1550：R16017　8. M1550：R16013　9. M1002：R569
10. M1003：R15418：1　11. M1217：R570

　　由表一可知，A 型骨笄大約在各大墓中都有發現，是最常見、最基本的器形。F 型骨笄多將笄頂做成高傘蓋形，由於此種笄頂、笄竿的榫卯結構較易製作，比通體雕刻省工，所以此型笄自殷墟文化二期之後一直延用。I 型骨笄在諸大墓中未見，但 M1001 出有此型象牙笄。少數笄型，如 Db 型、E 型、Ha 型未見於諸大墓，可能是由於盜擾遺失造成的，或是緣於不同類型的骨笄製作與使用範疇有所不同。

　　各型式骨笄在諸大墓的分布所反映的年代問題可以歸納如下。

　　第一，C 型骨笄只見於 78AHBM1，其他大墓殘存骨笄中未見。此型笄大約流行自殷墟文化一期早段至二期。78AHBM1 出土此型笄，與上文將此墓推定爲殷墟文化一期早段相合。78AHBM1 以後的一、二期墓未見此型笄，不排除是盜擾所致。

　　第二，Da 型骨笄流行於二期，大墓中亦只有 M1001、M1550 兩座上文推定爲殷墟文化二期的大墓出有此型笄，年代相合。

　　第三，Dc 型（即李濟所謂“平頂鳥型”）骨笄的鳥形經歷了從較寫實到抽象的變化。上文將 M1001、M1002 分別推定爲殷墟文化二、三期墓，其中 M1001 出有 Dc 型 I 式笄，而 M1002 則出土 Dc 型 II 式笄，其變化趨勢亦與所推定年代相合。

　　第四，Dd 型（即李濟所謂“高座鳥型”）骨笄僅見於西北岡大墓，將此型分爲三式，並無其他單位的出土資料可作旁證。表中所顯示的三式隨所擬定的大墓次序而發生的有序的式別變化，表明這一式別的劃分與所推擬的墓葬序列相合。

　　第五，J 型骨笄目前主要發現於殷墟文化二期高級貴族墓，武官大墓亦出土此型笄，説詳下文。M1550 屬殷墟文化二期中段，所推定年代與笄的流行年代可互相佐證。此後諸大墓未見,正是由於彼時此型笄已不再流行。

第六,從表一看,L 型笄(即李濟所謂"幾何形頂飾")似流行於殷墟文化二、三期。但因推擬爲四期的兩座大墓 M1500、M1217 殘留骨笄甚少,原來可能也隨葬有此型笄。

綜上所析,西北岡大墓所出各型式骨笄的流行時段與上文所推擬的諸大墓之年代次序及其所屬期別基本吻合。

（二）骨鏃

西北岡諸大墓所出骨鏃亦可據其形制變化,驗證西北岡諸大墓的年代次序。但因M1443、M1550、M1400 均無出土骨鏃的報道,其他大墓所出骨鏃數量較少,故只能作輔助依據。

殷墟較常見的骨鏃,按其形制特徵可分六型。

A 型:鏃身細長,作柳葉形,中間有脊,橫斷面近三角形。下部漸細成鋌,末端尖銳,鏃身與鋌之間未有明確分界(圖一〇,1)。從殷墟墓葬所出骨鏃看,此型鏃在殷墟文化一至四期皆存在。

B 型:通體近於 A 型,但將鏃身底部兩側削出直角,其下削磨成鋌,鏃身與鋌之間分界不明顯(圖一〇,2)。該型約存在於殷墟文化一期早段。

C 型:鏃身近長三角形,兩面有脊,斷面爲菱形。鋌作圓柱形,下端漸細。鋌或中部鼓張。依鏃身是否長於鋌,可分二亞型。

Ca 型:鏃身不長於鋌(圖一〇,3)。見於殷墟三家村 M1,屬殷墟文化一期早段。

Cb 型:鏃身長於鋌(圖一〇,4)。流行於殷墟文化二期以後。

D 型:通體作細長的圓柱形,向前漸細,首圓鈍,鏃身下部兩端削成直角,其下稍內縮成鋌,鋌或中腰外鼓,尾端扁銳(圖一〇,5)。[1] 該型約始於二期,延用至殷墟文化四期。

E 型:長圓柱形,前端削成短鋒,近下端漸成鋌,尾部尖銳(圖一〇,6)。[2] 該型約始見於殷墟文化一期,流

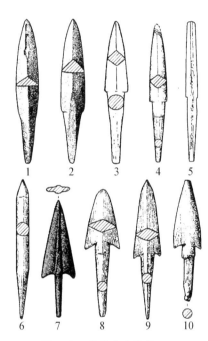

圖一〇　殷墟出土骨鏃

1. A 型(小屯 M232：R21581)　2. B 型(小屯 M232：14：460)　3. Ca 型(三家莊 M1：13)　4. Cb 型(劉家莊北地 M220：7)　5. D 型(花園莊東地 M54：576)　6. E 型(PNT3B④ A：24)　7. Fa1 型(M1001：R5334)　8. Fa2 型(PNT214 ③：2)　9. Fa3型(VET2④：44)　10. Fb 型(M1003：6614：95)

---

① 鏃前端無鋒,圓鈍或作平頭的鏃,學者認爲可能是爲了獵射動物時減少對毛皮的損壞。參見岳洪彬、岳占偉:《殷墟的鏃與甲骨金文中的"矢"與"射"字》,《文物》2009 年第 8 期。前端削成平頭的骨鏃,見於西北岡大墓中 M1001、M1004,其用法似宜再做探討。

② 圖一〇之 6—9 引自中國社會科學院考古研究所:《殷墟發掘報告(1958—1961)》,第 187、188 頁。

行至四期。

F 型：雙翼型，有中脊，雙翼後鋒向斜下伸出。應是仿銅鏃製作，依脊是否透出本，可分二亞型。

Fa 型：脊未透出本。其中，中脊橫斷面近圓形、雙翼平薄、兩側斜直者可稱 Fa1 型。Fa1 型甚少見，M1001 有出土（圖一〇，7）。中脊起棱，鏃身橫斷面作菱形、鏃身較短者可稱作 Fa2 型（圖一〇，8）。鏃身較細長者，可稱作 Fa3 型（圖一〇，9）。Fa2、Fa3 型，約流行於殷墟文化三、四期。《殷墟發掘報告(1958—1961)》第四章將 Fa2 型、Fa3 型劃分爲Ⅳ式，並云三件Ⅳ式鏃均出自苗圃第三期遺址，[1]亦可見它是一種較晚起的形式。

Fb 型：脊透出本（圖一〇，10）。甚少見，西北岡大墓唯 M1003 有此型。

現僅就各大墓所存骨鏃，按照以上所分型列表如下（表二）。

表二　西北岡諸大墓出土骨鏃型式登記表

78AHBM1	A 型	B 型				
M1001	A 型			D 型	E 型	Fa1 型	
M1004	A 型				E 型	Fa3 型	
M1002	A 型		Cb 型	D 型	E 型	Fa3 型	
M1003	A 型		Cb 型	D 型		Fa3 型	Fb 型
M1500	A 型			D 型	E 型		
M1217	A 型				E 型		

從各型骨鏃在各墓的分布情況可以看出。

第一，A 型鏃自殷墟文化一期至四期都存在，D 型、E 型自殷墟文化二期後亦始終存在。這與此三型鏃形制原始製作簡便而且殺傷力強有關。

第二，B 型僅見於 78AHBM1，而屬於殷墟文化一期早段的小屯 M232 亦出土此型骨鏃，[2]而 78AHBM1 確與小屯 M232 同屬於殷墟文化一期早段。

第三，Ca 型骨鏃見於屬殷墟文化一期早段的三家莊 M1，但西北岡諸大墓未見，或表明此型鏃主要存在於殷墟文化一期早段。Cb 型出於 M1002、M1003，將此二墓的年代推定爲殷墟文化三期與 Cb 型鏃的流行時間吻合。

第四，D 型骨鏃從 M1001 始延用至 M1500，而殷墟墓葬發掘資料反映的此型鏃使用時間始自苗圃二、三期，即殷墟文化二至四期，這也可以作爲 M1001 至 M1500 上下時限的證明。M1002、M1003、M1500 三墓均出土此型鏃，可爲此三墓在年代相近的旁證。

第五，Fa3 型仿銅骨鏃出於 M1004、M1002、M1003，此型鏃使用於苗圃三期，即殷墟

---

① 中國社會科學院考古研究所：《殷墟發掘報告(1958—1961)》，1987 年。
② 石璋如：《小屯》第一本《遺址的發現與發掘・丙編・殷墟墓葬之三・南組墓葬附北組墓補遺》。

文化三、四期，可知 M1004 如是二期晚段墓，則是此型鏃出現較早的例子，而 M1002、M1003 均當在殷墟文化三期以後。Fb 型骨笄在 M1004、M1002 皆未見，僅見於 M1003，説明此型鏃亦出現在殷墟文化三期較晚。Fa1 型骨鏃僅存在於 M1001，未見於以下諸墓，或與其未製作較複雜且易折損有關。Fa2 型未見於諸大墓，如非因盜擾遺失，則可能是墓中隨葬器物與遺址所出有別。

西北岡大墓之骨鏃資料雖不系統，但僅就表二所反映的骨鏃諸型分布情況而言，大致呈現出同型鏃在上文所構擬的墓葬序列中，在相銜接的幾座墓中集中分布的情況，少有同一型跳躍性分布的情形，而且大墓所出各型鏃在上述殷墟遺址中使用的期別與所推擬的諸大墓的期別也相合。這亦從一個側面論證了上文所構擬的大墓次序。

五、出土玉飾與大墓次序

本節所討論的玉飾包括玉魚形佩和玉柄形器兩類。

（一）玉魚形佩

西北岡諸大墓多出有玉魚形佩，然殷墓並非皆出土玉魚形佩，如殷墟 1958—1961 年發掘的有隨葬器物的二百二十四座中小型墓中僅出有五件，其中包括作爲工具使用者。[①] 1989—1990 年在殷墟孝民屯東南清理商後期中小型墓葬一百三十二座，僅有兩座墓有玉魚形佩。[②] 可見玉佩主要出在較高級的貴族墓中。

玉魚按其功用可分兩種，一種是僅作爲裝飾用的玉佩，有穿孔，可以佩戴。一種是作爲小刀或觿形器的玉柄（或即以尾部爲鋒刃），這種玉質工具也多有穿孔，同時具有佩飾功用。這裏只討論第一種，即單純的玉魚形佩。

殷墟商後期墓葬所出玉魚形佩，按形制特徵可以分爲象形和簡約兩類。

1. 象形類

按其形體，可分爲三型。

A 型：細長體，體長約爲寬度的八倍。常以頭部穿孔代目，歧尾，刻畫出鰓、鱗、鰭，或無鱗，僅在魚背、魚腹上用多條短斜綫表示鰭。多出土於殷墟早期墓葬中。

B 型：體形較 A 型寬，體長約爲寬度的四倍。多在背、腹用短斜綫表示鰭，使用時間較長，從殷墟文化一期至四期均可見。

C 型：寬肥體，體長約爲寬度的二倍。雕刻較細緻，表現方式近於 A 型。

此類象形性較強的玉魚形佩在西北岡諸大墓有少量殘存，但對此類魚形佩具體形象與工藝演變規律的認識，尚需較系統的資料。

---

① 中國社會科學院考古研究所：《殷墟發掘報告(1958—1961)》。
② 中國社會科學院考古研究所安陽工作隊：《河南安陽市孝民屯東南地商代墓葬 1989—1990 年的發掘》，《考古》2009 年第 9 期。

2. 簡約類

表現手法簡略,以穿孔代目,通體素面,魚鰓、鱗、鰭、尾均無雕刻。此類玉魚佩在西北岡幾座大墓的早期盜坑中有出土,其形體與表現手法的變化對推擬西北岡諸大墓的年代關係有一定幫助。

簡約類魚形佩根據形體變化,可分四型。

A 型:此型應是簡易類較早的形制。M1001 出土簡約類玉魚形佩二件,其中一件完整(圖一一,1)。其製作方法是將一塊長方形薄玉片前端磨成斜坡作爲魚首的上部,上邊緣磨出一個長斜平面作爲鰭部,後端磨出一個短斜平面,中間開口作爲魚尾,但其腹部無平面,而是磨成緩坡狀。[①]

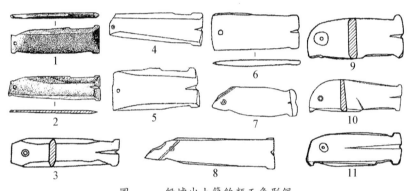

圖一一　殷墟出土簡約類玉魚形佩

1. A 型(M1001:R1346)　2. B 型(M1500:R1357)　3—5. C 型(M1002:3:1466、M1217:4:759、M1217:4:759)　6—8. D 型(M1217:4:1194、M1217:4:551、M1217:4:759)　9. 孝民屯東南 M1274:3　10. 孝民屯東南 M1343:8　11. 郭家莊 M190:16

B 型:與 A 型相近但有所改造的器形。此型見於 M1500 所出玉魚形佩,背部與尾部磨出的斜平面仍保留,但腹部下邊也磨成斜平面,且頭部不再有斜平面,而是由頭部前端一直通到尾部磨成一寬闊的斜下的平面,至尾端鋸出一豁口以表示歧尾(圖一一,2)。

C 型:較 B 型更簡約。此型見於 M1002、M1217 所出玉魚形佩,尾部的斜平面已無,在身體的正、背面均只各保留了三個平面,即背、腹的斜平面,從頭部通貫至尾末端的一個寬平面,仍保留歧尾狀(圖一一,3—5)。

D 型:表現形式更爲抽象。此型僅見於 M1217 所出玉魚形佩,仍保留 C 型特點,只是形象愈見抽象,除歧尾仍保留以標誌爲魚形飾外,其頭、身均已不再象形。C 型中還可見的背、腹斜平面在 D 型基本不見,僅剩歧尾,中間缺口很小(圖一一,6—8)。

簡約類 A、B、C、D 四型玉魚佩的演變,自殷墟文化二期偏早始直到四期偏晚。M1217 所出 D 型佩是此類玉魚形佩演變的尾聲。B 型和 C 型分別始見於 M1500、

---

① 《侯家莊》1001 號大墓言此魚佩"僅頭、背、腹各見一小平面",但從插圖二十六之 4 所録圖像與斷面看,其腹部應無磨出平面。

M1002,B、C 兩型是此類玉魚佩由 A 型過渡到 D 型的中間過程,這與上文將 M1002 與 M1500 推定在三期相合。上文的討論表明,本文所推擬的西北岡幾個大墓的次序,特別是將 M1217 排在最晚還是有道理的。

上文已論 M1500 晚於 M1002,按照簡約類玉魚形佩之變化,M1002 應有 B 型玉魚形佩,而 M1002 實出有近同於 B 型玉魚形佩的石魚形佩,如 M1002:R8093 與 B 型玉魚形佩稍有區別,其頭、尾中間的寬平面分成兩塊,中間微起脊。M1500 或有 C 型,但發掘未見,可能與盜擾致使玉佩飾散失有關。

可歸屬 C、D 型的玉魚形佩亦有出土於殷墟其他墓地的,如孝民屯東南 M1274、M1343 所出玉魚形佩(圖一一,9、10),分屬 C 型和 D 型。[①] M1274、M1343 分屬於殷墟文化三、四期,[②]郭家莊 M190 亦出有 D 型玉魚形佩(圖一一,11),該墓屬殷墟文化四期早段墓。[③] C、D 型玉魚形佩先後出在三、四期墓,與以上西北岡大墓此二型玉魚佩分別始出於 M1002 與 M1217,時間吻合。

(二)玉柄形器

在玉飾中,玉柄形器形制的變化也有助於推定諸大墓的次序。

關於玉柄形器的名稱、功用,還需要進一步研究。在商墓中,玉柄形器常出在棺內人骨旁,似亦爲佩戴物,如屬殷墟文化一期晚段的小屯 M331 中,玉柄形器成組出土於棺內;武官大墓殉人墓 W8 玉柄形器也出在人骨胸部右側;在西北岡大墓中,M1550 出土的玉柄形器出於殉人墓(4:983、4:984)中人骨附近;西北岡大墓 M1400 出土的七件玉柄形器,皆在墓坑內地面下十米,伴塗朱砂的人骨架出土。然柄形器也有出在隨葬物旁,如武官大墓殉人墓 E9 所出下帶小突起的玉柄形器即出在銅簋下,故其功用並不單一則是可以肯定的。[④]

玉柄形器各部位可比照劍進行命名,分爲首、莖、身三部分,莖部上端是首,下面是身。不同的柄形器莖與身部在形制上無大變化,莖側視多爲束腰形,少數爲長方形或方形;身部皆偏平條狀,有長短之分。首部形制可分爲長方形頂(含圓角長方形,包括扁平頂、寬平頂兩型)、梯形頂、弧形頂三類。每類皆有長莖(莖長與底寬之比大於 1;圖一二,1—5、9、11)、短莖(莖長與底寬之比小於或等於 1;圖一二,6—8、10、12)二型。柄形器形制發展的規律尚需深入研究,但有一個特徵似可作爲斷代根據,即莖部早期較窄,[⑤]晚期較寬,將莖中腰寬度與莖底邊長度相比,其比值有逐漸變大的趨勢,從外觀上看,即從"細腰"漸變成"粗腰"。這種變化在不同類短莖型、長莖型的玉柄形器中都存在。

---

① M1274:3 從綫圖(圖一一,9)上看,橫斷面顯示其正面上下有磨平的小平面,應歸於 C 型,圖中未表示出來。
② 中國社會科學院考古研究所安陽工作隊:《河南安陽市殷墟孝民屯東南地商代墓葬 1989—1900 年的發掘》。
③ 中國社會科學院考古研究所:《安陽殷墟郭家莊商代墓葬——1982—1992 年考古發掘報告》。
④ 張長壽:《西周的玉柄形器——1983—1986 灃西發掘資料之九》,《考古》1994 年第 6 期。玉柄形器下端或縮成榫狀突出,此種器形顯然是插入他物用作器柄。
⑤ 按:此莖部指束腰形莖,少數玉柄形器莖作方形或長方形的不在內。

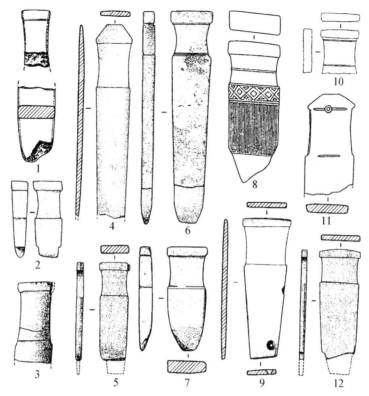

圖一二　西北岡大墓出土玉柄形器

1. 78AHBM1：034　2. M1001：R1315　3. M1004：R3558　4. M1400：
R9049　5. M1003：R8130　6. M1001：R1557(大理石質)　7. M1001：R1313
8. M1550：4：983　9. M1400：R21001　10. M1002：2：1492　11. M1500：4：
1355　12. M1003：R1318

　　西北岡有部分墓出土玉柄形器(圖一二)，蓋因盜擾部分墓葬已無存，如 M1443。即使尚有出土，也均非原有數量，且有的墓中所出皆已殘碎，形制無法確知，如 M1217。

　　現將西北岡各大墓所出玉柄形器莖中腰寬度與莖底邊長度的比值列表如下(表三)。所列大墓的先後依然按照上文所推擬的次序。爲了更清楚地説明玉柄形器形制變化的趨勢，在表中增加了小屯北地幾座一期墓(即一期早段墓小屯 M232、M333、M388，一期晚段墓小屯 M331)所出玉柄形器的資料。

表三　小屯和西北岡出土玉柄形器登記表

墓　號	長　莖　型	短　莖　型
小屯 M232	0.72(小屯 M232：R9066) 0.78(小屯 M232：干 142)	
小屯 M333	0.83(小屯 M333：R9021) 0.83(小屯 M333：15：1102)	
小屯 M388	0.77(小屯 M388：干 633)	0.85(小屯 M388：R9023)
78AHBM1	0.82(78AHBM1：H1：034)	

墓　　號	長　莖　型	短　莖　型
小屯 M331	0.7(小屯 M331：R9125) 0.73(小屯 M331：R21123)	0.8(小屯 M331：R9069) 0.83(小屯 M331：R21125)
M1001	0.8(M1001：R1543)	0.8(M1001：R1313) 0.8(M1001：R1315) 0.82(M1001：R1557)
M1550		0.8(M1550：4：984) 0.86(M1550：4：1845) 0.89(M1550：4：983)
M1400	0.9(M1400：R9049) 0.94(M1400：R21002) 0.97(M1400：R21001)	0.9(M1400：R20999) 0.97(M1400：R21000) 0.97(M1400：R21003)
M1004	0.93(M1004：R3558)	
M1002		0.97(M1002：2：1492)
M1003	0.9(M1003：R8130)	1(M1003：R1318)
M1500	0.93(M1500：4：1355)	

　　表三中 78AHBM1 玉柄形器莖下部與身殘斷,比值只是約數。從表三可知,按照上文所擬大墓次序,由所出玉柄形器莖中腰寬度與莖底邊長度之比值,也可看出數值漸增的趨勢,比值上升到 0.85 以上,應大約是到了殷墟文化二期中葉以後的情況,此與殷墟商墓中所反映的玉柄形器形制變化規律大致相合,從一個側面驗證了上文所推擬的大墓次序之可信性。僅就此比值而言,M1400 既不大可能提早到殷墟文化二期,更不可能像有的學者所排的那樣,放到 M1001 前邊,而且 M1400 以下諸墓出土玉柄形器的上述比值皆在 0.9 以上,可知排在現在的位置是合適的。又如將 78AHBM1 列入一期早段也是合理的。

　　因上文已相繼探討了骨笄、玉柄形器與西北岡諸大墓次序的關係,這裏即可以對東區另一座甲字形大墓 50WGM1(即武官大墓)在這一序列中的位次做一探討。

　　武官大墓的殉人墓中有七座出土青銅容器和兵器,拙作以往已將這些殉人墓中所出青銅器歸於商後期二期第 Ⅱ 階段,年代上相當於殷墟文化二期。[①] 武官大墓出土的骨笄殘片,可拼接爲四枚,爲墓主人所使用,其形制屬於上文所分 J 型,殷墟婦好墓、小屯 M18 亦皆出有此型笄,應是高級貴族專用之飾件,由此亦證明武官大墓與婦好墓及小屯 M18 同劃入殷墟文化二期(更確切地説應是二期晚段)是合適的。

　　殷墟文化二期時段較長,從王世上看,相當於武丁後期至祖庚、祖甲時段,上文推擬西北岡諸大墓中年代序列列入二期的即有 M1001、M1550、M1400,並推擬三墓分別相當於

---

① 拙著《中國青銅器綜論》第十章第二節。

二期的早、中、晚段,武官大墓如亦入二期,大概應在二期的哪一個階段?從所出銅器的形制看,E9 與 W8 所出爵腹較淺,中腹帶扉棱,三足較大程度外撇,菌狀柱帽,接近於西北岡大墓 M1400 出土爵(R105,唯其底稍圓)而可能稍早;E9、E105、W8 所出觚,腹壁較直,曲率不大,無扉棱,與 M1400 出土觚(R1032)形近,但曲率似更小,亦可能略早,M1400 已出有腹壁曲率較大,中腰與圈足帶扉棱的觚。W12 所出銎內戈與西北岡大墓 M1001 所出銎內戈(R6825)形近。從青銅器形制看,武官大墓的年代可能應略早於 M1400。

武官大墓殉人墓中出有玉柄形器,分別出於 E9、W8 與 W15,E9 與 W8 所出屬於長莖型,W15 所出爲短莖型,且器身甚短。此三件玉柄形器莖中腰寬度與底邊寬度之比分別約爲 0.92、0.91、0.91,將此比值與表二中的數據比較,可見武官大墓似宜排在 M1550 與 M1400 之間。這固然只能作爲參考,但與上面從青銅器、骨器角度對其年代的推測還是相合的。因此,雖然沒有更多的資料可以將武官大墓年代推定得更確切,但如將武官大墓年代列在 M1550 與 M1400 間,可能還是較妥當的。

六、結 論

以上在西北岡諸大墓打破關係的基礎上,依靠對墓中出土器物的型式分析,推定了西北岡諸大墓的先後序列,並推擬了各墓所屬殷墟文化之期別,現將推論的結果總結爲表四。

表四 西北岡大墓分期與相應王世

王世	殷墟文化分期	西北岡諸大墓年代次序	墓 制	打破關係(墓道)
盤庚 小辛 小乙	一期早段	78AHBM1 M1443	"甲"字形墓 "中"字形墓	
武丁	一期晚段			
	二期早段	M1001		
祖庚	二期晚段	M1550		M1500 打破 M1001 M1400 打破 M1443 M1004 打破 M1001 M1002 打破 M1004 (M1500 殉葬墓打破 M1003) M1217 打破 M1500 與 78AHBM1
祖甲		M1400	"亞"字形墓	
廩辛 康丁 武乙 文丁	三期	M1004 M1002 M1003 M1500		
帝乙 帝辛	四期	M1217		

墓葬的期別是根據墓中隨葬品的形制及其他文化特徵判定的。一般來說,隨葬品多數應是墓主人生前所使用的器物,或歸其所有、供其支配的器物與人(如墓室中有棺木的

殉葬者),以物化的形式象徵了墓主人生前活動的文化環境。可能有一部分屬於埋葬時饋贈性奉獻品,但其文化屬性、年代應與墓主人的器物屬同一時期。因而,表四將大墓所排定期段即指大墓墓主人是該期(該段)所對應的商王。

如果按表中大墓在各期的分布,未排進表中的武官大墓,因其年代在 M1550 與 M1400 間,如作爲王墓似難以排進。雖然不能排除此墓爲王墓的可能,但將同期四條墓道的大墓如 M1550 或 M1400 排除出王墓似亦有困難。

M1129 因基本上沒有發掘資料,難以斷代,在理論上還有填補某位商王墓的可能。表四中排入一期的兩墓均是甲字形或中字形墓,所以中字形墓 M1129 有進入此期的可能。

關於西北岡大墓有無殷墟文化一期墓的問題,78AHBM1 發掘報告指出,78AHBM1 墓主人可能是洹北商城時期的商王,並根據新的考古勘探資料提出西北岡“王陵區早在洹北商城時期便已啓用”,[①]這是有可能的。洹北商城的發現,使西北岡王墓的年代上限有了提升的依據。如果 M1129 也屬於殷墟文化一期的王墓,則可以認爲在殷墟開發的早期時段,王墓尚未發展爲四條墓道的墓制。

如果 M1001 確是武丁之墓,則説明自武丁始,王墓墓制有了較大的改變。這可能與武丁時期商王朝空前强盛有關。墓道的數量可能有制度規定,但亦與墓葬規模大小有關。早年郭寶鈞在武官大墓發掘報告中即指出,大的墓葬移土量太大,存四個墓道要與工程相因應。[②]

至於屬殷墟文化二期偏晚的 M1400 爲何葬於東區,與可能是一期王墓的 M1443、M1129 爲鄰,不便過多推測。但如 M1400 確是祖甲之墓,而王墓的位置多係作爲該墓墓主人之王生前決定,則可能與祖甲改革舊制的舉動有關。衆所周知,殷卜辭中周祭卜辭始於祖甲,這曾使董作賓聯想到殷代禮制有新舊兩派,並將祖甲作爲新派的首個王。是否確有董作賓所謂的新舊兩派固然是可以討論的,但祖甲在禮制上有某些新舉措也是可能的。《史記·殷本紀》云:“帝甲淫亂,殷復衰。”索隱引《國語》云:“帝甲亂之,七代而隕。”祖甲是否淫亂,沒有資料可徵,這種説法與《尚書·無逸》周公謂祖甲“能保惠于庶民”恰恰相反。云其“亂之”,也與他多有變革之舉而引起上層不滿有關。將武丁始確定的王墓區轉移至西北岡東區,或許也是他禮制變革的舉措之一。

依照表四所示西北岡諸大墓之次序,除了 M1400 在東區外,西北岡西區商後期諸王墓的墓位排列還是比較有序的,即時代相連或相近的兩墓多數作兩兩南北排列,早者在北,晚者在南。從整個墓地看,總體上亦是按時代早晚有序地從東向西分布。至於未完成的 M1567 這座大墓是否爲帝辛(即紂王)所設,還不能確知。據《史記·殷本紀》,紂王兵

---

① 中國社會科學院考古研究所安陽工作隊:《1978 年安陽殷墟王陵區侯家莊北地一號墓發掘報告》。
② 郭寶鈞:《一九五〇年春殷墟發掘報告》。

敗牧野,自盡於鹿臺,被周武王斬首,未得完尸,其尸身葬地不在西北岡先王墓地也合乎情理。況且按西區王墓分布規律,帝辛之墓也不得設在此處,而應設在 M1500 之西,M1567之與 M1003,與 M1550 之與 M1001 的相對位置很相似,不排除本爲 M1500 墓主人所設,因某種原因只開掘到半程,又改葬於 M1500 處。

武官大墓偏在東區最東邊,如確不是王墓,因其規模浩大,亦必是活動於武丁晚期至祖甲時期王室重要成員。但武官大墓早於 M1400,在該墓葬於東區東側時,自武丁始確定的王墓區尚在西區,M1400 的墓主人(或是祖甲)應尚未決定將自己的墓設在東區,所以武官大墓的位置,當時並未在王墓區,也沒有在墓地制度上造成禮制混亂。

東區南部的 84M260,發掘報告將其年代定爲殷墟文化二期。此墓所出殘白陶簋(84M260：01),侈口,小圈足,腹壁以較大曲率圜緩內收,已近於殷墟文化三期陶簋的特徵。所出骨鏃(84M260：065)屬上文所分 Cb 型,亦是殷墟文化二期之後流行的器形,見於西北岡大墓 M1002 與 M1003 兩座殷墟文化三期墓中。因此,84M260 如屬於殷墟文化二期也當在二期偏晚,或已入殷墟文化三期,不排除其修築時已在 M1400 之後,此時王墓區又重歸於西區,應不存在有意葬入王墓區的可能。

(原載《考古學報》2018 年第 4 期)

論小屯東北地諸建築基址的始建年代
及其與基址範圍內出土甲骨的關係

　　自 1928 年 10 月—1937 年,中央研究院歷史語言研究所考古組在小屯東北地發掘了殷代建築基址 53 座,這一建築基址群由北向南分成甲、乙、丙三組(圖一),乙組基址下及附近有若干條彼此相通的水溝,同時,諸基址上下、基址夯土中及附近地點的灰坑或土層中,出土有較多的陶器(含陶片)與大量甲骨。有的基址還有屬奠基性質或祭祀後埋牲用的葬坑,其中有陶器與銅器。這些遺存是論證諸建築基址始建年代的依據。[①] 而基址始建年代問題又涉及在基址範圍內大量出土的甲骨與基址的關係問題。這兩個問題無論是對於深化對建築基址始建年代的認識,還是了解當時的占卜制度都是非常重要的。本文即是對這兩個問題所做的討論。20 世紀 60 年代鄒衡先生曾發表《試論殷墟文化分期》(下簡稱"鄒文",載《北京大學學報》1964 年第 4 期),內中具體論及小屯東北地諸組建築基礎與有關遺迹的年代,這是迄今在此題目研究方面較早亦最深刻的論述,並成爲今日做此題目研究的主要參考。鄒文發表前後,有關小屯東北地遺址的正式發掘報告陸續在臺北出版,爲繼續深入研究這一重要遺址提供了可能。近年來,又有一些學者先後發表論文,討論小屯東北地建築基址的年代,對今日進一步研究這一課題具有重要參考價值。[②] 當然囿於中央研究院歷史語言研究所當時的發掘水平、技術條件以及發掘後資料并未及時整理,而且資料刊出已是

---

① 本文所據小屯東北地建築基址與有關遺存的發掘資料及所引用的有關圖像見於：A. 石璋如:《小屯》第一本《遺址的發現與發掘·乙編·殷虛建築遺存》,"中研院"歷史語言研究所,1959 年,臺北南港；B. 石璋如:《小屯》第一本《遺址的發現與發掘·丙編·殷墟墓葬之四·乙區基址上下的墓葬》,"中研院"歷史語言研究所,1976 年,臺北南港；C. 石璋如:《小屯》第一本《遺址的發現與發掘·丁編·甲骨坑層之一及附圖·一次至九次出土甲骨》,"中研院"歷史語言研究所,1985 年(文字)、1986 年(附圖),臺北南港；D. 石璋如:《小屯》第一本《遺址的發現與發掘·丁編·甲骨坑層之二·十三次至十五次出土甲骨》(上、下),"中研院"歷史語言研究所,1992 年,臺北南港；E. 李濟:《小屯》第三本《殷墟器物·甲編·陶器·上輯》,"中研院"歷史語言研究所,1956 年,臺北南港；F. 鍾柏生主編:《小屯》第二本《殷墟文字乙編補遺》,"中研院"歷史語言研究所,1995 年,臺北南港。下文凡引基址範圍的諸遺存現象均本以上資料,不另出注。
② A. 陳志達:《安陽小屯殷代宮殿宗廟遺址探討》,《文物資料叢刊》第 10 輯,文物出版社,1987 年；B. 唐際根:《殷墟一期文化及其相關問題》,《考古》1993 年第 10 期。

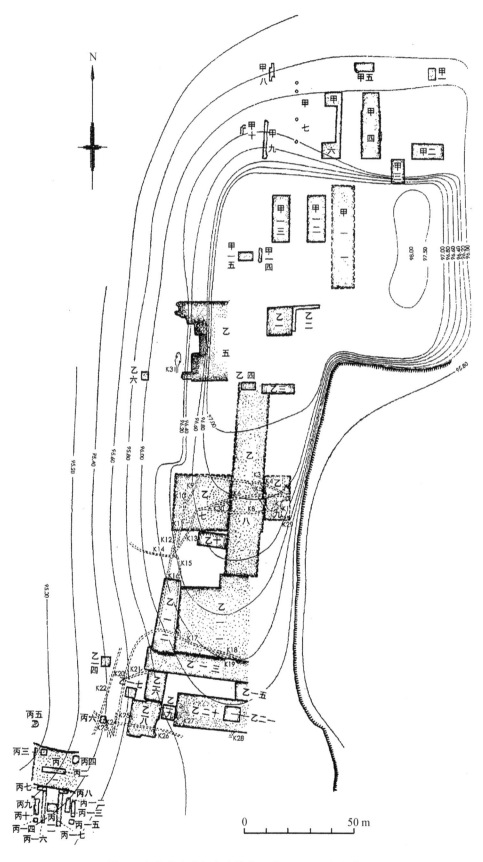

圖一　小屯東北地殷代建築基址群甲、乙、丙組分佈圖

數十年後這些情況,對於這一課題的討論所依據的資料必然是不够齊備、不够細緻的。但無論如何,既然現在對小屯東北地基址的認識基本上還主要依賴已發表的這批資料,所以就現有資料盡可能地得出較爲貼切的認識,應當是今後對小屯東北地基址進行更深入研究的基礎。

本文分析陶器分期與年代所參考諸家研究成果及出處均見文後附表及其注,文中言及陶器分期及年代時即不再出注。需要説明的是,附表中武丁時期只分了早、晚兩段,但武丁在位年代較長,更主要的是甲骨刻辭分期也需要有武丁中期的概念。爲便於進行綜合研究,本文涉及到武丁時期遺存的分期時,采用早、中、晚三期的方法。如此則武丁中期即相當於附表中由早段偏晚到晚段偏早的一個時段。而像附表中所示,殷墟文化一期晚段即相當於武丁早期與中期偏早;殷墟文化二期早段即相當於武丁中期偏晚至武丁晚期。

甲、乙、丙三組基址中,乙組基址的發掘工作做得較爲細緻,下面先論乙組基址的始建年代,再討論甲、丙二組。

一、乙組諸基址的始建年代

(一) 乙組基址範圍内的遺迹

乙組基址範圍内的遺迹,依石璋如在《小屯》第一本《遺址的發現與發掘·丁編·甲骨坑層之二》一書中所定名稱,可分爲以下幾類:

基下窖:指被壓在基址下的灰坑。其中陶器、甲骨的年代早於或接近(指絶對時間雖略早,但可歸屬同一時段)基址的始建年代。石氏所謂"窖"在其報告中皆用 H 表示,多數情況即相當於今日所云灰坑。但實際上應包括内涵爲有意識堆積的窖穴與無意識堆積的坑穴兩種。爲便於論述,本文仍從石氏在報告中所采用的名稱,統稱爲"窖"(窖穴)。石氏所用 H 有時也指地穴式的房屋。[①]

基層:指屬於基址本體的土層,多爲夯土層。其中出土的陶器與甲骨的年代比基址始建年代早或接近(指雖略早,但可歸屬同一時段)。下文改稱爲"基中"。

基上窖:指打破基址表層的窖穴。因是基址建成後又破壞基址而形成,此遺迹本身與其中出土的遺物晚於或接近(指雖略晚,但仍可歸屬同一時段)基址的始建年代。

旁窖:指在基址附近的窖穴。

探坑:爲發掘時所開探方或探溝,在基址外,或開在基址上。後者其内有時即包含基址本體一部分,或包含與基址有關的窖穴或葬坑。

墓葬:石文所云與基址有關之墓葬,即"基上墓""基下墓",實爲奠基性質或祭祀後埋牲用的葬坑,是在基坑挖成尚未填土打夯前埋入,或夯土基址打成後挖破基址埋入,因與

① 楊寶成:《殷墟的建築遺存》,《殷墟文化研究》,武漢大學出版社,2002 年。

基址同時修建,可視爲基址的組成部分,故下文稱之爲"基中墓"。

水溝有部分被壓在基址下面,故也屬於與基址有關聯的遺迹。

以上所述水溝與出有陶器或甲骨等遺物的諸遺迹在小屯東北地基址範圍内的分布,可登記如下表一。

表一　乙組基址範圍内的水溝與出土陶器、甲骨的遺迹登記表

基址	基　下		基　中		基　上	旁窖、探方
	水溝	窖、探方	探方	墓	窖、探方	
乙一		B31				
乙三		7：H27				
乙四						B12(東)
乙五		H38、H76 ＊H66、＊H83	B125、 B130、 B126	M66、 3：M14	4：H22(B17、 B30、＊M93)	B4(東)、B123(西) H44(西)、B128 (西)、B119(西北)
乙六		＊H5				
乙七	K4、K6、K8、 K9、K10、K11、 K13、K30	＊H36、＊H53(未著録)、 ＊H59、＊H86、＊H87 (未著録)		M101、 M137、 M167、 M186	H17、＊H84	C64(西北)、H53 (西)
乙八	K3、K4、K5、 K6、K8、K30	＊H36、＊H106、 ＊H136、＊H179	C75			
乙九	K1、K2、K3、 K4、K5、K6、 K7、K8、K29	＊H164			＊H194	
乙十					＊H18	
乙十一 (前期)	K15、K17、K18、 K19	＊H161、＊H171、＊H233、 ＊H236、H186		M222、 ＊M270	H211(上層爲 C128)	
乙十一 (後期)		M238				
乙十二	K15、K16、K17	＊H158、＊H205				H90(北)、H126 (西)、H127(西)
乙十三		＊H156、＊H358、 ＊H371、H449				
乙十四	K22	＊H197				
乙十五					＊H283	
乙十六	K21	＊H156、＊H174				C171(東)
乙十九		＊H335				
乙二十	K27、K28	＊H336、＊H419、 ＊H408、＊H454			＊H283、＊H453 (未著録)	H330(南)

注：H爲窖穴即灰坑;B、C爲發掘區名稱;B、C加阿拉伯數字爲探方號;出陶器的窖穴或墓葬加＊號,不加者爲僅出甲骨的窖穴或探方;窖穴號後標明"未著録"是指陶器形制未見著録。

下面即本着表一所示各基址與諸種遺存的相互關係逐一論證各基址之年代。爲此，有必要先討論一下水溝的年代。

（二）水溝建成與使用的年代

在乙、丙組基址範圍内共發現 31 條水溝。乙組範圍内的水溝最多。在乙組基址中，有 8 座壓在水溝之上，丙組基址中有 1 座下壓水溝，但没有一條水溝打破基址。據石璋如氏在 1959 年出版的發掘報告中所記述，這 31 條水溝彼此互通，自成系統（圖二）。特別是關於水溝與基址之間的年代關係，石氏的下述介紹很值得注意：在基址下面的水溝，有的在修基址前即已先用夯土填平，例如乙七基址下的 8 條水溝；有的水溝上口被夯土基址打破，例如乙八基址下的水溝，"上口是被壓在基址之下的部分深，露在基址之外面的淺"，顯然，在基址下面的水溝是因被基址挖破而上口深度才變深的；還有的水溝是在建夯土基址前，先已被壓在基址下的葬坑打破，例如乙九基址下的 M254 打破水溝 K2，乙十二基址下的 M283 打破水溝 K17；也有的水溝被基址切斷，如乙十二基址下的 K16。按照石氏上述記載，水溝與基址似非有功能上的聯繫，也就是説，似非如有的學者所提出的，水溝是小屯東北地基址下的排水系統，[①]而可能是在建築基址之前，用來排泄這塊地方的積水而開通的。但建基址時，填平了水溝，並在部分水溝上建夯土臺基，建築物建在夯土臺基上，地勢較高，在基址覆蓋的區域内，原有的排除低窪地塊積水的水溝既無需要也即不需存在了。

31 條水溝修成的時間，可能略有早晚之別。但是在這樣一塊占地面積不大的區域内搞泄水設施，像圖二所示那樣，干溝與支溝相互連通，將積水導向基址東面的洹水，一旦修建即會盡可能完善，所以不會將這樣一個工程斷斷續續地幹很多年，水溝系統應該是在不太長的時間内修成的工程。

綜言之，水溝與基址間的年代關係，可以有兩種表述，即如按絶對時間，水溝必然要早於基址；但如像本文計時采用一個時段，比如某一在位時間較長的王的王世之早、中、晚段，則如水溝建成後不久即修基址，二者也可以説是同時的（即同時段的）。因此在本文中是這樣表述的，即水溝不晚於基址，早於基址或與基址同時。

關於水溝形成時間的上限（即其最早不早於何時），可由乙九基址所疊壓之水溝的年代得知。乙九基址有奠基葬坑 M254 等三坑，其中 M254 打破 K2 水溝，而與 K2 水溝並存的 K4、K6、K7、K8 共 4 條水溝又破壞了 H164。H164 出圓腹圜底罐（51K;附圖一，1），與鄒文列爲 A 型 I 式的圜底罐（附圖一，2）近同，但腹最大徑偏上，頸稍短，似稍晚。鄒文 A 型 I 式圜底罐被歸入其所分一期，即盤庚到小乙時。此罐形制更近同於小屯南地 73AXT 南 H102：5 圜底罐（附圖一，3），屬小屯南地早期，約在武丁早期（或稍早）至中期

---

① 楊寶成：《殷墟的建築遺存》。

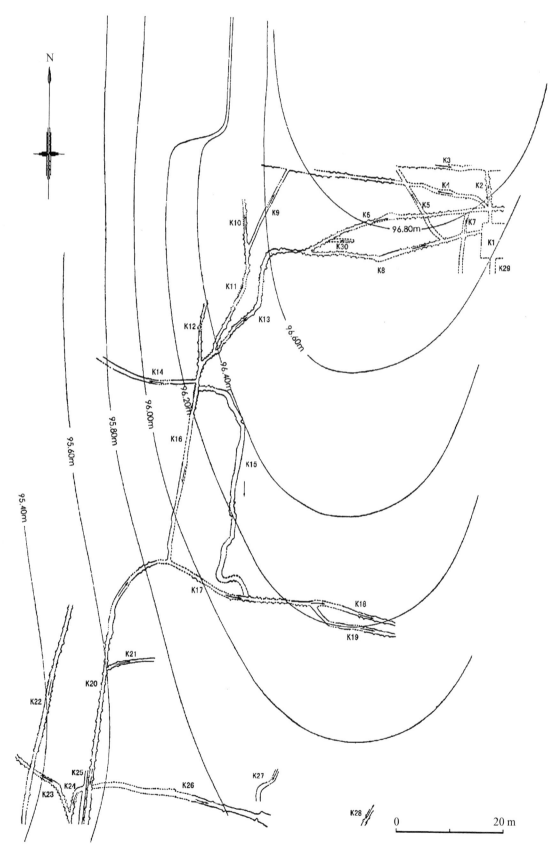

圖二　小屯東北地殷代建築基址範圍內及鄰近區域分布的水溝

偏早。[①] 石氏在報告中講，H164 是"本區域內最早的一個現象，被平復後一個時期才來挖水溝"，如此，則 K4 等水溝不會早於武丁早期，可能已進入中期。

水溝年代的上限還可以由以下現象證明。乙十一前期基址下有 K15、K17、K18、K19 共 4 條水溝穿過已平復的窖穴，其下窖穴分 4 層分布，其中第 3 層窖穴 H186 所出豆（203A；附圖一，4），盤淺而寬扁，平底，短粗圈足，從形制特徵看應屬殷墟文化一期晚段。[②] 類似特徵的豆亦見於苗圃一期與小屯南地早期陶器（附圖一，5、6），[③]只是 H186 這件豆的盤更顯寬扁。殷墟文化一期晚段約屬武丁早期至中期偏早，這也可以作爲水溝時間的上限不早於武丁早期的證據。

至於水溝形成時間的下限，可由乙十一基址下的水溝年代得知。乙十一基址有前後兩期，前期基址夯土內有 6 座同時的屬奠基性質的葬坑，即 M222、M231、M284、M273、M271、M270，其中 M222 所出銅觚 2（R2003、R2004；附圖二，1、2）與銅爵 2（R2020；附圖二，3）大致可歸屬於拙著《古代中國青銅器》（下簡稱"拙著"）所分商代後期青銅器二期 I 階段，如將武丁時代作三期分，此階段即主要相當於武丁早期至中期偏早。[④] M222 所出 2 件同形有蓋陶罍（附圖二，4）與乙五基中墓 3：M14（約武丁中期偏晚至祖甲時，詳下文）出土罍及 1973 年發掘的小屯南地中期陶罍 H68：2（附圖二，5）相比，形制相近，但器底與口緣甚薄，圓肩略寬，環耳略小，顯示較早特徵。屯南 H68：2 罍屬中期一組，爲小屯南地中期偏早遺存。[⑤] 綜上所析，M222 所出陶罍的年代亦當早於小屯南地中期偏早，即在小屯南地早期，相當於武丁早期至中期偏早。M222 還出有一件陶圜底罐（附圖二，6），體形較寬闊，頸較短，口微侈，飾細繩紋，年代當與同出的陶罍相近。

另一墓坑 M270 出陶鬲一件（M270：F285、351J），其形近苗圃二期 X 式陶鬲，而足根相對較高，可能年代稍早於苗圃二期偏早（相當於武丁中期偏晚至晚期）。同墓還出土不等腰三角形援戈一件（M270：干 283、R2109；附圖三，3），此型戈出土於屬殷墟文化一期早段的墓葬三家莊 M1（M1：4；附圖三，1）、小屯 M232（R2106；附圖三，2），至殷墟文化二期墓，如武官大墓 M1 中所出三角形援戈（附圖三，4）已是等腰形制了，所以 M270 所出此件戈亦爲殷墟文化一期器。但其援寬略寬於三家莊 M1：4 與小

---

① 1973 年小屯南地發掘資料見於中國科學院考古研究所安陽工作隊：《1973 年安陽小屯南地發掘簡報》，《考古》1975 年第 1 期；中國社會科學院考古研究所：《小屯南地甲骨》上冊 1 分冊，中華書局，1980 年。下文凡引小屯南地資料均出於此兩處文獻。

② 唐際根：《殷墟一期文化及其相關問題》，《考古》1993 年第 10 期。

③ 苗圃陶器見中國社會科學院考古研究所：《殷墟發掘報告》第四章第二節，文物出版社，1987 年。下引苗圃各期陶器分期均出自本書。

④ 拙著《古代中國青銅器》，南開大學出版社，1995 年。下文凡言青銅器均出自本書。

⑤ 小屯南地 H68 同時出土有陶盆（H68：1），侈口，平沿方唇，平底，底較大，飾豎繩紋、弦紋，形制特徵符合鄒文殷墟文化一期盆的特點，則同出罍（H68：2）亦不會太晚，亦當接近一期。見 1973 年小屯南地發掘資料與《考古》1975 年第 1 期發表的簡報。

屯 M232：R2106,所以其絕對年代可能略晚,約在殷墟文化一期晚段,即武丁早期至中期偏早。

　　從以上對 M222 與 M270 內出土器物年代的分析可知,乙十一基址基中 M222 與 M270 等葬坑均爲殷墟文化一期晚段遺存,年代約在武丁早期至中期偏早。這也反映出乙十一前期基址夯土亦約在武丁早期至中期偏早這一時段內建成。又,H211(上層爲 C128)屬於乙十一前期基上窖,其中出刻字龜甲一片,即《乙》8690,似屬丙二類非王卜辭,約屬武丁中期。此與上述乙十一前期基址建成於武丁早期至中期偏早之認識并不矛盾。如此,則乙十一前期基址下的 4 條水溝 K15、K17、K18、K19 的年代最晚不會晚於武丁中期偏早。

　　關於水溝形成的時間,K20 上下的遺存能提供進一步的資料,即打破 K20 的 H160 與 K20 所打破或疊壓的 H225 等 5 個灰坑。已知 H225 出圜底盞(67M;附圖四,1),與苗圃二期盞 VEH2：4(附圖四,2)形近,但折肩更斜,口亦較小,年代似稍早,唐際根文歸爲殷墟文化一期晚段是可信的,[1]所出簋(225E;附圖四,3),鄒文歸爲二期偏早,其形亦近同於苗圃北地出土簋(H15：36;附圖四,4),屬殷墟文化一期晚段。[2] 鄒文二期偏早在武丁時期。殷墟文化一期晚段相當於武丁早期至中期偏早,所以 K20 至早不早於武丁早期,這與以上所論是相合的。打破 K20 的 H160 出土陶尊(243E;附圖四,5),屬鄒文所定 B 型 I 式圈足大口尊,其形近同於苗圃一期 I 式尊(PH25：32;附圖四,6)。苗圃一期的下限在武丁中期偏早,所以 K20 至晚也不晚於武丁中期偏早。綜上述,K20 不早於武丁早期,不晚於武丁中期偏早。此下限與上面推斷的水溝形成的時段是相合的。

　　如上所析,水溝不早於武丁早期,不晚於武丁中期偏早。考慮到水溝是個獨立工程,而且如依石氏所云水溝多是在其下屬武丁早期的一些窖穴平復一段時間後才修成,則水溝顯然應該比武丁早期窖稍晚,定爲武丁中期偏早是較穩妥的。

　　(三) 由乙組諸基址範圍內的遺存探討其始建年代

　　已發掘的乙組諸基址分布在小屯東北地基址的中部,包括 21 座基址(圖三)。其中可以討論始建年代的,有如下基址。

　　1. 乙一、乙二基址

　　石璋如氏在《小屯》第一本《遺址的發現與發掘·乙編·殷虛建築遺存》一書的表 127 中,注明在 B10 範圍內的乙一基下出字骨一(即《甲》3347),但他在《小屯》第一本《遺址的發現與發掘·丁編·甲骨坑層之一及附圖》中又講,此字骨實出於一耕土層,非出於基下。他定此片字骨屬董氏四期,認爲"它比基址爲晚,而基址最晚應在四期以前建成"。但此片字骨實屬自

---

① 唐際根:《殷墟一期文化及其相關問題》。
② 鄭振香:《殷墟文化的分期與年代》,《殷墟的發現與研究》,科學出版社,1994 年。

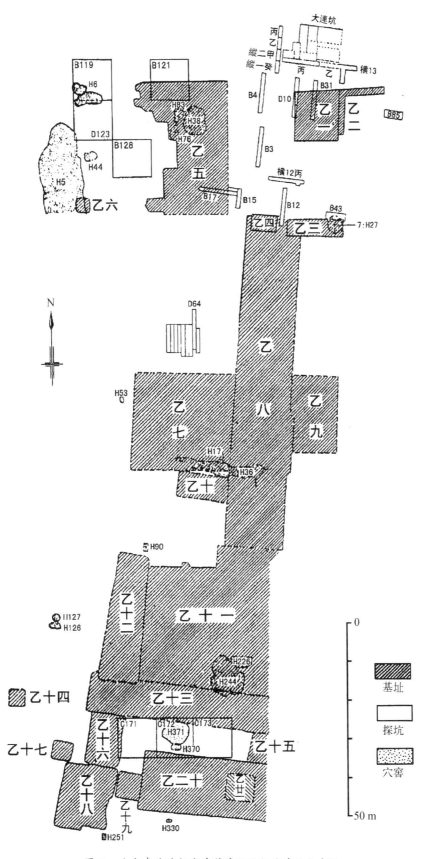

圖三　小屯東北地殷代建築基址乙組諸基址分布圖

組大字,爲武丁早期遺存。① 惟由於出於耕土層,不能作爲乙一基址斷代的依據,故乙一基址的始建年代目前尚難明確。此基址基下(B31 範圍内)出字骨一(4.2.0018),未著録。②

乙二基址殘破較甚,僅西、北部分殘留較多,無礎石。基址下有若干窖穴(灰坑),但其内出土遺物的情況未見説明,故乙二基址的始修時間暫無從得知。

2. 乙三基址

屬探方 B46 範圍内的基下窖 7:H27 出背甲刻辭 4 片,其中《甲》3306、3319(按:此兩片龜腹甲已掇合爲《合集》25655)屬出組一類,《甲》3320、3321 爲賓組一類。由此可知,乙三基址不早於祖庚時期。

3. 乙五基址

乙五基址基中墓 3:M14 打破夯土,出土陶罍(附圖五,5),形近小屯南地中期陶罍(H68:2;附圖二,5),小屯南地中期相當於武丁晚期至文丁階段。基中墓 3:M14 除出土上述陶罍外,還出土陶豆(附圖五,6)、陶鬲(附圖五,8),形制近同於大司空村二期器,與鄭州人民公園二期陶豆(附圖五,7)、陶鬲(附圖五,9)的形制特徵也相近,鄭州人民公園二期大致相當於大司空村二期,③屬武丁中期偏晚至祖甲時;所出銅觚(R2000;附圖五,3)與武官 59M1 觚的形制近同,中腰(即下腹部)已較明顯外凸,圈足根部作直階狀;所出銅爵(R2018;附圖五,2)爲深筒狀腹,卵底,柱立於口沿近流折處,三足較長且稍寬扁。這兩件銅器皆應歸屬拙著殷墟青銅器第二期第 I 階段,按武丁時代三分方法,即屬武丁早期至中期偏早。此墓所出銅器的年代似較早,墓葬年代當參考陶器定爲武丁中期偏早至祖甲時期。另一與乙五基址有關的墓葬是 M66,在乙五 A 部之北邊,雖與基址本身無疊壓關係,但仍可能爲從屬於基址的葬坑。④ 所出銅器蓋(R2079;附圖五,1),有銘文"后卑母(姁

---

① 本文所云殷墟甲骨刻辭分組、分類及各組、類主要存在年代依據諸家歷年研究成果,其中主要參考了李學勤、彭裕商《殷墟甲骨分期研究》(上海古籍出版社,1996 年),在賓組各類存在時間上主要參考了黄天樹《賓組卜辭的分類與斷代》一文(《考古》1998 年第 9 期)。本文所云甲骨刻辭諸組及所采用的年代範圍(指主要存在的王世階段)爲:

  自組:武丁早、中期。

  賓組:武丁中、晚期(其中一類 A:武丁中期,一類 B:武丁晚期;二類:武丁晚期末,少量或可延至祖庚時期)。

  出組:祖庚、祖甲時期(其中一類:祖庚時期;二類:祖甲時期)。

  何組:主要存在於廩辛、康丁時期。

  黄組:文丁至帝乙時期。

  歷組:武丁中晚期至祖庚時期(其中一類:武丁中晚期;二類:祖庚時期)。

  無名組:祖甲至文丁時期。

  非王卜辭:均武丁中期。

  自賓間組:武丁中期偏早。

  自歷間組:武丁中期。

② 按:在"中研院"史語所考古資料數位典藏系統遺物資料庫中可查到此片字骨,登録號爲 R035903,長12.75、寬 3.92 厘米。但照片上所刻字模糊,未能辨識。待再核查。

③ 河南省文物考古研究所:《鄭州商城》第六章,文物出版社,2001 年。

④ 此墓距乙五基址 A 部西北隅不到 2 米,被 H45 破壞,因乙五基址西邊也被破壞,此墓又與乙五葬坑 M41 及基上墓 3:M14 由西向東連成一線,故石璋如氏將此墓視爲"基上墓",實際即是與 3:M14 相同的奠基葬坑。有關 M66 的情況亦見石璋如:《殷墟地上建築復原第九例兼論乙五基址的現象與天象》,"中研院"《歷史語言研究所集刊》七十四本二分,2003 年 6 月。

")",相當於拙著所分商後期銅器第二期第Ⅱ階段,約在武丁中期偏晚至祖庚、祖甲時,其銘文亦見於同時期的小屯 M5(婦好墓)所出銅尊(76AXTM5：793)與方壺(76AXTM5：794)銘文。所出陶鬲(附圖五,4)與 3：M14 陶鬲同。M66 與 3：M14 皆爲乙五基址建造中的奠基葬坑,二墓屬同時且與基址建於同時,綜合考慮這兩墓年代,當同建於武丁中期偏晚至祖甲時段範圍內,這也應是基址的始建時段。

爲了進一步證實乙五基址的始建年代,應再分別討論一下該基址基下、基上與基中其他遺存的年代。

基下窖 H66 出以下陶器:白陶釜(70V;附圖六,1),鄒文列爲Ⅰ式釜,歸爲其 2 組;簋(215K;附圖六,2),鄒文列爲 Ab 型Ⅰ式,入 2 組;盤(215C;附圖六,3),鄒文列爲 A 型Ⅱ式,入 2 組;屬其所劃二期偏早,約武丁時。基下窖 H83,出陶鬲(附圖六,4),形近苗圃二期陶鬲(PNM17：2;附圖六,5)[1],相當於武丁晚期至祖甲。

基下窖 H38 出刻辭卜甲《乙》475(附圖一九,1)與《乙補》85(附圖一九,2),《乙》475 屬出組二類,在祖甲時期。《乙補》85 從字形上看,近於賓組二類,時屬武丁晚期或可延至祖庚時期(原誤編入乙五基下窖 H38 出土的卜甲《乙》476,應改爲出於 H85)。基下窖 H76 出刻有賓組一類卜辭卜甲一片(《乙》483),約屬武丁中期。

乙五基址基中出有刻字甲骨。B130 範圍內爲《乙》297,屬所謂賓組一類卜辭,時在武丁中期。B126 範圍內出土刻辭卜甲可以判明組別的有 5 片,即《乙》290—296,爲賓組一、二類,屬武丁中、晚期。B125 範圍內出土刻字卜甲 12、卜骨 2,分屬賓組一、二類卜辭,時屬武丁中、晚期(或可延入祖庚時期),其中《乙》282(附圖一九,3)似屬所謂自賓間組,約在武丁中期偏早。《乙》283(附圖一九,4)字形近出組二類,屬祖甲時期[2]。

綜合以上基下窖所出陶器與甲骨的年代及以上基中所出甲骨的年代,可知乙五基址至早不會早於祖甲時期。

再看乙五的基上窖,H93 出土陶鬲(192E;附圖七,1),鄒文列爲 A 型Ⅰ式,入其所分 3 組,屬二期偏晚,約祖庚、祖甲時期。同窖所出圓腹罐(51T;附圖七,2),鄒文列爲 B 型Ⅲ式,入其 3、4 組,4 組已屬三期偏早,約在廩辛、康丁時期;所出盂(224A;附圖七,3)鄒文列爲 Aa 型Ⅱ式,入 3 組,屬祖庚、祖甲時期。將此盂與苗圃二期盂(附圖七,4)、三期盂(附圖七,5)比較,可見其形制正當排在苗圃二、三期盂之間,其年代亦約在祖甲、廩辛間。所以基上窖所出遺存最早可到祖庚、祖甲時段。綜上所述,乙五基址年代的下限,當不晚於祖甲時期。

基上窖 4：H22 所出甲骨之刻辭主要是自組(大字、小字),但同坑所出卜骨《甲》3348

---

① 鄭振香:《殷墟文化的分期與年代》。
② 按:《乙》283,即《合集》26137,應歸屬出組二類,原文曰"近出組早期",不妥。與此相聯繫,原文下文"可知乙五基址至早不會早於祖庚時期",亦更正爲"不會早於祖甲時期"。

則屬黃組。上文已論證乙五基址至早不早於祖甲時期,所以雖有自組卜辭出於其基上灰坑,也不能説明本基址早於自組時代(即武丁早、中期)。

綜上所述,乙五基址至早不早於祖甲時期,又不晚於祖甲時期,則該基址即應認爲是建造於祖甲時期,這與上述乙五基址中的葬坑3∶M14及相關葬坑M66的始建時段是相協合的。

4. 乙六基址

乙六基址是一個小型基址,無礎石(亦即無地上建築),有關遺存皆在基下。基下窖H5所出陶鬲(348B;附圖八,1),鄒文列入其3組,其形亦近於苗圃二期鬲(PNH1∶4;附圖八,2)。同坑所出陶簋(225G;附圖八,3),鄒文列爲Cb型Ⅱ式,入其所分3組,其形亦近於小屯南地中期簋73H50∶252(附圖八,4)。此簋圈足小且矮,斜腹大敞口,應屬小屯南地中期簋中較早形制,其特徵也近同於苗圃二期簋;同出另2件陶簋(227M;附圖八,5和227J;附圖八,6),與同出陶深腹缸(107C;附圖八,7),鄒文亦均列爲其所分第3組器。所以乙六基下窖H5内陶器的年代皆可歸於鄒文二期3組與苗圃二期,亦即約相當於殷墟文化分期之第二期,大致在武丁晚期至祖甲時期。H5還出有字骨,刻辭屬所謂自組大字類,約在武丁早期。由於没有基中、基上遺存,所以乙六基址的始建年代只能説不早於武丁晚期。

5. 乙七基址

乙七基址下壓屬奠基性質的夯土殉狗坑,基址下還壓有據石氏報告所云先已填平夯實的水溝,前文已論及,水溝的年代約在武丁中期偏早,所以乙七基址的修建時間即不早於武丁中期。

再看乙七基址與其他遺存的關係。基下窖H36出陶簋(225M;附圖九,1),與鄒文所分Ca型Ⅰ式簋(附圖九,2)近同,屬其所定二期偏早,約武丁時期;H36還出刻自組大字與小字卜辭之卜骨,分屬武丁早、中期。乙七基址疊壓在H36上,則H36内既存有可能晚至武丁中期的遺存也證明該基址不早於武丁中期。

乙七基址基上窖H84出土2件簋(225P;附圖九,3),鄒文均列爲其所分Ca型Ⅴ式,入第7組,即在其所分四期偏晚,約帝辛時期。基上窖H73所出簋(238D;附圖九,4)近同於殷墟西區M479∶3與M521∶1A型Ⅲ式簋(附圖九,5、6;凡殷墟西區墓地資料均見附表D項所據發掘報告),屬殷墟文化三期,約廩辛、康丁至文丁時期。乙七基址上層有M137、M167、M101與M186等葬坑,據石氏云這幾座墓是"在基址建成後再打破夯土而埋入,重新又用夯土建起來,上口直通基面"。其中M101埋一人一銅戈,M167埋一人與戈盾,M137埋一人一戈,M186埋九人及銅刀。從這種情況看,這幾個葬坑應該是建造基址時同時埋入的,是一種帶有宗教奠基性質的儀式所致(鄒文認爲是"安門墓"),應歸爲"基中"墓。其中M137出土直内銅戈1(R2100;附圖一〇,1),M167出土曲内銅戈1

（R2101;附圖一〇,2），M101 出土直內銅戈 1（R2021;附圖一〇,3），M186 出同形銅刀 3（附圖一〇,4—6）。以上銅戈、刀的形制,均應屬拙著殷墟銅器分期的二期第Ⅱ階段,即爲武丁晚期至祖甲時期的器物。上文已論及乙七基址不早於武丁中期,而其基中葬坑所出銅戈、刀爲武丁晚期至祖甲時期器,則乙七基址的修建時期當定在武丁晚期至祖甲時期這一時段內。

6. 乙八基址

乙八基址下面亦壓有部分水溝,由此可知其年代不早於武丁中期。其基下窖 H36 所出陶簋（225M）的年代,已見上述,約在武丁時期。另一基下窖 H179 所出陶簋（227P;附圖一一,1），形制近同於小屯南地早期陶簋 73H13：9（附圖一一,2），小屯南地早期相當於武丁早期。惟本器口沿外侈略長,形制亦更近於鄒文所分 Ca 型Ⅱ式簋,屬 3 組,相當於其所定二期偏晚,即祖庚、祖甲時期。基下窖 H106 所出盂（221E;附圖一一,3），形近同於苗圃二期Ⅰ式盂（PNⅡT4④：584;附圖一一,4），亦在武丁晚期至祖甲時期。又探方 C75 中的夯土層爲乙八基址本身,壓在水溝上,夯土中所出卜甲有自組小字卜辭（《乙》8648），屬武丁中期。夯土下 H36 東部所出卜甲亦爲自組小字卜辭（《乙》8682），[1]屬武丁中期。乙八基址無基上遺存,故只能據其基下窖中最晚遺物的年代推定其始建年代不早於祖庚、祖甲時段。

7. 乙九基址

乙九基址下層有奠基葬坑 M246、M254（各埋一犬）與坑壁有紅顏料的窖穴（？）H208。M254 葬坑又打破 K2 水溝,基址下與 K2 并存的還有 K1 與 K3—K8 及 K29 共 8 條水溝。水溝的年代在武丁中期偏早,可知乙九基址不早於武丁中期。

乙九基址上有 H194,所出陶簋（237F;附圖一二,1）飾大三角形劃紋,鄒文列爲其 Ca 型Ⅳ式,入 6 組,也即其所分的四期偏早,約帝乙時期。此簋亦近同於殷墟西區 B 型Ⅲ式簋（M347：2;附圖一二,2），屬西區第三階段偏早,其時約在帝乙時期,由此可知 H194 不會早於帝乙時期。這也可視爲乙九基址之下限。但實際上乙九基址的始建年代當不會晚至此時。由於本基址已發掘的只是一小部分,揭露面積有限也限制了對其年代更深入的認識。

8. 乙十基址

本基址非全部爲夯土,但有礎石與其下面的夯土墩。基下葬坑、窖穴出土遺物未見報道。基上窖 H18 出土陶簋（237G;附圖一二,3）亦飾大三角形劃紋,鄒文列爲 Ca 型Ⅲ式,入其第 5 組,相當於其所分的三期偏晚,即武乙至文丁時。但此簋的形制與殷墟西區 B 型Ⅲ式簋相近（M696：5,附圖一二,4），西區 B 型Ⅲ式簋可早到廩辛時期。其形制亦與苗圃三期早段簋（ⅤAT1③：7;附圖一二,5）相近同,該簋約屬廩辛至文丁時。[2] 然而,在石氏

---

① 按:《乙》8682 原文歸爲非王卜辭,現更正爲自組小字卜辭。
② 按:見杜金鵬:《殷墟宮殿區建築基址研究》第六章"三、乙十基址",科學出版社,2010 年。器形圖見《殷墟發掘報告》圖五,1。

的報告中,H18 被記録爲打破隋代墓,依此,則 H18 對於乙十基址已無斷代意義。如石氏所記此現象與事實有出入,H18 乃直接破壞乙十基址,則乙十基址的始建年代即不會晚於文丁時期。

9. 乙十一基址

此基址可分爲前後兩期。前期殘遺部分在整個基址西部,後期建築東西連通。該後期基址南與乙十三基址相接,北與乙八基址相接,後期基址西部被乙十二基址打破。上文在論水溝年代時已論及乙十一前期基址夯土内有與之同時的葬坑 M222、M270 等。M222、M270 屬於殷墟文化一期晚段遺存,即屬武丁早期至中期偏早,這也可視爲乙十一前期基址建成的時段範圍。水溝約建成於武丁中期偏早,乙十一前期基址打破水溝,則其建成時間亦只能在武丁中期偏早,這即是説水溝在挖成後只使用了很短的時間,乙十一基址即修建,平復了其下面的水溝,在其上建造了夯土基址。下面再討論一下上文未論及的與乙十一基址有關的其他遺存。

前期基址之基下窖 H171 出土陶罍(192G;附圖一三,1),形制近同於前引本前期基址基中葬坑 M222 出土罍(附圖二,4),屬殷墟一期晚段,時在武丁早期至中期偏早。同窖出土陶瓿(283J;附圖一三,2),鄒文列爲 II 式,歸入其 3 組,但既與以上陶罍(192G)同出,似應屬同時器。基下窖 H186 出土陶豆(203A;附圖一,4),前已論及其屬殷墟文化一期晚段器物。另一基下窖 H233 出土陶鬲(348G;附圖一三,4),體呈長方形,敞口而領較長,高襠,深袋足,飾細繩紋,從形制看不會晚於殷墟文化一期晚段。

綜合上述,乙十一前期基址基下遺存都可以早到殷墟文化一期晚段,即屬武丁早期偏晚至中期偏早。上文已論及乙十一前期基址建成於武丁中期偏早,這也説明該基下較晚的窖穴剛形成不久,即被填平并在其上修建夯土建築了。

乙十一後期基址 FN 部分基下有葬坑 M238,隨葬有銅斝、爵、觚、罍、卣、壺與方彝等,銅器在年代上與 1976 年小屯 M5(即殷墟婦好墓)的年代相同,在武丁晚期至祖甲時期,[1]因此乙十一後期基址不會早於武丁晚期。此外,據石氏云,後期基址尚有基上窖 H158,出土圜底盆(15N;附圖一三,5)、折肩罍(290M;附圖一三,6)。盆,鄒文歸爲 IV 式,入其所分第 5 組,相當於其三期偏晚,時在武乙至文丁時段内。如此,則此基上遺存的年代只能表明乙十一後期基址之建成、使用大約不晚於武乙時期。但唐際根文指出,H158 內所出上述陶器應爲殷墟文化一期早段的器物,所以石氏言 H158 打破乙十一後期基址是將地層搞錯了。[2]唐文所指出 H158 出土之陶器的年代是可信的,所以有關 H158 的資料似不便再利用。按照上述情況,乙十一後期基址的始建年代只能根據其與前期基址的關係以

---

① 拙著《古代中國青銅器》第十章。
② 唐際根:《殷墟一期文化及其相關問題》。按:H158 應在乙十一基址夯土 A 下面。參見杜金鵬:《殷墟宮殿區建築基址研究》第七章。

及小屯 M238 的年代而知其始建至早不早於武丁晚期。但對進一步研究乙十一後期基址的始建年代有關的是,乙十三基址在乙十一後期基址南,二者緊相連接,而且其西北隅也與乙十一後期基址西部一樣,均被乙十二基址打破,因此石氏所言乙十三基址與乙十一後期基址的始建年代相同是有道理的。乙十三基址的始建年代在祖庚、祖甲時段(詳下文),則乙十一後期基址的始建年代亦當近同於此。這與上文據乙十一後期基址基下 M238 所推定的該基址不早於武丁晚期是不矛盾的。

另據石氏報道,乙十一後期基址主基外有 H228,其上爲乙十一後期基址外周墊起來的黃土(有些地方還略加夯土,以放置礎石),所以石氏將 H288 視作基下窖,似可從。此窖內出刻辭卜甲一片,即《乙》8689,宜歸爲自歷間組,約在武丁中期。被 H228 疊壓的 H244S 內也出土刻辭卜甲一片,即《乙》8982,爲自組大字,屬武丁早期。以上兩坑均未建於前期基址上,其形成與後期基址的形成時間在年代上似有一個稍長的間隔。

10. 乙十二基址

乙十二基址位於乙十一基址西,打破了灰坑 H138 南端,而 H138 內出土刻自組小字卜辭之卜甲一片(《乙》484;附圖二〇,1;原歸爲 H90 出土,但 H90 實爲 H138 的一部分)。由此可知,乙十二基址肯定不早於武丁中期。[①] 此外,又已知乙十二基址打破了乙十一後期基址西部,乙十一後期基址始建於祖庚、祖甲時段,故乙十二基址的建成不早於祖甲時期,依情約在廩辛時期以後。

11. 乙十三基址

乙十三基址的西端已發掘,東端尚未發掘。其西北隅被乙十二基址的南端破壞,所以乙十三基址要早於乙十二基址。

本基址下較早的遺存有 H358,所出陶罐(159E;附圖一四,1)與小屯南地早期陶罐(附圖一四,2)的形制相近,但略顯聳肩,應屬武丁早期;同出陶爵(309K;附圖一四,3),短流、束頸、下腹鼓張、足較長,形制近同於殷墟西區二期爵(附圖一四,4),屬武丁晚期至祖甲時期;同出壺(278P;附圖一四,6),形制近於苗圃二期Ⅱ式壺(PNM124:231;附圖一四,7),惟腹部更鼓,時代可能稍早,約在武丁晚期。

基下窖 H371,北端被基址疊壓,而與 H358 上口的深度近同,年代可能相近。H371 出陶鉢(105A;附圖一四,5),同出字甲有非王丙二(A)類與乙一類卜辭(附圖二〇,2、3),[②]皆約

---

① 按:乙十二基址疊壓灰坑 H158,其內所出陶盆(YH158:15N)形制,杜金鵬先生指出,乃介於殷墟一期早段陶盆(如 H95:5)之間(見《殷墟宮殿區建築基址研究》第七章),亦即大約在一期晚段,約在武丁早、中期時。又,乙十二基址疊壓、打破水溝 K15、K16、K17。以上兩種現象亦只能證明乙十二基址不早於武丁中期。
② 非王卜辭分類據《合集》第十二册劃分方法,該册將非王卜辭分爲乙一、乙二與丙一、丙二四類。但丙二類實際包含不同類型的卜辭,故本文以"丙二 A 類"代表此類中最爲主要的一類非王卜辭。

在武丁中期。基下窖 H449(原誤爲基上窖)出刻屬午組卜辭的字甲,①屬武丁中期。基下窖 H156 在乙十三基址下層葬坑之下面,從層位上看要晚於 H371、H358,所出陶盆(114E;附圖一四,8),鄒文歸於其二期,其形制亦近同於苗圃二期盆(PNT226④:19;附圖一四,9),年代亦在鄒文二期內,即屬祖庚、祖甲時段。

綜合上面所舉乙十三基址與基下諸遺存情況可知,乙十三基址的始建年代至早不早於祖庚時期。如據乙十三基址與乙十五基址的關係則可進一步推定乙十三基址的年代。乙十五基址卡在乙十三與乙二十基址間,呈南北向,石璋如氏曾認爲此基址可能只是乙十三至乙二十之間的一條道路。從這種位置關係可以認爲乙十五基址不會早於乙十三、乙二十基址,乙十五基址的建成不晚於祖甲時(詳下文),故乙十三基址亦不會晚於祖甲時。結合上述對乙十三基址始建年代不早於祖庚時期的推論,則乙十三基址的始建年代即當在祖庚、祖甲時段內。

12. 乙十四基址

乙十四基址僅存周圍礎石。礎石埋於灰土之中,基址即建於灰土之上。基址下壓 4 個窖穴,其中 H167 被礎石壓在下面,而 H167 又打破 H197,礎石之一(礎石 10)落入 H197 中。H197 出陶盆(117N;附圖一五,1),鄒文列爲 II 式盆,入 2 組,屬其二期偏早,約在武丁中晚期,其形亦近同於苗圃一期 III 式盆(PNH35:217,附圖一五,2)。所以此陶盆(117N)應屬於武丁時期。② 所以乙十四基址的始建年代不會早於武丁中期。

13. 乙十五基址

乙十五基址在乙十三與乙二十基址之間,呈南北向的長條形,但未全部發掘。此基址的東南部分被 H283 打破。H283 所出陶器有豆、鬲、匜(?)、碗,但後三者似未見著録。其中陶豆(206F;附圖一五,3),鄒文列爲直腹豆 II 式,入第 3 組,在其所分二期偏晚,其形制亦近同於苗圃二期 IV 式豆(PNT004④:8;附圖一五,4),惟足較細,約屬武丁晚期至祖甲時期。由此可見,乙十五基址的建成至晚不晚於祖甲時。至於乙十五基址的上限,則如上文論乙十三基址時所言,其不會早於乙十三與乙二十基址。乙十三基址的始建年代不早於祖庚時期,則乙十五基址即亦不會早於祖庚時。綜合以上對其上、下限年代的推測,則可以認爲乙十五基址的始建年代亦在祖庚、祖甲時段內。

14. 乙十六基址

乙十六基址在乙十五基址西,位於乙十三基址西端之南。其西北角打破水溝 K21,上

---

① 按:關於 H449 改定爲"基下窖"情況,見石璋如《小屯》第一本《遺址的發現與發掘·丁編·甲骨坑層之二·十三次至十五次出土甲骨》上,第六章第一節之"二六·C170 與 YH449"。所出字甲即《乙》9038,《合集》已將此片與《乙》9036、9037 綴合,即《合集》22467。但參考"中研院"史語所考古資料數位典藏系統資料庫綴合資料,《乙》9038 叵叴以此種方式與《乙》9036、9037 綴合還需核查。

② 按:原文誤將 M197 出土罍歸屬 H197,承杜金鵬先生指出(《殷墟宮殿區建築基址研究》第七章),現剔出。該基址始建年代亦有所更正。

文已論及水溝的建成約在武丁中期偏早,則其始建年代當不早於武丁中期。

16. 乙十七基址

乙十七基址在整個乙組基址的西南,與其他基址不相連接。基址近方形,表面有白灰面,中心有圓形紅燒土,南北兩邊尚存白灰泥做成的牆角。該基址東南邊緣下壓有一個"瓦罐葬"(即甕棺葬)M262。但此陶罐的形制未見著録。所以,乙十七基址是否爲殷代基址尚不能確知。石氏據白灰面爲方形,不同於龍山期之圓形而認爲仍屬殷代。鄒文則認爲此房基結構與鄭州商代前期的"白灰面"房基相近,時代應較早,可能相當於其所分第一期,即盤庚至小乙時段。此從之。

16. 乙十八基址

本基址包括東(A)西(B)并列的兩塊,南北略相錯開。東邊一塊之南部短,西邊一塊之北部短。基址大部分直接建於生土上,但中間下壓東西向的水溝K26。水溝的年代約在武丁中期偏早,所以乙十八基址不早於武丁中期。本基址東邊比西邊一塊基址短出的一塊地面下恰有窖穴H251,其内出土有423片刻辭卜甲,多爲丙二(A)類非王卜辭(附圖二〇,4),餘尚有自組小字卜辭(如《乙》8909)。此二類卜辭均約屬武丁中期。石氏在報告中云,如果本基址東邊一塊與西邊一塊南端建齊,則H251必被壓在A部之下。如此,亦可證乙十八基址不早於武丁中期。這與上述據水溝與乙十八基址的關係得到的該基址年代之上限相合。乙十八基址上層没有打破它的其他遺存,所以其建成的時間下限難以確知。

17. 乙十九基址

本基址是位於乙十八、乙二十兩基址中間較小的基址,西邊與乙十八基址間相隔有寬約0.2米的黄土,但東面與乙二十基址相連接。本基址底層有狗坑M348。基下遺存尚有H335,所出陶器有深腹罐(135E;附圖一六,1)、圓腹罐(153D;附圖一六,2),鄒文將H335歸爲其所分一期遺存,時在盤庚至小乙時期。如依此,則乙十九基址的始建年代至早不早於盤庚時期。這是目前根據乙組各基址與相關遺存的關係所知道的除乙十七外另一建成年代上限有可能較早的基址。

18. 乙二十、乙二十一基址

乙二十一基址建在乙二十基址之上,屬於其一部分,與乙二十基址應是同時建成的。乙二十基址西端與乙十九基址相接,面上無礎石。基址疊壓在水溝K27、K28上,所以其上限不早於武丁中期。與本基址的始建年代有關的還有其他一些現象。基址西南部打破H336北部,H336出陶盆(117A;附圖一六,3),鄒文列爲I式盆,入其所分一組,即盤庚至小乙時期,其形亦近同於苗圃一期的深腹平底盆(如PNH217:35;附圖一六,4)。本基址下尚有H337、H454、H348等7個窖穴(灰坑),在層位上要晚於H336及可能與H336同時的H350,H337破壞了H336,H348疊壓在H350之上。這樣看來,本基址的始建年代距H336中陶盆流行的時段即盤庚至小乙時期已有一段時間。基下窖中已知H454出土陶豆(205F;附圖一六,5),淺盤平底,腹壁豎直,圈足稍高而寬,形制似要早於上舉乙十五基址基下窖 H283 所出陶豆(206F;附圖一五,3;形近苗圃二期Ⅳ式豆 PNT204④：8),而與苗圃一期豆(PNT225⑥：13;附圖一六,6)相近,只是盤腹更淺。苗圃一期約相當於武丁早期至中期偏早時。所以由上述本基址與窖穴間的打破與疊壓關係看,乙二十基址的始建年代不會早於武丁早期,這不影響上述由水溝年代得出的本基址始建年代不早於武丁中期的認識。①

二、甲組部分基址始建年代的估測

甲組基址包括大小 15 座基址,分布在小屯東北地基址區的北端(圖四)。石氏報告中已發掘的這些基址多呈南北長的長方形(僅甲二、甲五、甲十五呈東西長的長方形),故與乙組基址在平面形狀上有較明顯的區別。甲組基址範圍內也有與乙組基址相類的各種遺迹,其名稱及其與基址的關係上文已作分析,下文在使用這些遺迹的名稱時即不再另行說明。

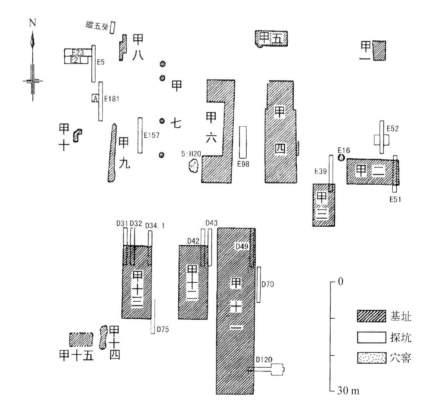

圖四　小屯東北地殷代建築基址甲組諸基址分布圖

① 按：乙二十基址之基上窖有四座,即 H283、H301、H420、H453,雖皆出有殷代的遺物,但除 H283 外皆未著録,其中 H453,石氏云"其中所出的匜碗片爲多"。H283 所出陶豆見於著録,已見前述,屬於殷墟文化二期,即約武丁晚期至祖甲時段,即是説乙二十基址至晚不晚於祖甲時期。綜合以上分析,可知乙二十基址始建於武丁中期至祖甲這一時段内。

根據發掘報告中已刊布的有關資料，甲組基址中甲一、甲三、甲四、甲五、甲七、甲八、甲九、甲十、甲十四、甲十五基址上、下與基中的遺存，或不存在，或雖有遺迹但没有具體報告是否出土遺物(如甲一、甲八基址)，故這 10 座基址的始建年代現已不好討論。下面僅對有可能討論其年代的甲組的 5 座基址進行分析。

（一）甲二基址

本基址基層中 5：H18 出土陶鬲(362E；附圖一七，1)，其形制同於苗圃二期Ⅷ式鬲(SH421：43；附圖一七，2)，約相當於武丁中期偏晚至祖甲階段。這表明本基址建成的年代約不早於武丁晚期，而可能與此一時段接近。基層中 E51 出有字卜骨一版，未著録。

（二）甲六基址

此基址呈凹形，凹口朝西，基址部分打破灰坑 6：H8 與 6：H13，二坑皆出有陶片，6：H13 還出有字骨，但均未見著録，僅 6：H8，據石書所云内中有“龍山系遺物”。本基址的凹口内有兩排夯土墩，應與基址爲同時建造的，也建築於窖穴 6：H6 上。6：H6 出有陶缸(107B：附圖一七，3)，厚胎、緣微外撇、深腹、腹略直、平底，形制近同於乙六基下 H5：107C 缸。H5：107C 缸，鄒文歸於其所分第 3 組，約屬祖庚、祖甲時期。此缸亦與苗圃二期同類器 PNT217③：64(附圖一七，4)形近。苗圃二期在武丁中期偏晚至祖甲時期。本基址北部被 6：M1 破壞，但該墓内所出遺物未見報道。僅據上述情況可知，甲六基址約不早於祖庚、祖甲時段。

（三）甲十一基址

甲十一基址由非夯土的灰褐色土組成，其中出土少量陶片，但未見著録。西北隅地面下 0.25 米發現有字卜甲兩片(8·0·0010—0011)，亦未見著録。屬於基層的探坑 D48 出土有河南龍山王灣類型的斝(見《殷墟陶器圖録》十四)，此外，在屬於基中的灰褐色土中所開探坑(D47·1、D47·2、D47、D48、D49、D68)内出刻有賓組一類 B 卜辭的龜甲(《甲》3698—3700、3702—3738、3774—3776)。基下有灰坑 8：H11 與 8：H12，據石書報道，所出皆爲“先殷期的遺存”。所以甲十一基址的始建時間可據基中所出賓組一類 B 卜辭字甲的年代知其不早於武丁晚期。

（四）甲十二基址

本基址的上層有四分之三已被破壞，基址大部分建在褐土上。據石書報道，褐土下疊壓有若干段灰土(灰坑?)，是在建築本基址前已填好，而其中的遺存未見著録，石氏言有一部分屬於“先殷期的”。當然，如早於本基址的遺存中未有屬於殷墟文化時期的遺物，則本基址也有可能屬於諸基址中較早的，即建於殷早期。1987 年春，中國社會科學院考古研究所安陽工作隊對甲十二基址又做了全部揭露式的發掘工作。此次發掘重新檢查了 20 世紀 30 年代發掘甲十二基址所開探方上層(其下即爲甲十二基址夯土)之回填土中所出陶片，發現其中除有龍山文化陶片外，還有一些陶罐、陶盆殘片，與同時在甲四基址東邊所發掘的 87H1 出土的陶片接近,87H1 出土陶片的器形早於大司空村一期。[①] 發掘簡報據此認爲甲十二基址的修建年代"下限不晚於武丁,上限可能早於武丁"。但據此簡報言,甲十二與甲十一基址在建造時都利用了紫褐色(按:石氏報告稱"灰褐色"或"褐色")硬土,只是甲十二基址壓在紫褐色硬土上,而甲十一基址則直接建於此種土上。故簡報認爲甲十一基址早於甲十二基址,這是可能的。如是,則甲十二基址的始建年代應在武丁晚期之後。

(五)甲十三基址

此基址西北隅 D31 與東北隅 D32 範圍内之基址夯土中,均出有刻賓組一類 B 卜辭的卜甲,即《甲》3691—3693。由此可知,甲十三基址至早不早於武丁晚期。

三、丙組諸基址的始建年代

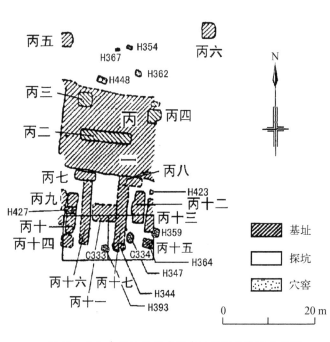

圖五　小屯東北地殷代建築基址丙組諸基址分布圖

丙組諸基址位於乙組西南,分布面積不大,東西約 35 米,西北約 50 米,含 17 座基址(圖五)。

(一)丙一、丙二、丙三、丙四基址

丙一基址是個帶臺階的夯土高臺,其上部又疊壓丙二、丙三、丙四共 3 個小基址。丙一夯土基址本體建在已填平的灰坑 H457、H458 之上。據石氏報告所云,此二灰坑的規模較大,且不規則,坑中的堆積屬於殷代遺存,但堆積的具體内容未見著録。在丙二基址周圍有若干個灰坑打破丙一基址,其中出灰陶片的有 H314、H316、H317,但陶片及所屬陶器的形制均未見著録。丙二基址東北還有 H324,亦打破丙一基址,出土大口灰陶尊(243F;附圖一八,1),即鄒文所定圈足大口尊之 B 型 II 式。無肩,但領腹仍分化,腹壁較直,近下部斜内收,形制與殷墟西區四期墓 M342 出土陶尊(殷墟西區 M342:1;附圖一八,2)相近,領腹分化更明顯,且圈足較矮,在形制上當早於西區 M342 尊。M342 出土陶觚 VII 式、陶爵 VII 式,屬殷墟西區四期中葉,已屬殷末。而鄒文 B 型 I 式圈足大口尊定在其 3 組。但上文已論及此式尊存在於苗圃一期,不晚於武丁中期偏早。如此,則 H324 出土大口尊即約在殷墟文

---

① 中國社會科學院考古研究所安陽工作隊:《1987 年安陽小屯村東北地的發掘》,《考古》1989 年第 10 期。

化二、三期時,其上限在武丁中期偏晚,下限在文丁時期。這樣,丙一基址始建時間不早於武丁中期偏晚,至晚不會晚於文丁時期。

丙二、丙三、丙四基址均建在丙一基址上,皆爲挖破丙一基址後夯建,在絕對時間上當晚於丙一基址。其中丙三基址的夯土中夾雜有陶片,唯未見著録。丙四基址下有 H466,出敞口、深腹、平底陶罐一件(165E),但其形制缺乏可以比較的資料,故其年代尚不明確。

(二)丙五基址

丙五基址在丙一基址西北,由黃褐土構成,無礎石,夯土中夾有少量灰繩紋陶片,亦未見著録。北邊下壓 H456,H456 又打破 H452,H452 出有陶罐 2 件(159D;附圖一八,3;185B;附圖一八,4),鄒文將 H452 歸爲其所分第四期第 6 組,其中 185B 爲瘦長形罐,寬肩,腹壁斜直內收,此種形制的罐在殷墟西區也是在四期墓葬中才出現,所以鄒文將 H452 定在其第四期(相當於殷墟西區墓葬第三階段,即殷墟文化四期)第 6 組是合適的,其年代應在帝乙時期。按以上分析,丙五基址當在殷末建成,不早於帝乙時期。

(三)丙六基址

丙六基址在丙五基址東、丙四基址東北,近方形。本基址疊壓在水溝 K23 上,同時又打破水溝 K22。水溝約屬武丁中期偏早,已見上述,所以丙六基址不早於武丁中期。

(四)丙七、丙八基址

丙七與丙八基址東西相對,均無礎石,夯土中夾有繩紋灰陶片,但未見著録。丙八基址被 M391 打破,只知墓主人頭朝北,殉狗,隨葬器物亦未刊布。

(五)丙九基址

丙九基址位於丙十基址西,亦無礎石。基下壓 M396、M399、M403 共 3 座墓,亦未刊布隨葬器物。在基址下還有 3 個灰坑 H369、H426、H432。H369 出土陶罐(160K;附圖一八,5)與苗圃二期罐(PNM28:581;附圖一八,6)形近,苗圃二期的上限在武丁晚期,如是則丙九基址不早於此時。

(六)丙十基址

丙十基址在丙九基址東,基址下壓 H427,其內爲灰土,出刻字卜骨三,即《乙》9096—9098(附圖二一,1),皆屬自組大字卜辭,時屬武丁早期,表明丙十基址不早於武丁早期。基址東南隅石礎下疊壓 H352,出土陶鬲一件,但器形未見著録,鄒文將 H352 歸爲其所分三期遺存。待再考。

(七)丙十一、丙十二基址

丙十一基址在丙一基址南,丙十六基址東、丙十七基址西,夾在兩基址中間,爲非夯土建築,四周有排列整齊的 12 個石礎。基下有灰坑 6 個,其中 H356 出土大批龜版與銅範,但各坑中的出土遺物均未刊布。丙十二基址在丙一基址東南、丙十七基址東,基上無遺存,基下有葬坑與灰坑,出土器物的情況亦不詳。

（八）丙十三基址

丙十三基址在丙十二基址東，基下疊壓 H345、H351、H359 與 H423，其中 H351 打破 H359，H423 與 H359 出土有刻辭卜骨。H423 出卜骨一，即《乙》9095（附圖二一，2），H359 出卜骨二，即《乙》9090、9092（附圖二一，3）。以上三版均屬自組大字卜辭，自組大字卜辭在武丁早期，則丙十三基址的始建年代不早於武丁早期。

（九）丙十四基址

丙十四基址在丙十基址南端，但輪廓尚未搞清。基址下壓 H360、H377、H382，其內遺存情況未刊布，故丙十四基址的年代難知。

（一〇）丙十五基址

丙十五基址在丙十三基址南，基址東南隅下壓 H364，出有字卜骨二，即《乙》9091、9093（附圖二一，4），亦均爲自組大字卜辭，則丙十五基址與丙十、丙十三基址的年代相近，始建亦不早於武丁早期。

（一一）丙十六基址

丙十六基址在丙十一基址西、丙十基址東，呈南北走向的長條形（依石書的看法，如丙十七基址爲丙十一的走廊，則丙十六基址即是西走廊，但未見礎石）。夯土基址下疊壓有 6 個灰坑，其中 H379 出一件銅刀，但其形制未見著録，其餘各坑內的遺存亦未刊布，故丙十六基址的年代尚未能得知。

（一二）丙十七基址

丙十七基址在丙十一基址東，亦呈南北走向的長條形，有 6 個礎石，石書認爲可能是丙十一基址的東走廊。夯土基址下疊壓有獸坑 H393（埋羊五、狗七），并疊壓窖穴 H344、H346、H380。其中 H344 出有刻字甲骨多版，卜甲見《乙》8997—9009、9012—9022[①]（附圖二一，5），卜骨見《乙》9066—9088，這些甲骨均爲自組卜辭，包含自組大字與小字卜辭，多見貞人"扶"。這兩類卜辭分屬武丁早、中期，由此可見，丙十七基址不早於武丁中期。

四、甲、乙、丙三組基址中部分年代可考基址始建年代的推擬與歸納

經過以上分析，甲、乙、丙三組基址中共有 31 座可對其始建年代得出程度不同的認識，這一結果可示意如表二（表中"<"表示晚於該時段；"≤"表示不早於該時段，即可能屬該時段或晚於該時段；"≥"表示不晚於該時段，即可能屬於該時段或早於該時段；"＝"表示在此時段；"＝＝＝"表示約在該時段內。"≤"或"≥"在某一時段中間位置，表示的是不早或不晚於作爲一個單位的該時段；"≤""≥"或"＝"偏離中間位置，則僅表示與同欄上方所示年代相當的王世的關係）。

---

① 《乙》9010、9011 兩片卜甲，石氏最初歸爲 H344 出土，後在《丁編》中進行了更正，同時將《乙》9080—9088 卜骨轉入 H344。

表二　小屯東北地建築基址始建年代示意表

殷墟文化分期	一期早段	一期晚段	二期早段	二期晚段		三期	四期
基址　　王世	盤庚—小乙	武　丁			祖庚祖甲	廩辛康丁	武乙文丁	帝乙帝辛
		早	中	晚				
甲二				≤				
甲六					≤			
甲十一				≤				
甲十二				<				
甲十三				≤				
乙三					≤			
乙五					＝			
乙六				≤				
乙七					＝＝＝＝＝			
乙八					≤			
乙九								≤
乙十							＞	
乙十一前			＝					
乙十一後					＝			
乙十二					≤			
乙十三					＝			
乙十四		≤						
乙十五					＝			
乙十六		≤						
乙十七	＝＝＝＝＝＝＝							
乙十八		≤						
乙十九	≤							
乙二十			＝＝＝＝＝					
乙二十一			＝＝＝＝＝					
丙一			≤					
丙五								≤
丙六			≤					
丙九				≤				
丙十		≤						
丙十三		≤						
丙十五		≤						
丙十七			≤					

僅就表二所示,甲、乙、丙三組基址的始建年代可分以下三種情況來表述。

(一) 始建時段可以較明確得知的基址有:

1. 乙十七基址,約建於盤庚至小乙時段;

2. 乙十一前期基址建於武丁中期偏早;

3. 乙二十、二十一基址始建於武丁中期至祖庚、祖甲時段;

4. 乙七基址始建於武丁晚期至祖庚、祖甲時段;

5. 乙十一後期、乙十三、乙十五基址建於祖庚、祖甲階段;

6. 乙五基址始建於祖甲時期。

(二) 只能知其始建年代之上限,即至早不能早於何時的基址有:

1. 乙十九基址不早於盤庚時期;

2. 丙十、丙十三、丙十五基址不早於武丁早期;

3. 乙十六、乙十八、丙六、丙十七基址不早於武丁中期;

4. 丙一(及丙二、丙三、丙四)基址,不早於武丁中期偏晚;

5. 甲二、甲十一、甲十三、乙六、丙九基址不早於武丁晚期;

6. 乙三基址不早於祖庚時期;

7. 甲六、乙八基址不早於祖庚、祖甲時段,即至早不早於祖庚時期;

8. 乙十二基址至早不早於祖甲時期;

9. 乙九、丙五基址不早於帝乙時期。

(三) 只能知其始建年代之下限,即至晚不能晚於何時的基址有乙十基址,不晚於文丁時期。

(四) 只知晚於何時的基址有甲十二基址,在武丁晚期之後。

上面三種情況中,“不早於”某時段或“不晚於”某時段是基於資料做出的判定,但僅憑此只能給有關基址的始建年代定一個相當寬泛的時間範圍。另外,對於“不早於”某時期或時段的情況似還可以再結合遺址的情況進行分析。

在上文據基址範圍內遺存情況分析基址年代時,所以能判定某基址不早於某時段,意即晚於或與該時段同時,是因為在基址下或基址中間沒有比該時段更晚的遺存。對於小屯東北地這塊商晚期商人重要的社會活動區與聚居地,一般來說,如果基址晚建,在基下或基層還是會有較晚的遺物或遺迹存在的,現在沒有見到較晚的遺存,[①]很有可能是因為建基址的時間距基下或基層中發現的遺存所屬時間稍晚或屬同時段。

綜合上面對基址始建年代的歸納與對有關情況的分析,對中央研究院歷史語言研究所發掘的小屯東北地的三組基址之始建年代的認識可概括為如下幾點。

---

① 當然不排除限於當時的發掘水平與技術條件,有些較晚遺存的資料會有所疏漏。但現在似只能依據石璋如氏報告提供的資料來進行研究,因此下述結論應該説只是基於石氏報告得出來的。

（一）只有極少數基址建於武丁前。目前可知有此種可能的是乙十七基址。乙十九基址既只知至早不早於盤庚時期,故亦有建於武丁前之可能。

（二）其餘基址皆不早於武丁早期。這即是説,小屯東北地絶大部分基址的始建時間皆不出武丁早期至殷末這一段,相當於現已發現的殷墟卜辭時代。

（三）以上總結表二所示基址始建年代之第(2)種情況中的第②—⑤類基址分别不早於武丁早、中、晚期,它們都有可能建於武丁時期的不同時段。

（四）可以確定建於武丁中期至祖庚、祖甲這一時段中的基址有乙五,乙七,乙十一前、後期,乙十三,乙十五,乙二十、二十一基址。

（五）不早於祖庚時期的是乙三基址;不早於祖庚、祖甲時段的有甲六、乙八基址。當然"不早於"某時段并不排除即建於該時段。

（六）乙九、丙五基址不早於帝乙時期,是諸基址中年代較晚的。

綜上所述,可知小屯東北地諸基址大多數有可能比較集中地建於武丁至祖庚、祖甲時段,屬於此時段前後的僅有少數基址。甲、乙、丙三組基址在各時期都各自有基址興建,分别逐步集聚成各組基址。對於每組基址來説,始建年代較早的基址似乎多數都是先建在各組的南邊,從而使每組間,特别是後來很接近的甲、乙組間形成隔離空間。以後各組才逐漸向各自北部、中部發展,陸續形成該組的建築群。由此過程來看,發掘者將小屯東北地建築群分爲相對獨立的三組,也是符合當時賦予這些基址的用途及所規劃的建築布局的。

五、小屯東北地諸建築基址與附近地點出土甲骨的關係

前中央研究院歷史語言研究所在殷墟發掘所獲甲骨中有相當一部分是在小屯東北地出土的,這些甲骨的出土地點基本上恰是在建築基址區域内。按照發掘報告的描述,這些甲骨出在本文開首所引石璋如氏介紹的幾種遺迹内,即所謂"基下窖""基層""基上窖"與"旁窖"。除此四種外,還有石氏所云的探坑。上文已説明,探坑(包括探方、探溝)或開於基址上,可能會包含基層(即本文所云"基中")一部分,也可能包含窖穴在内。當然,石文所云"窖"即是灰坑,這裏只是沿用其稱,此點在文首已經交代。前兩種遺迹即"基下窖""基層"(本文稱"基中")出土之刻辭甲骨,顯然可以作爲標誌,證明基址不可能早於該甲骨自身的年代(即指刻辭的年代,下同);第三種遺迹即所謂"基上窖"内出土的甲骨則標明了該基址建造年代的下限,即最晚不晚於該甲骨的年代。以上三種遺迹出土的甲骨與基址間由於有相互打破或疊壓的地層關係,所以二者之時間關係比較明確。但所謂"旁窖"與基址并沒有直接的地層上下的關係,故所謂"旁窖"及與基址鄰近的探坑出土的甲骨同基址在時間上的關係需要進行具體分析,而這也正是討論甲骨出土之地點與基址關係的前提。下面分四個方面進行討論。

（一）窖藏甲骨與鄰近基址的關係

在各基址附近地點出土之有字甲骨，或出自窖穴中，或出於所開探坑（探方、探溝）中。前者有的出土有較多的甲骨，顯然是有意集中掩埋的，其與相鄰基址的關係尤其值得注意；出土於後者的多是零散的甲骨。

現將大致可知其始建年代或對始建年代能有部分了解的基址和與其相鄰的（出土較多甲骨的）"旁窖"中之甲骨的情況歸納如表三。按：乙五基址旁之 B119、B122 及 B123 均是探方，但其中皆出有較多卜甲（登記號爲《乙》1—237），顯然它們也是堆積甲骨之窖穴，故亦列入表中。與 H253 相鄰的基址有乙十四、乙十七、丙六基址，難以肯定何者與 H253 有關，故均開列之。

表三　基址與旁窖出土甲骨刻辭年代關係對照表

基址		旁窖出土甲骨刻辭分組與年代			
編號	始建年代	旁窖編號	方向	所出甲骨分組	甲骨年代
甲二	不早於武丁晚期	E16(4：H16)	西北	自組小字、自賓間組(少) 賓組一、二類(少)	武丁中晚期
甲六	不早於祖庚、祖甲	5：H20	西	賓組、出組	武丁中晚期—祖庚、祖甲
乙五	祖甲	H6	西北	自組小字、賓組一類 黃組(少)	武丁中晚期 文丁—帝乙
		B119	西北	自組小字、賓組一類	武丁中晚期
		B122	北	賓組一類、出組(少)	武丁中晚期—祖庚
		B123	西(偏北)	賓組一類、黃組(少)	武丁中晚期、文丁—帝乙
		H44	西	自組小字	武丁中期
乙十一 (前期)	武丁中期偏早	H127	西	賓組一類、子組、午組	武丁中期
乙十四 乙十七 丙六	不早於祖庚、祖甲 約盤庚至小乙 不早於武丁中期	H253	西南 西 西北	自組大(少)、小字	武丁早、中期
乙十八	不早於武丁中期	H251	東南	丙二類子組卜辭	武丁中期
乙二十	武丁中期至祖甲	H330	西南	丙二類子組卜辭 自組大、小字卜辭(均少)	武丁中期 武丁早、中期

注：甲骨坑後所標方向表明位於相鄰基址何方；甲骨刻辭分類後的括號中的"少"表示數量很少。

僅從以上幾組"旁窖"中所出甲骨與基址的關係看，各基址的始建年代與各坑內所出刻辭甲骨的年代的關係，可以分爲以下兩種。

第一種，基址的始建年代可能與所謂"旁窖"即相鄰的甲骨坑中出土甲骨的年代大致相合。例如乙十一前期基址始建於武丁中期偏早，與"旁窖"H127 所出武丁中期刻辭的年代相合；乙十八基址不早於武丁中期，自然有可能即建於武丁中期，可與 H251 所出甲骨年代合。

　　第二種,基址的始建年代可能要比相鄰甲骨坑内所出甲骨中屬早期者要晚。例如甲二基址不早於武丁晚期,即始建年代最早也只能在武丁晚期,但 E16 出土甲骨中除屬武丁晚期者外,也有自組小字卜辭等武丁中期時段的刻辭;甲六基址不早於祖庚、祖甲,最早的可能即在此時段,但 5:H20 坑所出卜辭除出組的外,還有屬武丁中晚期的賓組卜辭;乙五基址始建於祖甲時段,H6、H44、B119 均出武丁時期的自組小字與賓組一類卜辭。

　　這兩種情況可以説明什麼呢? 實際上之所以要討論基址與甲骨的關係,也正因爲要解釋爲何在小屯東北地甲骨集中出於基址區域,特別是像上舉出土甲骨較多的專門用來掩埋甲骨的窖穴爲何會出於基址近旁。從邏輯上看,這二者顯然不會是毫無關係的。上述第一種情況,基址的始建年代與鄰近甲骨坑中甲骨的年代大致相合,這很自然地會使人想到甲骨坑位於相鄰的基址旁是因爲這些基址正是利用甲骨進行占卜(並作刻辭)的處所,占卜後即將之坑埋於附近。

　　以上第二種情況,基址的始建年代要比鄰近甲骨坑中年代較早的甲骨的年代晚。像其中甲二基址旁的 E16,同時出土過陶器,爲淺腹、圜底陶鉢與器蓋,鄒文歸入其所分第 2 組,即其二期偏早,大致在武丁晚期,且甲二基址不早於武丁晚期,即始建於武丁晚期,可知 E16 甲骨坑的形成也可能即在武丁晚期,似不會比此時期更晚。① 坑中所出甲骨不僅有武丁晚期的,也有武丁中期的,這自然有這樣一種可能,即在該基址占卜後,占卜者將當時使用的甲骨連同以前保存的并非在此基址使用過的甲骨也一起埋在了這座基址旁。這是對在上述第二種情況下甲骨坑與其相鄰基址二者關係之較好的解釋。當然對於 E16 甲骨坑來説還有另一種可能,即 E16 并非與甲二基址有關,而是與甲三基址有關,但甲三基址的始建年代現在已無資料可以説清。至於乙五基址旁 H6、B123 坑内除武丁、祖庚時期的甲骨外,還出少量文丁至帝辛時期的甲骨,則有可能是因爲乙五基址在商晚期偏晚時仍被用爲占卜的處所,而 H6、B123 坑的形成延續了一個較長的時段。

　　(二)非窖藏甲骨與鄰近基址的關係

　　除以上已分析過的鄰近基址的部分窖穴中出土的集中掩埋甲骨的情況外,還有一部分基址鄰近處出土的甲骨是挖探方時出土的,各出甲骨單位所出甲骨均很少,皆非集中掩埋甲骨的窖穴。現將這幾處與基址鄰近的非窖穴内的有字甲骨之卜辭所屬組別(及其年代)分列如下,基址後的括號中的文字表明基址始建之時段。

　　甲十一基址(不早於而近於武丁晚期)東北 D50、D91、D92、D93、D98、②D99、D100:自組小字(武丁中期)、賓組(武丁中晚期)、出組(祖庚、祖甲時期)、無名組(有"父甲"稱,廩辛

---

① 按:E16 本爲水井,現有堆積是水井廢棄後形成。如果水井與甲二基址有關,供基址使用時取水,則水井亦可能即與甲二基址同時所建,約在武丁晚期。但此水井使用時間較短,因某種原因被廢棄,很快即成爲處理與基址有關的甲骨等遺物之坑穴。從該坑中所出青銅兵器看,其使用時間可能延續到殷墟文化二期偏晚或更稍晚。
② D98 探坑内出土甲骨多出於一南北向的隋墓墓道内。顯然是隋人挖墓道時破壞了甲骨舊存地點,又將破碎成小塊的甲骨填入墓道中(見《丁編》第 174 頁)。

時期)、何組(主要存在於廪辛、康丁時期)卜辭;東南 D120:黄組卜辭(文丁至帝辛時期)。

　　甲十三基址(不早於武丁晚期)東北 D36、南 D74A:賓組卜辭(武丁中晚期);D34,1:出組卜辭(祖庚、祖甲時期)。

　　乙七基址(武丁晚期至祖甲時期)北 C64:黄組卜辭(文丁至帝乙時期)。

　　乙二十基址(武丁中期至祖甲)南 C172:自組小字卜辭(武丁中期)。

　　丙一基址(約不早於武丁中期偏晚)北 H362:丙二類子組卜辭(武丁中期);北 H448:丙一類子組卜辭(武丁中期),北 H354:歷組二類卜辭(祖庚時期);北 H367:丙一類子組卜辭(武丁中期)。

　　丙六基址(不早於武丁中期)西北 H309:自組小字卜辭(武丁中期)。

　　以上所列探方或灰坑非窖穴,則内中出土之零散甲骨未必是有意埋藏的,所以其是否必與鄰近之基址有關,是否在該基址占卜後棄於出土地點的,即難以説清。然而即便如此,僅從上面基址與甲骨對照的情況也可以看到,由於多數基址始建年代的上限皆可能在以上鄰近探方中所出甲骨的時段内,所以上舉零散出土的甲骨自然亦有在與其鄰近的基址占卜後就近棄埋的可能。乙七基址始建較早,其鄰近探方北 C64 出較晚的黄組卜辭,也可能是乙七基址使用至殷末。

　　綜言之,根據上文對兩類處於不同埋存狀態(在窖穴中較大量集中掩埋與零散棄置於地層中)的甲骨與相鄰基址關係的分析,可知二者是有密切關係的。基址所在可能曾作爲占卜處所,占卜結束後即成批掩埋或零散地棄置於基址旁邊。早於鄰近基址的甲骨,則應解釋爲是在其他地點占卜後曾在此基址所在地保存了一段時間,此後與在此占卜所用的年代較晚的甲骨一起被棄埋。

　　當然,還有一些情況並不好理解,如乙組的部分基址(如乙六、乙七、乙八基址)下壓的灰坑中出有屬武丁早期的自組大字卜辭,而乙六、乙七、乙八基址及附近其他基址皆沒有能早到武丁早期甚至更早的,所以這幾處基址下壓的自組大字卜骨顯然不是在現已知的基址占卜時所使用而埋在這裏的。按照上文對甲骨與相鄰基址關係的分析,似可以認爲在這幾處基址始建前,此地點可能已有某種祭祀與占卜的處所,但這種遺迹在後來修築現乙組基址時被破壞了。

(三)由出土甲骨之年代推測鄰近基址的始建年代

　　按照上文對基址與鄰近地點所出甲骨的關係之分析,則那些因缺乏層位關係及相關遺存資料而不能推測其始建年代的基址,似亦可將其鄰近地點出土甲骨的年代作爲推測其始建年代的參考。現在按照這一思路,將部分始建年代不清的基址和在其鄰近地點出土甲骨之刻辭的分組(及其主要存在時期)情況開列如下。

　　甲三　　北　　E39:自組大字卜辭(武丁早期)

　　甲五　　北　　9坑:賓組、出組、無名組、何組、黄組卜辭(武丁中期至帝乙時期)

甲八　　　西北　　縱六甲、乙：賓組、出組卜辭(武丁中期至祖甲時期)

　　　　　　　　　縱五癸東支：賓組、出組卜辭(武丁中期至祖甲時期)

　　　　　西南　　E5：賓組卜辭(武丁中晚期)

　　　　　　　　　E23：賓組、出組卜辭(武丁中期至祖甲時期)

　　　　　　　　　E21：黃組卜辭(文丁至帝乙時期)

　　　　　　　　　E10：鹿頭刻辭(《甲》3940,與黃組同時)

甲九　　　東　　　E157：賓組卜辭(武丁中晚期)

　　　　　西北　　E181：黃組卜辭(文丁至帝乙時期)

甲十五　　西北　　A22：《甲》3299,賓組一類 B(武丁中晚期)

　　　　　　　　　橫 14 戊：賓組卜辭(武丁中晚期)

　　　　　北　　　橫 14·7：賓組卜辭(武丁中晚期)

乙一　　　西北　　縱二甲：自組大字、賓組、出組、黃組卜辭(武丁早期至帝乙時期)

　　　　　　　　　縱二甲乙西支：賓組、出組卜辭(武丁中期至祖甲時期)

　　　　　　　　　縱二乙：自組大字卜辭(武丁早期)

　　　　　　　　　縱二丙：賓組二類卜辭(武丁晚期至祖庚時期)

　　　　　北　　　大連坑：大量何組卜辭(主要在廪辛至康丁時期)及自組、賓組、出組、無名組、黃組卜辭(武丁早期至帝辛時期)

　　　　　東南　　下層窖：大龜四版"賓組卜辭"(武丁晚期)

　　　　　北　　　橫 13 丙北支：自組大字、小字及賓組、出組、何組、黃組卜辭(武丁早期至帝乙時期)

　　　　　　　　　丙北支二北支：賓組與出組、何組、黃組卜辭並出與黃組同時的鹿頭刻辭(武丁中期至帝乙時期)

　　　　　　　　　橫 13：25 乙：自組大小字、賓組、何組、黃組卜辭(武丁早期至帝乙時期)

　　從以上情況看,甲組基址中,甲三基址鄰近地點(E39)出土甲骨早到武丁早期,另 4 個基址即甲五、甲八、甲九、甲十五基址鄰近各地點出土的甲骨最早可早到武丁中期。乙組中的乙一基址鄰近各地點出土的甲骨最早可早到武丁早期。以上兩個階段,即武丁早期與中期可分別作爲甲三、乙一基址與甲五、甲八、甲九基址年代上限之參考。值得注意的是,乙一基址北邊著名的"大連坑"及相近地點是殷墟範圍內出何組卜辭最集中的地點,表明此基址在商後期中葉,主要是廪辛、康丁時期,可能是重要的占卜處所。

（四）關於宗廟占卜

　　上文在具體分析小屯東北地諸基址與鄰近地點所出甲骨的關係時,已提到甲骨所以集中出於某些建築基址附近,當是因爲這些基址是采用甲骨進行占卜的處所。關於這類處所的性質,筆者以往曾提出過,這些基址應是宗廟或其他與祖先祭祀有關的建築。在歷組卜辭中曾有數片明確記載"在某宗卜",①當然這種記載可能是歷組部分貞人或一些刻寫卜辭者的一種習慣。卜辭中未記占卜地點的有關占卜活動未必皆不是在宗廟進行的,其中應有相當一部分的占卜地點也是宗廟,只是貞人或刻辭者没有記明地點的習慣。

對於商晚期的宗廟占卜,較早地提到這一點的是陳夢家先生。他在《殷虚卜辭綜述》中即指出,卜骨集中出於小屯東北地、村南與侯家莊,而小屯東北地、南地"乃國都和宗廟所在",侯家莊南地爲居址與葬地。"由此可知那些有意儲積甲骨的處所,往往是王朝所在之地,而甲骨、卜官所居與卜府所在是有着密切聯繫的"。② 這段話已點明解釋甲骨出土地要與卜官及"卜府"所在相聯繫。石璋如先生生前曾連續發表論文,由卜辭出土地點及其内涵討論相鄰建築基址之性質,亦曾提出"扶坑"(按:即出有自組貞人扶的卜辭的坑)的位置似與宗廟或祭坑有關。③ 本文則是在具體地討論了諸基址與其各自範圍内出土甲骨之年代的基礎上,肯定了二者具有内在聯繫,實際上也是對基址所在是使用甲骨進行占卜的處所,亦即宗廟等祭所的假設進行了可信的論證。

占卜所以要在宗廟中進行,當是因爲在這些地點通過祭祀禮儀(或以其他方式)可以降神,④以便與占卜所要乞求或問疑的神靈溝通,因而可以使所欲占卜事項更易得到神靈的啓示。在宗廟中占卜的習俗,在商代以後就一直留存於歷代祭祀禮儀中。⑤

根據已發表的小屯村及其東北地、南地這一範圍内出土甲骨的情況,可知諸組(即甲骨所刻卜辭之分組)甲骨出土的具體區域是有差別的,這種差別可以表達如下。

第一,按照以往習慣的較粗疏的劃分方法,即將甲骨的出土區域分爲村中、村南、村北(即村東北),則諸組甲骨在此三區域的分布情況可大致示如表四(△表示存在,▲表示大量存在,○表示存在但極少)。

表四　殷墟甲骨諸組卜辭在小屯村及鄰近地出土地點分布情況示意表

組別／區域	自組(大、小字)	自歷間組	歷組(一、二類)	無名組	賓組(一、二類)	出組	何組	黃組	子組(非王)
村東北	▲		○		▲	▲	▲	▲	▲
村中	▲	△	▲	▲		○			
村南	△	△	▲	○	○				

由此可知,最明顯的差別是:

1. 自組在此三區域皆有出土,尤以村中、村東北爲多。
2. 自歷間組與歷組集中出土於村中與村南,村東北只有極個別歷組卜骨出土。

---

① 見《合集》32330、34082、34148,《屯南》2707、3763。
② 陳夢家:《殷虚卜辭綜述》,科學出版社,1956年。
③ 石璋如:《"扶片"的考古學分析》,"中研院"《歷史語言研究所集刊》56本3分,1985年。
④ 參見拙文《論衁祭》,《古文字研究》第24輯,中華書局,2002年。
⑤ 參見拙文《殷墟卜辭所見商王室宗廟制度》,《歷史研究》1990年第6期。

3. 無名組集中出土於村中,村南僅有極少量。

4. 賓組、出組集中出土於村東北,賓組在村南、出組在村中皆只有極個別甲骨出土。

5. 何組、黄組與非王的子組只出土於村東北。

第二,在小屯東北地諸基址範圍内,諸組甲骨的出土地點也是有範圍差别的,其情況大致爲:

1. 自組分布較廣,在甲、乙、丙三組基址範圍内都有出土。

2. 賓組只出土於甲、乙組基址範圍内,在丙組基址範圍内未見出土。尤其是在甲組南部(甲十一基址附近)與乙組北部(乙一、乙五基址及其附近)以及中部偏西南的乙十二基址附近大量出土。

3. 出組僅出在甲組與乙組基址北部(乙一、乙五基址及附近)。

4. 何組集中出土於甲組基址西南與乙組基址北的兩組基址間(特别是大量出土於乙一基址以北的"大連坑")。

5. 黄組較集中出土於乙組北部(乙一基址及附近),乙組與甲組基址的其他地點有零散出土。

6. 屬非王的子組甲骨集中出土於乙組南部與丙組諸基址範圍内。

諸組甲骨出土區域與地點形成以上差異的原因,根據上文對甲骨出土地點與基址關係的研究,應該解釋爲與諸組甲骨的貞人(包含某些非王貴族)實施占卜的處所(宗廟或其他祭所)不同有關,這種不同在當時可能是由某種規定或制度所決定。如自組貞人的占卜活動範圍較大,村東北、村中及村南都曾是他們實施占卜的宗廟或祭所所在。村中、村南是自歷間組、歷組與無名組貞人占卜的宗廟或其他祭所所在。賓組、出組、何組、黄組及非王的子組貞人則只在村東北諸基址所在的宗廟或祭所占卜。

自組大、小字卜辭屬武丁早中期,賓組卜辭一類(A、B)屬武丁中晚期。所以,王室占卜機構除自組卜辭貞人外,其餘各組貞人是在賓組一類卜辭階段始實行並行的兩套機構,分兩個處所進行占卜。無名組卜辭的下限已至文丁時期,所以,村中、村南由自歷間組、歷組、無名組貞人占卜,村東北由賓組、出組、何組、黄組貞人占卜。直到約文丁時期的黄組早期才結束王室占卜機構兩套並行的局面,同時,采用兩處占卜處所,即王室占卜要在兩處宗廟或其他祭所進行的制度也才廢止。黄組卜辭均出於村北,這也表明商晚期偏晚以後,王室占卜當在村北,特别是在乙組北部的宗廟或祭所進行。

殷墟王卜辭的"兩系説"[1]是爲了解釋傳統的一系説難以克服的矛盾,從卜辭字形與書體演變的邏輯關係,并參考兩系甲骨出土情況提出的一種新見解,更多的是爲了解釋這種客觀現象。本文則基於對刻辭甲骨出土地點與基址關係的研究,探討了此兩系卜甲與

---

[1] 參見李學勤、彭裕商:《殷墟甲骨分期研究》,上海古籍出版社,1996 年。

卜骨所以在出土區域上會有差異的原因,並將此種差異與宗廟占卜制度相聯繫,説明兩系甲骨的産生可能是由於武丁中期以後至文丁時期,王室占卜需要在兩個區域内不同的宗廟或祭所中進行所致。

對於上述村東北地諸組基址甲骨出土地點的異同,自然亦可以用各組卜辭所屬占卜活動在不同宗廟或祭所舉行來解釋,或可有助於了解不同王世占卜及祭祀等宗教性活動中心地點的變化情況。

屬非王卜辭的子組卜辭,其甲骨何以會集中出土於村東北乙組南部與丙組北部的王室建築基址範圍内,按照上文所揭示的基址與基址範圍内出土甲骨的關係,則可以認爲這種情況表明非王卜辭占卜者與王室有程度不同的宗親關係,屬商王同姓貴族,有共同的祭祀對象(某些先王),故亦可以在王室宗廟進行占卜以及進行其他相關的祭祀活動。

附表　殷墟文化分期諸體系示意表

		A. 大司空村分期(1964)	B. 鄒衡《試論殷墟文化分期》(1964)	C. 小屯南地分期(1975、1980)	D. 殷墟西區墓葬分期(1971—1975)	E. 苗圃北地遺址分期(1987)	F. 鄭振香《殷墟文化的分期與年代》(1994)
盤庚 小辛 小乙			一期(第1組)	早期		一期	一期早段
武丁	早 中 晚	一期(武丁前後)					一期晚段
	早 晚		二期(第2—3組)	中期一組	一階段	二期	二期早段
祖庚 祖甲		二期					二期晚段
廩辛 康丁 武乙 文丁		三期	三期(第4—5組)	中期二組	二階段	三期	三期
帝乙 帝辛		四期	四期(第6—7組)	晚期	三階段		四期

注：諸分期體系後括號内的年代是指發表時間。
A. 中國科學院考古研究所安陽發掘隊：《1962年安陽大司空村發掘簡報》,《考古》1964年第8期。
B. 鄒衡：《試論殷墟文化分期》,《北京大學學報》1964年第4期(表中期後之"組"是文化遺存單位組别)。
C. 中國科學院考古研究所安陽工作隊：《1973年安陽小屯南地發掘簡報》,《考古》1975年第1期;中國社會科學院考古研究所：《小屯南地甲骨》上册,第一分册,中華書局,1980年。
D. 中國社會科學院考古研究所安陽工作隊：《1969—1977年殷墟西區墓葬發掘報告》,《考古學報》1979年第1期。按：殷墟西區一——三階段分别相當於殷墟文化二—四期。本文亦用此分期劃分殷墟西區遺存。
E. 中國社會科學院考古研究所：《殷墟發掘報告》第四章第二節,文物出版社,1987年。
F. 鄭振香：《殷墟文化的分期與年代》,《殷墟的發現與研究》,科學出版社,1994年。

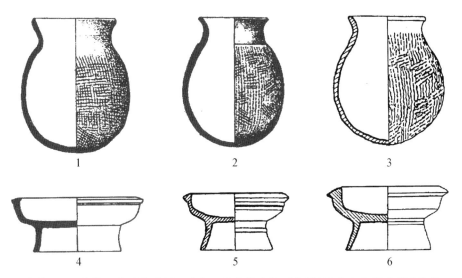

附圖一　乙九基址基下窖 H164、乙十一前期基址基下窖 H186 出土陶器及形近陶器

1. 罐（H164：51K）　2. 鄒文 A 型 I 式罐（YB45 方坑）　3. 罐（73 小屯南地 H102：5,小屯南地早期）　4. 豆（H186：203A）　5. 豆（PNT225⑥：13,苗圃一期）　6. 豆（73 小屯南地 H13：11,小屯南地早期）

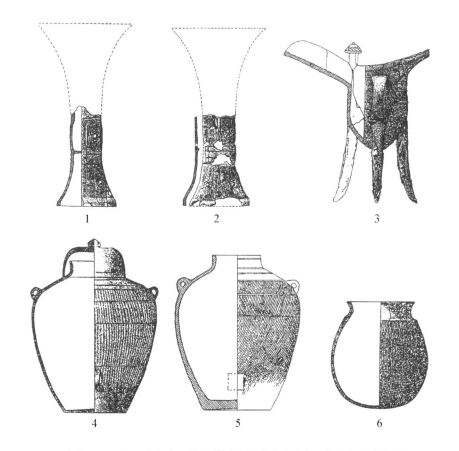

附圖二　乙十一前期基址基中葬坑 M222 出土之銅、陶器及形近陶器

1、2. 銅觚（M222：R2003、M222：R2004）　3. 銅爵（M222：R2020）　4. 陶罍（M222：14：404）　5. 陶罍（73 小屯南地 H68：2,小屯南地中期）　6. 陶罐（M222：干101）

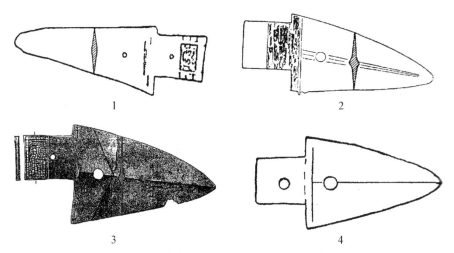

附圖三　乙十一基址基中墓坑 M270 出土青銅戈及相關三角形援戈形制

1. 三家莊 M1：4　2. 小屯 M232：R2106　3. M270：干 283、R2109　4. 武官大墓 M1 槨室出土

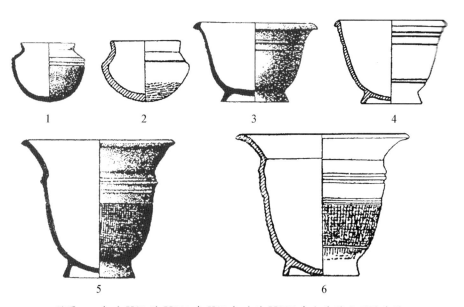

附圖四　打破 K20 的 H160 與 K20 打破的 H225 出土陶器及形近陶器

1. 陶盞(M225：67M)　2. 陶盞(VEH2：4,苗圃二期)　3. 陶簋(H225：225E)　4. 陶簋(H15：36,苗圃北地出土,殷墟文化一期晚段)　5. 陶尊(H160：243E)　6. 陶尊(PH25：32,苗圃一期)

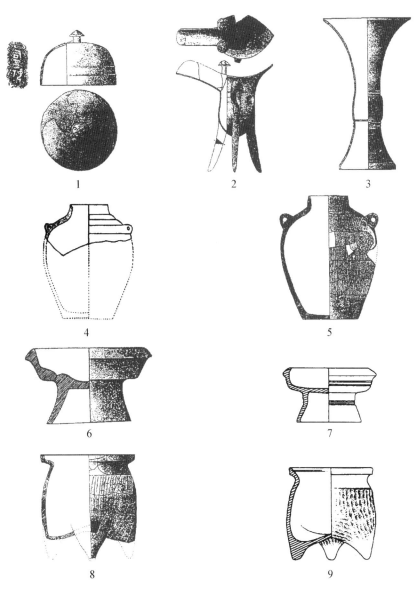

附圖五　乙五基址基中墓 3：M14、M66 出土銅、陶器及形近陶器

1. 銅器蓋(M66：R2079)　2. 銅爵(3：M14：R2018)　3. 銅觚(3：M14：R2000)
4. 陶罍(M66 出土)　5. 陶罍(3：M14 出土)　6. 陶豆(3：M14 出土)　7. 陶豆(鄭州人民公園 C7M34：3)　8. 陶鬲(3：M14 出土)　9. 陶鬲(鄭州人民公園 C7M34：1)

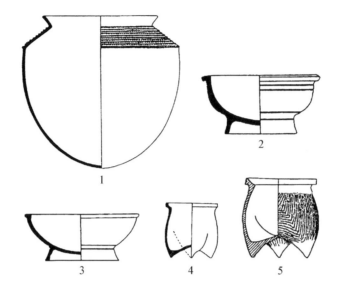

附圖六　乙五基址基下窖 H66、H83 出土陶器及形近陶器

　　1. 白陶釜(H66：70V)　2. 簋(H66：215K)　3. 盤(H66：
215C)　4. 鬲(H83出土)　5. 鬲(PNM17：2,苗圃二期)

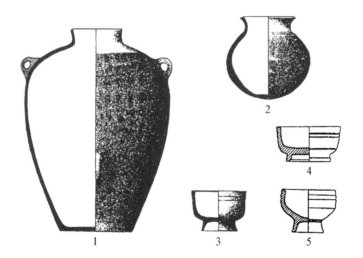

附圖七　乙五基址基上窖 H93 出土陶器及形近陶器

　　1. 罍(H93：192E)　2. 罐(H93：51T)　3. 盂(H93：224A)
4. 盂(PNⅡT4④：584,苗圃二期)　5. 盂(GT209③A：12,苗圃三期)

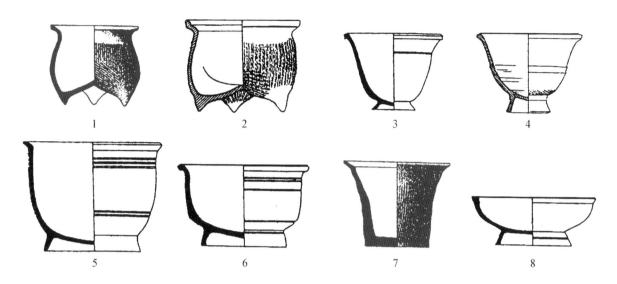

附圖八　乙六基址基下窖 H5 出土陶器及形近陶器

　　1. 鬲(H5：348B)　2. 鬲(PNH1：4,苗圃二期)　3. 簋(H5：225G)　4. 簋(73 小屯南地 H50：252,小屯南地中期)　5. 簋(H5：227M)　6. 簋(H5：227J)　7. 缸(H5：107C)　8. 盤(H5：203E)

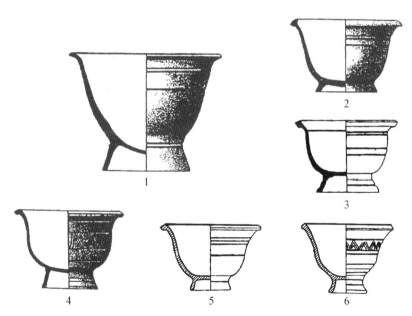

附圖九　乙七基址基上窖 H84、H73 與基下窖 H36 出土陶器及形近陶器

　　1. 簋(H36：225M)　2. 簋(鄒文 Ca 型 I 式,H225：225E)　3. 簋(H84：225P)
4. 簋(H73：238D)　5. 簋(殷墟西區 M479：3,A 型Ⅲ式)　6. 簋(殷墟西區 M521：1,
A 型Ⅲ式)

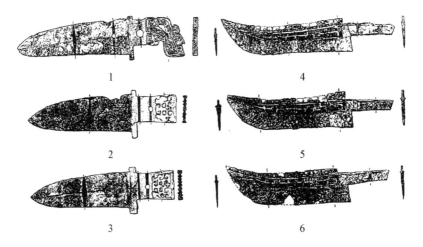

附圖一〇　乙七基址基中葬坑 M137、M167、M101、M186 出土銅戈、刀

1—3. 戈（M137：R2100、M167：R2101、M101：R2021）　4—6. 刀（M186：R1593、M186：1594、M186：1595）

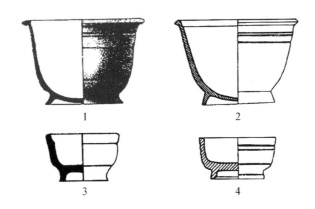

附圖一一　乙八基址基下窖 H179、H106 出土陶器及形近陶器

1. 簋（H179：227P）　2. 簋（73 小屯南地 H13：9，小屯南地早期）
3. 盂（H106：221E）　4. 盂（PNⅡT4④：584，苗圃二期）

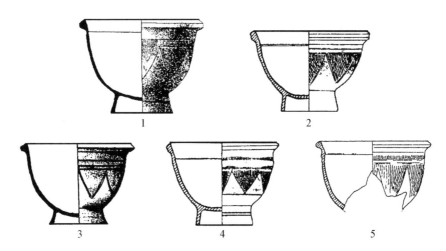

附圖一二　乙九基址基上窖 H194、乙十基址基上窖（?）H18 出土陶器及形近陶器

1. 簋（M194：237F）　2. 簋（殷墟西區 M347：2，四期）　3. 簋（H18：237G）　4. 簋（殷墟西區 M696：5，四期）　5. 簋（VAT1③：7，苗圃三期早段）

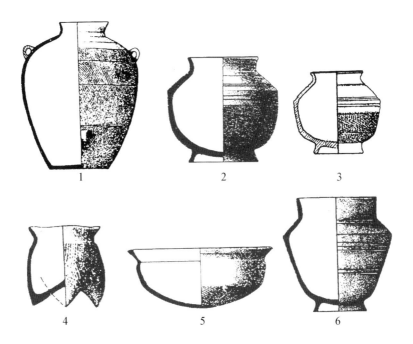

附圖一三　乙十一前期基址基下窖 H171、H233 與後期基址相關窖 H158 出土陶器及形近陶器

　　1. 罍(H171：192G)　2. 瓿(H171：283J)　3. 瓿(PNT211④：12,苗圃二期)　4. 鬲(H233：348G)
5. 盆(H158：15N)　6. 罍(H158：290M)

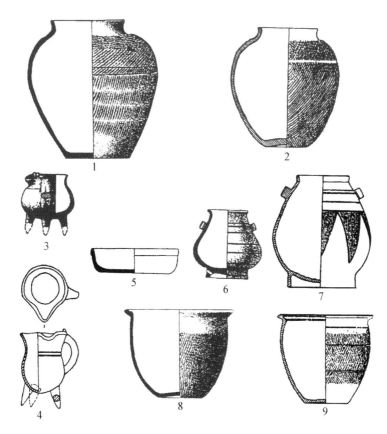

附圖一四　乙十三基址基下窖 H358、H371、H156 出土陶器及形近陶器

　　1. 罐(H358：159E)　2. 罐(73 小屯南地 H13：1,小屯南地早期)　3. 爵(H358：309K)
4. 爵(殷墟西區 M360：3,二期)　5. 鉢(H371：105A)　6. 壺(H358：278P)　7. 壺(PNM124：
231,苗圃二期)　8. 盆(H156：114E)　9. 盆(PNT226④：19,苗圃二期)

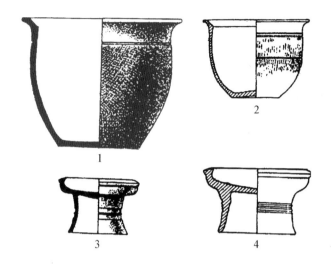

附圖一五　乙十四基址基下窖 H197、乙十五基址基下窖 H283 出土陶器及形近陶器

1. 盆(H197：117N)　2. 盆(PNH35：217,苗圃一期)　3. 豆(H283：206F)　4. 豆
(PNT004④：8,苗圃二期)

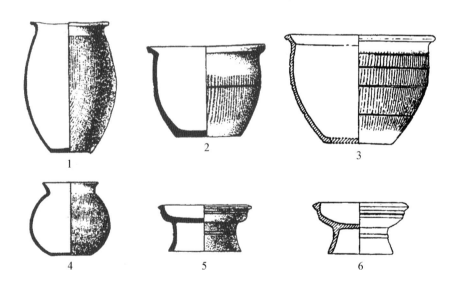

附圖一六　乙十九基址基下窖 H335、乙二十基址基下窖 H336、乙二十一
基址基下窖 H454 出土陶器及形近陶器

1. 罐(H335：135E)　2. 罐(H335：153D)　3. 盆(H336：117A)　4. 盆(PNH217：35,
苗圃一期)　5. 豆(H454：205F)　6. 豆(PNT225⑥：13,苗圃一期)

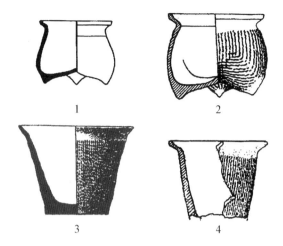

附圖一七　甲二基址基中窖5：H18與甲六基址
基下窖6：H6出土陶器及形近陶器

1. 鬲(5：H18：362E)　2. 鬲(SH421：43,苗圃二期)
3. 缸(6：H6：107B)　4. 缸(PNT217③：64,苗圃二期)

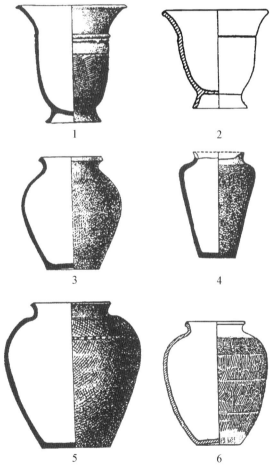

附圖一八　丙一基址基上窖H324、丙五基址基下窖H452與丙九
基址基下窖H369出土陶器及形近陶器

1. 灰陶尊(H324：243F)　2. 尊(殷墟西區 M342：1,四期)
3. 罐(H452：159D)　4. 罐(H452：185B)　5. 罐(H369：160K)
6. 罐(PNM28：581,苗圃二期)

附圖一九　乙五基址基下窖出土部分甲骨之刻辭拓本

1.《乙》475(基下窖 H38)　2.《乙補》85(基下窖 H38)　3.《乙》282(基中,B125)　4.《乙》283(基中,B125)

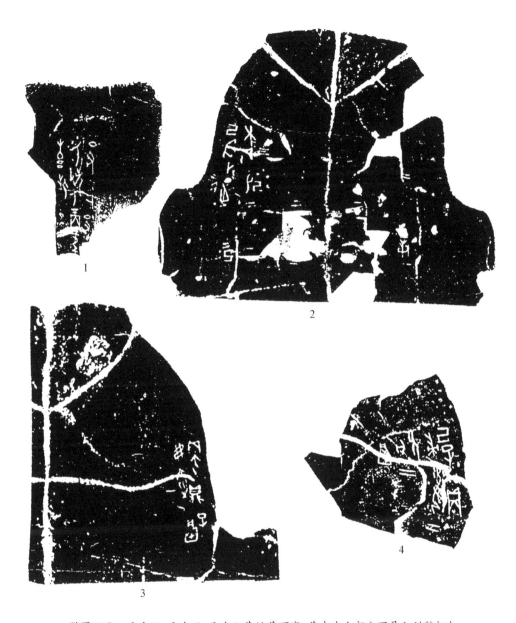

附圖二〇　乙十二、乙十三、乙十八基址基下窖、基中出土部分甲骨之刻辭拓本

1.《乙》484(乙十二基址基下窖 H138)　2.《乙》9030(僅取部分,乙十三基址基下窖 H371)　3.《乙》9031(僅取部分,乙十三基址基下窖 H371)　4.《乙》8695(乙十八基址 A 部 H251)

附圖二一　丙十、丙十三、丙十五基址範圍內出土部分甲骨之刻辭拓本

1.《乙》9096(丙十基址基下窖 H427)　2.《乙》9095(丙十三基址基下窖 H423)　3.《乙》9090(丙十三基址基下窖 H359)　4.《乙》9091(丙十五基址基下窖 H364)　5.《乙》8998(丙十七基址基下窖 H344)

（原載《古代文明》第 3 卷，文物出版社，2004 年。收入本書時稍有修訂）

商周青銅器銘文中的複合氏名

一、引　言

　　商代後期與西周初期的青銅器銘文中,有許多僅銘有一個或幾個象形性較强的文字,自從二十世紀三十年代郭沫若先生指出這種銘文實乃古代民族之"族徽"以來,隨着古文字學研究的深入,郭老的這一卓見已爲學術界公認,特別是這種銘文中有不少可與殷墟卜辭中的族氏名號相印證,已成爲研究商史的寶貴資料。但是,從現已發表的論著看,這種族氏銘文的研究中一個薄弱環節,是複合氏名的問題。所謂複合氏名是指在一件器物的銘文中,作器者自署其所屬族氏之名號,是由兩個乃至兩個以上的族氏名號組合而成的,而且在不同的器物中,有着不同的組合形式,例如以 A、B、C 代表三個氏名,在一件器物上銘以由 A、B 兩個氏名組成的複合氏名,但在另外的器物中又可能出現 AC、BC 或 ABC 等組合形式的複合氏名。這種複合氏名在族氏銘文中占有相當大的比重,如何給予科學的解釋,不僅對於商周青銅器銘文研究本身,而且對於這部分銘文在古史研究中的科學利用都是一個重要的問題。

　　國内外學者在有關論著中對複合氏名的含義表示過自己的見解,主要有兩説:一是認爲複合氏名的多數是表示兩個或兩個以上的族的結合,是由幾個族氏結合而成的族的標識;[①]一是認爲複合氏名表示一個族的分支,將其氏名附於其自身所從出的族名下以別之。[②] 諸家的有關論述對研究複合氏名的含義具有重要的啓發作用。但是,以往的研究,多是在論述其它問題時兼帶提及之,諸家多没有對自己的見解結合具體的青銅器銘文等

---

① 白川靜:A.《殷の族形態—いはゆる亞字形款識について》,《説林》二、一,1950 年 1 月;B.《殷の基礎社會》,《立命館創立五十周年記念論文集・文學篇》,1951 年。
② 參見:A. 林巳奈夫:《殷周時代の圖象記號》,《東方學報(京都)》三九册,1968 年 3 月;B. 張政烺:《試釋周初青銅器銘文中的易卦》,《考古學報》1980 年第 4 期;C. 林澐:《對早期銅器銘文的幾點看法》,《古文字研究》第 5 輯,1981 年 1 月;D. 李學勤:《"中日歐美澳紐所見所拓所摹金文彙編"選釋》,《古文字研究論文集》,《四川大學學報叢刊》第 10 輯,1982 年 5 月。

資料作深入的分析與論證。日本學者林巳奈夫雖在其《殷周時代の圖象記號》一文中專列有"複合の圖象記號"一節,但其所列舉的銘文例證似嫌孤單,分析亦嫌過略。因此,從目前看,諸家的見解尚存在較多的假設性,仍有待引用具體的銘文資料加以證明。此外,對複合氏名本身的構成規律、從中可以看到的社會組織形態,以及這種名號的社會根源等問題,諸家或未論及,或雖有所論而欠深入。這篇小文即是在諸家研究的基礎上,就上述幾個需要深入研究的問題對複合氏名的内涵所作的進一步考證,希望能得到學術界的前輩與同志們的指教。

二、複合氏名的含義

我們在搜集、整理商周族氏銘文資料的過程中感到,如果圍繞某些較爲習見的族氏名號,盡可能地掌握與之相關的各種複合氏名的銘文來探討這種銘文的含義,則可以將研究建立在較寬廣的材料之基礎上,從而增加論證的科學性。

✦(戈)是習見於殷代及西周初期銅器銘文中的族氏名號,①與"戈"相關的各種複合氏名銘文(以下暫稱爲"戈"組複合氏名)可作爲研究複合氏名的典型資料。在分析"戈"組複合氏名前先略述一下與"戈"這個族氏銘文有關的幾個問題。

"戈"器中形制較早的如戈匕辛鼎(《集成》1515)有可能早於殷代早期而屬於商前期,②較晚的如蘇甗(《集成》9822),出於長安普渡村長由墓(《考古學報》1957 年第 1 期),形制已屬西周中期。可知,"戈"氏存在的時間相當長,是一個較强大的族氏。鄒衡先生曾對除"戈⋈"卣以外皆單銘"戈"一個氏名的戈器出土地作了統計,由此推定"戈族的原住地應該以陝西涇陽和河南安陽兩地的可能性較大",③但是所舉涇陽四器中有三器都是出於高家堡同一座殷末周初的墓葬中,有的器形已較晚,而所舉安陽地區五器中有四件可知屬殷代晚期,其中戈尊(《集成》5469)亦有可能早到殷代中期。所以,如果僅就出土地來推斷,似可認爲殷代時這個戈氏的主要活動地在安陽地區。

單銘"戈"的銅器銘文中有將"戈"置於亞形之中的(見圖表一銘 1、2),由於下面論述複合氏名時要經常涉及這種與氏名相配的亞形,故有必要説明一下亞形的含義。"亞"字在文獻、甲骨刻辭及銅器銘文中是一字多義的,這裏僅討論銅器銘文中與族氏銘文相配的亞形。今人多以爲這種銘文中的亞是作器者自署其官職,所謂以官爲氏,於此,王獻唐先生《黄縣異器》一書有辯駁,其説可信。而且,從亞形使用的範圍看,某一氏名配以亞形,其下所屬各分支氏名也可配亞(見下文所舉諸例),如亞在這種銘文中是表示族長的身份或

---

① 本文所稱"殷代"指盤庚遷殷後的商代後期。
② 參見鄒衡:《試論夏文化》(載《夏商周考古學論文集》,文物出版社,1980 年)。本文將殷代青銅器大致劃分爲三期,其絶對年代約略相當於:早期:盤庚—武丁;中期:祖庚—康丁;晚期:武乙—帝辛。
③ 鄒衡:《論先周文化》,《夏商周考古學論文集》。

地位,則不當有此現象。亞形所以與族氏名號發生關係,比較貼切的解釋,還是將亞釋爲廟室之形。[1] 亞形是廟室的平面之象,宋以來即有學者持此説,今人多不以爲然,但此説還是有根據的,略説如下:

(一) 在卜辭中,有稱廟室爲亞的,如

(1) 甲午卜,王馬啓駛,其御于父甲亞?(《文》312,三期)

(2) 翌乙啓于亞?(《京津》1615,三期)

(3) 丁丑卜,其兄(祝),王入于多亞?

丁丑卜,其兄(祝),王入亞于帝甲?(《摭續》167,三期)

(4) 貞,令莽氏文取大匕壬✚?(《甲零》49,一期)

(5) 乙丑在多✚?(《合》67)

(6) 己未卜,十帚匕庚?十帚于✚束甤?(《乙》8897)

辭(1)—(4)皆是王卜辭,由這幾條卜辭可知,亞是一種處所,可以在那裏祭祀父甲、帝甲、大匕壬,應即是廟室。由辭(3)言"入于多亞",可知在此"多亞"亦必是處所,當即指多位先祖的多座廟室之所在。辭(5)、(6)是武丁時期的非王卜辭,辭義是卜十婦於妣庚廟室共祭之。

(二) 廟室在卜辭中可寫作亞形,應當與其構造有關。王國維曾有專文考證古代明堂廟寢,以爲其構造皆爲"四堂四室,兩兩對峙,則其中有廣庭焉,庭之形正方",外廓恰爲✚形,"其中除太室爲明堂宗廟特制外,餘皆與尋常宮室無異"。[2] 陳夢家先生曾據殷墟卜辭中有東、南、中、大室之稱及其作用而推論曰:"殷代有宗廟有寢室。它們全都是四合院似的,所以東、西、南、北四方都有房屋。"[3]陳邦懷先生亦徵之卜辭而論定:"殷爲五室之制已無可疑。"[4]所以卜辭中作廟室講的亞字是當時廟室的平面象形。

(三) 商代後期之大墓,有的墓室、椁室均作✚形,如西北岡 M1001,有的椁室作✚形,如西北岡 M1003、M1004 和蘇埠屯 M1,此皆當是取形於這種大墓之墓主人生前所居之宮室寢處,蓋如《荀子·禮論》所言:"喪禮者,以生者飾死者也,大象其生,以送其死也","故壙壟其貌象室屋也,棺椁其貌象版、蓋、斯象、拂也……"

據此,將青銅器銘中的亞形釋爲廟室平面之象是可信的,而且更主要的是只有取此説才能釋通爲何亞形可與族氏名號相配,因爲亞形所表示的廟室與族氏之間有着内在的密切的關係。古代宗族之"宗",其本義見於《説文》"宗,尊,祖廟也",親族稱宗族,是因爲同親族的人有共同的祖廟,親族關係是靠尊祖、祭祖維繫的。典籍亦多言及宗廟與族氏之關

---

① 按:對於青銅器中亞字形的含義,筆者近年來又有新的認識,請參見拙作《商周金文中"亞"字形内涵的再探討》。

② 王國維:《明堂廟寢通考》,《觀堂集林》卷二,中華書局,1959 年。

③ 陳夢家:《殷虛卜辭綜述》,科學出版社,1956 年。

④ 陳邦懷:《殷代社會史料徵存》,天津人民出版社,1959 年。

係，如《國語·周語》"今將大泯其宗祊，而蔑殺其民人"，韋昭注："廟門謂之祊，宗祊，猶宗廟也。"《呂氏春秋·知化》："殘其國，絕其世，滅其社稷，夷其宗廟。"可知宗廟是一個族氏存立於世的象徵，商周青銅器銘中往往將族氏名號填於亞形中，或冠以亞形，正是以表示廟室的亞形標誌此名號是族氏名號。由於族不論大小，或宗氏或分族，皆有其廟室，所以皆可在其族氏銘文上配以亞形。因爲這種亞形並不是族氏名號本身的一個組成部分，故族氏銘文可以配以亞形，也可以不配。

現承上文來研究"戈"組複合氏名。"戈"組複合氏名如果從銘文的外在形式上看，可以分爲兩種，一種是，"戈"同與其複合的族氏名號是分開書寫的（圖表一），可以很容易分辨出這種銘文包括了兩個或兩個以上的名號；另一種是，"戈"同與其複合的族氏名號采取了合文的形式（圖表二）。以下分述之：

（一）分書的"戈"的複合氏名

圖表一　"戈"組複合氏名及有關銘文（一）

1	2	3						
殷（《鄴》三上 27）	爵（《貞圖》中 17）	殷（《三代》6.15.2）						
4	7	9	11	14	20	21	24	25
爵（《録遺》420）	觚（《録遺》338）	卣（《三代》13.4.4）	爵（《三代》15.54.2）	尊（《三代》11.24.7，《録遺》527）	鼎（《三代》3.20.2）	甗（《三代》5.1.4）	殷（《録遺》131）	（蓋）（器）卣（《文物》1972 年第 7 期）
5	8	10	12	15		22		26
尊（《小校》5.7.1）	盤（《録遺》479）	《録遺》615	爵（《三代》16.24.8）	觚（《鄴》三上 38）		爵（《善齋》5.16）		舩（《美集》A657、R189）
6		13	16		23			
壺（《文物資料叢刊》第 1 輯）		爵（《録遺》426）	殷（《美集》A152、R162） 17 觚（《録遺》331） 18 罍（《録遺》209） 19 觚（《美集》A472、R161）		卣（《三代》13.21.1-2）			

在上表中，與"戈"複合的名號是𠂤（戈）、⊗、𡩡（家）、╞、𦎧（車）、⊗（囷）、囚、㫃、𢎒，這些名號皆爲族氏名號，略證如下：

戈：此名號可配以亞（如上表銘 5，又見下文圖表三Ⅰ鼎銘），如前述，這種與亞形相配的名號是氏名，故它也可繫以其他名號（上表銘 6），或以一般的族氏銘文形式單銘於器（𠂤，《小校》5.49.5）。"戈"器記明出土地點者見圖表三Ⅰ。

⊗：陳夢家先生言："此字象車輪形"（《美集》A310 説明），可從。此與上表銘 8 應是一字，或又作⊗（《美集》R23n）、⊗（《録遺》296）等形，車輻雖有多寡之分，字皆是一，同一象形文字筆畫有繁有簡，於古文字中習見。上表銘 7 中此字與"戈"複合時作重文，這種現象也習見於商周青銅器銘，如族氏名號"㚘"在器銘中可作㚘㚘，"弔"作𢎒𢎒，只是出於藝術修飾的目的，與單銘一字無別。⊗之名號多單銘於器，《美集》A310 説明列舉了五器，這種單銘於青銅器的象形文字，從現有資料看，一般地都是族氏名號。⊗器有出土地點者僅一器，見圖表三Ⅱ。

家：可以一般族氏銘文的形式單銘於器，或附加日名（如上表銘 10）。在殷虛卜辭中，有以"家"作氏名（或人名）的辭例，如：

甲申卜，賓貞，令家𡪣保弜？（《京津》2178）

"家"也作爲地名見於卜辭，其地與凡地不過三日程（見《粹》960），凡在今輝縣西南，[1]故家地亦當近輝縣，在安陽西南。李學勤先生以爲家地"可能也在天邑商内"。[2] 卜辭中這一作人名又作地名的"家"亦應是族氏名號，可能與時代相近的青銅器銘中的"家"是同一族氏。此族氏名與同名的地名之間當有密切關係，或是以地爲氏，或是地名源於氏名。[3]

╞：由上表銘 12 看，╞（係以日名組成器銘）與習見的族氏銘文位置相同，應是氏名。上表銘 13 是其與"龍"的複合名號。

車：單銘一象形的"車"字之青銅器見於著録的約十餘器，此外，"車"器中"車"方鼎（《美集》A65、R157），形近河南溫縣小南張銅方鼎（《文物》1975 年第 2 期），約屬殷代中、晚期，《善齋》1.42"車作寶鼎"鼎，形制已近西周中期，所以這一字作象形的，且名號延用數代的"車"應是氏名。"車"除與"戈"組成複合名號外，還有其他複合名號（見上表銘 16—19）。"車"器記明出土地點者見圖表三Ⅲ。

囷：上表銘 20 中，囷字在"戈"下，其下還有𤔲囗二字，[4]按銘文慣例，囷應是氏名，其下二字可能是作器者名。卜辭有：

① 李學勤：《殷代地理簡論》，科學出版社，1959 年。
② 李學勤：《殷代地理簡論》。
③ 參見李玄伯：《中國古代社會新研》（開明書店，1948 年）中的有關論述。
④ 按：首字當讀爲"瓚"。

(1) 戊寅卜，賓貞，王坴以衆黍于囧？（《前》5.20.2）

(2) ……爭貞。……乙亥聂……囧黍〔于〕且乙？（《合集》1599）

(3) 己巳貞，王其聂南囧米，叀乙亥？

己巳貞，王米囧？其聂于且乙？（《甲》903）

圖表二 "戈"組複合氏名及有關銘文（二）

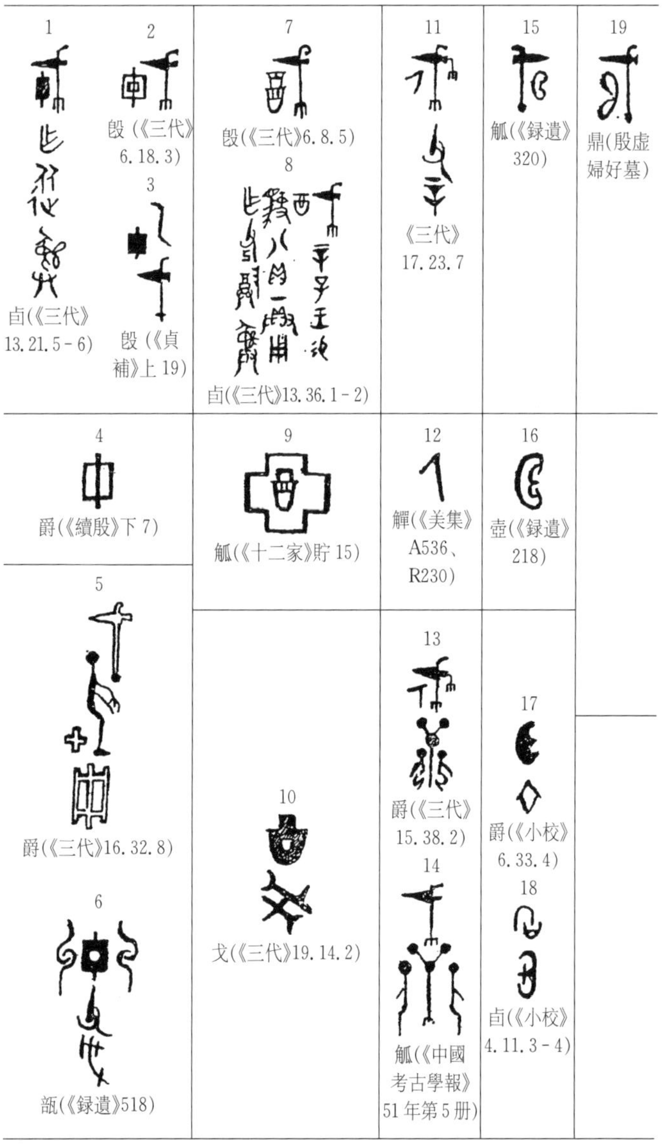

辭(1)、(2)是賓組卜辭，辭(1)卜王是否帶領衆人往囧地種黍，這種王之"親耕"應類似於典籍所記王行藉禮，"氏衆"則是爲了如《周禮·甸師》鄭玄注："王一耕之，而使庶人芸芓終之。"辭(2)卜是否要用囧地所產的黍聂於祖乙，聂當如陳夢家先生所言是登嘗之禮。[1] 辭(3)是歷組卜辭，卜是否要在囧地舉行米祭，於乙亥日用囧地所產之米聂於祖乙。《禮記·祭統》："是故天子親耕於南郊，以共齊盛。"是講"天子"要將其藉田上的收穫用於祭祀。上引卜辭中王曾耕藉於囧地，又以囧地所產之黍、米祭祖乙，徵之於典籍，則囧地之田在殷代很可能即是王之藉田，由卜辭稱"南囧"看，其地在王都之南，即安陽南郊不遠的地方，亦合於《禮記·祭統》所言王親耕於南郊。囧在器銘中作爲氏名出現，很可能是以地爲氏。

☒：字形與周初青銅器銘中易卦形式的族氏銘文之"五"字的寫法相同，[2]殷虛卜辭中五字也有橫寫作☒的（見《合集》23921、23988 兆序）。從上表銘 23 可明顯地看出☒是氏名。☒器記明出土地點者二器，見圖表三Ⅳ。

---

① 陳夢家：《殷虛卜辭綜述》，科學出版社，1956 年。
② 參見張政烺：《試釋周初青銅器銘文中的易卦》，《考古學報》1980 年第 4 期。

　　[兆]：于省吾《商周金文録遺》讀作亳，亳是地名，在此銘中是以地爲氏。其地望待考。[1]

　　[族]：上表銘25卣出於涇陽高家堡殷末周初墓，與"戈[✕]"卣同出，但[族]與[✕]之間的具體關係不清，故暫分述之。此銘中[犬]可能是作器者私名，屬於戈氏，[族]銘於同器應是氏名（同墓出一尊，單銘一[族]字），但不直接與蓋銘中的"戈"複合而分銘，應視作分書的複合氏名中一種特殊的形式。[族]器記明出土地點者見圖表三Ⅴ。

　　綜上述，圖表一中與"戈"複合的九種名號都是族氏名號，它們與"戈"的複合名號屬複合氏名。

　　（二）合文形式的"戈"的複合氏名

　　圖表二中"戈"的複合名號中有作合文形式的，如銘1、2、7、11、15、19，是"戈"與[毌]（毌）、酉、[刀]、[耳]（耳）、自五個字的合文，從表中可知這幾個字又多可單獨作爲一種名號銘於器上，獨立使用。我們以爲這種合文形式的複合名號不宜讀作一個字，應該拆開釋讀爲宜。如銘1中的[戋]，這一銘文舊多讀如一字，即《說文》中"戋"字，[2]但從銘3、5看，戈、毌兩個字並沒有作合文形式，特別是銘5中戈、毌中間還有[人]、甲兩個字，所以[戋]（或作[戋]）是一種複合名號，不是一個字。又如銘11，李孝定以爲"从戈从斤，今不可識"（《金文詁林附録》），但實際上此亦不是一個字，試比較銘13、14可以看出，[刀]這個成分在這種器銘中是可有可無的，如上述，它是一個可獨立使用的名號，寫成[戈刀]是戈、刀兩個名號的複合。殷與周初青銅器銘中的族氏銘文，常以一種不同於後世文字排列規則的形式書寫，有時甚至構成圖畫的形式，寫成合文形式的複合名號也是其中一種，過去學者將這種複合名號讀爲一字，或斷爲不可識，都是没充分注意到這種獨特的文字排列形式。

　　上舉與"戈"複合的五個名號亦都是氏名：

　　毌：此名號見於一期卜辭中（如《燕》606、《庫》1214）。銘有"毌"的青銅器多屬殷晚期，有的可晚到周初，如董鼎（《文物》1978年第4期）。故這一延續數代的名號應是氏名。"毌"除與"戈"外亦與[丩]（丩，見圖表二銘6）、得、秉、佣等名號複合。

　　酉：由表銘8、9可知此名號是氏名。

　　[刀]：《美集》A536觶單銘此名號，陳夢家先生在此器説明中言："我所見傳安陽出土的灰陶器有此類形式，銘乃族名。"《鄴》三下23著録一陶塤，亦銘[刀]，傳出安陽。此名號作爲氏名見於近西周中期的幾件銅器銘文的末尾（參見《金文詁林附録》[2246]）。圖表二銘13有戈、刀、北單三個名號複合，我們暫依銘文形式將北單列於刀之下。《水經·洪水注》記南單在朝歌，今淇縣。《存》下166王在[單]地貞卜是否要在東單迎接回師的軍旅與戰俘，迎戰俘實是逆牲以祭祖，可知東單亦距王都不遠。蓋東、西、南、北四單是安陽四方之鄰近

―――――――――
[1] 卜辭中僅見一名亳地。聯繫《殷虛書契後編》上9.12、《京津》4470、《佚》442，以及《擴續》189、《前》2.41.1等卜辭，其地可能近於沁陽。參見李學勤：《殷代地理簡論》。

[2] 見《金文詁林附録》第532—536頁。

地。銅器銘文中的北單應是以地爲氏。

耳：此名號多單銘於器，《録遺》551 "耳" 單銘於戈内，這種銘於戈内的名號都是氏名。

自："自" 在卜辭中主要用在地名前，稱自某，或用以稱一種軍事組織。但亦有用作人名、地名的。自組卜辭中有貞人名自，貞人名多與族氏名號相同，與族長名多與氏名同的現象類似。《乙》4692、5523 卜 "步自"，是以自爲一地名，其地望由《存》下 917 王在㽞地卜當日從自之西行是否有災看，應近於㽞，而據前引《存》下 166 㽞地近東單，屬安陽之鄰近地，故自地不會距安陽甚遠。在圖表二銘 19 中自作爲氏名，該自殆居於此自地。

所以，以上幾種 "戈" 的合文形式的複合名號亦都是複合氏名，銘有冊、酉、北單、自幾個名號的青銅器之出土地點可知者見圖表三Ⅵ—Ⅸ。

圖表三　記明出土地的銘有與 "戈" 複合的氏名及其相關名號之青銅器登記表

編號	銘　文	器型與件數	時　代	出土地	著　　録	備　　注
Ⅰ	戈叉	爵 1	約殷中期	安陽	《1001 號大墓》	出 1001 墓
	亞(中)叉	鼎 1	約殷中期	安陽	《1001 號大墓》	出 1001 墓 M1133
	叉	觚 2	約殷中期	安陽	《1001 號大墓》	出 1001 墓
	叉乙	爵 1	約殷中期	安陽	《考古學報》1951 年第 5 册	出武官大墓 W1
	叉	鼎 1	殷晚期	藁城	《文物資料叢刊》3	
	叉心	觚 1	殷晚期	藁城	《文物資料叢刊》3	
Ⅱ	⊕	盤 1		安陽	《鏡齋》18	
Ⅲ	車	方彝 1、觚 1	殷中、晚期	安陽	《巖窟》1.20，《鄴》三上 38	
	車買	卣 1	殷晚期	安陽	《巖窟》1.23	
	車亦	爵 1、戈 2、矛 3、觚 1	殷晚期	安陽	《巖窟》1.30，2.28，2.61，1.49	
Ⅳ	戈⧓	卣 1	殷晚、周初	涇陽	《考古》1972 年第 7 期	出高家堡墓
	⧓	爵 1	西周早期	扶風	《陝青》二.79	出莊白 1 號窖
Ⅴ	𢀛(器銘)	卣 1	殷晚、周初	涇陽	《考古》1972 年第 7 期	出高家堡墓
	𢀛	尊 1	西周早期	涇陽	《考古》1972 年第 7 期	出高家堡墓
	𢀛庚	觥 1		河南	《美集》A657，R189	
	𢀛乍父丁尊彝	觚 1	殷晚期	安陽	《巖窟》1.56	
Ⅵ	戈冊	殷 1		洛陽	《貞補》上 19	
	戈冊乙	殷 1、鼎 1		洛陽	《貞補》上 19.6	
	冊偁父乙	罍 1	西周早期	扶風	《陝青》三.28	出張黄村
	冊屮父戊	角 1	殷晚期	安陽	《金匱》17.10	
	冊屮父乙	爵 2	殷晚期	洛陽	《巖窟》1.35	

編號	銘　文	器型與件數	時　代	出土地	著　　　錄	備　注
VI	冊⼅（銘末）	鼎 1	西周早期	琉璃河	《文物》1978 年第 4 期	出黃土坡 N251
	得	罍 1		洛陽	《貞遺》7.21	
VII	酉	爵 1	殷中、晚期	耀縣	《陝圖》18	出丁家溝墓
	亞(中)酉	尊 1	殷中期	安陽	《鄴》三上 18	
	酉父辛	卣 1	殷晚期	安陽	《鄴》初上 19	
VIII	戈北單	觚 1、爵 1、斝 1	殷中期	安陽	《考古學報》1951 年第 5 册	出武官大墓 E9
	北　單	卣 1	殷中期	安陽	《考古學報》1951 年第 5 册	出武官大墓 E9
	戈北單	盤 1		安陽	《鄴》三下 8	
	北　單	觚 1	殷晚期	安陽	《鄴》三上 43	
IX	戈　白	鼎 1	殷中期	安陽	《殷墟婦好墓》	小屯 M5 出土

從圖表三可知,銘有以分書或合文形式與"戈"複合的氏名,或銘有與這些氏名有複合關係的其他名號之青銅器,記明出土地點者共 43 件。較集中的出土地是安陽,出 27 件,占 63%,其中可見器形者時代皆屬殷代,有 11 件可早到中期。出洛陽 6 件,洛陽是周初殷遺民遷居地,故器雖出洛陽,並不一定是其族氏原住地。陝西 6 件中,除耀縣一件較早外,餘扶風、涇陽諸器皆在殷晚期後,内中三件晚到西周早期。此外,這些與"戈"有複合關係的氏名中,可藉卜辭及文獻考其氏所居地望者,如上所述,其地皆近於安陽。所以,可以認爲與"戈"有複合關係的諸氏名所表示的這些族氏在殷代時主要活動地大致在安陽及其鄰近地。這與前文所述單銘一"戈"器的出土地所反映的戈氏當時主要活動地區是相合的。這一地區位於鄭玄在《詩譜·邶鄘衛譜》中所描述的殷商王畿區域内。這就進一步證明這些"戈"的複合氏名確與戈氏有關係。

這種關係究竟怎樣,無非有三種可能:其一,由於這些複合氏名中都有"戈",可能是表示持有這些複合氏名的族氏都含有一個名"戈"的分支;其二,這些複合氏名是屬於戈氏同與其複合的氏名所指稱的諸氏聯合所結成的各個族的名號;其三,這些複合氏名表示同一戈氏的諸分支。第一種可能或許僅是出於偶然,但發生在如此多的族氏間,可能性是甚微的,唯一能作爲這種可能之實證的是,摩爾根《古代社會》曾記述道,狼氏、熊氏、龜氏是在大多數易洛魁部落内部存在的,有共同名稱的氏族。[1] 但值得注意的是,上述易洛魁諸部落存在的同名稱的氏族絕大多數是在三個以至三個以上,這應該是由於新部落是由同一個老部落"自然的分裂過程造成的",[2]新部落内各氏族完全産生於老部落,而且一個新部落至少要由兩個或兩個以上的氏族組成。但上舉與"戈"有複合關係的諸族氏的各種

----

① 摩爾根:《古代社會》,商務印書館,1977 年。
② 摩爾根:《古代社會》。

複合名號中,除"戈"外,還沒有發現尚有其他共同的氏名,也就無從證明這些族氏中還有除"戈"外的其他同名號的分支。所以這種可能就目前的資料看是不能成立的。對於第二種可能,由於複合氏名也是一種族氏名號,代表一個相對獨立的親屬組織,故如僅就上舉諸銘而言,戈氏如果要與以上 14 個族氏聯合,形成 14 個獨立的新的族氏,那就需要自身先分離成同樣數目的分支,然後才能分別去與其他族氏聯合,這就與族之間聯合的目的(不論是以何種方式聯合)都是爲了壯大自身的力量這一點相矛盾的,林巳奈夫曾對此有過很好的説明。[①] 當然在民族志中確有一個氏族與一個以上的其他氏族聯合之例,如歷史上的涼山黑彝部落,"兩個氏族世代聯姻經常聯合作戰,便往往并稱,如阿侯—蘇呷、阿侯—勿雷,阿革—阿陸、阿陸—馬等等",這裏阿侯、阿陸就分別與一個以上的其他氏族有聯合的關係,但"由於這種聯繫是多邊的,有關氏族也未形成一定的組織。所以,仍只能説是氏族的聯合",[②]即是説,多邊性的聯合不能形成若干個獨立的族組織。因而上舉各代表一個獨立的族組織的諸種"戈"的複合氏名不可能是"戈"分別與諸氏聯合而形成的各個族氏的名號,故第二種可能亦不能成立。這樣,我們只有選擇第三種解釋,即這些"戈"的複合氏名表示的是從戈氏中分衍形成的諸分支,由此推之,與"戈"有複合關係的諸氏名的其他複合氏名,表示從戈氏的各個分支中再分衍而形成的更小分支。我們可以將圖表一、二所列舉的諸銘文所表現的"戈"和其他諸氏之間的關係示意如下表(表中 A、B、C 三列族氏名號表示三級族氏,D 表示作器者私名):

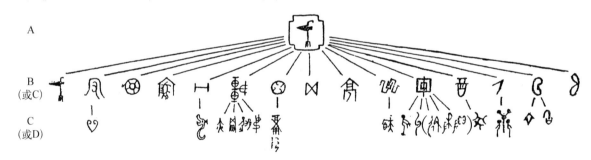

由於複合氏名中 A 級氏名可與 B 級複合,也可與 C 級複合,所以僅從形式上並不能斷定與"戈"複合的氏名之確定的級別,所以上表 A 下面一列氏名注明爲"B(或 C)"。第三列可能包括個別的私名,如𫑡,所以注明"C(或 D)"。B 列中的"戈",是表示可能存在的且仍使用"戈"爲分族名號的"戈"氏之本支,[③]應該是整個"戈"氏宗族長所在的分族。

青銅器複合氏名銘文中反映出來的這種族的組織狀況,與文字資料及考古發掘的實物資料所揭示的情況是相符的。銘文中"戈"這個氏名亦見於殷墟卜辭,如一期卜辭中有"乎戈眔"(《燕》627)、"令戈人步"(《林》25.11),三期卜辭有"令戈歸"(《屯南》991),可知此

---

① 見林巳奈夫:《殷周時代の圖象記號》。
② 劉堯漢:《從涼山彝族系譜看它的父系氏族制和氏族奴隸制》,《彝族社會歷史調查研究文集》,民族出版社,1980 年。
③ 這種情況可參摩爾根:《古代社會》,第 97—98 頁。

戈氏服役於商王。卜辭還有"壬子貞，子戈亡囚?"(《京津》3147)，這種"子某"是對部分商王之同姓貴族的稱謂，"子某"之"某"多同時也是一個族氏名號，"子某"即是這個族氏的族長。① 這條卜辭中的子戈應是戈氏的族長。由戈氏族長稱"子戈"，再結合前述戈氏的主要活動地區，可知戈氏屬於商人，且是商王的同姓親族。記述商人族氏組織狀況最清楚的一條文獻資料是《左傳》定公四年所言之"分魯公以……殷民六族……使帥其宗氏，輯其分族，將其類醜"，這裏的宗氏、分族可能規模較大，更基層的親屬組織狀況可徵之於 1969—1977 年發掘的殷墟西區殷代商人族葬地的資料，這一資料表明商人族氏組織內最基層的組織可能是由幾個血緣最近的個體家庭組成的較小的家族，由這樣幾個小家族構成一個家族，若干個家族又組成更高一級的族組織。② 所以，文獻與考古資料證明殷代時商人諸族氏組織保存着從宗氏、分族一直到基層的家族這樣一系列完整的親屬組織結構，屬於商人的戈氏銘於青銅器的複合氏名正是這種組織結構的一種反映。在"戈"的複合氏名中，A 級的"戈"可能是宗氏一級族氏的名號，則 B、C 分別相當於分族及分族的更小分支(例如一個家族)的名號。同時，從上述戈氏主要活動於安陽及其附近地區看，戈氏可能是在這塊地域內依照這種族系聚族而居的。

據所見銘文資料，類似於"戈"組複合氏名這樣的，以一個習見的氏名分別與其他若干氏名組成的複合氏名，比較主要的還有"戉""𦉲""𦫳""中""冊"等幾組，這幾個氏名皆可以由殷墟卜辭、銅器銘文及銅器出土地推知其屬於商人或與商人有密切的關係，③這些與"戈"組類似的複合氏名都可以與之作同樣的解釋，即是説它們都是表示各宗氏與其諸分族及分族的更小分支之間的族系關係，它們是這些分族或分族的分支的名號。限於篇幅，我們不再開列各組銘文的圖象，僅以下面的圖表(圖表四)示意，表中 A、B、C 仍表示三級氏名，D 是私名，各組內 A 與 B 間，B 與同橫列的 C 級諸氏名間分別有直接的複合關係，如"戉"與"箙"，"箙"與"𦫳""𦉲"諸名號分別有複合關係。表中所列銘文之器型略。

圖表四　商與周初青銅器銘文中的複合氏名所示族之層級關係示意圖表

組名·A	B(或 C)	C(或 D)	
戉 (牛、壴)	箙(甾)《三代》5.4.3	𦫳《三代》14.6.1-2	𠂤《小校》6.30.3
		𦐮《録遺》424……	
	禼(禼)《三代》6.20.6	囧《三代》12.40.1-2	𦐮《美集》A406,R102
		𦒟《録遺》259	𦐮《三代》18.19.6

① 詳拙著《試論商人的族氏組織》(南開大學碩士研究生畢業論文，1982 年)。

② 資料見《考古學報》1979 年第 1 期，這裏的看法另詳拙著《殷虛西區殷代墓地初探》(未刊)。

③ 戉、𦉲、𦫳三氏的情況詳拙著《試論商人的族氏組織》。"中""冊"器記明出土地者皆出安陽，"中"器見《考古學報》1979 年第 1 期，李濟等：《古器物研究專刊》第 2 本；"冊"器見《頌續》《考古》1963 年第 4 期、《古器物研究專刊》第 1、2、5 本(記"冊"之分支"弟"器出土地)、《河南出土商周青銅器》。

組名·A	B(或 C)	C(或 D)
戊 (圖)	埶(圖)《三代》14.31.8	圖《三代》14.31.8
	圖《西清》23.23	圖《考古學報》1979 年第 1 期
圖	圖《三代》13.32.5－6	圖 圖《西清》16.33　圖 圖《三代》13.32.5－6
	圖《三代》14.54.6	圖《三代》14.54.6
	圖《文物》1964 年第 4 期	圖《文物》1964 年第 4 期
	圖同上　圖《貞松》8.36　次(圖)《三代》14.23.9	
圖	圖《鄴》三上 9　圖《陝青》三.31	
	圖《録遺》289.1　北子(圖)《善圖》111	
	圖《彙編》1090	圖《山東金文集存》
中 (圖)	圖《陶齋》3.29　(圖《三代》11.41.6;《貞補》上 34.35)	圖《小校》2.11.7
	圖《三代》13.28.3	圖《三代》13.28.3
	圖《考古學報》1979 年第 1 期	圖《考古學報》1979 年第 1 期
	圖《三代》14.49.5	
畕 (圖)	圖《録遺》244　圖《善齋》4.20	
	圖《貞補》中 6　圖《録遺》559.1－2	
	圖《三代》6.43.2	
	圖《三代》19.4.1－2　(圖《善齋》5.47)	圖《巖窟》下 16
	圖《三代》2.30.2　(圖《三代》2.30.3)	
	圖《河青》284	圖《河青》284

　　除上表所列幾組複合氏名外,還有一個習見的氏名"天(圖)",也有一組複合氏名,與
"天"複合的氏名主要有"山""舟""禾""豕""圖"等,它們應屬於天氏的分族。

　　綜上所述,我們通過分析具體銘文例證對複合氏名的含義所做的解釋有三點意義:
一是可依據此釋讀一批銘文,除前文所舉諸例外,下文還要再論及此;二是按照這種觀點,
經過對銘文資料比較嚴謹的分析,並結合對青銅器器形、出土地及卜辭資料的綜合研究,

則可以將一些表面上看來是零散的族氏銘文聯繫起來,找到這些銘文所表示的族氏組織之間的相互關係與其族系;三是依照這種解釋,即可以利用複合氏名具體地研究當時的社會組織結構。

三、複合氏名的構成規律與其存在的社會根源

下面,準備在上文論證了複合氏名的含義之基礎上,約略地探討一下複合氏名在銘文形式上的構成規律與其存在的社會根源。

所謂銘文形式上的構成規律是指不同級別的族氏名號在複合氏名中排列的規律,以及它們相互組合成複合氏名時的組合形式。合文形式的複合氏名構成比較特殊,此外還有一些複合氏名甚至組成類似圖畫的形式(見下文),這兩種形式我們已經或將結合具體銘文試述其構成,不在這裏討論,這裏只討論分書形式的複合氏名的構成。從前面所列舉的諸組複合氏名的例子可以看到,各級氏名在銘文中的上下(或前後)順序可以歸納爲如下幾種方式(A、B、C 表示各組複合氏名中各氏名的相對級別,D 是私名,以前後順序表示各氏名在銘文中的上下或前後排列順序,……表示族氏名號外的其他銘文):

(1) AB(圖表一,21)、BA(圖表一,11)

(2) BC(圖表一,18)、CB(圖表一,19)

(3) AC(圖表二,14)、CA(《鄴》三下 8)

(4) A(銘文中間上方)……B(圖一銘 1)

    C(D)……B(圖表一,23)

(5) ABC(D)……(圖一銘 3)

    ABC(D)(《河青》284"朙 弁 保")

(6) BC(D)……A(圖一銘 4)

    A……C(D)B(圖一銘 5)

    C(D)……AB(《美集》A452、R266)

    C(D)……BA(圖一銘 2)

    D……BA(《彙編》1092)

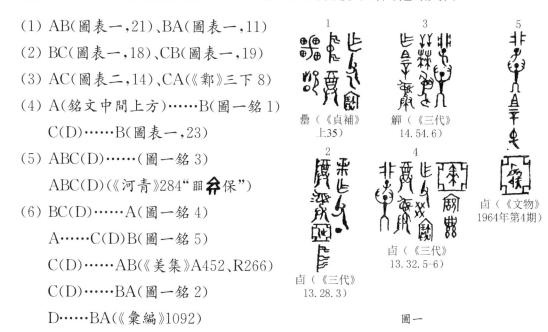

1 罍(《貞補》上35)

2 卣(《三代》13.28.3)

3 觶(《三代》14.54.6)

4 卣(《三代》13.32.5-6)

5 卣(《文物》1964年第4期)

圖一

由以上排列方式可知,各級氏名位置多不固定,惟處於下列位置的族氏名號可認作該銘中相對最高級的族氏名號: 1. 位在整個銘文中間上方者(以上[4]);2. 位於整個銘文首端的由三個氏名組成的複合氏名中處於最前一位者(以上[5]);3. 處於銘末而其他氏名皆集中於銘首(以上[4]中"C(D)……B",[6]中"BC(D)……A")。

根據上面歸納的(1)—(6)種排列形式也可以概括出複合氏名中可能出現的各種組合形式如下: 1. A+B; 2. B+C; 3. A+C; 4. A+B+C。這就是説,作器者采用複合氏名

的形式銘其族氏時可以選用以上四種組合形式,既可以按族系把各級氏名全部列出,也可省略某級氏名。

在以上四種組合形式中,1、3、4 中的 A,2 中的 B 級氏名通常不配亞形,似亦是一種慣例。[①]

殷代與周初是早期階級社會,血緣性的社會組織並没有解體,這種組織中的許多制度,包括名號制度,仍存有許多原始氏族的遺迹,其起源都可以追溯到遥遠的過去。故民族志與文獻中對某些保存着血緣性組織的部族之名號制度的記述,對我們理解上述複合氏名的構成形式及其意義很有啓發。例如解放前的涼山彝族統治者黑彝按部落、氏族血緣聚居,氏族習稱"家支",由於家支名多是氏族共祖名,所以在黑彝中流行的家支的父子連名系譜便是父系氏族的系譜。如阿侯氏族布吉亞氏族成員阿侯書給的全名是:

阿侯_{氏族共祖名} · 布吉亞_{氏族共祖名} · 魯木子_{父名} · 書給_{己名}

他在阿侯氏族内部稱"魯木子 · 書給",在布吉亞氏族内稱"書給",對於外氏族則略去亞氏族和父名而稱"阿侯 · 書給"。這種連名制形式的系譜是黑彝用以明辨血統,維持其貴族身份與部落成員之間的關係,以統治各等級奴隸的工具。[②] 永寧納西族解放前保留較多的母系社會制度,他們稱氏族或部落以下家庭以上的血緣組織爲"斯日",從某一個斯日遷出去的分家要起一個與斯日名稱相異的家名,有一些分家爲了保持斯日内部的聯繫,或對外區别於其他斯日,仍在自己的家名前冠以斯日的名稱。[③] 古代羅馬貴族每個人的姓名有三個成分,除己名外,還包括氏族名、氏族的分支名,[④]因此這種名字具有氏族系譜的性質。馬克思亦曾論及古代希臘人的"氏族名稱創造了一個系譜","名稱本身就是共同世系的證據"。[⑤] 又如古代日本大和朝廷統治時期,貴族世家稱爲"氏",是一種血緣集團,大的氏族有許多分支,分支爲自己起的姓叫"苗字","苗字"起法,如藤原氏的諸分支有近藤、伊藤、遠藤、加藤等,都是以該分支居地近江、伊勢、遠江、加賀的頭一個字加藤字構成的。[⑥]類似的以氏族名稱反映族系的制度還見於歷史上廣泛分布於中亞細亞的哈薩克族各部落、氏族的印記形式中,如杜拉脱部落的印記是 ◯,由它分出來的一些氏族的印記即在 ◯ 上再加一點符號,像阿勒班:♀,蘇旺:♂,布脱也衣:♀,色以克姆班:♂,説明這些氏族都與杜拉脱部落有血緣關係,[⑦]這種印記的書寫形式與含義都近於前述銘文中合文形式的複合氏名。因此,以氏族名稱記録族系,在保存着血緣性社會組織的古代民族中並不是一種偶然的現象,儘管具體形式不盡相同,但最根本的共同用意,當是爲了"使氏族一切成

---

① 按:關於這一慣例,似恰可以印證"亞"字形的内涵,參見拙文《商周金文中"亞"字形内涵的再探討》。
② 劉堯漢:《從涼山彝族系譜看它的父系氏族制和氏族奴隸制》。
③ 詹承緒等:《永寧納西族的阿注婚姻和母系家庭》,上海人民出版社,1980 年。
④ 參見李玄伯譯:《希臘羅馬古代社會研究》,商務印書館,1938 年,第 82—84 頁。
⑤ 馬克思:《摩爾根"古代社會"一書摘要》,人民出版社,1978 年,第 171—173 頁。
⑥ 參見《日本人的姓名》一文,載《世界歷史》1979 年第 1 期。
⑦ 倪華德、蘇北海:《哈薩克族的印記口號研究》,《民族研究》1982 年第 4 期。

員得以知道相互的親屬關係",①以助於維持血緣性的社會組織。商周青銅器銘文中的複合氏名在構成與性質上都與上舉諸例近同,可以認爲它是一種氏名形式的族氏系譜。

如前述,銘有複合氏名的銅器之作器者主要是商人,所以系譜性質的複合氏名存在的社會根源與當時商人的社會組織情況是相聯繫的。一方面,前已論證它是商人族氏組織結構及聚族而居狀況的客觀反映,另一方面,它所以能存在又因爲它具有與上面諸例相同的作用,它可以使親族成員借此明辨自己的族系,保持同宗氏内所有分族的聯繫,鞏固這種血緣性的社會組織,起到了有形的血緣紐帶的作用。具有這種性質與作用的複合氏名之盛行反映了商人較强的血緣宗族觀念,而這種觀念的形成又是與商人在進入階級社會後何以仍保存血緣性的社會組織這個問題相關連的。血緣性社會組織存在似有以下幾方面因素:從經濟上看,農業生產工具尚不發達,決定商人在主要的生產部門——農業中仍必須主要依靠血親組織的集體勞動協作,以此作爲基本的生產形式;從政治上看,所謂殷商王國還没有達到後世統一帝國那種政治局面,散布於商王國勢力範圍内與一定地域結合的各商人宗氏,其間雜厠着已被或尚未征服的異族,②這種歷史環境也使商人各宗氏必須保持自己的族系,依靠整個宗氏的力量並在血親基礎上聯繫其他親族,才能爭取生存與發展;此外,以血緣性的族氏組織爲基礎建立的宗法制度也是商人貴族維護其階級壓迫的工具。這幾方面因素是上述觀念形成的根源,也是複合氏名得以存在的社會的歷史的根源。

複合氏名形式的銘文盛行於殷代晚期,西周早期仍有所見,銘此種名號較晚的器物可能晚到西周中期,如扶風莊白一號窖穴出土的四年瘐盨(甲、乙),銘末署✻,是"木""羊"兩個氏名的複合。西周中期後複合氏名銘文隨整個族氏銘文一起消失了,可能反映西周中期前後原持有這些族氏名號的社會組織狀況發生了較大的變化。

四、從複合氏名的角度釋讀部分器銘

如前文所述,基於對複合氏名内涵的認識,從複合氏名的角度可以對過去未能釋通的構成較爲複雜的青銅器銘文作出新的解釋,下面再略舉幾例進一步説明之。

圖二銘1、2構造比較複雜,分銘於兩個形制相同的銅大尊上,出殷墟西區M93,與銘3、5器(出M907)同出於第七墓區。由銘4—9可知,✦(受)、凡(共)、✦(覃)是三個氏名。銘1亞形中全部銘文除去此三氏後剩下的部分,參照銘3,知應是"日乙""日辛""日甲"。銘2省去兩個"日"字。銘1中"受"在整個銘文中間上方,按前述複合氏名的排列規律,"共""覃"應屬"受"的分支。如將整個銘文除去"受"字,則"共"總位於銘末,而"覃"在銘首,按前述規律,"覃"應屬"共"的分支。所以從銘文排列形式上可知,"受""共""覃"爲三級族氏名號,銘1、2可釋讀爲:屬於受氏(宗氏)的分族"共"之分支"覃"爲日名是乙、辛、甲的三位先祖作器,即是説作

---

① 馬克思:《摩爾根"古代社會"一書摘要》,第171—173頁。
② 參見王玉哲:《殷商疆域史中的一個重要問題》,《鄭州大學學報》1982年第4期。

器者直屬覃氏,這對於探討殷墟西區第七墓區中 M93、M907 所屬墓群的族屬是有啓發的。

圖三銘 1 諸家皆釋爲"旅"字,然此銘中衆人所擎旗之竿首作 形,方濬益即曾於此有所疑問曰:"古文旅字干首皆作 ,此作 ,爲異,或當時大斾干首如此歟?"[①]甲骨文、金文中凡從 字, 之竿首確無一作此形者,如下表(圖表五)所示(字形采自《甲骨文編》《金文編》):

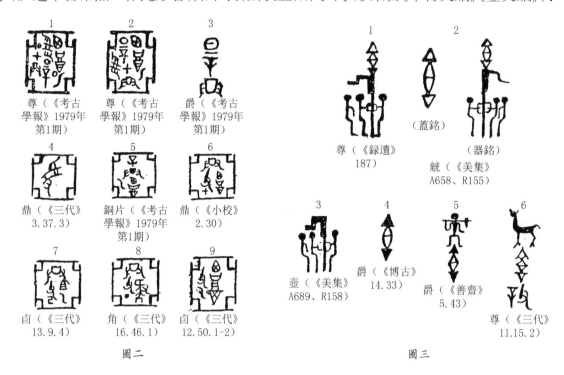

圖二

圖三

圖表五　甲骨文、金文中从 字形舉例

例　字		族	斿	施	旂	旅
甲骨文						
金　文						見圖三銘 3

故 決非竿首之形,最可説明問題的是圖三銘 2,同一觥的蓋銘與器銘有別,陳夢家先生在此器説明中言"蓋銘是器銘字的一部分,即旗杆的象形",這種解釋顯然是牽强的。此器二銘足證 並不是竿首的象形,是一個可獨立使用的族氏名號,字即習見於卜辭與金文的"夲"字,圖三銘 1(銘 2 器銘)實即"夲""旅"兩個氏名組成的複合氏名,只是構成上采取了類似於合文的形式。圖三銘 4—6 是夲這個族氏名號單銘或與其他名號複合之例,以上"夲"的諸複合氏名可能都屬於夲氏的分支之名號。夲氏與商王族關係密切(見《美集》R153)。

圖四銘 1 舊多讀爲一字,或釋"單"爲"毕",釋"隻"爲"鳥",皆誤。此銘實即"西單"(圖

---

① 方濬益:《綴遺齋彝器考釋》卷十。

四銘2)與"隻"(圖四銘3)兩個氏名的複合。如前文所述,西單是地名,近安陽,"西單"器記明出土地者均出安陽(《美集》A374、《巖窟》上58)。"隻"器記明出土地者亦均出安陽(《美集》A485、《鄴》初上19)。"西單"與"隻"兩氏名組成複合氏名,器物出土地集中,表明兩氏之間有從屬的關係。

圖五銘1,《金文編》收於附編,李孝定以爲"從罕從何,從戍,字不可識"(《金文詁林附錄》),按:此銘左下當爲戍字,日名。其餘部分是"何""罕"兩個氏名組成的複合氏名,何、罕氏名皆見於卜辭。

與上舉諸例類似的複合氏名銘文在商周青銅器銘文中還可舉出數例,本文所作的探討,希望能有助於對這種銘文的釋讀,以利於古史研究。

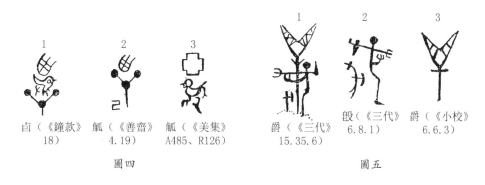

1	2	3		1	2	3
卣(《鐘款》18)	觚(《善齋》4.19)	觚(《美集》A485、R126)		爵(《三代》15.35.6)	毁(《三代》6.8.1)	爵(《小校》6.6.3)
圖四				圖五		

(原載《南開學報》1983年第3期)

補記:

此篇文章,醞釀與寫成是在20世紀80年代初,迄今已近四十年。囿於當時的認識水平,文中存在許多不妥當的膚淺的看法。但寫這篇文章的主要目的,在於對複合氏名之構成方式及其所表示的親屬組織之結構,做出一種解釋,提供一種可能的闡釋方案。文中所舉出的作爲例證的複合氏名銘文中,有不少是屬於失去原出土地點等信息的器物銘文(順便說一下,商周青銅器即使由考古發掘出土於墓葬,有明確墓地與單位,也只是當時實際使用器物的一小部分,特別是作爲祭器的禮器,本來多應是以器群的形式供放於大小宗族的宗廟或其他祭所中,今天我們所能見到的器物,皆早已脫離開原來製造與置放和使用的環境,對於當時在銘文中標識的同宗族大小分支間的關係及類似於商後期與西周初"亞"字形的含義等已不易看清,甚至會感到困惑),在上文圖表中所示意的複合氏名表現的親屬組織的層級關係,對某一氏名處在哪一個層級,自然有推測的成份,加上也不能排除當時會有同名的族名存在,在所舉銘文例證中,有的族之間存在並非同宗的可能。但是本文的重點,既在於通過所舉出的此類銘文(相信其中多數族名所指示的族組織之間還是有親屬關係的),示意一種符合當時親屬組織關係與禮制的銘文解釋模式,則囿於資料而存在上述某些問題,似不影響對這種模式可行性的認定,這一點,我覺得凡是同行應當是可以理解的。

　　近年來,不少學者對複合氏名的内涵,主要是構成複合氏名的族名所指示的族組織之間的關係,做出一些新的闡釋,其中包括認爲複合氏名有的反應的是族之間的聯姻關係。這種想法似難以成立,最根本的原因,是此種關係不符合青銅禮器的性質。對於凡署有族名的青銅器,特別是作爲祭器的禮器(常有所祭先人的親稱、日名、名號等),只能是由同宗族人製造與使用。我們在迄今所見到的商至東周的青銅禮器中,應該説還找不到可以證明是聯姻的異姓的兩個族聯合鑄造的(異姓女子出嫁至夫家,其夫家爲之作媵器,銘文中如署族名,自然只能署其父氏,而在夫家往往是由其夫爲之作器,她本人如在夫家作器,在商後期與西周早期,也可以見到在銘文中署的是夫家氏名)。青銅禮器實質上反映宗親關係與宗法制度,即使不是宗廟使用的祭器,也主要是用於本宗族禮制活動,如用來作爲宴享族人的器物,無涉姻親。西周晚期的器銘中有時會言及用此器宴饗姻親("婚媾"),這更説明作器者不可能有姻親。

　　還有的學者,堅持以前即曾有學者提出的復合氏名表示幾個族的聯合之看法,這種看法在本文中已有所分析并已予否定。未有宗親關係的家族,不可能共同作器,特別是作祭祀先人的禮器,更不可能由異族參與,即使是屬同一宗氏内的分支家族,一般似也不會以同級的兩個或三個家族的名義聯合作器,這種情況在現有器銘中亦鮮能舉出其例。

商周金文中"亞"字形內涵的再探討

商周金文中"亞"字形的含義,是治古文字與上古史的學者一直關注的研究題目。多年來,有不少學者作過討論,也取得了不少成果,[①]但迄今難有被多數學者認同的看法。筆者亦反復體會諸家發表過的高見,尤時時注意到新發現的資料,希望能有認識上的新進展。這篇小文只是近年來不成熟的幾點想法,寫出來是爲了拋磚引玉,懇請方家賜正。

一、從"亞魚"器組說起

1984 年在安陽殷墟西區 M1713 墓中出土有一組銅器,[②]其銘文對"亞"字形研究有一定啓發性。此墓墓室面積約 4.7 平方米,屬中型墓中面積最小的,有三個殉人。其隨葬的銅器分爲兩組,即實用器一組,明器一組。合起來的組合形式是:

食器:鼎四(明器三)、甗二(明器)、簋二(明器一)
酒器:觶一(明器)、爵三、觚二、尊一(明器)、卣一(明器)
水器:盤一(明器)、盉一(明器)

此外還隨葬有陶容器:

爵一、觚一、罍一、罐六、盤一

這些銅器從器形看,已晚至殷代晚葉(在拙著《中國青銅器綜論》中歸入殷墟銅器三期Ⅱ段,絕對年代已到了帝乙、帝辛時段。下文言及銅器分期均本於此書)。[③] 看來,墓主人是個小貴族,去世以後,其親屬爲之作了較多的銅明器,充實並完備了其隨葬組合,應該有抬高其地位或爲死後祈福之意。值得注意的是以下幾件實用器上的銘文:

鼎(27 號):壬申,王易(賜)亞魚貝,用乍(作)兄癸障。才(在)六月。佳王七祀羽

---

① 參見何景成:《商周青銅器族氏銘文研究》的"緒論"部分,齊魯書社,2009 年 1 月。
② 中國社會科學院考古研究所安陽工作隊:《安陽殷墟西區一七一三號墓的發掘》,《考古》1986 年第 8 期。
③ 拙著《中國青銅器綜論》,上海古籍出版社,2009 年 12 月,第 1005—1006 頁。

（翌）日。（《銘圖》2201；圖一，1）

　　簋（33號）：辛卯，王易（賜）帚（寢）魚貝，用乍（作）父丁彝。（《銘圖》4635；圖一，2）

　　有蓋爵（50號）：辛卯，王易（賜）帚（寢）魚貝，用乍（作）父丁彝。（器銘，《銘圖》8582；圖一，3）亞魚（蓋銘）

　　爵（43號）：亞魚父丁（《銘圖》8312；圖一，4）

　　爵（44號）：亞魚父丁（《銘圖》8313；圖一，5）

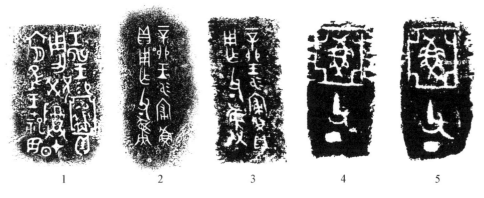

圖一　1984年殷墟西區M1713出土銅器銘文

　　M1713出土的實用有銘銅器的器主皆是"魚"，看來，魚應即是此墓的主人。從簋與有蓋爵銘文可知，魚作過商王的寢官，是商王近身的侍從。由上述墓葬及隨葬青銅器的規格看，寢是個較低級的官職。值得注意的是，在鼎銘中，魚不自稱"寢魚"，而是自稱爲"亞魚"（"魚"在"亞"中）。按照一般商金文中較長篇銘文的文例，此處王所賜"亞魚"，應該是個人稱，這也就是說，魚也可以自稱"亞魚"。魚的官職既已明確是"寢"，則這裏的"亞"，筆者理解即不會是官稱了。再從兩件爵銘中稱"亞魚父丁"（"魚"在"亞"中）這種商金文常見的形式看，"亞魚"表示的是作器者的氏名，這是大家多能够接受的意見。①

　　現將對以上銘文中出現的有關"魚"稱呼的幾種認識寫在下面：

　　（一）"寢魚"：個人稱呼，寢官名"魚"。

　　（二）"亞魚"之一：個人稱呼，是"魚"的另一職務。

　　（三）"亞魚"之二："魚"是作器者氏名。

　　"寢魚"既是個人官稱，而魚又是其氏名，則這只能用甲骨文研究者都知道的，當時人名與氏名及地名在使用時有時會重合的習慣來解釋。那麼，以上第2點中作爲職務的"亞魚"又該如何理解呢？最好的解釋，當然即是説，"亞魚"在作人稱時，是指此"魚"氏之族長，亦即其宗子。

　　以上器銘對"亞"字形本身含義所給予的提示是：

　　（一）可以認爲其本質上是用以指示氏名，即當稱"亞某"（"某"可在亞中）時，"亞"指

---

① 李學勤先生亦曾指出"寢魚作器，便以'亞魚'爲氏"（《考古發現與古代姓氏制度》，《考古》1987年第3期）。

示“某”是氏名,上引“亞魚”,即是指示“魚”爲氏名。

(二)“亞某”(“某”可在“亞”中)也可以作爲“某”這一氏族的族長之稱,此時當屬於以氏爲稱,即以氏名爲人名。

需要説明的是,雖然在上舉殷墟西區 M1713 器組中由“寢魚”可以稱“亞魚”而得知寢魚亦即是該魚氏之長,但還不能説明作爲個人稱呼的官職加“某”必定都是“某”氏之長。

二、對複合氏名中“亞某”內涵的再反思

商周器銘中的複合氏名,筆者在近三十年前曾有文論之,[①]認爲複合氏名表示的應該是某一族氏的分支,此分支在銘其自身名號的同時還銘其所從出的族氏名號。這也即是説,此類銘文表示的是作器者所屬的一個較大的宗氏內幾級親屬組織的層級關係,作器者應屬於最基層一級族氏。從現有器銘資料看,這一基本看法應該還是可以成立的。在複合氏名中,也有帶“亞”字形的氏名,例如 1957 年在山東長清縣興復河北岸一座被破壞的商後期墓葬中出土的一組銅器,[②]由其形制可歸屬於殷墟銅器三期Ⅰ段(下限或稍晚)。其中部分器物有銘文,如:

方鼎之一:冀且(祖)辛禹亞𫘝(“𫘝”在“亞”中,《銘圖》1497;圖二,1)

爵:冀亞𫘝(“𫘝”在“亞”外,《銘圖》8019;圖二,2)

罍:且(祖)辛禹𫘝冀(《銘圖》13798;圖二,3)

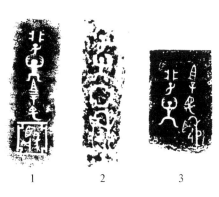

圖二　1957 年山東長清興復河出土銅器銘文

按照我們對複合氏名構成形式已獲得的認識,以上銘文中,“亞𫘝”應是冀氏的分支族氏,以“𫘝”爲氏名。“𫘝”可以寫在“亞”中,也可以在“亞”外冠以“亞”,二者無別。此外,由罍銘還可知,“𫘝”這一氏名不必非與“亞”聯繫,也就是説“亞”不是必須有的成分。“禹”從不在“亞”中,則很可能是此作者的私名。依照以上分析,“𫘝”作爲一級族氏的名號,既然可以不系以“亞”,也可以系以“亞”,在“亞”中或冠以“亞”,二者無別,那麼,“亞𫘝”的“亞”即並非氏名的組成成分,而且有無“亞”也不影響𫘝氏在冀氏中的層級與地位。這也就是説“亞𫘝”所要表示的只是:𫘝屬於冀氏的分支,是次一級的族氏。這一作用應該是與“亞”的含義有關的。

在這裏,還需要明確一個問題:金文中常被大家稱爲“亞”字形的這個“亞”,究竟應該

---

① 拙著《商周青銅器銘文中的複合氏名》,《南開學報》1983 年第 2 期。所舉戈氏與其幾級分支間的層次關係,只是示意。這些分支族氏未必皆一定是戈氏分支,或未必一定是在某一層級上。這類問題限於資料是不可能説得很確切的。所舉此例,只是爲了説明複合氏名的構成原理與其親屬組織結構的內涵,不在強調某一族氏必是戈氏的某一級分支。此點,我想讀者可以理解。

② 山東省博物館:《山東長清出土的青銅器》,《文物》1964 年第 4 期。

認作是"亞"字，還是僅僅看作是一個形狀作"亞"字的圖形呢？從現所見資料看，還應該取前一種認識，即還是應把"亞"視作一個字。像上舉長清青銅器中的爵銘，"亞"並未框於氏名外邊，完全是以一個字的形式出現，占有銘文中一個字的位置。類似的這種例子，又如：

　　亞牧方鼎：乍父辛寶隮彝，亞牧。（《銘圖》1816，圖三）

圖三
亞牧方鼎銘文

　　此種情況不煩贅舉。所以筆者現傾向於"亞某"之"亞"不必將其字形視爲圖形，亦即不必按圖形所象去探討其在這種銘文中的内涵，而還是從"亞"字的字義來探討較好。"亞"雖然可以按其字義來理解，但由於在商周金文中，"亞"還是較少在銘文中占一個字格，並用在氏名前，而絕大多數出於美術與藝術的考慮，作成"亞"字式的圖形，與氏名相構合，所以在本文中也仍以習慣所稱的"亞字形"爲稱。

　　上面通過反思複合氏名，已再次强調，"亞某"在銘文中，不僅表示"某"是氏名，而且表示"某"是其所屬宗氏的次級族氏，是其分支族屬，比如上引"亞蘇"表示的是"蘇"爲羑氏的次級族屬。[1] 與此相合的是，"亞"字在典籍中也多被訓爲"次也"，如《爾雅·釋言》："亞，次也。"[2] 特別值得重視的是，爲大家熟知的《詩經·周頌·載芟》中有"侯主侯伯，侯亞侯旅，侯彊侯以"句，毛傳曰："主，家長也；伯，長子也；亞，仲叔也；旅，子弟也；彊，强力也；以，用也。"[3] 在這裏，"亞"恰是指親屬組織中，在平輩的兄弟關係中相對於"伯"（即長子）來説次級的輩份。而在大的貴族宗族組織中，此"亞"相對於"伯"即大宗一級來説，即是小宗，其族屬在此大的宗族中就是次級的小宗分支。顯然"亞"在親屬組織中的這種含義，是與我們要討論的在複合氏名中見到的"亞某"作爲族氏名號的内涵是相近同的，應該是一種較最爲接近的解釋。這就是説，當一個族氏從其所屬的上一級宗族中分出成爲相對獨立的族氏組織時，其氏名即可以使用與"亞"字系聯的方式來顯示。[4]

　　"亞"字雖然在使用於氏名時緣於上述"次"的含義，在銘文中，用以指示"亞某"之"某"

---

① 李零先生曾提出，在商代"族氏銘文"中，凡帶"亞"的族氏大抵都是表示該國與商王間的一種宗法關係。這種關係可能兼有胞族與姻親，既可以指血緣的分支或旁出（"亞"有次義），又可與婚姻有關（《爾雅·釋言》："兩壻相謂爲亞"，把"姻婭"之"婭"也寫成"亞"）。其中點到"亞"可表示血緣的分支或旁出。與我們這裏所論"亞"的含義相同。見其《蘇埠屯的"亞齊"銅器》，《文物天地》1992年第6期。

② 《十三經注疏》之《爾雅注疏》，中華書局影印本，1980年10月，第2584頁。

③ 《十三經注疏》之《毛詩正義》，中華書局影印本，1980年10月，第60頁。

④ "亞"的這種表示次級族氏的用法，也適合於以下較長篇的商周金文中出現的作爲人稱的"亞"，例如：京簋銘文中有："辛巳。王飲（飲）多亞。"（《集成》3975）此"多亞"有可能即是王族的多個分支，多個亞族，屬於王的近親貴族家族。此處"多亞"應是具體指稱多個王族分支族氏的族長。西周晚期的戲簋，其銘文曰："王曰：戲，令汝嗣成周里人眔諸侯大亞。"（《集成》4215）諸侯不會居於成周，所以這裏的"大亞"很可能是指周人世族中長子（即文獻中所謂"别子"）受封爲侯後，留居畿内任王朝卿士的諸小宗之族，因自周初以來世代繁衍，此時都已成爲大族，故稱"大亞"。此外，西周金文中已幾見"亞祖"稱呼，儘管"亞祖"所表示的是哪一代先祖學者間尚有異議，但"亞"在這種稱呼中有"次"之義，是大家都同意的。

這個氏名的族氏名號性質與其次級支系的地位,但作爲器銘,要從藝術角度對其作美化,故"亞"多以一種圖形模式即"亞"字形的形式出現,並作爲在銘文中標示族名的一種習慣方式,而其文字的本義可能會漸有所淡化。

三、關於不在複合氏名中的單獨使用的"亞某"

在複合氏名中存在的作爲族氏銘文的"亞某",表示的是其所系屬的上一級族氏的分支,"亞"用在這裏實際是取其"次"義。但是,如果一個"亞某"氏名並不在複合氏名結構中而是單獨使用呢?而且這種情況是很多的。這種情況下的帶"亞"字形的氏名,有相當一部分往往仍可以從其他的器物所有的複合氏名形式的銘文中找到其所從出的大宗本家,例如:1990 年發掘的殷墟郭家莊一座中型墓 M160 出土有一組屬商後期偏晚的銅器,[1]其銘文形式有三種:

  (1) 鐃(三件,同銘):亞癸止(址)(鐃甲腔內壁;圖四,1、2)

         岪(中)(鐃甲柄部;圖四,3)

  (2) 方鼎 1、鬲鼎 2、簋 1:亞癸止(址)(鬲鼎甲;圖四,4、5)

    圓斝 1:亞癸址(圖四,6、7)

  (3) 尊、方鼎等其他器物:亞址(尊;圖四,8、9)

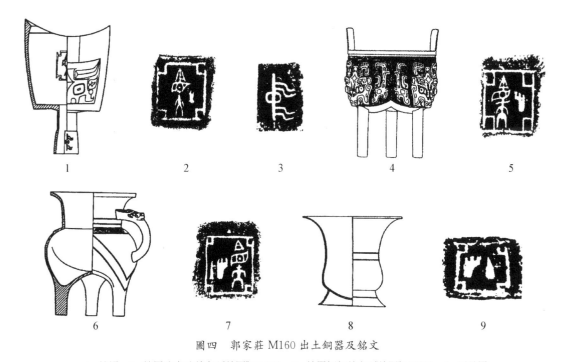

圖四　郭家莊 M160 出土銅器及銘文

1. 鐃甲　2. 鐃甲腔內壁銘文(《銘圖》15917)　3. 鐃甲柄部銘文(《銘圖》15917)　4. 鬲鼎甲
5. 鬲鼎甲銘文(《銘圖》730)　6. 圓斝　7. 圓斝銘文(《銘圖》11023)　8. 尊　9. 尊銘文(《銘圖》11212)

---

① 中國社會科學院考古研究所:《安陽殷墟郭家莊商代墓葬》,中國大百科全書出版社,1998 年。

　　以上氏名均在"亞"字形內。銘"亞址"的器物居多。由此一組器物的銘文可以推測，"址"是"叀"氏的分支，或云次級族氏。如果鐃柄銘中的"中"不是私名，則中也可能是更高一級族氏，這樣即構成中—叀—址三級宗氏、分族的關係。"亞址"所表明的正是"址"是此宗氏組織的次級族氏。那麽，雖不出於類似的器組中，而是單獨的"亞址"形式的銘文（例如傳世器中的"亞址父己"卣，見《集成》5079，宋《考古圖》著錄；又如《集成》8926之"亞址父己"爵），其內涵也應該與上面所講的相同，依然是表示"址"是一個從更高級的宗氏分出來的次級族氏名號（當然也可用來表示其族長名）。只是此種情況下的"亞址"器物脫離了其所屬器組，如不聯繫類似郭家莊 M160 出土銅器中的複合氏名資料，即不能指出其所屬宗氏。[①]

　　又如"亞叀"器，比如亞叀角（《集成》8856），亞叀父乙卣（《集成》8858）。

　　此種非複合氏名的"亞叀"形式，單獨看，似不好判定"亞叀"之稱有次一級族氏的含義，但傳世商後期器銘有：

　　　　叀父乙爻（角，《銘圖》8757；圖五，1）
　　　　王易（賜）小臣兹，易（賜）才（在）帚（寢），用乍（作）且（祖）乙障。爻叀（卣，《銘圖》13285、13284；圖五，2、3）

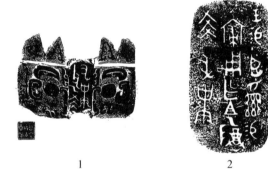

圖五　叀器的銘文

　　由此二器銘中叀與爻構成的複合氏名可知，叀應是爻氏的分支。卣銘中作器者小臣兹即屬於爻叀氏。因而上舉單獨存在的"亞叀"之名號，實際表示的仍是"叀"爲氏名，而"亞"的含義仍可以理解作指示叀爲次一級族氏的意思。

　　再如西周早期器銘中有"亞冕侯"之稱：

　　　　乍（作）父丁寶尊彝。亞冕侯（尊，《銘圖》11717、11718；圖六，1、2）

　　單看此"亞冕侯"之稱，也只能認爲此稱呼是指"冕侯"之族，但"亞"的含義則不能確知。可是，在不少器銘中可以看到，"亞冕侯"（或"亞冕"）與"矣"組成的複合氏名，如：

[①]《集成》1424 有"亞叀止"鼎，如無郭家莊 M160 出土的一組銅器銘文資料，似亦不好直接將此中"止"與"亞址"聯繫。又故宫博物院所藏方鼎銘"址亞🏵"（《集成》1759），此亞🏵當又是"址"氏的分支了。

亞異侯矢　匽侯易（賜）亞貝，乍（作）父乙寶障彝。（盂，《銘圖》14763；圖六，3）

亞異侯匕（妣）辛矢（觶，《銘圖》10600；圖六，4）

亞異侯矢父乙（簋，《銘圖》4380；圖六，5）

亞異矢乍（作）父乙（簋，《銘圖》4379；圖六，6）

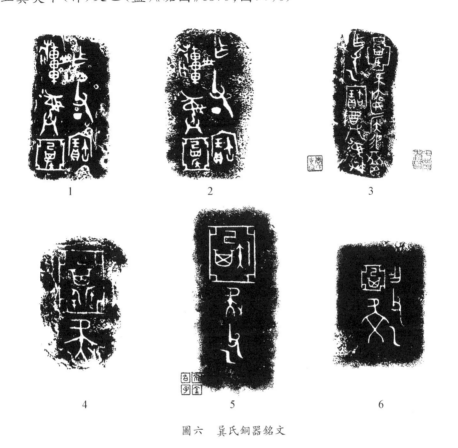

圖六　異氏銅器銘文

　　從這些器銘中可以了解到，異侯（或異氏）屬於矢氏的分支，爲商遺民。稱"亞異侯"（或"亞異"），不論是與"矢"構成複合氏名，還是以"亞異侯"單稱，都應該不僅表示此種稱呼是指異侯之氏（即異氏），也表明異侯（異）氏來源於矢，屬於"矢"的分支，即次級族氏。

　　根據以上分析可以推測，即使"亞某"單獨出現，不論目前是否知道此"某"源出於何氏，都可以認爲"亞某"是氏名，而且是從某一族氏中分出來已作爲次級族氏獨立存在。當此種形式銘於器時，作器者"亞某"也可以理解爲即是"某"氏這一支族的族長。綜言之，即使不是在複合氏名的形式内，"亞"指示次級族氏的内涵也適用於單稱的"亞某"（氏名）。

　　在已著録的商周金文中，以"亞某"作爲氏名單獨出現的器銘較多，僅從現有資料，自然不能一一説明這類"亞某"族氏各自所從出的族氏名稱，但這種情況所以不會影響上述對"亞"字（"亞"字形）内涵的推測，其原因在於這類形式器銘使用的歷史背景。或是説，銘有此類器銘銅器的使用，原先必定是在一個特定的環境中，也就是在其所屬宗族内使用的，並有與此單獨的"亞某"配套的成組的其他器物。例如上文所引郭家莊 M160 所出"亞址"器所屬的器組,以及"亞羔""亞異侯"(亞異)各自所屬器組。它們原本多應是作爲該宗氏的祭器置放於其宗廟中,或在該宗氏內作爲敦睦宗族情誼的宴饗用器,在那種特定的使用環境中與所流通的人群中,單獨的"亞某"形式的器銘,其作爲所屬宗氏次級族氏的這一內涵不會得不到理解,而我們現在所見到的此類銘文久已脫離當時的歷史背景,而且多數屬於非考古發掘出土的,也早已脫離其存在之環境。這點對於理解"亞某"作爲氏名的內涵與其何以有時會單獨使用的原因應是非常重要的。

四、"亞"字形特殊形式的應用

上文已論及,"亞某"之"亞"表示次級族氏的含義顯然是"亞"或"亞"字形使用的本意,但在長久使用後,"亞某"的表示獨立族氏的內涵當已漸成爲此名號的主旨,而"亞"所指示的次級族氏的意思,以及此族氏還有所從出的上一級宗氏的含義可能會被淡化。此種情勢下,"亞"字形會作爲銘文的邊框以近似一種美術形式出現,加強了銘文的藝術色彩。但即使在此種較特殊形式的銘文中,上述"亞"字的本來意義還是存在的。

在所謂的美術形式的"亞"字形中,有一種很特殊的形式,即將全部銘文均填入"亞"字形內。此種銘文有的在"亞"字形內排列兩個以上的氏名與日名,如1972年殷墟西區

圖七 殷墟西區 M93 出土尊銘

M93出土的兩件尊銘(尊的年代屬於商後期青銅器三期Ⅱ段帝乙、帝辛時期)即屬於此類內容。但銘文如何解讀,還可以討論。筆者以爲,似可以從分析銘文結構入手。首先,"受"在尊一(M93:4)位於全銘正中上端(《銘圖》11661;圖七,1),在尊二(M93:1)位於銘文末尾(《銘圖》11660;圖七,2)。

處於這兩個位置的氏名在商金文中均有例子可以證明是在該銘文中級別最高的族氏名號。在此結構中除去"受",即將兩銘中"受"字掩去,則可見"覃"總在銘首,"共"總在銘末,按商金文銘文格式,"覃"應該是"共"氏的分支。在"覃"與"共"之間,是本器所要奉祭的三位直系先人的日名,其順序是日乙、日辛、日甲。那麼,這兩件以"亞"字形作框的尊銘所要表達的語義即應是:屬於受氏這個大宗族之下之共氏的分支覃氏爲日乙、日辛、日甲三位先人作此器。[①]學者或認爲,此銘表示的是幾個族氏分別祭自己的先

---

① 與此種結論可以相互印證的是傳世器銘中有覃氏所作器,
　　其銘文作:
　　亞覃父乙(卣,《集成》5053,右圖A)
　　亞共覃辛、乙(銅器殘片,《集成》10476,右圖B)
　　亞共覃父甲(鼎,《集成》1998,右圖C)
　　所祭先人日名與以上尊銘所記合。

A　　　　　B　　　　　C

人,但一件祭器要由不同族氏的人使用,似很少有此種情況。所以,如按照上面所分析的那樣,則此兩件尊銘是覃氏所作,銘文框以"亞"字形,雖然已屬於上文所述那種美術形式,但在這種形式下,"亞"字形仍有標明作器者覃氏屬於受氏之下共氏宗族内的次級族氏的内在含義。

類似於以上兩件尊銘内容那樣也框以"亞"字形的器銘,還有一些,不一一贅舉,其大致也都屬於複合氏名加受祭者日名,框以"亞"以標明作器者族氏在所屬宗族内的次級族氏之地位。但有一組銅器的銘文形式與内容均較爲複雜,因牽扯到"亞"字形的含義也應該討論一下。此組器有8件,銘文、格式基本相同。美國明尼阿波利斯博物館所藏商後期的亞堇簋,約屬殷墟青銅器三期第Ⅰ階段,其年代在廩辛至父丁時期,其銘文作:

> 亞(寫成框的形式)若癸　白乙　受丁　堇乙(簋,《銘圖》4582;圖八,1)

與此銘同銘的堇器,可知器形者皆在商後期偏晚,與以上簋年代同。計有:

> 鼎,清宮舊藏。(《銘圖》1891)
> 鬲鼎,宋《宣和博古圖》有著録。(《銘圖》1893)
> 鬲鼎,劉體智舊藏。(《銘圖》1892,《集成》2402;圖八, 2)
> 方觚,《西清古鑒》著録。其年代已近商末。(《銘圖》9847;圖八,3)
> 杯,湖南省博物館藏。(《銘圖》10862;圖八,4)
> 方彝,曾藏於香港思源堂等處,2010 年秋見於倫敦佳士德拍賣行。器蓋同銘。(《銘圖》13531)
> 方彝,舊金山亞洲藝術博物館藏品。器蓋同銘。(《銘圖》13532;圖八,5)

這些同銘器的銘文大致可以分爲自右向左讀,與自左向右讀兩種,但文序與文義不變。其特點是,每個先人日名均與一族名相組合,這樣便可以將前面所作釋文句斷爲:

> 若癸,白乙,受丁,堇乙

可以證明這樣組合正確的,是亞堇戈(《銘圖》16962;圖八,6),張廷濟舊藏。其形製作銎内長條援形。銘文作:

> 亞若癸(内正面)　亞堇乙(内背面)

這樣的例子當然也可以證明"若""堇"(以及"白""受")等作爲族名亦皆可以單獨使用,除了"白"在現在所見器銘中尚未見單獨使用之例外,"若""堇""受"確多有單獨作族名使用的情況,不再贅舉。

對這樣複雜的族名銘文應如何理解呢?由於上舉"若癸,白乙,受丁,堇乙"諸同銘器中多有先人日名,可知這些同銘器皆是祭器。按照商周青銅器銘文中通常所見祭者與受祭者的關係,這四個以日名爲稱的先人當是作器者本人的直系先人,而且與每一個先人繫

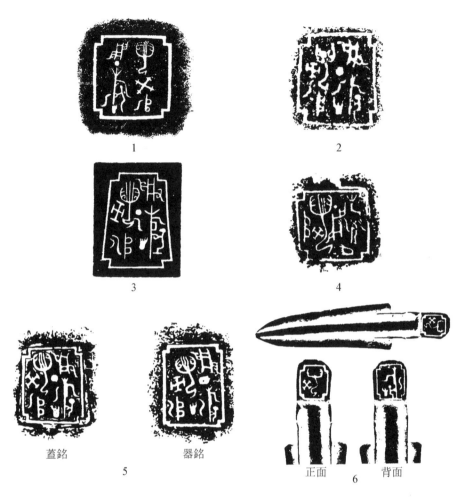

圖八　亞墾諸器銘文

聯的族名也不會是具平行關係的四個族,而是與作器者有直系親屬關係,即大小宗關係的四個族。如果可以作這種解釋,則此種銘文中的族名即可以視爲"複合氏名"的一種表現形式。這四個族名,應當分別是作器者本人所屬的族名,與其父、祖、曾祖三代作爲族長各自所主持的家族的族名。與每一族名相組合的日名,應是其本人與上三代先人所各自奉祭的上一代直系祖先的日名。作器者本人家族既是四個族名所代表的家族組織中層次最低的,則銘文框以"亞"字形,應只是表明作器者的家族在所屬大家族(宗族)內爲"次"級的地位。

限於資料,具體到上舉諸器銘中,四個族名之間的層次關係還不能説得很確切。從銘文布局看,墾很可能是作器者本人所屬家族的名號。

在商後期偏晚的銅器銘文中,還可以見到將整篇叙事性銘文置於"亞"字形内。例如:

　　亞　乙亥,王易(賜)鳶舟礮玉十丰章,用乍(作)且(祖)丁彝。(簋,《銘圖》4812;圖九,1)

作器者顯然是受王賞賜之焦,在商金文中可見"焦"應是"魚氏"的分支:①

　　亞焦魚　　(鼎,《銘圖》735;圖九,2)

　　亞焦魚父己　　(卣,《銘圖》13041;圖九,3)

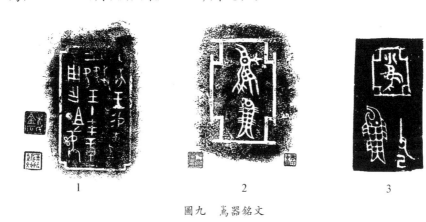

圖九　焦器銘文

　　如果《銘圖》4812 器主人"焦"與此作爲魚氏分支的"焦"有關,則此銘文圍以"亞"字形外框,也是表示"焦"雖是人名,但有時也是氏名,是焦氏,而且屬於從其宗族(即魚族)内分出的獨立的次一級族氏。

　　在這裏似還需要回答一個問題,即爲何要在此類叙事性銘文周邊飾以具有上述内涵的"亞"字形呢? 筆者以爲,這可能與兩個因素有關,一是此類器均爲祭器,要用於在宗廟内祭祀先人,在銘文中框以"亞"字形,顯示作器者與受祭者的親族關係,是與其爲宗廟所用禮器有關;其二,可能爲了説明器主人有族長身份(其名同時也是氏名)。這與本文開頭所引"寢魚"作器,銘文中自稱"亞魚",目的是一樣的,是與商人重視血緣家族關係的觀念有關的。

五、結　語

　　綜上所論,本文的主要觀點可以概括如下:

　　其一,商周金文中的"亞"字形,是"亞"字的藝術性應用,"亞"在金文中的内涵應從其作爲"亞"字的字義去理解。

　　其二,"亞某"(包括"亞"中"某"與"亞"冠於"某"前)之"亞",是指示"某"爲氏名,且爲其所屬宗氏的分支,亦即相對獨立的次級族氏。"亞"本身並非氏名的組成成分。

　　其三,此種含義與"亞"訓爲"次也"的字義相應。

　　其四,"亞某"(包括"亞"中"某"與"亞"冠於"某"前),也可以用來作爲"某"氏族長之稱,亦即以氏名爲人稱。

　　其五,應回到"亞某"使用時的歷史背景與應用環境中去理解其内涵。銘有"亞某"的

---

① 將下引《集成》1741 與《集成》5162 相比較知此字形焦也可作焦。

銅器,僅是若干同宗族銅器(包括銘有複合氏名的銅器)所組成的器群中的一部分,在其作爲同宗族活動的禮器,特別是作爲祭器來使用時,"亞某"這一表示器主人是該宗族内次級族氏(成員)的内涵,會被與此禮器發生關係的所有同宗族成員所理解與認同。這與今日孤立地脱離開"亞某"的應用背景與環境來看"亞某"是不同的。

其六,"亞"字在商周青銅器中一個較長時段内被應用,將其藝術化已成爲表示作器者族氏名號的習慣手法。在複合氏名形式的銘文被框以"亞"字形時,此"亞"仍具有指示複合氏名中基層一級族氏名號爲該宗族内次級族氏——即作器者族氏的作用。作器者也應具有該族氏族長的身份。

(原載《甲骨文與殷商史》新六輯,上海古籍出版社,2016 年)

金文日名統計與商代
晚期商人日名制

　　1985 年時查閱邱德修《商周金文集成》(臺灣五南圖書出版公司發行,1983 年 11 月出版),順便將金文中出現的日名(即受祭者廟號)分別所屬族氏作了一下記録。[①] 現從所登記的族氏名號中選擇了較爲常見的 32 個,將其帶有"父某""祖某""母某","妣某"形式的日名作一下統計(見表一)。此 32 個族氏中,有的彼此間可能有宗氏、分族的關係,如⬚與⬚。這些銘文所屬器物時代,未及一一查對,從已知器形者與銘文内容和字體看,多數屬於商後期,少數屬於西周早期。這些族氏是否皆屬商人(商民族共同體),難以確知,但皆有日名制,對於理解商人日名制來説當不無參考作用。

表一

受祭者 日名 氏名	父										祖										母、妣
	甲	乙	丙	丁	戊	己	庚	辛	壬	癸	甲	乙	丙	丁	戊	己	庚	辛	壬	癸	
🏹(戈)	2	4	3	10	3	8	1	6		3				2	1	5		2		3	妣丁2、妣辛1
🏹	2	13	3	14	1	9		13	1 (?)	8	3	1	3		2	1	1		1		
🌿	2	21		20	2	8	2	9		12				1		1		2		3	母辛 4、母己 1、母癸 1、文姑口癸 1
⛰	1	7	1		5		12		4			1					1		1		
人	1	7		10	1	4		4		3		2				2					
🌿		22		2	4			4		8				1							母庚 1

---

① 按: 當時《殷周金文集成》(1984—1994)還在陸續出版過程中,多數卷尚未面世。

續　表

氏名（受祭者）＼日名	父										祖										母、妣
	甲	乙	丙	丁	戊	己	庚	辛	壬	癸	甲	乙	丙	丁	戊	己	庚	辛	壬	癸	
（羖）		2	1	1		4		1		3											
（魚）		8	1	3		2	6			7											
（東）		2		2		1		2		1											
（弔）		1	1	6				2													母癸1
（雞）		2				1				1											
（㸚）		6				1		2		2		1	1	1	1						母己1
（屰）				1				1		3											
（天）		5			1	1		1		3											
（串）	1							3		1											
（爰）		1		2																	
（弜）		2		3						1											
（戈）		4		1		2				2	1								1		
（㡊）			1	3			2			2											
（酉）		1		1	1	3				1											
（龜）			3	3	1		3					1							2		
（史）			1	1		1	2	2	1	5	1										母癸1
（萬）	1	1				3															
（亼）	1	2				1				1											
（敔）	1		1	2		3				1											
（丂）				1				1		1						1	2				
（弓）							1	1		1											
（西）	1	1			1					1											
（卒）		2		1		1	5			4											
（㡉）		3				1		1										2			
（韋）		1		2		2	1			1											
（疐）		2		2			1											2			妣己1
合計	13	120	13	90	18	62	16	73	3	80	0	6	4	11	3	15	1	6	0	11	

統計結果如下(數字均是指器物件數):

父甲 13	祖甲 0	母甲 0	妣甲 0
父乙 120	祖乙 6	母乙 0	妣乙 0
父丙 13	祖丙 4	母丙 0	妣丙 0
父丁 90	祖丁 11	母丁 0	妣丁 2
父戊 18	祖戊 3	母戊 0	妣戊 0
父己 62	祖己 15	母己 2	妣己 2
父庚 16	祖庚 1	母庚 1	妣庚 0
父辛 73	祖辛 6	母辛 4	妣辛 1
父壬 3	祖壬 0	母壬 0	妣壬 0
父癸 80	祖癸 11	母癸 4	妣癸 0

(含姑稱 1)

這些日名後所示件數未必即代表一人,因爲内中必有一些是成組的器物,一個人可能有幾件器。但正如張光直先生在做此類統計時所言,"這種數目上的差欠情形,在十干的比例數上所引起的影響應當是一樣的"。[1]

以上數字説明十干日名出現次數並不均等,如父某、祖某的日名,偶數的乙、丁、己、辛、癸相對奇數的甲、丙、戊、庚、壬數量要多,如有父某日名的共 488 件器,其中乙、丁、己、辛、癸共 425,甲、丙、戊、庚、壬共 63,二者相比約爲 6.75。此種結果與張光直、周法高二先生所作統計結果是一樣的。[2] 張先生以此種結果否定了生日説(同樣也就否定了死日説),並提出:十日不僅是廟號,同時也是生人分類的稱呼,乙、丁、己、辛、癸五日遠占多數,"是不是因爲這五干的男子多娶另外五干的女子的緣故?"[3]

此種推測如籠統地從全部銅器銘文中日名的分布情況看,不失爲一種解釋方法,但在我們上面按 32 個族氏分列日名時,即出現以下難以解釋通的現象:

(一) 在附表一的 32 個族氏中,像開首的戈、𢆉、羡等幾個族氏的"父某"形式的日名,除少數一兩個日干不見外,十干中占了八、九個,如是乙、丁、己、辛、癸爲男子之分類號,則同一父系族氏的父某不會再有稱父甲、父丙、父戊、父庚、父壬的。

(二) 從上述統計結果還可以見到,除母庚外,妣、母日名皆在丁、己、辛、癸範圍内。

(三) 從表中所示諸族氏内的日名分布除乙、丁、己、辛、癸均占多數這一共同點外,其餘五干雖皆不全,但所缺日名並不一樣,亦難以證明有以十干爲十個婚姻組分爲兩個外婚

① 張光直:《談王亥與伊尹的祭日並再論殷商王制》,《中研院民族學研究所集刊》第 35 期,1973 年。
② A. 張光直:《談王亥與伊尹的祭日並再論殷商王制》;B. 周法高:《殷周金文中干支紀日和十干命名的統計》,《大陸雜誌》第 68 卷第 6 期,1984 年。
③ 張光直:《談王亥與伊尹的祭日並再論殷商王制》。

單位的可能,除非各族氏通婚的婚姻單位其日名各不相同,但説各個族氏中均有如此複雜的分類制度與婚制,則是較費解的。

表二
(資料來源中數字爲邱德修《商周金文集成》編號)

受祭者＼氏·日名	祖										父										資料來源
	甲	乙	丙	丁	戊	己	庚	辛	壬	癸	甲	乙	丙	丁	戊	己	庚	辛	壬	癸	
〔族徽〕(共)		✓														✓					5394
〔族徽〕				✓								✓									4487
〔族徽〕(箙)				✓																✓	0999
				✓												✓					5865
				✓								✓									6925
						✓														✓	0601
〔族徽〕(受)						✓												✓			5121
〔族徽〕						✓												✓			5866
〔族徽〕(箙)							✓											✓			0721
〔族徽〕(邑)								✓										✓			《殷虛青銅器》圖七五:1 七七:11
〔族徽〕(俞)								✓									✓				1020
〔族徽〕(束)								✓					✓								1529
〔族徽〕(音)								✓		✓											0812
〔族徽〕								✓						✓							《考古》1984年第9期
										✓	✓										2160
合計	0	1	0	4	0	3	1	5	0	2	1	2	1	1	0	2	1	4	0	2	

　　表一每件器上的日名均是單一的,即所爲作器者僅一人。在有的器銘中,所爲作器者不是一人,出現"祖某、父某"形式的兩個日名。就所見統計如表二,其中多仍出自邱書。按照我們的理解,此兩個日名是作器者上一、二代先人,且當屬於直系。由表二看,乙、丁、己、辛、癸五干與甲、丙、戊、庚、壬五干的比值爲6.5,即父、祖某多數仍屬於上一組日干。此表可注意點有二:1. 殷墟西區 M874 所出一鼎(874∶9)、一觶(874∶8)爲邑氏所作器,銘文中"祖辛、父辛"並列,則如將日名的不同理解爲族氏成員藉以分組的需要,形成類似

於所謂昭穆制的關係,則祖、父相連就不應屬同一日名。2. 祖某、父某日名絕大多數不相同,如以一日干表示宗族中的一個分支名,作器者直系祖、父應屬同一日干,不會出現多數相異的情況。

綜上所言,將金文中的日名理解爲宗族成員之分類(或説分群)的標誌或宗族分支名號均是不妥當的,將奇數的日干與偶數的日干間的關係理解爲婚姻組的關係亦説不通。

20 世紀 50 年代初,董作賓著《論商人以十日爲名》,曰:"商人甲乙之號,蓋專爲祭而設。……如果甲乙等是生人的名,自然以生日爲標準,比較合理,若生前不用甲乙,死以後才用甲乙作神主之名,又在甲乙日祭祀,則把甲乙説爲以死日爲標準,更覺恰切。"[①]如前述死日説不能説明日干奇偶數分布不均勻的問題。但董氏用以立論的祭祀日與日名的同一性這一點,對於探討日名的來源仍有啓發性。

美國加州大學柏克萊分校的吉德煒先生亦曾著文指出,廟號的性質與祭祀有關。死後干名的選擇,一是取吉祥之意,選擇某些吉日,二是這些吉日要適合於負責祭祀活動的官員在作業上的方便(對偶數干名的偏好,可用祭祀活動中"雙日工作,單日休息"的作息時間來解釋)。[②] 此文所論有許多獨到之處,尤其是認定廟號與祭祀日辰選擇有關是接近於日名之實際内涵的。但如果日干完全是人爲選擇,要選擇吉日,要求祭祀作業方便,則每一禮器的作器者對所祭祀的親屬,當然都希望將祭日安排至十天中某幾日(如偶日),那麽十日中非吉日的日子與非祭祀日(如奇日)即不應有日名。但從附表一看,奇數日干中,除壬日極少外,餘皆有一定數量存在,這是以上吉日説難以説清的。這樣看來,日名即祭祀日的選擇未必皆是人爲制定的。

典籍中亦有區分奇、偶數日干以行不同祭事之記載。《儀禮·士虞禮》:"始虞用柔日……三虞、卒哭、他,用剛日。"據鄭玄注及賈公彦疏,柔日即指十日干中偶數干,剛日指奇數干。虞祭是待死者下葬後於殯宫所行安神之祭,三虞後行卒哭禮,即終止不定時之哭,時哀殺。卒哭時,死者之神主當祔於主廟,此三虞與卒哭禮均已改用剛日。由此可知,柔日之祭禮與剛日之祭在内涵與表示哀痛的程度上均有所差别。文中"他,用剛日"之"他",鄭玄注以爲是指不及時而葬者,賈疏加上"有故及家貧不及三月,因三日殯日即葬於國北"。亦可見剛日之祭不及柔日之祭隆重。《禮記·曲禮上》亦言及剛、柔日,曰:"外事以剛日,内事以柔日。"鄭玄與孔穎達疏曰外事是郊外之事,如祠兵之類祭禮,内事是郊内之事。孔疏引崔靈恩云,内事指宗廟之祭。是柔日、剛日之祭亦有内容與禮儀的差别。

剛、柔日之稱,不知始於何時。剛、柔之義,鄭玄以陰陽説解之(見《儀禮·士虞禮》注),顯然是戰國以後學説。但上引禮書所述柔、剛日祭禮之差别,當非鑿空之論,必有所本,故漢以來經學家能以詳釋之,其淵源甚或可溯及商。商人日名所以奇、偶日干分布不

① 董作賓:《論商人以十日爲名》,《大陸雜誌》第 2 卷第 3 期。
② 吉德煒:《中國古代的吉日、廟號與登龍之心》,中國殷商文化國際學術討論會論文,安陽,1987 年 9 月。

同,可能亦是按照對受祭者例行祭禮之時日、内容、場所之不同而定。

從典籍所記宗廟之祭禮可知,祭禮之差別主要取決於受祭者在宗族中的等級地位,故頗疑商人日名奇偶數分布之差異是由於受祭者的嫡、庶身份不同決定的。關於嫡庶制的作用,以《左傳》襄公三十一年魯穆叔所言講得較清楚,即"大子死,有母弟則立之,無則立長,年鈞擇賢,義鈞則卜,古之道也"。説明太子是宗子繼承者的當然人選,同母諸弟(即其他嫡子)是第二位候選人,而庶子中的長者則排在第三位。此種制度不僅對於王權、君權相適宜,對於宗族組織亦應是適宜的。嫡庶制在宗族宗法社會中存在的必然性,主要是因爲此種制度在宗族長多子的條件下利於解決宗子繼承權的問題。在先秦時代,庶子"匹嫡"與"並后"等被視爲亂之本(《左傳》桓公十八年),亦可知嫡庶制在古人心目中的重要。

《吕氏春秋·當務》與《殷本紀》皆記微子啓因屬庶出,雖長於紂而未能繼王位。在殷墟卜辭中,有"介父"(多介父)、"介子"(多介子)、"介母""多介祖"之稱,介子亦即庶子,見於《禮記·曾子問》及鄭注。① 介祖、父、母當即屬庶支的祖、父、母輩,可爲商代晚期確已有嫡庶制之證。

上舉金文諸族氏中名父某、祖某者,多數應是具有各級宗子(亦即族長)身份的人,這點相信治古史的學者大致可以同意,而宗子以嫡子爲多(其中又以嫡長子爲多),故占有多數比例的偶數日名,應是屬於嫡子的。少數奇數日名則當是屬於具有庶子身份者,這裏所言嫡子是指正妻所生諸子,庶子是指庶妻(妃妾)所生諸子。

商王室的日名制與上述金文中出現的日名制(尚不能證明其中何者屬王族)是否屬於不同種制度,不能確知,但既處於同一時代,屬於同一種名號制度可能性是較大的。我們可以利用之來説明日名制。

在賓組卜辭中可見卜問是否㞢祭或御祭於多介父、多介子以及介母的,這些受祭者,有時合稱爲"多介",並可見卜問他們是否會有害於王,説明屬於介這個範疇的死去的親屬被視爲一種特殊的神主。下面幾條卜辭稱"甲介":

> 貞,于甲介御帚好?(《東大》B.0257,《合集》2619)

此爲帚好求佑所祭甲介,有可能即是指日名爲甲的介父或介祖。

《後》上7.13(《合集》17706)有賓組卜辭:

> 王固曰:𔏧甲介?

𔏧,于省吾仍讀作邑,②在此義不明,似與祭祀有關。甲介之義同上。

《乙》7312、7313是一龜腹甲正背兩面,以下卜辭分刻於此兩面:

---

① 參見裘錫圭:《關於商代的宗族組織與貴族和平民兩個階級的初步研究》,《文史》第17輯,1982年。
② 于省吾:《釋中國》,《中華學術論文集》,中華書局,1981年。

> 辛酉卜，貞，自今五日雨？
>
> 王固曰：隹甲，兹鬼隹介。
>
> 四日甲子允雨。

其意大致是辛酉日貞問，自今日五日内是否下雨？王視兆後判斷説，在甲日(有雨)，那一日(應祭祀)的鬼是介(即日名爲甲的介父或介祖)。第四日的甲子日果然下了雨。王所以講甲日鬼是介，可能是爲了祭祀之以保佑降雨。[①]

賓組卜辭還有：

> ⋯⋯于多介祖戊？(《合集》2096)

多介祖戊當是指多位日名爲戊的介祖。

這幾條辭例中與"介"相關的日名皆在奇數，或可能有助於説明日名與嫡庶制之關係。[②]

上述以偶、奇數日干區分嫡庶的推測，既本自商代晚期(至西周早期)金文日名的情況，並取證於同期的甲骨刻辭，則如確有此制，目前亦只能知其可能存在於商代晚期。這與研究商史其他問題一樣，所能多知道一些的皆在商代後期的卜辭時代，原因是早期的資料太少。如僅從商王世系表觀察，亦可知日干制與嫡庶制發生關係似不會太早：

(一) 上甲至示癸，循甲、乙、丙、丁、壬、癸之序，是到了商代晚期此種遠祖具體廟號亦不可知，只能以日干順序排列作爲代號，這裏甲至癸不可能表示嫡庶的關係。

(二) 大乙至大甲。據《史記·殷本紀》講，大甲是大乙之嫡長孫，如此説可信，則在大甲時，上述日名與嫡庶的那種關係尚未存在。

(三) 大庚至盤庚十四王(卜辭中不見的仲壬、沃丁未計在内)中，以奇數日干爲名者占了九個，但其間可能有嫡庶爭奪王位的背景，司馬遷所言廢嫡與諸弟子爭立的九世之亂即在此階段發生，故不能排斥在此階段日名與嫡庶制已有發生關係的可能。

(四) 小辛至帝辛一段正屬商代晚期，十二王中(祖己在内)，有十王以偶數日干爲名。且屬奇數日名的祖庚、祖甲還是因爲太子小王祖己早故方得及位。此種明顯變化當可説明這一階段偶數日干確已與嫡子身份相聯繫，同時也表示嫡庶制於這一階段已被强化，被進一步制度化。與此相同，上舉金文中日名在奇偶間分配不均現象，亦可視爲嫡庶制被强化的表徵。

以上所論只論及男性受祭者的日名，女性受祭者的日名據何而定？由於女性日名在

---

① 卜辭有卜向大乙褏雨(《金》523)，又有卜王亥是否蚩雨(《粹》75)，可見當時認爲人鬼亦影響雨，故要祭之。
② 賓組卜辭有"㞢犬于三介[父?]⋯⋯卯羊"(《合集》2348)，賓組卜辭可見卜"多介父蚩"(《合集》2345、2346)應是指因爲"多介父"蚩王，故多見卜祭"多介父"以犬(《合集》1800、2340、2341、6002正)，故此㞢犬于三介[父?]亦應是因此三介[父?]蚩王。在賓組卜辭中卜是否蚩王的諸父有父甲、父乙、父庚、父辛、父壬(㝬父壬)。疑此"三介[父?]"是指父甲、庚、壬。

金文中所見較少,分布規律尚難得知,從周祭卜辭王的所謂法定配偶日名看,只有乙丁不見,餘皆存在,[1]並非皆在偶數。則其日名確定有兩種可能,一是配偶的日名如是在夫家確定,則可能另有一套制度,未必皆以偶數日干命名;另一種可能是,配偶日名源於母家出身,在母家屬於庶子(女)亦可因生子或受到王寵愛而被立爲正妻,我們傾向於後者。

按嫡庶確定日名,只能決定屬於奇數還是偶數日干,仍不能預定究竟屬於五個日干中何日。在附表一的統計結果中,我們可以看到日名爲壬者最少,日名爲乙、丁者最多。此外,在王的法定偶日名中,不見名乙、丁者,凡此皆説明即使在奇、偶數日名先已確定的情況下,具體定於何日仍需按照某種原則並通過某種形式擇定。其原則有可能是優先選擇吉日,乙、丁的多見,壬日的少見或與此有關。除這一原則外,王配日名缺乙、丁,則可能是爲了避開常被選爲王日名的乙、丁日。此外,由於周祭制度的漸次形成,相鄰的兩王不選相同的吉日,如前一王選定乙日,後一王則着重於在乙日以外的丁日選擇,再下一王即又可選擇乙日了。[2] 至於選擇日名的形式,較有可能是占卜,即李學勤先生主張的卜選方式,[3]請注意李先生舉出的《庫》985+1106卜辭:"乙巳卜,帝日重丁? 重乙? 重辛?"待定的三個日均爲偶數,説明卜選日名仍先要決定奇偶範圍。此外丁日、乙日置於前,亦説明丁、乙日往往是被最先考慮的吉日。

嫡庶制對生者有制約繼承權的作用,對死者仍以日名制區分用意何在? 此正與喪葬制度有相似處,喪葬的規格按死者生前等級安排,其目的是維持宗族内的等級制度,嫡庶制以日名(亦即受祭日)相區分,也是對此種制度的一種強調與維護。《禮記·喪服小記》曰"父不主庶子之喪",《禮記·祭法》記王下祭殤五,只限嫡子孫,不及庶子孫,皆證嫡庶關係在死後仍被保持。商代晚期嫡庶制未必盡如後世,但以某些制度在生前死後區分嫡庶仍是可能的。

商人日名制雖深爲學者重視,然資料甚缺。本文作爲一種探討,需斟酌與修正處所在多有,敬乞賜教。

(原載《中原文物》1990年第3期[殷墟甲骨文發現90周年國際學術討論會專輯])

---

① 參見持井康孝:《殷王室の構造に關する一試論》,《東洋文化研究所記要》第82冊,1980年3月。
② 吉德煒:《中國古代的吉日、廟號與登龍之心》。
③ 李學勤:《評陳夢家〈殷虚卜辭綜述〉》,《考古學報》1957年第3期。

有關卹其卣的幾個問題

    故宫博物院所藏二祀卹其卣、四祀卹其卣與六祀𦥑卣,因有與同一人卹其有關的較長篇的銘文,在缺少長銘的晚商銅器中頗引人注意,加之對於其中有的器物或銘文的真僞長期以來意見分歧,更增加了學者們的興趣。以往已有多位學者做過較深入的研究,取得很多成績,下面筆者僅在諸家研究基礎上對其中幾個問題談點不成熟的看法。

一

    先談一下與銘文真僞有關的器形問題。二祀卹其卣與𦥑卣屬典型商後期(下稱"殷代")偏晚形制的器,就形制而言没有疑問處。但四祀卹其卣作長頸,蓋鈕(或稱"捉手")作圈足狀,提梁兩端有牛首。按通常對青銅器形制的認識及現在掌握的考古發掘資料,此件器物似應歸屬西周早期,故構成此形制與銘文所顯示的殷末紀年不協調而定爲僞銘的一個根據。但從理論上講,西周初與商末的器物並非皆能劃分得很清楚,有些傳統認識也需要作些更新。僅就卣而言,在已著録的商周之際器物中並不乏類似四祀卣形制者,由器銘可知有的作器者爲商人(如入西周即已是商遺民),如陳夢家先生在《美帝國主義劫掠的我國殷周青銅器集録》一書中著録的夾卣(A599、R265)、夲旅卣(A600、R159)、𦰡卣(A601、R280),又如《長安獲古編》1.20 之女子小臣兒卣、1.21 之弓父庚卣,《西清》15.25 之剌卣與 16.34 之𦰡卣(提梁兩端無獸首),都很難確定不屬殷末器。至於圈足狀捉手有可能在商末器中存在之例,如《西清古鑒》15.34 著録之𩍐比卣及《歐洲所藏中國青銅器遺珠》中的羑父丁壺(原書作此稱,定爲"商代後期"器,器形同長頸卣,但頸上側出管狀流)。所以,四祀卹其卣僅就形制而言似還不宜簡單下結論,認爲器與銘文時代不合,是在西周早期器上作僞銘(或移接殷晚期銘文)。

    兩件卹其卣及𦥑卣都有銘文"亞獏",是卹其及𦥑的族氏,嚴格地説,應隸定爲"亞𤣥"。與卹其卣同樣署有"亞獏父丁"銘文的器物有鼎四(嚴一萍《金文總集》0567—0570[《集成》1841—1844],0571 亞獏父丁鼎,張政烺先生已指出其實際是四祀邲其卣的銘文)①、尊一(《美集》A409)、爵二(《美集》R146d)與觚一(《嚴窟》上51,原書注明1940年安陽出土)。其中已知器形者如上舉《金文總集》0569 即《饒齋》1.3 鼎,原書亦注明安陽出土,形制爲鬲鼎,有凸起之簡省形饕餮紋(僅有頭部,略去身、尾與爪),形制屬殷晚期。尊(《美集》A409),粗體觚型,有扉棱,亦飾簡省形饕餮紋,陳夢家先生將其時代定爲"殷",是可信的,也屬殷代晚期器。此外,除"亞獏父丁"器外,尚有"亞獏父辛"器,即《西清》16.22 的"亞獏父辛"卣(原書稱"周虎卣"),形制與二祀邲其卣及挈卣近同,蓋鈕作菌狀,屬殷代晚期器。"父辛"或可能是"父丁"之父,邲其之祖輩,則"亞獏父辛"卣的作器者有可能即是"父丁"。由以上情況可知,"亞獏父丁"器基本上屬殷代晚期。二祀、四祀邲其卣由銘文內容看亦正在此範圍內。至於"亞獏父丁"器是否均爲邲其所製及是否出土於同一墓葬內則難以確知,但從"亞獏父丁"銘文的字體與風格看,很像是同一組器。

二

下面再談邲其二卣銘文部分是否僞製的問題,因曾有專家明確論其爲僞銘,並有一定根據,所以這也是個不能回避的問題。銘文如是僞製只有兩種可能,一是在破損的真器器底貼補後鑄(或原在他器上)的銘文,一是在真器底外用腐蝕法製僞銘。但故宮博物院王文昶先生曾撰文言及二、四祀卣的情況,説二祀卣於1940年出土於安陽時有殘損,歸陳鑒塘後曾修理。蓋口、圈足已破碎,經過修正;頸部有一面獸頭是後配的;梁的一部分與頸以下至圈足以上腹部亦經修配。四祀卣1956年由故宮收購後只有頸部紋帶以下與圈足以上腹部有修配,而梁、蓋、口、底均是完整的,長銘在器底外。但因底部有厚銹,字看不清,在修動時被咬壞。② 依王文,即排除了銘文僞製的可能。關於銘文在製作方面的真僞問題,因有明顯的分歧,建議組織銅器專家與搞鑄造的專家再作進一步的論證,或用現代技術手段做檢驗。這裏僅從銘文內容角度對文字真僞談點想法,從以下兩點因素考慮,兩篇銘文內容是民國時期一般作僞者很難杜撰出來的:

其一,兩篇銘文皆以帝辛時王年(某祀)與時逢周祭祀典所祀先王(妣)及祭名來記時,二祀卣爲二祀正月丙辰大乙爽姺丙彡日,四祀卣爲四祀四月乙巳乙之翌日。經專門研究過周祭制度的學者考證,銘文所記祀典是可以排進帝辛時的周祭祀譜的。如常玉芝《商代周祭制度》將此二卣祀典與六祀挈卣祀典(六祀六月乙亥翌日)排入其"第二祭祀系統"(即帝辛時周祭系統)中的第二譜。③ 二祀卣爲帝辛二祀祀譜(三十六旬型)中正月甲寅旬丙辰日彡大乙爽姺丙,四祀卣爲帝辛四祀(三十七旬型)四月甲辰旬乙巳日翌大乙,六祀挈卣爲六祀(三十七旬型)閏六月乙亥翌小乙。但常氏在設閏月上取殷末年中置閏説,而據西

① 張政烺:《邲其卣的真僞問題》,《故宮博物院院刊》1998年第4期。
② 王文昶:《銅卣辨僞》,《故宮博物院院刊》1983年第2期。
③ 常玉芝:《商代周祭制度》,中國社會科學出版社,1987年。

周金文資料,西周早中期閏月還均在年末,殷末是否已在年中置閏還可再斟酌。按常氏祀譜,將所設六祀六月閏月改在五祀十二月後(即十三月)似亦可合。如按許進雄氏所編帝辛祀譜,[1]二、四祀卣可合,但六祀卣則要調整其祀譜才能容下。[2] 從以上情況看,二祀、四祀宐其卣所注明之周祭祀典是較可信的。二祀宐其卣 1940 年即已著録於李泰棻《痴庵藏金》,後又著録於《鄴中片羽》三集上卷。四祀卣一説比二祀卣出土早,由張效彬收藏多年。[3] 在 20 世紀 40 年代以前(董作賓《殷曆譜》是在 1945 年出版的,該書首次排出周祭祀譜),不可能有作僞者編造出合乎周祭祀譜的祀典曆日。

其二,該銘文所述地點之間的相互位置符合殷墟卜辭所見殷代地理情況。如四祀宐其卣言"乙巳王曰:隣(尊)文武帝乙,宜才(在)召大寽(庭)……丙午魯,丁未煮,己酉王才(在)梌"。乙巳日王始祭文武帝乙,丙午、丁未此祭事活動似仍在持續,己酉日王則已到了梌地。召、梌兩地間至多不會超過兩日之行程。這是否合乎實際呢? 黄組卜辭有:

戊戌卜貞,王逊于召,往來[亡災]。兹[卜]。獲罳一。
壬寅卜貞,王逊于召,往來亡災。
辛亥卜貞,王逊于召,往來亡災。
壬子卜貞,王田于斿,往來亡災。兹[卜]。獲鹿。(《合集》37460)

由戊戌日卜辭後所附記獵獲物,知戊戌日王確在召地。由辛亥日仍卜"逊于召"[4],知王在辛亥日仍在召。但壬子日已卜"田于斿",並記獵獲物,知壬子日王已在斿地。可見,召與斿兩地間距離不超過一日行程。

關於梌與斿地間的位置關係可由以下黄組卜辭推知:

辛巳王卜貞,田宪,往來亡災。王吅曰:吉。
壬午王卜貞,田梌,往來亡災。王吅曰:吉。(《合集》37621)
辛酉卜貞,王田斿,往來亡災。王吅曰:吉,兹[卜]。
壬戌卜貞,王田宪,往來亡災。王吅曰:吉。(《合集》37722)

由於每條卜辭均因得吉兆而有"吉"之占辭,知王當時確在所卜田獵地。由以上兩組卜辭,可知梌與斿地間距離不超過兩日行程。如與以上召、斿兩地間距離相聯繫,則可以

① 許進雄:《第五期五種祭祀祀譜的復原》,《大陸雜誌》第 73 卷第 3 期。
② 乙亥在甲戌旬,但按許譜,帝辛六月甲戌翌虎甲(即陽甲),本旬無日名爲乙之翌祭。
③ 王文昶:《銅卣辨僞》。
④ "逊"義不甚明了,與田獵有關而似又不盡同。
黄組卜辭有:
戊戌卜貞,王田于召,往來亡災。
辛丑卜貞,王逊于召,往來亡災。(《合集》37463)
皆是在同一地、相近時間内的行爲,但用詞相異,可見"逊"與"田"有所區别。"逊"也是一種巡游各地的行動,此亦可由以下黄組卜辭得知:
貞,王曰逊,征于夫,征至盂,[往]來亡災。在七月。(《合集》36557)

桍爲圓心,二日行程爲半徑作圓,斿地位置在此圓範圍内,再以斿爲圓心(假定選上圓圓周上一點),以一日行程爲半徑作圓,召地在此圓範圍内,那麼兩圓的重合部分即顯示召、桍二地相距在一至二日行程内時召地位置可能之所在。所以,卜辭所見召、桍的相互地理位置與四祀邲其卣銘文所見召、桍間距離可以相合。

綜上所言,從銘文内容來看,二祀、四祀卣的銘文不大可能是20世紀40年代以前作僞者能僞造出來的,銘文内容是可信的(即使器物上銘文部分爲僞造,也必以真銘爲本)。

三

最後,對二祀、四祀邲其卣銘文内涵作簡略的探討。

"邲其"之"其",過去有學者以爲是語詞而非人名,但三器銘皆在"邲"後接"其"似不大像是語詞,"邲其"還是認作作器者名爲妥。"其"可以讀爲"忌",王國維有詳論。[①] 忌有畏意。[②] 邲可讀爲批,訓爲排,排除也。二祀卣中,兄讀爲貺,賜也。蔑當讀爲殷,即商周時期王派臣屬慰問、犒勞下屬(可能多是異族屬臣)之禮。西周早期青銅器中,作册䰧卣(《集成》5400):"隹明保殷成周年",保尊(《集成》6003):"王令保及殷東國五侯",小臣傳簋(《集成》4206):"王[在葊]京,命師田父殷成周年",臣辰卣(《集成》5421、5422):"王令士上眔史寅寏于成周",皆屬於此種禮儀。在《周禮·大宗伯》中諸侯朝王於京都或近畿分別稱"殷同(殷見)""殷國",皆爲王親會諸侯,與以上西周器銘中王派臣屬殷成周(殷遺民)不同。本銘中"殷"亦當與西周器銘中的"殷"禮近同,可視爲此種禮儀之濫觴。"兄殷",當如李學勤先生所言,與保尊、保卣中"王令保及殷東國五侯,征(誕)兄(貺)六品"之禮制相同,是在殷禮中奉王命執貺賜之事。[③]

夆田澩,裘錫圭先生讀"田"爲"甸","田"下一字爲其私名,是商王派駐在夆田的職官,司事農墾,可從。[④] 邲其奉王命貺殷於夆田甸,受夆田甸所賓獻之貝五朋。類似儀禮亦多見於西周器銘,周王派使者執行王命出使侯伯,侯伯均要禮尚往來賓使者以禮物。《儀禮·覲禮》郊勞賜舍侯氏,侯氏亦以禮物賓使者,均屬此禮。由本銘可知,此種賓禮可能也肇始於殷代。

二祀卣銘末記時日後附記"既蚖于上帝",是很費解的事。所以費解,一是因爲從卜辭資料可知,商貴族似並不祭祀上帝,如讀蚖爲踝(《説文》中蚖讀爲踝,與裸音同),即灌禮,於卜辭無證。二是蚖字讀音雖可知,在此究竟應讀爲何字不好確定。在殷墟卜辭中雖無以常用祭禮祭上帝之辭例,但仍有王以某種宗教儀式與上帝接觸之卜辭,上帝可以陟、降

① 王國維:《不娶簋銘考釋》,《雪堂叢刊》,1915年。
②《禮記·中庸》"小人而無忌憚也",《釋文》:"忌,畏也。"
③ 李學勤:《邲其三卣與有關問題》,《全國商史學術討論會論文集》,《殷都學刊》增刊,1985年。
④ 裘錫圭:《甲骨卜辭中所見的"田""牧""衛"等職官的研究》,《文史》第19輯,1983年。

於人間，人王必有禮儀謁之。①《説文解字》曰虯讀若踝，疑在本銘中當讀爲㮚，即夥。《説文解字》曰："㮚，齊謂多爲㮚。从多，果聲。"《方言》一："凡物盛多謂之寇，齊宋之郊、楚魏之際曰夥。"商王以某種盛大禮儀拜謁上帝，稱夥（虯）。以此爲稱，類於王會見四方諸侯稱"殷"，殷亦有衆、盛之意。墙盤（《集成》10175）中有"方蠻亡不虯見"，虯亦可以讀爲夥，謂順服方蠻之衆多。

四祀卣中"王曰：隙（尊）文武帝乙，宜在召大宙（庭）"，"尊文武帝乙，宜……"之意可由以下殷墟卜辭辭例得到啓發：

> 甲寅貞，來丁巳霞（尊）甗于父丁，宜卅牛。
>
> 乙卯貞，其尊甗又羌。
>
> 弜羌以牛。（《合集》32125）

"尊甗"即置備祭器。②卜辭曰"癸酉卜，宷啟至于父丁，尊其鬲"（《屯南》1090）。"尊鬲"也是置備祭器。此種儀式也可省稱爲"尊"，引伸之即"設祭"之意。《合集》32125卜問"尊甗"之祭是以羌還是以牛爲牲。"宜卅牛"，即是殺三十牛爲牲。"宜"之義也可由以下卜辭得知：

> 辛卯卜于宰伐
>
> 丁酉卜于宰伐。
>
> 辛丑貞，酚，大宜于宰。（《屯南》675，有省略）

先卜問是否于宰伐，又卜問是否"大宜于宰"，可見在這裏"宜"義與"伐"近同，或可能是"伐"的一種方式。"宜"作殺牲解卜辭習見。所以四祀卣中"尊文武帝乙，宜在召大庭"即是言設祭於文武帝乙（帝乙），在召之大庭殺牲以祭。商周金文中"尊"某某"宜"或連言"尊宜"，如翏彝（《薛氏》2.43，《集成》9894）言"己酉戍鈴尊宜于召"。西周昭王時器令簋（《集成》4300）言"作册矢令尊宜于王姜"，宜當是"酒肴"之義，所以"隙宜"亦可適用於生人。

最後談談晚殷金文或獸骨刻辭中以周祭祀典時日記時問題。現所見此類文字可分三種，一種是記録王本人的活動，如幾條記録王田獵獲猛獸之獸骨刻辭（《合集》37848、《佚》518反之宰丰雕骨，《合集》37398所載"獲白兕"刻辭）；第二種是屬於王室近親成員所制器，如緐簋，器末不僅以周祭祀典記時，且記録所用牲"叀一"，疑作器者緐本人有助祭之舉；第三種是王之近臣、親信，如宷其隨侍於王身邊執行王命，顯然是王之親寵，或亦是王

---

① 殷墟卜辭有卜"帝降"是否入於某地宮室的卜辭（《合集》30386），也有卜"帝其陟"（《合集》30387）者，很可能是指上帝降到人世後又返回天上。商王卜知上帝陟降，當有相應的禮儀以與上帝交接。卜辭有卜擊鼓詔告於上帝以求帝若之辭例（《合集》30388）。

② 按："甗"在這裏也可能當讀爲"獻"，即指所獻祭牲。

室宗親。又如小臣邑斝(《三代》13.33)、北趙晉國墓地出土的嘼孟鼎(《古文字研究》第 4 輯)、宰椃角(《三代》16.48),作器者官職分別爲小臣、"嘼(某)"、宰,而六祀邲其卣作器者邲與卲其同氏,官職爲作册,均是服侍於王左右的近臣。如果以上推測可以成立,則晚殷器銘與刻辭中以周祭祀典記時並非爲所有商人貴族所采用,采用者或是王本人,或是與王有特殊親近關係的貴族。

(原載《故宮博物院院刊》1998 年第 4 期)

僕秝卣銘考釋

　　僕秝卣現藏西安市文物中心,著録於《考古與文物》1990 年第 5 期。[1] 卣爲扁圓腹,通體稍瘦長,蓋頂有瓜蒂形鈕,提梁兩端有較大的外伸明顯的獸首;圈足較高,底有矮階;口下、圈足及蓋近沿處有夔紋,器形與河南襄縣丁營霍莊西周早期墓出土卣同,[2]當屬西周初年器,器與蓋内壁有銘文(圖一)。

1　　　　　　　　　　2　　　　　　　　　　3

圖一　僕秝卣及其銘文

1. 僕秝卣器形　2. 器銘　3. 蓋銘

此卣銘文釋文如下:

册
戈北單
册

壬寅,州子曰:(僕)秝(秝),余
易(錫)帛、嗇貝,蔑
女(汝)王休二朋。用
乍(作)父辛斝。

---

① 王長啓:《西安市文物中心收藏的商周青銅器》,《考古與文物》1990 年第 5 期。按:又著録於《銘圖》13309。
② 鄭傑祥:《河南省襄縣西周墓發掘簡報》,《文物》1977 年第 8 期。

蓋内壁有銘文三字曰“父丙”(圖一,3),作器所祭之先人日名爲“父丙”,與器銘“父辛”不同,這個問題下文還要再談,現在先討論一下器銘中的幾個字。

本銘中的字,亦見於西周初年器京隩仲盤(《集成》10083),作,人手持之箕殘泐。殷墟甲骨刻辭中已有此字作(《後》下20.10,《合集》17961),多了表示箕中所盛物的幾個點。商晚期銅器銘文中也有此字作(《三代》16.5.6,《集成》8852)、(《三代》16.36.5,《集成》9040)。對甲骨刻辭中的這個字,羅振玉釋作“僕”字,先與西周金文相比較,説明形體演變,又引《説文》“尾”字説明象人繫尾,類似西南夷,“僕爲俘虜、奴之執賤役瀆業之事者,故爲手奉糞棄之物以象之”(《增訂殷墟書契考釋》)。羅氏的解釋大致可以成立,惟認爲此字从,將表示人頭部的與身部分離,而與頭上之相合,則不够妥當,這點郭沫若氏已指出(《卜辭通纂》)。由甲骨文至兩周金文再至小篆,“僕”字粗略的演化途徑可示意如圖二(……表示其間可能有斷環):

由此可見,僕字在僕麻卣與令鼎(《集成》2803)、旂鼎(《集成》2670)間結構發生較大變化,其時在西周早期偏早。在僕字字形轉化中,以下演變軌道還是較清楚的:在西周金文中先訛變爲,又演變爲;表示頭的與其頂戴之合爲被保留下來,又漸省去而僅保留了,與其上的結合,又漸訛爲、;身部轉化爲與兩部分,尾部被省略。其中旂鼎的僕字是個特例,用代替了人形,但仍加了亻旁。

上舉僕字初形中人首所冠之,郭沫若氏認爲是古奴隸字之標記(妾、童等字亦从之),乃施黥刑之刑具剞劂之象。① 但此説並無很硬的根據。商金文中有字作(《三代》14.45.7,《集成》6299),此字亦作(《三代》17.23.5,《集成》9276.1)。“競”字初文作(《三代》6.1.10,《集成》10479),後又作(《三代》13.10.5,《集成》5141.1)、(《集成》260)。可見人首上之即三角形之冠或頭飾的訛變。卜辭龍字作、、,首頂之角冠作、形者與以上諸字人首之冠飾表示方法近同,足證當時文字中對類似事物已采用較固定的抽象符號來表示。于省吾先生曾云:“古文字於人物之頂上每加、、等形即辛字……在人則爲頭飾,在物則爲冠角類之象形。”②所言是非常精確的。前文所舉商金文中的僕字,人首上並無、,亦可證非爲身份之標記。

本銘僕麻之麻,原篆作,即麻字,厂、广在商周古文字中常通用。春秋時期師麻簠(《集成》4555)之麻作,與此字同。

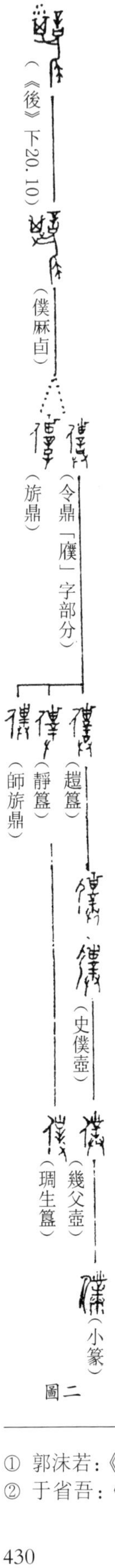

圖二

① 郭沫若:《甲骨文字研究·釋干支》,人民出版社,1952年9月。
② 于省吾:《雙劍誃古文雜釋·釋竟》,轉引自《金文詁林附録》168—170(2056)。

"賣貝"之賣字,原篆作🔹。"賣貝"除本銘外尚見於緯簋(《三代》6.52.2,《集成》4144)與宋人著録之"父乙鼎"(《薛氏》2.13)及同銘器"㝬農鼎"(《西甲》1.13)。① 西周金文中與賣形近之字有橐,即🔹、🔹(毛公鼎,《集成》2841)、🔹(散氏盤,《集成》10176),所从🔹、🔹均像紮緊的布筒子。《集韻》:"有底曰囊,無底曰橐。"如此則橐屬於橐,而賣所从之🔹即應是有底之囊了。囊内盛貝是會意字,與橐以缶爲聲符不同,雖隸定作賣,仍應讀爲囊。所以唐蘭先生云"賣貝即貝一囊。……賣當是盛貝之囊的專字",②是正確的。"賣貝"之稱算上本銘已三見,緯簋是殷末器,僕麻卣與㝬農鼎是周初器,由此看來,"賣貝"是殷末周初慣用詞。

下面再討論一下與本銘内涵有關的幾個問題。

銘文中州子之州是氏名,可能也是地名。殷墟甲骨刻辭中已有類似的"某子"之稱,如"吿子""告子"等,其中的"子"皆是指族長,"某子"即某氏之長。殷晚期銅器成甬鼎銘中的"宜子"(《三代》4.7.2,《集成》2694),文獻中的微子、箕子,亦屬此類。西周金文中"某子"之稱已較少,但仍有,如西周晚期器焚(榮)子旅甗的"焚子"(《三代》6.45.4,《集成》930)。本銘中州子雖可定爲州氏之長,但州如亦是地名,其地望卻難以確知。康王時的井侯簋(《集成》4241)銘記王賜予井侯"州人"。西周晚期器散氏盤銘中散封地之邊域經過"州剛(岡)",散之有嗣中有"州臺"。西周晚期器兩從盨(《集成》4466)銘文中亦有"州"邑。惟本銘中之州不知與以上名州之地是否有關。州子可直接受到王所休之貝,並有臣僕,當爲西周初年得受封建之貴族。

僕麻是本器器主,麻是其私名,僕爲其職屬。僕麻恭受州子賞賜,似是州子之家臣。僕字初形,似昭示其爲服賤役者。但在殷墟甲骨刻辭中僕甚少見,其情況不詳。西周金文中的僕已非低等奴隸,或服役於王朝,或服屬於私家貴族。服役於王朝的僕見於靜簋(《集成》4273)、趩簋(《集成》4266)、師旂鼎(《集成》2809)等。主要從事戎事,多由非周人的異族人擔任。③ 隸屬私家貴族的僕見於西周早期的旂鼎(《集成》2069)、約屬宣王時的幾父壺(《集成》9722)、宣王時的師嫠簋(《集成》4311)。旂鼎、幾父壺銘文均言及上級貴族賜下級貴族僕,幾父受賜之僕爲"僕四家",知僕多有家室。在師嫠簋銘中記伯龢父命師嫠"龠嗣我西翩、東翩僕、駿百工、牧、臣妾",④將僕列在最前面。駿是御車人,百工、牧、臣妾是從事手工業、牧業與其他家内雜役者,僕的身份似要稍高於這些人。如果在西周時期僕

① 宋人著録之父乙鼎未見器形。《西甲》所著録此㝬農鼎,銘文與宋人著録之父乙鼎近同,惟器形作淺直腹、附耳、高蹄足,腹與足根皆飾饕餮紋,器形同紋飾及銘文所顯示的時代皆不合。王國維《國朝金文著録表》定爲僞器,孫稚雛《金文著録簡目》僅疑銘文仿宋作僞。唐蘭先生則認爲王國維所言錯誤,並收録於《西周青銅器銘文分代史徵》(中華書局,1986年)。但王氏的判定實際是有道理的。器形本身靠不住,銘文自然是僞作的。從字體看,當是仿《嘯堂集古録》上一商父乙鼎銘。按:《集成》2710。
② 唐蘭:《西周青銅器銘文分代史徵》,中華書局,1986年。
③ 參見裘錫圭《説"僕庸"》,收入《紀念顧頡剛學術論文集》上册,巴蜀書社,1990年。
④ 在本銘中"僕駿"也有可能連讀,但在西周器銘中僕、駿常單稱,似以分開讀爲宜。

是一種職事之稱,僅有隸屬於公、私之分,則私家之僕可能亦是從事戎事,爲私家武裝人員。當然這個問題還有待於新資料的發現作進一步的考察。從這種私家之僕常被作爲賜與物看,他們當多是與其家主族屬相異的異族人。

本銘上方"戈北單冊冊"是作器者僕㡀之氏名。戈氏是活躍於殷代的商人大族,見於卜辭,青銅器銘中亦常見。在殷晚期時戈氏已有若干分支,從戈器出土地點看,戈氏諸分支大約集中在殷墟及附近地區。北單是戈氏分支之一。北單也是地名,約在商王都北郊。① 由屬西周早期的戈氏所作銅器與其墓葬遺存,可知戈氏在商亡後仍存在,其各分族已散布在關中與豫西,作爲殷遺民服屬於周人貴族,但仍保存其宗族名號。② 這是周初周人對商人世家貴族采取綏靖、優渥政策下商人舊貴族樂於昭示其世家出身之風氣的體現。本銘中"戈北單"名號兩側各書一冊字,說明戈氏此一分支曾有族長在殷末或周初擔任過王朝作冊之官職,僕㡀本人職事爲僕,加"冊冊"並非標誌其本人職位。已著録之銅器中有"戈北單冊冊"名號的器物,還有一件簋,即釨簋(《懷米山房吉金圖》上 23,圖三),從器形與紋飾看,亦是周初器。釨簋銘文也言爲"父辛"作器,則釨與僕㡀有爲兄弟行之可能。

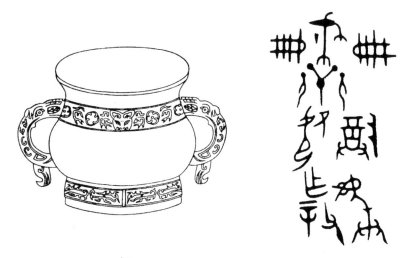

圖三　釨簋器形与銘文(《懷米山房吉金圖》上 23)

與本銘内涵有關的幾個問題大致如上述,在此基礎上談一下銘文順讀的問題。銘文中州子所言"余易(錫)帛、罍貝,薆女(汝)王休二朋"一句與常見句式有所不同,故有的學者認爲其銘不可讀,可能是鑄造時錯亂所致,應改讀作"州子曰:僕,余易(錫)女(汝)帛,罍貝二朋,薆㡀,王休,⋯⋯",③但這樣釋讀顯然與本銘行文順序不合。"薆女(汝)王休二朋"句中,"休"是休賜之意,"王休"是"二朋"之定語,同於效尊銘文中"公易(錫)厥涉(世)

---

① 參見拙作《商周青銅器銘文中的複合氏名》,《南開學報》1983 年第 3 期。
② 參見拙作《商周家族形態研究》,天津古籍出版社,1990 年,第 285—286 頁。
③ 王長啓:《西安市文物中心收藏的商周青銅器》,《考古與文物》1990 年第 5 期。

子效王休貝卌朋”(《三代》11.37.1,《集成》6009)之“王休”的用法。“蔑女(汝)王休二朋”一句的意思可由于省吾先生下面的一段話來解釋,“按蔑係勉勵之意,免盉‘免穪靜女王休’,靜,其女之名,言免以王之所休錫者,勉勵其靜女也”(《雙劍誃吉金文選》上二,師望鼎,《集成》2812)。于先生所舉免盉銘文(《攈古》卷二之三,74.2,《集成》10161)“免穪靜女王休”句與本銘“蔑女王休二朋”句式相近同。綜上述,本銘中州子一段話仍應順讀爲:“州子曰:僕麻,余易(錫)帛、鹵貝,蔑女(汝)王休二朋。”可意譯爲州子説:“僕麻,我賜給你帛與鹵貝,用王所休賜的二朋貝來獎勵你。”鹵貝可能即是王所休之二朋貝,因是王所賜,意義非同一般,故再補充强調一下。州子以王所賜貝轉賜僕麻,也可能是由於僕麻曾隨從州子服役於王而有功。

最後,關於僕麻卣還有一個問題,即本文開頭所提到的,該器蓋銘作“𤰔父丙”,氏名與所爲作器者日名均與器銘不合。爲此曾拜托陝西省考古研究所曹瑋先生代爲檢視原器。據曹先生目驗原器並查閱記録,知此卣出土於長安灃西興旺村,出土時器表銹蝕嚴重,器、蓋銹在一起,提梁一側殘斷,但器内、蓋内銘文清楚,器、蓋紋飾、銹色均無不合之處。如此看來,器、蓋確屬同器,蓋銘與器銘很可能是同時鑄作的。在多數情況下,如果器、蓋皆有銘,氏名與日名應是相合的,現所知不合的例子很少,但並非不存在。如涇陽高家堡周初墓出土的飤卣(《集成》5312),蓋内銘“飤作父戊隣彝。戈”,器底銘“𤔲”,①𤔲當是戈氏分支,飤之家族名號。又如《善齋》3.32 慕卣,其器銘言爲父丁作器,蓋銘“父癸”。參考以上例子,對僕麻卣器、蓋銘文似可作如下解釋:器銘中的父辛爲已故的戈北單氏宗子,僕麻之父輩。②蓋銘中𤰔爲戈北單氏之分支,僕麻自己所在家族之名號,父丙則爲僕麻生父,𤰔氏原宗子,戈北單氏之小宗。③

(原載《于省吾教授百年誕辰紀念文集》,吉林大學出版社,1996 年)

① 葛今:《涇陽高家堡早周墓葬發掘記》,《文物》1972 年第 7 期。

② 按:如是這樣,則有兩種可能,一種是僕麻繼父爲小宗,以小宗身份祭父輩大宗,這表明小宗可以祭非直系的大宗;另一種可能是僕麻因某種原因繼此父辛爲北單氏之宗子,此是以宗子身份祭前任宗子。

③ 按:如僕麻繼父爲小宗,𣪘之𤔲身份或與僕麻相近,爲北單氏另一小宗,但如所祭父辛爲戈北單氏宗子,𤔲亦祭父辛,也可能即爲北單氏宗子。如僕麻繼任宗子,𤔲即爲小宗。在親屬關係上,可能係僕麻從兄弟。

作册般黿探析

　　作册般黿,是 2003 年中國國家博物館徵集的一件不同尋常的商晚期青銅器。器作被射入四枝箭的黿形(圖一、圖二)。首至尾長 21.4 厘米,最寬處 16 厘米,通高 10 厘米。黿背甲上嵌入三箭,其頸部左側斜上方嵌入一箭。背甲中部鑄有銘文 4 行 33 字(圖三)。

圖一　　　　　　　　　　　　　　　　　圖二

　　嵌入黿體的四枝箭,乍看似鏃形,但細審則可知與鏃有以下三點區別:一是進入黿體的前端做成細圓杆形,不像是鏃鋒;二是中部有四翼,翼形雖近似鏃翼,但商至西周時期的青銅鏃皆是雙翼,未見有四翼的鏃,且此四翼末端齊平,亦與商代時鏃之雙翼末尾作倒刺形不同;三是翼後部也作圓杆形且末端平齊,與雙翼青銅鏃脊下細而尖的鋌形制有異。由此幾點差異,初步認爲射入黿體非箭前部之鏃,而應當是箭尾(圖四),四翼則可能是表示尾羽。此外,箭杆尾部末端圓形平面上切直徑做溝槽一道,通透至兩側,應即爲張弓時便於箭尾扣入弓弦所設之"比"。① 此四箭在黿體外僅剩尾部,箭杆尾羽前大部分已射入黿

① "比",亦名"括"。《周禮·考工記·矢人》:"夾其陰陽,以設其比;夾其比,以設其羽。"鄭玄注曰:"夾其陰陽者,弓矢比在槀兩旁,弩矢比在上下,設羽於四角。鄭司農云:比謂括也。"羽在槀四角,與本器箭尾設羽方式同。"括"亦作"栝"。《説文解字》:"栝,隤也。从木,昏聲。一曰矢栝築弦處。"

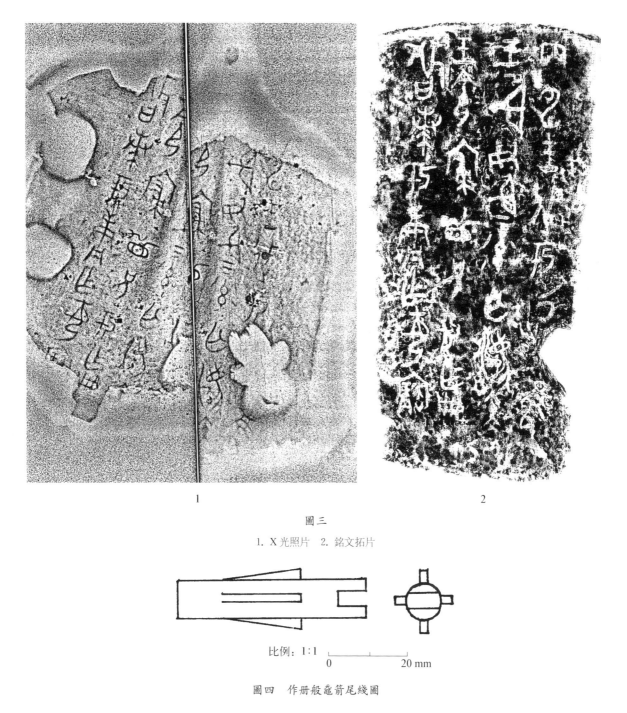

圖三
1. X光照片　2. 銘文拓片

比例：1:1　├──────┤
0　　　　20 mm

圖四　作册般黿箭尾綫圖

體,事實上穿透程度是否如此不可確知,鑄成此形當是用來顯示射箭者(即商王,見下文)的孔武有力。

如果上面的分析不誤,則此四支箭尾部設羽與設比的方式,爲了解商晚期箭的形制提供了很有價值的資料。

本器所模擬之鱉能承受四枝箭,原體形似應較本器爲大,屬較大型的鱉,故可稱之爲黿。

本器銘的字形具商後期晚葉的金文特徵,這也指示器物鑄成年代當在商後期晚葉,約在帝乙、帝辛時代。

現將背甲上的銘文作釋文如下：

> 丙申，王逖㓝（于）洹，隻（獲）。王一射，妞（狃）射三，率亡（無）濾（廢）矢。王令（命）宷（寢）旭（馗）兄（貺）㓝（于）乍（作）册般，曰："奏㓝（于）庸，乍（作）女（汝）寶。"

下面先試對銘文中部分需討論的字、詞逐句作一解釋，談點不成熟的看法，再在此基礎上用現代語言作銘文的譯文。

"王逖于洹"之"逖"，在本銘文中作㣤，从必从辵。[1] 此字（卜辭中或寫作㣤、㣤）與此種句式習見於年代相同的商後期晚葉的黃組卜辭。逖字後世已無，確切字義不詳。但從卜辭辭例看，顯然應是出行之意。必、比上古音近，比有及、至之意。[2] 值得注意的是，在黃組卜辭中，凡卜"王逖于"某地，皆要貞問是否"往來亡（無）災"，表明"逖"實際上含有往於某地還要回歸於出發地的意思。

洹即洹水。從商後期晚葉的黃組卜辭看，"王逖于"某地的地方，多較洹水爲遠，洹水流域是王此種出行活動目標最近的區域。從卜辭中可知，商後期時洹水水量還是很大的，故商王不止一次地要占卜洹水泛濫會不會威脅附近的城邑。因此，商王在洹水流域能射獲此較大的鼋，與洹水當時是一條較大的河流有關。

"王逖于洹"後言"隻（獲）"，是指獲此鼋。

"王一射，妞（狃）射三"，此句中文字考釋之難點是妞字。從上下兩句話看，妞字應是承接"王一射"句並引發下句"射三"的。此鼋共中四箭，從文義看，四箭射者皆應是王，由於均中的，非常準確，故而才值得銘於器而頌揚。"妞"字尚未見於先秦文字，《集韻》有此字，言"女九切，音紐。妯妞，欲死貌"。其字義在此不適，但字音紐，即从歹，丑聲，在本銘中可讀作狃字。《説文解字》："狃，犬性驕也。从犬，丑聲。"《爾雅·釋言》："狃，復也。"郭璞注："狃，忕，復爲。"邢昺疏引孫炎注："狃，忕，前事復爲也。"《詩經·鄭風·大叔于田》："大叔于田，……襢裼暴虎，獻于公所。將叔無狃，戒其傷女。"毛傳曰："狃，習也。"鄭箋云："狃，復也。請叔無復者，愛也。"孔穎達疏云："叔於是襢去褐衣，空手搏虎，執之而獻於公之處所。公見其如是，恐其更然，謂之曰：'請叔無習此事，戒慎之，若復爲之，其必傷汝矣。'"可知狃有復義，即再也，又也。那麼"王一射，妞（狃）三射"，便可以解釋爲：王先對此鼋射了一箭，接着又連射三箭。

---

① 但在年代較早的無名組卜辭中，"逖"被寫作㣤或釋作"迻"，楊樹達按音讀讀爲過（《釋迻》，收入《積微居甲文説》）。但對爲什麼在同樣的句式中應該讀成一個字的這個字，在黃組卜辭中又會寫成逖，則並未作解釋。無名組卜辭中常見的㣤，所从應是在戈形器的柲部加指事符號，可以認爲是強調柲部，仍可讀作㣤。至於黃組卜辭中㣤（逖）偶亦寫作㣤（迻），不排除是訛變所致。裘錫圭先生《釋"柲"》一文（收入《古文字論集》，中華書局，1992年）已指出，甲骨文中的㣤字有是㣤字異體的可能，並指出从"戈"是筆誤。

② 《孟子·梁惠王下》："孟子謂齊宣王曰：'王之臣，有託其妻子於其友而之楚遊者，比其反也，則凍餒其妻子，則如之何？'"音義云："比……及也。"又《論語·先進》"比及三年"，皇侃義疏："比，至也"。又《廣雅·釋詁三》"比，近也"，也與及、至之義近。

"率亡瀍(廢)矢",率,《漢書·宣帝紀》:"率常在下杜",顏師古注:"率者,總計之言也。"朱駿聲《説文通訓定聲》:"按,猶均也。"瀍讀作"廢",亦見於西周金文,如康王時大盂鼎(《集成》2837)記康王對盂曰:"勿瀍(廢)朕命。"《爾雅·釋詁》:"廢,舍也。""勿廢朕命"即不要使我的誥命被廢棄。本器"率亡廢矢"直譯即總言之無有未命中的矢。類似語句亦見於1993年在平頂山應國墓地發掘的 M242 中出土的柞伯簋,其銘文中有句曰:"柞伯十稱弓,無瀍(廢)矢。"[①]"無廢矢"語意與本銘同。

"王令(命)帝(寢)馗(馗)兄(既)犷(于)乍(作)册般","寢"是王之寢宫,此處之"寢"是在寢宫内服侍王的王之近臣的官職名。寢官亦見於寢孜簋與 1984 年殷墟西區 M1713 出土之寢魚爵銘文:

> 辛亥,王才(在)帝(寢),賈(賞),帝(寢)孜□貝二朋,用乍(作)祖癸寶障。(《集成》3941)

> 辛卯,王易(賜)帝(寢)魚貝,用乍父丁彝。(《集成》9101)

"寢孜""寢魚"皆是寢官名。本銘中寢官之名曰"馗",此字應是从百,九聲。《説文解字》:"百,頭也。象形。""首,百同。古文百也。"故百亦即首,百與首音亦同,所以馗即馗字。"兄"在此讀如"既",賞賜之意。作册般是受賜者,"般"字在本銘中寫作𦨶,此種寫法習見於殷墟卜辭。作册般也是本器之製作者。

"曰:'奏犷(于)庸,乍(作)女(汝)寶。'""曰"下應皆是王對作册般所説的話(或是通過寢馗傳達給作册般)。王在賞賜給作册般其射獲的黿後,令作册般"奏于庸"。"庸"字在殷墟卜辭中較多見。卜辭常言"奏庸",學者認爲此種情况下庸可讀如鏞。作爲樂器的鏞很可能即是指商晚期的青銅樂器鐃。庸讀爲鏞,作爲樂器,言"奏庸"自然是合適的。但如像本銘這樣言"奏于庸",還將"庸"讀爲鏞,從語法上似乎就不大講得通。在殷墟卜辭中也確實没有見過"奏于庸"的句式。卜辭中言"奏于"某的辭例,如:

> 弓乎帚(婦)奏于𣲙宅。(《合集》13517)

> 于盂宙(庭)奏。

> 于新室奏。

> ……庸奏,又正,吉。

> 萬隹(惟)美奏,又正。(《合集》31022)

以上辭例中,"奏于某"或"于某奏"之"某"皆是地點。而《合集》31022 中"庸奏"前殘佚的字不會是"于",因爲《合集》31014 可能與 31022 是異版同辭,其中有句曰:

> 虫庸奏,又正。

---

① 王龍正等:《新發現的柞伯簋及其銘文考釋》,《文物》1998 年第 9 期。

“叀庸奏”，還是言“奏庸”，這裏庸釋爲鏞是講得通的。卜辭中言“奏于某”還有一種情況，“某”是受祭的先祖神，如：

乙未卜，于匕(妣)壬奏。(《合集》22050)

這裏的“奏”既可能是於祭妣壬時奏樂，也可能當如《説文解字》所云訓爲“進”，是進獻之意，在卜辭中即進獻祭品於受祭的先人。

所以，在商代文字中，言“奏某”，比如“奏庸”，“庸”是奏的賓語，是奏的連帶成分，而“于某奏”與“奏于某”之“于”屬於介詞，其後面所接“某”作爲名詞，表示動詞“奏”所施行的地點或對象(或云目的)。因此，本銘中“奏于庸”之“于”亦當屬介詞，其後面的名詞“庸”雖與“奏”相聯繫，很易被認爲是鏞，但仍不宜讀爲鏞，應考慮做别的解釋。比較合適的訓解是《周禮・春官》中“典庸器”之“庸器”。典庸器之職責爲“掌藏樂器、庸器，及祭祀，帥其屬而設筍虡，陳庸器”。鄭注賈公彦疏曰：“庸，功也。言功器者，伐國所獲之器也。”此以音訓釋“庸”，並以“伐國所獲之器”對庸器所做之解釋只是一種説法。林尹《周禮今注今譯》(臺北商務印書館，1983 年)以爲庸器“謂有大功而可作紀念之器物”，比較有道理。《周禮》書成較晚，但庸器之稱必當淵源有自，在商晚期，也可能這種記功之“庸器”可徑稱爲“庸”，有如東周典籍或稱爲“彝器”者(如《左傳》襄公十九年“且夫大伐小，取其所得以作彝器”)，在商、西周時代則可以單稱作“彝”，如商周金文中習見之“寶隮彝”的彝的用法。如果“庸”在這裏可以做這種解釋，則銘文中“奏于庸”之“奏”即當讀如《廣雅・釋詁四》所言“奏，書也”。王命作册般“奏于庸”，即命其將王四射皆中的精湛射術銘記於庸器上。作册般作爲作册即史官，自然有此職責。而其也自然會想到，做一般形式的青銅禮器，不能具體生動地展現王之武功，故以寫實手法做了此件非常形象的青銅黿，與其所中的四箭。

銘文最末一句“作女寶”，從文義看，還是以與上一句“奏于庸”相聯繫，合作一句爲好。“女”字作，雙臂中間没有兩點，不當隸定作“母”。女字在殷墟卜辭中雖也可讀作“母”，但在這裏如讀成“作母寶”，便很費解。所以“女”在這裏還是讀爲“汝”較爲妥貼。“作汝寶”乃承上句“奏于庸”而言，是王命作册般作此銘功之庸器後囑其永寶之。

按照上述考釋，本銘可以意釋如下：

丙申日，王及於洹水，獲得此黿。王先射一矢，繼而又連射三矢，皆命中而無有廢矢。王命寢馗將此黿賜於作册般，王説：“(將此事)銘記於庸器，作爲你的寶物。”

本器器主人作册般之名，亦見於另兩件商後期晚葉金文：

王宜人方無敄，咸，王商(賞)乍(作)册般貝，用乍(作)父己隮。册(甗，《集成》944，圖五)

癸亥，王逊𬴊(于)乍(作)册般新宗。王商(賞)乍(作)册豐貝，大子易(賜)東大貝，用乍(作)父己寶。(鼎，《集成》2711，圖六)

圖五　作册般甗銘文(《集成》944)　　　　　圖六　作册豐鼎銘文(《集成》2711)

前一器作册般應即是本器作器者,作册般隨王征伐人方有功績而得到王賞貝,故而作此祭器。第二器中,王所至之"作册般新宗"是爲已故的作册般所作新宗,還是作册般本人所建之新宗,尚難確知,但前一種可能性較大。受到王與大子賞賜貝的作册豐,與上一器作册般甗銘文中作册般所爲作器者相同,均是爲父己作器,且豐亦任作册職,則他與般爲兄弟的可能較大。由此二器銘文中亦可知,作册般是受到商王重用並有相當地位的貴族。

在獵物上記録商後期商王行獵成績的文字資料,有如下幾條,即:

辛酉,王田𠭯(于)雞泉(麓),隻(獲)大霖虎。在十月,隹(惟)王三祀劦日。(雕紋虎骨,《懷》1915,現藏加拿大多倫多皇家安大略博物館。《合集》37848反近同,少一"于"字)

壬午,王田𠭯(于)麥泉(麓),隻(獲)商戠兕,易(賜)宰丰,寑(寢)小𥐨兄(睨)。才(在)五月,隹(惟)王六祀劦日。(雕紋兕肋骨,《佚》518,現藏中國國家博物館)

辛巳,王刐武丁彖……泉(麓),隻(獲)白兕,丁酉……(兕肋骨,《佚》427,字中嵌緑松石)

己亥,王田𠭯(于)譻……才(在)九月,隹王……(鹿頭,《合集》37743)

戊戌,王蕙田……文武丁祊,王來正(征)……(鹿頭,《合集》36534)

……𠭯(于)𢇛泉(麓),隻(獲)白兕……才(在)囗月,隹(惟)王十(?)祀劦日,王來正(征)盁(盂)方白(伯)……(兕頭骨,《合集》37398)

以上六條獸骨刻辭均屬商後期晚葉,在書寫格式上多是先記日(干支),繼言王於何地田獵(第三條刻辭在記王於何地田獵前言及殺牲祭武丁,或是即以所獲白兕作牲),獲何獸,這種格式與作册般黿銘文開頭一句話的格式相近同。上舉第二片獸骨刻辭,記王將所獵獲的戠兕賞予宰丰,也是由寢官小䝨受王命賜予的,與本器作册般黿所記王所賜黿由寢馗賜予作册般的相同,可見寢官直接服侍於王左右,負責執行或傳達王的日常旨意。上述獸骨刻辭是受賜者用王賞賜的所獵獲之虎、兕、鹿的骨頭雕刻而成,專用以記録王之武功與受王賞賜之榮耀的。本器作册般受賜的是黿,而黿體易腐壞,故只能仿其真形制成青銅器以爲紀念。本文開首曾言這件器物是"不同尋常的",正是因爲在迄今已見到的衆多商代青銅器中,雖不乏鳥獸形器,即所謂鳥獸尊與兕觥,但其形象由於多經藝術加工,比較莊重、神奇,像本器這樣整體仿生、寫實性極强,甚至連射入黿體的箭均如實表現出來的現實主義風格的工藝品似乎還未發現過,這應該是本器彌足珍貴處。①

(原載《中國歷史文物》2005 年第 1 期)

① 原文拓片: 傅萬里;繪圖、X 光片、彩色圖版: 姚青芳。

子龍鼎的年代與銘文之內涵

子龍鼎(《銘圖》465)其形作圓腹,平底微圓(圖一)。雙耳略外撇,耳外部有雙溝槽。三足根部與底部略粗,中間稍細,已近於蹄足;足根部飾有獸首(實即所謂"簡省形饕餮紋",有首無身),其鼻梁部作扉棱狀,雙角尖部外侈凸出於器表;足均爲半空狀,腹內底在足部形成三個圓形空洞。腹上部、口沿下飾一周由三組完整的下卷尾饕餮紋(圖二)與三個僅有首部的簡省形饕餮紋(圖三)組成的紋飾帶,三簡省形饕餮紋的鼻梁部之扉棱,正與三足根部扉棱上下對應在同一條綫上;主紋飾以精細的雲雷紋鋪地,作"三層花"狀。所有上述形制、紋飾在時代特徵上均是相和諧的。

鼎腹外底有三角形鑄縫,足內側亦可見合範之範痕;雙耳內側有沿至上腹部的凸起。此鼎應該是用渾鑄法將器身(足、腹部)一次澆鑄成形,鼎耳則可能是先鑄好,再在澆鑄鼎身時連接爲一體。

圖一　子龍鼎

圖二

圖三

　　鼎腹内壁一側(當鼎兩足前置時,正在另一足一側,與正視時視線相對)有"子龍"二字銘文(圖四,1),"子"字較小,在左上方,"龍"字作雙勾形。其字口圓渾、流暢,字口内有銹,與其周圍腹部銹色接合自然。"龍"字上部之角作⑧形,與口沿下紋飾帶中三獨立饕餮紋首部之角的形狀(作⑧形)、特徵相近,且角部均與頭頂隔開,風格亦近同。

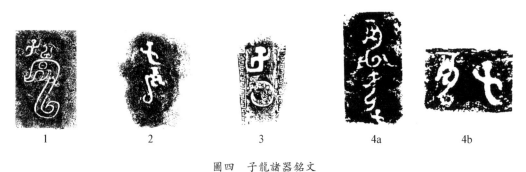

圖四　子龍諸器銘文
1. 子龍鼎　2. 子龍壺　3. 子龍爵　4. 子龍觶(a. 器銘、b. 蓋銘)

　　鼎通高 103 厘米,口徑 80 厘米,耳高 22 厘米,腹高約 43 厘米,足高約 36.5 厘米。其體形可謂巨大。造型雄偉,頗有氣勢。其高度高於大盂鼎(101 厘米),在現已發現的商、西周大鼎中,僅次於 1979 年出土於陝西淳化的通高 122 厘米的大圓鼎,但年代比後兩者都要早。在商末周初青銅器中,子龍鼎爲迄今所知最大的圓鼎,堪稱商周青銅器中的瑰寶。此鼎紋飾亦較精細、優美,尤其是三足根部獸首外侈出器表的雙角,又增加了莊重中的活潑感,所以無論是從鑄造技術還是造型藝術來説,均可以認爲是中國古代青銅鑄造技術的經典之作。此鼎於 2006 年初從海外回歸,無疑是中國文物界一件盛事。

　　此鼎現保存狀態亦較好。僅一側(正視時之左側)下腹部有較多銹泐處,其上紋飾也有部分銹蝕,同側口沿邊上以及足根部扉棱各有一塊殘缺,估計是鼎出土時碰擊所致。同側腹中靠下部似有小面積修整痕迹,待再考。但從整體看,雖有上述微殘,仍可謂瑕不掩瑜,基本上是完好的。

　　此鼎的具體年代,可由形制學角度,參考同型的其他年代較清楚的器物來判定。

　　形制與子龍鼎近同、應歸爲同型的青銅鼎可舉出如下三例:

　　一、1959 年河南安陽高樓莊後岡圓形祭祀坑出土的戍嗣子鼎(圖五,《集成》2708)。通高 48 厘米、口徑 39.5 厘米。此鼎亦爲圓腹、微圜底,雙立耳微侈張,三蹄足上部有獸首帶扉棱,扉棱中間凸起呈波折狀同於子龍鼎。口沿下亦飾有一周饕餮紋,不同的是此一周紋飾帶由三組完整的饕餮紋構成,不夾帶簡省形無身的饕餮紋。與子龍鼎相比較,戍嗣子鼎腹壁較直,而子龍鼎腹部則傾垂程度已較大;戍嗣子鼎三足相對於腹高較矮,内側略外彎曲,而子龍鼎三足相對腹高則顯得較長,且挺拔。所以,二鼎雖從形制學角度可歸屬同型但不同式,子龍鼎在式別上應晚於戍嗣子鼎。戍嗣子鼎在商後期銅器中屬年代偏晚的,在拙著《古代中國青銅器》中將其歸爲商後期銅器第三期第二段,年代在商後期晚葉,約在帝乙、帝辛時期。

　　二、1998 年山東滕州市前掌大墓地南區 M11 出土的圓鼎——史鼎(M11：94,圖六)。通高 51.6 厘米,其與子龍鼎形制特徵以及紋飾分布位置均近同,三足亦較高,惟腹部傾垂程度不如子龍鼎。此鼎之年代亦應在商後期晚葉,但絕對年代可能稍晚於戍嗣子鼎,而比子龍鼎略早。

圖五　戍嗣子鼎　　　　　　　　　　圖六　史鼎

　　三、西周康王時器,著名的大盂鼎(圖七)。通高 101 厘米,其腹、耳、足部形制特徵,以及口沿下、足上部紋飾形制均與子龍鼎近同。但相比而言,大盂鼎腹部顯得更加寬扁,傾垂程度亦略大於子龍鼎,所以大盂鼎在式別上要晚於子龍鼎。

　　綜合以上從形制學角度所作比較分析,可以認爲子龍鼎年代應該在商後期偏晚(近於商末),其下限也可能已入西周初年。

　　需要補充説明的是,已見於著録的商後期大鼎中,尚有一件與子龍鼎同型的,即日本奈良國立博物館所藏由坂本五郎舊藏的ꔛ鼎(圖八),[①]通高 81.5 厘米。其形制特徵與子龍鼎極爲相近,二者年代亦應相同,即皆爲商末周初器。

　　傳世青銅器中,有"子龍"銘文,亦即由子龍所作器,已知的還有以下三器:

　　一、子龍壺。銘文由《集成》9485 著録(圖四,2),器形未見著録,銘文拓片現藏中國社會科學院考古研究所。此銘"子龍"二字寫法與子龍鼎相近同,惟"子"與"龍"二字方向相反。

　　二、子龍觶。銘文見《集成》6349(《美集》A529、R471),器銘在圈足内,作"子龍"(圖四,4a),"子"在右側,橫書,"龍"字寫法亦與子龍鼎"龍"字相近,但冠角部略有差異。本觶蓋有"龔女子"(圖四,4b)三字。陳夢家先生在《美集》中曾認爲器銘"子龍"二字"可疑",因原器未目驗過,陳氏之説是否可信待考。但"子龍"銘文現已非獨見於此,亦未必是僞銘。

───────────

① 奈良國立博物館:《坂本コレワシヨン中國古代青銅器》,2012 年。

如不僞,且器蓋銘文也確屬同時所制,則商金文常見的"龔"氏與"子龍"的關係亦可由此做些推測(詳下文)。

圖七　大盂鼎　　　　　　　　　　　　　　圖八　日本奈良國立博物館藏𡧊鼎

三、上海博物館藏子龍爵,器形與銘文見陳佩芬先生《夏商周青銅器研究》(上海古籍出版社,2005年)九四。此爵銘文中"龍"字(圖四,3)作尾部向内勾卷的字形,但頭有角,身長而卷曲且有鱗狀,張口,與商周古文字中"龍"字的基本特徵同,還應讀作"龍",是龍字的一種異體。

以上三件子龍器,均是商後期(或西周初)器。三器銘中的"子龍"很可能與子龍鼎作器者爲同氏或同一人。在商後期與周初的金文中,作器者稱"子某"時可能爲私名,但也可能是氏名,"子龍"也有這兩種可能。作爲私名的"子某"之稱,在殷墟甲骨刻辭與商、周初金文中習見,是商人貴族一種習慣稱謂方式。對於商王室來説,稱"子某"者應是王子,對於非王貴族來説,稱"子某"是其宗族長之子。所以子龍應屬商人,如器已進周初,則已屬殷遺民。

子龍鼎據云爲20世紀早期流入日本,先後爲日本不同的私人收藏,最早見載於2004年在日本大阪舉行的《中國王朝之粹》之展覽圖録(日本北星社印刷)。是書日文説明中,言及此鼎有出土於河南輝縣之可能性,但並未説明其根據。今輝縣即商周時期的共地,共在殷墟卜辭與商金文中寫作龏(龔)。龏,從龍、収會意,龍亦聲,但此字畢竟不同於"龍"

字,所以似不宜將"龏"氏與"子龍"氏相混。在殷墟卜辭中,龏是地名或氏名。賓組卜辭中有"貞,㞢于龏司(后)"(《合集》14814)。"龏后"是已故王的配偶,賓組卜辭中幾見。無名組卜辭中有"……丑㞢于五毓至于龏㝃"(《合集》24951),"㝃"疑司(后)、夸二字合文,係私名爲夸的"龏后"。商晚期金文中有"龏司(后)"之稱,銘文記其受"后"(按:應是對時王之母的稱呼)賞賜給貝(《集成》2433、7311)。由這些卜辭與金文資料可知,不同時段的"龏后"當皆是商王配偶,爲出身於龏氏的女子。由此可知,居住於龏地的龏氏與商王室有世代通婚關係。上文所提到的子龍觶,蓋銘"龏女子"是出身於龏氏之女子(按:商金文中另有龏女簋,見《集成》3083,銘"龏女"二字,"龏女"同於"龏女子")。器銘"子龍",有可能爲"龏女子"的夫家氏名。此族氏屬於與商王室有密切關係的子姓高級貴族,故才有可能鑄造子龍鼎這樣的重器。

（原載《中國歷史文物》2006 年第 5 期）

新見商金文考釋(二篇)

本文是對近年來新發現的兩件商末銅器,即迎尊與陶觥銘文所作考釋。其中迎尊,係香港收藏家的藏品,2013 年秋在中國文物諮詢中心獲觀其實物。[①] 陶觥,則是 2012 年 8 月在中國文物諮詢中心得見其資料。[②] 兩件器物銘文均較長,其内容亦相當重要。現僅將對兩器銘文不成熟的膚淺認識寫出來與大家討論,誠冀指教。

一

迎尊的形制(圖一),屬於所謂"粗體觚"式,這種器形始出現於殷墟文化三期,[③]不早於廩辛時期,延續流行至西周早期偏早。這件尊的中腰部(實即下腹部)上下垂直,與"粗體觚"式尊初出現時作微圜鼓的形制不同。這種中腰豎直的形制似流行於殷墟文化四期,例如安陽郭家莊北 M6 出土尊(M6:28)、[④]小屯 82M1 出土尊(82M1:18)、[⑤]劉家莊北 M1046 出土尊

圖一 迎尊

---

① 關於迎尊考釋,需要作幾句説明。2013 年秋在中國文物諮詢中心與李學勤先生、吴鎮烽先生、郝本性先生同觀此尊,當時並未及討論尊銘内容,但筆者曾與吴鎮烽先生談及器主,皆認爲器主是迎,寫鑒定意見書時亦依此稱尊名。2014 年 7 月底,趁暑假能坐定期間將尊名考釋寫畢,8 月 2 日因事至南開大學,與陳絜教授談起此尊銘,方從陳教授處得知,吴先生已有考此銘之大作刊於復旦大學出土文獻與古文字中心網站上,7 月 29 日刊出,交稿是 27 日。如此看來,拙文寫成與吴先生交稿時間幾近同時,但吴先生文章先我刊出。拙文與吴先生文認定之器主既同,所以大的基調是相近的,只是文詞、語句釋義及旁涉問題有所不同,算是與吴先生討論吧,乞吴先生與諸位方家賜教。

② 同時得見此觥圖片資料的有李學勤先生、吴鎮烽先生、郝本性先生與陳佩芬先生。我因有其他事情先行離開,未能得見原器,其他幾位先生後來則見到了原器。

③ 在拙作《中國青銅器綜論》(上海古籍出版社,2009 年)中,將此器形始出時間定在殷墟青銅器三期 I 階段。

④ 中國社會科學院考古研究所安陽工作隊:《河南安陽郭家莊北發現一座殷墓》,《考古》1991 年第 10 期。

⑤ 中國社會科學院考古研究所:《殷墟青銅器》,文物出版社,1985 年,圖版八四、二三二至二三八。

(M1046：7)。^① 但這件尊的上腹部(即從外觀中腰以上至口沿部分)相比其以下部位格外長,這主要是因爲圈足部分相對較短。其中腰(即下腹部)飾兩種饕餮紋,下大上小,圈足飾對稱的兩個夔龍紋(圖二),上腹部飾正立的焦葉紋(紋內填饕餮紋)。器中腰正、背兩面饕餮紋間各飾有兩個對稱的商式立鳥紋,二鳥的雙爪還相互勾連(圖三),頗有味道。這件尊的紋飾,在商末器物中很顯特色。

圖二　迎尊紋飾(一)　　　　　圖三　迎尊紋飾(二)

尊通高 26.3 厘米,內底有銘文 36 字(圖四、圖五)。其釋文如下:

辛未,婦𨻶𥬒(宜)才(在)

𡥈大室。王卿(饗)酉(酒),奏

庚(庸),新𥬒(宜)吹。才(在)六月。

魯十冬(終)三朕。迎肯(通)

王賓(賞),用乍(作)父乙彝。大万

現依照文句次序對銘文作簡略解釋。

辛未,婦𨻶𥬒(宜)才(在)𡥈大室。

𨻶𥬒(宜):𨻶,可讀成"尊"。其本義當是置放器物,有奉置之義。在殷墟卜辭中,此種字義有比較直接的辭例,如以下歷組二類卜辭:

甲寅貞,來丁巳𩁹(尊)鼏于父丁,𥬒(宜)卅牛。

① 劉家莊北 M1046 資料見中國社會科學院考古研究所安陽工作隊:《安陽殷墟劉家莊北 1046 號墓》,《考古學集刊》第 15 集,文物出版社,2004 年。

圖四　遹尊銘文（照片）　　　　　　　　圖五　遹尊銘文（拓片）

乙卯貞，其叟（尊）甗，又羌。

弜羌，以牛。（《合集》32125）

叟（尊）甗，來丁巳其十牛于父丁。（《屯南》2861）

這兩條卜辭中的"叟甗"，即以甗作爲祭器，奉置於祭臺上，用以祭祀父丁。[①] 同時又貞問是否要"宜卅牛"，要"又羌"，或"以牛"，並問是否要用"十牛"於父丁，則表明"宜"本義是殺牲（分解牲肉），以牲肉作祭品。"宜卅牛"，則是分解卅牛，以牛肉獻祭。

當然，上引卜辭中，先言"叟甗"，繼言"宜卅牛"，是否意味着所"宜"之牛肉要用甗來蒸熟作爲祭品，似還不好肯定，甗在當時主要是用來蒸糧食，還是也可以蒸肉食，似亦未能確知，但"叟（尊）""宜"的本來字義和用法還是可以從中看出的。唐蘭先生曾講道，"尊"與"奠"字形有別，字義也不盡同，但有些場所意義是可以相通的，如《左傳》昭公十五年"尊以魯壺"的"尊"字，就有"奠"的意思，作"奠置""奠祭"解。[②] "叟（尊）"在商、西周金文中作動詞使用時，便有"奠置"之義，引申之，即有"奉置""奉獻"之義。

"宜"之字形即在俎上置放的切開的肉，如上述在卜辭中知其有殺牲、以牲肉奉祭之義。在此後的先秦文獻中，"宜"的這種字義仍多見，但在文獻中"宜"還訓作"肴""饌肴"，"肴"或作"餚"，是指熟的肉食，即有了"名詞"的用法。如《爾雅·釋言》"宜，肴也"，邢昺疏："宜，謂肴饌也。"又《詩經·鄭風·女曰雞鳴》"與子宜之"，毛傳："宜，肴也。"孔穎達疏

---

① 按："甗"在這裏也可能讀爲"獻"，即指所獻牲。
② 唐蘭：《論周昭王時代的青銅器銘刻》，收入《唐蘭先生金文論集》，紫禁城出版社，1995年，第284頁。

引李巡曰:"宜,飲酒之肴也。"這自然是"宜"的引申義。分解的牲畜之肉,自然可以燒熟做成饌肴。實際上"宜"的這種用法,在西周金文中已可見到,如西周昭王時的令簋銘文云"乍(作)册矢令隓(尊)宜(宜)于王姜",獻給生人的"宜"在這裏似以解作"饌肴"之義爲好。

所以殷墟卜辭與商周金文中"隓(尊)""宜(宜)"這兩個字在一句話中並用,或連讀爲"隓(尊)宜(宜)",既可以用於對死去的先人(如上引卜辭,又如"……又叀(尊)宜(宜)……十牢"[《合集》33140]),也可以用於對生人。對死去先人"尊宜"即奉置祭牲,對生人可以理解爲"設置饌肴"。①

在本銘中,"婦隓(尊)宜(宜)才(在)肅大室",是言婦在肅地之大室設置了饌肴,即設了宴席。"肅"亦稱"肅自",是商末商王經常來活動的重要聚落,在商金文中出現過多次。在周初的利簋銘文中,也可見武王在甲子克商後第七天,即來到此地,應距離朝歌不遠。此地在商末,設有"俥",即王的別館,又有"大室",可以從事宗教與其他禮制與宴饗類活動。② 其具體地理位置,于省吾先生從"肅"讀音考慮認爲即"管",在今鄭州。③ 但近年來已有學者持異議,其確切地望似尚待再考。

這裏主持設宴的"婦"能够爲王置辦宴席,顯然是時王之王配一類重要的王室婦女。

王卿(饗)酉(酒),奏庸(庸),新宜(宜)欨。才(在)六月。

"奏庸"多見於殷墟卜辭,"庸"或即青銅鐃。④ "欨"字右邊偏旁作𣢯,與"欠"常作𣢾略有別,口部下部筆畫未出頭,但似仍應認作"欠"。"欨"在這裏似可讀作"坎",《詩經·陳風·宛丘》"坎其擊鼓",毛傳:"坎坎,擊鼓聲。"在本銘中,"欨(坎)"或即指鼓曲、鼓調,⑤"宜坎"是宴饗時配合奏庸而敲擊的鼓調,"新宜坎",即新的專爲宴饗而作的鼓調。商人喜歡演奏曲調的更新,在卜辭中也見到有"新奏""舊奏"之語,如:

惠新奏,又正。(《合集》31033)

惠舊奏,又正。(《殷拾》18.7)

因爲亦見"惠𤔞奏""惠商奏""惠美奏"(《合集》33128),"惠嘉奏"(《合集》30032)等句,所以此"新""舊"似乎不是指庸(或其他樂器)的新舊,而是指樂曲的新舊。其他"奏"前之字則是曲調名稱。⑥

---

① 拙作《有關卯其卣的幾個問題》,《故宮博物院院刊》1998年第4期,第15—16頁。
② 參見李學勤:《試論新發現的斁斁方鼎和榮仲方鼎》,《文物》2005年第9期。
③ 于省吾:《利簋銘文考釋》,《文物》1997年第8期。肅從"柬"聲,爲見母元部字(所從"𧶠"亦是見母元部字,或是後加的聲符)與"管"聲韻並同。
④ 參見裘錫圭:《甲骨文中的幾種樂器名稱——釋"庸""豐""韶"》,收入《裘錫圭學術文集》第1卷,復旦大學出版社,2012年。按:商王饗酒時所奏之"庸",應是一般爲三件(多至五件)一組的銅編鐃。通高皆在25厘米以下。通高達45—90厘米的大鐃,目前還只是發現於長江流域及其以南地區。
⑤《詩經·陳風·宛丘》中尚有"坎其擊缶",是"坎"也用來指擊缶聲。所以本銘的"坎"也不能絕對肯定是擊鼓之調。從卜辭資料看,當時可能亦使用陶製打擊樂器。參見宋鎮豪:《殷墟甲骨文中的樂器與音樂歌舞》,《古文字與古代史》第2輯,"中研院"歷史語言研究所,2009年,第49—51頁。
⑥ 宋鎮豪先生亦有此説,見其《殷墟甲骨文中的樂器與音樂歌舞》文,第52—53頁。

䲆十冬（終）三朕。

"䲆"字從魚從由，由是聲符。從此兩個字符聚攏的態勢（凵即"由"，與上邊的"魚"寫得相當接近）看，還是理解爲一個字爲好。"䲆"亦即"鮋"字，《玉篇》説是"魚名"，《集韻》《廣韻》均訓作小魚。① 但"鮋"可讀作"迪"，二字皆從由得聲。鮋，定母幽部字，迪，定母覺部字，幽、覺陰入對轉。《尚書·無逸》"兹四人迪哲"，蔡沈集傳曰："迪，蹈也。"《廣雅·釋言》："迪，蹈也。"王念孫疏證曰："迪、蹈古同聲。""蹈"實亦定母幽部字，與"鮋"聲韻並同。"蹈"有"舞蹈"之義。《毛詩序》："永歌之不足，不知手之舞之，足之蹈之也。"陸德明釋文曰："蹈，動足履地也。"《希麟音義》卷八"舞蹈"注引《切韻》："舞，歌舞也。蹈，踐履也。"又曰："手謂之舞，足謂之蹈也。""舞""蹈"對言時，字義有別，但合言之，則手足並用方是通常所謂之"舞蹈"。在本銘中，"鮋"讀作"迪"，進而讀作"蹈"，應即指舞蹈。

"十終"之"終"即指樂曲一章之結束，多見於典籍。如《逸周書·世俘》："王不格服，格于廟，秉語治庶國，籥人九終。"又《儀禮·大射禮》："大師及少師上工，皆降立于鼓北，群工陪于後，乃管新宮三終。"鄭玄注："管謂吹簜以播新宮之樂。""一終"即"一成"。《禮記·樂記》記賓牟賈問孔子武舞之程序，孔子曰："且夫武始而北出，再成而滅商，三成而南，四成而南國是疆，五成而分，周公左，召公右。六成復綴以崇。"鄭玄注："成猶奏也。每奏武曲一終爲一成。"孔穎達疏："成，謂曲之終成。"如此，則此"十終"，亦即指"十成"，亦即十個樂章。"鮋（迪）十冬（終）"，亦即"蹈十終"，是言跳了十個樂章的舞。

"三朕"之"朕"，意不能確知。在此似可讀作"騰"。② 《玉篇》："騰，上躍也。""三"在此應表多數。《詩經·魏風·碩鼠》"三歲貫女"，朱熹集傳曰："三歲，言其久也。"《詩經·小雅·采薇》"一月三捷"，馬瑞辰傳箋通釋曰："古者言數之多每曰三與九。蓋九者數之究，三者數之成，不必數之果皆三、九也。"則"三朕（騰）"，即多次騰躍，也許是言在舞蹈中多次表演騰躍這類高難動作。

迊肯（通）王賓（賞），

"迊"字亦見於 1992 年山西曲沃北趙晉侯墓地 M2 出土的四件晉侯對盨銘文。③ 其銘曰"其用田獸（狩），甚樂（樂）于邍（原）迊"，"原迊"應讀作"原濕"，是學者們都同意的讀法，則"迊"與"濕"音同，爲邪母緝部字。"迊"在這裏是本器器主，即作器者。

肯，從之，月（同）聲。此字在本銘中寫作𣂏，與"前"字作𣍘形近，但又有所不同。"前"字從止，從"舟"。所從"舟"作𣍞、𣎳諸形，其兩側筆畫以同樣弧度同向彎曲，保持"舟"的基

---

① "鮋"如作動詞字使，實即同音字"儵"字的異體。《廣韻》即認爲"鮋"同"鯈（儵）"。《楚辭》屈原《招魂》有"雄悠九首，往來儵忽"句，王逸注曰："儵忽，疾急貌也。"（按："儵"或作"倏"，見桂馥《説文義證》）。
② "朕"在商金文中少見。鄭州大學文博學院文物陳列室有商後期觚銘"朕女"（《銘圖》9299），另有同銘觚未見器形（《銘圖》9300），"朕女"之"朕"應是氏名，是朕氏之女自作器。在西周金文中，"朕"多作爲定語使用，意爲"我的"，很少作第一人稱（我）使用。故本銘"朕"不大可能是作器者自稱。
③ 見《銘圖》5647 至 5650。

本特徵。本銘此字所从冃,兩側筆畫下端微向外敞開,應非"舟"字。本銘中"朕"(即"䑞")字所从"舟"作月,亦可證此字所从非"舟"。故此字似不宜釋作"前",而應是从之冃聲字,冃聲,亦即"同"聲(本銘中"庸"所从"冃"同此),故可讀作"通"。① 字所从"之"有"至"義,亦與"通"訓"達"、訓"至"義相合。在本銘中,逦當是因其在王的宴饗中爲王舞蹈,故得"通王賞"。"通"在此之字義,可從《莊子·齊物篇》的一段話得知,其文曰:"庸也者,用也;用也者,通也;通也者,得也;適得而幾矣。"是"通"可訓"得"。又"通"亦訓"達""至",此用"通王賞"也可以理解爲逦自認爲是因其舞蹈之勤奮與出色達到王獎賞的程度。

考釋至此,似有必要將以上兩句銘文聯繫在一起,討論一下其表現的較特殊的語法關係及其語意。因爲前一句銘文"䲆(迪)十冬(終)三朕(騰)"按上文的解釋,並没有主語。此一行爲的主人,是到了下一句"逦通王賞"時才能明確,應即是逦。那麽,這樣解釋是否合理。可以爲此種解釋作證明的,是另一篇有名的商晚期金文,而且也是講到樂舞的,即宋人著録的舊稱"戍鈴彝"的方彝器銘。

己酉,戍鈴隮𡨦(宜)于

𨟻(召),肅庸,舞九律

舞。商(賞)貝十朋,万豼用宻

丁宗彝。才(在)九月,隹(惟)王

十祀劦日五,隹(惟)來束(東?)。(《銘圖》13540,圖六)

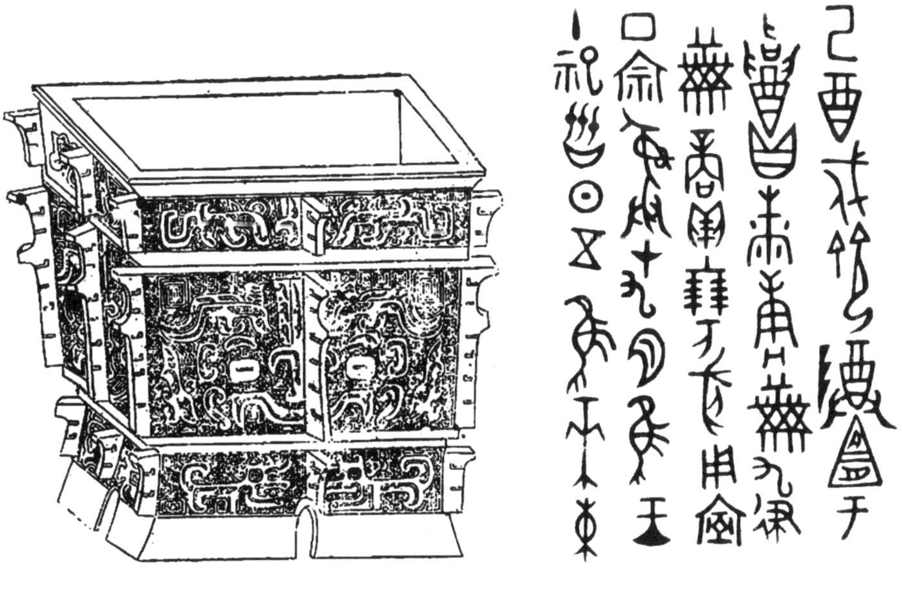

圖六　万豼方彝(即戍鈴方彝)器形與銘文

① 2006年扶風城關鎮五郡西村出土的兩件琱生大口尊銘文中有"⿱㞢冃"字,研究者多認爲是从㞢、同聲字而讀作"通",參見拙作《琱生簋與琱生尊的綜合研究》,收入《新出金文與西周歷史》,上海古籍出版社,2011年,第78頁。

　　"庸"前一字,裘錫圭先生認爲是甲骨文"罱(置)"字的異體,上部省臼,下部增添了小點。① 但將以此銘與我們這裏討論的逦尊銘文對比,則似乎不排斥"庸"上那個字原本即"奏"字。宋人作摹本時,原字可能銹泐較甚,故摹成這樣一個有多種可能的字形。如是這樣,則這篇銘文亦是言當成爷在召地設置了宴席,舉行宴饗活動時,曾奏庸,並"𧿒九律𧿒",處於"九律"上下的這個字諸家有不同説法。② 故此句話的含義尚不能確知。但其大致仍當是與歌舞有關。這句話也没有主語,即未言及歌舞的表演者,由下一句"商(賞)貝十朋,万戌用窋丁宗彝",可知万戌爲作器者,如此則表演歌舞,並受十貝之賞的顯然也應該即是万戌。這種前面記録的行動、行爲没有主語,而只是通過文末標明作器者來明確這一行爲主體的語句形式,與此逦尊銘文的語句形式相近似,也可互爲正確理解銘文内涵並確定作器者的參考。還需要提及的是,万戌所作此件方彝,應即以其名爲稱,而稱作万戌方彝,舊稱"成爷彝"需要糾正。

用乍(作)父乙彝。大万

　　逦因得到王賞而爲其父——父乙作此彝器。銘末署"大万",應是逦所屬家族名號,即氏名。"万"是以樂舞爲職業者,卜辭或稱"万",或稱"多万",或"万"下係私名,多見王呼万"奏"樂器或呼万"舞"。③ 上文所舉万戌方彝銘文中表演歌舞的作器者万戌亦是此種身份的人。這些均與本尊銘所顯示的逦的職業、身份相合。銘末之"大万"作爲氏名亦見於其他商器上。大万簋銘文曰"大万乍(作)母彝"(《銘圖》4135),大万爵銘文作"大万父辛"(《銘圖》8403)。由於可以"大万"爲稱給父、母作器,亦可以判斷"大万"是氏名,是家族名號,不是非血緣的職業團體名號。以氏名爲作器者,仍是緣於商人氏、地、人多同名之制度。由於以氏名稱作器者,多應是族長,當然也可以認爲"大万"作私名使用時,也指稱其族之族長。所以稱"大",也許緣於其分支較多,族人人數衆多,是一個很大的以樂舞服務於商王室的具職業性的家族。④ 這自然會使人聯繫到另兩件也是逦爲其父所做的青銅器,即釁鬲與釁簋,其銘文釋文如下:

　　　亞(中):庚寅,釁

　　　奏□,才(在)帝(寢)。王

　　　光(貺)商(賞)釁汕貝,用

　　　乍(作)父□舞。(釁鬲,《銘圖》2994,圖七)

---

① 裘錫圭:《甲骨文中的幾種樂器名稱——釋"庸""豐""鞀"》,第 39 頁。
② 此字是摹寫的,未必準確。僅按所摹字形,似是從𧿒、從十(兮)的字,𧿒與𧿒字通常作𧿒形有别,主要是中間表示刺繡紋飾的筆畫不同,所以𧿒是否𧿒字,確有待再考。學者或認爲此字形是"帶"字。張亞初:《殷周金文集成引得》(中華書局,2001 年)將此字隸定作"𧿒",雖未必可以認爲是從"𧿒",但他已注意到"兮"這一字符的存在。如果"兮"是聲符,則此字是匣母歌部字,"歌"則屬見母歌部字,而歌部字中從"可"、從"果"得聲字,聲母即分布在匣母、見母,所以"𧿒"字與"歌"音近可通。如果此"九律"是指音律,則"𧿒九律𧿒"或是言歌咏了有九個律章的歌曲。
③ 裘錫圭:《甲骨文中的幾種樂器名稱——釋"庸""豐""鞀"》,第 48—54 頁。
④ "万"與"萬"音近相通。《詩經·邶風·簡兮》有"簡兮簡兮,方將萬舞","碩人俁俁,公庭萬舞"。"邶風"所源出地之"邶"即在舊王畿區域,此"萬舞"或即商之大万族善舞所創造的舞蹈,並傳下來,以其族名爲舞蹈名。

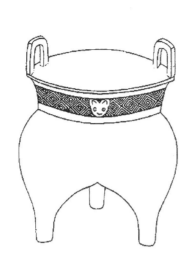

圖七　鄧鬲器形與銘文

亞(中)：辛巳鄧

尋𦥑才(在)小囿。

王光(貺)商(賞)鄧沚

貝,用乍(作)父乙彝。(鄧簋,《銘圖》4921,圖八)

以上鄧鬲的銘文中,"奏"字舊多釋作"夆"是不對的,"夆"之繁體作𡘍,兩側所从是屮,不是手形,而此字作𡘍(下部略缺),正是"奏"字。"奏"下所缺一字,疑即是"庸"字。"父"下日名,吳鎮烽《銘圖》釋文按簋銘寫作"乙",而拓本上實際是看不出來的,應該是被銹所掩。"沚"寫在銘末,像是在族氏名號的位置,但從簋銘可知,"沚"應與其左邊的"貝"連讀爲"沚貝",即在沚地所得貝。如此銘確是言"鄧奏庸",則其身份與迎尊所表現之身份極合,應是具有以樂舞服務、取悦於商王之職能的王之近臣。

圖八　鄧簋銘文

簋銘言鄧"尋𦥑在小囿",而受王光(貺)賞貝。"尋"在卜辭中常用作"用",[1]這裏可能是記其在小囿用𦥑事,惟𦥑義未能確知。[2]"小囿"當是王室園囿。聯繫及迎之身份,或許此銘所記迎之行爲仍是以樂舞形式(比如使用樂器)娛樂於王,故而取得

---

① 李學勤:《續釋"尋"字》,《故宫博物院院刊》2000年第6期,第9—10頁。

② 此字所从𦥑亦見於甲骨文(《英藏》1777),應即甲骨文𦥑字(學者或徑讀作"帥"),亦即西周金文𦥑(帥)字所从𦥑(參見于省吾:《甲骨文字釋林·釋𦥑》,中華書局,2009年,第303頁),如𦥑(帥)可以認爲是从𦥑聲,則此𦥑字即可讀作"帥"。《廣雅·釋器》"帥,弦也","弦"典籍多訓琴瑟。本銘"尋𦥑"或即言伸臂撫琴瑟。

王賞。

　　值得注意的是,簋銘末卽爲父乙作器與卹尊銘文中卹爲父乙作器同,似非巧合,亦可作爲二者爲同一人之根據,並作爲將尊作器者鎖定爲卹的參證。①

二

　　陶觥器身作素面,腹部截面呈扁橢圓形,圈足而底部有階。器腹鼓凸,上端與頸部間有折棱,器蓋扣在流口上的頂端作成獸首,具雙瓶形角。鋬爲獸首半環狀,下端有小珥(圖

圖九　陶觥器形

九)。觥出現於殷墟文化二期,約在武丁晚期至祖甲時期。在殷墟婦好墓中已出土有多種造型的觥,但形同陶觥的觥在殷墟地區則出現得較晚,不早於殷墟文化四期。1990 年秋發掘的郭家莊 M53 是一小型墓(墓室面積僅 2.9 平方米),②所出陶器形制已具有殷墟文化四期晚段的特徵,所以這座墓屬於殷墟文化四期,絕對年代應已在帝辛時期。該墓出土的銅器多爲明器,唯有一件素面觥(M53:4,圖一〇)是實用器,其造型與這裏要討論的陶觥主要特徵相近,唯流口部分坡度較大,蓋部相對較高。其與流口扣合處之頂端部分的獸首,與陶觥蓋頂端形狀基本相合,尤其是瓶狀角上的紋

飾及角根部向下作弧形延伸至額面均極像。這自然可以作爲陶觥這種形制的觥所屬年代的參考。同階段的殷墟西區 M1713 出土的有蓋爵,其蓋頂端獸首亦作此形,可見是有流器所加蓋部在殷末時流行的一種造型風格。與陶觥形制更爲接近的是陳夢家先生收在《美集》一書中的一件“𝌆父庚”觥(《銘圖》13637,圖一一),傳 1928 年出土於河南,現藏紐約大都會博物館。③ 原書定爲西周早期,但因與陶觥形近同,很可能會早到殷末。上海博物館所藏賣引觥(《銘圖》13647)亦與陶觥形近,但圈足底已有直階,似已稍晚,已屬西周早期。與賣引觥形近的則是 2010 年在山東高青陳莊西周早期墓出土的豐觥(《銘圖》13658),圈足底亦有直階。

---

① 關於此尊之作器者,不排斥還有另一種可能,即將銘文“在六月”後讀作“魚由十終三朕,卹通王賞”。這樣讀,“魚”是器主(尊即當叫魚尊),“由”仍可讀作“迪”,訓作“蹈”。卹則可以依其音讀作“襲”(“卹”音同“隰”,即邪母緝部字,“襲”亦邪母緝部字)。“襲”可訓“因也”(因上一事而引起下曲之後果)。“通”訓“得”。襲通王賞,即因(舞蹈出色)而得王賞,亦可講通。但這樣解釋有三點值得斟酌,一是“魚”“由”寫得甚近,“由”不似作獨立的一個字使用;二是“卹(卩)”見於以往商器銘,卹簋亦明言爲“父乙”作器,與卹尊同,似非偶然;三是卹鬲銘文顯示卹(卩)與卹身份相同。

② 中國社會科學院考古研究所:《安陽殷墟郭家莊商代墓葬——1982—1992 年考古發掘報告》,中國大百科全書出版社,1998 年。

③ 中國社會科學院考古研究所:《美帝國主義劫掠的我國殷周青銅器集錄》,科學出版社,1963 年,A657。

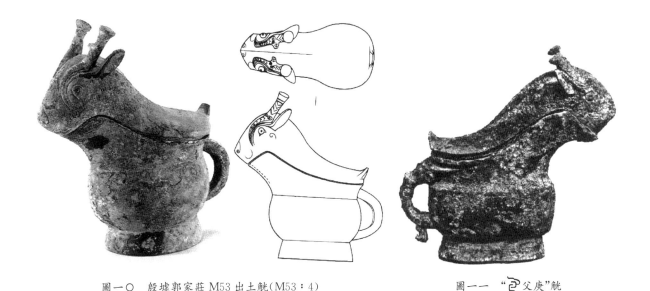

圖一〇　殷墟郭家莊 M53 出土觥(M53：4)　　　　　圖一一　"𐂇父庚"觥

陶觥器、蓋同銘，各 40 字。蓋內銘文相對器腹內底銘文較爲清楚(圖一二、圖一三)。蓋銘釋文如下：

> 癸亥，小臣蛹易(賜)百工王，
> 乍(作)冊馭友小夫麗(儷)。
> 易(賜)圭一、琦一、章(璋)五。陶用乍(作)上且(祖)癸
> 隮(尊)彝。隹(惟)王口司冊，才(在)九月必(?)日。

下面仍按銘文次序，逐句作簡釋：

癸亥，小臣蛹易(賜)百工王，

"癸亥"應該是記録王賜小臣蛹百工的時日。從句式與語意上看，"百工"後似應有一個"于"字，是言王賜小臣蛹百工。因已見商周金文未有此種句式，是疏漏，還是當時亦可以有此種語法，未可確知，如是疏漏，何以同銘的器、蓋皆會漏掉"于"字，亦是不好解釋的。"百工"一詞，在商金文中係首見，但已見於小屯南地甲骨，即《屯南》2525(現藏中國國家博物館)，爲歷組一類卜辭，其文曰："癸未卜，又(有)田百工。"既屬於王卜辭，則此"百工"當爲供職於王室的"百工"。本銘小臣能得王賜"百工"，這件事本身即引發出兩個問題，一是當時商王朝內小臣能得賜"百工"，則有個如何認識"小臣"身份與地位的問題。文獻中云小臣是"君之近臣"(《禮記·喪大記》鄭玄注)，這大概是對的，因爲在賓組卜辭中亦可以見到有小臣隨王田獵，所駕馭的馬車竟撞着了王車(《合集》10405 正)。又可見小臣令衆藉耕王田(《合集》12)。這類小臣是直接服務於王室的小臣，故有小臣茲能受王賜"在寢"(《集成》5378、5379)。但卜辭有"小臣皋"(《合集》5572)，皋是武丁時著名的商人貴族，亦任小臣職。又小臣牆刻辭記其征伐獲異族人、車、盾與箭，並以異族首領爲人牲祭祖乙、祖丁(《合集》36481 正)，此種小臣顯然有很高的軍事權力。像這類"小臣"即未必是直接服

1

2

圖一二

1. 陶觥蓋銘(照片)　2. 陶觥蓋銘(摹本)

1

2

圖一三

1. 陶觥器銘(照片)　2. 陶觥器銘(摹本)

務於王室的"侍臣",而是有更高的政治地位。那麼銘刻中所謂"小臣"有時是否只是對王表示卑微,有泛稱的意思,而並非以"小臣"爲具體官職呢?這個問題尚需再作進一步考察。從卜辭與商金文看,王朝之"小臣"(或其中一部分小臣)是有自己實體性的獨立經濟的,也是有相當社會地位的。因此故宫所藏小臣舌鼎銘文記"王賜小臣舌渭賓(積)五年"(《銘圖》2224),屬羞氏的小臣舌受賜渭地之五年收成,顯然是爲了養其家族及其附屬。

由上引卜辭資料即可以理解,本銘中受王賜"百工"之小臣痛,也應該是小臣中等級較高、權力較大的,而且也必有規模並不小的家族經濟,如此才能養活並使用"百工"。

二是"百工"之内涵。"百工"無疑是多個工種的手工業工匠,但冠以"百",只是概言其多工種,但小臣痛所受賜之"百工",似不可能有王室"百工"那樣的規模。這説明"百工"在當時已成了服務於王室與較高級貴族内的手工業工人之泛稱,[①]不一定言"百工"即表明其有多大的規模。

乍(作)册敢友小夫麗(儷)。

"友"在西周金文與文獻中多作對同宗族人,特別是同宗族兄弟之稱。[②] 從金文文義上看,"友"也同時具有幕僚、下屬之身份。這正是因爲當時較大的貴族家族往往亦是要爲王朝盡義務的行政與軍事組織,故宗子之"友",即同宗内的兄弟往往會在宗子擔任的王朝官吏下任其屬從。在本銘中,"乍(作)册敢友小夫"即指作册敢的族人(多可能是同宗兄弟)擔任"小夫"職務者。"小夫",文獻與商、西周金文中俱少見。"小夫"之"夫"似可以理解爲《禮記·郊特牲》所曰"夫也者,以知帥人者也"。又《周禮·天官·序官》:"宰夫,下大夫四人",賈公彦疏曰:"夫者,治也。""小夫"即較基層的治事官吏。"作册敢友小夫"應該亦是負責"作册"諸項具體工作的。

"麗"在此義近同於《禮記·王制》"凡制五刑,必即天倫,郵罰麗于事"之"麗",鄭玄注云:"麗,附也。"即附儷,可徑讀作"儷",義爲"偶""伴""偕",作爲動詞時即可以理解作"伴侍""配合""輔助"等意。商金文中此種用法見於以下器銘:

> 乙亥,王誅,在彙師(次)。王卿(饗)酉(酒),
> 尹光遭(儷),隹(惟)各,商(賞)貝,用乍(作)父丁彝。
> 隹(惟)王正(征)井方。 ⊓ (尹光方鼎,《銘圖》2312)

此銘中,王饗酒時,由"尹光儷",即伴侍王。"惟各"之"各",即"格",《小爾雅·廣詁》"格,止也",即王饗酒結束。尹光因"儷"而得王賞貝。

---

① 《周禮·考工記序》曰:"審曲面埶(勢)以飭五材,以辨民器,謂之百工。"此説已不强調"百工"之"百"的含義,有手工業工人之泛稱的意味。

② 拙著《商周家族形態研究》(增訂本),天津古籍出版社,2004年,第292—297頁。又請參見陳絜:《周代農村基層聚落初探》,收入《新出金文與西周歷史》,上海古籍出版社,2011年,第121—122頁。

辛巳,王酓(歙)多亞,即(庭)宮(享),京麗(儷),易(賜)貝二朋,用乍(作)大子丁。

聑𢆶(須?)(京簋,《銘圖》4920)

此銘記王於庭享時,"京儷"即輔助王,京並因而得王賜貝。

參考以上銘文中"儷"的用法,本銘中言在王賜小臣蒲百工時,由作册叔的族人任小夫者配合王進行了此次賞賜之事。王行賞賜要由作册友小夫來配合,揆之情理,所做之事即應是"作册",即負責製作記載王賜賞之命的簡册。

易(賜)圭一、琦一、章(璋)五。陶用乍(作)上且(祖)癸隣(尊)彝。

"圭"在本銘作**圡**。[①] "圭"字此前未見於商與周初金文。殷墟甲骨文中有△、△字,近年來學者們多將其釋作"圭"。[②] 由此字形,自然會聯繫到卜辭中的"吉"字,"吉"字在賓組卜辭中作△,無名組卜辭中作△、△、△,何組作△,至黃組卜辭中則基本皆作△、△。從賓組卜辭看,"吉"字口上之△與已被讀成"圭"的字是同形的,如此則"吉"字本是從口從"圭"的字。"吉"上之△以前多被認作戈頭的象形,從字形上看可以説是比較接近的。但卜辭中有△字(《合集》15819、《合補》4464),被人雙手奉持的這個△顯然不會是戈頭,人手持戈必然會持帶柲的戈,如卜辭△字(《合集》17730)所示,不會僅持戈頭,即從此字來看,△亦確不宜認作是戈頭。最先提出"吉"上之△形是"圭"類器的,似是勞榦先生。[③] 如果可以認定吉字上部所從之△是"圭"字,則上文所示卜辭中"吉"字字形的變化即表明,至商後期偏晚,大約相當於廩、康之後,△已經由△或**圡**形而演變作**圡**、**圡**,而此字形正可以作爲本銘所賜物"**圡**"應讀作"圭"的證明。[④]

---

① 在商末、周初文字中,"土"字皆寫作**圡**、**圡**,西周早期偏晚才出現**圡**形,西周中期後或有寫作土形,約至春秋時方較普遍地寫成土。所以本銘此字必於"土"字無涉。另一字形相近的字"士",未見於殷墟卜辭與商金文。西周早期康王時盂鼎"在"字作**圡**,右旁所從或即"士"。本銘此字在"賜"字下又有數量"一",也説明此必是器物。

② 王輝:《殷墟玉璋朱書文字蠡測》,《文博》1996 年第 5 期;李學勤:《從兩條〈花東〉卜辭看賓禮》,《吉林師範大學學報》(人文社會科學版)2004 年第 3 期;蔡哲茂:《説殷墟卜辭中的"圭"字》,中國文字學會、河北大學漢字研究中心:《漢字研究》第 1 輯,學苑出版社,2005 年;劉釗等纂:《新甲骨文編》,福建人民出版社,2009 年;李宗焜:《甲骨文字編》,中華書局,2012 年。

③ 勞榦:《古文字試釋》,"中研院"《歷史語言研究所集刊》40 本上,1968 年。勞榦先生在文中注意到此△之形狀確亦似戈頭,故云:"其在吉字上部所從。在甲骨者自以類似勾兵之圭而有邸者爲主,再就各種變化即省略者言之,實亦兼具有圭之親屬中各種形制之器物。"這確是説得很謹慎的。夏鼐所定商式的圭"作扁平長條形。下端平直,上端作等邊三角形"(《商代玉器的分類、定名和用途》,《考古》1983 年第 5 期),這種形制的圭在殷墟墓地中的小墓中有出土,但多爲石制。△形則與夏先生所云商代圭形有所不同,主要是下部縮進去似有柄形,或即似内。孫慶偉在《周代用玉制度研究》(上海古籍出版社,2008 年)中曾特別指出,在周代墓葬出土的玉器中,小型玉戈内部並不明顯,和圭很難區別。他引用了《上村嶺虢國墓地》發掘者所言"圭、璋可能即從石戈演變而來"(中國社會科學院考古研究所:《上村嶺虢國墓地》,科學出版社,1959 年)。孫書還特別指出"圭、戈不僅在形制上接近,它們在周代墓葬中大抵都見於棺槨蓋板上、棺槨之間以及墓主身體周圍"。這當然表明,當時小玉戈與玉圭在其功能方面,亦可以説在使用意圖上並無太大區别。殷墟商後期墓葬中出土的玉戈(即玉戈頭)有作鋒部近等腰三角形,援兩側亦近於平直者,其下部收縮有很短的内,戈身近於内上端有穿孔,此型玉戈的形制確與夏先生所云圭形極近,不排斥圭有可能即從此型玉戈蜕變而來。如是這樣,則商人所云圭,早期即此型玉戈,故我們在較早期卜辭中所見圭字皆作△形。

④ "圭"字約在西周中期偏晚的金文中已寫作"圭",很可能是將△訛成的**圡**形再寫成雙土造成的。《説文》訓圭爲"重土"顯然是據小篆字形而言。

"琦"字,未見於以往著録的甲骨、金文,從玉奇聲。奇讀同"亏",裘錫圭先生認爲"亏"應是"乂"字(繁體作"刈")的初文,①乂、刈、辥均爲疑母月部字。如此,則"琦"字似可讀作"玦"。"玦"是見母月部字,與"琦"韻同而聲母極近。② 字雖可依音讀作"玦",但"玦"在此時究竟是何種器形,則尚可再斟酌。現多數著作將"玦"的形狀認定爲《國語・晉語一》"佩之以金玦"韋昭注所云"玦,如環而缺",此形玉佩亦即有缺口的玉璧。在1976年發掘的殷墟婦好墓中出土有此種形狀的玦十四件,多數雕成龍形。③ 1990年秋、2000年底先後發掘的殷墟郭家莊M160與花園莊東M54是繼婦好墓後又兩座重要的中型墓,所出玉器中,亦分別有玉玦兩件和四件。④ 但也有學者認爲,在先秦文獻中,"玦"並不是指上述有缺口的玉璧,而是《詩經・小雅・車攻》中所云"決捨既佽,弓矢既調"的"決",毛傳:"決,鉤弦也。"陸德明釋文曰:"本又作決,或作抉。"此亦即後來所謂扳指,文獻中亦稱"韘"(參見上引孫慶偉《周代用玉制度研究》)。殷墟婦好墓中即曾出土過一件玉韘。在本銘中,作器者陶受到的王賞賜的琦(玦),究竟是以上兩種玦中的哪一種,眼下似還未能遽斷。只是作器者職務爲作册,賞賜給他拉弓用的扳指似不如賞其玉佩的可能性大一些。

簋銘中"璋"字形作,⑤ 殷墟卜辭中未見"璋"字,在商金文中,所謂乙亥簋(或稱雋簋,《銘圖》4812)"璋"寫作,西周金文中作。現在似乎可以認爲通常見到的"璋"字下邊所從的,很可能是本銘中"璋"所從的之省變,一般認爲是"彤"的初文,則"璋"字在所見商周金文中多是作爲玉器名稱用的,字從也許是表示此種玉器製成經雕刻之工藝。《詩經・大雅・棫樸》"左右奉璋",毛傳曰:"半圭曰璋。"即説其鋒端是有一道斜邊,所謂"半圭"。殷墟發掘的墓葬與遺址中,多出土有石璋,但較大的墓中似鮮出有玉璋。

陶是作器者,即器主人。⑥ 從銘文前後語義看,陶亦應即前面所説到的"作册叞友小夫"或小夫之一,是作册叞的下屬,任小夫職,具體負責在此次王賞賜事務中製作簡册的工作。

---

① 裘錫圭:《甲骨文字考釋(八篇)》,收入《裘錫圭學術文集》第1卷,復旦大學出版社,2012年,第72頁。

② "璧"從"辟"得聲,爲幫母錫部字。錫部與月部皆入聲韻,可以旁轉,但幫母爲脣音,琦之所屬疑母爲牙音,相距較遠,"琦"字釋讀問題請參見本文末"附記"。

③ 中國社會科學院考古研究所編著:《殷墟婦好墓》,文物出版社,1980年。

④ 中國社會科學院考古研究所編著:《安陽殷墟郭家莊商代墓葬——1982年—1992年考古發掘報告》,第114、115頁,又圖版52,5—6;中國社會科學院考古研究所編著:《安陽殷墟花園莊東地商代墓葬》,科學出版社,2007年,第182、183頁,彩版三五。

⑤ 此"璋"字"辛"上邊有一橫畫,自然亦可認作是"章"的上一筆,但考慮到本銘中所賜玉器三種,前邊的圭,後邊的"璋"均注明數量,則這一橫畫似亦當理解成所賜琦的數量。商金文中,"璋"字上可以沒有一橫畫,如下文提到的所謂乙亥簋(雋簋)(《銘圖》4812)中的"璋"。

⑥ 器主人名書於後,與上文所論遵尊、万犰方彝銘文近同。又本銘"陶"字作,殷墟甲骨中有陶字,作或(見李宗焜:《甲骨文字編》,中華書局,2012年,中册,第467頁),後面一個字形同於本銘"陶"字寫法。西周早期的陶子盤(《銘圖》14433)"陶"字作,亦作此形。商後期的子作婦嫀卣(《銘圖》13282)中"嫀"字作,"匋"的上部保留了"陶"字右邊的一半。到西周晚期時,陶字已寫作(不嬰簋),或將原"人"上邊的點降到"人"下成"土"字。由此字字形演變情況看,《説文》釋"陶"字爲"再成丘也"(即丘上還有丘)並不合乎其原字形與字義。"陶""導"均定母幽部字,《説文》訓"導"爲"導引也",與"陶"字(甲骨文"陶"字)字形有相合之處,也許正是"陶"字本義。

"上祖癸"之"上",語義未能確知,賓組王卜辭有:

　　牢其上自祖乙

　　牢其下自小乙(《合集》32616)

"上""下"是對先王神主的分類(猶"上示""下示")。陶所祭"上祖乙",也可能是其家族列入"上"範圍内的先祖。當然稱"上祖乙"或許是相對另一距自身較近的祖乙(下祖乙)而言。如陶確與作册取爲同家族,則此作册家族是商人中一個歷史悠久的世族。

隹(惟)王口司册,才(在)九月必(?)日。

"册"在此應隨上讀。否則獨立的一個"册"字,很難解釋。即使"册"作氏名,[①]按商金文慣例,如在全銘後邊署自身之族氏名號,像本銘這種句式也會署在"才(在)×月"之後而不會在其前。

"王口司",裘錫圭先生已有文論述,"口"在這裏用爲"曰"字。"王曰司",不是紀年數之語,"曰"當訓爲"謂"或"命"。[②] 本銘與其他有"惟王曰司"的銘文不同的是,"王曰司"下邊接有"司"的賓語"册"。"司"在殷墟卜辭中也有爲動詞的,如:

　　己酉貞,王其令山司我工。

　　己酉貞,山由王事。(《合集》32967)

此種作動詞用的"司",應讀作西周金文中常見的"嗣",有今日所謂"治理""管理""主持""負責"諸義。[③] 所以本銘中"惟王曰司册"即言"王命令製作簡册"。在銘文末强調這一點,實際也像是一種記時方法,表明銘文上述受王賞賜之事,是在"王曰司册"情況下發生的。類似的銘文例子,如安陽後岡出土的戍嗣鼎,銘文曰:"丙午,王賞戍嗣貝廿朋,在闌宗,用作父癸寶鼎。惟王餴匓大室,在九月。犬魚。"(《集成》2708)其中"惟王……大室"一句話即相當於本銘之"唯王曰司册",也是記述其受賞是在"王餴匓大室"的時間與情況下得到的。

下邊緊接着注明王賞賜的時間是"在九月必日"(按:"必日"之"必"在照片上字迹不甚清晰,此姑識作"必")。關於這種表示時間關係"必"的含義,裘錫圭先生亦曾有論述,即"必"(或"邲")應讀爲"比","比"有"及""至""臨近"之義,[④]卜辭中亦見"必日",如何組卜辭有:

_____

① "册"有無可能是作爲近似於氏名的用法呢? 在商周金文中有"册册祖丁"(角,《集成》8327),也有單銘一"册"字的(如册方斝,《集成》9147)。這種情況下,册(或雙册)不排斥有作爲氏名的可能。

② 裘錫圭:《關於殷墟卜辭中的所謂"廿祀"和"廿司"》,收入《裘錫圭學術文集》第1卷,第467—472頁。

③ "司"的這種用法,亦見於諸文獻,如《詩經·鄭風·羔裘》"邦之司直",毛傳:"司,主也。"又《山海經·大荒南經》"黄鳥于巫山司此玄蛇",郭璞注:"司,言主之也。"《禮記·曲禮下》"司土、司木",孔穎達疏引干寶曰:"凡言司者,總其領也。"

④ 裘錫圭:《釋柲》,收入《裘錫圭學術文集》第1卷,第64—65頁。

庚辰卜，頊貞，其利乎。

庚子囚，圓貞，其□□卯日……(《英藏》2264)

"卯日"之"日"，裘錫圭先生認爲是祭名。[1] 如此則陶觥銘文中的"必日"，即至日祭之時，亦即舉行某先王、先妣之祭日時。[2] 用"必日"記時，有可能是商末爲王室服務的王之近臣所作器銘中通常所見以記録王室周祭或其他祭祀以表時的方式之一種省變，但似乎非常用的方式，因爲除陶觥銘文此例外，在其他已見商金文中尚未見到。

以上先後考釋的兩件商器銘文，迎尊銘文有 36 字，而陶觥銘文更達 40 字，在迄今所見商金文中均算是字數比較多的。更主要的是，兩件器銘的句式與所用詞語及所反映的商後期商人之典章制度，均有以往商金文中所未見過的，非常值得重視。上述考釋僅是初探，對此二器銘内涵的更準確、更深刻的認識，無疑尚需要作進一步的研究。

補記[3]

拙文上傳至復旦大學出土文獻與古文字研究中心網站後，承郭永秉先生來信指出，細看陶觥器銘照片，第三行第四字"中間可能是一個圈形，所以頗疑蓋銘中間似乎本來鑄的也並非'口'，而是圈形，只是後來圈形上部兩端的銹蝕讓它看起來像口一樣，並非從'㚔'"。並認爲此字可能就是從"玉"，從璧之初文(圈形)、從"辛"的"璧"字。永秉先生所指出的這點非常重要。將器銘照片放大來看，"㚔"左旁確似有一圈形(當然，此字銹泐較重，像圈形部分實亦覆蓋有銹，拙文所附摹本因此將這一部分虛化了)，如是，則器銘的字即可以寫作"琦"。〇是玉璧的象形初文，是已被許多學者認可的，"㚔"與西周金文中辟字局(作册魁卣)去掉"卩"的部分相同，由此牽扯到有關"璧"字及相關諸字的一些問題，在此略作幾點補充：

(一) 這個字筆者本來也覺得讀爲"璧"較好，因爲璧、圭兩種玉器，在文獻中作爲禮器常在一起連言，亦即在禮器中有組合關係。況且本銘文下面還有章(璋)，而圭、璧、璋三者組合亦見《禮器·王制》"有圭璧金璋"(只是這裏言"金璋"是金屬器)。在此陶觥蓋銘上，這個字作琦，細看照片，"㚔"左旁確是"口"字，上邊兩豎畫出頭很清楚，似非銹泐造成的，如僅就蓋銘中的這個"琦"字而言(從玉，奇聲)，是否讀成"璧"字，頗有猶豫。遂以聲近讀"琦"作"玦"字。現承永秉指出器銘此字有可能從〇，故覺得其釋讀確實值得再討論了。

(二) 〇固然可能是"璧"的象形初文，但在殷墟甲骨文中，也非單獨使用之作"璧"，而

① 裘錫圭：《釋祕》，第 65 頁。
② 卜辭有"日于先王、先妣"之辭例，見姚孝遂、肖丁：《殷墟甲骨刻辭類纂》(中華書局，1989 年)上册，第 429—430 頁。這種用於先王、先妣前面的"日"，與卜辭所見"上甲日""大庚日"應有共同的含義，均當是指在某先王、先妣受祭之日的祭祀。
③ 此"補記"爲本文初次發表時所作。

是寫作⿰卩、⿰卩或⿰卩(均出於花東卜辭,見李宗焜《甲骨文字編》第 980 頁)。從此種字形看,⿰卩、⿰卩、⿰卩(以下只寫成辛形)只能是聲符,周忠兵《從甲骨金文材料看商周時的墨刑》(收入《出土文獻與古文字研究》第 4 輯,上海古籍出版社,2011 年)已指出這一點。如此,則辛字字音即當讀同"辟"。由此亦可推知,甲骨文中辟(辟)字作⿰卩,《説文》雖然訓"辟"爲會意字,實則辛也應有讀音作用。

(三)再看陶觥銘文,如果器銘確作"⿰玉亏",則也存在問題,所從是"亏"而非"辛","亏"與"辛"有別,上引周忠兵文亦有闡述。此字欲讀作"璧",則只能認爲"亏"是"辛"的訛變,二字因形近而相混(此種情況在從"辛"字中確是常出現的)。花東甲骨文存在於武丁時,時值殷代中期,而陶觥已值殷末,可以認爲是時久訛變,這也説明西周銘文中所見"辟"字會將辛寫作亏的情況實際在殷末即亦開始。

(四)問題是陶觥器銘作"琦",從玉、奇聲。但"奇"從口不從○,如欲讀成"璧",則似乎只能作如下解釋,即"辛"訛作"亏",同時○訛作"口"。"辟"字在同一件器上,器銘作○,蓋銘則作口的情況,見於扶風莊白一號窖藏出土的商卣銘,其銘文中"文辟日丁"之"辟",器銘作⿰卩,蓋銘作⿰卩(見曹瑋主編《周原出土青銅器》,巴蜀書社,2005 年,第 3 卷,第 536、537 頁)。但是實際上由於"辛"有讀音("辟"音)作用,所以即使"口"非是由○訛變而來的,而只是"辛"訛變作"亏","琦"似亦可以讀成"璧"。

5. 陶觥蓋銘中,"琦"字如可讀作"璧",是否還可能有另一種可能,即不將"奇"理解成⿰卩之訛變,而是因爲"奇"的讀音在當時實與"辛""辟(璧)"相近。"亏(奇)"與乂(刈)音同,爲疑母月部字,"辟(璧)"則是幫母錫部字,月、錫皆入聲韻,可旁轉,只是聲母分屬牙音與唇音,有隔閡,但如果在殷代商人讀音中,此二者音較接近,則"琦"與⿰卩可以認爲是殷代"璧"字的兩種異體。

以上幾點想法,是緣於對陶觥器銘照片中"⿰玉亏"字的辨認,希望將來能見到陶觥銘文除銹後的資料或 X 光片,使這個問題進一步得以明確。

(原載《出土文獻與古文字研究》第 6 輯《復旦大學出土文獻與古文字研究中心成立十周年紀念文集》,上海古籍出版社,2014 年)